ASSOCIATION
des
anciens élèves
du Lycée
LOUIS-LE-GRAND

LES
GRANDS ÉCRIVAINS
DE LA FRANCE

NOUVELLES ÉDITIONS

PUBLIÉES SOUS LA DIRECTION

DE M. AD. REGNIER

Membre de l'Institut

ŒUVRES

DE

P. CORNEILLE

TOME X

PARIS. — IMPRIMERIE DE CH. LAHURE ET Cie
Rue de Fleurus, 9

ŒUVRES

DE

P. CORNEILLE

NOUVELLE ÉDITION

REVUE SUR LES PLUS ANCIENNES IMPRESSIONS
ET LES AUTOGRAPHES

ET AUGMENTÉE

de morceaux inédits, des variantes, de notices, de notes, d'un lexique des mots
et locutions remarquables, d'un portrait, d'un fac-similé, etc.

PAR M. CH. MARTY-LAVEAUX

TOME DIXIÈME

PARIS

LIBRAIRIE DE L. HACHETTE ET Cie

BOULEVARD SAINT-GERMAIN

1862

POÉSIES DIVERSES

NOTICE.

En préparant cette nouvelle édition des *Poésies diverses* de Corneille nous nous sommes appliqué d'abord à déterminer l'époque précise à laquelle chacune d'elles a été composée, ou tout au moins publiée pour la première fois, afin de pouvoir, quel qu'en fût d'ailleurs le sujet, suivre en les classant l'ordre des années; ensuite à recueillir les pièces qui jusqu'ici n'avaient pas encore été réunies aux OEuvres de notre poëte; enfin, soumettant à un examen approfondi tant celles qui s'y trouvaient déjà que d'autres qu'on a, dans ces derniers temps, proposé d'y joindre, nous nous sommes attaché à exclure ce qui ne nous paraissait pas bien authentique, en ayant soin toutefois de mettre sous les yeux du lecteur celles des pièces, soit douteuses, soit même faussement attribuées à Corneille, qui donnent lieu à de curieux problèmes, et méritent, au moins à ce titre, de prendre place dans un *Appendice*, où l'on trouvera aussi les documents trop étendus pour entrer dans la courte notice qui précède chaque opuscule.

Ces notices partielles, qui font connaître la date de la pièce, l'occasion qui lui a donné naissance, la forme sous laquelle elle a d'abord paru, pourraient suffire à la rigueur; toutefois il ne sera peut-être pas inutile d'indiquer ici nos sources principales, et de décrire les recueils successifs et divers qui ont servi à composer l'ensemble de celui que nous présentons au public.

Les *OEuvres diverses de Pierre Corneille* publiées en 1738 par l'abbé Granet, et qui forment la première édition collective des poésies mêlées de notre auteur, contiennent en outre des ouvrages d'un tout autre caractère. Elles se composent de quatre parties, qui, pour n'être pas séparées par des titres particuliers, n'en sont pas moins fort distinctes. La première renferme des poëmes de tout genre, très-variés de sujet et de ton, et dont la seule unité, le seul lien est d'être adressés au Roi; ensuite viennent les *Poésies diverses* proprement dites; puis les *Louanges de la sainte Vierge*, et la *Traduction de plusieurs psaumes*, que nous avons donnée, dans notre tome IX, d'une manière plus complète et plus fidèle, et dans l'ordre même adopté par Corneille[1]; enfin les *Arguments* et *Préfaces de quelques pièces de théâtre*, qui, dans notre édition, ont pris leur place naturelle en tête de chacun des ouvrages auxquels ils se rapportent. Pour les *Poésies diverses*, nous avions donc seulement à puiser dans les deux premières parties du recueil de Granet, que les derniers éditeurs ont maintenues séparées, en se contentant de faire passer au second rang celle que Granet avait placée la première, sauf un très-petit nombre de pièces qu'ils en ont retirées parce qu'elles ne pouvaient être rangées sous le titre fastueux de *Poëmes sur les victoires du Roi*, qu'ils avaient jugé à propos de lui donner. Nous avons trouvé préférable de faire disparaître cette division arbitraire, et de suivre, ainsi que nous l'avons déjà dit, un ordre purement chronologique.

Passons maintenant en revue les diverses parties constitutives, quelque peu importantes, du recueil de Granet et du nôtre; cherchons quels sont les poëmes dont il a ignoré l'existence, quels sont ceux qu'il connaissait et qu'il a écartés sciemment; essayons de découvrir ses principes de critique et indiquons en même temps ceux qui nous ont guidé.

Les pièces les plus anciennes, et par conséquent les premières dans notre recueil de *Poésies diverses*, sont celles qui ont été publiées par Corneille lui-même, sous le titre de *Mélanges poétiques*, et qui portent les numéros I à XIV, XVI et XVII. Elles ont paru à la suite de *Clitandre*, premier ouvrage que notre poëte ait fait imprimer. Elles commencent, à la page 121 du volume contenant l'édition originale de cette tragi-comédie, par un frontispice qui, bien que le nom de Corneille ne figure pas sur le premier titre[2], porte néanmoins:

---

1. Voyez ce que nous avons dit au tome IX, p. 61, de cette partie de la publication de Granet.
2. Voyez tome I, p. 257.

MESLANGES POÉTIQUES DU MESME, et, au-dessous, l'adresse de François Targa, et le millésime M.DC.XXXII. Granet considère ces pièces comme « composées vraisemblablement avant l'année 1625[1], » parce qu'il fixe à cette date la première représentation de *Mélite*, jouée seulement, suivant nous, en 1629[2]; mais bien que la pièce IX soit assurément antérieure à cette comédie, que, suivant l'expression de Thomas, son frère avait faite précisément pour « l'employer[3], » il est certain néanmoins, quelle que soit d'ailleurs la date adoptée pour la première représentation de *Mélite*, que deux des pièces des *Mélanges poétiques* sont postérieures, non-seulement à la première représentation de cet ouvrage, mais encore à celle de *Clitandre*. Ces deux pièces, numérotées XVI et XVII, ont été composées pour une fête donnée le 16 mars 1632, c'est-à-dire huit jours après la date du privilége de *Clitandre* et quatre jours seulement avant celle de l'Achevé d'imprimer du volume[4].

L'abbé Granet avait cru devoir tronquer les *Mélanges poétiques*. « Je n'ai pas fait difficulté, dit-il, de supprimer des plaisanteries d'un goût peu délicat, et divers traits d'une galanterie trop libre[5]. » Ainsi il a fait disparaître les discours de l'*Ivrogne* et du *Joueur*, qui terminent la pièce VII, et le numéro IX tout entier, qui comprend les *Épigrammes d'Audoenus* (Owen). Les éditeurs modernes, tout en complétant les *Mélanges poétiques*, ont omis cependant, dans le numéro XI, la troisième épigramme, qui est, nous l'avouons, fort peu claire et dont d'ailleurs l'original ne se trouve pas dans le recueil latin d'Owen. Comme elle est toutefois incontestablement de Corneille, nous l'avons jointe aux autres, afin de suivre jusqu'au bout le plan que nous nous sommes imposé de donner une édition aussi fidèle et aussi complète qu'il est possible.

Non-seulement nous avons placé les dernières les deux pièces des *Mélanges poétiques* (nos numéros XVI et XVII) dont nous sommes parvenu à fixer la date si rapprochée de celle de l'Achevé d'imprimer du volume qui les contient à la suite de

---

1. *OEuvres diverses*, Préface, folio v, recto.
2. Voyez tome I, p. 129 et 130.
3. Voyez tome I, p. 126. — 4. Voyez tome I, p. 257.
5. *OEuvres diverses*, Préface, folio iv, recto.

Clitandre, mais, pour nous conformer exactement à l'ordre chronologique, nous avons dû faire passer avant elles un quatrain composé à l'occasion de la tragi-comédie de *Ligdamon et Lidias*, représentée en 1629 et publiée en 1631, quatrain adressé à Scudéry par Corneille, qui avait négligé d'insérer ces vers dans les *Mélanges*. Quoique réunis aujourd'hui pour la première fois aux Œuvres de notre poëte, ils étaient pourtant, suivant toute apparence, bien connus de Granet, qui a écarté systématiquement presque toutes les pièces analogues : « Je me suis abstenu, dit-il, de grossir ce recueil des vers que M. Corneille, suivant l'usage de ces temps-là, a adressés à divers poëtes dramatiques, et d'autres auteurs, depuis 1630 jusqu'en 1660, et qui ont été imprimés au commencement de leurs ouvrages, dont ils contiennent l'éloge. Ces vers, faits ordinairement avec précipitation, m'ont paru froids et peu intéressants. Je n'ai imprimé que deux ou trois pièces de ce genre pour en faire connoître le caractère[1]. » Il ne donne en effet que les opuscules qui, dans notre édition, occupent le XXXIe, le XXXIIe et le LXXe rang; les éditeurs qui nous ont précédé y ont ajouté les numéros XVIII et XLV, et nous y joignons à notre tour les pièces XV, XIX, XXI, XXXV, XXXVI, XL, XLI et XLII.

Dans son édition de Corneille, M. Lefèvre avait fait une série intitulée : *Poésies latines*, qui n'était composée que de trois articles; encore, pour parvenir à la former, avait-il été obligé de séparer de leur texte français les pièces qui figurent dans notre recueil sous les numéros LXXII et LXXX, et qui, publiées à la fois en vers français et en vers latins, devaient de toute nécessité demeurer rapprochées. Ces deux pièces latines une fois remises à leur place, il n'en restait plus qu'une seule, la XXe de notre recueil; qu'à l'exemple de Granet nous avons cru devoir placer à son rang chronologique parmi les poésies françaises. Cette pièce de vers, dans laquelle notre auteur fait un éloge délicat de Louis XIII et de Richelieu, tout en semblant s'en défendre, et qui est très-intéressante pour l'histoire des ouvrages de Corneille, n'a pas été étudiée par les éditeurs avec tout le soin qu'elle mérite; nous exprimons ce reproche avec d'autant plus de liberté que nous n'en sommes pas nous-même

---

1. *Œuvres diverses*, folio VII, verso.

NOTICE. 7

exempt. D'après le témoignage unanime des historiens du théâtre, et des meilleurs biographes de Corneille, nous avons indiqué *la Place Royale* comme ayant été représentée en 1635[1]; mais il est évident que cette date est fausse, puisqu'il est question de cette comédie dans cette pièce de vers tirée d'un recueil dont l'Achevé d'imprimer, fort tardif, est du 14 août 1634. Cette erreur en fait pressentir une autre, dont il est difficile au reste de bien apprécier l'étendue. *La Galerie du Palais* et *la Suivante* sont partout attribuées à cette année 1634, réduite aujourd'hui pour nous à sept mois et demi par la date du privilége dont nous venons de parler. Si l'on considère que les vers de Corneille se trouvent à peu près au milieu de ce volume, qui, comme nous le verrons[2], s'imprima lentement, au fur et à mesure que les manuscrits arrivaient, cet espace de temps se trouve encore réduit. Il est dès lors permis de s'étonner que Corneille ait ainsi fait représenter trois pièces coup sur coup, et l'on peut avec beaucoup de vraisemblance reporter tout au moins *la Galerie du Palais* à l'année 1633.

C'est au commencement de cette même année 1633 que M. Édouard Fournier place une pièce de six stances, fort agréablement tournée, mais que nous n'avons point recueillie, même dans l'*Appendice*, car rien n'indique qu'elle puisse être de notre poëte. L'infatigable chercheur, qui la publie aux pages VII et VIII des *Notes sur la vie de Corneille*, si souvent citées par nous, ne dit ni d'où il la tire, ni par quelles circonstances elle est parvenue à sa connaissance; et nos investigations personnelles n'ont pu suppléer à ce défaut de tout renseignement. Ces stances, qui, selon M. Éd. Fournier, auraient été écrites pour un des concours annuels qui existaient à Rouen depuis le onzième siècle, sous le nom de *Puy* ou de *Palinod*, et dans lesquels on récompensait par une fleur ou par une étoile d'argent l'auteur de la meilleure pièce composée en l'honneur de l'immaculée conception de la Vierge, ne sont indiquées dans aucun des ouvrages qui parlent de cette institution[3], ouvrages où l'on a toutefois grand soin de men-

---

1. Voyez tome II, p. 219.
2. Voyez ci-après, p. 65, la *Notice* de la pièce XX.
3. Voyez *Rapport sur les livres et autres objets relatifs à l'Académie*

tionner les succès d'Antoine et de Thomas Corneille, frères de notre poëte ; enfin le manuscrit intitulé : *les Trois siècles palinodiques*, conservé dans la bibliothèque de Caen, ne fait connaître non plus, ni à l'année 1633, ni à aucune autre date[1], la pièce attribuée sans preuve à Pierre Corneille par M. Édouard Fournier.

Nous avons dû au contraire admettre dans les *OEuvres* de notre poëte une autre pièce qui se rattache à l'histoire du Puy de Palinod de Rouen, le *Remercîment* de Corneille pour Jacqueline Pascal, lorsqu'elle remporta le prix de poésie. Ce remercîment, bien qu'il eût paru longtemps avant la dernière édition de M. Lefèvre, a été réuni pour la première fois aux *OEuvres* de notre poëte dans l'édition publiée en 1856 à l'imprimerie Lahure ; mais dans cette édition de 1856, dépourvue de tous commentaires, il n'est pas entouré des renseignements indispensables, si accessibles à tous aujourd'hui, grâce aux recherches de M. Cousin.

Après que Jacqueline Pascal eut obtenu de Richelieu la grâce de son père en représentant, à l'âge de treize ans, à la grande satisfaction du Cardinal, un rôle assez important dans *l'Amour tyrannique* de Scudéry, Étienne Pascal, rappelé de l'exil auquel il s'était condamné, fut envoyé à Rouen comme intendant de Normandie. « M. Corneille, dit Gilberte Pascal dans sa *Vie de Jacqueline*, publiée pour la première fois par M. Cousin, ne manqua pas de venir nous voir ; il étoit ravi de voir les choses que faisoit ma sœur, et il la pria de faire des vers sur la conception de la Vierge, qui est le jour qu'on donne les prix. Elle fit des stances, et on lui en porta le prix avec des trompettes et des tambours en grande cérémonie. Elle recevoit cela avec

---

des Palinods, achetés à la vente de M. Licquet, et Notice sur cette association; présentés à l'Académie.... de Rouen.... le 22 novembre 1833 par A. G. Ballin.... (*Précis.... des travaux de l'Académie pendant l'année* 1834, tome XXXVI, p. 197 et suivantes.) — *Suite à la notice...*, tome XL, p. 296 et suivantes. — *Deuxième suite à la notice...*, tome XLV, p. 227 et suivantes. — *Des Puys de Palinods en général*, etc., par Bottée de Toulmon, *Revue française*, juin 1838, p. 102 et suivantes.

1. Notre confrère M. Eugène Châtel, archiviste du Calvados, a bien voulu se charger de cette vérification.

une indifférence admirable; et elle étoit même si simple, que, quoiqu'elle eût alors quinze ans, elle avoit toujours des poupées qu'elle habilloit et déshabilloit avec autant de plaisir que si elle n'eût eu que dix ans[1]. » A la séance du mois de décembre 1640, quand M. de Nonant, lieutenant de Roi au duché d'Alençon, président ou, comme on disait alors, prince du Puy, proclama la victoire de Jacqueline, la petite fille n'était pas présente; mais Corneille, qui l'avait engagée à concourir, n'avait eu garde de manquer la séance, et tout heureux du succès de sa jeune protégée, il improvisa le *Remercîment* qu'on lira plus loin (voyez pièce XXIV, p. 81).

Cette pièce se trouve à la page 663 du manuscrit des *Mémoires de Marguerite Périer*[2]. On rencontre d'abord, à la page que nous venons d'indiquer et à la suivante, les vers de Jacqueline Pascal, intitulés : *Sur la conception de la Vierge pour les palinods de l'année 1640, qui remportèrent le prix de la Tour, Stances*; ensuite la pièce de Corneille, dont voici le titre complet : *Remercîment fait sur-le-champ par Mr Corneille lorsque le prix fut adjugé aux stances précédentes;* et enfin, avec la date de décembre 1641, une seconde pièce de Jacqueline Pascal, répondant cette fois en son propre nom, intitulée : *Remercîment pour le prix des stances l'année suivante*.

Le *Remercîment* de Corneille signalé en 1842 par M. Sainte-Beuve dans son *Histoire de Port-Royal*[3] a été publié par M. Cousin dans le *Bulletin du bibliophile* (6e série, 1843-1844, p. 273), et presque simultanément dans la *Bibliothèque de l'École des chartes* (1re série, tome V, p. 330), où l'on trouve aussi les deux pièces de Jacqueline Pascal dont nous venons de parler. On peut consulter encore à ce sujet l'*Histoire de la vie et des ouvrages de P. Corneille* par M. J. Taschereau, 2e édition, p. 106 et 317, et les *Mémoires de l'Académie de Rouen*, tome XXXVI, p. 197, et tome L, p. 293.

Nous trouvons dans les *OEuvres diverses* publiées par Granet trois pièces composées pour *la Guirlande de Julie*, à l'occasion

1. *Bibliothèque de l'École des chartes*, 1re série, tome V, p. 308.
2. *Bibliothèque impériale*, fonds français 12988.
3. Tome II, p. 469, 2e édition.

desquelles l'éditeur reproduit dans sa Préface[1] le passage suivant du *Huetiana*[2] : « Jamais l'amour n'a inventé de galanterie plus ingénieuse, plus polie et plus nouvelle que la guirlande de Julie, dont le duc de Montausier régala Julie d'Angennes un premier jour de l'an, lorsqu'il la recherchoit en mariage. Il fit peindre séparément en miniature toutes les plus belles fleurs par un excellent peintre (*Robert*), sur des morceaux de vélin de même grandeur. Il fit ménager au bas de chaque figure assez d'espace pour y faire écrire un madrigal sur le sujet de fleur qui y étoit peinte, et à la louange de Julie. Il pria les beaux esprits de ce temps-là, qui presque tous étoient de ses amis, de se charger de la composition de ces pièces, après s'en être réservé la meilleure partie. Il fit écrire au bas de chaque fleur son madrigal par un homme qui avoit beaucoup de réputation pour la beauté de son écriture (*Jarry*). Il fit ensuite relier tout cela magnifiquement (*par le Gascon*). Il en fit faire deux exemplaires tout pareils, et fit enfermer chacun dans un sac de peau d'Espagne. Voilà le présent que Julie trouva à son réveil sur sa toilette le premier jour de l'année 1633 ou 1634. »

Tout est exact dans ce récit, excepté l'année à laquelle Huet place le présent du duc de Montausier. Le frontispice du manuscrit composé d'une guirlande, au milieu de laquelle on lit : LA GUIRLANDE DE JULIE, *pour Mademoiselle de Rambouillet Julie-Lucine d'Angennes*, porte la date de 1641. Cette date concorde parfaitement avec le témoignage de Tallemant des Réaux, qui nous apprend que Montausier envoya ce présent à Mlle de Rambouillet « trois ou quatre ans avant que de l'épouser[3]. » Leur mariage ayant eu lieu le 15 juillet 1645, cette indication nous reporte bien à l'année 1641.

Le recueil de Sercy, dont nous aurons à parler tout à l'heure plus longuement, et dans la seconde partie duquel *la Guirlande de Julie* a paru pour la première fois en 1653, marque trois pièces comme étant de Corneille : *la Tulipe*, *la Fleur d'orange* et *l'Immortelle blanche*. Granet, qui a mis ces pièces dans son recueil, et qui les classe, non suivant l'époque

---

1. Folio v. — 2. Paris, 1722, p. 103.
3. *Historiettes*, tome II, p. 528.

où elles ont été composées, mais d'après l'année où Sercy les a imprimées, les reproduit sans y rien ajouter, et la plupart des éditeurs ont suivi son exemple. M. Taschereau est d'avis d'en attribuer trois autres à Corneille. « Ce dernier, dit-il, porta la parole au nom du lis, de la tulipe, de l'hyacinthe, de la fleur d'orange, de la fleur de grenade et de l'immortelle blanche[1]. » — « Granet, ajoute-t-il en note[2], n'attribue à Corneille que *la Tulipe*, *la Fleur d'orange* et *l'Immortelle blanche*. S'il eût lu *la Guirlande de Julie* attentivement, il se serait aperçu que les trois autres pièces portent la même signature C., et il eût senti qu'il y avait les mêmes raisons pour les regarder comme sorties également de la plume de Corneille. Des éditeurs de *la Guirlande*, et notamment M. Nodier, sont plus conséquents dans leur erreur en les attribuant toutes six au même auteur, Conrart. » Conformément à cette opinion, l'éditeur des *OEuvres complètes de Corneille*, publiées à l'imprimerie Lahure, n'a pas hésité à admettre les trois pièces jusque-là repoussées. Quant à nous, déterminé moins par l'exemple de Granet que par celui de Sercy, qui était probablement guidé par des renseignements positifs lorsqu'il n'attribuait à Corneille que trois des six pièces signées C. dans le manuscrit original, nous n'osons être plus décisif que lui, et nous nous contentons de renvoyer à l'*Appendice* les trois pièces qui sont l'objet du litige.

Le Presbytère d'Hénouville, que l'ordre chronologique amène après *la Guirlande de Julie*, est un agréable petit poëme qu'on voit volontiers figurer parmi les *Œuvres de Corneille*. Peut-être est-ce là le motif qui l'y a fait admettre si facilement. Examinons cependant la manière dont il s'y est introduit, et voyons s'il y a lieu de l'y maintenir. En 1834, M. Emm. Gaillard publia dans le *Précis analytique des travaux de l'Académie de Rouen* (p. 164-169) un mémoire intitulé : *Nouveaux détails sur Pierre Corneille recueillis dans l'année où Rouen érige une statue à ce grand poëte*. Ce mémoire commence ainsi : « Corneille naquit un samedi et mourut un dimanche. Il vécut cinquante-

---

1. *Histoire de la vie et des ouvrages de P. Corneille*, deuxième édition, p. 107 et 108.
2. Page 318.

six ans à Rouen, y élevant six enfants, y soignant sa vieille mère, et passant ses étés à Hénouville jusqu'à l'époque de son mariage. M. l'abbé Antoine Legendre, curé d'Hénouville, était son ami intime. C'était dans un presbytère que Corneille venait jouir des beaux jours. Ils allaient ensemble voir cette vue ravissante de la Seine, que nous admirons tant des hauteurs d'Hénouville. L'abbé Legendre lui parlait de la *Manière de bien cultiver les arbres fruitiers*, car ce physicien, né au Vaudreuil, a contribué à l'édition de ce livre très-estimé, s'il n'en a été l'auteur; et Corneille faisait pour lui la description en vers du presbytère d'Hénouville, ouvrage que le père de la tragédie fit imprimer à Rouen en 1642, sous le format in-12. Alors Corneille avait trente-six ans, et était marié depuis deux ans; il ne pouvait plus songer à passer ses vacances chez un prêtre, où une jeune femme et des petits enfants auraient mal figuré. »

Ce petit récit est sinon contredit, au moins gêné par une étude récente de M. Gosselin, qui de son côté déclare tout aussi affirmativement que Corneille passa pendant toute sa jeunesse la belle saison dans une maison acquise par son père le 16 juin 1608 à Petit-Couronne. « C'est là *indubitablement*, dit-il, que l'auteur du *Cid* vint s'inspirer; c'est là, sous ces grands arbres de la forêt, que, tout jeune homme, il alla rêver à sa chère Mélite; et c'est là aussi, en présence de ces côtes si belles et si pittoresques qui longent la Seine de Rouen à la Bouille, qu'il médita les œuvres immortelles qui devaient porter son nom si haut et si loin [1]. » On voit que M. Gosselin revendique pour Petit-Couronne l'honneur que M. Gaillard attribuait à Hénouville; il ne peut pas se dire bien sûr, lui non plus, du détail des faits, mais la possession continue par Corneille de la maison de campagne que son père avait achetée, donne au moins une certaine vraisemblance à sa conjecture.

Du reste, que Corneille ait passé tous ses étés à Hénouville, ou qu'il y ait seulement visité parfois son ami, il demeure très-possible, dans les deux cas, qu'il soit l'auteur du petit poëme qui nous occupe; mais nous tenions à montrer que les rensei-

---

1. *Pierre Corneille (le père).... et sa maison de campagne.* Extrait de la *Revue de Normandie* des 31 mai et 30 juin 1864. — Rouen, imp. de E. Cagniard, p. 30.

gnements fournis par M. Gaillard, qui sont le point de départ de l'attribution du *Presbytère d'Hénouville* à Corneille, sont loin d'être à l'abri de toute critique et exacts de tout point. *Le Presbytère d'Hénouville* est demeuré fort longtemps sans attirer d'une façon sérieuse l'attention des amis de Corneille. M. Taschereau, qui connaissait bien le mémoire de M. Gaillard, qui s'est trouvé en dissentiment avec lui au sujet de la qualification de *gentilhomme ordinaire du Roi*, donnée à Corneille, qui même a relevé en plaisantant la phrase assez singulière par laquelle commence le mémoire de M. Gaillard [1], n'a pas dans son édition de 1855 dit un seul mot du *Presbytère d'Hénouville*, soit pour l'admettre, soit pour l'écarter comme un ouvrage attribué faussement au poëte dont il a écrit la vie avec une sollicitude si constante et si éclairée. Plus hardi, Lefèvre admet sans hésiter, dans l'édition de 1854 des *OEuvres de Corneille, le Presbytère d'Hénouville*. Nous devons ajouter que dans un précédent travail nous avons accepté cette attribution de confiance [2], et qu'elle a été adoptée plus tard par des juges fort compétents, MM. Brunet[3] et Fournier[4]. Toutefois, en examinant aujourd'hui les choses de plus près, nous nous sentons disposé à être beaucoup moins affirmatif. Cette pièce n'est pas signée, même d'une simple initiale; le libraire Boullenger, chez qui elle a paru, n'a jamais, à notre connaissance, rien publié de Corneille; enfin un indice, insuffisant à coup sûr pour décider la question, mais qui ne doit peut-être pas non plus être entièrement négligé, nous porterait à croire que *le Presbytère d'Hénouville*, composé par quelque poëte normand, ami commun de Legendre et de Corneille, est adressé à ce dernier. Dans *Mélite*, et probablement aussi dans un dialogue qu'on trouvera ci-après, p. 50, Tircis est le nom poétique que Corneille s'est choisi lui-même : or *le Presbytère d'Hénouville* est adressé « à Tircis. » Nous n'avons pas voulu

---

1. *Histoire de la vie et des ouvrages de P. Corneille*, 2ᵉ édition, p. 277.
2. *De la langue de Corneille*, 1861, in-8°, p. 45.
3. *Manuel du libraire*, dernière édition, tome II, p. 286.
4. *Notice sur la vie de Corneille*, en tête de *Corneille à la butte Saint-Roch*, p. LXXI et LXXII.

malgré nos doutes, rejeter cette jolie pièce, admise déjà deux fois dans les *OEuvres* de notre poëte; mais l'*Appendice* nous a paru le seul endroit où elle pût figurer.

C'est aussi à l'*Appendice* que nous avons placé une *Épitaphe de Richelieu*, écrite de la main même de Corneille au dos d'un brouillon d'acte dont nous aurons à parler plus loin et qui a été découvert dans les archives du parlement de Normandie, par M. Gosselin, greffier à la cour impériale de Rouen. Ces vers ont été publiés en 1857 par M. Taschereau[1], qui les attribue à Corneille. Nous ne pensons pas qu'il en soit l'auteur: nous croyons qu'il s'est contenté d'écrire au dos d'un brouillon une épitaphe ou plutôt une épigramme qu'on venait de lui réciter et qui lui paraissait piquante. Ce qui semble confirmer cette opinion, c'est que cette épitaphe a paru, en 1693, dans *le Tableau de la vie et du gouvernement de Messieurs les cardinaux Richelieu et Mazarin et de Monsieur Colbert, représenté en diverses Satyres et Poësies ingenieuses.... A Cologne, chez Pierre Marteau*, in-8°, p. 55, et que l'auteur de ce recueil n'a certes pas été la chercher sur le dossier du greffe de Rouen; il faudrait donc croire, si Corneille en était l'auteur, qu'il en aurait distribué des copies, ce qui, dans sa position à l'égard de Richelieu, ne paraît nullement vraisemblable. Ajoutons que, dans le livre de 1693 que nous venons de citer, on trouve, à la suite de l'épitaphe écrite par Corneille sur le dossier de Rouen, une autre épigramme où une pensée fort analogue est exprimée sous une forme presque identique.

Pour ce qui est du classement chronologique des pièces, nous en avons déplacé un grand nombre, et presque toujours il nous a suffi, afin de justifier le nouvel ordre, de signaler brièvement, dans les notices partielles, les faits que nous a révélés une étude plus attentive des éditions originales de certains recueils[2], ou les erreurs matérielles échappées à quel-

---

1. *OEuvres complètes de P. Corneille*, tome I, p. xx.
2. C'est ainsi que la plupart des pièces du recueil de Sercy se trouvent déplacées par la connaissance des premières éditions des cinq volumes de la collection, qui datent de 1653-1660, et non de 1660-1665, comme l'avait cru Granet, ni même de 1660, comme l'avait pensé Lefèvre. Voyez ci-après, p. 16 et suivantes.

ques-uns de nos devanciers[1]. Toutefois il est un petit poëme au sujet duquel il convient d'entrer dans quelques détails qui seront mieux à leur place ici.

M. Ludovic Lalanne a découvert dans le portefeuille 217 du recueil manuscrit des Godefroy de la bibliothèque de l'Institut un sonnet fort curieux de Corneille, qu'il a publié dans le numéro du 26 mars 1853 de l'*Athenæum français*. Dans ce sonnet, notre poëte se plaint au Roi de ce qu'on veut lui enlever les priviléges qui lui avaient été conférés par les lettres de noblesse accordées à son père[2]. Il était fort naturel de supposer que cette fière supplique était postérieure à l'édit célèbre du mois de septembre 1664, par lequel Louis XIV révoquait toutes les lettres de noblesse accordées depuis le 1er janvier 1634 : M. Lalanne, dans la petite notice qui accompagnait sa découverte, et M. Taschereau, dans son *Histoire de la vie et des ouvrages de Corneille*[3], ont tous deux adopté cette opinion; mais quelques vers de Boisrobert prouvent qu'elle n'est pas exacte et que les plaintes de Corneille remontaient à une époque beaucoup plus reculée. La réclamation de Boisrobert, adressée à Seguier, est intitulée : *A Monseigneur le Chancelier*. En voici l'argument : *Il lui veut rendre ses lettres d'anoblissement s'il ne le fait distinguer des autres nouveaux anoblis sur lesquels on a mis des taxes*. Après avoir exposé ses propres doléances, Boisrobert ajoute :

> J'apprends que l'illustre Corneille
> Souffre une disgrâce pareille.
> Penses-tu que les bons auteurs
> Soient un gibier à collecteurs?
> Distingue-nous de la canaille
> Qui pour s'affranchir de la taille
> A beaux deniers ont acheté
> Cette nouvelle qualité.

Voyons maintenant de quelle époque datent ces vers; ils se

---

1. Le *Sonnet à M. de Campion*, par exemple, que Lefèvre date de 1647 et place en conséquence, n'est réellement que de 1657. Voyez ci-après, p. 137 et 138.
2. Voyez ci-après, pièce XLIV, p. 135, et tome III, p. 15 et 16.
3. Pages 199 et 200, 2e édition.

trouvent dans la seconde partie des *Épîtres* de Boisrobert[1], dont voici le titre exact et complet : *Les Epistres en vers et autres œuvres poetiques de M*^{r} *de Bois-Robert-Metel*, Conseiller d'Estat ordinaire, Abbé de Chastillon sur Seine, *à Paris, chez Augustin Courbé*.... M.DC.LIX, in-8°. L'Achevé d'imprimer de ce volume est du « 10. iour de May 1659. » On voit par là que le sonnet de Corneille est au moins de cinq ans plus ancien qu'on ne l'a pensé; mais comme il existe une déclaration du 30 décembre 1656 sur les nouveaux anoblis, il est probable que les deux réclamations poétiques de Corneille et de Boisrobert furent rédigées l'année suivante et doivent être placées en 1657. Plus tard, la Fontaine en fit une du même genre; mais, comme le remarque M. Walckenaer, elle est nécessairement postérieure au 20 avril 1662[2].

Le sonnet *A Monseigneur le Duc de Guise* (pièce LXVI, p. 182), que tous nos prédécesseurs ont placé à 1640, et que, par des motifs exposés dans la notice qui le précède, nous avons transporté à l'année 1664, fournit encore un exemple des changements considérables qui étaient à faire dans le classement des *Poésies diverses*.

Nous avons dit plus haut que nous reviendrions sur le recueil de Sercy; nous allons en donner une description détaillée. Il renferme un grand nombre de petites pièces signées CORNEILLE; et pour juger de leur degré d'authenticité et les classer suivant leur date avec autant d'exactitude qu'il est possible, il importe de bien connaître cette collection, souvent réimprimée, qu'on ne cite pas d'ordinaire d'après les éditions originales, et qu'on n'a pas encore examinée d'assez près. Ces éditions originales sont rares ; néanmoins on les trouve toutes à la Bibliothèque impériale, et c'est d'après les exemplaires de cet établissement que nous allons les décrire. Le recueil se compose de cinq parties, chacune en un volume in-12. La première contient le privilége, accordé pour neuf ans et daté du « 19. iour de Ianuier 1653 ; » on lit à la fin : « Acheué d'imprimer le 24. Mars 1653. » Ce vo-

---

1. Pages 113 et 114.
2. *Histoire de la vie et des ouvrages de J. la Fontaine*, 3ᵉ édition, p. 106.

lume porte le titre suivant dont nous conservons la disposition matérielle :

POESIES CHOISIES
DE MESSIEURS

Corneille.	De Montereuil.
Bensserade.	Vignier.
De Scudery.	Chevreau.
Boisrobert.	Malleville.
Sarrasin.	Tristan.
Desmarests.	Testu.
Bertaud.	Maucroy.
S. Laurent.	De Prade.
Colletet.	Girard.
La Mesnardiere.	De l'Age.

Et plusieurs autres.

A Paris,

Chez Charles de Sercy, au Palais, dans la Salle Dauphine, à la Bonne-Foy couronnée.
M.DC.LIII.
Avec Privilege du Roy.

L'Achevé d'imprimer de la seconde partie est du « 12. Aoust 1653 ; » celui de la troisième, du « 6. Feurier 1656 ; » celui de la quatrième, du 12. Ianuier 1658 ; » enfin celui de la cinquième et dernière, du « 18. Aoust 1660. »

Le plus ordinairement les pièces qui composent ce recueil sont signées en toutes lettres ; il n'est pas rare néanmoins qu'elles le soient seulement d'initiales ; parfois elles sont anonymes ; enfin il arrive qu'une pièce anonyme dans le recueil est signée à la table des matières. Mais il n'est pas à croire qu'à moins de motifs tout particuliers, les pièces de Corneille, dont le nom figure le premier sur le titre, aient été insérées dans le recueil sans porter de nom, ou même qu'on ne les ait signées que de la simple initiale C.

Examinons maintenant quelle est sa part dans cette multitude de poésies en général assez médiocres.

Dans le premier volume, publié, comme nous l'avons dit, en 1653, nous trouvons (p. 235-238) la pièce XXXIV et

(p. 399-402) les pièces XXXVII-XXXIX de notre édition des *Poésies diverses;* elles sont signées en toutes lettres et ne peuvent donner lieu à aucun doute. A ces quatre pièces incontestables, M. Paul Lacroix voudrait ajouter un sonnet qui, anonyme dans le recueil, est signé C. à la table des pièces. Suivant M. Lacroix, ce sonnet « date sans doute de l'époque où le grand poëte, victime de la jalousie littéraire de Richelieu, cessa d'être un des cinq auteurs du Palais-Cardinal et se retira de la cour, où il n'avait fait que passer en se sentant mal à l'aise dans le rôle de courtisan.... Il faut choisir entre Cottin, Chevreau et Corneille; nous n'hésitons pas après avoir lu ces beaux vers cornéliens [1]. » Quant à nous, nous l'avouons, nous ne sommes nullement convaincu; les vers sont assez beaux en effet, mais n'ont rien, à notre avis, de vraiment cornélien; et si nous éprouvons quelque embarras à les abandonner à Cottin, nous n'en ressentons aucun à les renvoyer à Chevreau. Nous recueillons d'ailleurs la pièce à l'*Appendice* (n° VI, p. 354), afin que le lecteur puisse se prononcer suivant son impression, car il est à peu près impossible d'invoquer, en pareille circonstance, de véritables preuves.

La seconde partie du recueil de Sercy ne contient de Corneille que les pièces XXV-XXVII de notre édition des *Poésies diverses*, qui font partie de *la Guirlande de Julie;* et nous venons de dire (p. 11) que c'est précisément le témoignage de Sercy qui nous a engagé à porter le nombre des pièces composées par notre poëte, pour cette circonstance, à trois seulement, et non à six, comme l'ont fait certains éditeurs.

La troisième partie des *Poésies choisies* de Sercy, publiée pour la première fois le 6 février 1656, comme nous l'avons dit plus haut, et non en 1662, comme le pense M. Lacroix [2], ne contient le nom de Corneille ni sur le titre, ni à la fin des pièces, ni dans la table; on n'y voit figurer non plus ni le nom de Cottin, ni celui de Chevreau, ni aucun autre nom commençant par un C., si ce n'est, à la fin d'un sonnet en bouts-rimés, celui d'un certain Cebret; mais dans ce volume, dont le titre ne porte aucun nom entier commençant par un C., il y a deux

---

[1]. *Revue des provinces*, 15 mars 1864, tome II, p. 477 et 478.
[2]. *Revue des provinces*, tome II, p. 478.

sonnets signés de cette lettre : l'un, que nous n'avons nulle envie d'attribuer à notre poëte, parle d'un linot envolé qui rentre en cage de peur de faire pleurer sa maîtresse; l'autre, d'un genre fort différent, qui ne se trouve point dans la première édition, mais qui paraît dans la réimpression de 1658, a été signalé avec beaucoup de vraisemblance par M. Lacroix comme étant de Corneille; on le trouvera également dans l'*Appendice* sous le n° VI : nous avions même grande envie de l'admettre dans les *OEuvres*; toutefois, quoiqu'il nous ait paru non-seulement égal, mais même supérieur à beaucoup de morceaux contenus dans les *Poésies diverses*, et qui sont incontestablement de Corneille ; bien qu'il soit en rapport avec la disposition d'esprit de notre poëte à cette époque, et que nous y ayons trouvé deux vers qui sont comme un souvenir de la pièce intitulée : *la Poésie à la Peinture*; quoique nous reconnaissions enfin qu'il est naturel que notre auteur n'ait point voulu signer en toutes lettres une œuvre si personnelle, et, comme on le dirait aujourd'hui, si intime, nous aimons mieux être accusé d'une réserve exagérée que de courir le risque d'introduire à tort dans les *OEuvres* de Corneille une pièce après tout encore douteuse, et nous nous contentons, en la renvoyant à l'*Appendice*, comme c'est en pareil cas notre coutume, de la recommander d'une manière toute particulière à l'attention des lecteurs.

Dans la quatrième partie, non-seulement Corneille n'est pas nommé, mais il n'y a même aucune pièce qu'on ait eu l'idée de lui attribuer.

La cinquième partie, au contraire, ne contient pas moins de dix-neuf pièces signées Corneille, et que jusqu'ici les éditeurs ont toutes attribuées à Pierre. Granet, il est vrai, en a supprimé quelques-unes; mais ce n'était point parce qu'il doutait de leur authenticité : c'était, ainsi qu'il le déclare lui-même, parce qu'elles renferment « divers traits d'une galanterie trop libre[1]. » Remarquons cependant que dans le recueil de Sercy le nom de Corneille n'est jamais accompagné de prénom, ni des désignations d'aîné ou de jeune, et qu'on est en droit de se demander si un certain nombre des pièces suivies de cette

1. *OEuvres diverses*, préface, folio IV, recto.

signature n'appartiennent pas à Thomas Corneille : le témoignage de Conrart, et plus encore une lecture attentive et réfléchie, nous le prouvent quant à l'une d'elles, que nous avons placée dans l'*Appendice* sous le numéro XI, et que Granet et tous les autres éditeurs de Corneille n'avaient pas manqué d'accepter de confiance. Dans les dix-huit qui restent, il en est bon nombre que nous serions fort tenté de laisser aussi à Thomas, ne fût-ce qu'à cause de leur faiblesse; mais il faut se garder en ces matières de se laisser entraîner, sans preuves positives, à ses prédilections ou à ses répugnances, et nous sommes obligé de tout recevoir, sous bénéfice d'inventaire toutefois, et en signalant au lecteur ce danger jusqu'ici inaperçu. Nous n'avons pas voulu néanmoins augmenter, comme à plaisir, le nombre de ces pièces litigieuses à partager entre les deux frères : ainsi nous laissons à Thomas deux sonnets sur sa tragédie de *Timocrate*, qui portent seulement le nom de Corneille, et que M. Lacroix attribue à Pierre[1]. Du reste, non-seulement il est possible que parmi les pièces que nous attribuons à Pierre, certaines soient de Thomas, mais encore il peut arriver qu'elles ne soient ni de l'un ni de l'autre. Nous prouverons dans l'*Appendice*[2] qu'une pièce que nous y avons rejetée, qui est attribuée à l'auteur du *Cid* dans les éditions les plus récentes de ses *Œuvres*, et qui est signée de lui dans plusieurs recueils formés de son temps, est en réalité de Fléchier. Une épigramme dirigée contre d'Aubignac, que M. Lacroix regarde comme étant de Corneille, dont elle porte en effet la signature dans un recueil, est considérée, avec bien plus de vraisemblance, comme appartenant à Cottin, par un écrivain fort au courant des faits de ce genre, Tallemant des Réaux, qui en citant les épigrammes faites contre d'Aubignac en faveur de notre poëte, évite prudemment dans la plupart des cas les attributions formelles, et se contente de dire que telle petite pièce est de Corneille ou de « quelque corneillien[3]. » Une autre épigramme des plus médiocres, signée CORNEILLE dans un recueil de Chamoudry, se trouve dans les *Œuvres* de Saint-

---

1. Voyez l'*Appendice*, n° IX.
2. N° XII.
3. Voyez l'*Appendice*, n° XIII.

Amant[1]. Il y avait alors en ce genre, non-seulement de fréquentes méprises, mais des fraudes volontaires et calculées. « Les pièces.... qui sont rapportées ici, dit le P. Bouhours dans son *Recueil de vers choisis*[2], ne se donnent qu'à leurs véritables auteurs, ou du moins qu'à ceux qui passent constamment pour les avoir faites; car on feroit scrupule d'imposer au public, à l'exemple de certaines gens qui, après avoir fait faire des pièces par je ne sais quel auteur à gages, les mettent sur la tête de quelque écrivain célèbre, pour grossir et vendre plus cher le volume de ses œuvres. »

En cherchant à éclaircir cette partie difficile de notre tâche, nous comprenions le ravissement avec lequel Madelon, dans *les Précieuses ridicules*[3], se promet de voir venir chez elle « tous ces Messieurs du *Recueil des pièces choisies*. » — « Par le moyen de ces visites spirituelles, on est instruit, ajoute-t-elle, de cent choses qu'il faut savoir de nécessité, et qui sont de l'essence du bel esprit. On apprend par là chaque jour les petites nouvelles galantes, les jolis commerces de prose ou de vers. On sait à point nommé, un tel a composé la plus jolie pièce du monde sur un tel sujet; celui-ci a fait un madrigal sur une jouissance; celui-là a composé des stances sur une infidélité; Monsieur un tel écrivit hier au soir un sixain à Mademoiselle une telle, dont elle lui a envoyé la réponse ce matin sur les huit heures. » Tel est à peu près le commentaire qui nous manque et que nous ne pouvons suppléer que bien imparfaitement; toutefois nous avons fait quelques petites découvertes de nature à nous mériter l'approbation de Madelon; ainsi, par exemple, nous avons pu indiquer le jour et presque l'heure où Corneille a composé le *Sonnet perdu au jeu* qui se trouve dans la cinquième partie des *Poésies choisies* de Sercy. Comme on le pense bien, de tels hasards ne sont pas fréquents, mais par bonheur aussi ils ne sont guère nécessaires, et nous nous estimerons fort heureux si nous parvenons à ranger plus exactement d'après leurs dates les *Poésies diverses* de Corneille, à en rejeter ce qui pouvait choquer

1. Voyez l'*Appendice*, n° VIII.
2. Avertissement, folio 3. — L'Achevé d'imprimer de ce *Recueil* du P. Bouhours est du « premier jour de juin 1693. »
3. Scène x.

une critique éclairée, et surtout à les compléter soit par nos propres recherches[1], soit en faisant dans les matériaux

---

[1]. Nous prions le lecteur de vouloir bien accorder une attention toute particulière à la pièce XVII de l'*Appendice*, qui nous paraît intéressante et vraiment digne de Corneille.

Outre les pièces, bien authentiques, signalées par MM. P. Lacroix et Fournier, dont les recherches nous ont été si utiles, et classées par nous, à leur rang chronologique, dans les *OEuvres* de Corneille; outre celles qui nous ont paru ne point appartenir à notre auteur et que nous avons renvoyées à l'*Appendice*, il en est un certain nombre qui, à notre avis, ne pouvaient, à aucun titre, figurer dans notre recueil. Telles sont :

1º La pièce sur l'immaculée conception de la Vierge dont nous avons parlé plus haut (p. 7 et 8).

2º Deux quatrains publiés en 1655 dans un *Recueil* de Chamoudry et intitulés, l'un : *A M. P. en lui donnant un livre de l'Imitation de Jésus*; l'autre : *A une dame en lui envoyant le livre de l'Imitation de J. C.* Ces deux quatrains sont anonymes. M. P. Lacroix[*] les considère comme des envois d'auteur ; mais il nous paraît beaucoup plus naturel de les mettre au nombre de ces petites pièces galantes qu'on joignait alors à tout présent fait à une dame : voyez, par exemple (ci-après, pièce IV, p. 32), celle dont Corneille accompagne l'envoi d'un nœud de rubans.

3º Une épigramme qui porte le nom de Corneille dans *le Songe du Resveur*, à Paris, chez Guillaume de Luyne, libraire-Iuré, au Palais, M.DC.LV, 1 vol. petit in-12 [**]. Ce *Songe* est une réplique à la *Pompe funèbre de Scarron*, réplique où les divers écrivains attaqués dans cet ouvrage sont censés répondre chacun par une épigramme évidemment supposée.

4º Une *Ode sur la paix et le mariage*, Paris, Guillaume de Luyne, 1660, in-4º de 27 pages, au sujet de laquelle M. P. Lacroix s'exprime ainsi : « Cette ode anonyme pourrait être signée CORNEILLE, sans faire tort à l'auteur du *Cid* et de *Cinna*; j'ajouterai qu'elle a été imprimée à Rouen par Laurent Maurry, et mise en vente chez Guillaume de Luyne, le libraire et l'imprimeur ordinaires de Corneille[***]. » Ces raisons ne nous ont pas paru suffisantes, et il nous a semblé au contraire qu'un poëte aussi célèbre que Corneille l'était en 1660 ne

---

[*] *Bulletin du bouquiniste*, 1er février 1864, p. 54.
[**] *Ibidem*, 15 août 1863, p. 695.
[***] *Ibidem*, 1er novembre 1864, p. 590.

amassés par MM. P. Lacroix et Fournier un choix prudent et discret.

pouvait avoir aucune raison de ne pas signer une pièce de vers publiée dans une semblable circonstance.

5º Un sonnet *sur le crime de lèze-majesté divine, commis à Notre-Dame le dimanche 3 aoust 1670, sur les neuf heures du matin, par le nommé Sarrazin, natif de Caen*, sonnet transcrit par M. P. Lacroix comme étant de Corneille, mais dont il déclare ne plus se rappeler la source*.

6º Enfin une longue pièce de vers, tirée des manuscrits de Trallage, et considérée un instant par MM. Éd. Thierry et P. Lacroix comme ayant été composée pour le Roi, par Corneille, deux années avant la mort du poëte, à la sollicitation de Mme de Maintenon; pièce de vers qui en réalité ne rappelle en rien la manière de Corneille, et qu'après réflexion ses deux éditeurs n'entreprendraient certes pas de défendre**.

* *Bulletin du bouquiniste*, 15 octobre 1864, p. 559.
** *Revue des provinces*, 15 mars 1864, tome II, p. 480-486.

AU LECTEUR[1].

QUELQUES-UNES de ces pièces te déplairont; sache aussi que je ne les justifie pas toutes, et que je ne les donne qu'à l'importunité du libraire pour grossir son livre. Je ne crois pas cette tragi-comédie si mauvaise que je me tienne obligé de te récompenser par trois ou quatre bons sonnets.

---

1. Cet avis *au Lecteur* a paru en tête des pièces I à XIV, XVI et XVII, réunies à la suite du *Clitandre* de Corneille. Il se trouve au verso du titre, qui est : *Meslanges poetiques du mesme*. A Paris, chez François Targa, etc. L'Achevé d'imprimer du volume dont ces pièces font partie est daté du 20 mars 1632. Voyez la *Notice* des *Poésies diverses*, ci-dessus, p. 4-6.

I

A MONSIEUR D. L. T.

Nous ignorons quel est le personnage à qui cette épître est adressée; le vers 27 nous apprend que c'est un ami de Corneille, et les vers 71 et 72 semblent indiquer qu'il est poëte. Nous ne le voyons pas figurer parmi les auteurs des *Hommages adressés à Corneille au sujet de* la Veuve (voyez tome I, p. 379-393). Il est bien probable que la pièce qu'on va lire n'est pas la plus ancienne de celles qui composent les *Mélanges*. Les travers poétiques qui y sont agréablement raillés se font remarquer dans l'ode suivante, qui a dû être écrite auparavant. Il semble que la présente épître aurait dû être rapprochée de la chanson qui porte le numéro XIV, avec laquelle elle a plus d'une analogie. Toutefois, en l'absence de renseignements certains, nous avons cru devoir respecter l'ordre suivi par Corneille.

Enfin échappé du danger
Où mon sort me voulut plonger,
L'expérience indubitable
Me fait tenir pour véritable
Que l'on commence d'être heureux   5
Quand on cesse d'être amoureux.
Lorsque notre âme s'est purgée
De cette sottise enragée
Dont le fantasque mouvement
Bricole[1] notre entendement,   10
Crois-moi qu'un homme de ta sorte,
Libre des soucis qu'elle apporte,
Ne voit plus loger avec lui

---

1. C'est-à-dire : amuse et trompe ; au propre : conduit obliquement. Voyez tome IV, p. 322, note 2, et le *Lexique*.

Le soin, le chagrin ni l'ennui.
Pour moi, qui dans un long servage 15
A mes dépens me[1] suis fait sage.
Je ne veux point d'autres motifs
Pour te servir de lénitifs,
Et ne sais point d'autre remède
A la douleur qui te possède, 20
Qu'écrivant la félicité
Qu'on goûte dans la liberté,
Te faire une si bonne envie
Des douceurs d'une telle vie,
Qu'enfin tu puisses à ton tour 25
Envoyer au diable l'amour.
Je meure, ami, c'est un grand charme
D'être insusceptible d'alarme,
De n'espérer ni craindre rien,
De se plaire en tout entretien, 30
D'être maître de ses pensées,
Sans les avoir toujours dressées
Vers une beauté qui souvent
Nous estime moins que du vent,
Et pense qu'il n'est point d'hommage 35
Que l'on ne doive à son visage.
Tu t'en peux bien fier à moi :
J'ai passé par là comme toi;
J'ai fait autrefois de la bête ;
J'avois des Philis à la tête : 40
J'épiois les occasions ;
J'épiloguois mes passions ;
Je paraphrasois un visage ;
Je me mettois à tout usage,

1. La première édition (1632) donne la leçon impossible *je*, pour *me*.

Debout, tête nue, à genoux, 45
Triste, gaillard, rêveur, jaloux;
Je courois, je faisois la grue
Tout un jour au bout d'une rue :
Soleils, flambeaux, attraits, appas,
Pleurs, désespoirs, tourments, trépas, 50
Tout ce petit meuble de bouche
Dont un amoureux s'escarmouche,
Je savois bien m'en escrimer [1].
Par là je m'appris à rimer;
Par là je fis sans autre chose 55
Un sot en vers d'un sot en prose;
Et Dieu sait alors si les feux,
Les flammes, les soupirs, les vœux,
Et tout ce menu badinage,
Servoit[2] de rime et de remplage[3]. 60

1. Corneille a donné de curieux échantillons de ces « discours de livre, » comme il les appelle, dans *Mélite* (tome I, p. 146 et 147, vers 61-78) et dans *la Veuve* (tome I, p. 412, vers 250-266). On trouve aussi dans la comédie, ou plutôt dans le dialogue intitulé *Climène*, publié par la Fontaine en 1671, une satire fort délicate des poésies galantes du dix-septième siècle :

ÉRATO.
Mais n'est-ce point assez célébré notre belle?
Quand j'aurai dit les jeux, les ris et la séquelle,
Les grâces, les amours : voilà fait à peu près.
APOLLON.
Vous pourrez dire encor les charmes, les attraits,
Les appas.
ÉRATO.
Et puis quoi?
APOLLON.
Cent et cent mille choses.
Je ne vous ai conté ni les lis ni les roses :
On n'a qu'à retourner seulement ces mots-là.

Voyez encore ci-après, p. 30, note 2, et p. 33, note 1.
2. On lit ainsi *servoit*, au singulier, dans l'édition originale.
3. Remplissage.

Mais à la fin hors de mes fers,
Après beaucoup de maux soufferts,
Ce qu'à présent je te conseille,
C'est de pratiquer la pareille,
Et de montrer à ce bel œil, 65
Qui n'a pour toi que de l'orgueil,
Qu'un cœur si généreux et brave
N'est pas né pour vivre en esclave.
Puis, quand nous nous verrons un jour,
Sans soin tous deux, et sans amour, 70
Nous ferons de notre martyre
A communs frais une satire;
Nous incaguerons [1] les beautés;
Nous rirons de leurs cruautés;
A couvert de leurs artifices, 75
Nous pasquinerons leurs malices [2];
Impénétrables à leurs traits,
Nous ferons nargue à leurs attraits;
Et toute tristesse bannie,
Sur une table bien garnie, 80
Entre les verres et les pots
Nous dirons le mot à propos.
On nous orra conter merveilles
En préconisant les bouteilles;
Nous rimerons au cabaret 85
En faveur du blanc et clairet,
Où quand nous aurons fait ripaille,
Notre main contre la muraille,
Avec un morceau de charbon

---

1. *Incaguer*, défier, braver.
2. Nous ferons des satires sur elles. Voyez le *Lexique* pour tous ces mots.

Paranymphera[1] le jambon[2].   90
Ami, c'est ainsi qu'il faut vivre,
C'est le chemin qu'il nous faut suivre,
Pour goûter de notre printemps
Les véritables passe-temps.
Prends donc, comme moi, pour devise,   95
Que l'amour n'est qu'une sottise.

1. *Paranympher*, louer, célébrer. On appelait *paranymphe* le discours solennel qui se prononçait, dans la Faculté de théologie et dans celle de médecine, à la fin de chaque licence. Voyez le *Lexique*.
2. Cette façon de donner à ses chansons bachiques une certaine publicité paraît avoir été alors d'un usage assez général. Tout le monde se rappelle ces vers de l'*Art poétique* de Boileau (chant I, vers 21-26) :

> Ainsi tel autrefois qu'on vit avec Faret
> Charbonner de ses vers les murs d'un cabaret,
> S'en va mal à propos d'une voix insolente
> Chanter du peuple hébreu la fuite triomphante ;
> Et poursuivant Moïse au travers des déserts,
> Court avec Pharaon se noyer dans les mers.

II

ODE SUR UN PROMPT AMOUR[1].

O Dieux! qu'elle sait bien surprendre!
Mon cœur, adore ta prison,
Et n'écoute plus ta raison[2]
Qui fait mine de te défendre;
Accepte une si douce loi. 5
Voir Amynte et rester à soi
Sont deux choses incompatibles :
Devant une telle beauté,
C'est à faire à des insensibles
De conserver leur liberté. 10

Ses yeux, d'un pouvoir plus suprême
Que n'est l'autorité des rois,
Interdisent à notre choix
De disposer plus de nous-même.
Ravi que j'en fus à l'abord, 15

---

1. Voyez ci-dessus, p. 25, la fin de la notice qui précède la pièce I.
2. Boileau critique ces idées et ces expressions dans le second chant de l'*Art poétique* (vers 45-52), où il parle de ces « vains auteurs » qui
    ... ne savent jamais que se charger de chaînes,
    Que bénir leur martyre, adorer leur prison,
    Et faire quereller les sens et la raison.

Mais comme c'est là un lieu commun poétique fort rebattu, il n'est guère probable que ce soit Corneille que Boileau ait eu particulièrement en vue dans ce passage.

Je ne pus[1] faire aucun effort
A me retenir en balance ;
Et je sentis un changement
Par une douce violence,
Que j'eusse fait par jugement.

Regards brillants, clartés divines,
Qui m'avez tellement surpris ;
OEillades qui sur les esprits
Exercez si bien vos rapines ;
Tyrans secrets, auteurs puissants
D'un esclavage où je consens ;
Chers ennemis de ma franchise,
Beaux yeux, mes aimables vainqueurs,
Dites-moi qui vous autorise
A dérober ainsi les cœurs.

Que ce larcin m'est favorable !
Que j'ai sujet d'appréhender,
La conjurant de le garder,
Qu'elle me soit inexorable !
Amour, si jamais ses dédains
La portent à ce que je crains,
Fais qu'elle se puisse méprendre ;
Et qu'aveuglée, au lieu du mien
Qu'elle aura dessein de me rendre,
Amynte me donne le sien !

1. *Je ne peux*, dans l'édition originale ; mais c'est évidemment pour *je ne peus*, c'est-à-dire : *je ne pus*.

III

A MONSEIGNEUR LE CARDINAL DE RICHELIEU.

SONNET.

Puisqu'un d'Amboise[1] et vous d'un succès admirable
Rendez également nos peuples réjouis,
Souffrez que je compare à vos faits inouïs
Ceux de ce grand prélat, sans vous incomparable.

Il porta comme vous la pourpre vénérable 5
De qui le saint éclat rend nos yeux éblouis;
Il veilla comme vous d'un soin infatigable;
Il fut ainsi que vous le cœur d'un roi Louis.

Il passa comme vous les monts à main armée;
Il sut ainsi que vous convertir en fumée 10
L'orgueil des ennemis, et rabattre leurs coups :

Un seul point de vous deux forme la différence :
C'est qu'il fut autrefois légat du pape en France[2],
Et la France en voudroit un envoyé de vous.

1. Le cardinal Georges d'Amboise, premier ministre de Louis XII.
2. Ce fut le pape Alexandre VI qui nomma le cardinal d'Amboise son légat en France.

IV

SONNET POUR M. D. V.,

Envoyant un galand à M. L. C. D. L.

On ne sait quelles sont les personnes désignées par ces initiales. L'auteur d'un opuscule intitulé « la belle de Ludre, 1648-1725, essai biographique, *Nancy*, *Maubon*, 1861, in-8°, » a voulu y voir M. de Vivonne et la comtesse de Ludre; mais il n'a pas remarqué que ce sonnet a été publié dès 1632, et que la comtesse n'est née qu'en 1648. — *Un galand* signifie ici un nœud de ruban. Voyez tome II, p. 7, note 5; p. 93, vers 1404; et le *Lexique*.

Au point où me réduit la distance des lieux,
Souffrez que ce galand vous porte mes hommages,
Comme si ses couleurs étoient autant d'images
De celle qu'en mon cœur je conserve le mieux.

Parez-en ce beau sein, ce chef-d'œuvre des cieux, 5
Cette honte des lis, cet aimant[1] des courages,

---

1. Corneille, quelques années plus tard, critiquait agréablement dans *la Veuve* (tome I, p. 409, vers 200-204) une galanterie toute semblable :

> Il m'aborde en tremblant avec ce compliment :
> « Vous m'attirez à vous ainsi que fait l'aimant. »
> (Il pensoit m'avoir dit le meilleur mot du monde.)
> Entendant ce haut style, aussitôt je seconde,
> Et réponds brusquement sans beaucoup m'émouvoir :
> « Vous êtes donc de fer, à ce que je puis voir. »

Mlle de Scudéry, dans une lettre du 28 septembre 1657, par laquelle elle invite un de ses amis à une réunion dans laquelle il doit trouver deux jeunes beautés, l'une brune et l'autre blonde, se moque aussi d'une comparaison du même genre (*Manuscrits de Conrart*,

Ce beau sein où nature a mis tant d'avantages
Qu'il dérobe le cœur en surprenant les yeux.

Il va mourir d'amour sur cette gorge nue;
Il en pâlit déjà, sa vigueur diminue,   10
Et finit languissante en des traits effacés.

Hélas! que de mortels lui vont porter envie,
Et voudroient en langueur finir ainsi leur vie,
S'ils pouvoient en mourant être si bien placés!

tome IX, p. 902 et 903) : « Je vous laisse à penser, dit-elle, combien vous serez desiré, et si les galants qui s'y trouveront ne seroient pas bien aises que ce fût encore la mode de dire :

Comme l'on voit le fer entre deux calamites.

Mais comme nous ne sommes plus aux siècles des comparaisons, et que celle-là est trop aisée, il faudra que les galants s'en passent. » — Voyez encore une comparaison analogue tirée de l'*Astrée* et citée par nous au tome IV, dans la note 5 de la page 353.

V

MADRIGAL

*Pour un masque donnant une boîte de cerises confites
à une damoiselle.*

  Allez voir ce jeune soleil,
  Cerises, je vous en avoue;
  Montrez-lui votre teint vermeil
Un peu moins que sa lèvre, un peu plus que sa joue;
  Montrez-lui votre rouge teint,   5
   Où la nature a peint,
  Comme sur une vive image,
   La cruauté de son courage.
Après, en ma faveur, dans le contentement
  Que vous aurez si la belle vous touche,   10
   Dites-lui secrètement,
   Approchant de sa bouche :
   « Philis, notre beauté
Ne porte les couleurs que de la cruauté;
Mais ce qui la conserve et la fait être aimée,   15
Ce n'est que la douceur qu'elle tient enfermée;
   Ainsi doncque soyez, vous,
   Belle et douce comme nous. »

VI

ÉPITAPHE DE DIDON,

Traduit[1] du latin d'Ausone : INFELIX DIDO, etc.[2].

Misérable Didon, pauvre amante séduite,

1. A cette époque *épitaphe* était habituellement du masculin. Voyez tome IV, p. 15, note 1 ; p. 310, vers 381 ; et le *Lexique*. — Granet a mis ici : *épitaphe traduite*, et il a été imité en cela par tous les éditeurs qui l'ont suivi.

2. *Infelix Dido, nulli bene nupta marito :*
Hoc pereunte fugis, hoc fugiente peris.
(Ausone, épitaphe xxx.)

Cette épitaphe d'Ausone a donné lieu à un fort grand nombre d'imitations. Voici un distique de Leibnitz qui n'est pas sans rapport avec la seconde pièce de Corneille :

Quel mari qu'ait Didon, son malheur la poursuit :
Elle fuit quand l'un meurt, et meurt quand l'autre fuit.

La pièce la plus connue est la suivante, dont on ignore l'auteur, et que le P. Bouhours rapporte dans *la Manière de bien penser dans les ouvrages de l'esprit*, seconde édition, Paris, 1691, in-12, p. 55 :

Pauvre Didon, où t'a réduite
De tes maris le triste sort ?
L'un, en mourant, cause ta fuite ;
L'autre, en fuyant, cause ta mort.

L'abbé Desfontaines, qui, dans son *Discours sur la traduction des poëtes* en tête de sa traduction de Virgile, critique cette imitation, propose de la remplacer par celle-ci, dont il est l'auteur :

Hélas ! que tes époux te causent de malheurs,
Didon : l'un meurt, tu fuis ; l'autre fuit, et tu meurs.

Enfin Souchay cite une traduction qui diffère très-peu de celle de Desfontaines :

Didon, tes deux maris te comblent de douleurs :
Le premier meurt, tu fuis ; le second fuit, tu meurs.

Dedans tes deux maris je plains ton mauvais sort,
Puisque la mort de l'un est cause de ta fuite,
Et la fuite de l'autre est cause de ta mort.

AUTREMENT.

Quel malheur en maris, pauvre Didon, te suit!
Tu t'enfuis quand l'un meurt, tu meurs quand l'autre fuit.

VII

MASCARADE DES ENFANTS GÂTÉS [1].

L'OFFICIER [2].

Une ambition déréglée
Dont mon âme s'est aveuglée,
Plus forte que mon intérêt,
Pour donner un arrêt en cornes [3],
A tellement passé les bornes   5
Qu'elle n'a point trouvé d'arrêt.

Ce vain honneur, et cette pompe
De qui le faux éclat nous trompe,
M'a fait engager tout mon bien ;
Et pour être monsieur et maître,   10
Je crains fort à la fin de n'être
Ni maître ni monsieur de rien.

Pressé de créanciers avides,
Mes coffres sont tellement vides
Qu'étant au bout de mon latin,   15
Ma robe a gagné la pelade [4],

---

1. Corneille joue sur le double sens du mot *gâtés*. Les *enfants gâtés* de la mascarade sont, comme on le verra, des gens *ruinés*.
2. L'officier de justice. Il n'y avait pas jusqu'aux sergents et aux bedeaux auxquels on ne donnât ce titre : voyez le *Dictionnaire* de Furetière.
3. En bonnet à cornes, comme en portaient les docteurs et les huissiers. Voyez encore le *Dictionnaire* de Furetière (1690), au mot *Corne*.
4. Ma robe s'est pelée, s'est usée. *Pelade* signifie proprement une maladie qui fait tomber le poil.

Et ma bourse, encor plus malade,
Se voit bien proche de sa fin.

Ainsi mes affaires gâtées,
Voyant mes terres décrétées, 20
Gages, profits, droits arrêtés,
Et ma finance au bas réduite,
Je mène ici sous ma conduite
La troupe des *Enfants gâtés*.
LE GENTILHOMME.
Il faut qu'en dépit de mon sang 25
Je lui cède le premier rang.
En vain ma noblesse me flatte :
En ces lieux par où nous allons,
On respecte mal l'écarlate
Qui ne va point jusqu'aux talons[1] ; 30
Et celle qui souvent accompagne nos bottes,
Tombant dans le mépris,
Près de celle qu'on traîne aux crottes[2],
Perd son lustre et son prix.

Trop d'or sur mes habits en a vidé ma bourse; 35
La meute de mes chiens
N'a chassé que mes biens,
Qui dessus mes chevaux se sauvoient à la course;
Et mes oiseaux, au bout d'un an ou deux,
M'ont fait léger comme eux. 40
Voilà, sans rechercher tant de contes frivoles,
Tout ce qui m'a gâté déduit en trois paroles;

---

1. Comme les robes des cardinaux, des présidents, des conseillers.
2. C'est-à-dire en comparaison de celles dont sont faites les robes dont il vient d'être parlé, qui traînent jusqu'à terre.

Et pour un cavalier, c'est bien bourré[1] des vers
 A tort et à travers.
LE PLAIDEUR.
Les procès m'ont gâté, Messieurs; je m'en repens : 45
C'est, dans mon déplaisir, tout ce que j'en puis dire;
Car je crains tellement de payer des dépens,
Que même au mardi gras je n'ose plus médire.
L'AMOUREUX.
 J'ai fait ce qu'il a fallu faire;
 Mais le bal, les collations, 50
 Les présents, les discrétions[2]
 N'ont point avancé mon affaire.
 J'ai corrompu trente valets,
 Afin de rendre mes poulets;
 J'ai donné mille sérénades : 55
 On persiste à me dédaigner;
 Et deux misérables œillades,
 C'est tout ce que j'ai pu gagner.

 Quoi que m'ait promis l'espérance,
 A la fin il ne m'est resté 60
 Que l'incommode vanité
 D'une sotte persévérance;
 Ma profusion sans effet
 N'a servi qu'à gâter mon fait
 Et dissiper mon héritage : 65
 Quel malheur me va poursuivant!

1. Tel est le texte de l'édition originale. Granet a remplacé le participe par l'infinitif *bourrer*. — *Bourrer des vers*, c'est faire des vers avec de la bourre, du remplissage. Voyez le *Lexique de Malherbe*, au mot BOURRE.

2. « Au jeu on appelle *discrétion* ce qu'on laisse à la volonté du perdant. C'est un moyen de faire un présent déguisé à une femme de jouer contre elle une *discrétion*. » (*Dictionnaire de Furetière*.) Voyez le *Lexique*.

O Dieux! j'ai mangé mon partage
Sans avoir vécu que de vent[1]!
L'IVROGNE.
N'est-ce pas une chose étrange
Que pour trotter dedans la fange,
Je fasse faux bond au clairet,
Et que cette troupe brouillonne
M'arrache de ce cabaret
Pour vous produire ma personne?

Je violente mon humeur
D'abandonner ce lieu charmeur;
Toutefois je n'ose me[2] plaindre,
Étant déjà si fort gâté
Que je m'achèverois de peindre
Pour peu que j'en aurois tâté;

Outre que mes eaux sont si basses,
A force de vider les tasses,
Qu'il faut renoncer au métier,
Ne pouvant plus laisser en gage,
Au malheureux cabaretier,
Que les rubis de mon visage.

Mais encor suis-je plus heureux
Que tant de fous et d'amoureux
Qui se sont perdus par leurs grippes[3];
Car bien que je sois bas d'aloi,
Mon argent, serré dans mes tripes,
N'est point sorti hors de chez moi.

1. Cette pièce se termine ici dans l'édition de Granet; la fin, telle qu'on la lit dans l'édition de 1632, n'a été réunie aux OEuvres de Corneille qu'en 1817, dans l'édition d'Ant.-Aug. Renouard.
2. Ce mot manque dans l'édition originale.
3. *Grippe*, fantaisie, goût capricieux.

LE JOUEUR.

Attaqué d'une forte et rude maladie,
    Depuis le jour des Rois,
Les os, par sa chaleur à mon dam trop hardie,   95
    M'en sont tombés des doigts.

Bien que du seul revers de ce mal si funeste
    Je fusse assez gâté,
Pour avoir fait encore à prime[1] trop de reste[2]
    Il ne m'est rien resté.   100

Dames, à cela près, faisons en assurance
    La bête en quelque lieu,
Et je promets moi-même, à faute de finance,
    De me mettre au milieu.

---

1. Sorte de jeu de cartes alors fort à la mode. Voyez le *Lexique*. — Dans la strophe suivante, *la bête* est le nom d'un autre jeu de cartes.

2. Les mots *fait trop de reste* rappellent les locutions bien connues : « jouer de son reste, coucher de son reste, » pour dire faire un dernier effort, un coup de désespoir.

VIII

STANCES

Sur une absence en temps de pluie.

Depuis qu'un malheureux adieu
Rendit vers vous ma flamme criminelle,
Tout l'univers, prenant votre querelle,
Contre moi conspire en ce lieu.

Ayant osé me séparer
Du beau soleil qui luit seul à mon âme,
Pour le venger, l'autre, cachant sa flamme,
Refuse de plus m'éclairer.

L'air, qui ne voit plus ce flambeau,
En témoignant ses regrets par ses larmes,
M'apprend assez qu'éloigné de vos charmes
Mes yeux se doivent fondre en eau.

Je vous jure, mon cher souci,
Qu'étant réduit à voir l'air qui distille,
Si j'ai le cœur prisonnier à la ville,
Mon corps ne l'est pas moins ici.

IX

SONNET.

Suivant Thomas Corneille, notre poëte a écrit sa comédie de *Mélite* pour employer ce sonnet, « qu'il avoit fait pour une demoiselle qu'il aimoit. » Voyez ce que nous avons dit à ce sujet dans la *Notice* de *Mélite* (tome I, p. 126 et suivantes). Ce sonnet, imprimé pour la première fois en 1632, à la suite de *Clitandre*, à une époque où *Mélite*, déjà représentée depuis plusieurs années, n'avait pas encore paru, figure à la scène IV de l'acte II de cette comédie : voyez tome I, p. 171, vers 481-494.

Après l'œil de Mélite il n'est rien d'admirable;
Il n'est rien de solide après ma loyauté :
Mon feu, comme son teint, se rend incomparable,
Et je suis en amour ce qu'elle est en beauté.

Quoi que puisse à mes sens offrir la nouveauté,   5
Mon cœur à tous ses traits demeure invulnérable;
Et quoiqu'elle ait[1] au sien la même cruauté,
Ma foi pour ses rigueurs n'en est pas moins durable.

C'est donc avec raison que mon extrême ardeur
Trouve chez cette belle une extrême froideur,   10
Et que sans être aimé, je brûle pour Mélite;

Car de ce que les Dieux, nous envoyant au jour,
Donnèrent pour nous deux d'amour et de mérite,
Elle a tout le mérite, et moi j'ai tout l'amour.

1. Dans *Mélite* on lit : « et bien qu'elle ait, » pour : « et quoiqu'elle ait. »

X

MADRIGAL.

Je suis blessé profondément :
Amour, et ma maîtresse,
Qui de vous deux me blesse ?
Un aveugle n'a point l'adresse
De porter dans le cœur ses coups si justement ; 5
Et Philis n'a point de flèches
Pour faire de telles brèches :
Mon mal n'est point l'effet ni de ses seuls regards,
Ni des traits qu'un aveugle tire ;
Mais la mauvaise avecque lui conspire, 10
Et lui prête ses yeux pour adresser ses dards.

XI

ÉPIGRAMMES

Traduites du latin d'Audoënus.

Ces sept épigrammes, imprimées en 1632 à la suite de *Clitandre*, n'ont point été recueillies par Granet; et même la troisième, bien peu digne en effet d'être conservée, n'avait pas été réimprimée depuis l'édition originale. Nous avons joint en note à chaque pièce le texte latin de John Owen, dont le nom se traduit d'ordinaire en latin par *Audoënus*, comme le nom français *Ouen*, auquel il répond. Ce poëte, né à la fin du seizième siècle dans le pays de Galles, était mort en 1622, dix ans avant le temps où Corneille publiait cet essai de traduction. Nous avons d'Owen dix livres d'épigrammes; trois livres avaient paru dès 1606; mais les éditions complètes sont dues aux Elzévirs : la première est de Leyde, 1628. Les épigrammes, imitées plutôt que traduites par Corneille, sont toutes dans les trois premiers livres, à l'exception de la troisième, dont nous n'avons pu découvrir la source, et que Corneille a peut-être imitée de quelque petite pièce latine manuscrite attribuée à Owen.

       Jane, toute la journée,
       Dit que le joug d'hyménée
       Est le plus âpre de tous;
       Mais la pauvre créature
       Tout le long de la nuit jure
       Qu'il n'en est point de si doux [1].

---

1.   In Alanam.
Conjugio esse jugum non intolerantius ullum,

POÉSIES DIVERSES.

Les huguenotes de Paris
Disent qu'il leur faut deux maris;
Qu'autrement il n'est en nature
De moyen par où, sans pécher,
On puisse, suivant l'Écriture,   5
Se mettre deux en une chair [1].

———

Madame, dedans sa maison,
Quinze jours avant la saison,
Entend du coucou le ramage.
« Mais c'est un homme qu'elle prend
Pour ce bel oiseau de passage, »   5
Ce dit Monsieur, qui la reprend.
Pour moi plus outre je n'enfonce,
Mais je vous laisse à deviner
D'une si naïve réponse
Ce que l'on peut s'imaginer [2].   10

———

Depuis que l'hiver est venu,
Je plains le froid qu'Amour endure,

Nil aliud toto clamat Alana die;
Post tot clamores et jurgia, nocte fatetur
Conjugio nullum suavius esse jugum.
      (Lib. I, epigr. xxx.)

1.   In Paulam, athram.
Vir ducatne duas, an nubat virgo duobus,
Quæritur. Hanc litem solvere Paula volens :
« *Una viris, inquit, magis apta duobus; in una*
Consistent aliter quomodo carne duo? »
      (Lib. I, epigr. cxlv.)

2. Voyez ci-dessus les dernières lignes de la notice.

Sans songer que plus il est nu,
Et tant moins il craint la froidure[1].

Dans les divers succès de la fin de leur vie,
Le prodigue et l'avare ont de quoi m'étonner;
Car l'un ne donne rien qu'après qu'elle est ravie,
Et l'autre après sa mort n'a plus rien à donner[2].

  Catin, ce gentil visage,
  Épousant un huguenot,
  Le soir de son mariage
  Disoit à ce pauvre sot :
  « De peur que la différence   5
  En fait de religion,
  Rompant notre intelligence,
  Nous mette en division,
  Laisse-moi mon franc arbitre;
  Et du reste de la foi,   10

---

[1].   NUDUS AMOR.

Quæ villis natura feras et gramine campos
 Ornat, aves pluma, vellere vestit oves;
Denique frigidulo quodcumque sub aëre nasci
 Contigit, innata veste vel arte tegit :
Vestivit nudum cur omnia præter Amorem?
 Quo nudus magis est, hoc minus alget Amor.
      (Lib. II, epigr. LXXXVIII.)

[2].   IN PRODIGUM ET PARCUM.

Hic nisi post mortem veteri nil donat amico;
Ille nihil, quod post funera donet, habet.
      (Lib. III, epigr. LXV.)

Je veux avoir le chapitre [1],
Si j'en dispute avec toi [2]. »

Lorsque nous sommes mal, la plus grande maison
Ne nous peut contenir, faute d'assez d'espace;
Mais sitôt que Philis revient à la raison,
Le lit le plus étroit a pour nous trop de place [3].

1. *Avoir le chapitre*, être chapitré, c'est-à-dire corrigé, réprimandé.

2.   In Langam.

Langa, Lutherano nubens papana marito,
  Ansam ut dissidii tolleret omnis, ait :
« Jurgia ne pacem perturbent ulla futuram,
  Tu mihi sis facilis, non ero dura tibi :
Arbitrii libertatem mihi credito, eritque
  De reliqua tecum lis mihi nulla fide. »
                      (Lib. II, epigr. XLVII.)

3.   Conjuges.

Discordes nos tota domus non continet ambos,
  Concordes lectus nos tamen unus habet.
                      (Lib. III, epigr. CXXIV.)

XII

DIALOGUE.

Il faut se rappeler que Tirsis [1] est le nom que Corneille s'est choisi lorsqu'il a mis au théâtre l'aventure qui fait le sujet de *Mélite*. Il n'est peut-être pas trop hasardé de supposer qu'il a écrit ces vers lorsqu'il a obtenu de Mlle Milet l'aveu qu'il n'osait espérer. Ce dialogue n'a pu, comme le sonnet que nous avons vu plus haut (p. 44), entrer textuellement dans la comédie; mais Corneille semble se l'être rappelé en écrivant la scène iv de l'acte V, où Tircis et Mélite s'entretiennent seuls; on y retrouve (vers 1635) ces mots que le poëte tenait à conserver et qui font ici l'effet d'un refrain : « Tu t'en peux assurer. » Faut-il croire que ce soient là les propres paroles de Mlle Milet?...

TIRSIS, CALISTE.

TIRSIS.
Caliste, mon plus cher souci,
Prends pitié de l'ardeur qui me dévore l'âme.
CALISTE.
Tirsis, ne vois-tu pas aussi
Que mon cœur embrasé brûle de même flamme?
TIRSIS.
Je n'ose l'espérer.　　　　　　　　　　　　　5
CALISTE.
Tu t'en peux assurer.
TIRSIS.
Mais mon peu de mérite
Défend un si haut point à ma présomption.

---

1. Dans l'édition de 1632 ce nom est écrit par un *c* au troisième vers; partout ailleurs, par une *s*.

CALISTE.
Mais cette récompense est plutôt trop petite
        Pour tant d'affection.   10
                TIRSIS.
    Je croirai, puisque tu le veux,
Que maintenant mon mal aucunement[1] te touche.
                CALISTE.
    La mort seule éteindra mes feux,
Et j'en ai plus au cœur mille fois qu'en la bouche.
                TIRSIS.
        Je n'ose l'espérer.   15
                CALISTE.
        Tu t'en peux assurer.
                TIRSIS.
            Hélas! que ton courage
M'apprête de rigueurs à souffrir sous ta loi!
                CALISTE.
Ce que j'ai de rigueurs, j'en réserve l'usage
        Pour tout autre que toi.   20
                TIRSIS.
    Si quelqu'un plus riche ou plus beau,
Et mieux fourni d'appas, à te servir se range?
                CALISTE.
    J'élirois plutôt le tombeau,
Que ma volage humeur se dispensât[2] au change.
                TIRSIS.
        Je n'ose l'espérer.   25
                CALISTE.
        Tu t'en peux assurer.

---

1. *Aucunement*, en quelque manière, jusqu'à un certain point. Voyez le *Lexique*.
2. Voyez tome I, p. 208, note 2; tome II, p. 201, vers 1443; et le *Lexique*. — *Se disposât*, dans les *OEuvres diverses*, publiées par Granet, et dans toutes les éditions suivantes.

TIRSIS.
Mais pourrois-tu, ma belle,
Dédaigner un amant qui vaudroit mieux que moi?
CALISTE.
Pourrois-je préférer à ton amour fidèle
Une incertaine foi? 30
TIRSIS.
Si la rigueur de tes parents
A quelque autre parti plus sortable t'engage?
CALISTE.
Les saints devoirs que je leur rends
Jamais dessus ma foi n'auront cet avantage.
TIRSIS.
Je n'ose l'espérer. 35
CALISTE.
Tu t'en peux assurer.
TIRSIS.
Quoi? parents, ni richesses,
Ni grandeurs ne pourront ébranler tes esprits?
CALISTE.
Tout cela, mis auprès de tes chastes caresses,
Perd son lustre et son prix. 40

XIII

CHANSON.

Voyez ci-après, p. 74, 75 et 78, les vers 4-12 et 89-98 de l'*Excuse
à Ariste*, et la note de la page 78.

  Toi qui près d'un beau visage
  Ne veux que feindre l'amour,
  Tu pourrois bien quelque jour
  Éprouver à ton dommage
   Que souvent la fiction   5
   Se change en affection.

  Tu dupes son innocence ;
  Mais enfin ta liberté
  Se doit à cette beauté
  Pour réparer ton offense ;   10
   Car souvent la fiction
   Se change en affection.

  Bien que ton cœur désavoue
  Ce que ta langue lui dit,
  C'est en vain qu'il la dédit :   15
  L'amour ainsi ne se joue ;
   Et souvent la fiction
   Se change en affection.

  Sache enfin que cette flamme
  Que tu veux feindre au dehors,   20
  Par des inconnus ressorts

Entrera bien dans ton âme;
Car souvent la fiction
Se change en affection.

Tirsis auprès d'Hippolyte
Pensoit bien garder son cœur;
Mais ce bel objet vainqueur
Le fit rendre à son mérite,
Changeant en affection,
Malgré lui, sa fiction.

XIV

CHANSON.

Voyez la courte notice de la pièce précédente. Voyez aussi la fin de celle de la pièce I, ci-dessus, p. 25.

 Si je perds bien des maîtresses,
 J'en fais encor plus souvent,
 Et mes vœux et mes promesses
 Ne sont que feintes caresses,
 Et mes vœux et mes promesses   5
 Ne sont jamais que du vent.

 Quand je vois un beau visage,
 Soudain je me fais de feu;
 Mais longtemps lui faire hommage,
 Ce n'est pas bien mon usage;   10
 Mais longtemps lui faire hommage,
 Ce n'est pas bien là mon jeu.

 J'entre bien en complaisance
 Tant que dure une heure ou deux;
 Mais en perdant sa présence   15
 Adieu toute souvenance;
 Mais en perdant sa présence
 Adieu soudain tous mes feux.

 Plus inconstant que la lune,
 Je ne veux jamais d'arrêt: 20
 La blonde comme la brune

En moins de rien m'importune;
La blonde comme la brune
En moins de rien me déplaît.

Si je feins un peu de braise [1], 25
Alors que l'humeur m'en prend,
Qu'on me chasse ou qu'on me baise,
Qu'on soit facile ou mauvaise,
Qu'on me chasse ou qu'on me baise,
Tout m'est fort indifférent. 30

Mon usage est si commode,
On le trouve si charmant,
Que qui ne suit ma méthode
N'est pas bien homme à la mode;
Que qui ne suit ma méthode 35
Passe pour un Allemand.

1. D'ardeur, de flamme. Voyez le *Lexique*.

XV

A MONSIEUR DE SCUDÉRY

[SUR SON *LIGDAMON ET LIDIAS*].

Ce quatrain se lit, signé du nom de CORNEILLE, au verso du onzième feuillet de *Ligdamon et Lidias ou la Ressemblance*, tragi-comédie de Scudéry, représentée, suivant les frères Parfait, en 1629, et publiée à Paris, chez François Targa, en 1631. L'Achevé d'imprimer est du 18 septembre 1631. Ces vers sont les premiers de notre poëte qui aient été imprimés. Signalés par les frères Parfait dans leur *Histoire du Théâtre françois* (tome IV, p. 443), ils ont été remis en lumière par M. Éd. Tricotel dans le *Bulletin du bouquiniste* du 1er août 1859. C'est la première fois qu'ils sont recueillis dans les *OEuvres* de Corneille.

Encor que Ligdamon, en dépeignant Silvie,
Lui donne assez d'appas pour charmer l'univers,
Sa beauté toutefois, dont la France est ravie,
Ne me toucheroit point sans celle de tes vers.

XVI

RÉCIT

POUR LE BALLET DU CHÂTEAU DE BICÊTRE.

Au commencement du dix-septième siècle il n'était question parmi le peuple de Paris que des apparitions qui avaient lieu au château de Bicêtre alors en ruine. Louis XIII résolut de le faire abattre, ce que du Breul nous raconte en ces termes dans *le Theatre des antiquitez de Paris.... A Paris, par la Societé des Imprimeurs*, M.DC.XXXIX, in-4°, p. 87 : « *Du Chasteau de Vicestres.* L'an 1632 ce château fut entièrement rasé jusques aux fondements, et de la grande place où il étoit, on desseigna y faire un lieu pour y loger et recevoir les soldats estropiés aux guerres pour le service du Roi, et dès lors on commença la clôture de murailles, avec quatre pavillons aux quatre coins, où on y fit bâtir une chapelle, qui fut bénite par l'archevêque de Paris. »

On comprend qu'au moment où le Roi était occupé de ce projet le château de Bicêtre était un sujet de ballet tout à fait de circonstance. Il fut dansé le 7 mars 1632, et la *Gazette de France* en fit un compte rendu que nous avons cru devoir reproduire dans notre *Appendice*, parce qu'il fait bien comprendre les vers de Corneille et explique à quel endroit ils se plaçaient dans le ballet.

Le *récit* de Corneille est le morceau que le sieur Justice chantait avec accompagnement de luth (voyez ci-après l'*Appendice*). La publication de cette pièce de vers a suivi de fort près le moment où elle fut chantée, car elle occupe le huitième rang parmi celles qu'on trouve dans les *Mélanges* à la suite de *Clitandre*, dont l'Achevé d'imprimer est, comme nous l'avons dit, du 20 mars 1632. Jusqu'ici les éditeurs de Corneille n'avaient donné aucun renseignement sur le *Ballet du chasteau de Bissestre*, et n'en avaient pas même indiqué la date.

Toi, dont la course journalière
Nous ôte le passé, nous promet l'avenir,

Soleil, père des temps comme de la lumière,
 Qui vois tout naître et tout finir,
 Depuis que tu fais tout paroître
As-tu rien vu d'égal au château de Bissestre?

 Toutes ces pompeuses machines
Qu'autrefois on flattoit de titres orgueilleux,
Pourroient-elles garder auprès de ces ruines
 Le nom d'ouvrages merveilleux?
 Et toi, qui les faisois paroître,
Qu'y voyois-tu d'égal au château de Bissestre²?

 Ces tours qui semblent désolées,
Et ces vieux monuments qu'on laisse à l'abandon,
C'est ce qui fait périr le nom des Mausolées[1],
 Et des palais d'Apollidon[2],
 Puisque tu les fis tous paroître
Sans y voir rien d'égal au château de Bissestre.

 Cache-toi donc plus tard sous l'onde,
Sur ce nouveau miracle arrête ton flambeau;
Et sans aller sitôt apprendre à l'autre monde
 Ce que le nôtre a de plus beau,
 Sois longtemps à faire paroître
Que rien n'est comparable au château de Bissestre.

   1. *Mausolée*, magnifique tombeau élevé par Artémise en l'honneur de son époux Mausole, roi de Carie.
   2. Château magique construit par l'enchanteur Apollidon. Il est décrit au 1ᵉʳ chapitre du IIᵉ livre de l'*Amadis de Gaule*.

XVII

POUR MONSIEUR L. C. D. F.,

Représentant un diable au même ballet.

ÉPIGRAMME.

Voyez sur le ballet du château de Bicêtre la notice qui est en tête de la pièce précédente. Les initiales qui se trouvent dans le titre ci-dessus désignent évidemment le comte de Fiesque, qui paraissait plusieurs fois dans le ballet et représentait sans doute ce « démon qui sortoit tout en feu de la plus haute de ses fenêtres, » et dont la *Gazette* a oublié de nous dire le nom. Cette épigramme a été imprimée pour la première fois à la suite de *Clitandre*, immédiatement après la pièce précédente.

Quand je vois, ma Philis, ta beauté sans seconde,
Moi qui tente un chacun, je m'y laisse tenter;
Et mes desirs brûlants de perdre tout le monde
Se changent aussitôt à ceux de l'augmenter.

XVIII

A MONSIEUR DE SCUDÉRY,

SUR SON *TROMPEUR PUNI*.

MADRIGAL.

Ces vers se lisent, signés du nom de CORNEILLE, au verso du douzième feuillet du volume intitulé : *le Trompeur puny ou l'Histoire Septentrionale*, tragi-comedie par Monsieur de Scudery, *à Paris, chez Billaine*.... M.DC.XXXIII. L'Achevé d'imprimer est du 4 janvier 1633. Suivant les frères Parfait, la pièce a été représentée en 1631. Ce madrigal a été réuni aux Œuvres de Corneille dans le tome XII (p. 43) de l'édition de M. Lefèvre dont la publication a été achevée en 1855.

Ton Cléonte, par son trépas,
  Jette un puissant appas[1]
  A la supercherie,
  Vu l'éclat infini
Qu'il reçoit de ta plume après sa tromperie. 5
Chacun voudra tromper pour être ainsi puni ;
  Et quoiqu'il en perde la vie,
  On portera toujours envie
  A l'heur qui suit son mauvais sort,
Puisqu'il ne vivroit plus s'il ne fût ainsi mort. 10

1. Voyez tome I, p. 148, note 3.

XIX

POUR *LA SOEUR VALEUREUSE* DE MONSIEUR MARESCHAL.

Ces vers se trouvent, signés du nom de CORNEILLE, aux feuillets 5 verso et 6 recto de *la Sœur valeureuse ou l'Aveugle amante*, tragi-comedie dediée a Monseigneur le Duc de Vandosme, par le Sr Mareschal, *à Paris, chez Anthoine de Sommaville*.... M.DC.XXXIII, in-8°. Signalés déjà par les frères Parfait dans leur *Histoire du Théâtre françois* (tome V, p. 6), ils ont été recueillis par M. Édouard Fournier dans les *Notes sur la vie de Corneille* (p. XCVI) qui précèdent *Corneille à la butte Saint-Roch*. Ils figurent ici pour la première fois dans les *OEuvres* de notre poëte.

  Rendez-vous, amants et guerriers,
  Craignez ses attraits et ses armes :
  Sa valeur, égale à ses charmes,
  Unit les myrtes aux lauriers.
  Miracle d'amour et de guerre,   5
  Tu vas dompter toute la terre.
A l'éclat de tes yeux on voit de toutes parts
Mille cœurs à l'envi voler sous ta puissance ;
Et s'il est un mortel rebelle à tes regards,
Ton bras soudain le range à ton obéissance.   10
  Telle contre le roi d'Arger
  Courut autrefois Bradamante[1],
  A la quête de son Roger ;
  Telle, mais avec moins d'adresse,

---

1. Au commencement du dix-septième siècle on disait indifféremment *Arger* ou *Alger*; on trouve les deux formes dans Malherbe : la première au tome I, p. 315 ; la seconde au tome IV, p. 202. — Voyez dans le XXXVe chant du *Roland furieux* de l'Arioste le combat de Bradamante contre Rodomont, roi d'Alger (*d'Arger*).

Vénus s'arma contre la Grèce[1] ; 15
Telle contre son fils[2], pour le roi des Latins,
Camille dans le choc se jetoit animée,
Et telle du cerveau du maître des destins,
Son mari[3] fit sortir Minerve toute armée.

1. Dans le Ve livre de l'*Iliade*, Vénus, voulant protéger Énée, est blessée à la main par Diomède.
2. Contre Énée, fils de Vénus. — Voyez le XIe chant de l'*Énéide* de Virgile.
3. Vulcain, mari de Vénus.

XX

P. CORNELII ROTHOMAGENSIS, AD ILLUSTRISSIMI FRANCISCI[1], ARCHIEPISCOPI, NORMANIÆ PRIMATIS, INVITATIONEM, QUA GLORIOSISSIMUM REGEM, EMINENTISSIMUMQUE CARDINALEM-DUCEM VERSIBUS CELEBRARE JUSSUS EST,

EXCUSATIO.

Dans un excellent mémoire intitulé : *Louis XIII et sa cour aux eaux de Forges*[2], M. F. Bouquet raconte en grand détail le séjour du Roi dans cette localité depuis le mercredi 15 juin 1633 jusqu'au dimanche 3 juillet de la même année : « Forges, dit-il en résumant son travail, avait vu se rendre auprès du Roi et de la Reine l'illustre cardinal, des ambassadeurs étrangers, les plus hauts dignitaires de l'État, tous les représentants de l'autorité souveraine dans la province de Normandie, la noblesse des environs et les corps de cavalerie et d'infanterie attachés au service de Leurs Majestés et du Cardinal. Il avait eu un théâtre[3], des comédiens illustres, enfin tout l'éclat et tout le mouvement inséparables d'un voyage de la cour, même dans une aussi modeste bourgade. » M. Bouquet suppose avec beaucoup de vraisemblance que l'archevêque de Rouen ne dut pas manquer d'aller aussi présenter ses devoirs au Roi, et que ce fut en cette circonstance qu'il engagea Corneille à célébrer dans ses vers Louis XIII et Richelieu. S'il en est ainsi, notre poëte ne répondit pas immédiatement et ne satisfit qu'un peu plus tard au désir du prélat, en parais-

1. Il s'agit ici de François de Harlay de Champvallon, archevêque de Rouen du 8 octobre 1615 au 27 décembre 1651, oncle et prédécesseur de François de Harlay de Champvallon dont Corneille parle dans la dédicace de l'*Imitation de Jésus-Christ*. Voyez tome VIII, p. 3.
2. *Revue des Sociétés savantes des départements*, 2ᵉ série, tome I, 1859, 1ᵉʳ semestre, p. 611-642.
3. Voyez tome II, p. 218, note 2.

POÉSIES DIVERSES.

sant s'excuser de ne le pouvoir faire. Quoi qu'il en soit, cette pièce de vers latins est assurément postérieure au 24 septembre 1633, date de la prise de Nancy, dont il est question au vers 54. Elle a été publiée en 1634, et forme les pages 248-251 d'un recueil intitulé : *Epinicia Musarum Eminentissimo Cardinali Duci de Richelieu, Parisiis, apud Sebastianum Cramoisy....* M.DC.XXXIV, in-4°. Ce recueil latin est habituellement relié à la suite d'un recueil français intitulé : *les Sacrifices des Muses au grand Cardinal de Richelieu, à Paris, chez Sebastien Cramoisy....* M.DC.XXXV. Le tout correspond à un autre volume semblable de disposition et d'aspect, publié chez le même libraire et intitulé, pour la première partie : *le Parnasse royal, où les immortelles actions du tres-chrestien et tres-victorieux Monarque Louis XIII sont publiées par les plus celebres Esprits de ce temps...*, et pour la seconde : *Palmæ regiæ invictissimo Ludovico XIII, regi christianissimo, a præcipuis nostri ævi poetis in trophæum erectæ.* Comme dans le volume dont nous avons parlé d'abord, le titre de la première partie porte pour date M.DC.XXXV, et celui de la seconde M.DC.XXXIV. Le privilége de ces volumes a été accordé à Boisrobert le 23 avril 1633, et transporté à Cramoisy le 10 mai ; toutefois l'Achevé d'imprimer n'est que du 14 août 1634; mais cela se trouve fort bien expliqué par les avis de l'imprimeur au lecteur, qui nous apprennent que les recueils se formaient pour ainsi dire au fur et à mesure de l'impression, et qu'on mettait les pièces entre les mains des compositeurs aussitôt qu'elles arrivaient, sans observer aucun ordre [1]. — Ces vers latins de Corneille sont fort curieux pour l'histoire de ses premiers ouvrages ; nous y trouvons même un peu tardivement le moyen de rectifier une légère erreur que les divers éditeurs de Corneille avaient commise quant à la date de *la Galerie du Palais*, erreur dans laquelle nous étions nous-même tombé à leur exemple [2]. — Au bas des pages, nous donnons, selon notre coutume, la traduction française.

Neustriacæ lux alma plagæ, quo nostra superbit

Bienfaisante lumière de la plage neustrienne, toi dont s'enor-

---

[1]. « Ne mirere, lector, si nullam hic nec rerum, nec temporum, nec personarum servatam seriem vides; nam ut singula in manus nostras venere, ea prælo subjecimus. »

[2]. Voyez ci-dessus la *Notice*, p. 6 et 7.

66 POÉSIES DIVERSES.

Infula, et Aonii laurus opaca jugi[1],
Heroum ad laudes, dignosque Marone triumphos
   Parce, precor, tenuem sollicitare chelyn.
Non ingrata canit, sed et impar fortibus ausis,   5
   Quæ canat, exiguis viribus apta legit.
Ad scenam teneros deducere gaudet amores,
   Et vetus insuetis drama novare jocis.
Regnat in undanti non tristis musa theatro,
   Atque hilarem populum tædia nosse vetat.   10
Hanc doctique rudesque, hanc mollis et aulicus[2], et jam
   Exeso mitis Zoïlus ungue stupet.
Nil tamen hic fortes opus alte intendere nervos,
   Nostraque nil duri scena laboris eget.
Vulgare eloquium, sed quo improvisus amator   15

gueillit notre mitre épiscopale et l'épais laurier du mont d'Aonie, épargne, je t'en prie, mon faible luth, et ne le sollicite pas de célébrer les louanges des héros et des triomphes dignes d'un Virgile. Ses chants ne sont pas sans charme; mais ne pouvant suffire aux entreprises audacieuses, il choisit ce qui convient à ses modestes forces. Il se plaît à introduire sur la scène les tendres amours, et à renouveler l'ancienne poésie dramatique par des jeux inaccoutumés. Ma muse enjouée règne au théâtre où ondoie la foule; égayant le peuple elle l'empêche de connaître l'ennui. Les doctes et les ignorants, et le courtisan délicat, tous, jusqu'au Zoïle adouci, qui se ronge les ongles en silence, l'écoutent avec étonnement. Mais ici il n'est pas besoin de tendre fortement les cordes, et notre scène n'exige pas un dur labeur. Le style est familier, mais tel qu'il suffit à l'amant improvisé pour

---

1. François de Harlay était fort instruit. On raconte qu'il prêcha un jour en grec à Paris chez les Franciscains. Il avait composé divers ouvrages, parmi lesquels on compte quelques poëmes. Voyez le *Gallia christiana*, tome XI, colonnes 108 et 109.

2. Corneille a dit de même dans l'*Excuse à Ariste* (vers 47) :

Je satisfais ensemble et peuple et courtisans.

POÉSIES DIVERSES.

    Occurrens dominæ fundere vota velit[1].
Obvius hoc blandum compellet amicus amicum[2];
    Hoc subitum excipiat læta puella procum[3].
Ars artem fugisse mihi est, et sponte fluentes
    Ad numeros facilis pleraque rhythmus obit.
Nec, solis addicta jocis risuque movendo,
    Semper in exiguo carmine vena jacet :
Sæpius et grandes soccis miscere cothurnos,
    Et simul oppositis docta placere modis.
In lacrimas natam pater[4], aut levis egit amator
    Sæpius[5], aut lusu sæviit ira proci[6];
Atque ubi pene latus venalis pergula rumpit,

offrir ses vœux à la dame qu'il rencontre, à l'ami qui interpelle un aimable ami survenant, à la jeune fille qui accueille avec joie un prétendant inattendu. Pour moi l'art consiste à éviter l'art ; et la plupart du temps, mes vers coulant comme d'eux-mêmes, le rhythme vient sans peine seconder la pensée. Toutefois ma veine n'est pas seulement consacrée aux jeux et à exciter le rire ; elle ne se borne pas toujours à ces humbles accords : souvent elle sait joindre le haut cothurne au brodequin, et plaire en même temps par des tons opposés. Parfois un père arrache des pleurs à sa fille, ou un amant léger à son amante, ou bien encore un prétendant se livre à une plaisante fureur. Au

1. Voyez la scène ou Tircis est présenté par Éraste à Mélite dans la pièce de ce nom (acte I, scène II).
2. Voyez la rencontre de Lysandre et de Dorimant dans *la Galerie du Palais* (acte I, scène VII), et celle d'Alidor et de Cléandre dans *la Place Royale* (acte I, scène IV).
3. Voyez dans *Mélite* la scène VIII de l'acte II, entre Tircis et Mélite, et dans *la Place Royale* la scène VII de l'acte II, où Cléandre rencontre Phylis avec Lysis.
4. Voyez dans *la Galerie du Palais* la scène X de l'acte IV, dans laquelle Pleirante intime à Célidée l'ordre d'épouser Dorimant, et le monologue de Célidée qui forme la scène suivante.
5. Voyez dans *la Galerie du Palais* la scène V et la scène X de l'acte III.
6. Voyez à la fin de l'acte IV de *Mélite* et au commencement de l'acte V les fureurs comiques d'Éraste.

68 POÉSIES DIVERSES.

>   Hic aliquid dignum laude, Lysandre, furis[1];
> Nec minus Angelicæ dolor et suspiria spretæ[2],
>   Quam placuere tui, Phylli jocosa, sales[3]; 30
> Et quorum in patulos solvis lata ora cachinnos,
>   Multa his Angelica lacrima flente cadit.
> Sed tamen hic scena est, et gestu et voce juvamur,
>   Forsitan et mancum Roscius[4] implet opus.
> Tollit si qua jacent, et toto corpore prodest, 35
>   Forsan et inde ignis versibus, inde lepos.
> Vix sonat a magno divulsa camœna theatro,
>   Blæsaque nil proprio sustinet ore loqui.
> Hi mihi sunt fines, nec me quæsiveris extra :
>   Carminibus ponent clausa theatra modum; 40

moment même où les marchands de *la Galerie* font éclater de rire les spectateurs, tu t'abandonnes, Lysandre, à un courroux qui fait quelque honneur au poëte. La douleur et les soupirs d'Angélique dédaignée n'ont pas moins plu que tes brocards, maligne Phylis; et ceux que tu fais rire à gorge déployée ne peuvent retenir leurs larmes en voyant pleurer Angélique. Mais du moins la scène est là : le geste, la diction nous viennent en aide, et Roscius peut compléter l'œuvre imparfaite. Il relève au besoin ce qui languit; toute sa personne contribue au succès, et de là peut-être le feu de mes vers, de là leur grâce. Arrachée à son grand théâtre, c'est à peine si ma muse parvient à se faire entendre; elle bégaye et ne se risque point à parler par sa propre bouche. Là sont mes limites, ne me cherchez pas en dehors : le théâtre fermé, il ne faut plus attendre de vers de

---

1. Voyez le monologue de Lysandre, qui forme la scène 1 de l'acte V de *la Galerie du Palais* et succède immédiatement à la dispute de la Lingère et du Mercier.

2. Voyez diverses scènes de *la Place Royale*, entre autres les scènes 1, 11 et 111 de l'acte II.

3. Voyez le rôle de Phylis dans *la Place Royale*, dès la première scène.

4. Allusion flatteuse au talent avec lequel Mondory remplissait les principaux rôles dans ces premières pièces de Corneille. Voyez tome I, p. 130, 131 et 258.

Nec, LODOÏCE, tuos ausim temerare triumphos,
 RICHELIUMve humili dedecorare lyra.
REGIS ad adventum fusos Rhea protinus Anglos
 Tundere spumantes libera vidit aquas.
Victa sibi nullo Rupella[1] cruore madendum   45
 Mirata est, iram vicerat ille prius :
Victores dominum, victi sensere parentem[2],
 Mœnibus admisit cum benesuada fames.
Quem sprevit socium, dominum tulit inde Sabaudus,
 Quique fide potuit cedere, cessit agris;   50
Cessit et obsesso pugnax a Cazale Iberus,
 Jamque suo servit Mantua læta duci.
Arx quoque totius non impar viribus orbis,

moi; et je n'oserais, Louis, ni profaner tes triomphes, ni déshonorer Richelieu en le célébrant sur mon humble lyre.

A l'arrivée du Roi Rhé libre vit aussitôt les Anglais mis en fuite fendre les flots écumeux. Vaincue, la Rochelle s'étonna de n'avoir pas à ruisseler de sang; mais déjà il avait dompté sa colère : les vainqueurs trouvèrent en lui un maître, les vaincus un père, quand la faim, bonne conseillère, lui ouvrit les portes. La Savoie, pour avoir méprisé son alliance, subit sa domination, et le prince qui avait osé déserter la bonne foi fut contraint de déserter aussi son territoire. Le belliqueux Ibère se retira de Cazal assiégé, et déjà Mantoue se réjouit d'obéir à son duc. Enfin une place capable de résister

---

1. Sur cette victoire et sur celles auxquelles il est fait allusion dans le morceau suivant jusqu'au vers 54 inclusivement, voyez ci-après dans les *Triomphes de Louis le Juste*, p. 108-110, les inscriptions qui ont pour titre : *la Rochelle; le pas de Suze forcé; Cazal; la protection de Mantoue; Nancy*.

2. Dans les *Triomphes de Louis le Juste* (vers 36; voyez ci-après, p. 106) Corneille s'est rappelé ce vers et l'a ainsi traduit :

 Et père des vaincus, et maître des vainqueurs.

Et dans *les Victoires du Roi en l'année* 1667, il a dit (vers 311 et 312) :

 Il entre, mais d'un air qui ravit tous les cœurs,
 En père des vaincus, en maître des vainqueurs.

POÉSIES DIVERSES.

Nanceium, viso vix bene Rege, patet.
Richelius tanto ingentes sub principe curas 55
    Explicat, et tantis pars bona rebus adest;
Nec pretiosam animam Lodoïci impendere palmis,
    Aut patriæ dubitet postposuisse bonis.
Tempora rimatur, pavidum ruiturus in hostem,
    Et ruit, et solo nomine sæpe domat. 60
Nestora Richelius, Rex vincere possit Achillem[1].
    Hæc levibus metris credere, quale nefas !
Tanta canant quorum præcordia Cynthius urget
    Plenior, et mentem grandior æstus agit :
Sit satis ad nostros plausisse utrumque lepores ; 65
    Forsitan et nomen novit uterque meum.
Laudibus apta minus, curis fuit apta levandis

aux forces du monde entier, Nancy, aperçoit à peine le Roi qu'elle ouvre ses portes. Richelieu, sous un tel prince, dénoue les plus grandes difficultés : il est pour sa bonne part dans de si belles choses, et n'hésite pas à consacrer à la gloire de Louis sa précieuse existence, à laquelle il préfère le bien de la patrie. Prêt à s'élancer sur un ennemi tremblant, il cherche l'occasion favorable, s'élance enfin, et le dompte souvent par le seul prestige de son nom. Richelieu eût pu l'emporter sur Nestor ; le Roi, sur Achille. Confier de tels sujets à une muse légère, quel crime ! Qu'ils les chantent, ceux qu'Apollon dévore d'une flamme plus vive et dont un sublime transport agite l'esprit. Qu'il nous suffise que ces deux héros aient applaudi à nos jeux : peut-être connaissent-ils mon nom l'un et l'autre. Peu propre à célébrer leurs louanges, Melpomène du moins l'a été à calmer

---

1. C'est ici un des lieux communs habituels des compliments adressés à Richelieu et à Louis XIII. On lit à la page 76 des *Sacrifices des Muses*, dans une pièce de vers de Faret intitulée : *Pour Monseigneur le cardinal-duc de Richelieu, ode :*

> L'un pèse tout exactement,
> L'autre exécute en un moment ;
> L'un sait plus que Nestor, l'autre fait plus qu'Achille.

Melpomene, et longos sit; precor, apta dies.
Hos gestit versare modos; hic nescia vinci
　　Nostra coronato vertice laurus ovat :　　　　70
Me pauci hic fecere parem, nullusque secundum[1],
　　Nec spernenda fuit gloria pone sequi.
Desipiat nota forsan qui primus in arte,
　　Ultimus ignotis artibus esse velit.
Suspicio vates, et carmina pronus adoro　　　　75
　　Materiam queis REX, RICHELIUSve dedit;
Sed neque Godæis[2] accedat musa tropæis,
　　Nec Capellanum[3] fas mihi velle sequi,

leurs soucis, et plaise à Dieu qu'elle le soit de longs jours encore! Voilà les chants qu'elle aime à méditer : là triomphe, sans craindre la défaite, le laurier qui ceint mon front; là peu d'hommes m'ont atteint, nul ne m'a dépassé, et me suivre de près n'a point semblé une gloire à mépriser. Il est insensé celui qui, premier, s'il peut l'être, dans un art qu'il connaît, se résigne à être le dernier dans un art inconnu. J'admire les poëtes, et j'adore humblement les vers dont le Roi ou Richelieu ont fourni la matière; mais ma muse se garde d'approcher des trophées de Godeau; et il ne m'est pas permis de vouloir suivre Chapelain, pour ne rien dire des autres dont la

---

1. Corneille a encore traduit ce vers dans l'*Excuse à Ariste* (vers 52 et 53); mais si, comme tout porte à le croire, cette pièce de vers n'a été composée qu'après le succès du *Cid*, notre poëte était alors beaucoup mieux fondé à dire :

　　Je ne dois qu'à moi seul toute ma renommée,
　　Et pense toutefois n'avoir point de rival
　　A qui je fasse tort en le traitant d'égal.

2. Antoine Godeau, né le 24 septembre 1605, mort le 21 avril 1672, nommé évêque de Grasse le 21 juin 1636, était alors connu par le discours qu'il avait placé en tête des *OEuvres de Malherbe* (voyez l'édition de M. Lud. Lalanne, tome I, p. XCII), par la préface du *Dialogue des causes de la corruption de l'éloquence*, traduit par Giry, et surtout par ses *OEuvres chrétiennes*, publiées en 1633. Il avait composé aussi un grand nombre de poésies diverses, et entre autres une *Ode au Roi*, qui forme les pages 1-13 du *Parnasse royal*.

3. Jean Chapelain, né le 4 décembre 1595, mort en 1674, n'avait

72   POÉSIES DIVERSES.

Ut taceam reliquos quorum sonat undique fama
 Non minor, et grandi pectore vena salit. 80
Hos ego sperarim[1] nequicquam æquare canendo :
 Hos sua perpetuum, me mea palma juvet.
Tu modo, quem meritis dudum minor infula cingit,
 Neastriacæ, præsul, gloria luxque plagæ,
Heroum ad laudes, dignosque Marone triumphos 85
 Parce, precor, tenuem sollicitare chelyn.

renommée, non moindre, retentit de toutes parts, et chez qui la veine poétique jaillit dans un grand cœur. En vain j'espérerais les égaler par mes chants : qu'ils soient à jamais contents des palmes qu'ils ont remportées, et moi des miennes. Pour toi, dont la tête est ceinte d'une mitre qui depuis longtemps déjà n'égale plus ton mérite, prélat, gloire et lumière de la plage neustrienne, épargne, je t'en prie, mon faible luth, et ne le sollicite pas de célébrer les louanges des héros et des triomphes dignes d'un Virgile.

encore publié que la lettre qui parut en 1623 en tête de l'*Adone* du cavalier Marin, et quelques poésies. Il avait composé une *Ode à Monseigneur le cardinal-duc de Richelieu*, publiée d'abord *à Paris, chez Iean Camusat*, M.DC.XXXIII, in-folio, et ensuite aux pages 1-18 du volume intitulé *les Sacrifices des Muses.*

1. On peut voir que Corneille n'a aucun égard au conseil que donnent nos prosodies latines, qui veulent qu'on évite de placer après une finale brève un mot commençant par *sp, st*, et généralement par deux consonnes dont la seconde n'est pas une liquide. Il y a dans cette pièce quatre exemples de cette licence, aux vers 12, 29, 44 et 81. Voyez la *Nouvelle Prosodie latine* de M. L. Quicherat, chapitre v, règle II, 5°. Au reste, les poëtes latins du dix-septième siècle ne tenaient en général nul compte de cette règle. On verra d'assez nombreux exemples de la même licence dans les pièces du P. de la Rue, de Santeul, etc., que nous donnerons dans la suite de ce volume.

XXI

POUR L'*HIPPOLYTE* DE MONSIEUR DE LA PINELIÈRE.

Cette petite pièce, signée Corneille, se trouve au verso du dix-huitième feuillet d'*Hippolyte*, tragedie par de la Pineliere, Angeuin, *à Paris, chez Antoine de Sommaville, au Palais....* M.DC.XXXV. Ces vers sont reproduits dans la *Bibliothèque dramatique de M. de Soleinne* (supplément au tome I, p. 39, n° 201) et dans les *notes sur la vie de Corneille* (p. xcvii et xcviii) par M. Édouard Fournier. C'est la première fois qu'ils sont réunis aux *OEuvres de Corneille*. Nous avons eu occasion de parler de l'*Hippolyte* de la Pinelière dans la *Notice de la Galerie du Palais* (tome II, p. 4).

Phèdre, si ton chasseur avoit autant de charmes
Qu'en donne à son visage un si docte pinceau,
Ta passion fut juste et mérite des larmes
Pour plaindre le malheur qui le met au tombeau.

Et si tu parus lors avec autant de grâce   5
Qu'en ces vers éclatants qui te rendent le jour,
Estime qui voudra son courage de glace,
Sa froideur fut un crime, et non pas ton amour.

Aussi, quoi qu'on ait dit du courroux de Thésée,
Sa mort n'est pas l'effet de son ressentiment,   10
Mais les Dieux l'ont puni pour t'avoir méprisée,
Et fait de son trépas un juste châtiment.

XXII

EXCUSE A ARISTE[1].

S'il faut en croire un adversaire de notre poëte, Corneille disait qu'il avait composé cette pièce « plus de trois ans » avant le moment où commença la querelle du *Cid*, c'est-à-dire en même temps à peu près que la pièce XX. Il est certain du moins qu'elle n'a été publiée qu'après le succès du *Cid*, au commencement de 1637, et qu'elle a servi de prétexte à la longue dispute littéraire à laquelle cet ouvrage a donné lieu. Voyez ce qui est dit au tome III, p. 19 et suivantes; et dans le même volume, p. 37, 58, 59 et 71, plusieurs pièces de vers de divers auteurs également relatives au *Cid;* voyez surtout au tome II, p. 118, le sixain que Corneille a placé dans l'*Épître* dédicatoire de *la Suivante* vers l'époque où il écrivait l'*Excuse à Ariste*. Un volume de la Bibliothèque impériale portant le n° Y 5665 contient des exemplaires de deux éditions différentes de cet opuscule, imprimées toutes deux en italique; l'une de ces deux éditions, ornée d'un fleuron, est des plus défectueuses; on y lit par exemple au vers 15 : *laisse*, au lieu de *leurre*, et au vers 35 : *m'ait*, au lieu de *met*. L'*Excuse à Ariste* occupe en outre les pages 97-100 du tome III du *Recueil de Poësies chrestiennes et diverses*, dedié à Monseigneur le Prince de Conty, par M. de la Fontaine, *à Paris, chez Pierre le Petit*, M.DC.LXXI, in-12.

Ce n'est donc pas assez, et de la part des Muses,
Ariste, c'est en vers qu'il vous faut des excuses;
Et la mienne pour vous n'en plaint pas la façon :
Cent vers lui coûtent moins que deux mots de chanson;
Son feu ne peut agir quand il faut qu'il s'applique [2]   5

---

1. Voyez sur Ariste, tome III, p. 29-31.
2. *S'explique*, dans les *OEuvres diverses* publiées par Granet. Cette leçon fautive a été reproduite dans toutes les éditions postérieures.

Sur les fantasques airs d'un rêveur de musique[1],
Et que pour donner lieu de paroître à sa voix,
De sa bigearre[2] quinte il se fasse des lois[3];
Qu'il ait sur chaque ton ses rimes ajustées,
Sur chaque tremblement ses syllabes comptées,   10
Et qu'une froide pointe à la fin d'un couplet
En dépit de Phébus donne à l'art un soufflet :
Enfin cette prison déplaît à son génie;
Il ne peut rendre hommage à cette tyrannie;
Il ne se leurre point d'animer de beaux chants,   15
Et veut pour se produire avoir la clef des champs.
C'est lorsqu'il court d'haleine[4], et qu'en pleine[5] carrière,
Quittant souvent la terre en quittant la barrière,
Puis, d'un vol élevé se cachant dans les cieux,
Il rit du désespoir de tous ses envieux.   20
Ce trait est un peu vain, Ariste, je l'avoue;
Mais faut-il s'étonner d'un poëte qui se loue?
Le Parnasse, autrefois dans la France adoré,
Faisoit pour ses mignons un autre âge doré,
Notre fortune enfloit du prix de nos caprices,   25
Et c'étoit une blanque[6] à de bons bénéfices;

---

1. M. Corneille avoit été prié de composer des paroles pour être mises en musique; mais il ne voulut pas se donner cette peine. (*Note de Granet.*)

2. C'est-à-dire bizarre. *Bigearre* est l'orthographe de l'édition originale.

3. C'est-à-dire qu'il se conforme aux accords du musicien. Corneille, au lieu de se servir du terme général, emploie le nom d'un accord particulier.

4. *Il court d'haleine*, il court sans perdre haleine, tout d'une haleine.

5. *Plaine*, dans l'édition originale; mais le sens ne demande point que cette orthographe soit conservée.

6. « Sorte de jeu de hasard auquel on joue avec un livre où il y a des feuillets noirs et des feuillets blancs. » (Richelet, *Dictionnaire françois*, 1680.) — On lit *banque*, mais à tort, dans un grand nombre d'éditions modernes.

Mais elle est épuisée, et les vers à présent
Aux meilleurs du métier n'apportant¹ que du vent,
Chacun s'en donne à l'aise, et souvent se dispense²
A prendre par ses mains toute sa récompense.   30
Nous nous aimons un peu, c'est notre foible à tous :
Le prix que nous valons, qui le sait mieux que nous?
Et puis la mode en est, et la cour l'autorise.
Nous parlons de nous-même avec toute franchise ;
La fausse humilité ne met plus en crédit.   35
Je sais ce que je vaux, et crois ce qu'on m'en dit.
Pour me faire admirer je ne fais point de ligue :
J'ai peu de voix pour moi, mais je les ai sans brigue;
Et mon ambition, pour faire plus de bruit,
Ne les va point quêter de réduit en réduit;   40
Mon travail sans appui monte sur le théâtre :
Chacun en liberté l'y blâme ou l'idolâtre;
Là, sans que mes amis prêchent leurs sentiments,
J'arrache quelquefois trop d'applaudissements³ ;
Là, content du succès que le mérite donne,   45
Par d'illustres avis je n'éblouis personne :
Je satisfais ensemble et peuple et courtisans,
Et mes vers en tous lieux sont mes seuls partisans ;
Par leur seule beauté ma plume est estimée :
Je ne dois qu'à moi seul toute ma renommée,   50
Et pense toutefois n'avoir point de rival
A qui je fasse tort en le traitant d'égal⁴.
Mais insensiblement je baille⁵ ici le change,

---

1. *N'apportant* a été remplacé par *n'apportent* dans l'édition avec fleuron, dans le *Recueil....* et dans les *OEuvres diverses* de 1738.
2. Voyez ci-dessus, p. 51, vers 24 et note 2.
3. *Leurs applaudissements*, dans les *OEuvres diverses*, et depuis dans toutes les éditions.
4. Voyez ci-dessus, p. 71, note 1.
5. *Je donne*, dans le *Recueil* et dans l'édition de Granet.

Et mon esprit s'égare en sa propre louange;
Sa douceur me séduit, je m'en laisse abuser, 55
Et me vante moi-même, au lieu de m'excuser.
Revenons aux chansons que l'amitié demande :
J'ai brûlé fort longtemps d'une amour assez grande,
Et que jusqu'au tombeau je dois bien estimer,
Puisque ce fut par là que j'appris à rimer. 60
Mon bonheur commença quand mon âme fut prise :
Je gagnai de la gloire en perdant ma franchise.
Charmé de deux beaux yeux, mon vers charma la cour;
Et ce que j'ai de nom je le dois à l'amour[1].
J'adorai donc Philis; et la secrète estime 65
Que ce divin esprit faisoit de notre rime
Me fit devenir poëte aussitôt qu'amoureux :
Elle eut mes premiers vers, elle eut mes derniers feux[2];
Et bien que maintenant cette belle inhumaine
Traite mon souvenir avec un peu de haine, 70
Je me trouve toujours en état de l'aimer;
Je me sens tout ému quand je l'entends nommer,
Et par le doux effet d'une prompte tendresse
Mon cœur sans mon aveu reconnoît sa maîtresse.
Après beaucoup de vœux et de submissions 75
Un malheur rompt le cours de nos affections;
Mais, toute mon amour en elle consommée,
Je ne vois rien d'aimable après l'avoir aimée :
Aussi n'aimai-je[3] plus, et nul objet vainqueur
N'a possédé depuis ma veine ni mon cœur. 80
Vous le dirai-je, ami? tant qu'ont duré nos flammes,

---

1. Voyez tome I, p. 125 et suivantes.
2. *Elle eut mes premiers feux*, dans les *OEuvres diverses* de 1738 et dans toutes les éditions complètes de Corneille publiées depuis.
3. Au temps de Corneille on écrivait ainsi, de la même manière, les deux formes *aimé-je* et *aimai-je*. La seconde nous paraît ici préférable pour le sens.

Ma muse également chatouilloit nos deux âmes ;
Elle avoit sur la mienne un absolu pouvoir,
J'aimois à le décrire, elle à le recevoir.
Une voix ravissante, ainsi que son visage, 85
La faisoit appeler le phénix de notre âge ;
Et souvent de sa part je me suis vu presser
Pour avoir de ma main de quoi mieux l'exercer.
Jugez vous-même, Ariste, à cette douce amorce,
Si mon génie étoit pour épargner sa force : 90
Cependant mon amour, le père de mes vers,
Le fils du plus bel œil qui fût en l'univers,
A qui désobéir c'étoit pour moi des crimes,
Jamais en sa faveur n'en put tirer deux rimes :
Tant mon esprit alors, contre moi révolté, 95
En haine des chansons sembloit m'avoir quitté ;
Tant ma veine se trouve aux airs mal assortie,
Tant avec la musique elle a d'antipathie[1],
Tant alors de bon cœur elle renonce au jour.
Et l'amitié voudroit ce que n'a pu l'amour ! 100
N'y pensez plus, Ariste ; une telle injustice
Exposeroit ma muse à son plus grand supplice.
Laissez-la, toujours libre, agir suivant son choix,
Céder à son caprice, et s'en faire des lois.

1. Corneille a pourtant publié à la suite de *Clitandre* deux chansons, composées probablement à la demande de celle qui inspira *Mélite* (voyez ci-dessus, p. 53 et 55) ; et une troisième dans le recueil de Sercy. On trouvera encore ci-après un sixain *Pour la Reine*, mis en chant par Lambert, et un *Madrigal* mis en musique par Blondel ; mais dans ces deux dernières pièces Corneille n'a pas eu à se préoccuper du musicien, qui a composé ses airs sur des vers faits d'avance.

XXIII

RONDEAU.

Ce rondeau a paru en 1637, d'abord seul, en un feuillet in-4°. Nous ne connaissons de cette rare édition qu'un exemplaire relié dans un recueil in-12 de la bibliothèque de l'Arsenal portant le n° 9809.B.L. Ces vers furent réimprimés plus tard à la suite des deux éditions de l'*Excuse à Ariste* dont nous avons parlé dans la notice précédente. Ils répondent à une pièce anonyme, intitulée *l'Autheur du vray Cid espagnol à son traducteur françois*, qui fut attribuée à Mairet par Corneille. Claveret s'est vanté d'avoir engagé notre poëte à ne pas publier ce rondeau, que Granet regarde à tort comme dirigé contre Scudéry. Voyez les pages 21 et 22 du tome III.

    Qu'il fasse mieux, ce jeune jouvencel,
    A qui le *Cid* donne tant de martel,
    Que d'entasser injure sur injure,
    Rimer de rage une lourde imposture,
    Et se cacher ainsi qu'un criminel.   5

    Chacun connoît son jaloux naturel,
    Le montre au doigt comme un fou solennel
    Et ne croit pas, en sa bonne écriture,
        Qu'il fasse mieux.

    Paris entier, ayant lu[1] son cartel,   10
    L'envoie au diable, et sa muse au bordel;
    Moi, j'ai pitié des peines qu'il endure;
    Et comme ami je le prie et conjure,

1. Il y a *vu*, au lieu de *lu*, dans les *OEuvres diverses* et dans toutes les éditions modernes.

S'il veut ternir un ouvrage immortel,
　　Qu'il fasse mieux.

Omnibus invideas, livide; nemo tibi[1].

1. « Que tu portes, jaloux, envie à tous, et personne à toi. » C'est le second et dernier vers de la xLI^e épigramme du livre I de Martial. — Selon toute apparence, c'est ici à peu près que devraient se placer, suivant l'ordre chronologique, les six vers que Corneille adresse à Pellisson pour Foucquet dans la lettre xxII. Voyez ci-après les *Lettres*, à la suite des *Poésies diverses* et des *OEuvres diverses en prose*.

XXIV

REMERCÎMENT FAIT SUR-LE-CHAMP
PAR MONSIEUR DE CORNEILLE.

Ces vers ont été improvisés à la séance de décembre 1640 du Puy de Palinod de Rouen, pour remercier l'assemblée du prix qu'elle venait de décerner à une pièce que Jacqueline Pascal avait composée par le conseil de Corneille. Voyez ci-dessus, p. 7-9.

   Pour une jeune muse absente,
Prince[1], je prendrai soin de vous remercier;
Et son âge et son sexe ont de quoi convier
A porter jusqu'au ciel sa gloire encor naissante.
De nos poëtes fameux les plus hardis projets   5
Ont manqué bien souvent d'assez justes sujets
  Pour voir leurs muses couronnées;
  Mais c'en est un beau aujourd'hui[2]:
  Une fille de douze années[3]
A seule de son sexe eu des prix sur ce Puy[4].   10

 1. Jacques le Conte, marquis de Nonant, lieutenant pour le Roi en ses pays et duché d'Alençon, président du Puy (*princeps*).
 2. Tel est le texte du manuscrit. Voyez un autre hiatus, ci-après, p. 131, vers 9.
 3. Jacqueline Pascal, née le 4 octobre 1625, avait alors quinze ans accomplis, ainsi que nous l'avons vu plus haut; mais Corneille a pu se tromper facilement sur son âge, car Gilberte Pascal nous dit que lorsque Jacqueline joua devant le Cardinal, « étant de fort petite taille, et ayant le visage fort jeune, elle ne paroissoit pas avoir plus de huit ans, quoiqu'elle en eût treize. » (*Bibliothèque de l'École des chartes*, tome V, p. 307.)
 4. Il y a dans le manuscrit *pays*, qui n'a point de sens et ne fait pas le vers.

XXV

LA TULIPE.

MADRIGAL.

AU SOLEIL.

Cette pièce et les deux suivantes ont été composées en 1641 par Corneille pour la *Guirlande de Julie*, offerte par M. de Montausier à sa future, Julie d'Angenne. Voyez ci-dessus, p. 9-11 et p. 18, les détails donnés dans la *Notice* sur ce recueil; et ci-après, dans l'*Appendice*, trois autres pièces du même manuscrit qui ont été attribuées également, avec quelque vraisemblance, à Corneille. Dans l'édition de la *Guirlande de Julie* publiée par M. Livet, d'après le manuscrit de 1641 (*Précieux et Précieuses*, p. 393-432), le titre de cette pièce est *la Tulipe au soleil, madrigal*.

Bel astre à qui je dois mon être et ma beauté,
    Ajoute l'immortalité
A l'éclat nompareil dont je suis embellie;
Empêche que le temps n'efface mes couleurs :
Pour trône donne-moi le beau front de Julie; 5
Et si cet heureux sort à ma gloire s'allie,
    Je serai la reine des fleurs.

XXVI

LA FLEUR D'ORANGE.

MADRIGAL.

Du palais d'émeraude où la riche nature
M'a fait naître et régner avecque majesté,
Je viens pour adorer la divine beauté
Dont le soleil n'est rien qu'une foible peinture.
Si je n'ai point l'éclat ni les vives couleurs   5
    Qui font l'orgueil des autres fleurs,
  Par mes odeurs je suis plus accomplie,
Et par ma pureté plus digne de Julie.
Je ne suis point sujette au fragile destin
    De ces belles infortunées   10
  Qui meurent dès qu'elles sont nées,
Et de qui les appas ne durent qu'un matin.
Mon sort est plus heureux, et le ciel favorable
Conserve ma fraîcheur[1], et la rend plus durable.
Ainsi, charmant objet, rare présent des cieux,   15
Pour mériter l'honneur de plaire à vos beaux yeux,
    J'ai la pompe de ma naissance;
Je suis en bonne odeur en tout temps, en tous lieux;
    Mes beautés ont de la constance,
Et ma pure blancheur marque mon innocence.   20
J'ose donc me vanter, en vous offrant mes vœux,
De vous faire moi seule une riche couronne,
  Bien plus digne de vos cheveux

---

1. *Franchise*, dans les *Poésies choisies* publiées chez Sercy. — *Fraîcheur*, dans l'édition de M. Livet.

Que les plus belles fleurs que Zéphire vous donne ;
Mais si vous m'accusez de trop d'ambition, 25
Et d'aspirer plus haut que je ne devrois faire,
  Condamnez ma présomption,
  Et me traitez en téméraire ;
Punissez, j'y consens, mon superbe dessein
  Par une sévère défense 30
De m'élever plus haut que jusqu'à votre sein,
Et ma punition sera ma récompense.

XXVII

L'IMMORTELLE BLANCHE.

MADRIGAL.

Donnez-moi vos couleurs, tulipes, anémones ;
OEillets, roses, jasmins, donnez-moi vos odeurs.
Des contraires saisons le froid ni les ardeurs
      Ne respectent que les couronnes
      Que l'on compose de mes fleurs. 5
Ne vous vantez donc point d'être aimables ni belles :
On ne peut nommer beau ce qu'efface le temps ;
     Pour couronner les beautés éternelles,
      Et pour rendre leurs yeux contents,
       Il ne faut point être mortelles. 10
     Si vous voulez affranchir du trépas
      Vos brillants mais frêles appas,
      Souffrez que j'en sois embellie ;
Et si je leur fais part de mon éternité,
Je les rendrai pareils aux appas de Julie, 15
Et dignes de parer sa divine beauté.

XXVIII

VERS SUR LE CARDINAL DE RICHELIEU.

Ce quatrain fut composé à l'occasion de la mort du cardinal de Richelieu, qui eut lieu le 4 décembre 1642. Pellisson racontant les différends qui s'étaient élevés à propos du *Cid* entre Richelieu et notre poëte, a publié le premier ces quatre vers dans sa *Relation contenant l'histoire de l'Académie françoise*, qui parut en 1653. « Corneille les fit, dit-il (p. 218 et 219), après la mort du Cardinal, qu'il consi- déroit d'un côté comme son bienfaiteur, et de l'autre comme son ennemi. » Dans les *OEuvres diverses* de 1738 (p. 148) ce quatrain fut imprimé avec le titre qu'il porte ici. — Voyez dans l'*Appendice* une épitaphe de Richelieu, attribuée par M. Taschereau à Corneille.

Qu'on parle mal ou bien du fameux Cardinal,
Ma prose ni mes vers n'en diront jamais rien :
Il m'a fait trop de bien pour en dire du mal,
Il m'a fait trop de mal pour en dire du bien.

XXIX

SUR LA MORT DU ROI LOUIS XIII.

SONNET.

Ce sonnet, composé à l'occasion de la mort de Louis XIII, qui arriva le 14 mai 1643, n'a pas été imprimé du vivant de Corneille, et s'est conservé imparfaitement dans la mémoire de ses contemporains ou dans des copies peu exactes. Nous le donnons d'après une transcription de la main de Gaignières[1], signée P. CORNEILLE, qui nous a été obligeamment signalée par M. Ludovic Lalanne[2]. Gaignières étant mort en mars 1715, ce texte est le plus ancien de ceux que nous possédons. Nous le faisons suivre de cinq autres rédactions classées d'après le rapport qu'elles ont avec celle qui nous sert de type.

Sous ce marbre repose un monarque sans vice,
Dont la seule bonté déplut aux bons François,
Et qui pour tout péché ne fit qu'un mauvais choix,
Dont il fut trop longtemps innocemment complice.

L'ambition, l'orgueil, l'audace, l'avarice, 5
Saisis de son pouvoir, nous donnèrent des lois,
Et bien qu'il fût en soi le plus juste des rois,
Son règne fut pourtant celui de l'injustice.

Vainqueur de toutes parts, esclave dans sa cour,
Son tyran et le nôtre à peine perd le jour, 10
Que jusque dans la tombe il le force à le suivre.

1. Sur Gaignières, voyez le tome VIII des *Lettres de Mme de Sévigné*, p. 153, note 1.
2. Elle se trouve à la Bibliothèque impériale, fonds Gaignières 1001, *Mélanges, pièces galantes, satiriques, etc.*, p. 14.

Jamais de tels malheurs furent-ils entendus?
Après trente-trois ans sur le trône perdus,
Commençant à régner, il a cessé de vivre [1].

VARIANTES.

Texte de Voltaire dans les notes sur l'Épître dédicatoire d'Horace.

> Sous ce marbre repose un monarque sans vice,
> Dont la seule bonté déplut aux bons François,
> Ses erreurs, ses écarts vinrent d'un mauvais choix,
> Dont il fut trop longtemps innocemment complice.
>
> L'ambition, l'orgueil, la haine, l'avarice,
> Armés de son pouvoir, nous donnèrent des lois;
> Et bien qu'il fût en soi le plus juste des rois,
> Son règne fut toujours celui de l'injustice.
>
> Fier vainqueur au dehors, vil esclave en sa cour,
> Son tyran et le nôtre à peine perd le jour,
> Que jusque dans sa tombe il le force à le suivre;
>
> Et par cet ascendant ses projets confondus,
> Après trente-trois ans sur le trône perdus,
> Commençant à régner, il a cessé de vivre.

Sonnet. Épitaphe de Louis XIII. Feuillet ajouté à certains exemplaires des *OEuvres diverses* de 1738. Ce feuillet porte au verso le *Placet*

---

1. A la suite de notre pièce XXIX devrait se placer, d'après l'ordre chronologique, la pièce intitulée : *A la Reine régente, sonnet,* que l'abbé Granet a publiée à la page 149 des *OEuvres diverses*; mais comme elle est extraite de la dédicace de *Polyeucte,* nous y renvoyons le lecteur (voyez tome III, p. 473), et nous nous contentons de la rappeler ici à sa date, qui nous est donnée par l'Achevé d'imprimer de *Polyeucte* (20 octobre 1643).

au Roi sur le retardement de sa pension. Ce texte et le suivant se trouvent à la Bibliothèque impériale.

> Sous ce tombeau repose un roi qui fut sans vice,
> Dont la seule bonté fit tort aux bons François,
> Et qui pour tout péché ne fit qu'un mauvais choix,
> Dont il fut à la fois et victime et complice.
>
> L'ambition, l'orgueil, la fraude, l'avarice,
> Saisis de son pouvoir, nous donnèrent des lois ;
> Et bien qu'il fût en soi le plus juste des rois,
> Son règne fut pourtant celui de l'injustice.
>
> Craint de tout l'univers, esclave dans sa cour,
> Son tyran et le nôtre à peine sort du jour,
> Que jusque dans sa tombe il le force à le suivre.
>
> Jamais de tels malheurs furent-ils entendus ?
> Après trente-trois ans sur le trône perdus,
> Commençant régner, il a cessé de vivre.

Sonnet sur la mort de Louis XIII. Feuillet imprimé, différent du précédent, ajouté à d'autres exemplaires du même ouvrage, et ne contenant que le sonnet.

> Sous ce marbre repose un monarque françois,
> Que ne sauroit l'envie accuser d'aucun vice ;
> Il fut et le plus juste et le meilleur des rois,
> Son règne fut pourtant celui de l'injustice.
>
> L'ambition, l'orgueil, l'intérêt, l'avarice,
> Revêtus de son nom, nous donnèrent des lois ;
> Sage en tout, il ne fit jamais qu'un mauvais choix,
> Dont longtemps nous et lui portâmes le supplice.
>
> Vainqueur de toutes parts, esclave dans sa cour,
> Son tyran et le nôtre à peine sort du jour,
> Que jusque dans la tombe il le force à le suivre.
>
> Jamais pareils malheurs furent-ils entendus ?

Après trente-trois ans sur le trône perdus,
Commençant à régner, il a cessé de vivre.

Épitaphe sur Louis XIII. Copie, signée P. CORNEILLE, occupant les pages 211 et 212 du « second recueil » d'un manuscrit in-4° de la bibliothèque de l'Arsenal portant le n° 135 des Belles-Lettres.

Sous ce marbre repose un monarque françois,
Que ne sauroit l'envie accuser d'aucun vice;
Il fut et le meilleur et le plus grand des rois,
Son règne fut pourtant celui de l'injustice.

Sage en tout, il ne fit jamais qu'un mauvais choix,
Dont longtemps nous et lui portâmes le supplice;
L'ambition, l'orgueil, l'intérêt, l'avarice,
Revêtus de son nom, nous donnèrent des lois.

Vainqueur de toute parts (*sic*), esclave dans sa cour,
Son tyran et le nôtre à peine sort du jour,
Que dans la tombe même il le force à le suivre.

Jamais pareils malheurs furent-ils entendus ?
Après trente et trois ans sur le trône perdus,
Commençant à régner, il a cessé de vivre.

« *Sonnet sur la mort de Louis XIII*, qu'on assure être de P. Corneille et n'avoir jamais paru. » *Les Nouveaux Amusemens du cœur et de l'esprit*, ouvrage périodique, [par Philippe de Prétot], *à la Haye, chés Zacharie Chastelain*, etc., 1737-1745, tome XIV, p. 330.

Sous ce marbre repose un monarque françois,
Que ne sauroit l'envie accuser d'aucun vice;
Il fut et le plus juste et le meilleur des rois,
Son règne fut pourtant celui de l'injustice.

Sage en tout, il ne fit jamais qu'un mauvais choix,
Dont longtemps nous et lui portâmes le supplice;

L'ambition, l'orgueil, l'intérêt, l'avarice,
Revêtus de son nom, nous donnèrent des lois.

Vainqueur de toute part, esclave dans sa cour,
Son tyran et le nôtre à peine sort du jour,
Que dans la tombe même il l'oblige à le suivre.

Jamais pareils malheurs furent-ils entendus?
Après trente-trois ans sur le trône perdus,
Commençant à régner, il a cessé de vivre.

XXX

A MONSEIGNEUR MONSEIGNEUR L'ÉMINENTISSIME CARDINAL MAZARIN.

REMERCÎMENT.

Naudé nous fait connaître la nature de la libéralité qui a donné lieu à ce *Remercîment*. Après avoir parlé longuement des calomnies débitées par les pamphlétaires contre Mazarin : « Ces mêmes écrivains, ajoute-t-il [1], ne disent-ils pas effrontément que le Cardinal n'a jamais fait de bien aux hommes de lettres, et néanmoins Balzac, Corneille.... l'ont remercié publiquement : le premier de ce qu'il lui faisoit payer ponctuellement une pension de deux mille livres, et l'autre de ce qu'il lui en avoit donné une de cent pistoles, de laquelle voilà comme il parle en son *Remercîment* publié l'an 1643 chez Sommaville et Courbé. » Naudé rapporte ensuite les vers 9-16 de notre pièce XXX. Ce n'est pas en 1643, comme il le dit, mais, ce qui est bien peu différent, au mois de février 1644 [2], que le *Remercîment* parut, chez les libraires qu'il indique, à la suite de la dédicace de l'édition originale in-4º de *la Mort de Pompée*. Il y est intitulé : *A Son Éminence. Remercîment*. Dans l'édition in-12 qui fut publiée la même année, il porte le titre que nous avons reproduit, et il est suivi de l'avis de Corneille qu'on va lire et de la traduction en vers latins, que nous reproduisons également. Cette traduction est signée A. R.; Granet, qui a changé l'R en B, l'attribue à Adrien Blondin. Il ne peut y avoir aucun doute sur le véritable nom de son auteur, car dans le

---

[1]. *Jugement de tout ce qui a été imprimé contre le cardinal Mazarin depuis le sixième janvier jusques à la déclaration du premier avril mil six cent quarante-neuf* (sans lieu ni date), in-4º. Cet ouvrage de Gabriel Naudé, bibliothécaire de Mazarin, est en forme de dialogue, et il est connu sous le nom de Mascurat, l'un des interlocuteurs. C'est M. Édouard Fournier qui nous a signalé, avec son obligeance habituelle, le curieux passage que nous en extrayons.

[2]. Voyez tome IV, p. 10.

recueil intitulé *Elogia Iulii Mazarini Cardinalis....* *Parisiis, excudebat Antonius Vitré, Regis et Cleri gallicani typographus*, M.DC.LXVI, in-fol., recueil composé de trois séries, la première latine, la seconde italienne et la dernière française, on trouve aux pages 51-53 de la première de ces séries la pièce de vers latins imitée de Corneille, avec cette signature : ABRAHAMUS REMIUS, *Poeta Regius*. Le véritable nom de ce poëte latin, alors célèbre, était Abraham Ravaud ; né le 6 mars 1600 dans le village de Remy en Beauvaisis, il en avait pris le nom ; il mourut à Paris le 1er décembre 1646. Le *Remercîment* de Corneille a été inséré aux pages 5-7 de la troisième série des *Elogia* et dans le *Recueil de poësies chrestiennes et diverses*, dédié à Monseigneur le prince de Conty, par M. de la Fontaine, *à Paris, chez Pierre le Petit*, 1671, 3 vol. in-12 (tome III, p. 87-89). Ces éditions contiennent des changements qu'on trouvera indiqués en note. Voltaire a fait des remarques sur ce *Remercîment*, si l'on peut appeler remarques une continuelle déclamation contre Corneille au sujet des louanges qu'il adresse à Mazarin.

Au Lecteur. Ayant dédié ce poëme à Mr le cardinal Mazarin, j'ai cru à propos de joindre à l'épître le remercîment que je présentai il y a trois mois à Son Éminence, pour une libéralité dont elle me surprit. Cette pièce, quoique faite à la hâte, a eu le bonheur de plaire assez à un homme savant pour ne dédaigner pas de perdre une heure à donner une meilleure forme à mes pensées, et les faire passer dans cette langue illustre qui sert de truchement à tous les savants de l'Europe. Je te donne ici l'un et l'autre, afin que tu voies et ma gloire et ma honte. Il m'est extrèmement glorieux qu'un esprit de cette trempe ait assez considéré mon ouvrage pour le vouloir traduire ; mais il m'est presque aussi honteux de voir ses expressions tellement au-dessus des miennes, qu'il semble que ce soit un maître qui ait voulu mettre en lustre[1] les petits efforts de son écolier. C'est une

---

1. *En lumière*, dans les *OEuvres diverses* (p. 152) et dans les éditions postérieures.

honte toutefois qui m'est très-avantageuse; et si j'en rougis, c'est de me voir infiniment son redevable. L'obligation que je lui en ai est d'autant plus grande qu'il m'a fait cet honneur sans que j'aye celui de le connoître, ni d'être connu de lui. Un de ses amis m'a dit son nom; mais comme il ne l'a pas voulu mettre au-dessous de ses vers quand il les a fait imprimer, je te l'indiquerai seulement par les deux premières lettres, de peur de fâcher sa modestie, à laquelle je ne veux ni déplaire, ni consentir tout à fait[1].

Non, tu n'es point ingrate, ô maîtresse du monde,
Qui de ce grand pouvoir sur la terre et sur l'onde,
Malgré l'effort des temps, retiens sur nos autels
Le souverain empire et des droits immortels.
Si de tes vieux héros j'anime la mémoire[2], 5
Tu relèves mon nom sur l'aile de leur gloire;
Et ton noble génie, en mes vers mal tracé,

GRATIARUM ACTIO EMINENTISSIMO CARDINALI JULIO MAZARINO,

Ex gallico Cornelii.

Roma caput mundi, quæ quondam vindice ferro,
Qua terræ pelagusque patent, fatalia victis
Jura dabas populis, et nunc, sed sanctior, orbem
Religione Deum et vera pietate gubernas,
Non te ingrata meæ cepere oblivia musæ,
Nec labor irritus est, nam si mea carmina crescunt
In laudes fœcunda tuas, gentisque latinæ
Heroas veterumque ducum celebramus honorem,

---

1. Cet avis *au Lecteur* continue ainsi : « Au reste, si je voulois faire ici.... » La suite est comme dans l'avis en tête de *Pompée* : voyez tome IV, p. 14.

2. Granet a mis : *j'aime encor la mémoire.*

Par ton nouveau héros m'en a récompensé.
C'est toi, grand cardinal, âme[1] au-dessus de l'homme,
Rare don qu'à la France ont fait le ciel et Rome, 10
C'est toi, dis-je, ô héros, ô cœur vraiment romain,
Dont Rome en ma faveur vient d'emprunter la main.
Mon bonheur n'a point eu de douteuse apparence[2] :
Tes dons ont devancé même mon espérance;
Et ton cœur généreux m'a surpris d'un bienfait 15
Qui ne m'a pas coûté seulement un souhait.
La grâce en affoiblit[3] quand il faut qu'on l'attende :
Tel pense l'acheter alors qu'il la demande;
Et c'est je ne sais quoi d'abaissement secret
Où quiconque a du cœur ne consent qu'à regret. 20
C'est un terme honteux que celui de prière :

> Par virtute suis patribus novus emicat heros,
> Maxima qui tenui pro munere dona refundit.
> Te duce, magne heros, quo nil sublimius æther
> Francigenis, et nil melius dedit Itala tellus,
> JULI, purpurea flamen dignissime palla,
> Te duce, Roma suos, largo in me prodiga fœtu,
> Fudit opes, nec in ancipiti fortuna pependit :
> Spem merces oblata præit; Charitesque profusa
> Occurrere manu; quodque est mirabile, munus
> Non optare licet, tu me auri pondere sponte
> Obruis, et votis potior non ante cupitis.
> Gratia quæ petitur subito evolat, et prece emaci
> Qui prior ambit opes, tacitum sub pectore vulnus
> Sentit, et invitus concesso munere gaudet;
> Nam pudor est, verba et vultum præferre precantis.

1. On lit ici dans le *Recueil* de 1671, dans les *OEuvres diverses* de 1738 et dans toutes les éditions postérieures : *homme*, au lieu de *âme*.
2. VAR. Mon honneur n'a point eu de douteuse apparence.
(*Elogia, Recueil* et *OEuvres diverses*.)
3. *Affoiblit* est pris dans le sens neutre, comme se prend le simple *foiblir*. Voyez le *Lexique*. — Le *Recueil*, les *OEuvres diverses*, et toutes les éditions postérieures portent : *La grâce s'affoiblit*.

Tu me l'as épargné, tu m'as fait grâce entière.
Ainsi l'honneur se mêle au bien que je reçois.
Qui donne comme toi donne plus d'une fois.
Son don marque une estime et plus pure et plus pleine,
Il attache les cœurs d'une plus forte chaîne :
Et prenant[1] nouveau prix de la main qui le fait,
Sa façon de bien faire est un second bienfait[2].
Ainsi le grand Auguste autrefois dans ta ville
Aimoit à prévenir l'attente de Virgile : 30
Lui que j'ai fait revivre, et qui revit en toi,
En usoit envers lui comme tu fais vers moi.
Certes, dans la chaleur que le ciel nous inspire,
Nos vers disent souvent plus qu'ils ne pensent dire;
Et ce feu qui sans nous pousse les plus heureux 35
Ne nous explique pas tout ce qu'il fait par[3] eux.

> At tu, dum pleno spargis tua præmia cornu
> Magnificus, parcis precibus, votumque remittis.
> Sic donis accedit honos, et munere in uno
> Munera bina latent, cum se ultro gratia profert.
> Hinc amor arctior est, nam blanda sine arte voluntas
> Dat pretium donis, et munera munere crescunt.
>   Sic quondam Augustus, vestræ alter Romulus urbis,
> Mittere gaudebat dona insperata Maroni ;
> Et quem nostra in te redivivum carmina fingunt,
> Virgilium excepit, quo me dignaris honore.
>   Et certe ille augur qui nos inspirat Apollo,
> Obscuris vera involvens, plus carmine promit
> Interdum, quam verba sonant; motuque latenti
> Sæpe alio vatem, quam quo velit, abripit ardor.

1. « En prenant, » mais à tort, dans l'édition de Lefèvre et dans quelques autres.
2. Corneille avait déjà dit dans *le Menteur*, acte I, scène 1, vers 90 :
    La façon de donner vaut mieux que ce qu'on donne.
3. *Pour*, mais à tort, dans l'édition de Lefèvre et dans quelques autres.

Quand j'ai peint un Horace, un Auguste, un Pompée,
Assez heureusement ma muse s'est trompée,
Puisque, sans le savoir, avecque leur portrait
Elle tiroit du tien un admirable trait. 40
Leurs plus hautes vertus qu'étale mon ouvrage
N'y font que prendre un rang pour former ton image.
Quand j'aurai peint encor tous ces vieux conquérants,
Les Scipions vainqueurs, et les Catons mourants,
Les Pauls, les Fabiens, alors de tous ensemble 45
On en verra sortir un tout qui te ressemble ;
Et l'on rassemblera de leur pompeux débris
Ton âme et ton courage, épars dans mes écrits.

  Souffre donc que pour guide au travail qui me reste
J'ajoute ton exemple à cette ardeur céleste ; 50
Et que de tes vertus le portrait sans égal
S'achève de ma main sur son original ;
Que j'étudie[1] en toi ces sentiments illustres

        Cum cecini laudes Pompeï aut robur Horati,
        Augustique pios mores, domitumque furorem,
        Musa quidem erravit ; nam dum putat, inscia fati,
        Romanos pinxisse duces, tua facta, tuamque
        Exprimit effigiem : veterum decora alta Quiritum
        Per tot sparsa viros, tot nobilitata tropæis,
        Ad te unum redeunt ; tua in illis vivit imago.
        Nec tamen hic finis ; nam cum celebrabo Catonum
        Funera, Scipiadumque decus, Paulosque sagaces,
        Et cunctatores Fabios, tua gloria surget
        Conflata ex illis, sed erit magis inclyta virtus.
          Sit mihi fas igitur sub te renovare laborem,
        Adque tui exemplar proceres formare latinos,
        Et divina tuæ secreta recludere mentis,
        Versuque arcanos generoso expromere sensus

---

1. Granet a mis : « Quand j'étudie. »

Qu'a conservés[1] ton sang à travers tant de lustres,
Et que le ciel propice et les destins amis 55
De tes fameux Romains en ton âme ont transmis.
Alors de tes couleurs peignant leurs aventures,
J'en porterai si haut les brillantes peintures,
Que ta Rome elle-même, admirant mes travaux,
N'en reconnoîtra plus les vieux originaux, 60
Et se plaindra de moi de voir sur eux gravées
Les vertus qu'à toi seul elle avoit réservées,
Cependant qu'à l'éclat de tes propres clartés
Tu te reconnoîtras sous des noms empruntés.
   Mais ne te lasse point d'illuminer mon âme, 65
Ni de prêter ta vie à conduire ma flamme;
Et de ces grands soucis que tu prends pour mon roi,
Daigne encor quelquefois descendre jusqu'à moi.
Délasse en mes écrits ta noble inquiétude;

> Quos tibi nascenti Charites, urbisque Quirini
> Fata, et sanguis avum stellis transfudit amicis.
> Tunc splendore novo afflatus, longo ordine pingam
> Romulidas, operique tuos adhibebo colores.
> Materiam superabit opus; talique cothurno
> Assurgam, ut nostros Roma admirata labores,
> Eloquii stupeat vires, neque prisca suorum
> Ora recognoscat: quin et fortasse queretur,
> Me ducibus latiis illas adscribere laudes
> Quas solus vera ingenii virtute mereris.
> Interea proprio late splendore refulgens,
> Sæpe tuas alio cernes sub nomine dotes.
>   Ne tamen, o divine heros, ne subtrahe lumen,
> Vive diu, præsensque meis illabere cœptis.
> Subduc te regni excubiis, quas nocte dieque
> Irrequietus agis, paulumque abrumpe labores
> Assiduos, nostroque in carmine dilue curas;

---

1. Dans les éditions données par Corneille, dans les *Elogia* et dans le *Recueil*, le participe est au singulier, sans accord.

Et tandis que sur elle appliquant mon étude, 70
J'emploierai pour te peindre[1] et pour te divertir
Les talents que le ciel m'a voulu départir,
Reçois, avec les vœux de mon obéissance,
Ces vers précipités par ma reconnoissance.
L'impatient transport de mon ressentiment 75
N'a pu pour les polir m'accorder un moment.
S'ils ont moins de douceur, ils en ont plus de zèle :
Leur rudesse est le sceau d'une ardeur plus fidèle;
Et ta bonté verra dans leur témérité,
Avec moins d'ornement, plus de sincérité. 80

<blockquote>
Cumque tuas veneror Charites, et musa requirit
Quæ placeant, magnæque parent solatia menti,
Accipe præcipiti mea carmina condita vena,
Carmina perpetui testes, et pignora cultus :
Imperfecta quidem, nec enim tua dona sinebant
Esse diù immemorem, ars nostro successit amori.
Et si lingua rudis, latet imis sensibus ardor;
Nostraque plus fidei quam fastus verba recondunt;
Nam quo musa magis caret arte, minusque leporis
Invenies, magis est pura et sincera voluntas.
</blockquote>

1. *Pour te plaire*, dans les *OEuvres diverses* et dans les éditions postérieures.

XXXI

A MAÎTRE ADAM[1], MENUISIER DE NEVERS,

SUR SES CHEVILLES.

SONNET.

Cette pièce, signée CORNEILLE, se trouve dans le volume intitulé *les Cheuilles de M⁰ Adam, menuisier de Neuers, à Paris, chez Toussainct Quinet....* M.DC.XLIV. Auec priuilege du Roy, in-4°. Le privilége porte : « donné à Paris, le 16. iour d'Auril l'an de grace mil six cens quarante quatre, » et est suivi de la mention : « Acheué d'Imprimer pour la premiere fois le 25 May 1644. » Les vers de Corneille occupent la onzième page d'un recueil qui n'en a pas moins de cent, et qui est intitulé : *Approbation du Parnasse sur les* Cheuilles *de Maistre Adam Billaut, menuisier de Neuers.*

Le dieu de Pythagore et sa métempsycose
Jetants l'âme d'Orphée en un poëte françois :
« Par quel crime, dit-elle, ai-je offensé vos lois,
Digne du triste sort que leur rigueur m'impose ?

« Les vers font bruit en France ; on les loue, on en cause :
Les miens en un moment auront toutes les voix ;
Mais j'y verrai mon homme à toute heure aux abois,
Si pour gagner du pain il ne sait autre chose. »

« Nous savons, dirent-ils, le pourvoir d'un métier :

---

1. Le privilége le nomme « Adam Billault, Maistre Menuisier de la ville de Neuers. » Au quatorzième vers Corneille a écrit *Billot*, afin de rendre la rime plus exacte pour l'œil.

Il sera fameux poëte et fameux menuisier, 10
Afin qu'un peu de bien suive beaucoup d'estime. »

A ce nouveau parti l'âme les prit au mot,
Et s'assurant bien plus au rabot qu'à la rime,
Elle entra dans le corps de maître Adam Billot.

XXXII

A MONSIEUR DE BOISROBERT, ABBÉ DE CHATILLON,

SUR SES ÉPITRES.

Ces vers, signés CORNEILLE, sont imprimés au recto du sixième feuillet du volume intitulé : *les Épistres du sieur de Bois-Robert-Metel, abbé de Chastillon,... à Paris, chez Cardin Besongne*, M.DC.XLVII, in-4°. L'Achevé d'imprimer est du « vingt-et-uniesme Iuillet 1646. » Bois-Robert, qui en 1659 publia une seconde partie in-8° de ses *Épîtres*, nous apprend dans l'*Avis* qu'il place en tête, que ces hommages poétiques étaient passés de mode; après avoir annoncé une nouvelle édition de la première partie de son recueil, il ajoute : « Ceux qui n'ont point vu la belle préface de feu M. Mascaron la trouveront dans cette seconde impression, plus correcte que la première; ils y trouveront aussi les vers que Messieurs de Corneille, Ménard, Ménage et Sarrazin me donnèrent quand je mis ce premier volume en lumière. J'ai trouvé à propos de ne les pas mettre à la tête du second, tant parce qu'ils n'y eussent pas été nouveaux comme tout le reste, qu'à cause qu'ils eussent blessé ma modestie, et la coutume, qui ne les y souffre plus. »

Que tes entretiens sont charmants!
Que leur douceur est infinie!
Que la facilité de ton heureux génie
Fait de honte à l'éclat des plus beaux ornements!
Leur grâce naturelle aura plus d'idolâtres   5
Que n'en a jamais eu le fast[1] de nos théâtres.
Le temps respectera tant de naïveté;

---

1. Voyez tome IV, p. 75, vers 1155; tome VIII, p. 473, vers 4390; et le *Lexique*.

Et pour un seul endroit où tu me donnes place[1],
Tu m'assures bien mieux de l'immortalité
Que *Cinne*[2], *Rodogune*, et le *Cid*, et l'*Horace*.

1. Voici ce passage qui assure mieux Corneille de l'immortalité que tous ses chefs-d'œuvre. L'épître xxx de Boisrobert est adressée à un « Monsieur Gineste. » L'auteur, comme nous le dit le sommaire, « lui parle avantageusement des belles lettres qu'il a reçues de lui; » et pour le convaincre de son talent il lui dit (p. 155) :

> Seul tu feins d'ignorer le prix
> Des épitres que tu m'écris....
> Souffre après tout que je te die
> Qu'en Bourgongne et qu'en Normandie
> Sommeze et Corneille ont trouvé
> Ce style fort et relevé,
> Et ce seroit n'être pas sage
> Que chercher meilleur témoignage.

Voyez ci-dessus, p. 15, un passage de la seconde partie des *Épîtres* de Boisrobert où il est question de Corneille.

2. Granet dans les *OEuvres diverses* (p. 164), et tous les éditeurs après lui, ont imprimé *Cinna*, au lieu de *Cinne*.

XXXIII

LES TRIOMPHES DE LOUIS LE JUSTE.

Le graveur Valdor entreprit peu après la mort de Louis XIII et publia en 1649 un grand ouvrage à figures dont le titre, fort étendu, fera bien connaître la nature et le contenu :

Les triomphes de Louis le Iuste XIII. du nom, Roy de France et de Nauarre. Contenans les plus grandes actions ou sa Maiesté s'est trouuée en personne, representées en Figures Ænigmatiques exposées par vn Poeme Heroïque de Charles Beys, *et accompagnées de vers François sous chaque Figure, composez par* P. de Corneille. *Avec les portraits des rois, princes et generaux d'armees, qui ont assisté ou seruy ce Belliqueux Louis le Iuste Combattant; Et leurs Deuises et Expositions en forme d'Eloges par* Henry Estienne, *Escuyer, sieur des Fossez, Poëte et Interprete du Roy és Langues Grecque et Latine. Ensemble le plan des villes, sieges et batailles, auec vn Abregé de la Vie de ce Grand Monarque, par* René Barry, *Conseiller du Roy et Historiographe de sa Maiesté. Le tout traduit en Latin par le* R. P. Nicolai, *Docteur en Sorbonne de la Faculté de Paris, et premier Regent du grand Conuent des Iacobins. Ouurage entrepris et finy par* Iean Valdor, *Liegeois, Calcographe du Roy. Le tout par commandement de leurs Maiestez. A Paris, En l'Imprimerie Royale, Par Antoine Estiene,...* M.DC.XLIX. *Avec privilege de sa Majesté.* (In-fol.). — Le privilége est daté du « 22. iour de May, l'an de grace 1649. »

En tête de l'ouvrage on trouve des lettres du roi Louis XIV, écrites aux divers auteurs pour les engager à s'occuper de ce travail. Voici celle qui est adressée à Corneille :

Lettre du Roi pour les épigrammes.

« Monsieur de Corneille, comme je n'ai point de vie plus illustre à imiter que celle du feu Roi, mon très-honoré seigneur et père, je n'ai point aussi un plus grand desir que de voir en un abrégé ses glorieuses actions dignement représentées, ni un plus grand soin que d'y faire travailler promptement; et comme j'ai cru que pour rendre cet ouvrage parfait, je devois vous en laisser l'expression, et à Valdor les desseins, et que j'ai vû, par ce qu'il a fait, que son invention avoit répondu à mon attente, je juge, par ce que vous avez accoutumé de faire, que vous réussirez en cette entreprise, et que pour éterniser la mémoire de votre Roi, vous prendrez plaisir d'éterniser le zèle que vous avez pour sa gloire. C'est ce qui m'a obligé de vous faire cette lettre par l'avis de la Reine régente, Madame ma mère, et de vous assurer que vous ne sauriez me donner des preuves de votre affection plus agréables que celle que j'en attends sur ce sujet. Cependant je prie Dieu qu'il vous ait, Monsieur de Corneille, en sa sainte garde.

« Écrit à Fontainebleau, ce 14 octobre 1645.

« *Signé :* LOUIS; *et plus bas :* DE GUÉNÉGAUD.

« Et au-dessus est écrit :

« A Monsr de Corneille. »

Il y a au département des manuscrits de la Bibliothèque impériale (fonds français 6643, p. 124) une *copie de la lettre de cachet du Roy escrite à Monsieur Corneille*, qui présente quelques légères variantes inutiles à mentionner. Dans cette copie la date, antérieure de plus d'un an, est du « 4e iour d'octobre 1644. »

Cette copie est précédée (p. 120), dans le Recueil manuscrit que nous venons de citer, d'une lettre, signée *Thonier*, qui a été reproduite par M. Taschereau dans la seconde édition de son *Histoire de la vie et des ouvrages de P. Corneille* (p. 324), et qui commence ainsi :

« Du 5e octobre, à Fontainebleau.

« Monsieur,

« Voici la copie de la lettre que vous avez désirée; j'adresse l'original à M. Valdor, pour lui donner le moyen d'obliger doublement M. de Corneille. Comme elle est un effet de sa sollicitation, elle est une preuve de son estime, et il croit qu'avec l'approbation du Roi ce fameux auteur se surmontera pour rendre son entreprise plus illustre. Je vous supplie de lui faire rendre mon paquet et de pardonner la peine que je vous donne. La maladie de S. É. nous tiendra en ce lieu plus longtemps qu'on ne voudroit, etc. »

Les *épigrammes* de Corneille, comme on les appelle en tête de la lettre du Roi, se trouvent, ainsi que l'indique le titre que nous avons reproduit, au-dessous des figures énigmatiques de Valdor. Elles sont intitulées dans les *OEuvres diverses* publiées par Granet (p. 170-176) : *Vers mis au-dessous des estampes qui représentent les glorieuses actions de Louis XIII;* et dans l'édition de Lefèvre : *Inscriptions.*

Les titres que nous donnons à chacune de ces petites pièces sont ceux qu'elles portent au bas de chaque gravuré dans le volume où elles ont paru pour la première fois. Les éditeurs précédents les ont rarement reproduits, et ont d'ordinaire préféré les intitulés plus développés des diverses parties du poëme héroïque de Charles Beys qui se trouvent en regard de chaque gravure.

CAEN[1].

Le château révolté donne à Caen mille alarmes ;
Mais sitôt que Louis y fait briller ses armes,
Sa présence reprend le cœur de ses guerriers ;
Et leur révolte ainsi ne semble être conçue
Que par l'ambition de jouir de sa vue,   5
Et de le couronner de ses premiers lauriers.

PONT-DE-CÉ[2].

Que sert de disputer le passage de Loire?
Le sang sur la discorde emporte la victoire ;
Notre mauvais destin cède à son doux effort ;
Et les canons, quittants leurs usages farouches,   10
Ne servent plus ici que d'éclatantes bouches[3],
Pour rendre grâce au ciel de cet heureux accord.

---

1. Ce fut le 7 juillet 1620 que le Roi quitta Paris pour soumettre la Normandie. La ville de Rouen ouvrit d'elle-même ses portes, et Caen se rendit après une faible résistance.

2. Louis XIII attaqua le Pont-de-Cé le 7 août 1620.

3. *Touches*, dans l'édition originale ; mais ce texte gravé contient beaucoup de fautes. La traduction latine ne laisse aucun doute sur la vraie leçon ; on y lit : *altitonis resonantia vocibus ora.*

LE RÉTABLISSEMENT DES ECCLÉSIASTIQUES EN BÉARN[1].

Sa valeur en ce lieu n'a point cherché sa gloire :
Il prend l'honneur du ciel pour but de sa victoire,
Et la religion combat l'impiété.
Il tient dessous ses pieds l'hérésie étouffée :
Les temples sont ses forts; et son plus beau trophée
Est un présent qu'il fait à la Divinité.

SAUMUR[2].

En vain contre le Roi vous opposez vos armes :
Sa Majesté brillante avec de si doux charmes
Peut mettre en un moment vos desseins à l'envers.
Ne vous enquérez pas si ses troupes sont fortes :
Encore que vos cœurs ne lui soient pas ouverts,
D'un seul trait de ses yeux il ouvrira vos portes.

LA RÉDUCTION DE SAINT-JEAN D'ANGÉLI[3].

Soubise, ouvre les yeux : ce foudre que tu crains
  N'est plus entre ses mains;
Sa clémence l'arrache à sa juste colère;
Et de quoi que ton crime ose l'entretenir,
Tes soupirs ont trouvé le secret de lui plaire;
Et quand il voit tes pleurs, il oublie à punir.

1. Un édit d'octobre 1620 ordonne la restitution des biens ecclésiastiques usurpés en Béarn par les protestants.
2. Le Roi, au commencement de la guerre contre les calvinistes, s'empara par surprise de Saumur, où commandait du Plessis Mornay, au mois de mai de 1621.
3. Le siége commença le 3 juin 1621, et la place se rendit le 25 (selon d'autres le 23) du même mois.

ENTRÉE DES VILLES REBELLES[1].

Tel entrant ce grand roi dans ses villes rebelles
De ces cœurs révoltés fait des sujets fidèles ;
Un profond repentir désarme ses rigueurs ;
Et quoique le soldat soupire après la proie,
Il l'apaise[2], il l'arrête, et se montre avec joie 35
Et père des vaincus, et maître des vainqueurs[3].

PUNITION DES VILLES REBELLES[4].

Enfin aux châtiments il se laisse forcer :
Qui pardonne aisément invite à l'offenser[5],
Et le trop de bonté jette une amorce au crime.
Une juste rigueur doit régner à son tour ; 40
Et qui veut affermir un trône légitime
Doit semer la terreur aussi bien que l'amour[6].

1. Le titre de la partie du poëme de Beys qui correspond à cette inscription est . *Entrée dans les villes rebelles.* — Au printemps de 1622, « le Roi laissa quelques troupes devant la Rochelle et marcha sur Royan, dont le port fermait l'entrée de la Gironde ; il s'en empara et s'avança en Guienne : Tonneins fit une résistance désespérée ; Sainte-Foix se rendit ; Negrepelisse (petite ville du Quercy) fut prise d'assaut et incendiée : tout y fut massacré, même les femmes et les enfants ; partout les protestants se défendaient avec fureur ; partout se renouvelaient les résistances et même les cruautés de la guerre des Albigeois. » (*Histoire des Français* par Théophile Lavallée (1839), tome III, p. 57.)

2. *Il apaise*, dans l'édition originale ; mais c'est encore là une faute évidente.

3. Ici Corneille se traduit lui-même. Voyez plus haut, p. 69, vers 47 et note 2.

4. Voyez ci-dessus la note 1.

5. Corneille répète ici un vers de *Cinna* (acte IV, scène II, vers 1160 ; voyez tome III, p. 436).

6. Les idées exprimées dans ce sixain rappellent ce qui se passa à Negrepelisse. Les habitants avaient égorgé pendant la nuit un bataillon de troupes du Roi logées dans leurs murs. Louis XIII mar-

RIÉ[1].

Va, fier tyran des mers, mon prince te l'ordonne,
Prends toi-même le soin de conduire Bellone
Au secours du parti qu'elle veut épouser.   45
Calme les flots mutins, dissipe les tempêtes;
Obéis; et par là fais voir que tu t'apprêtes
Au joug que dans un an[2] il te doit imposer.

LA DIGUE[3].

Vois Éole et Neptune à l'envi faire hommage
    A ce prodigieux ouvrage,   50
Rochelle, et crains enfin le plus puissant des rois.
    Ta fureur est bien sans seconde
De t'obstiner encore à rejeter des lois
    Que reçoivent le vent et l'onde.

cha contre eux pour les punir. Après la plus vive résistance, se voyant sur le point d'être forcés par un assaut général, ils lui demandèrent grâce, et il paraissait enclin à leur pardonner; mais l'animosité de l'armée royale était à son comble, et le prince de Condé triompha des généreuses dispositions du Roi en ouvrant un bréviaire et lui montrant que dans les leçons de l'office du jour Samuel reprochait à Saül d'avoir épargné les Amalécites.

1. C'est bien là le titre exact de cette inscription. Il s'agit de l'île de Rié (ou Riez) en Poitou, et non de l'île de Rhé; ce qui n'a pas empêché Granet de mettre dans les OEuvres diverses : Défaite dans l'île de Rhé, en quoi il a été imité par tous les éditeurs de Corneille. Ce fut le 16 avril 1622 que le Roi passa à la tête de ses gardes, vers le milieu de la nuit, dans l'île de Rié, d'où il chassa M. de Soubise, après lui avoir fait perdre près de quatre mille hommes.

2. Le mot *an* manque dans l'édition originale; il y a dans le latin : *alium in annum.*

3. Sur les travaux du siége de la Rochelle et particulièrement sur la fameuse digue, voyez les *Mémoires* de Richelieu, années 1627 et 1628, et dans le *Malherbe* de M. Lalanne (tome IV, p. 66 et 67), une lettre de Malherbe à son cousin du Bouillon, du 28 décembre 1627.

LA ROCHELLE[1].

Ici l'audace impie en son trône parut, 55
Ici fut l'arrogance à soi-même funeste :
Un excès de valeur brisa ce qu'elle fut ;
Un excès de clémence en sauva ce qui reste.

LE PAS DE SUZE[2].

L'orgueil de tant de forts sous mon roi s'humilie :
Suze ouvre enfin la porte au bonheur d'Italie, 60
Dont elle voit qu'il tient les intérêts si chers ;
Et pleine de l'exemple affreux de la Rochelle :
« Ouvrons à ce grand prince, ouvrons-lui tôt, dit-elle ;
Qui dompte l'Océan ne craint pas nos rochers. »

CAZAL[3].

Lorsque Mars se prépare à tout couvrir de morts, 65

---

1. La Rochelle se soumit le 28 octobre 1628 ; le Roi y fit son entrée le 1er novembre.
2. Le 6 mars 1629 Louis XIII força en personne les trois barricades du pas de Suze, défendues par le duc de Savoie.
3. Les Espagnols pressaient vivement Casal, et les Français voulaient secourir la place. Mazarin, envoyé du pape, fit si bien auprès des chefs des deux armées qu'il les détermina à conclure une trêve de six semaines, le 2 septembre 1630. A l'expiration de cette trêve, il demanda une prolongation. Les Français refusèrent d'abord, et le 26 octobre ils marchèrent au combat. Mazarin ne se décourage pas et renouvelle ses instances dans les deux camps. Ayant persuadé le général espagnol, il pousse son cheval à toute bride entre les deux armées, et sans être effrayé des balles qui sifflaient autour de lui, il crie en agitant son chapeau : « La paix ! la paix ! » et allant trouver le maréchal de Schomberg, qui commandait les Français, il le décide à accepter le traité. Naudé dit à ce sujet : « Les almanachs de M.DC.XXXI représentèrent le seigneur Giulio à cheval, faisant signe avec son chapeau à deux puissantes armées qui s'alloient choquer, de mettre bas les armes, pour recevoir la paix qu'il venoit de

Un illustre Romain[1] étouffe ses discords
En dépit des fureurs en deux camps allumées.
En ce moment à craindre il remplit nos souhaits ;
Et se montrant tout seul plus fort que deux armées,
Dans le champ de bataille il fait naître la paix.   70

LA PROTECTION DE MANTOUE[2].

Lorsqu'aux pieds de mon roi tu mets ton jeune prince[3],

leur négocier. Je me souviens fort bien qu'il y avoit autant de presse à voir ces almanachs du Mazarin sous le cimetière Saint-Innocent[*], qu'il y en eut en 1643 ou 44 pour voir sur ces mêmes planches le furieux combat rendu à Rome par quinze ou seize François, contre l'ambassadeur et toute la faction d'Espagne, et qu'il y en eut encore cette année pour voir ces larges bandes remplies des différents portraits de M. de Bruxelles (Broussel). » (*Mascurat*, 1649, p. 65. — Sur cet ouvrage, voyez ci-dessus, p. 92, note 1.) — Les Espagnols levèrent le siége de Casal et évacuèrent le Montferrat (fin d'octobre 1630).

1. Mazarin, originaire de Sicile, est né le 14 juillet 1602, selon les uns à Piscina dans les Abbruzzes, selon d'autres à Rome. Les lettres de naturalisation qui lui furent données en 1639 le font naître à Rome.

2. Vincent II de Gonzague, duc de Mantoue, étant mort sans postérité, en 1627, eut pour successeur son plus proche parent Charles Ier de Gonzague, qui possédait en France les duchés de Nevers et de Rhétel, et dont Louis XIII soutint les droits contre l'empereur Ferdinand II. En juillet 1630, les Impériaux prirent Mantoue, qu'ils abandonnèrent pendant trois jours à un affreux pillage. A l'invasion de l'Allemagne par Gustave-Adolphe, la fortune changea, et l'Empereur traita avec Charles Ier de Gonzague, qui rentra en possession de sa capitale le 20 septembre 1631.

3. Les mots « ton jeune prince » ne pourraient pas s'appliquer au duc Charles Ier, mais seulement à son fils, qui, à la mort de Vincent II, avait pris possession, avant l'arrivée de son père, des duchés de Mantoue et de Montferrat, ou à son petit-fils Charles II, qui n'était âgé que de sept ans, lorsqu'il succéda à son grand-père le 25 septembre 1637, et qui régnait à Mantoue lorsque Corneille écrivit ces vers. La vue de la gravure nous prouve qu'il s'agit de ce dernier.

[*] Voyez tome II, p. 442, note 3.

Manto¹, tu ne vois point soupirer ta province
Dans l'attente d'un bien qu'on espère et qui fuit;
Et de sa main à peine a-t-il tari tes larmes,
Que sa France en la tienne aussitôt met ses armes, 75
Que la gloire couronne, et la victoire suit.

LA PAIX D'ALETZ².

Que ce fut un spectacle, Aletz, doux à tes yeux,
Quand tu vis à ses pieds ces peuples factieux
Trouver plus de bonté qu'ils n'avoient eu d'audace !
Apprenez de mon prince, ô monarques vainqueurs, 80
Que c'est peu fait à vous de reprendre une place,
Si vous ne trouvez l'art de regagner les cœurs.

PAIX ACCORDÉE AUX CHEFS DES REBELLES³.

La Paix voit ce pardon d'un œil indifférent,
Et ne veut rien devoir au parti qui se rend,

---

1. On voit figurer dans la gravure la nymphe à qui, si nous en croyons Virgile, la ville de Mantoue devait son nom. Manto était mère d'Ocnus, fondateur de Mantoue.

Fatidicæ Mantus et Tusci filius amnis,
Qui muros, matrisque dedit tibi, Mantua, nomen.
(*Énéide*, livre X, vers 199 et 200.)

2. Le 9 juin 1629 Louis XIII assiégea la ville d'Alais dans les Cévennes. Elle capitula dès le 16 du même mois.

3. L'édit de pacification fut rendu à Nîmes le 27 juin 1629. Ce fut la dernière paix de religion. On laissa aux protestants la liberté du culte, mais on leur enleva leurs places de sûreté, et ils cessèrent de former comme un État dans l'État. — Ces vers ont quelque obscurité; la vue de la gravure ne la dissipe pas. Elle représente la Paix appuyée sur un tronc d'arbre et regardant en effet avec indifférence les chefs des rebelles prosternés aux pieds du Roi. Les vers latins, qui sont d'ordinaire la traduction des vers français, s'en éloignent ici beaucoup ; les voici :

Imbelle vestrum crimen; et parcit pius

Déjà par la victoire assez bien établie; 85
Et la noble fierté qui l'oblige à punir
Ne dissimule ici le crime qu'on oublie
Que pour ne perdre pas la gloire d'obéir.

NANCY[1].

Troie auprès de ses murs l'espace de dix ans
Vit contre elle les Dieux et les Grecs combattants, 90
Et s'arma sans trembler contre la destinée.
Grand Roi, l'on avouera que l'éclat de tes yeux
T'a fait plus remporter d'honneur, cette journée,
Que la fable en dix ans n'en fit avoir aux Dieux.

REPRISE DE CORBIE[2].

Prends Corbie, Espagnol, prends-la, que nous importe?
Tu la rends à mon roi plus puissante et plus forte
Avant qu'il 'en ait pu concevoir quelque ennui.
Ton bonheur sert au sien, et ta gloire à sa gloire;
Et s'il t'a, par pitié, permis une victoire,
Ta victoire elle-même a travaillé pour lui. 100

Princeps, fugatos undique amplexus reos.
Idem sibi semper, expandit sinum
Vobis faventem. Pectus huic vestrum date,
Proceres, regendum : causa si tantum dedit
Audere iniqua, justa quid deinceps dabit ?

1. Nancy, capitale de la Lorraine, se rendit le 24 septembre 1633 à l'armée royale qui l'assiégeait, et Louis XIII y fit son entrée le lendemain.

2. Corbie, ville de Picardie, qui avait été prise par les Espagnols le 15 août 1636, fut reprise le 14 novembre suivant.

HESDIN[1].

A peine de Hesdin les murs sont renversés,
Que sur l'affreux débris des bastions forcés
Tu reçois le bâton de la main de ton maître,
Généreux maréchal : c'est de quoi nous ravir,
De le voir aussi prompt à te bien reconnoître   105
Que ta haute valeur fut prompte à le servir.

LA PROTECTION DE PORTUGAL ET DE CATALOGNE[2].

Que le ciel vous fut doux, lorsque dans votre effroi
Il vous sollicita de courir à mon roi
Pour voir contre vos murs la liberté renaître[3] !
Le succès à l'instant suivit votre desir.   110
Peuples, qui recherchez ou protecteur ou maître,
Par cet heureux exemple apprenez à choisir[4].

1. Le 30 juin 1639, Hesdin, ville de l'Artois, se rendit au Roi, qui donna sur la brèche le bâton de maréchal à M. de la Meilleraie.

2. En 1640 le Portugal secoua le joug de l'Espagne, appela au trône Jean de Bragance, qui régna sous le nom de Jean IV, et fit alliance avec la France. Dans le même temps les Catalans se révoltèrent et chassèrent les garnisons espagnoles; puis, l'année suivante, ils firent un traité avec Louis XIII, par lequel ils déclarèrent leur province réunie à la France, sous la seule condition de garder ses libertés.

3. *Emicet ut vestris libertas obruta muris*, dit le latin. — *Contre* paraît avoir ici, comme souvent alors, le sens de *près de*, *à côté de*, comme dans ce passage de *la Critique de l'École des femmes* de Molière (scène V) : « Dorilas, *contre* qui j'étois, a été de mon avis. » Dans ce cas *contre vos murs* équivaudrait à peu près à *sous vos murs*, *au pied de vos murs*. Granet a remplacé *contre* par *entre*.

4. On est frappé du singulier rapport de forme que ce vers présente avec le dernier du *Menteur* (tome IV, p. 239) :

Par un si rare exemple apprenez à mentir.

PERPIGNAN[1].

Illustre boulevard des frontières d'Espagne,
Perpignan, sa plus belle et dernière campagne,
Tout mourant, contre toi nous le voyons s'armer:
Tout mourant, il te force, et fait dire à l'envie
Qu'un si grand conquérant n'eût jamais pu fermer
Par un plus digne exploit une si belle vie.

1. Louis XIII alla joindre son armée au camp devant Perpignan, mais il ne resta pas jusqu'à la fin du siége. La place capitula le 29 août 1642. Le Roi mourut moins d'un an après, le 14 mai 1643.

XXXIV

LA POÉSIE A LA PEINTURE,

EN FAVEUR DE L'ACADÉMIE DES PEINTRES ILLUSTRES.

Les artistes qui formèrent l'Académie de peinture se réunirent pour la première fois le 1er février 1648, et rédigèrent alors des statuts que le Roi autorisa par des lettres patentes (voyez *Mémoires inédits sur la vie et les ouvrages des membres de l'Académie de peinture*, 1854, in-8°, tome I, p. 17). Le Brun était le véritable fondateur de cette académie, et, d'après M. Édouard Fournier, Corneille n'a écrit les vers qui suivent que pour remercier le peintre du portrait qu'en 1647 il avait fait pour le poëte (voyez *Corneille à la butte Saint-Roch*, p. LXXIII et LXXIV, et notre *Notice biographique*). Cette pièce a paru d'abord dans la première partie des *Poésies choisies*, publiée en 1653 par Sercy; elle occupe les pages 235-238 du volume. Elle se trouve dans le tome III (p. 93-96) du *Recueil de poësies chrestiennes.... dédié à Monseigneur de Conty par M. de la Fontaine*, Paris, le Petit, 1671; enfin elle a été recueillie par Granet dans les *OEuvres diverses* (p. 182-186).

Enfin tu m'as suivie, et ces vastes montagnes
Qui du Rhône et du Pô séparent les campagnes
N'ont eu remparts si forts ni si haut élevés [1]
Que ton vol, chère sœur, après moi n'ait bravés ;
Enfin ce vieux témoin de toutes nos merveilles,   5
Toujours pour toi tout d'yeux, et pour moi tout d'oreilles,
Le Tibre voit la Seine, autrefois son appui,
Partager tes trésors et les miens avec lui :
Tu me rejoins enfin, et courant sur mes traces,

---

1. VAR. N'ont eu remparts si forts et si haut élevés.
(*Recueil.*)

En cet heureux séjour du mérite et des grâces,   10
Tu viens, à mon exemple, enrichir ces beaux lieux
De tout ce que ton art a de plus précieux.
Oh! qu'ils te fourniront de brillantes matières!
Que d'illustres objets à toutes tes lumières!
Prépare des pinceaux, prépare des efforts   15
Pour toutes les beautés de l'esprit et du corps,
Pour tous les dons du ciel, pour tous les avantages
Que la nature et lui sèment sur les visages;
Prépares-en enfin pour toutes les vertus,
Sous qui nous puissions voir les vices abattus.   20
Sans te gêner l'idée après leur caractère,
Pour les bien exprimer tu n'auras qu'à portraire :
La France en est féconde, et tes nobles travaux
En trouveront chez elle assez d'originaux;
Mais n'en prépare point pour la plus signalée[1],   25
Qu'on a depuis longtemps de la cour exilée,
Pour celle qui départ le solide renom :
Hélas! j'en ai moi-même oublié jusqu'au nom,
Tant je vois rarement mes plus fameux ouvrages
Pouvoir s'enorgueillir de ses moindres suffrages.   30
Ronsard, qu'elle flattoit à son commencement,
La crut avec son roi couchée au monument;
Il en perdit l'haleine[2], et sa muse malade
En laissa de ses mains tomber *la Franciade*[3].

1. Voyez les derniers vers de la pièce.
2. Dans l'édition de Lefèvre : « Il en perdit haleine. »
3. Poëme épique dont le héros est Francus ou Francion, fils d'Hector et d'Andromaque. « Ronsard l'entreprit encore jeune, sous le règne de Henri II, afin qu'on ne pût reprocher à la France de manquer d'un poëme épique. Charles IX le soutint vivement dans cette résolution; mais après la mort de ce prince, comme l'état des finances ne permettait plus les gratifications, le poëme en souffrit beaucoup et demeura inachevé. Il devait avoir vingt-quatre chants comme l'*Iliade*, et tel qu'il nous reste, il n'en a que quatre. » (*Ta-*

Maynard l'a chaque jour criée à haute voix : 35
Il n'est porte où pour elle il n'ait frappé cent fois ;
Mais sans en voir l'image en aucun lieu gravée,
Il est mort la cherchant, et ne l'a point trouvée[1].
J'en fais souvent reproche à ce climat heureux ; [reux ;
Je m'en plains[2] aux plus grands comme aux plus géné-
Pour trop m'en plaindre en vain je deviens ridicule,
Et l'on ne m'entend pas, ou l'on le dissimule.
Qu'aujourd'hui la valeur sait mal se secourir !
Que je vois de grands noms en danger de mourir !
Que de gloire à l'oubli malgré le ciel se livre, 45
Quand il m'a tant donné de quoi la faire vivre !
Le siècle a des héros, il en a même assez
Pour en faire rougir tous les siècles passés ;
Il a plus d'un César, il a plus d'un Achille ;
Mais il n'a qu'un Mécène, et n'aura qu'un Virgile[3] : 50
Rare exemple, et trop grand pour ne pas éclater,
Rare exemple, et si grand qu'on n'ose l'imiter[4].

bleau.... *de la poésie française au seizième siècle*.... par M. Sainte-Beuve, tome II, p. 180.)

1. Ici Corneille semble faire allusion au quatrain bien connu que Maynard avait placé sur la porte de son cabinet :

> Las d'espérer et de me plaindre
> Des Muses, des grands et du sort,
> C'est ici que j'attends la mort,
> Sans la desirer ni la craindre.

2. Ainsi dans l'édition originale des *Poésies choisies ;* on trouve dans les éditions suivantes et dans toutes les autres réimpressions : « Je me plains, » qui nous paraît beaucoup moins bon.

3. Le Mécène est Mazarin, qui, comme l'on sait, demanda à Ménage la liste des savants et des hommes de lettres qui méritaient des encouragements. Le Virgile est sans doute Chapelain, qui terminait alors son épopée de *la Pucelle*, à laquelle il a, dit-on, travaillé trente ans, et qui parut en 1656.

4. Ainsi dans la première édition ; « qu'on ne l'ose imiter » dans toutes les autres.

Cette haute vertu va toutefois renaître :
A quelques traits déjà je crois la reconnaître[1].
Chère et divine sœur, prépare tes crayons : 55
J'en vois de temps en temps briller quelques rayons ;
Les Sophocles nouveaux dont j'honore[2] la France
En ont déjà senti quelque douce influence ;
Mais ce ne sont enfin que rayons inconstants,
Qui vont de l'un à l'autre, et qui n'ont que leur temps ;
Et ces heureux hasards des fruits de mon étude
Laissent tout l'avenir dedans l'incertitude.
Tire[3] avec ton pouvoir leur éclat vagabond ;
Fais-les servir d'ébauche à ton savoir profond ;
Et mêlant à ces traits l'effort de ton génie, 65
Fais revoir en portrait cette illustre bannie.
Peins bien toute sa pompe et toutes ses beautés,
Son empire absolu dessus les volontés ;
Fais-lui donner du lustre aux plus brillantes marques
Dont se pare le chef des plus dignes monarques ; 70
Fais partir de nos mains à ses commandements
Tout ce que nous avons d'éternels monuments ;
Fais-lui distribuer la plus durable gloire ;
Mets l'histoire à ses pieds, et toute la mémoire ;
Mets en ses yeux l'éclat d'une divinité ; 75
Mets en ses mains le sceau de l'immortalité,
Et rappelle si bien un juste amour pour elle,

---

1. Ce mot est imprimé ainsi, par un *a* (*reconnaistre*), dans toutes les éditions anciennes. En 1738 Granet a mis *reconnoître*, et a été imité par tous les éditeurs qui depuis ont publié cette pièce.

2. Ainsi dans les *Poésies choisies* de Sercy. On lit *s'honore* dans le *Recueil* de 1671, dans les *OEuvres diverses* de 1738, et dans toutes les éditions suivantes.

3. *Tirer* est ici dans le sens de portraire, figurer, représenter ; on disait : « tirer une personne, une figure, etc. : » voyez ci-dessus, p. 97, vers 40. Cette expression ne se trouve que dans la première édition des *Poésies choisies ;* dans les suivantes on a remplacé *tire* par *fixe*.

Qu'à son tour en ces lieux cet amour la rappelle,
Et que les cœurs, plongés dans le ravissement,
N'en puissent plus souffrir ce long bannissement. 80
Mais que dis-je? tu vas rappeler cette reine
Avec bien plus de gloire, et beaucoup moins de peine.
Ce que je n'ai pu faire avec toutes mes voix,
Quoique j'aye eu pour moi jusqu'à celle des rois,
Quoique toute leur cour, de mes douceurs charmée, 85
Ait par delà mes vœux enflé ma renommée,
Un coup d'œil le va faire, et ton art plus charmant
Pour un si grand effet ne veut qu'un seul moment.
Je vois, je vois déjà dans ton académie,
Par de royales mains en ces lieux affermie, 90
Tes Zeuxis renaissants, tes Apelles nouveaux,
Étaler à l'envi des chefs-d'œuvres si beaux,
Qu'un violent amour pour des choses si rares
Transforme en généreux les cœurs les plus avares,
Et les précipitant à d'inouïs efforts, 95
Fait dérouiller les clefs des plus secrets trésors.
Je les vois effacer ces chefs-d'œuvres[1] antiques,
Dont jadis les seuls rois, les seules républiques,
Les seuls peuples entiers pouvoient faire le prix,
Et pour qui l'on traitoit les talents de mépris[2]; 100
Je vois le Potosi[3] te venir rendre hommage,

---

1. Ce mot composé est écrit *chef-d'œuvres* dans les éditions imprimées du vivant de Corneille, aussi bien au vers 92 que dans celui-ci. Il y a là, pour le temps, une irrégularité quant au premier élément, mais non pas quant au second : on mettait autrefois au pluriel aussi bien *œuvres* que *chefs*. C'est encore l'orthographe de l'Académie dans la quatrième édition de son *Dictionnaire* (1762).

2. C'est-à-dire auprès desquels les talents d'or et d'argent étaient considérés comme peu de chose, comme ne pouvant suffire à les payer. *Talent* est pris ici dans le sens antique, et désigne un poids, une somme d'or ou d'argent.

3. La riche mine d'argent de l'ancien Pérou.

Je vois se déborder le Pactole et le Tage[1],
Je les vois à grands flots se répandre sur toi.
N'accusons plus le siècle : enfin je la revoi,
Je la revois enfin cette belle inconnue,   105
Et par toi rappelée, et pour toi revenue.
Oui, désormais le siècle a tout son ornement,
Puisqu'enfin tu lui rends en cet heureux moment
Cette haute vertu, cette illustre bannie,
Cette source de gloire en torrents infinie,   110
Cette reine des cœurs, cette divinité :
J'ai retrouvé son nom, la Libéralité.

1. Le Tage était autrefois, aussi bien que le Pactole, fameux par l'or qu'on trouvait dans son sable.

Quidquid Tagus expulit auri,

a dit Lucain au livre VII de la *Pharsale*, vers 755.

XXXV

A SAINT BERNARD,

SUR LA TRADUCTION DE SES *EPITRES*.

Par le R. P. dom Gabriel de Sainte-Geme.

SONNET.

Ce sonnet, signé CORNEILLE, se trouve en tête d'un volume intitulé : « *les Lettres de sainct Bernard, premier abbé de Clervaux, docteur de l'Eglise; traduites par le R. P. Dom Gabriel de sainct Malachie*[1], *Religieux Fueillent de l'Ordre de Cisteaux. Dédiées à Monseigneur le Mareschal de l'Hospital,* à Paris, chez Gaspar Meturas, M.DC.XLIX, in-4°. L'Achevé d'imprimer est du 23 août. On trouve d'abord dans ce volume neuf feuillets non chiffrés, puis huit pages numérotées, et c'est au recto du premier feuillet d'une nouvelle série non chiffrée que figure le sonnet de Corneille. Il est réuni ici pour la première fois aux OEuvres de Corneille. M. Paul Lacroix l'a inséré dans le n° du 15 août 1863 du *Bulletin du bouquiniste*, d'après une copie qui lui a été adressée de Dôle et qui ne contenait point le titre de la pièce. Il pensait que les bibliothèques publiques de Paris ne possédaient point l'ouvrage de dom Gabriel; nous en avons trouvé, à la Bibliothèque impériale, un exemplaire qui porte le chiffre d'inventaire C 2043.

Du cloître et de la cour précieuse clarté,
Mais du cloître sans tache, et d'une cour sans crimes,
Aussi ferme soutien des ordres légitimes
Qu'implacable ennemi de la fausse équité;

1. L'auteur de ce livre est, comme on l'a vu, nommé dom Gabriel de Sainte-Geme par ceux qui s'adressent à lui; mais il se nomme toujours lui-même, soit sur le titre, soit en signant la dédicace, Gabriel de Saint-Malachie, qui est probablement son nom de religion.

Toi qui jusqu'à nos rois portas la vérité, 5
Qui n'eus dans leurs conseils que de justes maximes,
Et fis, par un conseil rentré dans les abîmes[1],
Dans les raisons d'État régner la sainteté :

Aujourd'hui que la France, entendant tes oracles,
Voit tous ses cœurs charmés par de si grands miracles, 10
Fais-en suivre l'exemple à toute heure, en tout lieu ;

Et rendant à nos jours ce qu'aux tiens on admire,
Une seconde fois accorde en cet empire
La sagesse du monde avec celle de Dieu.

---

1. C'est-à-dire par un conseil, une sagesse, qui a disparu de ce monde, qui est rentré dans les saints abîmes, les saintes profondeurs d'où il était sorti.

XXXVI

A MONSIEUR D'ASSOUCY,

SUR SON *OVIDE EN BELLE HUMEUR*.

Ce sonnet, signé CORNEILLE, a été publié au verso du troisième feuillet de *l'Ovide en belle humeur de M^r d'Assoucy....* à *Paris, chez Charles de Sercy....* M.DC.L, in-4°. L'Achevé d'imprimer est du « 25. de Fevrier 1650. » Ces vers, recueillis par M. Édouard Fournier dans ses *Notes sur la vie de Corneille* (p. xci), sont ici réunis pour la première fois aux OEuvres de ce poëte. A l'époque où Corneille écrivait ce compliment, d'Assoucy venait de composer la musique d'*Andromède*. Voyez tome V, p. 252 et 253.

Que doit penser Ovide, et que nous peut-il dire,
Quand tu prends tant de peine à le défigurer,
Que ce qu'il écrivit pour se faire admirer,
Grâces à d'Assoucy sert à nous faire rire?

Il y trouve la gloire où son travail aspire; 5
Tu ne prends tant de soins que pour mieux l'honorer :
De tant d'attraits nouveaux tu le viens de parer,
Que moins il se ressemble, et plus chacun l'admire.

Sa plume osa beaucoup, et plantes, animaux,
Fleuves, hommes, rochers, éléments et métaux, 10
Par elle ont vu changer leurs êtres et leurs causes.

La tienne, plus hardie, a plus encore osé,
Puisque le grand auteur de ces métamorphoses
Lui-même enfin par elle est métamorphosé.

SUR LA CONTESTATION ENTRE LE SONNET D'URANIE
ET DE JOB.

XXXVII

SONNET.

La querelle littéraire qui s'éleva au sujet du sonnet d'Uranie par Voiture et de celui de Job par Benserade commença dans les premiers jours de l'hiver de 1649 et continua jusqu'en 1650. Elle a donné lieu à un grand nombre de pièces, qui ont été recueillies en 1653 dans la première partie des *Poésies choisies* de Sercy, où les trois morceaux qui suivent ont paru avec la signature de Corneille (p. 399-402)[1]. En publiant toute cette petite polémique poétique, Sercy, dans un avis intitulé : *Le Libraire au Lecteur* (p. 374), annonce que s'il n'a pas imprimé les sonnets mêmes qui font l'objet du débat, « c'est qu'ils sont si communs, et qu'ils ont été mis au jour en tant d'endroits, qu'il n'y a personne qui ne les sache, ou ne les ait vus. » Aujourd'hui qu'on ne les a plus sous la main, nous avons jugé utile de les placer dans l'*Appendice*. Les personnes qui voudront connaître tout le détail de cette contestation peuvent consulter, outre les *Poésies choisies* de Sercy, l'*Histoire de la guerre des Uranins et des Jobelins* (tome I, p. 116 et suivantes des *Mémoires de littérature* [par Sallengre], la Haye, 1715), et surtout l'*Histoire de deux sonnets*, par M. Eugène de Beaurepaire (*Revue de Rouen*, 20ᵉ année, p. 129 et suivantes). Des trois petites pièces de Corneille, Sallengre paraît n'avoir connu que la seconde (notre numéro XXXVIII).

Demeurez en repos, frondeurs et mazarins,
Vous ne méritez pas de partager la France :

[1]. On trouve aussi une copie de ces trois pièces de poésie de Corneille dans un manuscrit de la Bibliothèque impériale (fonds français, n° 12680); dans cette copie les pièces XXXVII et XXXIX de notre édition sont signées CORNEILLE, la pièce XXXVIII est anonyme.

Laissez-en tout l'honneur aux partis d'importance
Qui mettent sur les rangs de ¹ plus nobles mutins.

Nos Uranins ligués contre nos Jobelins 5
Portent bien au combat une autre véhémence ;
Et s'il doit s'achever de même qu'il commence,
Ce sont Guelfes nouveaux, et nouveaux Gibelins.

Vaine démangeaison de la guerre civile,
Qui partagiez naguère et la cour et la ville, 10
Et dont la paix éteint les cuisantes ardeurs²,

Que vous avez de peine à demeurer oisive,
Puisqu'au même moment qu'on voit bas les frondeurs,
Pour deux méchants sonnets on demande³ : « Qui vive ? »

1. *Des*, dans la copie manuscrite mentionnée plus haut (p. 125, note 1).
2. L'accommodement conclu à Rueil le 11 mars 1649 avait apaisé pour un temps les troubles de la Fronde, sans qu'aucun des partis eût satisfaction.
3. *Vous demandez*, dans la copie manuscrite.

XXXVIII

SONNET.

Ce sonnet est anonyme dans la copie manuscrite de la Bibliothèque impériale (voyez p. 125, note 1).

> Deux sonnets partagent la ville,
> Deux sonnets partagent la cour,
> Et semblent vouloir à leur tour
> Rallumer la guerre civile.
>
> Le plus sot et le plus habile 5
> En mettent leur avis au jour,
> Et ce qu'on a pour eux d'amour
> A plus d'un échauffe la bile.
>
> Chacun en parle hautement,
> Suivant son petit jugement; 10
> Et s'il y faut mêler le nôtre,
>
> L'un[1] est sans doute mieux rêvé,
> Mieux conduit, et mieux achevé;
> Mais je voudrois avoir fait l'autre.

1. Celui de Voiture, que notre poëte dans l'épigramme suivante nomme « un auteur plus poli. »

XXXIX

ÉPIGRAMME.

Ami, veux-tu savoir, touchant ces deux sonnets
    Qui partagent nos cabinets,
    Ce qu'on peut dire avec justice?
L'un nous fait voir plus d'art, et l'autre un feu plus vif[1];
L'un est le mieux peigné, l'autre est le plus naïf;   5
L'un sent un long effort, et l'autre un prompt caprice;
Enfin l'un est mieux fait, et l'autre est[2] plus joli;
    Et pour te dire tout en somme,
    L'un part d'un auteur plus poli,
    Et l'autre d'un plus galant homme[3].   10

1. Tel est le texte des *Poésies choisies* et de la copie manuscrite que nous avons plusieurs fois citée. On lit : *et l'autre plus de vif*, dans les *OEuvres diverses* publiées par Granet et dans les éditions suivantes.

2. Le mot *est* manque dans un grand nombre d'éditions récentes.

3. Il ne faut pas oublier que Voiture, que l'opposition de ces deux épithètes eût blessé à bon droit, était mort en 1648. Benserade vécut jusqu'en 1691.

XL

A MADEMOISELLE DE COSNARD DE SES.

La pièce de vers suivante se trouve en tête de la pièce intitulée *les Chastes martirs*, Tragedie chrestienne par Mademoiselle Cosnard, *à Paris, chez Nicolas et Iean de la Coste, au mont S. Hilaire à l'Escu de Bretagne*.... M.DC.L., avec privilege du Roy. L'ouvrage dont nous venons de reproduire le titre forme un volume in-4° de cinq feuillets non chiffrés et de quatre-vingt-quinze pages. Le premier feuillet est occupé par le titre ; le second contient la dédicace, adressée *à la Reine regente* et signée : MARTHE COSNARD DE SES ; le troisième feuillet présente au recto les vers de Corneille qu'on va lire, et, au verso, un compliment adressé par M. de Saint-Nicolas, maître des eaux et forêts à Vire, à Mlle Cosnard ; il se termine ainsi :

> Votre art qui va jusqu'à l'excès
> Mérite bien qu'on vous appelle
> Quelque jour la vierge de Saïs,
> Puisqu'Orléans a sa pucelle.

Les feuillets 4 et 5 renferment l'avis *au Lecteur* et les noms des personnages. Il s'en faut néanmoins que les exemplaires de cette tragédie se rencontrent d'ordinaire dans l'état que nous venons d'indiquer. Tous ceux que nous avons vus à Paris, dans les bibliothèques publiques et dans les ventes, ne contiennent ni le second ni le troisième feuillet, occupés par la dédicace et les vers. Je savais que ces curieuses particularités se trouvaient dans l'exemplaire qui figure au Catalogue de M. de Soleinne sous le n° 1249, mais j'ignorais ce que cet exemplaire était devenu. M. Albert de la Fizelière, rédacteur en chef de *l'Union des Arts*, a eu l'obligeance de me le signaler. Il fait aujourd'hui partie de la précieuse bibliothèque de M. Léon de la Sicotière, avocat d'Alençon, qui a bien voulu nous en envoyer une description très-complète, avec une copie fort exacte des vers de Corneille. — Si nous cherchons quels sont les motifs qui ont pu amener notre poëte à adresser ces vers à Mlle Cosnard, nous sommes obligé, en l'absence de tout renseignement biographique, de faire simplement observer que Mlle Cosnard était de Sées, qu'elle recevait les compliments d'un maître des eaux et forêts de Vire, et qu'elle imitait dans sa pièce *Agathonphile*, roman de Jean-Pierre Camus, ancien évêque de Belley, retiré alors à l'abbaye d'Aunay, près de Caen, où il exerçait les fonctions de vicaire général du diocèse de Rouen. C'est, ce nous semble, plus qu'il n'en faut pour expliquer un peu l'intérêt que son ouvrage inspirait à Corneille.

Que tes *Chastes martyrs* vont te faire d'amants,
Que parmi leurs travaux tu sèmes d'ornements,
Et que ton coup d'essai, si digne de mémoire,
Doit enhardir ta plume à redoubler ta gloire !
Poursuis, divin esprit, continue à charmer, 5
Entretiens ce beau feu que tu viens d'allumer ;
Bientôt à cet effort fais succéder un autre
Qui couronne ton sexe, et fasse honte au nôtre :
Des Muses nous prenons le génie et la loi,
Qui ne sont après tout que filles comme toi. 10
Je te dis de leur part que dessus le Parnasse,
Au milieu de leur chœur[1] elles te gardent place,
Et que tes premiers vers ont assez de douceur,
Pour faire la dixième entre ces doctes sœurs.
Moi-même pour me faire admirer sur la scène, 15
Je te voudrai pour guide au lieu de Melpomène ;
Et chacun après moi, pour boire en leur vallon,
Préférera ton aide au secours d'Apollon.
Ne te lasse donc point d'enfanter des merveilles,
De prêter ton exemple à conduire nos veilles, 20
Et d'aplanir à ceux qui t'auront imité
Les illustres chemins à l'immortalité.

1. L'édition originale porte *cœur*.

XLI

A MONSIEUR DE LOY, PROFESSEUR EN L'UNIVERSITÉ
DE PARIS,
SUR SON PANÉGYRIQUE DE MONSEIGNEUR LE PREMIER PRÉSIDENT
DE BELLIÈVRE.

Le panégyrique de Pompone de Bellièvre, dont il est question ici, a été composé à l'occasion de son entrée en fonctions comme premier président, en remplacement de Mathieu Molé, le 22 août 1653. Un exemplaire de cet ouvrage est conservé à la Bibliothèque impériale sous la marque Ln^{27}1470. Il a pour titre : *Illustrissimo viro Pomponio de Bellievre, regi a consiliis et primo in principe Galliarum senatu præsidi inaugurato, Panegyricus in colleg. marchiano Parisiensis Academiæ dictus*. Parisiis, apud Dionysium Langlæum, M.DC.LIII. Il se compose de 32 pages in-4°. A la suite viennent deux feuillets non chiffrés, contenant des compliments en vers. Le suivant, signé DE CORNEILLE occupe le verso du premier de ces feuillets. M. P. Lacroix, qui a dernièrement attiré l'attention sur ces vers [1], avait rencontré ces deux feuillets isolés, et n'avait pas indiqué l'ouvrage auquel ils se rattachent.

Pourquoi s'étonner que de Loy
Réussisse avec avantage,
Traçant en ce divin ouvrage
L'appui de notre jeune roi ?
Dans cette vivante peinture,   5
L'art le dispute à la nature,
La copie à l'original ;
Mais l'ayant prise sur son âme,
Où il [2] étoit gravé d'un burin tout de flamme,
Il n'y pouvoit réussir mal.   10

1. *Bulletin du bouquiniste* du 1er septembre 1863, p. 501 et 502.
2. Voyez ci-dessus, p. 81, note 2.

XLII

POUR MONSIEUR DASSOUCY,

SUR SES AIRS.

Ces sept vers, signés CORNEILLE, occupent le recto du troisième feuillet d'un recueil, inconnu jusqu'ici, intitulé : *Airs à quatre parties du Sieur Dassoucy*, à Paris, par Robert Ballard, seul Imprimeur du Roy pour la Musique. Auec Priuilege de Sa Maiesté, 1653, in-8º oblong. Ce recueil, tel qu'il se trouve à la Bibliothèque impériale, n'est pas complet : il ne contient qu'une seule des quatre parties, la « taille. » Le privilége mentionné sur le titre n'est autre chose qu'un extrait du privilége général accordé pour la musique à Ballard, le 24 octobre 1639, et il n'est pas accompagné d'un achevé d'imprimer indiquant la date précise du volume. Nous sommes redevables à M. Ravenel, conservateur sous-directeur de la Bibliothèque impériale, de cette petite pièce de Corneille, qui jusqu'ici n'avait été signalée par personne. Trois ans plus tôt notre poëte avait adressé pour *l'Ovide en belle humeur* un sonnet à Dassoucy[1], qui, à cette époque, avait déjà fait la musique d'*Andromède* (voyez tome V, p. 252 et 253).

> Cet auteur a quelque génie,
> Ses airs me semblent assez doux.
> Beaux esprits, mais un peu jaloux,
> Divins enfants de l'harmonie,
> Ne vous en mettez en courroux :   5
> Apollon aussi bien que vous
> Ne les peut ouïr sans envie.

1. Voyez ci-dessus, p. 124.

XLIII

ÉPITAPHE

SUR LA MORT DE DAMOISELLE ÉLISABETH RANQUET,

Femme de Nicolas du Chevreul, écuyer, sieur d'Esturville.

SONNET.

Élisabeth Ranquet, née à Paris le 23 juin 1618, et inhumée le 7 avril 1654 dans l'église de Briquebec, s'est fait connaître par sa vertu et sa piété. Sa mère se nommait Marguerite Loret, et l'on pourrait supposer qu'elle était parente à quelque degré de l'auteur de *la Muse historique*, et que ce fut par lui que Corneille la connut et fut porté à écrire son épitaphe; mais il n'est pas besoin de recourir à cette interprétation, car nous lisons dans la *Vie de Damoiselle Élisabeth Ranquet*, à Paris, chez Charles Savreux, M.DC.LV, in-12 : « Madame de Mercœur.... aimoit singulièrement cette famille ;... elle desira que son petit-fils Monseigneur de Mercœur, et sa petite-fille Mademoiselle de Vandosme donnassent le nom à notre sainte. » On doit penser que ce fut sur l'invitation de ces illustres protecteurs de notre poëte que la pièce qu'on va lire fut composée. Elle parut d'abord, signée CORNEILLE, au verso du quatrième feuillet de la biographie que nous venons de citer et dont l'Achevé d'imprimer est du 10 mai 1655; elle fut ensuite réimprimée en tête de quelques exemplaires d'*OEdipe* (voyez tome VI, p. 110), et reparut enfin en 1660, à la page 10 de la seconde édition de la *Vie de damoiselle Ranquet*. Dans la première, le titre, interverti, est ainsi rédigé : *Sur la mort de Damoiselle Élisabeth Ranquet.... Épitaphe*. Le mot SONNET n'y figure pas.

Ne verse point de pleurs sur cette sépulture,
Passant : ce lit funèbre est un lit précieux,
Où gît d'un corps tout pur la cendre toute pure;
Mais le zèle du cœur vit encore en ces lieux.

Avant que de payer le droit à la nature, 5
Son âme, s'élevant au delà de ses yeux[1],
Avoit au Créateur uni la créature;
Et marchant sur la terre elle étoit dans les cieux.

Les pauvres bien mieux qu'elle ont senti sa richesse :
L'humilité, la peine étoient[2] son allégresse; 10
Et son dernier soupir fut un soupir d'amour.

Passant, qu'à son exemple un beau feu te transporte,
Et loin de la pleurer d'avoir perdu le jour,
Crois qu'on ne meurt jamais quand on meurt de la sorte.

1. VAR. Son âme, s'élevant au-dessus de ses yeux. (1655)
2. On lit *étoit* dans l'édition de 1655.

XLIV

SONNET.

[Au Roi, pour obtenir la confirmation des lettres de noblesse
accordées à son père.]

Ce sonnet, découvert par M. Ludovic Lalanne à la bibliothèque de l'Institut, a été adressé à Louis XIV par Corneille, pour obtenir la confirmation des lettres de noblesse accordées en 1637 à son père par le roi Louis XIII après le succès du *Cid*. Cette requête paraît avoir été composée en 1657, à l'occasion de la *Declaration du Roy, du trentième Decembre* 1656, *pour la recherche des Usurpateurs de Noblesse*. Des déclarations semblables furent rendues en février 1661, en juin 1664; puis en septembre 1664 un édit « portant révocation des lettres de noblesse accordées depuis le 1er janvier 1634. » Cet édit, daté de Vincennes, contient la restriction suivante : « Nous réservant toutefois de confirmer ceux qui pour services signalés dans nos armées, et autres emplois importants, ont obtenu ledit titre de noblesse. » Voyez ci-dessus la *Notice* des *Poésies diverses*, p. 15 et 16, et au tome I la *Notice biographique sur Corneille*.

La noblesse, grand Roi, manquoit à ma naissance;
Ton père en a daigné gratifier mes vers,
Et mes vers anoblis ont couru l'univers
Avecque plus de pompe et de magnificence.

Ce fut là, de son temps, toute leur récompense,   5
Dont même il honora tant de sujets divers,
Que sur ce long abus tes yeux enfin ouverts
De ce mélange impur ont su purger la France.

Par cet illustre soin mes vers déshonorés

Perdront ce noble orgueil dont tu les vois parés, 10
Si dans mon premier rang ton ordre me ravale.

Grand Roi, ne souffre pas qu'il ait tout son effet,
Et qu'aujourd'hui ta main, pour moi si libérale,
Reprenne le seul don que ton père m'a fait.

XLV

A MONSIEUR DE CAMPION,

SUR LES *HOMMES ILLUSTRES*.

SONNET.

Ce sonnet se lit, signé CORNEILLE, au recto du treizième feuillet du volume intitulé : *les Hommes illustres* de Mr de Campion, tome premier, premiere partie, imprimé à Rouen par L. Maurry pour Augustin Courbé, Marchand Libraire au Palais, à Paris.... M.DC.LVII, in-4°. Le privilége a été donné « à Paris le neufiéme jour de Decembre, l'an de grace mil six cens cinquante-six. » On lit à la suite : « Acheué d'imprimer pour la premiere fois à Rouen par L. Maurry, le quinzieme iour de Ianuier 1657. » L'ouvrage en tête duquel figurent ces vers n'a pas été achevé; mais Campion a publié encore en 1657 un volume in-12 anonyme intitulé: *Recueil de lettres qui peuvent seruir à l'histoire et diuerses poesies*, à Roüen, aux dépens de l'autheur, par Laurens Maurry.... M.DC.LVII; on y lit, à la page 266, la pièce suivante :

Pour Monsieur de Corneille.

SONNET.

L'on peut dire, sans avoir tort,
Que Corneille est incomparable :
Tout ce qu'il fait est admirable,
Chacun en demeure d'accord.

La savante reine du Nord,
De qui l'esprit est adorable,
Faisant un jugement semblable,
Le soutient et l'estime fort.

L'antiquité, que l'on nous vante,

N'eut point de plume si charmante
Ni d'auteur qui pût l'égaler :

Nos nouveaux ne paroissent guère,
Et sitôt qu'il a su parler,
Ils ont tous appris à se taire.

Il est probable que ces vers, assez intéressants en ce qu'ils constatent la bienveillance de Christine à l'égard de Corneille, furent écrits avant ceux qu'on va lire, et que notre poëte crut devoir rendre à Campion compliment pour compliment et sonnet pour sonnet. Bien que celui de Corneille ait été publié en 1808 dans le *Magasin encyclopédique* (tome IV, p. 100), en 1843, par M. Léon de Duranville, dans la *Revue de Rouen* (premier semestre, cahier d'avril, p. 222), et le 22 juin 1845 dans *l'Impartial* de Rouen, il a été réuni pour la première fois aux *OEuvres complètes* dans l'édition de Lefèvre, terminée en 1855 (tome XII, p. 59), où il porte à tort la date de 1647. — Alexandre de Campion, poëte et diplomate, né à Rouen en 1610, mourut vers 1670. Voyez sur lui le *Manuel du bibliographe normand*, par Ed. Frère, tome I, p. 173 et 174.

Invincible ennemi des rigueurs[1] de la Parque,
Qui fais, quand tu le veux, revivre les héros,
Et de qui les écrits sont d'illustres dépôts
Où luit de leur vertu la plus brillante marque,

Notre France aux chrétiens donne en toi leur Plutarque, 5
Et les nobles emplois de ton savant repos,
Traçant leurs grands portraits, offrent à tous propos
De fidèles miroirs aux soins d'un vrai monarque.

J'ai quelque art d'arracher les grands noms du tombeau,
De leur rendre un destin plus durable et plus beau, 10
De faire qu'après moi l'avenir s'en souvienne ;

1. On lit *erreurs*, mais à tort, dans l'édition de Lefèvre.

Le mien¹ semble avoir droit à l'immortalité ;
Mais ma gloire est autant au-dessous de la tienne,
Que la fable en effet cède à la vérité.

1. *Mon nom*, dans l'édition de Lefèvre; mais rien n'autorise une pareille leçon. Voyez l'*Avertissement* de notre tome I, p. II.

XLVI

SONNET PERDU AU JEU.

Une lettre de Corneille à l'abbé de Pure, écrite de Rouen le 9 juillet 1658, et qu'on trouvera plus loin, nous donne la date exacte de ces vers; nous y lisons en *post-scriptum* : « Monsieur, je vous envoie un méchant sonnet que je perdis hier au jeu contre une femme dont le visage et la voix valent bien quelque chose. C'est une bagatelle que j'ai brouillée ce matin. Vous en aurez la première copie. Il y a un peu de vanité d'auteur dans les six derniers vers. » Ce sonnet a paru pour la première fois à la page 91 des *Poésies choisies....* publiées par Sercy, cinquième partie, 1660.

Je chéris ma défaite, et mon destin m'est doux,
Beauté, charme puissant des yeux et des oreilles;
Et je n'ai point regret qu'une heure auprès de vous
Me coûte en votre absence et des soins et des veilles.

Se voir ainsi vaincu par vos rares merveilles, 5
C'est un malheur commode à faire cent jaloux;
Et le cœur ne soupire, en des pertes pareilles,
Que pour baiser la main qui fait de si grands coups[1].

Recevez de la mienne, après votre victoire,
Ce que pourroit un roi tenir à quelque gloire, 10
Ce que les plus beaux yeux n'ont jamais dédaigné.
Je vous en rends, Iris, un juste et prompt hommage.

Hélas! contentez-vous de me l'avoir gagné,
    Sans me dérober davantage.

1. *Des si grands coups*, dans l'édition de Granet.

XLVII

SUR LE DÉPART DE MADAME LA MARQUISE DE B. A. T.

« Cette pièce, dit Granet (*OEuvres diverses*, p. 194), avoit déjà paru en feuille volante, in-4°, mais sans date d'année. » Nous ne l'avons pas trouvée en cet état, mais nous la rencontrons, sous ce titre : *Sur le départ de Mademoiselle la marquise de C. A. B.*, aux pages 47 et 48 d'un *Petit Recueil de poesies choisies non encore Imprimées, à Amsterdam, M.DC.LX*, petit in-8°. Par malheur, l'exemplaire de la bibliothèque de l'Arsenal (n° 7312 Belles-Lettres), le seul de ce Recueil que nous connaissions, saute de la page 48, qui s'arrête au vers 32 et à la réclame *Ce cœur*, à la page 57, bien que d'ailleurs il n'y ait point d'interruption dans les signatures typographiques. Nous avons trouvé la pièce entière, sous le titre que nous lui donnons ici, à la page 79 de la cinquième partie des *Poésies choisies* publiée par Sercy en 1660. Elle se lit également dans le recueil manuscrit de Courart (tome IX, p. 911), où elle est intitulée : *Sur le départ d'Iris*. Ce poëme est signé : CORNEILLE L'AISNÉ. Conrart a écrit en marge la note suivante, qui nous en donne la date et nous fait connaître à qui il était adressé : « 1658. C'est une jeune comédienne fort belle, nommée la Duparc, autrement *la Marquise*. » Enfin une copie ancienne, fort défectueuse, mais qui fournit un certain nombre de variantes que nous indiquons en note, est contenue dans le portefeuille 217 des manuscrits des Godefroy conservés à la bibliothèque de l'Institut. Elle est intitulée : *Sur le départ de Mademoiselle du Parc, par le Sr Corneille*. On a beaucoup disserté sur le surnom de *Marquise* donné à la du Parc. Une découverte récente, faite par M. Brouchoud, avocat à la Cour impériale de Lyon, et qui m'a été obligeamment communiquée par M. Soulié, futur éditeur de Molière, établit que, dès 1653, ce surnom appartenait assez officiellement à la du Parc pour qu'elle le prit en signant son acte de mariage; en effet, cet acte, que M. Soulié publiera sans doute dans son entier, constate que « Monsieur René de Berthelot et damoiselle de Gorla » ont reçu la bénédiction nuptiale en l'église Sainte-Croix le 23 février 1653, et il est signé : MARQUISE DE GORLA, et : RENÉ BERTHELOT, dit *du Parc*. Dans l'acte de décès de la célèbre comédienne, qui nous a été communiqué par M. P. Mesnard, l'éditeur de Racine dans notre collection, le mot *Marquise* figure comme une sorte de prénom : la défunte y est appelée « Marquise Thérèse de Gorle, veuve de l'acteur du Parc, âgée d'environ trente-cinq ans. » La du Parc appartenait, ainsi que son mari, à la troupe de Molière, qui vint s'établir à Rouen vers les fêtes de Pâques de 1658; elle jouait également bien les deux genres, dansait à ravir, et se faisait surtout remarquer par sa noblesse et sa distinction. Robinet nous dit que

.... Chacun étoit enchanté
Alors qu'avec un port de reine
Elle paroissoit sur la scène.

Ce fut au mois d'octobre que la troupe de Molière, et la du Parc avec elle, quitta Rouen, pour venir s'établir à Paris, et ce départ nous donne la date précise de l'élégie de Corneille. A peine arrivée à Paris, la troupe de Molière représenta le 24, au Louvre, *Nicomède* devant le Roi. Il est probable que la du Parc, si célèbre par sa beauté, joua un rôle dans la pièce, car Lagrange fait remarquer qu'« on fut surtout fort satisfait de l'agrément et du jeu des femmes » (tome V, p. 498). Nous verrons bientôt Corneille lui adresser un madrigal à l'occasion d'un rôle heureusement rempli par elle dans une pièce de Gilbert (voyez ci-après, p. 154). Mais lorsque Racine eut enlevé en 1667 la du Parc à la troupe du Palais-Royal, pour lui faire représenter Andromaque à l'Hôtel de Bourgogne, il est probable que Corneille partagea le mécontentement de Molière; et quand, dans sa *lettre en vers* du 15 décembre 1668, Robinet nous montre au convoi de la jeune actrice

.... Les poëtes de théâtre,
Dont l'un, le plus intéressé,
Étoit à demi trépassé...,

il est bien probable qu'il veut parler de Racine, et il paraît fort douteux que Corneille ait assisté à cette triste cérémonie.

Allez, belle Marquise, allez en d'autres lieux [1]

1. VAR. Allez, charmante Iris, allez en d'autres lieux.
(*Manuscrits de Conrart*.)

Semer les doux périls qui naissent de vos yeux[1].
Vous trouverez partout les âmes toutes prêtes
A recevoir vos lois et grossir vos conquêtes[2],
Et les cœurs à l'envi se jetant dans vos fers 5
Ne feront point de vœux qui ne vous soient offerts[3] ;
Mais ne pensez pas tant aux glorieuses peines[4]
De ces nouveaux captifs qui vont prendre vos chaînes,
Que vous teniez vos soins tout à fait dispensés
De faire un peu de grâce à ceux que vous laissez. 10
Apprenez à leur noble et chère servitude
L'art de vivre sans vous et sans inquiétude;
Et si sans faire un crime on peut vous en prier,
Marquise, apprenez-moi l'art de vous oublier.

En vain de tout mon cœur la triste prévoyance 15
A voulu faire essai des maux de votre absence[5] :
Quand j'ai cru le soustraire à des yeux si charmants,
Je l'ai livré moi-même à de nouveaux tourments.
Il a fait quelques jours le mutin et le brave,
Mais il revient à vous, et revient plus esclave, 20
Et reporte à vos pieds le tyrannique effet
De ce tourment nouveau que lui-même il s'est fait[6].

1. Var. Semer les doux plaisirs qui naissent de vos yeux.
Vous trouverez partout des âmes toutes prêtes.
(*Manuscrits des Godefroy*.)
2. Var. A recevoir vos lois, à grossir vos conquêtes.
(*Manuscrits de Conrart*.)
3. Var. Les cœurs iront en foule au-devant de vos fers ;
Et s'ils font quelques vœux, ils vous seront offerts.
(*Manuscrits de Conrart, des Godefroy*, et *Petit Recueil*.)
4. Var. Mais ne songez pas tant aux glorieuses peines.
(*Manuscrits des Godefroy*.)
5. Var. S'est fait un avant-goût des maux de votre absence.
(*Manuscrits de Conrart, des Godefroy*, et *Petit Recueil*.)
6. Var. De ce tourment nouveau que lui-même s'est fait.
(*Manuscrits des Godefroy*.)
Var. De ce nouveau tourment que lui-même il s'est fait.
(*Manuscrits de Conrart*.)

Vengez-vous du rebelle, et faites-vous justice[1];
Vous devez un mépris du moins à son caprice :
Avoir un si long temps des sentiments si vains[2], 25
C'est assez mériter l'honneur de vos dédains.
　　Quelle bonté superbe[3], ou quelle indifférence
A sa rébellion ôte le nom d'offense[4]?
Quoi? vous me revoyez sans vous plaindre de rien?
Je trouve[5] même accueil avec même entretien? 30
Hélas! et j'espérois que votre humeur altière
M'ouvriroit les chemins à la révolte entière;
Ce cœur, que la raison ne peut plus secourir[6],
Cherchoit dans votre orgueil une aide à se guérir[7];

1. VAR. Vengez-vous d'un rebelle, et faites-vous justice.
(*Manuscrits des Godefroy.*)
VAR. Vengez-vous du rebelle, et faites-nous justice.
(*Petit Recueil.*)
Mais *nous* est une faute, et non une véritable variante.
VAR. Vengez-vous, belle Iris, faites-vous-en justice.
(*Manuscrits de Conrart.*)
2. VAR. Avoir eu si longtemps des sentiments si vains.
(*Manuscrits de Conrart, des Godefroy, et Petit Recueil.*)
3. *Suprême*, dans les *Manuscrits des Godefroy*, et plus loin, au vers 29, *me renvoyez*, mais ce sont des fautes évidentes. Il y en a d'autres, encore plus grossières, que nous n'avons point relevées. Cette copie semble avoir été faite d'après un original manuscrit difficile à lire et péniblement déchiffré.
4. VAR. A ma rébellion ôte le nom d'offense.
(*Petit Recueil.*)
VAR. A ma fuite obstinée ôte le nom d'offense.
(*Manuscrits de Conrart.*)
VAR. De la rébellion ne fait point une offense.
(*Manuscrits des Godefroy.*)
5. *Je treuve*, dans les *Manuscrits des Godefroy.*
6. VAR. Mon cœur, que la raison ne peut plus secourir.
(*Manuscrits de Conrart.*)
7. VAR. Cherchoit dans votre orgueil un aide à le guérir.
(*Manuscrits des Godefroy.*)

Mais vous lui refusez un moment de colère[1] ;   35
Vous m'enviez le bien d'avoir pu vous déplaire ;
Vous dédaignez de voir quels sont mes attentats[2],
Et m'en punissez mieux ne m'en punissant pas.
Une heure de grimace ou froide ou sérieuse[3],
Un ton de voix trop rude ou trop impérieuse,   40
Un sourcil trop sévère, une ombre de fierté,
M'eût peut-être à vos yeux rendu ma liberté[4].

J'aime, mais en aimant je n'ai point la bassesse[5]
D'aimer jusqu'aux mépris[6] de l'objet qui me blesse ;
Ma flamme se dissipe à la moindre rigueur[7] :   45
Non qu'enfin mon amour prétende cœur pour cœur ;
Je vois mes cheveux gris : je sais que les années
Laissent peu de mérite aux âmes les mieux nées ;
Que les plus beaux talents des plus rares esprits,

---

1. Var. Mais vous me refusez un moment de colère ;
　　　Vous m'enviez le bien d'avoir su vous déplaire.
　　　　　　　　(*Manuscrits de Conrart.*)

2. Var. Et dédaignant de voir quels sont mes attentats,
　　　Vous m'en punissez mieux ne m'en punissant pas.
　　　　　　　　(*Manuscrits de Conrart et des Godefroy.*)

3. Var. Une heure de grimace un peu trop sérieuse,
　　　Un son de voix trop rude ou trop impérieuse,
　　　Un tour d'œil trop sévère, une ombre de fierté.
　　　　　　　　(*Manuscrits de Conrart.*)

4. *La liberté*, dans les *Manuscrits des Godefroy*, dans les *OEuvres diverses* et dans les éditions postérieures.

5. Var. J'aime, mais en aimant je n'ai pas la bassesse.
　　　　　　　　(*Manuscrits des Godefroy.*)

6. Dans les *Manuscrits de Conrart* et dans ceux des *Godefroy* il y a le singulier : « au mépris. »

7. Var. Ma flamme s'amortit à la moindre froideur :
　　　Non pas que mon amour prétende cœur pour cœur ;
　　　Je sais que j'ai quelque âge, et qu'un peu trop d'années
　　　Laisse peu de mérite aux âmes les mieux nées.
　　　　　　　　(*Manuscrits de Conrart.*)

Quand les corps sont usés, perdent bien de leur prix[1]; 50
Que si dans mes beaux jours je parus supportable,
J'ai trop longtemps aimé pour être encore aimable,
Et que d'un front ridé les replis jaunissants[2]
Mêlent un triste charme aux plus dignes encens[3].

1. « Dans l'édition in-4° ces deux vers étoient ainsi tournés :
    Que les plus beaux esprits, que les plus embrasés,
    Sont de méchants ragoûts, quand les corps sont usés. »
                        (*Note de Granet.*)
— Dans les *Manuscrits de Conrart* et des *Godefroy* le premier de ces vers est ainsi rédigé :
    Que les plus grands esprits et les mieux embrasés;
le second est comme dans l'in-4° cité par Granet. Disons seulement, pour ne rien omettre, qu'au lieu de *corps*, le copiste des manuscrits Godefroy avait mis *loys*, et qu'on a successivement écrit au-dessus de ce mot d'abord *leurs*, puis *corps*.

2. Var. Ah! que d'un front ridé les replis jaunissants.
                        (*Manuscrits des Godefroy.*)
— Fontenelle a dit, non sans apparence, qu'en écrivant *Pulchérie*, Corneille « s'est dépeint lui-même, avec bien de la force, dans Martian, qui est un vieillard amoureux » (voyez tome VII, p. 374); mais personne n'a remarqué qu'on retrouve dans *Sertorius* les idées exprimées ici, et que le vers qui précède a même été répété textuellement. Lorsque Viriate révèle à Thamire l'amour qu'elle éprouve pour Sertorius, celle-ci lui répond :
    Il est assez nouveau qu'un homme de son âge
    Ait des charmes si forts pour un jeune courage,
    Et que d'un front ridé les replis jaunissants
    Trouvent l'heureux secret de captiver les sens.
                        (*Sertorius*, acte II, scène 1, vers 397-400.)

3. Var. Mêlent un triste charme aux plus fameux encens.
                        (*Manuscrits des Godefroy.*)
Granet donne ainsi ce vers :
    Mêlent un triste charme au prix de mon encens.
Il a voulu sans doute éviter l'emploi d'*encens* au pluriel, regardé de son temps comme fautif par les grammairiens, mais très-familier à Corneille, ainsi qu'on le verra dans le *Lexique*. Tous les éditeurs de Corneille ont suivi le texte de Granet. Un scrupule analogue à celui de Granet a porté à écrire dans la copie des Godefroy le mot *accents* au-dessus d'*encens*.

Je connois mes défauts ; mais après tout, je pense [1] 55
Être pour vous encore un captif d'importance ;
Car vous aimez la gloire, et vous savez qu'un roi
Ne vous en peut jamais assurer tant que moi.
Il est plus en ma main qu'en celle d'un monarque
De vous faire égaler l'amante de Pétrarque, 60
Et mieux que tous les rois je puis faire douter
De sa Laure ou de vous qui le doit emporter [2].
 Aussi, je le vois trop, vous aimez à me plaire,
Vous vous rendez pour moi facile à satisfaire ;
Votre âme de mes feux tire un plaisir secret, 65
Et vous me perdriez sans doute avec regret [3].
 Marquise, dites donc ce qu'il faut que je fasse :
Vous rattachez mes fers quand la saison vous chasse ;
Je vous avois quittée, et vous me rappelez
Dans le cruel instant que vous vous en allez. 70
Rigoureuse faveur, qui force à disparoître
Ce calme étudié que je faisois renaître [4],
Et qui ne rétablit votre absolu pouvoir
Que pour me condamner à languir sans vous voir !
 Payez, payez mes feux d'une plus foible estime, 75
Traitez-les d'inconstants ; nommez ma fuite un crime ;

1. Var. Je sais tous mes défauts ; mais après tout, je pense.
(*Manuscrits de Conrart.*)
2. Les vers 59-62 ne se trouvent pas dans la copie des Godefroy.
3. Var. Et vous me perdriez avec quelque regret.
  Dites-moi donc, Iris, ce qu'il faut que je fasse.
(*Manuscrits de Conrart.*)
Var. Et vous me perdriez peut-être avec regret.
(*Manuscrits des Godefroy.*)
4. Var. Ce calme étudié que je voyois renaître,
  Et ne vous rétablit dans tout votre pouvoir.
(*Manuscrits de Conrart.*)
Var. Le calme étudié que j'avois fait renaître.
(*Manuscrits des Godefroy.*)

Prêtez-moi, par pitié, quelque injuste courroux ;
Renvoyez mes soupirs qui volent après vous :
Faites-moi présumer qu'il en est quelques autres
A qui jusqu'en ces lieux vous renvoyez des vôtres[1],   80
Qu'en faveur d'un rival vous allez me trahir[2] :
J'en ai, vous le savez, que je ne puis haïr[3].
Négligez-moi pour eux, mais dites en vous-même :
« Moins il me veut aimer, plus il fait voir qu'il m'aime[4],
Et m'aime d'autant plus que son cœur enflammé   85
N'ose même aspirer au bonheur d'être aimé ;
Je fais tous ses plaisirs, j'ai toutes ses pensées,
Sans que le moindre espoir les aye[5] intéressées.
Puissé-je malgré vous y penser un peu moins,
M'échapper quelques jours vers quelques autres soins[6],
Trouver quelques plaisirs ailleurs qu'en votre idée,
En voir toute mon âme un peu moins obsédée ;
Et vous de qui je n'ose attendre jamais rien[7],
Ne ressentir jamais un mal pareil au mien ! »
    Ainsi parla Cléandre, et ses maux se passèrent[8],   95

1. Var. A qui jusqu'en ces lieux vous renvoyez les vôtres.
(*Manuscrits des Godefroy.*)
2. Var. Croire qu'à mes rivaux vous allez me trahir.
(*Manuscrits de Conrart.*)
Var. Croire qu'à mes rivaux vous me voulez trahir.
(*Manuscrits des Godefroy.*)
3. D'abord son frère Thomas Corneille (voyez l'*Appendice*), ensuite son ami Molière.
4. Var. Moins il me veut aimer, plus je connois qu'il m'aime.
(*Manuscrits de Conrart.*)
5. Il y a *ayt* dans les *Manuscrits de Conrart*, et *ait* dans ceux des Godefroy.
6. Var. M'échapper un moment vers quelques autres soins.
(*Manuscrits de Conrart.*)
7. Var. Et vous de qui jamais je n'ose attendre rien.
(*Ibidem.*)
8. Var.   Ainsi parla Cléandre, et ses tourments passèrent.
(*Ibidem.*)

Son feu s'évanouit, ses déplaisirs cessèrent ;
Il vécut sans la dame, et vécut sans ennui [1],
Comme la dame ailleurs se divertit sans lui :
Heureux en son amour, si l'ardeur qui l'anime
N'en conçoit les tourments que pour s'en plaindre en rime,
Et si d'un feu si beau la céleste vigueur [2]
Peut enflammer ses vers sans échauffer son cœur [3] !

1. Var. Il vécut sans Iris, et vécut sans ennui,
    Comme la belle ailleurs se divertit sans lui.
             (*Manuscrits de Conrart.*)
2. Var. Et si d'un si beau feu la céleste rigueur.
             (*Manuscrits des Godefroy.*)
3. Les quatre derniers vers manquent dans les *Manuscrits de Conrart*. — L'ordre chronologique amènerait ici les *Vers présentés à Monseigneur le Procureur général Foucquet, surintendant des finances*, que Granet a publiés aux pages 178-181 des *OEuvres diverses*. Nous nous contentons de rappeler cette pièce, imprimée en entier aux pages 121 et suivantes du tome VI, en tête d'*OEdipe*, dont, comme nous l'avons dit, l'Achevé d'imprimer est du 26 mars 1659.

XLVIII

MADRIGAL.

Les pièces XLVIII et XLIX ont été imprimées pour la première fois sous ce titre et dans cet ordre à la page 94 de la cinquième partie des *Poésies choisies*, publiée en 1660. Elles avaient été composées vers la fin de 1659. En effet, dans le recueil manuscrit de Conrart, conservé à la bibliothèque de l'Arsenal (tome IX, p. 859), elles sont précédées de la lettre suivante :

« A Rouen, le 16 décembre 1659.

« L'incomparable Sapho est suppliée de mander son avis à l'illustre Aspasie, touchant deux épigrammes faits[1] pour une belle dame de sa connoissance, qui, par un accès d'estime, avoit baisé la main gauche de l'auteur. Il y a partage pour juger lequel est le plus galant : l'un a plus d'effort de pensée, et l'autre a quelque chose de plus simple et plus naturel. »

Immédiatement après cette lettre le recueil de Conrart nous présente, sous le titre d'*épigramme*, la pièce qui commence par :

Je ne veux plus devoir à des gens comme vous.

Puis sous cette rubrique : *Autre sur le même sujet*, celle dont le premier vers est :

Mes deux mains à l'envi disputent de leur gloire.

Enfin on trouve à la page 860 une *Réponse de l'incomparable Sapho à la seconde épigramme de M. Corneille*, réponse qui n'est pas dans le recueil de Sercy. Granet, qui donne à la page 208, sous le titre de *Madrigal à Mademoiselle Serment*, la pièce commençant par : « Mes deux mains à l'envi..., » intitule la réponse, imprimée par lui pour la première fois : *Réponse de Mademoiselle Serment*. M. Paul Lacroix, qui a publié tout récemment dans le *Bulletin du bibliophile*

---

1. Ce mot était encore quelquefois masculin. Voyez tome IV, p. 134, note 1, et le *Lexique*.

(n° du 15 octobre 1864, 8ᵉ année, p. 556) la lettre que nous avons reproduite plus haut, dit qu'elle « fut probablement écrite par Corneille lui-même à Mlle de Scudéry, » et que « l'illustre Aspasie.... n'était autre chose que Ninon de Lenclos. » Deux de ces trois assertions paraissent bien hasardées, mais je crois qu'il est certain que « l'incomparable Sapho » est en effet Mlle de Scudéry, et alors il devient très-probable qu'elle est aussi l'auteur de la réponse portant le nom de Sapho. Ce qui ajoute encore à cette vraisemblance, c'est que dans une *Lettre de Sapho au Mage de Sidon*, datée du 21 octobre 1658, qui se trouve à la page 863 du tome IX des *Manuscrits de Conrart*, on lit : « Allez, allez, vendez vos coquilles à d'autres qu'à ceux qui viennent du Mont-Saint-Michel. » Ceci explique et complète cette expression proverbiale qui forme le dernier vers de la *Réponse* :

> Vendez vos coquilles à d'autres.

Pour ne pas allonger outre mesure cette notice déjà trop étendue, nous renvoyons à l'*Appendice* quelques détails sur Mlle Serment et la *Réponse de l'incomparable Sapho*.

Mes deux mains à l'envi disputent de leur gloire,
    Et dans leurs sentiments jaloux
    Je ne sais ce que j'en dois croire.
    Philis, je m'en rapporte à vous ;
    Réglez mon avis[1] par le vôtre.   5
    Vous savez leurs honneurs divers :
La droite a mis au jour un million de vers ;
Mais votre belle bouche a daigné baiser l'autre.
Adorable Philis, peut-on mieux décider
    Que la droite lui doit céder ?   10

---

1. Ainsi dans les *Poésies choisies* et dans les *Manuscrits de Conrart*. *Amour*, dans les *OEuvres diverses* publiées par Granet, et dans les éditions postérieures.

XLIX

AUTRE SUR LE MÊME SUJET.

Voyez la notice en tête de la pièce précédente.

Je ne veux plus devoir à des gens comme vous :
Je vous trouve, Philis, trop rude créancière.
Pour un baiser prêté, qui m'a fait cent jaloux,
Vous avez retenu mon âme prisonnière.
Il fait mauvais garder un si dangereux prêt ;
J'aime mieux vous le rendre avec double intérêt,
Et m'acquitter ainsi mieux que je ne mérite ;
Mais à de tels paiements[1] je n'ose me fier,
Vous accroîtrez la dette en vous laissant payer,
Et doublerez mes fers si par là je m'acquitte.
Le péril en est grand, courons-y toutefois,
Une prison si belle est trop digne d'envie ;
Puissé-je vous devoir plus que je ne vous dois,
En peine d'y languir le reste de ma vie !

1. Ce mot est imprimé *payments* dans le recueil de Sercy, et écrit *pay'mens* dans les *Manuscrits de Conrart*, afin qu'on voie bien qu'il ne compte que pour deux syllabes.

L

AIR DE M. LAMBERT[1] POUR LA REINE.

Le mariage de Marie-Thérèse d'Autriche avec Louis XIV fut célébré le 9 juin 1660, à Saint-Jean-de-Luz (voyez tome VI, p. 254, note 1). Ce sixain, signé M. DE CORNEILLE, a été imprimé pour la première fois dans le *Recueil des plus beaux vers qui ont esté mis en chant, Auec le Nom des Autheurs tant des Airs que des Paroles*, à Paris, chez Charles de Sercy, M.DC.LXI, in-12, p. 89. L'Achevé d'imprimer est du 18 juin 1661. Ce *Recueil* ne contient que les vers, et non la musique; nous l'avons vainement cherchée dans les *Airs à une, II. III. et IV. parties avec la basse-continue composez par Monsieur Lambert, maistre de la musique de la chambre du Roy*, à Paris, par Christophe Ballard, M.DC.LXXIX, in-folio.

C'est trop faire languir de si justes desirs,
    Reine, venez assurer nos plaisirs
      Par l'éclat de votre présence;
Venez nous rendre heureux sous vos augustes lois,
    Et recevez tous les cœurs de la France   5
    Avec celui du plus grand de ses rois.

1. C'est le célèbre musicien dont Boileau parle dans sa IIIe satire, la Fontaine dans la fable v du livre XI, et Tallemant des Réaux dans ses *Historiettes*, tome VI, p. 195-199. Il était né en 1610 et mourut en 1696.

LI

POUR UNE DAME

QUI REPRÉSENTOIT LA NUIT EN LA COMÉDIE D'*ENDYMION*.

MADRIGAL.

Le registre de la Grange constate que le 25 juin 1660 la troupe de Molière reprit *les Amours de Diane et d'Endymion*, de Gilbert[1], qui, suivant les frères Parfait (*Histoire du Théâtre françois*, tome VIII, p. 205 et suivantes), avaient été représentés d'abord en 1657, à l'Hôtel de Bourgogne. M. Taschereau pense que Corneille assista à cette reprise, où Mlle du Parc représentait la Nuit, tandis qu'une beauté plus mûre, Madeleine Béjart peut-être, jouait Diane ou la Lune[2]. Cette conjecture paraît très-fondée. Ce madrigal a été publié pour la première fois à la page 82 de la cinquième partie des *Poésies choisies*.

Si la Lune et la Nuit sont bien représentées,
   Endymion n'étoit qu'un sot :
   Il devoit dès le premier mot
Renvoyer à leur ciel les cornes argentées.
Ténébreuse déesse, un œil bien éclairé   5
Dans tes obscurités eût cherché sa fortune ;
Et je n'en connois point qui n'eût tôt préféré
Les ombres de la Nuit aux clartés de la Lune.

1. Sur Gilbert, voyez tome IV, p. 399 et note 1.
2. *Histoire de la vie et des OEuvres de P. Corneille*, 2ᵉ édition, p. 173.

LII

JALOUSIE.

Ces vers, signés CORNEILLE, ont été publiés pour la première fois dans les *Poésies choisies*.... cinquième partie, p. 73. Nous n'en pouvons déterminer l'époque, non plus que celles des pièces LIII-LXIV, toutes signées de la même manière. Nous ferons seulement remarquer que ces opuscules sont nécessairement antérieurs à l'Achevé d'imprimer de la première édition de cette cinquième partie, daté, ainsi que nous l'avons déjà dit, du 18 août 1660. Le nom de Philis désigne probablement ici la même personne que dans les pièces XLVIII et XLIX. Granet, qui considère ces deux madrigaux comme adressés à Mlle Serment, ne s'est point prononcé sur la présente pièce, qu'il donne aux pages 191-193 des *OEuvres diverses*.

N'aimez plus tant, Philis, à vous voir adorée :
Le plus ardent amour n'a pas grande durée;
Les nœuds les plus serrés sont le plus tôt rompus;
A force d'aimer trop, souvent on n'aime plus,
Et ces liens si forts ont des lois si sévères   5
Que toutes leurs douceurs en deviennent amères.

Je sais qu'il vous est doux d'asservir tous nos soins ;
Mais qui se donne entier n'en exige pas moins :
Sans réserve il se rend, sans réserve il se livre,
Hors de votre présence il doute s'il peut vivre;   10
Mais il veut la pareille, et son attachement
Prend compte de chaque heure et de chaque moment.

C'est un esclave fier qui veut régler son maître,
Un censeur complaisant qui cherche à trop connoître,
Un tyran déguisé qui s'attache à vos pas,   15
Un dangereux Argus qui voit ce qui n'est pas.

Sans cesse il importune, et sans cesse il assiège,
Importun par devoir, fâcheux par privilége,
Ardent à vous servir jusqu'à vous en lasser,
Mais au reste un peu tendre et facile à blesser. 20
Le plus léger chagrin d'une humeur inégale,
Le moindre égarement d'un mauvais intervalle,
Un souris par mégarde à ses yeux dérobé,
Un coup d'œil par hasard sur un autre tombé,
Le plus foible dehors de cette complaisance 25
Que se permet pour tous la même indifférence :
Tout cela fait pour lui de grands crimes d'État;
Et plus l'amour est fort, plus il est délicat.
   Vous avez vu, Philis, comme il brise sa chaîne
Sitôt qu'auprès de vous quelque chose le gêne; 30
Et comme vos bontés ne sont qu'un foible appui
Contre un murmure sourd qui s'épand jusqu'à lui.
Que ce soit vérité, que ce soit calomnie,
Pour vous voir en coupable il suffit qu'on le die;
Et lorsqu'une imposture a quelque fondement 35
Sur un peu d'imprudence, ou sur trop d'enjouement,
Tout ce qu'il sait de vous et de votre innocence
N'ose le révolter contre cette apparence,
Et souffre qu'elle expose à cent fausses clartés
Votre humeur sociable et vos civilités. 40
Sa raison au dedans vous fait en vain justice,
Sa raison au dehors respecte son caprice;
La peur de sembler dupe aux yeux de quelques fous
Étouffe cette voix qui parle trop pour vous.
La part qu'il prend sur lui de votre renommée 45
Forme un sombre dépit de vous avoir aimée;
Et comme il n'est plus temps d'en faire un désaveu,
Il fait gloire partout d'éteindre un si beau feu :
Du moins s'il ne l'éteint, il l'empêche de luire,
Et brave le pouvoir qu'il ne sauroit détruire. 50

Voilà ce que produit le don de trop charmer.
Pour garder vos amants, faites-vous moins aimer :
Un amour médiocre est souvent plus traitable;
Mais pourriez-vous, Philis, vous rendre moins aimable?
Pensez-y, je vous prie, et n'oubliez jamais,   55
Quand on vous aimera, que l'AMOUR EST DOUX, MAIS[1]....

---

[1]. Ces mots, imprimés ainsi en capitales dans les *Poésies choisies*, font-ils allusion au début de quelque poésie alors en vogue? c'est ce que nous n'avons pu éclaircir.

LIII

BAGATELLE.

Ces vers sont imprimés à la page 75 de la cinquième partie des *Poésies choisies*. Cette pièce et les deux suivantes n'ont pas été reproduites par Granet.

Quoi? sitôt que j'en veux rabattre,
Vous vous faites tenir à quatre,
Et quand j'en devrois enrager,
Votre ordre ne se peut changer :
Il faut vous en faire cinquante. 5
Ma foi, le nombre m'épouvante;
Un vieux garçon de cinquante ans
N'en fait guère en beaucoup de temps,
Et ne va pas tout d'une haleine
A la benoîte cinquantaine. 10
Encor, pour être votre fait,
Il faut qu'ils soient doux comme lait,
Qu'ils aillent droit comme une quille,
Qu'ils n'aient point de fausse cheville,
Que tout y soit bien ajusté, 15
Que rien n'y penche d'un côté,
Rien n'y soit de mauvaise mise,
Rien n'y sente la barbe grise.
Voilà bien des conditions
Pour mes pauvres inventions. 20
Le temps les a presque épuisées,
Les vieux travaux les ont usées :
Comment pourront-elles trouver
Le secret de bien achever?

Devenez un peu complaisante, 25
Et daignez vous passer à trente :
Vous serez servie à souhait,
Et je vous dirai haut et net
Que je craindrai fort peu la honte
De vous fournir mal votre conte[1]. 30
Mais je vaux moins qu'un quinola[2],
Si je n'en fais vingt par delà.
Tenir à demi sa parole,
C'est une méchante bricole[3] :
On doit s'efforcer jusqu'au bout, 35
Et ne rien faire, ou faire tout.
Il faut donc que je m'évertue,
Que je me débatte et remue,
Que je pousse de tout mon mieux,
Dussé-je en crever à vos yeux : 40
Aux grands coups on voit les grands hommes.

Voyons, de grâce, où nous en sommes :
Si je compte bien par mes doigts,
Je passe les quarante et trois ;
Encor six, vous n'auriez que dire, 45
Et vous commencez à sourire
De voir mon reste de vertu,
Sans vous avoir rien rabattu,
Ni tourné la tête en arrière,
Toucher au bout de la carrière. 50
En faut-il encor ? je le veux,
Voilà jusqu'à cinquante-deux :
Plaignez-vous, en cette aventure,
De n'avoir pas bonne mesure.

---

1. Voyez tome I, p. 150, note 1.
2. Homme à gages chargé de conduire une dame. Voyez le *Lexique*.
3. *Bricole*, tour, détour, tromperie. Voyez le *Lexique*.

LIV

STANCES.

Ces vers, probablement composés à la suite de quelque ballet ou mascarade, dont nous n'avons pu connaître ni la date ni le sujet, sont imprimés à la page 77 de la cinquième partie des Poésies choisies.

J'ai vu la peste en raccourci :
Et s'il faut en parler sans feindre,
Lorsque[1] la peste est faite ainsi,
Peste! que la peste est à craindre!

De cœurs qui n'en sauroient guérir   5
Elle est partout accompagnée,
Et dût-on cent fois en mourir,
Mille voudroient l'avoir gagnée.

L'ardeur dont ils sont emportés,
En ce péril leur persuade   10
Qu'avoir la peste à ses côtés,
Ce n'est point être trop malade.

Aussi faut-il leur accorder
Qu'on auroit du bonheur de reste,
Pour peu qu'on se pût hasarder   15
Au beau milieu de cette peste.

La mort seroit douce à ce prix ;

---

1. *Puisque*, mais à tort, dans l'édition de Lefèvre et dans quelques autres.

Mais c'est un malheur à se pendre,
Qu'on ne meurt pas d'en être pris,
Mais faute de la pouvoir prendre.

L'ardeur qu'elle fait naître au sein
N'y fait même un mal incurable,
Que parce qu'elle prend soudain,
Et qu'elle est toujours imprenable.

Aussi chacun y perd son temps ;
L'un en gémit, l'autre en déteste ;
Et ce que font les plus contents,
C'est de pester contre la peste.

LV

SONNET.

Ces vers sont imprimés à la page 78 de la cinquième partie des *Poésies choisies*.

Vous aimez que je me range
Auprès de vous chaque jour,
Et m'ordonnez que je change
En amitié mon amour.

Cette méchante bricole[1]
Vous fait beaucoup hasarder,
Et je vous trouve bien folle
Si vous me pensez garder.

Une passion si belle
N'est pas une bagatelle
Dont on se joue à son gré;

Et l'amour qui vous rebute
Ne sauroit choir d'un degré,
Qu'il ne meure de sa chute.

---

[1]. Ce méchant détour, ce moyen détourné de vous débarrasser de moi. Voyez le *Lexique*.

LVI

SONNET.

Ce sonnet a été imprimé pour la première fois à la page 87 de la cinquième partie des *Poésies choisies* de Sercy. Il y suit immédiatement les pièces XLVII et LI de la présente édition des *Poésies diverses* et l'*Élégie* renvoyée à l'*Appendice*, toutes trois adressées à la du Parc, soit sous le nom de la *Marquise*, soit sous celui d'*Iris*.

Je vous estime, Iris, et crois pouvoir sans crime
Permettre à mon respect un aveu si charmant :
    Il est vrai qu'à chaque moment
    Je songe que je vous estime.

Cette agréable idée, où ma raison s'abîme,   5
Tyrannise mes sens jusqu'à l'accablement ;
    Mais pour vouloir fuir ce tourment
    La cause en est trop légitime.

Aussi quelque désordre où mon cœur soit plongé,
Bien loin de faire effort à l'en voir dégagé,   10
Entretenir sa peine est toute mon étude.

J'en aime le chagrin, le trouble m'en est doux.
    Hélas ! que ne m'estimez-vous
    Avec la même inquiétude !

LVII

SONNET.

Ce sonnet a été publié d'abord à la page 88 de la cinquième partie des *Poésies choisies* de Sercy.

D'un accueil si flatteur, et qui veut que j'espère,
Vous payez ma visite alors que je vous vois,
Que souvent à l'erreur j'abandonne ma foi,
Et crois seul avoir droit d'aspirer à vous plaire.

Mais si j'y trouve alors de quoi me satisfaire, 5
Ces charmes attirants, ces doux je ne sais quoi,
Sont des biens pour tout autre aussi bien que pour moi;
Et c'est dont un beau feu ne se contente guère.

D'une ardeur réciproque il veut d'autres témoins,
Un mutuel échange et de vœux et de soins, 10
Un transport de tendresse à nul autre semblable.

C'est là ce qui remplit un cœur fort amoureux :
Le mien le sent pour vous; le vôtre en est capable.
Hélas ! si vous vouliez, que je serois heureux !

LVIII

STANCES.

Ces stances, publiées pour la première fois à la page 89 de la cinquième partie des *Poésies choisies* de Sercy, et réimprimées aux pages 205 et 206 des *OEuvres diverses*, sont adressées, ainsi que les pièces XLVII, LI et LVI, à la du Parc, qui, comme nous l'avons dit, était connue sous le nom de la *Marquise*, et désignée parfois par Corneille sous celui d'*Iris*. Un critique ingénieux, M. Édouard Fournier, les a fort spirituellement encadrées dans une anecdote charmante (voyez ses *Notes sur la vie de Corneille*, p. CIII-CVII). Regardant la dernière stance comme ajoutée après coup, et se fiant trop à une tradition fort contestable, il a cru que cette pièce avait été composée pour Mme de Motteville en réponse aux railleries d'une jeune marquise; mais le lien très-naturel et très-étroit qui unit ces stances aux autres pièces adressées à la du Parc ne permet pas d'admettre cette explication.

Marquise, si mon visage
A quelques traits un peu vieux,
Souvenez-vous qu'à mon âge
Vous ne vaudrez guère mieux.

Le temps aux plus belles choses
Se plaît à faire un affront,
Et saura faner vos roses
Comme il a ridé mon front.

Le même cours des planètes
Règle nos jours et nos nuits :
On m'a vu ce que vous êtes ;
Vous serez ce que je suis.

Cependant j'ai quelques charmes
Qui sont assez éclatants
Pour n'avoir pas trop d'alarmes
De ces ravages du temps.

Vous en avez qu'on adore,
Mais ceux que vous méprisez
Pourroient bien durer encore
Quand ceux-là seront usés.

Ils pourront sauver la gloire
Des yeux qui me semblent doux,
Et dans mille ans faire croire
Ce qu'il me plaira de vous.

Chez cette race nouvelle
Où j'aurai quelque crédit,
Vous ne passerez pour belle
Qu'autant que je l'aurai dit.

Pensez-y, belle Marquise :
Quoiqu'un grison fasse effroi,
Il vaut bien qu'on le courtise,
Quand il est fait comme moi.

LIX

SONNET.

Ce sonnet, inséré par Granet dans les *OEuvres diverses* (p. 207), a été publié pour la première fois à la page 90 de la cinquième partie des *Poésies choisies* de Sercy. La page 91 est occupée par le *Sonnet perdu au jeu*, que sa date, exactement déterminée, nous a permis de placer plus haut, p. 140.

Usez moins avec moi du droit de tout charmer :
Vous me perdrez bientôt, si vous n'y prenez garde.
J'aime bien à vous voir, quoi qu'enfin j'y hasarde ;
Mais je n'aime pas bien qu'on me force d'aimer.

Cependant mon repos a de quoi s'alarmer :   5
Je sens je ne sais quoi dès que je vous regarde ;
Je souffre avec chagrin tout ce qui m'en retarde ;
Et c'est déjà sans doute un peu plus qu'estimer[1].

Ne vous y trompez pas : l'honneur de ma défaite
N'assure point d'esclave à la main qui l'a faite ;   10
Je sais l'art d'échapper aux charmes les plus forts ;

Et quand ils m'ont réduit à ne me plus défendre[2],
Savez-vous, belle Iris, ce que je fais alors ?
    Je m'enfuis, de peur de me rendre.

1. Ce vers semble faire allusion à la pièce LVI.
2. « A ne plus me défendre, » dans le texte de Granet, et, par suite, dans toutes les éditions postérieures.

LX

CHANSON.

Cette chanson a paru pour la première fois à la page 92 de la cinquième partie des *Poésies choisies* de Sercy. Les pièces LX-LXIV ne se trouvent pas dans les *OEuvres diverses* publiées par Granet ; elles sont au nombre de celles qu'il a considérées comme étant « d'une galanterie trop libre. » Voyez la *Notice*, p. 19.

Vos beaux yeux sur ma franchise
N'adressent pas bien leurs coups :
Tête chauve et barbe grise
Ne sont pas viande pour vous.
Quand j'aurois l'heur de vous plaire,   5
Ce seroit perdre du temps :
Iris, que pourriez-vous faire
D'un galant de cinquante ans ?

Ce qui vous rend adorable
N'est propre qu'à m'alarmer.   10
Je vous trouve trop aimable,
Et crains de vous trop aimer :
Mon cœur à prendre est facile,
Mes vœux sont des plus constants ;
Mais c'est un meuble inutile   15
Qu'un galant de cinquante ans.

Si l'armure n'est complète,
Si tout ne va comme il faut,
Il vaut mieux faire retraite
Que d'entreprendre un assaut :   20

L'amour ne rend point la place
A de mauvais combattants,
Et rit de la vaine audace
Des galants de cinquante ans.

LXI

STANCES.

Ces stances ont été publiées pour la première fois à la page 93 de la cinquième partie des *Poésies choisies* de Sercy. La page 94 est occupée par deux madrigaux dont nous avons pu déterminer la date et que nous avons placés plus haut, p. 150-152. On ne sait pas qui Corneille désigne sous le nom de *Caliste*.

    Caliste, lorsque je vous voi,
    Dirai-je que je vous admire?
    C'est vous dire bien peu pour moi,
    Et peut-être c'est trop vous dire.

    Je m'expliquerois un peu mieux   5
    Pour un moindre rang que le vôtre :
    Vous êtes belle, j'ai des yeux,
    Et je suis homme comme un autre.

    Que n'êtes-vous, à votre tour,
    Caliste, comme une autre femme!   10
    Je serois pour vous tout d'amour,
    Si vous n'étiez point si grand'dame.

    Votre grade[1] hors du commun
    Incommode fort qui vous aime,
    Et sous le respect importun   15
    Un beau feu s'éteint de lui-même.

---

1. *Votre rang*, comme il est dit ci-dessus au vers 6. Voyez tome I, p. 419, note 1, et le *Lexique*.

J'aime un peu l'indiscrétion
Quand je veux faire des maîtresses;
Et quand j'ai de la passion,
J'ai grand amour pour les caresses.

Mais si j'osois me hasarder
Avec vous au moindre pillage,
Vous me feriez bien regarder
Le grand chemin de mon village.

J'aime donc mieux laisser mourir
L'ardeur qui seroit maltraitée,
Que de prétendre à conquérir
Ce qui n'est point de ma portée.

LXII

STANCES.

Ces stances ont paru pour la première fois à la page 95 de la cinquième partie des *Poésies choisies* de Sercy. Nous ignorons quelle est la personne désignée par le nom d'*Aminte*.

Que vous sert-il de me charmer?
Aminte, je ne puis aimer
Où je ne vois rien à prétendre :
Je sens naître et mourir ma flamme à votre aspect;
Et si pour la beauté j'ai toujours l'âme tendre, 5
Jamais pour la vertu je n'ai que du respect.

Vous me recevez sans mépris,
Je vous parle, je vous écris,
Je vous vois quand j'en ai l'envie:
Ces bonheurs sont pour moi des bonheurs superflus; 10
Et si quelque autre y trouve une assez douce vie,
Il me faut pour aimer quelque chose de plus.

Le plus grand amour sans faveur,
Pour un homme de mon humeur,
Est un assez triste partage : 15
Je cède à mes rivaux cet inutile bien,
Et qui me donne un cœur, sans donner davantage,
M'obligeroit bien plus de ne me donner rien.

Je suis de ces amants grossiers
Qui n'aiment pas fort volontiers 20
Sans aucun prix de leurs services,
Et veux, pour m'en payer, un peu mieux qu'un regard ;
Et l'union d'esprits est pour moi sans délices,
Si les charmes des sens n'y prennent quelque part.

LXIII

ÉPIGRAMME.

Cette épigramme a été publiée pour la première fois à la page 96 de la cinquième partie des *Poésies choisies* de Sercy. Le nom de *Philis* désigne-t-il encore ici Mlle Serment, comme, d'après Granet, dans les pièces XLVIII et XLIX ?

Qu'on te flatte, qu'on te baise,
Tu ne t'effarouches point,
Philis, et le dernier point
Est le seul qui te déplaise.
Cette amitié de milieu   5
Te semble être selon Dieu,
Et du ciel t'ouvrir la porte ;
Mais détrompe-toi l'esprit :
Quiconque aime de la sorte
Se donne au diable à crédit.   10

LXIV

RONDEAU.

Ce rondeau a été imprimé également pour la première fois à la page 96 de la cinquième partie des *Poésies choisies* de Sercy.

>   Je pense, à vous voir tant d'attraits,
>   Qu'Amour vous a formée exprès
>   Pour faire que sa fête on chomme[1];
>   Car vous en avez une somme
>   Bien dangereuse à voir de près.   5
>   Vous êtes belle plus que très,
>   Et vous avez le teint si frais,
>   Qu'il n'est rien d'égal (au moins comme
>   Je pense) à vous.
>
>   Vos yeux, par des ressorts secrets,   10
>   Tiennent mille cœurs dans vos rets;
>   Qui s'en défend est habile homme :
>   Pour moi qu'un si beau feu consomme,
>   Nuit et jour, percé de vos traits,
>   Je pense à vous.   15

1. *Chomme*, chôme. Nous reproduisons l'orthographe de la première édition.

LVX

REMERCÎMENT PRÉSENTÉ AU ROI

EN L'ANNÉE 1663.

Louis XIV créa des pensions pour soixante-deux savants de l'Europe à partir du 1er janvier 1663. Deux listes avaient été dressées pour préparer ce travail. Dans l'une, qui est de Chapelain, Corneille est ainsi désigné : « Corneille (Pierre). Est un prodige d'esprit et l'ornement du théâtre françois. Il a de la doctrine et du sens, lequel paroît néanmoins plus dans tout le détail de ses pièces que dans le gros, où très-souvent le dessein est faux, à les faire tomber parmi les plus communes, si ce défaut d'art général n'étoit récompensé amplement par l'excellence du particulier, qui ne sauroit être plus exquis dans l'exécution des parties. Hors du théâtre, on ne sait s'il réussiroit en prose et en vers, agissant de son chef; car il a peu d'expérience du monde, et ne voit guère rien hors de son métier. Les paraphrases sur l'*Imitation de Jésus-Christ* sont très-belles, mais c'est plus traduction qu'invention. » (*Continuation des Mémoires de littérature*.... de M. de Salengre, Paris, 1726, tome II, p. 48 et 49.) L'autre liste, qui est de Costar, renferme ce jugement beaucoup plus concis : « Corneille. Le premier poëte du monde pour le théâtre. » (*Ibidem*, p. 320.) Il est confirmé par celui de la liste définitive qui porte : « Au sieur Pierre Corneille, premier poëte dramatique du monde, deux mille livres. » (*Pièces intéressantes et peu connues pour servir à l'histoire* [par de la Place], 1781, tome I, p. 198.) Il est probable que Corneille ne tarda guère à adresser au Roi le *Remercîment* qu'on va lire : nous le trouvons aux pages 276-279 des *Delices de la poesie galante des plus celebres Autheurs du Temps*, dont l'Achevé d'imprimer est du 25 septembre 1663[1] ; mais le P. Tournemine nous apprend,

---

1. On lit aussi cette pièce aux pages 36 et suivantes de la première partie de l'édition des *Delices* de 1666. Cette édition de 1666 nous a paru en tout conforme à celle de 1663.

dans sa *Défense du grand Corneille*[1], qu'il « laissa passer un an sans demander le brevet (*de sa pension*), et sans remercier (*le ministre*). Je le sais, dit-il, de l'abbé Gallois, à qui le ministre en avoit fait des reproches, et qui conduisit Corneille à l'hôtel Colbert. » Ces vers furent d'abord imprimés à part (Paris, M.DC.LXIII, sans nom de libraire ni d'imprimeur, 7 pages in-4°) : nous devons à l'obligeance de M. le comte de Lurde la communication de cette édition originale. Ils furent ensuite réimprimés en 1667 et en 1669, à la suite du *Poëme sur les Victoires du Roi*. Dans l'impression de 1663 et dans les *Delices de la poesie galante*, ils sont intitulés : *Remercîment au Roy;* dans celle de 1667, que nous suivons, ils ont le titre que nous avons adopté; nous n'avons pu voir la réimpression de 1669. Nous donnons en note les variantes de l'édition in-4° et des *Delices*. — On peut comparer à cette pièce de Corneille celle que Molière composa à la même occasion, et qui parut également à Paris en 1663, 7 pages in-4° (chez Guillaume de Luyne et Gabriel Quinet).

Ainsi du Dieu vivant la bonté surprenante
Verse, quand il lui plaît, sa grâce prévenante;
Ainsi du haut des cieux il aime à départir
Des biens dont notre espoir n'osoit nous avertir.
Comme ses[2] moindres dons excèdent le mérite, 5
Cette même bonté seule l'en sollicite;
Il ne consulte qu'elle, et maître qu'il en est,
Sans devoir à personne, il donne à qui lui plaît.
  Telles sont les faveurs que ta main nous partage,
Grand Roi, du Roi des rois la plus parfaite image : 10
Tel est l'épanchement de tes nouveaux bienfaits;
Il prévient l'espérance[3], il surprend les souhaits,
Il passe le mérite, et ta bonté suprême

---

1. Page XXXIII de l'édition de Granet, qui a placé cette *Défense* en tête des *OEuvres diverses*.

2. On a imprimé à tort *ces* dans les *Delices*.

3. Corneille a déjà dit précédemment dans son *Remercîment* à Mazarin, p. 95, vers 14 :

Tes dons ont devancé même mon espérance.

Pour faire des heureux les choisit d'elle-même.
Elle m'a mis du¹ nombre, et me force à rougir 15
De ne me voir qu'un zèle incapable d'agir.
Son excès dans mon cœur fait des troubles étranges.
Je sais que je te dois des vœux et des louanges,
Que ne t'en pas offrir c'est te les dérober²;
Mais si j'y fais effort, je cherche à succomber, 20
Et le plus beau succès que ma muse en obtienne
Profanera ta gloire et détruira la mienne.
Je veux bien l'immoler toute entière à mon roi;
Mais si je n'en ai plus, je ne puis rien pour toi³;
Et j'en dois prendre soin, pour éviter le crime 25
D'employer à te peindre un pinceau sans estime.
 Il n'est dans tous les arts secret plus excellent
Que d'y voir sa portée et choisir son talent⁴:
Pour moi qui de louer n'eus jamais la méthode,
J'ignore encor le tour du sonnet et de l'ode. 30
Mon génie au théâtre a voulu m'attacher;
Il en a fait mon fort, il sait m'y retrancher⁵;
Partout ailleurs je rampe, et ne suis plus moi-même :
Mais là j'ai quelque nom, là quelquefois on m'aime⁶;
Là ce même génie ose de temps en temps 35

1. On lit *au*, pour *du*, dans les *Delices*.
2. VAR. Que ne t'en pas donner c'est te les dérober. (*Delices*.)
3. Dans les *Delices* :

  Mais si je n'en ai plus, je n'ai plus rien pour toi,

leçon très-probablement fautive; et au vers suivant : *Et je dois*, variante tout à fait inadmissible.
4. Granet donne ainsi ce vers, peut-être d'après l'édition de 1669 :

  Que de savoir connoître et choisir son talent.

5. Granet et tous les éditeurs qui l'ont suivi ont imprimé : *mon sort*, qui est une faute évidente, et *je dois m'y retrancher*, qui se trouve peut-être dans l'édition de 1669.
6. Voyez ci-dessus, pièce XX, p. 65-72 *passim*.

Tracer de ton portrait quelques traits éclatants.
Par eux de l'*Andromède* il sut ouvrir la scène¹ ;
On y vit le Soleil instruire Melpomène² ,
Et lui dire qu'un jour Alexandre et César
Sembleroient des vaincus attachés à ton char³ : 40
Ton front le promettoit, et tes premiers miracles
Ont rempli hautement la foi de mes oracles.
A peine tu parois les armes à la main,
Que tu ternis les noms du Grec et du Romain⁴.
Tout tremble, tout fléchit sous tes jeunes années ; 45
Tu portes en toi seul toutes les destinées ;
Rien n'est en sûreté s'il ne vit sous ta loi :
On t'offre, ou pour mieux dire, on prend la paix de toi ;
Et ceux qui se font craindre aux deux bouts de la terre,
Pour ne te craindre plus renoncent à la guerre. 50
Ton hymen est le sceau de cette illustre paix⁵.
Sur ces grands coups d'Etat⁶ tout parle, et je me tais ;
Et sans me hasarder à ces nobles amorces,
J'attends l'occasion qui s'arrête à mes forces.
Je la trouve, et j'en prends le glorieux emploi, 55
Afin d'ouvrir ma scène encore un coup pour toi :

1. Var. Par ceux de l'*Andromède* il sut ouvrir la scène. (*Delices.*)
2. Var. On y vit * le Soleil prédire à Melpomène
   Que nous verrions un jour Alexandre et César
   Ainsi que des vaincus attachés à ton char.
   (*Édition de* 1663 *et Delices.*)
3. Voyez tome V, p. 317, note 4.
4. D'Alexandre et de César, qui viennent d'être nommés au vers 39.
5. Voyez tome VI, p. 254, note 1.
6. Ainsi dans l'édition in-4°, dans les *Delices* et dans l'édition de 1667. On lit *incidents*, au lieu de *coups d'État*, dans les OEuvres *diverses* et dans toutes les éditions suivantes. Granet est sans doute l'auteur de ce changement.

* Granet dit par erreur que l'édition in-4° porte : « On y voit. » Cette leçon ou plutôt cette faute ne s'y trouve pas, mais elle est dans les deux éditions des *Delices*.

J'y mets *la Toison d'or;* mais avant qu'on la voie,
La Paix vient elle-même y préparer la joie;
L'Hymen l'y fait descendre; et de Mars en courroux
Par ta digne moitié j'y romps les derniers coups[1].   60
On te voyoit dès lors à toi seul comparable
Faire éclater partout ta conduite adorable,
Remplir les bons d'amour, et les méchants d'effroi[2].
Jusque-là toutefois tout n'étoit pas à toi;
Et quelques doux effets qu'eût produits ta victoire[3],   65
Les conseils du grand Jule[4] avoient part à ta gloire.
Maintenant qu'on te voit en[5] digne potentat
Réunir en ta main les rênes de l'État,
Que tu gouvernes seul, et que par ta prudence
Tu rappelles des rois l'auguste indépendance,   70
Il est temps que d'un air encor plus élevé
Je peigne en ta personne un monarque achevé;
Que j'en laisse un modèle aux rois qu'on verra naître,
Et qu'en toi pour régner je leur présente un maître.
C'est là que je saurai fortement exprimer   75
L'art de te faire craindre et de te faire aimer;
Cet accès libre à tous, cet accueil favorable,
Qu'ainsi qu'au[6] plus heureux tu fais au misérable.

1. Voyez le *Prologue* de *la Toison d'or*, tome VI, p. 253 et suivantes.
2. Ce vers se trouve dans le *Cid*, acte I, scène III, vers 176. Voyez au tome III, p. 114.
3. Il y a *produit*, sans accord, dans les anciennes éditions, y compris celle de Granet, où on lit *quelque*, sans *s* : « quelque doux effets » : voyez tome I, p. 205, note 3, et le *Lexique*. — Les *Delices* donnent : « la victoire, » pour « ta victoire. »
4. Jules, cardinal de Mazarin, mort le 9 mars 1661.
5. On lit ici, dans les deux éditions des *Delices* : *un*, au lieu de *en*, et au vers suivant : « la rêne, » pour « les rênes, » mais ce sont des fautes évidentes.
6. *Aux*, dans les deux éditions des *Delices*.

Je te peindrai vaillant, juste, bon, libéral,
Invincible en la guerre, en la paix sans égal[1] : 80
Je peindrai cette ardeur constante et magnanime
De retrancher le luxe et d'extirper le crime[2] ;
Ce soin toujours actif pour les nobles projets,
Toujours infatigable au bien de tes sujets ;
Ce choix de serviteurs fidèles, intrépides, 85
Qui soulagent tes soins, mais sur qui tu présides,
Et dont tout le pouvoir, qui fait tant de jaloux,
N'est qu'un écoulement de tes ordres sur nous.
Je rendrai de ton nom l'univers idolâtre :
Mais pour ce grand chef-d'œuvre, il faut un grand théâtre.

Ouvre-moi donc, grand Roi, ce prodige des arts
Que n'égala jamais la pompe des Césars,
Ce merveilleux salon[3] où ta magnificence
Fait briller un rayon de sa toute-puissance ;
Et peut-être, animé par tes[4] yeux de plus près, 95
J'y ferai plus encor que je ne te promets.
Parle, et je reprendrai ma vigueur épuisée,

---

1. On lit dans les *OEuvres diverses* publiées par Granet et dans toutes les éditions suivantes :

   Invincible à la guerre, à la paix sans égal.

2. VAR. De retrancher le luxe et de punir le crime. (*Delices.*)
— Corneille fait ici allusion d'une part, à l'ordonnance de juin 1663, contre le luxe des habits, carrosses et ornements, qui renouvelait les déclarations de novembre 1656 et de novembre 1660; et d'autre part, à l'édit de mars 1667, portant création d'un lieutenant de police de Paris : le premier lieutenant nommé fut la Reynie.

3. Il s'agit ici du « grand et superbe salon que le Roi conçut et fit faire fixe et permanent pour les divers spectacles, » salon dont nous avons donné la description, par l'abbé de Pure, tome VII, p. 280 et suivantes, dans la *Notice de Psyché*.

4. On lit ici à tort, dans les *Delices* : « les », pour « tes », et au vers suivant : « je ferai », pour « j'y ferai », leçon un peu moins mauvaise, mais cependant peu probable.

Jusques à démentir les ans qui l'ont usée.
Vois comme elle renaît dès que je pense à toi,
Comme elle s'applaudit d'espérer en mon roi[1] ; 100
Le plus pénible effort n'a rien qui la rebute :
Commande, et j'entreprends; ordonne, et j'exécute.

1. Var. Comme elle s'applaudit d'espérer en son roi. (*Delices.*)

LXVI

A MONSEIGNEUR LE DUC DE GUISE,

SUR LA MORT DE MONSEIGNEUR SON ONCLE.

SONNET.

Ce sonnet est adressé à Louis-Joseph, né en 1650, mort en 1671, fils unique de Louis de Lorraine, duc de Joyeuse et d'Angoulême, mort en 1664. Louis-Joseph hérita du titre de son oncle, Henri II duc de Guise, qui mourut sans enfants le 2 juin 1664. Il est le seul duc de Guise qui ait succédé à un oncle, et par conséquent le titre même, tel que nous l'avons reproduit, suffit pour nous apprendre à qui le sonnet s'adresse. Ce titre se trouve en tête d'un exemplaire in-folio, d'un seul feuillet, signé CORNEILLE, et probablement unique aujourd'hui, qui portait le n° 326 dans le catalogue déjà cité au tome IX, p. 605, note 2. Cet exemplaire appartient actuellement à M. Cousin, qui nous l'a très-obligeamment communiqué. Le même intitulé se rencontre aussi en tête de deux copies : l'une, assez défectueuse, conservée à la bibliothèque de l'Institut dans le portefeuille 217 des manuscrits des Godefroy; l'autre, plus correcte, occupant la page 344 du manuscrit 15,244 du fonds français de la Bibliothèque impériale, et qui nous a été indiquée par M. Édouard Fournier. Granet et les éditeurs qui l'ont suivi n'ont mis d'autre titre que les mots : *A Monseigneur de Guise*, et, ne tenant aucun compte du titre original, ont supposé que le sonnet était adressé, non à un neveu, mais à un fils. « Ce sonnet, dit Granet, est adressé à Henri de Lorraine, II° du nom, duc de Guise, fils de Charles de Lorraine duc de Guise, mort en 1640. Il fut composé la même année par Corneille. » Une lettre de Mézerai, dont l'original fait partie d'une collection de pièces autographes conservées à la Bibliothèque impériale de Saint-Pétersbourg, lettre dont le texte a été publié par M. Édouard Guardet sous ce titre : *Un courrier de Paris en 1664*, d'abord dans la *Revue française* (5° année, tome XVII, 1859, p. 568 et 569), et ensuite en tirage à part, nous parle, sous la date du « jeudi

10e de juillet 1664, » d'un sonnet composé par Corneille au sujet de la mort de cet Henri II de Lorraine. Il nous paraît à peu près certain que ce sonnet est celui qui va suivre, et que c'est bien en 1664 qu'il a été composé. Voici du reste le passage de Mézerai : « Feu M. de Guise ayant fort aimé les belles-lettres, et lui-même composé l'histoire de son entreprise de Naples, et fait quantité de fort beaux vers, les poëtes se sont exercés à lui dresser des éloges et des épitaphes; j'ai joint à ce mémoire un sonnet de l'incomparable M. Corneille, et moi-même, bien que je ne sois pas poëte, néanmoins excité par le souvenir de l'affection que ce prince a eu la bonté de me témoigner, comme j'ai su qu'on vouloit faire un recueil de ces pièces, je me suis senti ému d'un grain de folie poétique et ai rimé le sonnet que voici, une nuit que je ne pouvois dormir : *Aux poëtes, sur les pièces qu'ils ont faites à l'honneur de M. de Guise, c'est pour mettre à la tête du Recueil.* » Après avoir copié son sonnet, que nous jugeons inutile de reproduire, Mézerai ajoute : « C'est assurément avoir bien de l'effronterie de joindre un si méchant sonnet à celui de M. de Corneille; mais les poëtes ont des suivants, et l'on m'a assuré que le sens en étoit bon et l'air assez poétique. » Toutes les recherches que nous avons faites pour trouver quelque trace du *Recueil* dont il est question ici sont restées sans résultat.

Tallemant des Réaux, dans ses *Historiettes* (tome VII, p. 254), nous apprend que notre poëte était un des commensaux de la maison : « Corneille, dit-il, a trouvé moyen d'avoir une chambre à l'hôtel de Guise. » Ce témoignage est corroboré par celui de l'abbé d'Aubignac. Attribuant à Corneille la *Défense de la Sophonisbe*, qui est réellement de Donneau de Visé (voyez tome VI, p. 457-459), il s'exprime de la sorte dans un de ses plus violents pamphlets : « Davantage, cette *Défense* est dédiée à M. le Duc de Guise, et il n'y avoit que vous capable de lui présenter un amas d'ignorances, d'injures et de mensonges; c'est un grand prince dont la naissance et l'érudition, peu commune à ceux de sa qualité, méritent bien qu'il soit l'objet des veilles et des ouvrages des plus savants; mais vous avez été bien peu judicieux de payer en si mauvaise monnoie le couvert et la table dont il vous honore. » (*Deux Dissertations concernant le poëme dramatique....* Paris, du Brueil, 1663, p. 117 et 118.)

Croissez, jeune héros; notre douleur profonde
N'a que ce doux espoir qui la puisse affoiblir;

Croissez, et hâtez-vous de faire voir au monde
Que le plus noble sang peut encor s'ennoblir.

Croissez pour voir sous vous trembler la terre et l'onde :
Un grand prince vous laisse un grand nom à remplir ;
Et ce que se promit sa valeur sans seconde,
C'est par vous que le ciel réserve à l'accomplir.

Vos aïeux vous diront par d'illustres exemples
Comme il faut mériter des sceptres et des temples : 10
Vous ne verrez que gloire et que vertus en tous.

Sur des pas si fameux suivez l'ordre céleste ;
Et de tant de héros qui revivent en vous
Égalez le dernier, vous passerez le reste.

LXVII

AU ROI,

POUR LE RETARDEMENT DU PAYEMENT DE SA PENSION.

Cette pièce se trouve dans quelques exemplaires des *OEuvres diverses de P. Corneille*, publiées en 1738 par l'abbé Granet, sur le feuillet intercalaire où figure le *Sonnet sur la mort de Louis XIII* (voyez ci-dessus, p. 88 et 89). Nous empruntons à M. Taschereau la note suivante, qui permet de classer ce sixain à sa véritable place :
« Le chevalier de Cailly, plus connu sous le nom anagrammatique de d'Aceilly, nous a, par une petite pièce de son recueil, fait connaître la cause et la date de ce retard :
Aux poëtes, en 1665, sur le reculement de leurs pensions assignées sur le même fonds que les bâtiments du Louvre.

> Tant pour vous que pour ses maçons
> Le Louvre n'a qu'un même fonds ;
> Mais ils ont le pas aux recettes.
> N'en soyez pas tant effrayés :
> On satisfera les poëtes
> Quand les maçons seront payés. »

(*Histoire de la vie et des ouvrages de P. Corneille*, seconde édition, p. 363, note 4.)

Grand Roi, dont nous voyons la générosité
Montrer pour le Parnasse un excès de bonté,
    Que n'ont jamais eu tous les autres,
Puissiez-vous dans cent ans donner encor des lois,
Et puissent tous vos ans être de quinze mois   5
    Comme vos commis font les nôtres !

LXVIII

AU ROI,

SUR SON RETOUR DE FLANDRE.

L'édition originale, en quatre pages in-4°, ne porte ni adresse ni nom de libraire; seulement on lit à la fin la mention : « Avec permission, » la date de 1667 et la signature de Corneille. L'exemplaire que nous en avons vu figurait, sous le n° 324, dans le catalogue de vente dont nous avons déjà parlé (tome IX, p. 606, note 2, et ci-dessus, p. 182); il a été acheté par M. Victor Cousin, qui a bien voulu nous permettre de le collationner. — Ces vers ont été réimprimés dans le cours de la même année 1667, et aussi, suivant Granet, en 1669, avec le poëme *sur les Victoires du Roi*, in-12; nous n'avons pas vu cette dernière édition.

Le Roi rentra à Paris à la fin du mois d'août 1667. On peut voir dans la pièce suivante et dans les notes qui l'accompagnent le récit de ses opérations militaires.

Tu reviens, ô mon Roi, tout couvert de lauriers;
Les palmes à la main tu nous rends nos guerriers;
Et tes peuples, surpris et charmés de leur gloire,
Mêlent un peu d'envie à leurs chants de victoire.
  Ils voudroient avoir vu comme eux aux champs de Mars
Ton auguste fierté guider tes étendards;
Avoir dompté comme eux l'Espagne en sa milice,
Réduit comme eux la Flandre à te faire justice;
Et su mieux prendre part à tant de murs forcés
Que par des feux de joie et des vœux exaucés.   10
  Nos muses à leur tour, de même ardeur saisies,
Vont redoubler pour toi leurs nobles jalousies,
Et ta France en va voir les merveilleux efforts
Déployer à l'envi leurs plus rares trésors.

Elles diront quels soins, quels rudes exercices, 15
Quels travaux assidus étoient lors tes délices,
Quels secours aux blessés prodiguoit ta bonté[1],
Quels exemples donnoit ton intrépidité,
Quels rapides succès ont accru ton empire,
Et le diront bien mieux que je ne le puis dire. 20
C'est à moi de m'en taire, et ne pas avilir
L'honneur de ces lauriers que tu viens de cueillir
De mon génie usé la chaleur amortie
A leur gloire immortelle est trop mal assortie,
Et défigureroit tes grandes actions 25
Par l'indigne attentat de ses expressions.
   Que ne peuvent, grand Roi, tes hautes destinées
Me rendre la vigueur de mes jeunes années !
Qu'ainsi qu'au temps du *Cid* je ferois de jaloux !
Mais j'ai beau rappeler un souvenir si doux, 30
Ma veine, qui charmoit alors tant de balustres[2],
N'est plus qu'un vieux torrent qu'ont tari douze lustres[3] ;
Et ce seroit en vain qu'aux miracles du temps
Je voudrois opposer l'acquis de quarante ans.
Au bout d'une carrière et si longue et si rude, 35
On a trop peu d'haleine et trop de lassitude :
A force de vieillir un auteur perd son rang ;
On croit ses vers glacés par la froideur du sang ;
Leur dureté rebute, et leur poids incommode,
Et la seule tendresse est toujours à la mode. 40
   Ce dégoût toutefois ni ma propre langueur
Ne me font pas encor tout à fait perdre cœur ;
Et dès que je vois jour sur la scène à te peindre,
Il rallume aussitôt ce feu prêt à s'éteindre.

---

1. VAR. Dans l'édition de 1667 in-4° ce vers vient après le suivant.
2. Voyez tome IX, p. 64, note 2.
3. Corneille, né, comme on sait, le 6 juin 1606, venait effectivement d'entrer dans sa soixante et unième année.

Mais comme au vif éclat de tes faits inouïs 45
Soudain mes foibles yeux demeurent éblouis,
J'y porte, au lieu de toi, ces héros dont la gloire
Semble épuiser la fable et confondre l'histoire;
Et m'en faisant un voile entre la tienne et moi,
J'assure mes regards pour aller jusqu'à toi. 50
  Ainsi de ta splendeur mon idée enrichie
En applique à leur front la clarté réfléchie,
Et forme tous leurs traits sur les moindres[1] des tiens,
Quand je veux faire honneur aux siècles anciens.
Sur mon théâtre ainsi tes vertus ébauchées 55
Sèment ton grand portrait par pièces détachées;
Les plus sages des rois, comme les plus vaillants,
Y reçoivent de toi leurs plus dignes brillants.
J'emprunte, pour en faire une pompeuse image,
Un peu de ta conduite, un peu de ton courage, 60
Et j'étudie en toi ce grand art de régner,
Qu'à la postérité[2] je leur fais enseigner[3].
  C'est tout ce que des ans me peut souffrir la glace;
Mais j'ai d'autres moi-même à servir en ma place:
Deux fils dans ton armée[4], et dont l'unique emploi 65

---

1. *Le moindre*, dans les *OEuvres diverses* publiées par Granet et dans les éditions suivantes.
2. *Leur postérité*, dans les *OEuvres diverses* publiées par Granet et dans les éditions suivantes.
3. Corneille avait déjà exprimé les mêmes idées dans son *Remercîment* à Mazarin. Voyez ci-dessus, p. 96-98, pièce XXX, vers 33-64.
4. Pierre Corneille, qui fut capitaine de chevau-légers et gentilhomme de la maison du Roi, né le 7 septembre 1643, était entré au service à l'âge de vingt et un ans, dès 1664, ainsi que Corneille lui-même nous l'apprend en octobre 1676 par ces vers de l'épître *Au Roi sur Cinna* (voyez ci-après) :

> Je sers depuis douze ans, mais c'est par d'autres bras
> Que je verse pour toi du sang dans nos combats.

Le second fils de Corneille, dont nous ne connaissons ni le prénom ni la date de naissance, était, en 1661, entré comme page chez la

Est d'y porter du sang à répandre pour toi[1].
Tous deux ils tâcheront, dans l'ardeur de te plaire,
D'aller plus loin pour toi que le nom de leur père;
Tous deux, impatients de le mieux signaler,
Ils brûleront d'agir, quand je tremble à parler; 70
Et ce feu qui sans cesse eux et moi nous consume
Suppléera par l'épée au défaut de ma plume.
 Pardonne, grand vainqueur, à cet emportement:
Le sang prend malgré nous quelquefois son moment;
D'un père pour ses fils l'amour est légitime; 75
Et j'ai droit pour les miens de garder quelque estime,
Après qu'en leur faveur toi-même as bien voulu
M'assurer que l'abord ne t'en a point déplu.
 Le plus jeune a trop tôt reçu d'heureuses marques
D'avoir suivi les pas du plus grand des monarques; 80
Mais s'il a peu servi, si le feu des mousquets
Arrêta dès Douai ses plus ardents souhaits,
Il fait gloire du lieu que perça leur tempête:
Ceux qu'elle atteint au pied ne cachent pas leur tête[2];

---

duchesse de Nemours (voyez ci-après, lettre XXV); il était lieutenant de cavalerie lorsqu'il mourut. Voyez ci-dessous, note 2.

1. VAR. Des fils qui de leur sang cherchent à t'acheter
 Ces succès qu'à l'envi d'autres vont exalter.
 (Édition originale.)

2. Le second fils de Corneille, dont nous venons de parler (p. 188, note 4), fut blessé au pied pendant le siége de Douai, qui se termina, au bout de quelques jours, par la prise de la ville, le 6 juillet. Robinet, dans une *Lettre en vers à Madame*, du 30 juillet 1667, nous raconte à ce sujet l'anecdote suivante, aujourd'hui fort connue, que M. Floquet a le premier signalée à l'attention du public:

 Vous connoissez assez l'aîné des deux Corneilles,
 Qui pour vos chers plaisirs produit tant de merveilles.
 Hé bien! cet homme-là, malgré son Apollon,
 Fut naguère cité devant cette police,
  Ainsi qu'un petit violon,
 Et réduit, en un mot, à se trouver en lice
  Pour quelques pailles seulement

Sur eux à ta fortune ils laissent tout pouvoir,

> Qu'un trop vigilant commissaire
> Rencontra fortuitement
> Tout devant sa porte cochère.
> Oh! jugez un peu quel affront!
> Corneille, en son cothurne, étoit au double mont
> Quand il fut cité de la sorte ;
> Et de peur qu'une amende honnît tous ses lauriers,
> Prenant sa muse pour escorte,
> Il vint, comme le vent, au lieu des plaidoyers ;
> Mais il plaida si bien sa cause,
> Soit en beaux vers ou franche prose,
> Qu'en termes gracieux la police lui dit :
> « La paille tourne à votre gloire.
> Allez, grand Corneille, il suffit. »
> Mais de la paille il faut vous raconter l'histoire,
> Afin que vous sachiez comment
> Elle étoit à sa gloire en cet événement.
> Sachez donc qu'un des fils de ce grand personnage
> Se mêle, comme lui, de cueillir des lauriers,
> Mais de ceux qu'aiment les guerriers,
> Et qu'on va moissonner au milieu du carnage.
> Or ce jeune cadet, à Douai faisant voir
> Qu'il sait des mieux remplir le belliqueux devoir,
> D'un mousquet espagnol au talon reçut niche,
> Et niche qui le fit aller à cloche-pié,
> Si bien qu'en ce moment, étant estropié,
> Il fallut, quoiqu'il dît sur ce cas cent fois briche,
> Toute sa bravoure cesser,
> Et venir à Paris pour se faire panser.
> Or ce fut un brancard qui dans cette aventure,
> Lui servit de voiture,
> Étant de paille bien garni ;
> Et comme il entra chez son père,
> Il s'en fit un peu de litière.
> Voilà tout le récit fini.

Nous avons vainement cherché aux Archives de l'Empire et dans celles de la Préfecture de police quelques traces des poursuites dirigées contre Corneille. Nous remarquerons seulement qu'elles avaient lieu en vertu de l'article 19 d'un arrêt du parlement de Paris du 11 avril 1663, faisant « inhibition et défense à toutes personnes de quelque état et condition qu'elles soient, de jeter, faire ou souffrir jeter dans les rues aucunes immondices, cendres de lessive, paille, gravois, terreaux, tuileaux, ardoises, raclures de cheminées, fumiers ni quelqu'autres ordures que ce soit : sur la peine de huit livres d'a-

Et[1] s'offrent tous entiers aux hasards du devoir.
  De nouveau je m'emporte. Encore un coup, pardonne
Ce doux égarement que le sang me redonne;
Sa flatteuse surprise aisément nous séduit:
La pente est naturelle, avec joie on la suit :   90
Elle fait une aimable et prompte violence,
Dont pour me garantir je n'ai que le silence.
  Grand Roi, qui vois assez combien j'en suis confus,
Souffre que je t'admire, et ne te parle plus.

mende, payables sans déport, savoir : moitié aux entrepreneurs du nettoiement desdites rues, et l'autre moitié aux dénonciateurs. » (*Collection officielle des ordonnances de police de* 1800 *à* 1844 *imprimée par ordre de M. G. Delessert, préfet de police*, Paris, P. Dupont, 1845, tome IV, *Appendice*, p. 13.) Le second fils de Corneille mourut en 1674, au siége de Grave, dans une sortie qu'il tenta à la tête de sa compagnie. Voyez ci-après la dernière des *Lettres* de notre auteur.

1. *Ils*, dans les *Poésies diverses* de 1738 et dans les éditions suivantes.

192   POÉSIES DIVERSES.

LXIX

POËME SUR LES VICTOIRES DU ROI, TRADUIT DE LATIN
EN FRANÇOIS PAR P. CORNEILLE.

C'est sous ce titre que ce poëme a paru pour la première fois. On lit sur le frontispice de l'exemplaire de la Bibliothèque impériale : *A Paris, chez Thomas Iolly, au Palais, en la Salle des Merciers, à la Palme et aux Armes d'Hollande.* M.DC.LXVII. *Avec Privilege du Roy ;* mais on peut le rencontrer avec d'autres adresses, car c'est à Guillaume de Luyne que le privilége a été « donné à Paris, le vingt-huitième Novembre 1667, » et il en a fait part « aux sieurs Iolly et Billaine. » L' « Achevé d'imprimer pour la premiere fois » est du « quinziéme Decembre 1667. » Le volume, de petit format in-8°, contient 38 pages et un feuillet de privilége.

A la page 3 se trouve l'avis de Corneille *au Lecteur.*

A la page 4 commence, sous le titre de *Regi Epinicion,* le poëme latin du P. de la Rue, dont celui de Corneille est une traduction.

A la page 5 commence, en regard, la traduction de Corneille sous ce titre : *les Victoires du Roy en l'année* 1667.

A la page 30 : *Traductions et imitations de l'Épigramme Latine de Monsieur de Montmor....*

A la page 31 : *Au Roy, sur son retour de Flandre.*

A la page 35 : *Remercîment presenté au Roy en l'année* 1663.

Granet (*OEuvres diverses*, p. 11) mentionne une réimpression de 1669 (in-12) ; et la *Bibliothèque des écrivains de la compagnie de Jésus* (1re série, p. 659), une édition portant le titre latin : *de Victoriis Regis Christianissimi Ludovici XIV. Poema a Clarissimo viro Petro Corneille versibus gallicis redditum. Parisiis, apud Sebastianum Mabre Cramoisy,* 1667, *in-8°.* On retrouve plus tard notre poëme LXIX aux pages 19-29 des *Idyllia* du P. de la Rue (Rouen, 1669) et aux pages 99-108 de ses *Carmina* (Paris, 1688). Dans le premier de ces recueils les vers de Corneille sont intitulés : *les Victoires du Roy en l'année* M.DC.LXVII. *De la traduction de M. Corneille ;* dans le second : *les Victoires du Roy* en Flandre. De la traduction de P. Corneille. Ils suivent, dans l'un et dans l'autre, le texte latin du P. de la Rue, ayant pour titre : *Regi post Belgicam expeditionem* (dans l'édition de 1688 : *Ludovico magno post expeditionem Belgicam*) *anni* M.DC.LXVII. *Epinicium*. Le volume des *Idyllia* commence par une sorte d'épître dédicatoire en vers latins, intitulée : *Ad clarissimum virum P. Cornelium, tragicorum principem*, et datée : *Rothomagi kal. jun. M.DC.LXIX.* On trouve à la page 51 : *Ad clarissimum virum Petrum Cornelium in obitu Caroli filii*. Nous donnons ces deux pièces de vers, ci-après, dans l'*Appendice*. Elles sont reproduites dans les *Carmina* de 1688, aux pages 146 et 161.

Au sujet de ces poëmes de Corneille et du P. de la Rue sur les victoires de 1667, nous lisons dans un *Éloge* de ce dernier, extrait d'une lettre écrite de Paris le 6 juin 1725, et inséré dans le *Mercure* de juin de cette même année (le P. de la Rue, né en 1643, mourut en 1725) : « Il fit en 1667 un poëme sur les conquêtes du Roi, que le fameux P. Corneille se fit un honneur de traduire en vers françois. Il dit même à Sa Majesté, en lui présentant sa traduction, qu'elle n'égaloit point l'original du jeune jésuite, qu'il lui nomma. Ce fut là le commencement de cette estime dont le feu Roi honora depuis le P. de la Rue. »

AU LECTEUR.

QUELQUE favorable accueil que Sa Majesté ait daigné faire à cet ouvrage, et quelques applaudissements que la cour lui ait prodigués, je n'en dois pas faire grande vanité, puisque je n'en suis que le traducteur. Mais dans une si belle occasion de faire éclater la gloire du Roi, je n'ai point considéré la mienne : mon zèle est plus fort que mon ambition; et pourvu que je puisse satisfaire en quelque sorte aux devoirs d'un sujet fidèle et passionné, il m'importe peu du reste. Le public m'aura du moins l'obligation d'avoir déterré ce trésor, qui, sans moi, seroit demeuré enseveli sous la poussière d'un collége; et j'ai été bien aise de pouvoir donner par là quelque marque de reconnoissance aux soins que les pères jésuites ont pris d'instruire ma jeunesse et celle de mes enfants, et à l'amitié particulière dont m'honore l'auteur de ce panégyrique. Je ne l'ai pas traduit si fidèlement, que je ne me sois enhardi plus d'une fois à étendre ou resserrer ses pensées : comme les grâces des deux langues sont différentes, j'ai cru à propos de prendre cette liberté, afin que ce qui étoit excellent en latin ne devînt pas insupportable[1] en françois. Vous en jugerez, et ne serez pas fâché que j'y aye fait joindre quelques autres pièces, que vous avez déjà vues, sur le même sujet[2]. L'amour naturel que nous avons tous pour les productions de notre esprit m'a fait espérer qu'elles se pourroient ainsi conserver l'une par l'autre, ou périr un peu plus tard.

LES VICTOIRES DU ROI EN L'ANNÉE 1667.

Mânes des grands Bourbons, brillants foudres de guerre,
Qui fûtes et l'exemple et l'effroi de la terre,
Et qu'un climat fécond en glorieux exploits
Pour le soutien des lis vit sortir de ses rois,
Ne soyez point jaloux qu'un roi de votre race   5
Égale tout d'un coup votre plus noble audace.

REGI EPINICION.

Illustres animæ, Divum genus, inclyta bello
Nomina, Borbonidæ, grandi quos Gallia partu,
Victores populorum, et regum exempla, creavit :
Si nunc magnanimi decus immortale nepotis
Surgit in immensum, et vestris se laudibus æquat,
Non tamen invidiæ vobis locus, ille parentum

---

1. *Si insupportable*, mais à tort, dans l'édition de Lefèvre et dans quelques autres.
2. Voyez ci-dessus (p. 175 et 186) les pièces LXV et LXVIII, et la notice qui précède le présent avis *au Lecteur*.

Vos grands noms dans le sien revivent aujourd'hui :
Toutes les fois qu'il vainc, vous triomphez en lui;
Et ces hautes vertus que de vous il hérite
Vous donnent votre part aux encens qu'il mérite. 10
C'est par cette valeur qu'il tient de votre sang
Que le lion belgique[1] a vu percer son flanc;
Il en frémit de rage, et devenu timide,
Il met bas cet orgueil contre vous intrépide,
Comme si sa fierté, qui vous sut résister, 15
Attendoit ce héros pour se laisser dompter!
Aussi cette fierté, par le nombre alarmée,
Voit en un chef si grand encor plus d'une armée,
Dont par le seul aspect ce vieil orgueil brisé
Court au-devant du joug si longtemps refusé. 20
De là ces feux de joie et ces chants de victoire
Qui font briller partout et retentir sa gloire;
Et bien que la déesse aux cent voix et cent yeux
L'ait publiée en terre et fait redire aux cieux,
Qu'il ne soit pas besoin d'aucune autre trompette, 25

  Quando refert factis animisque et robore dotes;
Vestraque, dum vincit, pars est quoque magna triumphi.
  Belgicus hos animos et inexsuperabile robur
Nequicquam infrendens sensit Leo; quique priores
Luserat ante minas, vestrisque interritus armis
Obluctari ultro gaudebat et obvius ire,
  Ille ducum seriem egregiam collectaque cernens
Agmina, et immensam Lodoici in pectore gentem,
Horret ad aspectum, nec jam ausus sistere contra,
Indociles iras et colla ferocia subdit.
  Lætior hinc regni facies, hinc festa per urbes
Pompa; triumphales hinc templa per omnia cantus;
Et quanquam cum fama volat, cum maximus orbis
Solvitur in plausus, et plausibus accinit æther,

1. Le lion est, comme on sait, l'emblème héraldique de la Belgique. Aujourd'hui le mot *belgique* n'est plus adjectif. Voyez le *Lexique*.

Le cœur paroit ingrat quand la bouche est muette,
Et d'un nom que partout la vertu fait voler
C'est crime de se taire où tout semble parler.
  Mais n'attends pas, grand Roi, que mes ardeurs sincères
Appellent au secours l'Apollon de nos pères : 30
A mes foibles efforts daigne servir d'appui,
Et tu me tiendras lieu des Muses et de lui.
Toi seul y peux suffire, et dans toutes les âmes
Allumer de toi seul les plus célestes flammes,
Tel qu'épand le soleil sa lumière sur nous, 35
UNIQUE DANS LE MONDE, ET QUI SUFFIT A TOUS[1].
  Par l'ordre de son roi, les armes de la France
De la triste Hongrie avoient pris la défense,
Sauvé du Turc vainqueur un peuple gémissant,
Fait trembler son Asie et rougir son croissant[2]; 40
Par son ordre on voyoit d'invincibles courages,

> Nil præcone opus est, scelus est tamen alta silere
> Victoris decora, indictamque relinquere laudem.
>   At neque Castalias mihi cura vocare sorores,
> Nec veteri fuerit præcordia pandere Phœbo.
> Tu mihi, tu regum Rex optime, maxime regum,
> Numen eris, Lodoice, mihique in carmina sacrum
> Ardorem, et dignos cœptis ingentibus ignes
> Adjicies, magnus lucis pater, UNICUS UNI
> Qui satis es mundo, NEC SIS QUOQUE PLURIBUS IMPAR.
>   Jam procul hungaricos tutatus milite fines,
> Lunigeras acies Lodoicus et impia signa
> Fuderat, extremasque Asiæ tremefecerat oras.

1. Traduction des devises de Louis XIV : UNICUS UNI et NEC PLURIBUS IMPAR, insérées textuellement dans les vers du P. de la Rue.
2. Le 1ᵉʳ août 1664, les Allemands, commandés par Montecuculli, remportèrent sur les Turcs la victoire décisive de Saint-Gothard, à laquelle six mille Français, sous les ordres de la Feuillade, prirent une très-grande part.

D'Alger et de Tunis arrêter les pillages[1],
Affranchir nos vaisseaux de ces tyrans des mers,
Et leur faire à leur tour appréhender nos fers.
L'Anglois même avoit vu jusque dans l'Amérique   45
Ce que c'est qu'avec nous rompre la foi publique,
Et sur terre et sur mer reçu le digne prix
De l'infidélité qui nous avoit surpris[2].
Enfin du grand Louis aux trois parts de la terre
Le nom se faisoit craindre à l'égal du tonnerre.   50
L'Espagnol s'en émeut, et gêné de remords,
Après de tels succès il craint pour tous ses bords :
L'injure d'une paix à la fraude enchaînée[3],
Les dures pactions d'un royal hyménée[4],

> Jam quoque et infestum Libycis prædonibus æquor
> Solverat, et priscis America incognita sæclis,
> Fœderis immemores Anglos, opibusque feroces,
> Et sociis Gallum meditantes pellere terris,
> Viderat ejectos laceris fluitare per undas
> Puppibus, aut cæsis insternere littora turmis.
> His super attonitum dolor anxius urit Iberum,
> Ingentesque premunt curæ : quippe ultima longe
> Terrarum, et Phœbo sub utroque jacentia cernens
> Regna metu trepidare, pari quoque corda moveri
> Sentit et ipse metu, quoties probrosa recursat
> Fraus innexa toro, rigidæque injuria pacis,

1. Le duc de Beaufort battit deux fois la flotte des corsaires barbaresques, et s'empara, le 22 juillet 1664, de Gigeri dans la régence d'Alger.

2. Le 26 janvier 1666, Louis XIV déclare, à titre d'allié des Hollandais, la guerre à l'Angleterre. Le 20 avril les Français battent les Anglais dans l'île de Saint-Christophe (une des Antilles), et le 9 mai M. de la Barre défait la flotte anglaise qui tenait l'île bloquée. Cette guerre se termine par la paix signée à Bréda le 31 juillet 1667.

3. La paix des Pyrénées, conclue le 7 novembre 1659.

4. Allusion à la renonciation de Marie-Thérèse à tous biens et successions de Leurs Majestés catholiques, renonciation qui n'avait été stipulée que sous condition d'une dot de cinq cent mille écus

Tremblent sous les raisons et la facilité 55
Qu'aura de s'en venger un roi si redouté.

Louis s'en aperçoit, et tandis qu'il s'apprête
A joindre à tant de droits celui de la conquête,
Pour éblouir l'Espagne et son raisonnement,
Il tourne ses apprêts en divertissement[1] : 60
Il s'en fait un plaisir, où par un long prélude
L'image de la guerre en affermit l'étude,
Et ses passe-temps même instruisant ses soldats
Préparent un triomphe où l'on ne pense pas.
Il se met à leur tête aux plus ardentes plaines, 65
Fait en se promenant leçon aux capitaines,
Se délasse à courir de quartier en quartier,

> Junctaque crudeli regum connubia pacto.
>   Hunc adeo suspensum animi, rebusque timentem
> Agnovit Lodoicus, et ardua mente volutans
> Consilia, invictis ut conjugis ultor in armis
> Hannonios tractus brabantinosque reposcat.
> Ne tamen, ut quondam, solito sibi callidus astu
> Consuleret, Martemque dolo præverteret hostis,
> Objicit insuetas Hispanis artibus artes,
> Occultumque struit belli sub imagine bellum.
> Ergo viros ad signa vocat : concurritur, oti[2]
> Emicat impatiens et corripit arma juventus.
> Ipse palatinas acies prætoriaque inter
> Vexilla, et lituum sonitus, fremitusque tubarum,

dont les trois termes fixés par le contrat étaient plus qu'échus, ce qui faisait dire : « Point de payement, point de renonciation. »

1. Il s'agit ici des revues et exercices militaires de l'an 1666 et du commencement de l'an 1667, auxquels Corneille a aussi fait allusion dans sa tragédie d'*Attila* (acte II, scène v), qui est, comme le poëme des *Victoires*, de l'année 1667. Voyez tome VII, p. 131 et 132.

2. L'édition de 1667, que nous suivons, et celle de 1669 donnent ici *omnis;* mais nous n'hésitons pas à y substituer la leçon de 1688 : *oti* pour *otii;* l'adjectif *impatiens* du vers suivant a besoin d'être déterminé par un régime.

Endurcit et soi-même et les siens au métier,
Les forme à ce qu'il faut que chacun cherche ou craigne,
Et par de feints combats apprend l'art qu'il enseigne. 70
    Il leur montre à doubler leurs files et leurs rangs,
A changer tôt de face aux ordres différents,
Tourner à droite, à gauche, attaquer et défendre,
Enfoncer, soutenir, caracoler, surprendre;
Tantôt marcher en corps, et tantôt défiler, 75
Pousser à toute bride, attendre, reculer,
Tirer à coups perdus, et par toute l'armée
Faire l'oreille au bruit et l'œil à la fumée.
Ce héros va plus outre; il leur montre à camper :
A la tente, à la hutte on les voit s'occuper. 80
Sa présence aux travaux mêle de si doux charmes,
Qu'ils apprennent sans peine à dormir sous les armes;
Et comme s'ils étoient en pays dangereux,
L'ombre de Saint-Germain est un bivouac pour eux[1].

    Sole sub ardenti, planisque in vallibus, heros
Informat resides animos, discitque docendo
Durum opus, et ficto mentem certamine pascit.
    Nunc jubet effusis aciem decurrere campis,
Nunc stare, aut junctis glomeratam incedere turmis;
Nunc spatiis mixtos equites concordibus ire,
Aut flexos sinuare orbes, gradibusve repressis
Exsultare solo, aut subitos obvertere vultus;
Mox quoque direptis per prona, per alta volare
Ensibus, aut certas tubulis explodere mortes,
Præcipitesque rapi, cursuque lacessere nimbos.
Inde locum fossis munire, et cingere vallo
Castrorum juvat in morem : juvat addere castris
Excubias, vigilesque solo traducere noctes,
Aut duro tenues in cespite carpere somnos.

1. Au sujet d'un de ces campements, nous lisons dans la *Gazette* du 23 avril 1667 : « Le Roi, qui par un continuel exercice entretient ses troupes en un état qui les puisse rendre capables de servir

Achève, grand Monarque, achève, et pars sans crainte :
Si tu t'es fait un jeu de cette guerre feinte,
Accoutumé par elle à la poussière, au feu,
La véritable ailleurs ne te sera qu'un jeu.
Tes guerriers t'y suivront sans y voir rien de rude,
Combattront par plaisir, vaincront par habitude ; 90
Et la Victoire, instruite à prendre ici ta loi,
Dans les champs ennemis n'obéira qu'à toi.
L'Espagne cependant, qui voit des Pyrénées
Donner ce grand spectacle aux dames étonnées,
Loin de craindre pour soi, regarde avec mépris, 95
Dans un camp si pompeux, des guerriers si bien mis,
Tant d'habits, comme au bal, chargés de broderie,
Et parmi des canons tant de galanterie.
« Quoi? l'on se joue en France, et ce roi si puissant
Croit m'effrayer, dit-elle, en se divertissant? » 100

 Macte istis, Lodoice, animis, perge omine tanto
Et tibi, et optatas Gallis portendere lauros.
Nunc veteres pompas ludorum in prælia mutas,
Et rigidum inducis læta in spectacula Martem :
Mox quoque cum fines Morinos, et Nervia vero
Mœnia Marte petes, fortemque urgebis Iberum,
Sic bellum tibi ludus erit, facilesque sequetur,
Quo tuleris te cumque, comes victoria nutus.
 Audiit ex alto Pyrenes vertice festos
Ludentum strepitus, pompamque Hispania vidit;
Defixisque oculis mirata, tot horrida pilis
Agmina, tot cristas galeis fluitare comantes,
Tot rutilis phaleras vestesque nitere lapillis,
Tot lætos in equis juvenes : « Et luditur, inquit;
Hæc sibi depositis Gallus facit otia curis. »

Sa Majesté dans les occasions, ayant donné les ordres nécessaires pour les faire camper dans la plaine d'Ouilles, entre Maisons et ce château (*de Saint-Germain-en-Laye*), s'y rendit hier, accompagné de quantité de seigneurs. »

Il est vrai qu'il se joue, Espagne, et tu devines;
Mais tu mettras au jeu plus que tu l'imagines[1],
Et de ton dernier vol si tu ne te repens[2],
Tu ne verras finir ce jeu qu'à tes dépens.
 Son père et son aïeul t'ont fait voir que sa France[3]
Sait trop, quand il lui plaît, dompter ton arrogance :
Tant d'escadrons rompus, tant de murs emportés,
T'ont réduite souvent au secours des traités.
Ces disgrâces alors te donnoient peu d'alarmes,
Tes conseils réparoient la honte de tes armes;   110
Mais le ciel réservoit à notre auguste roi
D'avoir plus de conduite et plus de cœur que toi.
 Rien plus ne le retarde, et déjà ses trompettes
Aux confins de l'Artois lui servent d'interprètes[4] :

> Luditur, at magnos parient hæc otia motus;
> Nec vanum, ludi pars magna, fatebere ludum.
> Sæpe manu virtus quid Gallica posset et armis,
> Te Justus, Justique parens ter maximus olim
> Henricus docuere : tamen licet hactenus æquo
> Te non Marte parem clades non una probasset,
> Jamdudum instantem potuisti avertere casum,
> Consilio melior. Lodoico scilicet uni
> Laus fuit hæc servanda, et magnis debita fatis,
> Consilioque manuque tuos contundere fastus.
> Nec mora, jam litui, jam rauco tympana pulsu
> Insonuere : volat spe fervidus, arvaque Gallus

---

1. Var. Mais tu mettras au jeu plus que tu n'imagines.
(*Caroli de la Rue Idyllia*, 1669. — *OEuvres diverses* publiées par Granet.)
 2. Var. Et de ce dernier vol si tu ne te repens.
  (*Ruæi Carmina*, 1688.)
 3. Var. Son père et son aïeul t'ont fait voir que la France.
  (*Carmina*, 1688.)
 4. Le Roi partit de Saint-Germain avec la Reine le 16 mai 1667 et arriva le 20 à Amiens. Voyez la *Relation de la guerre de Flandres en l'année 1667*, à Paris, chez Claude Barbin, M.DC.LXVIII. Le pri-

C'est de là, c'est par là qu'il s'explique assez haut.   115
Il entre dans la Flandre et rase le Hainaut.
Le François court et vole, une mâle assurance
Le fait à chaque pas triompher par avance;
Le désordre est partout, et l'approche du Roi
Remplit l'air de clameurs et la terre d'effroi.   120
Jusqu'au fond du climat[1] ses lions en rugissent,
Leur vue en étincelle, et leurs crins s'en hérissent;
Les antres et les bois, par de longs hurlements,
Servent d'affreux échos à leurs rugissements;
Et les fleuves mal sûrs dans leurs grottes profondes   125
Hâtent vers l'Océan la fuite de leurs ondes;
Incertains de la marche, ils tremblent tous pour eux.
Songe encor, songe, Espagne, à mépriser nos jeux!
   Ainsi, quand le courroux du maître de la terre
Pour en punir l'orgueil prépare son tonnerre,   130
Qu'un orage imprévu qui roule dans les airs
Se fait connoître au bruit et voir par les éclairs,

> Flandrica, et Hannonias ruit improvisus in arces.
> Jamque adeo ingenti fremere undique visa tumultu
> Belgica, jam patrii circum rugire leones,
> Arrectisque horrere jubis : simul alta fragore
> Misceri nemora, et tristes ululare cavernæ,
> Flandrigenumque procul Scaldis regnator aquarum
> In mare præcipites urgere fugacior undas.
> I modo, regales, Hispania, despice ludos.
>   Sic, trifidos ignes et ineluctabile telum
> Si quando iratus mundi arbiter, humida rumpens
> Nubila, subjectas hominum molitur in arces,

vilége nous apprend que cet ouvrage est « de la composition du sieur de Vandeuvres. »

1. *Climat*, dans le sens de région, contrée. — Ce qui est dit ici des lions se rapporte encore aux armes de la Flandre, au « lion belgique, » comme Corneille s'est exprimé plus haut (vers 12). Dans les vers latins du P. de la Rue, il y a *patrii.... leones*.

Ces foudres, dont la route est pour nous inconnue,
Paroissent quelque temps se jouer dans la nue,
Et ce feu qui s'échappe et brille à tout moment[1], 135
Semble prêter aux cieux un nouvel ornement;
Mais enfin le coup tombe; et ce moment horrible,
A force de tarder devenu plus terrible,
Étale aux yeux surpris des hommes écrasés,
Une plaine fumante, et des rochers brisés. 140
   Telle on voit le Flamand présumer ta venue,
Grand Roi! Pour fuir ta foudre il cherche à fuir ta vue,
Et de tes justes lois ignorant la douceur,
Il abandonne aux tiens des murs sans défenseur[2].
La Bassée, Armentière, aussitôt sont désertes[3]; 145

> Ipse prius tremulis densa in caligine ludit
> Fulguribus, volucrique polum circumvolat auro;
> Mox rutilum per iter, rapidisque micantia flammis
> Erumpit spatia, et magno ruit impete fulmen;
> Vim tamen haud minuit splendor, nec inania jactat
> Murmura: gens longe tremit omnis, et ardua fumant
> Silvarum, ac subito dissultant saxa fragore.
>   Talis ades, talem te præcipit omne timetque
> Vulgus, et insueta fugiunt formidine cives.
> Passim solæ arces, passim indefensa patescunt
> Oppida: tuque adeo, Bassæa, ingentibus olim,
> Mœnia dum starent, repetita laboribus; et tu
> Dives agro, dives pecorum, Armentaria, cultu;

1. VAR. Et ce feu qui s'échappe et brille à tous moments,
      Semble prêter au ciel de nouveaux ornements.
            (*Idyllia*, 1669. — *OEuvres diverses*.)
2. VAR. Il abandonne aux tiens ses murs sans défenseur.
            (*Carmina*, 1688.)
3. On lit dans la *Gazette* du 4 juin 1667, sous la rubrique d'*Arras, le* 30 *mai* 1667 : « Le 12 de ce mois, les sieurs d'Artagnan et des Fourneaux arrivèrent ici.... Le lendemain ils décampèrent avant le jour, et marchèrent du côté d'Armentières pour favoriser les troupes commandées de ce côté-là, avec ordre de se saisir de cette

Charleroi[1], qui t'attend, mais à portes ouvertes,
A forts démantelés, à travaux démolis[2],
Sur le nom de son roi[3] laisse arborer tes lis.
C'est là le prompt effet de la frayeur commune ;
C'est ce que font sans toi ton nom et ta fortune. 150
Heureux tous nos Flamands, si l'exemple suivi
Eût partout à tes droits fait justice à l'envi !
Furne n'auroit point vu ses portes enfoncées ;
Bergue n'auroit point vu ses murailles forcées[4] ;

> Tu quoque tu Carli de nomine dicta, novoque
> Arx fabricata opere, et valido molimine structa :
> Te, quanquam aggeribus vallatam et flumine circum
> Defensam gemino tela omnia et omnia contra
> Fulmina Gallorum, nil fulminis indiga telive
> Una nec aspecti Regis fortuna subegit.
> Atque utinam hunc morem et vestra hæc exempla secutæ
> Cessissent reliquæ, nec justa in sceptra rebelles
> Indignum hoc propria nomen sibi clade parassent.
> At procul ejectos vallis Furnensibus hostes,
> Et domita video fractos excedere Berga.

place : ce qu'ils exécutèrent le 24, sans aucune résistance de la garnison, qui étoit de soixante hommes, lesquels se sauvèrent, à la réserve de leur commandant, qui fut fait prisonnier : les Espagnols ayant commencé de la démolir, ainsi que la Bassée, Condé, Saint-Guilhain, et plusieurs autres places, qu'ils ont abandonnées pour s'appliquer mieux à la défense des plus importantes. »

1. Charleroi se rendit à Turenne le 2 juin.

2. « Avec des mines il (*Castel Rodrigo, qui commandait à Charleroi*) fit sauter tout le corps de la place, et on la trouva mieux rasée que peut-être jamais forteresse l'ait été, à l'exception toutefois des dehors qui demeurèrent entiers, et qui parurent encore si beaux aux yeux du Roi qu'il vouloit la faire rétablir. » (*Relation de la guerre de Flandres*, p. 33.)

3. Charleroi devait son nom à Charles II, roi d'Espagne, frère de Marie-Thérèse.

4. Bergues-Saint-Vinox, en flamand *Berghen*, fut pris le 6 juin 1667, et Furnes seulement le 12. La Rue et Corneille suivent assez bien l'ordre des temps, non pourtant, on le voit, au point d'encourir

Et Tournai, de tout temps tout françois dans le cœur,
T'eût reçu comme maître, et non comme vainqueur[1];
Les Muses[2] à Douai n'auroient point pris les armes
Pour coûter à son peuple et du sang et des larmes;
Courtrai, sans en verser, eût changé de destin;
Ce refuge orgueilleux de l'Espagnol mutin,   160
Alost, n'eût point fourni de matière à ta gloire;
Audenarde jamais n'eût pleuré ta victoire.
Que dirai-je de Lisle[3], où tant et tant de tours,
De forts, de bastions n'ont tenu que dix jours[4]?
Ces murs si rechantés, dont la noble ruine   165

> Tornacique arces, Musisque dicata Duaci
> Mœnia, et antiquis Curtracum nobile bellis;
> Aldenaram, cultæque caput regionis Alostum
> Borbonium eversis victorem admittere portis.
> Insuper et victo captivum flumine Lisam,
> Mœrentemque Sabin nequicquam, injectaque Scaldi
> Vincula, perruptosque aditus, et in intima facto

le reproche de Boileau, qui a précisément en vue les poëtes qui chantèrent les victoires de 1667 et 1668, lorsqu'il dit dans l'*Art poétique* (chant II, vers 73 et suivants) :

> Loin ces rimeurs craintifs dont l'esprit phlegmatique
> Garde dans ses fureurs un ordre didactique;
> Qui chantant d'un héros les progrès éclatants,
> Maigres historiens, suivront l'ordre des temps.
> Ils n'osent un moment perdre un sujet de vue:
> Pour prendre Dole, il faut que Lille soit rendue;
> Et que leur vers exact ainsi que Mézerai,
> Ait déjà fait tomber les remparts de Courtrai.

1. Tournai fut pris le 26 juin 1667. Douai se rendit le 6 juillet; Courtrai, le 18; Audenarde, ou plutôt Oudenarde, le 31; Alost, le lendemain 1er août.

2. Il y avait à Douai une célèbre université, fondée en 1572 par Philippe II, roi d'Espagne. Cet endroit est plus clair dans le P. de la Rue, qui dit : *Musisque dicata Duaci Mœnia.*

3. Telle est l'orthographe des *Idyllia* et des *Carmina*; l'édition de 1667 porte : *l'Isle.*

4. Lille se rendit au Roi en personne le 27 août 1667.

De tant de nations flatte encor l'origine,
Ces remparts que la Grèce et tant de dieux ligués
En deux lustres à peine ont pu voir subjugués,
Eurent moins de défense, et l'art en leur structure
Avoit moins secouru l'effort de la nature ; 170
Et ton bras en dix jours a plus fait à nos yeux
Que la fable en dix ans n'a fait faire à ses dieux.
 Ainsi, par des succès que nous n'osions attendre,
Ton État voit sa borne au milieu de la Flandre ;
Et la Flandre, qui craint de plus grands changements,
Voit ses fleuves captifs[1] diviser ses Flamands.
C'est là ton pur ouvrage, et ce qu'en vain ta France
Elle-même a tenté sous une autre puissance[2] ;
Ce que sembloit le ciel défendre à nos souhaits,
Ce qu'on n'a jamais vu, qu'on ne verra jamais, 180
Ce que tout l'avenir à peine voudra croire....

  Limite divisos per mille pericula Belgas.
  Teque adeo denos vix expugnanda per annos,
  Ilios ut quondam, Superum labor, acribus intus
  Fœta viris pariter, largoque interrita cinctu
  Insula, te decimus transmissam in Gallica vidit
  Jura dies, et plura ingens hic præstitit heros
  Quam potuit junctis affingere fabula Divis.

  Hæc rerum series, nullique parata priorum
  Gloria, nec seris æquanda nepotibus olim :
  Indomitum Flandros genus, et firmissima claustris
  Oppida, quæ nec opum vis magna, operumve ducumve,
  Nec proavi domuere, nec excita finibus omnis
  Gallia adhuc, non mille rates, non mille carinæ,
  Frænare imperiis, armisque metuque subacta
  Præcipiti ad nutum sibi posse adjungere bello,
  Herois labor ille fuit. Sed nec mihi cuncta

1. Le P. de la Rue a nommé un peu plus haut la Sambre et l'Escaut (*Sabis, Scaldis*).
2. Philippe le Bel conquit le comté de Flandre, puis le perdit. Voyez aussi ce qui est dit plus loin de Philippe Auguste, aux vers 253-258.

Mais de quel front osé-je ébaucher tant de gloire,
Moi dont le style foible et le vers mal suivi
Ne sauroient même atteindre à ceux qui t'ont servi?
 Souffre-moi toutefois de tâcher à portraire   185
D'un roi tout merveilleux l'incomparable frère[1] :
Sa libéralité pareille à sa valeur;
A l'espoir du combat ce qu'il sent de chaleur;
Ce que lui fait oser l'inexorable envie
D'affronter les périls au mépris de sa vie,   190
Lorsque de sa grandeur il peut se démêler,
Et trompe autour de lui tant d'yeux pour y voler.
Les tristes champs de Bruge en rendront témoignage :
Ce fut là que pour suite il n'eut que son courage ;
Il fuyoit tous les siens pour courir sur tes pas,   195
Marcin[2] ; et ta déroute eût signalé son bras,

> Fas canere, aut meritas procerum decurrere laudes,
> Nec magnos modulis æquare jacentibus ausus.
> Nam quid ego egregiam virtutem et digna Philippi
> Cœpta loquar? Quid prima inter discrimina, lucis
> Contemptorem animum? Quid apertam in dona, paremque
> Muneribusque armisque manum? tum si qua vocarent
> Prælia, si qua sonum procul auribus æra dedissent,
> Quam stare indocilis, quam se subducere tardis
> Callidus agminibus sociorum, avidusque negata
> Protinus effræno tentare pericula cursu?
> Talis in effusas Brugensi limite turmas
> Infestum per iter sese incomitatus agebat,
> Victrici impatiens sibi tempora cingere lauro ;
> Cinxissetque adeo, tantæ nisi cladis honorem
> Victoremque tibi tantum, Marcine, negassent,

1. Philippe d'Orléans, chef de la seconde maison d'Orléans-Bourbon, frère unique de Louis XIV, né en 1640 à Saint-Germain-en-Laye, mort en 1701.
2. Le comte de Marsin et le prince de Ligne, qui venaient au secours de Lille, furent battus par Créquy et Bellefonds.

Si le destin jaloux, qui l'avoit arrêtée,
Pour en croître l'affront ne l'eût précipitée,
Et sur ton nom fameux déployé sa rigueur
Jusques à t'envier un si noble vainqueur.   200
Anguien[1] le suit de près, et n'est pas moins avide
De ces occasions où l'honneur sert de guide.
L'Escaut épouvanté voit ses premiers efforts
Le couronner de gloire au travers de cent morts,
Donner sur l'embuscade, en pousser la retraite,   205
Triompher des périls où sa valeur le jette,
Et montrer dans un cœur aussi haut que son rang
De l'illustre Condé le véritable sang.
Saint-Paul, de qui l'ardeur prévient ce qu'on espère,
De son côté Dunois, et Condé par sa mère[2],   210
A l'un et l'autre nom répond si dignement,

> Et conjuratam properassent fata ruinam.
> Quid memorem reliquos? pulchræque cupidine famæ
> Flagrantem assidue, et non inferiora sequentem
> Enguineum, fervens et inexsaturabile pectus?
> Ut belli exsultans fremitu, rapidumque fatigans
> Alipedem, mediis in cædibus, asperaque inter
> Tela, necem stricto Belgasque lacesseret ense?
> Ut fractæ fugerent acies, dextraque tonantem
> Fulminea, procul arma super lateque jacentum
> Corporaque et calido spumantes sanguine cristas,
> Bellicus immissis impelleret ardor habenis,
> Et patrem soboles invictum invicta referret?
> Quid nunc ut paribus Longavillæa propago

---

1. Henri-Jules, duc d'Enghien, né en 1645, mort en 1709, fils du grand Condé.
2. Charles-Paris d'Orléans, né en 1649, d'abord comte de Saint-Paul et en 1671 duc de Longueville, fut tué au passage du Rhin en 1672 (voyez pièce LXXXI, vers 346-350). Il était fils de la célèbre duchesse de Longueville, sœur du grand Condé. Par son père il descendait du fameux Dunois, bâtard d'Orléans.

Que des plus vaillants même il est l'étonnement.
Des armes qu'il arrache aux mains qui le combattent
Il commence un trophée où ses vertus éclatent;
Et pour forcer la Flandre à prendre un joug plus doux,
Les pals les plus serrés font passage à ses coups[1].
   Mais où va m'emporter un zèle téméraire?
A quoi m'expose-t-il? et que prétends-je faire,
Lorsque tant de grands noms, tant d'illustres exploits,
Tant de héros enfin s'offrent tous à la fois?   220
   Magnanimes guerriers, dont les hautes merveilles
Lasseroient tout l'effort des plus savantes veilles,
Bien que votre valeur étonne l'univers,
Qu'elle mette vos noms au-dessus de mes vers,
Vos miracles pourtant ne sont point des miracles :   225
L'exemple de Louis vous lève tous obstacles.
Marchez dessus ses pas, fixez sur lui vos yeux,
Vous n'avez qu'à le voir, qu'à le suivre en tous lieux,
Qu'à laisser faire en vous l'ardeur qu'il vous inspire,
Pour vous faire admirer plus qu'on ne vous admire.   230
   Cette ardeur, qui des chefs passe aux moindres soldats,
Anime tous les cœurs, fait agir tous les bras :
Tout est beau, tout est doux sous de si grands auspices;

> Carolus incensus stimulis, et utroque parentum
> Sanguine, spem gestis, sensu præverterit annos,
>   Exsequar? utque manu prostrato ex hoste tropæa
> Vi raperet, raptisque viam sibi rumperet armis?
>   Sed neque tot procerum virtus insueta ducumve,
> Sive senum labor et Martis constantior usus,
> Seu juvenum Lodoici animis audacia certet.
> Scilicet ex illo vigor omnibus, omnibus idem

---

1. On lit dans la *Relation* (p. 210 et 211), à la date du 23 août : « Il y eut quelques volontaires blessés.... entre autres le comte de Saint-Paul au bras.... mais.... assez légèrement. »

La peine a ses plaisirs, la mort a ses délices [1];
Et de tant de travaux qu'il aime à partager, 235
On n'en voit que la gloire et non pas le danger.
 Il n'est pas de ces rois qui loin du bruit des armes,
Sous des lambris dorés donnent ordre aux alarmes,
Et traçant en repos d'ambitieux projets,
Prodiguent, à couvert, le sang de leurs sujets. 240
Il veut de sa main propre enfler sa renommée,
Voir de ses propres yeux l'état de son armée,
Se fait à tout son camp reconnoître à la voix,
Visite la tranchée, y fait suivre ses lois.
S'il faut des assiégés repousser les sorties, 245
S'il faut livrer assaut aux places investies,
Il montre à voir la mort, à la braver de près,
A mépriser partout la grêle des mousquets,
Et lui-même essuyant leur plus noire tempête,

> Impetus, una omnis simili succenditur igne
> Miles, et in medias tanto ruit auspice mortes.
> Nempe alii, castris procul armorumque tumultu,
> Secessu in placido atque aulæ penetralibus aureis
> Bella gerant reges, lentique ingloria ducant
> Otia, pugnarum docti describere leges,
> Et sedare suas alieno sanguine rixas.
> Juverit hoc alios. Tibi famam extendere factis,
> Exemplo resides urgere, offerre pruinis
> Ardorique caput, rigido sudare sub ære,
> Insomnes vigilare inter tentoria noctes,
> Aut vallum lustrare in equo; tum, sicubi portis
> Ingruit, aut subitis petitur conatibus hostis,
> Crebra licet cædes, licet undique plurima telis
> Affluat, et volucri mors grandine verberet aures,
> Impavidum volitare, animos accendere dictis,

---

1. Voltaire a dit au IVe chant de *la Henriade*, vers 128 :
 La peine a ses plaisirs, le péril à ses charmes.

Par ses propres périls achète sa conquête. 250
Tel le grand saint Louis, la tige des Bourbons,
Lui-même du Soldan[1] forçoit les bataillons.
Tel son aïeul Philippe acquit le nom d'Auguste
Dans les fameux hasards d'une guerre aussi juste ; 255
Avec le même front, avec la même ardeur
Il terrassa d'Othon[2] la superbe grandeur,
Couvrit devant ses yeux la Flandre de ruines,
Et du sang allemand fit ruisseler Bovines.

Tel enfin, grand Monarque, aux campagnes d'Yvry,
Tel en mille autres lieux l'invincible Henry,
De la Ligue obstinée enfonçant les cohortes,
Te conquit de sa main le sceptre que tu portes[3].

Vous, ses premiers sujets, qu'attache à son côté
La splendeur de la race ou de la dignité,
Vous, dignes commandants, vous, dextres aguerries,
Troupes aux champs de Mars dès le berceau nourries,

> Mercarique tuas proprio discrimine lauros :
> Hic tibi mos fuerit, Lodoice. His artibus omne
> Borbonidum genus : et generis caput, additus aris,
> Bisque Arabum quondam domitor, Lodoicus, et ingens
> Augusti titulo ac belli virtute Philippus
> Floruit. His oculis, hoc vultu, hoc impete fertur
> Suetus in adversas aciem deducere gentes,
> Oppida dum quateret Flandrorum, aut sanguine tinctus,
> Illustres faceret Germana clade Bovinas.
>   Vos mihi nunc, Franci proceres, assuetaque regi
> Pectora, vos omni fortes ex ordine turmæ,

---

1. Ainsi dans les éditions originales. On trouve dans le *Dictionnaire françois-anglois* de Cotgrave, publié en 1611, les trois formes : *Soldan*, *souldan* et *soudan*. Granet a mis *Soudan*.

2. Othon IV, de Brunswick, empereur d'Allemagne, vaincu par Philippe Auguste à Bouvines (entre Lille et Tournai), le 27 juillet 1214.

3. Ces quatre vers sur Henri IV sont une addition de Corneille. Il n'est pas ici parlé de lui dans la pièce latine.

Dites-moi de quels yeux vous vîtes ce grand roi,
Après avoir rangé tant de murs sous sa loi,
Descendre parmi vous de son char de victoire,
Pour vous donner à tous votre part à sa gloire. 270
De quels yeux vîtes-vous son auguste fierté
Unir tant de tendresse à tant de majesté,
Honorer la valeur, estimer le service,
Aux belles actions rendre prompte justice,
Secourir les blessés, consoler les mourants, 275
Et pour vous applaudir passer dans tous vos rangs?

Parlez, nouveaux François, qui venez de connoître
Quel est votre bonheur d'avoir changé de maître :
Vous qui ne voyiez plus vos princes qu'en portrait,
Sujets en apparence, esclaves en effet, 280
Pouvez-vous regretter ces démarches pompeuses,
Ces fastueux dehors, ces grandeurs sourcilleuses,
Ces gouverneurs enfin envoyés de si loin,

>
> Dicite, quis menti sensus fuit, aut quibus illum
> Spectastis victorem oculis, cum culmine ab alto
> Cederet immixtus turbæ, communibus omnes
> Vocibus affari, atque operum laudare laborem,
> Vulneraque et sævos dictis mulcere dolores,
> Officiis certare, alios et vincere lætus?
>
> Vos modo felices, tanto victore subacti,
> Flandrigenæ, quibus ipsa minus victoria clade
> Profuerat, longamque ferent hæc bella salutem.
> En erit ut, vestras postquam Bellona per urbes
> Sæviit, et patrio longum satiata cruore est,
> Curarum expertem liceat decurrere vitam,
> Et sperare aditus, et principis ora tueri.
>
> Non ita quos vobis peregrino e littore mittit
> Hispanus dominos : non hanc sibi fingere mores
> Ad speciem soliti, similesque capescere ritus;
> At secum assidue veterum decora alta parentum
> Et grandes titulos magni versare sub umbra

Tous-puissants en parade, impuissants au besoin,
Qui ne montrant jamais qu'un œil farouche et sombre
A peine vous jugeoient dignes de voir leur ombre?
 Nos rois n'exigent point cet odieux respect :
Chacun peut chaque jour jouir de leur aspect;
On leur parle, on reçoit d'eux-mêmes le salaire
Des services rendus, ou du zèle à leur plaire;   290
Et l'amoureux attrait qui règne en leurs bontés
Leur gagne d'un coup d'œil toutes les volontés.
 Pourriez-vous en vouloir[1] une plus sûre marque,
Belges? Vous le voyez, cet illustre monarque,
A vos temples ouverts conduire ses vainqueurs   295
Pour y bénir le ciel de vos propres bonheurs[2].
Est-il environné de ces pompes cruelles
Dont à Rome éclatoient les victoires nouvelles,
Quand tout autour d'un char elle voyoit traînés

> Nominis; aut sese communi prodere luci
> Sicubi contigerit, truculento incedere vultu,
> Cuncta supercilio suspendere, torva tueri,
> Et populo præbere sui spectacula gressus.
> Sed rigor hic tandem tumidique ferocia fastus
> Regis ad aspectum tenues vanescit in auras.
> Hunc adeo effuso devicta per oppida plausu
> Sæpe incedentem vidistis, et ordine longo
> Ad sacra ducentem victrices templa catervas.
> Non illum, laurisque gravem Tyrioque superbum
> Murice, purpurei compta cervice jugales
> Quadrijugo in curru duxere, nec agmina pone
> Captiva implexis visa hic evincta catenis
> Horrendos inter ferri reptare sonores.

1. Dans les *OEuvres diverses :* « Pourriez-vous en avoir. »
2. « Le Roi.... marcha dès le dimanche (28 août) après midi, n'ayant fait que passer au travers de Lille, et n'y étant demeuré qu'autant de temps qu'il en fallut pour chanter le *Te Deum.* » (*Relation*, p. 137.)

Des peuples soupirants et des rois enchaînés, 300
Qu'elle admiroit l'amas des affreux brigandages
D'où tiroient leurs grands noms ses plus grands person-[nages,
Et des fleuves domptés les simulacres vains
Qui sous des flots de bronze adoroient ses Romains?
Il n'y fait point porter les dépouilles des villes, 305
Comme ses Marius, ses Métels, ses Émiles[1],
Et ce reste insolent d'avides conquérants,
Grands héros dans ses murs, partout ailleurs tyrans.
   Il entre avec éclat, mais votre populace
Ne voit point sur son front de fast[2] ni de menace; 310
Il entre, mais d'un air qui ravit tous les cœurs,
En père des vaincus, en maître des vainqueurs[3].
Peuples, repentez-vous de votre résistance;
Il ramène en vos murs la joie et l'abondance;

> Non titulos, captasque urbes, non diruta ferro
> Mœnia, non victis mœrentia flumina ripis,
> Fusaque squalenti rerum simulacra metallo;
> At neque prædam oculis ingentem, aurique talenta,
> Spiculaque, et clypeos, ensesque, aggestaque signa,
> Et rigidis appensa ducum spolia aurea truncis,
> Ostentare labor. Veteres hæc pompa Metellos,
> Hæc Paulos deceat, Mariosve, et quotquot iniquo
> Roma duces plausu celsa ad Capitolia duxit,
> Prædatrix populorum. Alio se more videndum,
> Cultu alio gentis decuit præbere parentem.
> Ergo animos placido visus sibi subdere vultu,
> Indignaque novos formidine solvere cives.

1. Var. Comme les Marius, les Métels, les Emiles.
(*Ruæi Carmina*, 1688.)
2. Voyez ci-dessus, p. 102, vers 6; tome IV, p. 75, vers 1155; tome VIII, p. 473, vers 4390; et le *Lexique*.
3. Ce n'est pas ici la traduction du latin du P. de la Rue, c'est la reproduction presque textuelle d'un vers des *Triomphes de Louis le Juste*, qui, ainsi que nous l'avons remarqué ci-dessus, p. 108, note 3, était lui-même un souvenir d'un vers latin de Corneille.

Votre défaite en chasse un sort plus rigoureux : 315
Si vous aviez vaincu, vous seriez moins heureux.

On m'en croit, on l'aborde, on lui porte des plaintes ;
Il écoute, il prononce, il fait des lois plus saintes ;
Chacun reste charmé d'un si facile accès,
Chacun des maux passés goûte le doux succès[1], 320
Jure avec l'Espagnol un éternel divorce,
Et porte avec amour un joug reçu par force.

C'est ainsi que la terre, au retour du printemps[2],

    Undique festivo fremit omnis Belgica pubes
Murmure : composito pars labra natantia risu,
Pars lætos oculorum ignes, et utrinque fluentem
Erecta cervice comam ; pars ardua frontis
Miratur decora, et cultu sub simplice laudat
Regales habitus, majestatemque serenam ;
Cuncti animum flecti facilem plebisque patentem
Questibus, et recta librantem singula lance,
Et memorant ultro, et tanto sibi vindice gaudent.
    Sic, ubi post longas hiemes insanaque Cauri

---

1. *Le succès*, l'issue. Voyez le *Lexique*.

2. Les onze vers latins qui correspondent aux vers 323-332 se trouvent aux pages 5 et 6 du tome III de la troisième édition des *OEuvres* de Santeul publiée en 1729. Ils sont intitulés : IN HÆC VERBA S. AUGUSTINI DEUM ALLOQUENTIS : « Quis mihi dabit acquiescere in te ? Quis mihi dabit ut venias in cor meum, et inebries illud, ut obliviscar mala mea, et unum bonum meum amplectar te ? » (*Augustini Confessiones*, lib. I, cap. v.) Ensuite viennent les vers français avec ce titre : SUR LA CONVERSION DE S. AUGUSTIN. Sur ces paroles de S. Augustin (au premier livre de ses *Confessions*, chapitre v), traduction par PIERRE CORNEILLE : « Qui me fera la grâce, Seigneur, de me reposer en vous ? Qui me fera la grâce de vous voir venir dans mon cœur, et l'enivrer du vin céleste de votre amour ? afin que je perde le souvenir de mes maux, et que je vous embrasse de toutes les puissances de mon âme, comme mon seul et unique bien. » — Santeul est-il le véritable auteur des onze vers latins, et le P. de la Rue les a-t-il insérés plus tard dans son poëme, ou bien, ce qui est beaucoup plus vraisemblable, a-t-on trouvé dans les papiers de Santeul un simple rapprochement entre ces vers du P. de la Rue et le passage

Des grâces du soleil se défend quelque temps,
De ses premiers rayons refuit les avantages,   325
Et pour les repousser élève cent nuages :
Le soleil plus puissant dissipe ces vapeurs,
S'empare de son sein, y fait naître des fleurs,
Y fait germer des fruits, et la terre, à leur vue
Se trouvant enrichie aussitôt que vaincue,   330
Ouvre à ce conquérant jusques au fond du cœur,
Et pleine de ses dons, adore son vainqueur.

  Poursuis, grand Roi, poursuis : c'est par là qu'on s'as-
Un respect immortel chez la race future ;   [sure
C'est par là que le ciel prépare ton Dauphin   335

>   Flamina, et excussos gelidis e nubibus imbres,
>   Sol nostrum radiis afflat propioribus orbem,
>   Ipsa licet primo tellus animata calore
>   Æstuet in nebulas, reducique obsistere Phœbo,
>   Et lucem undanti tentet prohibere vapore,
>   Sol tamen obstructas densa caligine nubes
>   Discutit erumpens, et amico lumine vernas
>   Undique spargit opes : donis tum victa recludit
>   Terra sinus, et amat quos ante refugerat ignes,
>   Victoremque volens, vel dum superatur, adorat.
>
>   Perge, age, sic victas, regum fortissime, gentes
>   Adjicere imperio, sic magnum in sæcula nomen
>   Mittere, sic teneram virtutis imagine prolem

de saint Augustin, rapprochement qui a causé cette confusion? Cela demeure incertain et n'importe guère d'ailleurs pour l'histoire du texte de Corneille. Contentons-nous de signaler ici les différences que présentent dans l'édition de Santeul les dix vers de notre poëte, différences qui, comme on va le voir, sont plutôt des fautes que des variantes. On lit au vers 325 : *revoit*, u lieu de *refuit;* au vers 326 : *ses nuages*, au lieu de *cent nuages;* au vers 27 : *ses vapeurs*, au lieu de *ces vapeurs;* au vers 329 : *les fruits*, au lieu de *des fruits;* enfin au vers 330 : *se voyant aussi-tôt enrichie*, au lieu de *se trouvant enrichie aussitôt*. Les vers latins offrent quelques différences du même genre, qu'il n'entre point dans notre plan de relever.

A remplir hautement son illustre destin :
Il y répond sans peine, et son jeune courage
Accuse incessamment la paresse de l'âge ;
Toute son âme vole après tes étendards,
Brûle de partager ta gloire et tes hasards, 340
D'aller ainsi que toi de conquête en conquête[1].

Conservez, justes cieux, et l'une et l'autre tête ;
Modérez mieux l'ardeur d'un roi si généreux :
Faites-le souvenir qu'il fait seul tous nos vœux,
Que tout notre destin s'attache à sa personne, 345
Qu'il feroit d'un faux pas chanceler sa couronne ;
Et puisque ses périls nous forcent de trembler,
Du moins n'en souffrez point qui nous puisse accabler.

    Excolere, inque alias crescentem accendere lauros.
Ipse in cuncta puer jam nunc comes ire pericla,
Et propriis Belgas tibi subdere miles in armis
Gestiret : pudor est, castris dum tota juventus
Emicat, imbelli lentum nutricis in umbra
Indecores ludos, et inania ludere bella ;
Necdum æquas animis vires, annosque morantes
Increpat. Ah quantus Martis quondam ibit in artes,
Quantus honos tibi, Galle, tibi quot, Ibere, labores,
Cum firmata parem genitori hunc fecerit ætas,
Gallicaque immensis implebit fata triumphis !
    Vos superi prolemque patri prolique parentem
Servate interea ; neve hunc, dum jura tuetur,
Et pleno invadit leti discrimina passu,
Invida sors nobis, aut bellicus auferat ardor.
              CAROLUS DE LA RUE, *Soc. Jesu.*

1. Voyez les portraits de Louis XIV et du Dauphin faits en 1667 par Corneille, sous les noms de Mérovée et de son fils, dans la tragédie déjà citée d'*Attila*, tome VII, p. 131 et 132.

LXX

TRADUCTIONS ET IMITATIONS

DE L'ÉPIGRAMME LATINE DE M. DE MONTMOR,

Premier maître des requêtes de l'hôtel du Roi.

Henri-Louis Habert, sieur de Montmor, conseiller du Roi en ses conseils, et maître des requêtes de son hôtel, n'est connu, malgré sa qualité d'académicien, que par quelques épigrammes qui se sont conservées dans les recueils du temps, et par une bonne préface latine placée par lui en tête de l'édition des OEuvres de Gassendi son ami, qu'il prit soin de publier en 1658. — La *traduction* et les *imitations* de Corneille ont été imprimées en 1667 et en 1669 à la suite du *Poëme sur les victoires du Roi* qu'on vient de lire; il est probable qu'elles ont paru pour la première fois dans cette édition de 1667, et que ce n'est pas à elles, mais seulement aux pièces intitulées : *Au Roi sur son retour de Flandre* et *Remerciment présenté au Roi en l'année* 1663 que s'appliquent ces mots de l'avis *au Lecteur* de Corneille. « Vous ne serez pas fâché que j'y aye fait joindre quelques autres pièces que vous avez déjà vues. » La traduction et les imitations de Corneille sont précédées de l'épigramme latine qui y a donné lieu :

Fulminat attonitas Scaldis Lodoïcus ad arces,
Intrepidusque hostes terret ubique suos :
Dum tamen augustum caput objectare periclis
Non timet, heu! populos terret et ille suos.

TRADUCTION.

Sur l'Escaut étonné tu lances la tempête,
Grand Prince, et fais trembler partout tes ennemis;
Mais quand tu ne crains pas d'y hasarder ta tête,
Tu fais trembler aussi ceux que Dieu t'a soumis.

IMITATION.

Tes glorieux périls remplissent tes projets,
Grand Roi ; mais tu fais peur aux deux partis ensemble ;
Et si devant tes pas toute l'Espagne tremble,
Ces périls où tu cours font trembler tes sujets.

AUTRE.

Ton courage, grand Roi, que la gloire accompagne,
Jette les deux partis dans un pareil effroi ;
Et si, quand tu parois, tu fais trembler l'Espagne,
Les lieux où tu parois nous font trembler pour toi.

AUTRE.

Et l'Espagne et les tiens, grand Prince, à te voir faire,
De pareilles frayeurs se laissent accabler :
L'Espagne à ton aspect tremble à son ordinaire,
Les tiens par tes périls apprennent à trembler.

LXXI

AU R. P. DELIDEL, DE LA COMPAGNIE DE JÉSUS,

SUR SON TRAITÉ DE LA *THEOLOGIE DES SAINTS*.

Cette ode commence au verso du troisième feuillet de la *Theologie des saints, où sont representez les misteres et les merueilles de la grace*, par le R. P. Claude Delidel de la Compagnie de Jesus, à Paris, chez Iean Henault.... M.DC.LXVIII. *Auec Approbation et Priuilege du Roy*, in-4°. Le privilége est du « dernier iour de Nouembre 1666, » l'Achevé d'imprimer du « seiziéme Ianuier 1668. » Ces vers ont été recueillis par l'abbé Granet dans les *OEuvres diverses* (p. 216-218)[1]. Le P. Claude Delidel (de Lidel ou de Lidelle), né à Moulins, était entré dans la Compagnie de Jésus en 1611, à l'âge de dix-huit ans. Il professa la rhétorique pendant vingt ans, fut à deux reprises recteur du collége d'Alençon, et mourut à Rouen le 19 mars 1671. Il avait été, comme l'ode même nous l'apprend, un des maîtres de Corneille.

      Toi qui nous apprends de la grâce
      Quelle est la force et la douceur,
      Comme elle descend dans un cœur,
      Comme elle agit, comme elle passe,
      Docte écrivain, dont l'œil perçant   5
      Va jusqu'au sein du Tout-Puissant
      Pénétrer ce profond abîme,
      Que les hommes te vont devoir!
Et que le prix en est ineffable et sublime,
De ces biens que par là tu mets en leur pouvoir!   10

1. C'est par une erreur, que nous nous empressons de reconnaître, que nous avons mentionné cette ode, dans notre *Avertissement* (tome I, p. XII), parmi les morceaux de Corneille nouvellement mis en lumière.

Oui, tant que durera ta course,
Tu peux, mortel, à pleines mains
Puiser des bonheurs souverains
En cette inépuisable source.
Un guide si bien éclairé
Te conduit d'un pas assuré
Au vivant soleil qui l'éclaire :
Suis, mais avec zèle, avec foi,
Suis, dis-je, tu verras tout ce qu'il te faut faire ;
Et si tu ne le fais, il ne tiendra qu'à toi.

Tu pèches, mais un Dieu pardonne ;
Et pour mériter ce pardon,
Il te [1] fait ce précieux don :
Il n'en est avare à personne.
Reçois avec humilité,
Conserve avec fidélité
Ce grand appui de ta foiblesse :
Avec lui ton vouloir peut tout ;
Sans lui tu n'es qu'ordure, impuissance, bassesse.
Fais-en un bon usage, et la gloire est au bout.

C'en est la digne récompense ;
Mais aussi, tu le dois savoir,
Cet usage est en ton pouvoir,
Il dépend de ta vigilance :
Tu peux t'endormir, t'arrêter ;
Tu peux même le rejeter,
Ce don sans qui ta perte est sûre,
Et n'en tireras aucun fruit,
Si tu défères plus aux sens, à la nature,
Qu'aux mouvements sacrés qu'en ton âme il produit.

1. Dans l'édition originale, en tête de la *Théologie des saints*, on lit ici *se*, au lieu de *te*, ce qui est une faute évidente.

J'en connois par toi l'efficace,
Savant et pieux écrivain,
Qui jadis de ta propre main
M'as élevé sur le Parnasse.
C'étoit trop peu pour ta bonté 45
Que ma jeunesse eût profité
Des leçons que tu m'as données :
Tu portes plus loin ton amour,
Et tu veux qu'aujourd'hui mes dernières années
De tes instructions profitent à leur tour. 50

Je fus [1] ton disciple, et peut-être
Que l'heureux éclat de mes vers
Éblouit assez l'univers
Pour faire peu de honte au maître.
Par une plus sainte leçon 55
Tu m'apprends de quelle façon
Au vice on doit faire la guerre.
Puissé-je en user encor mieux !
Et comme je te dois ma gloire sur la terre,
Puissé-je te devoir un jour celle des cieux ! 60

  Par son très-obligé disciple,

    Pierre de Corneille.

Quod scribo et placeo, si placeo, omne tuum est [2].

---

1. *Je suis*, dans l'édition de Granet, et, par suite, dans toutes les éditions modernes.
2. Allusion à ce vers bien connu qui termine l'ode III du livre IV d'Horace :

  Quod spiro et placeo, si placeo, tuum est.

Corneille a déjà cité à la fin de l'*Épître* dédicatoire d'*Horace* (tome III, p. 261) ce vers, précédé de trois autres, dont un est de lui.

LXII

AU ROI, SUR SA[1] CONQUÊTE DE LA FRANCHE-COMTÉ.

La Bibliothèque impériale possède deux éditions séparées et une copie manuscrite de cette pièce. L'une des éditions, de format in-4°, est sans lieu ni date; elle se trouve dans le recueil Thoisy, in-fol., tome IX, en regard de la pièce latine de Santeul; l'autre forme huit pages in-8°, et est terminée par l'adresse suivante: *A Rouen, de l'Imp. de L. Maury*, 1668. Dans les deux éditions ces vers sont signés P. CORNEILLE. Dans la seconde, ils sont suivis de la pièce latine, également signée de notre poëte, que nous reproduisons plus bas; puis des imitations latines que nous donnons après; et enfin des vers qu'on lira sous le numéro suivant (voyez la notice qui les précède). La copie manuscrite (intitulée : *sur la Prise de la Franche Comté*) se trouve au folio 63 verso d'un volume qui porte le n° 15,244 du fonds français. Ces stances *au Roi* se rencontrent aussi, à la suite du *Poëme sur les victoires du Roi*, dans l'édition de 1669, que cite Granet et que nous n'avons pu examiner. Ces stances, la traduction latine par P. Corneille et la pièce latine du P. de la Rue se retrouvent aux pages 84-87 des *Idyllia* de ce dernier, publiés en 1669, et que nous avons déjà cités et décrits (voyez ci-dessus, p. 192 et 193). On y lit aussi les deux odes en strophes alcaïques, signées de deux jésuites, publiées d'abord dans l'édition originale in-8°. Les *Carmina* de la Rue (1688), que nous avons aussi mentionnés plus haut, omettent la traduction latine de Corneille et ne donnent (au livre IV, p. 212 et 213) que ses vers français, en regard de la version latine du P. de la Rue. Quant à la pièce de Santeul, nous la revoyons dans la troisième édition[2] de ses *OEuvres*.

Quelle rapidité de conquête en conquête,

1. *La*, dans l'édition in-4° et dans les *Idyllia* du P. de la Rue.
2. *J. B. Santolii Victorini Operum omnium editio tertia*, 1729, tome I,

En dépit des hivers, guide tes étendards?
Et quel dieu dans tes yeux tient cette foudre prête
Qui fait tomber les murs d'un seul de tes regards?

A peine tu parois, qu'une province entière   5
Rend hommage à tes lis et justice à tes droits;
Et ta course en neuf¹ jours achève une carrière
Que l'on verroit coûter un siècle à d'autres rois ².

En vain pour t'applaudir ma muse impatiente,
Attendant ton retour, prête l'oreille au bruit: 10
Ta vitesse l'accable, et sa plus haute attente
Ne peut imaginer ce que ton bras produit.

Mon génie, étonné de ne pouvoir te suivre³,
En perd haleine et force; et mon zèle confus,

---

p. 8-10. On y lit la note suivante : « La rapidité de cette conquête engagea Pierre Corneille, pour marquer à Louis XIV que sa plume ne pouvoit pas suivre ses victoires, à faire vingt vers, qui ont été mis en latin par M. de Santeul. » Une autre note donne une rapide biographie de Corneille, et vante « son mérite extraordinaire et son génie supérieur. »

1. Dans son texte latin Corneille a écrit *ter terni.... dies* (vers 8). De la Rue dans ses deux éditions et Santeul dans la sienne ont mis *sept* dans le texte français de Corneille et ont traduit ce nombre *sept;* les deux autres jésuites y ont substitué le nombre *huit*. La conquête de la Franche-Comté fut en réalité l'affaire de quelques jours. Le 5 février 1668 le prince de Condé se présenta devant Besançon, dont il reçut les clefs le 7. Salins se soumit le même jour. Le Roi assiégea Dôle le 10, le prit le 14; les châteaux de Joux et de Sainte-Anne se rendirent peu après; en moins de dix-sept jours, toute la Franche-Comté fut subjuguée.

2. VAR. Que nous verrions coûter un siècle à d'autres rois.
(*Copie manuscrite de la Bibliothèque impériale.*)

3. VAR. Mon génie, étonné de ne te pouvoir suivre.
(*Copie manuscrite de la Bibliothèque impériale.*)

POÉSIES DIVERSES.

Bien qu'il t'ait consacré ce qui me reste à vivre[1],
S'épouvante, t'admire, et n'ose rien de plus.

Je rougis de me taire et d'avoir tant à dire;
Mais c'est le seul parti que je puisse choisir :
Grand Roi, pour me donner quelque loisir d'écrire,
Daigne prendre pour vaincre un peu plus de loisir[2]!

IDEM LATINE[3].

Quis te per medias hiemes, Rex maxime, turbo,
  Quisve triumphandi præscius ardor agit?
Quis deus in sacra fulmen tibi fronte ministrum,
  Quis dedit ut nutu mœnia tacta ruant?

Venisti, et populos provincia territa subdit,
  Qui tua suspiciant lilia, jura probent;
Quodque alio absolvant vix integra sæcula rege,
  Hoc tibi ter terni dant potuisse dies.

Ecce avida famam properans dum devorat aure,
  Et quærit reduci quæ tibi Musa canat,
Præcipiti obruitur cursu victoris, et alta
  Spe licet arripiat plurima, plura videt.

Impar tot rerum sub pondere deficit ipse

---

[1]. Dans l'édition de Santeul : « ce qui lui reste à vivre. »
[2]. Boileau se rappelait sans doute ces vers, lorsqu'il commençait ainsi sa huitième épître, composée en 1675 :

   Grand Roi, cesse de vaincre, ou je cesse d'écrire.

[3]. Ce titre est celui des éditions originales. De la Rue y ajoute dans ses *Idyllia* : « *Ab eodem auctore P. Cornelio.* »

CORNEILLE. X

Spiritus, et vires mole premente cadunt;
Quique tibi reliquos vates devoverat annos,
  Hæret, et insueto cuncta pavore stupet [1].

Turpe silere quidem, seges est ubi tanta loquendi;
  Turpius indigno carmine tanta loqui;
Carmina quippe moram poscunt : vel parce tacenti,
  Victor, vincendi vel tibi sume moras.

IDEM.

Quis te, facta novis cumulantem ingentia factis,
Per medias hiemes belli rapit ardor? et altæ
Fulmina quis fronti Deus indidit, omnia solo
Protinus ut nutu dent mœnia sponte ruinam?

Venisti, et positis circum undique Sequanus armis
Jura probat supplex, et lilia pronus adorat ;
Longaque septenis superas emensa diebus,
Quæ spatia haud alius per sæcula compleat heros.

Nequicquam sonitus et primæ murmura famæ
Musa bibit, grandesque avida spe præcipit ausus,
In laudes arrecta tuas; sed enim impete rerum
Obruitur, tantisque stupet spem cedere factis.

Ipse adeo immensis animus progressibus impar
Nititur incassum, et cursu defessus anhelat;
Ac reliquos quamvis tibi dudum addixerit annos,
Hæret inexpletum admirans, nullusque stupori

Est modus; et pudor est decora inter tanta silere,
Et laudare timor. Tu vati, maxime regum,

---

1. Voyez ci-dessus, p. 72, note 1.

Debita ne spatium quondam in præconia desit,
Longius in tales spatium tibi sume triumphos.
Car. de la Rue, Soc. Jesu.

IDEM.

Quis te per altas ardor agit nives,
Laurisque lauros accumulat novas?
   Frons unde primo fulminantis
     Ictu oculi labefactat arces?

Venisti, et armis aspera gens tuis
Jurique cedit. Sæcla per integra
   Vix frangat alter, quos diebus
     Bis quatuor domitos triumphas.

Musam volentem carmine prosequi
Cursu fatigas, obruis impetu :
   Quæ fama, quæ spes fingere audet,
     Insolitis superantur ausis.

Mens nutat impar gressibus, et licet
Vitæ sacrarit quod reliquum est super,
   Rerum eloqui molem laborat,
     Et tacito celebrat stupore.

Cum tanta laudum luxuriat seges,
Silere turpe est. Si fidibus jubes
   Æquare palmas, lentiore
     Mœnia verte inimica ferro.
I. Tourné, Soc. Jesu.

IDEM.

Quo te bellandi rapit impetus? obruis hostes
Contemnens duras hiemes, cumulasque triumphos

Dic quibus auspiciis? quo fulmine? dic quibus armis,
Quisve deus pugnat tecum, et comitatur euntem?

Te spectante, cadunt, vel solo exterrita nutu,
Mœnia, teque probant Dominum, et tua jura cadendo.
Septima lux palmam asseruit, quam vindice ferro
Non alii obtineant etiam per sæcula reges.

Jam dudum in plausus mea musa erumpere gestit ;
Te reducem exspectans, avidas frustra applicat aures :
Præcipiti cursu antevolas, fallisque parantem
Dicere multa, animum longe superantibus actis ;

Nec jam te capit illa, tuis et laudibus impar
Insolitum miratur, et obstupefacta recusat
Arduum opus, vatemque negato carmine fraudat.
Quid faciam? pudor est decora inter tanta silere,

Sed laudare labor : nostro succurre labori,
Maxime Rex, mihi quo liceat tua scribere facta,
Da spatium vati, cursusque morare secundos.

Santolius, *Victorinus*.

IDEM.

Quis tua, tot cumulans invito frigore lauros,
Ardor agit vexilla? quis et Deus oppida nutu
Dat tibi fulmineo perrumpere fortius ictu?
Venisti, et justis fera gens se subjicit armis,
Conficis et velox quod nec per sæcula possit
Rex alius. Mea te affectans celebrare Thalia,
Dum redeas, avidam famæ frustra applicat aurem :
Antevolas, summa et factis præverteris ausa.
Tam rapidum admirans animus mihi concidit, et mens
Fida licet reliquos tibi sponte sacraverit annos,

Te sancto stupet usque metu, nilque amplius audet.
Tot memoranda pudet premere, et, Rex magne, necesse est,
Ni mihi des spatium, ac celeri minus impete vincas.

CAROLUS DU PERIER.

IDEM ALIO CARMINE.

Quis tuum, lectis tibi tot per altas
Et nives palmis, agit ardor agmen?
Quis Deus nutu quatere addit, instar
  Fulminis, arces?

Te simul videre, tibi feroces
Sequani parent; rapidusque subdis
Ipse quæ longis neque subdat annis
  Oppida Mavors.

Musa te, donec remees, sonare
Gestiens, frustra bibit aure famam;
Assequi nec fas tua tot sagaci
  Prælia sensu.

Gressibus mi mens stupet ægra tantis;
Ac licet totum tibi me dicarit,
Te pavens spectat, mea nil et ultra
  Pieris audet.

Digna tot fatu pudor est silere, et,
Magne Rex, cogar: breve fac anhelæ
Otium Musæ, celeresque pualum
  Siste triumphos.

CAROLUS DU PERIER.

IDEM.

Quis te, quis ardor magnanimos rapit,
Princeps, in ausus; et viridi jubet
   Frontem, vel invitis pruinæ
      Frigoribus, redimire lauro?

Quod numen in te fulminis arbitrum
Nutu vel uno mœnia diruit?
   Venis, repentinaque, supplex
      Jura probat, domitus ruina

Burgundus; et quod vix aliis daret
Invicta virtus curriculum integris
   Implere sæclis, bis quaternis
      Solibus es, Lodoïce, mensus.

Frustra parantem prælia me loqui
Urbesque victas, obruit impetus,
   Cursusque inoffensus triumphi,
      Spemque avidam tua gesta vincunt.

Victoris impar mens mea passibus,
Quanquam fugacis quod superest mihi
   Vitæ tibi ultro consecrarim,
      Attonito stupet ore cursum.

Silere turpe est; perpetuum tamen
Silere cogis : vincere tam cito
   Ni desinas, lentisque lentus
      Victor agas celebranda Musis.

                          Rob. Riguez[1], *Soc. Jesu.*

---

1. Le P. Robert Riguez est l'éditeur du *Velleius Paterculus*, dans la collection *ad usum Delphini* (1675, in-4°). On a de lui d'autres vers intitulés : *Ludovico Borbonio principi Condæo, Gallici exercitus in Germania imperatori,* in-folio, 2 ff.

LXXIII

SUR LE CANAL DU LANGUEDOC, POUR LA JONCTION DES DEUX MERS.

IMITATION.

Ce titre est celui que Granet a donné à cette pièce à la page 43 des *OEuvres diverses*. Lorsqu'en 1668 elle a paru pour la première fois à la page 8 de l'édition originale des vers intitulés : *Au Roy, sur sa conqueste de la Franche-Comté* (voyez ci-dessus, p. 223, notice), elle suivait la pièce latine que nous donnons en note [1] et était seulement intitulée : *Imitation*. Elle parut de nouveau, en 1669, à la suite de la seconde édition des *Victoires du Roi* (notre pièce LXIX); et encore, en 1681, dans la *Relation de l'État du canal royal de communication des mers en Languedoc, avec la vérification qui en a été faite par ordre de Sa Majesté*, Beziers, Henri Martel, 1681, in-8°. La pièce latine a sans doute été composée en 1666, époque où le canal fut décrété. On trouve dans un manuscrit de l'Arsenal qui porte le n° HF 191 *bis* et la date de 1689 (voyez ci-après la *Notice* de la pièce LXXXVII) une assez mauvaise copie intitulée : *Vers latins et françois sur le canal de la jonction des deux mers l'Océan et la Méditerranée*.

La Garonne et l'Atax dans leurs grottes profondes

1.   IN JUNCTIONEM UTRIUSQUE MARIS EPIGRAPHE.

    Ne daret optanti dudum oscula grata Garumnæ
Mitis Atax, et aquis per mutua jura refusis
Exuvias utriusque maris concluderet uno
Flumine, et hesperium pelagus misceret eoo,
Obstabat Natura, suis obnoxia semper
Legibus, æternos non ausa revellere fines;
Sed Divum Lodoïcus amor, dispendia longi
Circuitus, victrice manu, jussuque potenti
Amputat : obsequitur supplex Natura, superbi

Soupiroient de tout temps pour voir unir leurs ondes [1],
Et faire ainsi couler par un heureux penchant
Les trésors de l'aurore aux rives du couchant ;
Mais à des vœux si doux, à des flammes si belles, 5
La Nature, attachée à ses lois éternelles,
Pour obstacle invincible opposoit fièrement
Des monts et des rochers l'affreux enchaînement.
France, ton grand Roi parle, et ces rochers se fendent,
La terre ouvre son sein, les plus hauts monts descendent :
Tout cède ; et l'eau qui suit les passages ouverts
Le fait voir tout-puissant sur la terre et les mers.

> Decrescunt montes, ultroque incilia replet
> Unda sequax, refluoque aperit commercia cursu.
> Sic præstant elementa fidem, promptoque futurum
> Obsequio agnoscunt terræque marisque potentem.
>   I. PARISOT, *in Senatu tolosano causarum patronus.*

Granet a placé après la pièce de notre auteur une

TRADUCTION DES VERS DE CORNEILLE, PAR LE P. CLERIC[*], JÉSUITE.

> Dudum mitis Atax antrisque Garumna profundis
> Ardebant thalamo lymphas sociare jugali,
> Scilicet ut junctis tandem feliciter undis
> Littus ad occiduum gazæ veherentur eoæ ;
> Talibus at votis ac talibus ignibus obstans,
> Æternamque sequens legem, Natura superbis
> Fluctibus objecit magnos longo ordine montes,
> Immensosque operi scopulos, rupesque cavandas.
> Gallia ! vix jussit Lodoix, et saxa dehiscunt,
> Terra sinus aperit, procumbunt vertice montes,
> Cedunt cuncta, subit defossos unda canales,
> Terrarumque simul monstrat mariumque potentem.

1. La copie de l'Arsenal donne : « pour marier leurs ondes. »

---

* Le P. Pierre Cleric, né à Béziers en 1622, mort à Toulouse en 1740, professa pendant vingt-deux ans la rhétorique dans cette dernière ville. Il est auteur de divers ouvrages en prose et en vers couronnés par l'Académie des Jeux Floraux.

LXXIV

AIR DE M BLONDEL.

Cette pièce est imprimée à la page 275 du *Recueil des plus beaux vers qui ont esté mis en chant, auec le nom des autheurs*, seconde et nouvelle Partie, dans laquelle sont compris les *Airs de Versailles, à Paris, chez Monsieur Ballard.... et chez Pierre Bienfait*, M.DC.LXVIII, in-12. Elle est signée : M. DE CORNEILLE. L'Achevé d'imprimer du volume est du « 5 Iuin 1668; » mais il est probable que la pièce, adressée à *Iris*, c'est-à-dire, suivant toute apparence, à la du Parc (voyez ci-dessus, p. 141), a été composée beaucoup plus tôt. Elle figure ici pour la première fois dans les *OEuvres de Corneille*. Elle a été signalée par M. P. Lacroix dans la *Revue des provinces*, tome II, p. 479 et 489.

Mes soupirs vous ont dit plus de cent fois le jour
    Que je mourois pour vous d'amour.
Que me sert, belle Iris, de parler davantage?
S'ils vous ont dit mon mal, pouvez-vous l'ignorer?
Hélas! si vous vouliez un moment soupirer,   5
    Que j'entendrois bien[1] ce langage!

1. *Mieux*, mais par erreur, dans le texte de M. P. Lacroix.

LXXV

DÉFENSE DES FABLES DANS LA POÉSIE.

IMITATION DU LATIN.

Cette pièce est imitée fort librement d'un petit poëme latin de Jean-Baptiste Santeul, que nous donnons, comme d'ordinaire, au bas des pages. Il avait été composé à l'occasion de la fameuse dispute sur l'emploi de la fable, que les uns permettaient aux poëtes chrétiens, tandis que d'autres le condamnaient. Dans cette dispute, où intervinrent, entre autres, Pellisson et Bossuet, et qui, renouvelée vingt ans plus tard par les remercîments à la Quintinie, intitulés *Pomona*, fut close par l'amende honorable, très-élégante et très-spirituelle, adressée par le chanoine de Saint-Victor à l'évêque de Meaux, Santeul eut pour adversaire son propre frère, Claude, plus âgé que Jean-Baptiste de près de deux ans, qui répondit par des vers « aussi latins que chrétiens[1], » à la pièce que Corneille a imitée. Les vers de Claude, comme ceux de Jean-Baptiste, parurent en 1670; mais une note de l'édition des *OEuvres* de Santeul publiée en 1729 nous apprend (tome II, p. 167) que Claude envoya les siens, le 24 août 1669, à l'abbé de Chavigny, depuis évêque de Troyes. Ceux de Jean-Baptiste, adressés à Pierre de Bellièvre, sont donc antérieurs à cette date.

On voyait figurer sous le n° 328, dans le catalogue de vente que

---

1. Voici l'avertissement dont le poëme de Jean-Baptiste est précédé : « Lis erat apud litteratos utrum adhuc liceret figmentis paga-
« norum et fabulis uti. Qui illas proscribere volunt his utuntur ferme
« rationibus : primo quod aniles fabulæ sint omnes; deinde quod a
« moribus Christianis abhorreant; postremo quod natura per se campus satis sit patens in quo exsultare possit poetica absque fabularum
« ope. In novos fabularum accusatores juvenile scripsi carmen; sed
« meus frater consultior hoc christiano nec minus latino carmine me
« desipuisse hactenus monet, ut, abjurato Apolline cum Musis, ad
« sanctiora scribendi argumenta invitet. *Non enim patent Apollini
« sacrata Christo pectora :* sanctus Paulinus ad Ausonium. »

nous avons plus d'une fois cité (voyez tome IX, p. 605, note 2, et ci-dessus, p. 186), un exemplaire de l'édition originale in-4°, sans lieu ni date, de la traduction de notre poëte; c'est une pièce de quatre pages intitulée : *Défense des fables dans la poésie, imitation du latin de Mr de Santeuil*, signée : P. Corneille, et contenant de curieuses variantes, que nous signalons en note. Elle a été acquise par M. Cousin. La bibliothèque de l'Arsenal possède, sous le n° 3578, A, un autre exemplaire de cette rare et curieuse édition. Nous suivons pour les vers de Corneille le texte publié à la suite des vers latins de Santeuil (1729), texte qui, du reste, ne diffère point de celui de Granet (1738).

Qu'on fait d'injure à l'art de lui voler la fable!
C'est interdire aux vers ce qu'ils ont d'agréable [1],
Anéantir leur pompe, éteindre leur vigueur,
Et hasarder la Muse à sécher de langueur.
  O vous qui prétendez qu'à force d'injustices   5
Le vieil usage cède à de nouveaux caprices,
Donnez-nous par pitié du moins quelques beautés

AD ILLUSTRISSIMUM VIRUM D. P. BELLEVRÆUM [2],
PRO DEFENSIONE FABULARUM.

  Ergo sacra novæ mutabunt carmina leges,
    Et suus antiquis præripietur honos?
Tot vatum monumenta, tot et decora alta peribunt?
    Musarum tot opes auferet una dies?
Ah! tantum prohibe facinus, pater optime vatum;
    Non alia fueris tu mihi lege deus.
Vos tantum prohibete nefas, prohibete, Camœnæ;
    Non alia dicam vos ratione deas.

1. Var. (édit. in-4°) :

   C'est interdire aux vers ce qu'ils ont d'admirable.

2. Pierre de Bellièvre, marquis de Grignon, abbé de Saint-Vincent de Metz, conseiller d'honneur au parlement de Paris, et frère du premier président (voyez ci-dessus, p. 131, notice), était né en 1611, et mourut le 26 janvier 1683. C'était le principal protecteur de Santeul, qui lui dédia, en 1670, le premier recueil de ses poésies.

Qui puissent remplacer ce que vous nous ôtez ;
Et ne nous livrez pas aux tons mélancoliques
D'un style estropié par de vaines critiques. 10
    Quoi ? bannir des enfers Proserpine et Pluton ?
Dire toujours le diable, et jamais Alecton ?
Sacrifier Hécate et Diane à la Lune,
Et dans son propre sein noyer le vieux Neptune ?
Un berger chantera ses déplaisirs secrets 15
Sans que la[1] triste Écho répète ses regrets ?
Les bois autour de lui n'auront point de dryades ?
L'air sera sans zéphyrs, les fleuves sans naïades,
Et par nos délicats les faunes assommés
Rentreront au néant dont on les a formés[2] ? 20
    Pourras-tu, dieu des vers, endurer ce blasphème,

    Ecquis erit vestros posthac qui curet honores,
        Irrita si nullam numina fertis opem ?
    Non ita : tot veterum præclara inventa manebunt,
        Et quod sacravit fabula prisca melos.
    Numen habent Musæ, vos fontes numen habetis,
        Sunt etiam et silvis arboribusque deæ.
    Et nemora, et montes, vallesque, et inhospita saxa,
        Ipsaque cum rivis flumina numen habent.
    Nuper multa gemens in littore flebat Amyntas,
        Et fato raptum sæpe vocabat Hylam.
    Flebant et rupes, fontesque et littora flebant ;
        Flere etiam visa est conscia nympha loci ;
    Et montes doluisse, annosaque robora circum
        Corticibus ruptis ingemuisse ferunt.
    Quid non Pierides, quid non finxere poetæ ?

    1. Il n'y a *la* que dans l'édition in-4°. Toutes les autres portent *le*, mais c'est une faute évidente.
    2. Voyez dans le IIIe chant de l'*Art poétique* de Boileau (vers 163 et suivants) un assez long passage où l'auteur paraît se souvenir des vers de Santeul et de Corneille et défend la même opinion. Le vers 222 de Boileau : « D'ôter à Pan sa flûte, » rappelle notre 49e : « Otez Pan et sa flûte. »

POÉSIES DIVERSES.

Toi qui fis tous ces dieux, qui fis Jupiter même?
Pourras-tu respecter ces nouveaux souverains
Jusqu'à laisser périr l'ouvrage de tes mains?
 O digne de périr, si jamais tu l'endures! 25
D'un si mortel affront sauve tes créatures;
Confonds leurs ennemis, insulte à leurs tyrans;
Fais-nous, en dépit d'eux, garder nos premiers rangs;
Et retirant ton feu de leurs veines glacées,
Laisse leurs vers sans force, et leurs rimes forcées. 30
 « La fable en nos écrits, disent-ils, n'est pas bien;
La gloire des païens déshonore un chrétien. »
L'Église toutefois, que l'Esprit saint gouverne,
Dans ses hymnes sacrés nous chante encor l'Averne,
Et par le vieil abus le Tartare inventé 35
N'y déshonore point un Dieu ressuscité[1].

> Vidimus arguta mœnia structa lyra.
> Vidimus auritas motare cacumina quercus,
> Et cursus amnes sustinuisse suos.
> Dant vates vultus varios variosque colores,
> Eque solo ducunt quæ super astra ferant.
> Surda vocant, immota movent, mentem omnibus addunt:
> Artis opus summum, mille placere modis.
> Obscuris vera involvunt, celantque docendo,
> Sublustri et nebula splendidiora tegunt.
> Sol veluti, rutilis quando fulgoribus ardet,
> Nubibus obvolvi, qua videatur, amat;
> Maxima sunt plerumque tegit quæ fabula, et illis
> E tenebris fulget pulchrius orta dies.
> Lector amat veros dubia sub imagine sensus,
> Quæsitasque diu cernere gaudet opes.
> Quin etiam humanis divina affingimus ora,

---

1. Voyez au tome IX la traduction des *Hymnes du Bréviaire romain*, que Corneille a publiée la même année que cette *Défense des fables*, c'est-à-dire en 1670. On lit dans une hymne des matines du dimanche (p. 451) : *Averni ignibus;* et dans l'hymne des vêpres du temps

Ces rigides censeurs ont-ils plus d'esprit qu'elle,
Et font-ils dans l'Église une Église nouvelle [1] ?
　Quittons cet avantage, et ne confondons pas
Avec des droits si saints de profanes appas. 40
L'œil se peut-il fixer sur la vérité nue ?
Elle a trop de brillant pour arrêter la vue ;
Et telle qu'un éclair qui ne fait qu'éblouir,
Elle échappe aussitôt qu'on présume en jouir.
La fable, qui la couvre, allume, presse, irrite [2] 45
L'ingénieuse ardeur d'en voir tout le mérite :
L'art d'en montrer le prix consiste à le cacher,
Et sa beauté redouble à se faire chercher.
　Otez Pan et sa flûte, adieu les pâturages ;

> Et sunt quæ proprio nomine sponte carent.
> Ignem Mulciberum, Cererem frumenta vocabo,
> 　Et pluvium, in terras dum cadit unda, Jovem
> Si Venetas describam arces, molimine magno
> 　Non homines dicam, sed posuisse deos.
> Illic Adriacis surgat Neptunus ab undis,
> 　Atque novæ admirans hæreat urbis opus.
> Quod si bella canam, Jani Mars limina vellat,
> 　Et bellatores ducat in arma deos.
> Mulciber Ætnæis recoquat fornacibus arma,
> 　Thracibus, aut rigidis arma tremenda Getis.
> Tum scelerum inventrix lacera Discordia palla
> 　Advocet infernas ex Acheronte deas.
> Mox amnes trepidare, imis pallere sub antris,

de la passion (p. 510) : *prædam Tartari*. Il est à remarquer que dans ces deux passages Corneille a évité en français les mots mythologiques.

1. VAR. (édit. in-4º) :

> Et leur mépris pour nous va-t-il jusqu'à son zèle ?

2. VAR. (édit. in-4º) :

> La fable qui la couvre attache et facilite
> A son éclat moins vif l'effet de son mérite :
> L'art de le faire voir consiste à le cacher.

Otez Pomone et Flore, adieu les jardinages; 50
Des roses et des lis le plus superbe éclat[1],
Sans la fable, en nos vers, n'aura rien que de plat.
Qu'on y peigne en savant une plante nourrie
Des impures vapeurs d'une terre pourrie,
Le portrait plaira-t-il, s'il n'a pour agrément 55
Les larmes d'une amante ou le sang d'un amant?
  Qu'aura de beau la guerre, à moins qu'on y crayonne
Ici le char de Mars, là celui de Bellone;
Que la Victoire vole, et que les grands exploits
Soient portés en tous lieux par la Nymphe à cent voix?
  Qu'ont la terre et la mer, si l'on n'ose décrire
Ce qu'il faut de tritons à pousser un navire,
Cet empire qu'Éole a sur les tourbillons,
Bacchus sur les coteaux, Cérès sur les sillons?

      Dum Bellona furens impia bella movet.
Si decora hæc tollas, sine vi, sine pondere carmen
    Lectori fesso tædia mille feret.
Quid memorem flores? Si numina floribus absunt,
    Cur pallent violæ, cur, hyacinthe, rubes?
Cur sibi cognatos anemone deperit Euros?
    Unde color calthis, et color unde rosis?
Non his terra putris det floribus unde rubescant,
    Sed pueri aut Veneris sanguine tingat Amor.
Vos sine Pomona nusquam florebitis horti,
    Et mœsti, nisi Pan pascat, abite, greges.
Sunt hæc magna quidem veterum mysteria vatum,
    Temporibus seris quæ violare nefas.
Ergo tui, Belevræe, canam si gaudia ruris,
    Alloquar et nymphas, silvicolasque deos;
Et Charites aderunt, zonis de more solutis,

---

1. Var. (édit. in-4º) :

  L'anémone, le lis, la tulipe et l'œillet,
  Sans la fable, en nos vers, n'auront rien que de laid.

Tous ces vieux ornements, traitez-les d'antiquailles : 65
Moi, si je peins jamais Saint-Germain ou Versailles [1],
Les nymphes, malgré vous, danseront tout autour ;
Cent demi-dieux follets leur parleront d'amour ;
Du satyre caché les brusques échappées
Dans les bras des sylvains feront fuir les napées ; 70
Et si je fais ballet pour l'un de ces beaux lieux [2],
J'y ferai, malgré vous, trépigner tous les Dieux.

Vous donc, encore un coup, troupe docte et choisie,
Qui nous forgez des lois à votre fantaisie,
Puissiez-vous à jamais adorer cette erreur 75
Qui pour tant de beautés inspire tant d'horreur,

> Alterno terram concutientque pede.
> Illuc pastores, illuc mihi rustica turba,
> Et pariter veniant dique deæque loci.
> Fauni cum satyris clavam thyrsumque relinquant,
> Tympana cum sistris æraque pulsa sonent :
> Pampinea incomptos redimiti fronde capillos,
> Lascivis celebrent orgia læta modis.
> Jam madidi vino media inter pocula, libent
> Et tibi, magna Pales, et tibi, Bacche pater.
> Mænades hic ululent sparsis sine lege capillis,
> Et fuget attonitos turba proterva viros.
> Tum lector gaudebit, amat nam mille figuras,
> Se quoque festivis credet adesse choris.
> Quin etiam arridens jam tum mihi plaudit Apollo,
> Plaudit Apollinei docta caterva chori ;

1. Corneille a substitué « Saint-Germain ou Versailles » à la maison de campagne de Bellièvre, dont parle Santeul. — Lefèvre et plusieurs autres éditeurs ont imprimé :

> Moi, si jamais je peins Saint-Germain et Versailles.

2. Var. (édit. in-4º) :

> Je dirai plus encor, sans dire pourtant rien
> Qui ne soit avoué par un roi très-chrétien.

Nous laisser à jamais ces charmes en partage,
Qui portent les grands noms au delà de notre âge;
Et si le vôtre atteint quelque postérité,
Puisse-t-il n'y traîner qu'un vers décrédité ! 80

> Et nymphæ properant alacres ambire poetam,
> Et viridi lauro tempora nostra tegunt.
> Ruris et ipse mihi dominus quoque plaudit amico
> Numine, et incœptis annuit usque meis.
> Exulet ergo procul sacris gens invida Musis,
> Et placuisse tibi sit, Belevræe, satis.

LXXVI

SUR LA POMPE DU PONT NOTRE-DAME.

TRADUCTION PAR PIERRE CORNEILLE.

Cette pièce et la suivante sont des traductions de deux des inscriptions latines composées par Santeul pour les fontaines de Paris. Elles ont été plusieurs fois imprimées en feuilles volantes in-4° et en in-12, ordinairement sans date; mais l'édition des OEuvres de Santeul publiée en 1729 rapporte à l'année 1670 les variantes latines, empruntées probablement au texte primitif. Nous reproduisons à la suite des vers de Corneille les inscriptions latines, et trois imitations françaises de la première des deux, qui sont imprimées, après le texte latin, au tome III de l'édition de Santeul (p. 35 et 36) que nous venons de mentionner.

Que le dieu de la Seine a d'amour pour Paris!
Dès qu'il en peut baiser les rivages chéris,
De ses flots suspendus la descente plus douce
Laisse douter aux yeux s'il avance ou rebrousse :
Lui-même à son canal il dérobe ses eaux,   5
Qu'il y fait rejaillir par de secrètes veines,
Et le plaisir qu'il prend à voir des lieux si beaux,
De grand fleuve qu'il est, le[1] transforme en fontaines.

IN SEQUANÆ FONTES EX IPSO FLUVIO EDUCTOS.

Sequana cum primum reginæ[2] allabitur urbi,
    Tardat præcipites ambitiosus aquas.

1. Dans l'édition de Santeul il y a, par une erreur évidente, *se*, au lieu de *le*.
2. Dans l'édition de 1670 : *parisinæ*, qui est plus conforme à la traduction de Corneille, tandis que *reginæ* l'est davantage à celle de Charpentier.

POÉSIES DIVERSES.

Captus amore loci, cursum obliviscitur, anceps
Quo fluat, et dulces nectit in urbe moras.
Hinc varios implens fluctu subeunte canales,
Fons fieri gaudet, qui modo flumen erat.

TRADUCTION PAR DU PERIER.

Éprise d'un lieu si charmant
Je coule bien plus lentement;
Je m'arrête partout, et mon onde incertaine
Semble même oublier son cours:
Ainsi ces longs canaux, où je coule sans peine,
Font qu'après mille détours,
De fleuve que j'étois, je me change en fontaine.

AUTRE PAR CHARPENTIER DE L'ACADÉMIE FRANÇOISE.

Aussitôt que la Seine en sa course tranquille
Joint les superbes murs de la royale ville,
Pour ces lieux fortunés elle brûle d'amour:
Elle arrête ses flots, elle avance avec peine,
Et par mille canaux se transforme en fontaine,
Pour ne sortir jamais d'un si charmant séjour.

AUTRE.

Aussitôt que la Seine, après ses longs détours,
Baigne enfin de Paris le superbe rivage,
Fière du beau séjour qui lui tombe en partage,
De son onde rapide elle suspend le cours :
L'éclat du lieu l'enchante et la rend incertaine
Où pour n'en point sortir doivent couler ses eaux;
Enfin s'ouvrant le sein de cent vastes canaux,
Elle y coule, et de fleuve elle devient fontaine.

LXXVII

POUR LA FONTAINE DES QUATRE-NATIONS, VIS-A-VIS LE LOUVRE.

TRADUCTION PAR PIERRE CORNEILLE.

Ces vers, qu'on trouve dans les différentes éditions de Santeul, se lisent aux pages 40 et 41 du tome III de celle de 1729. — Voyez la notice en tête de la pièce précédente.

C'est trop gémir, Nymphes de Seine,
Sous le poids des bateaux qui cachent votre lit,
Et qui ne vous laissoient entrevoir qu'avec peine
Ce chef-d'œuvre étonnant dont Paris s'embellit,
    Dont la France s'enorgueillit.   5
Par une route aisée, aussi bien qu'imprévue,
Plus haut que le rivage un roi vous fait monter :
    Qu'avez-vous plus à souhaiter?
Nymphes, ouvrez les yeux, tout le Louvre est en vue.

INSCRIPTION DE SANTEUL.

Sequanides flebant imo sub gurgite Nymphæ,
    Cum premerent densæ pigra fluenta rates;
Ingentem Luparam nec jam aspectare potestas,
    Tarpeii cedat cui domus alta Jovis.
Huc alacres, Rex ipse vocat, succedite, Nymphæ :
    Hinc Lupara adverso littore tota patet.

LXXVIII

TRADUCTION EN VERS FRANÇOIS DE *LA THÉBAÏDE* DE STACE.

Plusieurs témoignages pourraient faire croire que cet ouvrage n'a jamais paru; en effet, on lit dans le *Mercure galant* d'octobre 1684, qui contient une notice nécrologique sur Corneille : « On a trouvé dans son cabinet quelques ouvrages qu'on donnera au public. Ce recueil sera composé des deux premiers livres de Stace qu'il a mis en vers, et de plusieurs pièces sur divers sujets. » L'abbé Bordelon ne se prononce pas d'une façon moins explicite à ce sujet dans ses *Diversités curieuses* (neuvième partie, p. 447) : « Il a aussi, dit-il, traduit quelques livres de *la Thébaïde* de Stace en vers françois, mais ils n'ont point encore été imprimés. » Malgré des assertions si formelles, la publication de cet ouvrage ne saurait être considérée comme un fait douteux. A l'affirmation de Fontenelle, qui dit positivement que Corneille « a traduit en vers et *publié* les deux premiers livres de *la Thébaïde*[1], » se joignent d'autres preuves, qui nous permettent en outre de fixer la date de l'impression. Elle se place entre la fin de 1670 et le mois d'avril 1672. Nous avons vu[2] que le privilége de *Tite et Bérénice*, daté du « dernier jour de decembre l'an de grace mil six cens soixante-dix, » était commun à cette tragédie et à la « traduction en vers françois de *la Thébaïde* de Stace; » Corneille cède son droit au libraire « pour la Comedie de *Tite et Bérénice* seulement. » Les *Observations de Monsieur Menage sur la langue françoise*, dont l'Achevé d'imprimer est du « 7 Avril 1672, » contiennent, non dans le corps de l'ouvrage, mais à la fin, dans les « *Additions et changemens,* » les trois seuls vers qui nous soient restés de ce poëme, dont nous n'avons ainsi, comme pour certains ouvrages de l'antiquité, que deux courts fragments conservés par un grammairien[3]. La place qu'ont ces cita-

---

1. *OEuvres de M. de Fontenelle*, 1742, tome III, p. 124.
2. Tome VII, p. 194.
3. Le premier passage se trouve à la page 462, le second à la

tions à l'extrémité du volume, parmi les *Additions et changemens*, nous porte à croire, comme nous l'avons dit dans l'*Avertissement* de notre tome I (p. xiii), que la traduction de Corneille ne parut que vers la fin de l'impression des *Observations* de Ménage.

L'abbé Granet, qui a fait tous ses efforts pour retrouver cette traduction, a eu recours à un moyen qui aurait dû, à ce qu'il semble, être couronné de succès : « M. Ménage, dit-il vers la fin de la préface des *OEuvres diverses*, ayant donné sa bibliothèque aux RR. PP. Jésuites de la maison professe de Paris, je crus qu'on pourroit trouver cet ouvrage parmi ses livres. Je me suis adressé au R. P. Tournemine, dont la politesse égale la délicatesse d'esprit et le profond savoir. Il s'est donné la peine de faire des recherches, mais elles ont été inutiles. » Il en a été de même de toutes celles qui ont été entreprises plus tard [1]. Fontenelle nous parle également des vains efforts qu'on faisait pour découvrir cette traduction des deux premiers livres de *la Thébaïde*. « Ils ont échappé, dit-il [2], à toutes les recherches qu'on a faites depuis quelque temps pour en retrouver quelque exemplaire. »

> Dont autrefois le Sphinx, ce monstrueux oiseau,
> Avoit pour son repaire envahi le coupeau [3].
> (M. Corneille, dans sa *Thébaïde*, livre II, p. 65.)
>
> Où qu'il jette la vue, il voit briller des armes [4].
> (*Thébaïde*, p. 68.)

page 465 des *Observations* : l'un est cité à propos de la locution *où que*; l'autre pour le genre du mot *sphinx*. On voit que Ménage indique le chiffre des pages du poëme de Corneille, ce qui prouve qu'il avait sous les yeux un exemplaire imprimé; car, sans cela, il eût évidemment averti qu'il tirait ses citations d'un manuscrit.

1. Voyez tome I, *Avertissement*, p. xiii et xiv.
2. *OEuvres de M. Fontenelle*, 1742, tome III, p. 124.
3. *Le coupeau*, le sommet. — Ces deux vers faisaient partie de la version de ce passage de *la Thébaïde* (vers 555-557) :

> Petit (*Tydeus*) ardua diræ
> Sphingos, et abscisis infringens cautibus uncas
> Exsuperat juga dira manus.

4. Ce vers, qui, d'après l'indication de Ménage, se lisait trois pages plus loin que le précédent, ne répond exactement, dans la suite du livre II, à aucun endroit de Stace ; mais il pouvait avoir sa

LXXIX

SUR LE DÉPART DU ROI.

Ces vers se trouvent (voyez tome VII, p. 217, note 1) dans la première scène du second acte de *Tite et Bérénice*. C'est Santeul qui, en 1672, leur donna le titre qu'on vient de lire, les fit imprimer dans le format in-4°, et en mit à la suite une traduction latine intitulée dans cette édition : *Regi iter meditanti*, et dans les suivantes : *Rex iter meditans*, que nous avons reproduite dans la note à laquelle nous venons de renvoyer. Dans cette note nous remarquions que les vers 7 et 8 avaient été modifiés; outre ces deux variantes des éditions collectives de Santeul, l'édition originale [1], que nous suivons ici, en présente deux autres, plus considérables encore, pour les vers 5 et 6. La pièce française et la pièce latine ont été publiées dans les divers recueils de Santeul (*J. B. Santolii Victorini Opera poetica*, *Parisiis*, 1694, p. 211; *Parisiis*, Billiot, 1729, tome III, p. 9), et aussi dans les *OEuvres diverses de Pierre Corneille*, Paris, 1738, p. 45. Mais les éditeurs des *OEuvres complètes*, et Lefèvre en particulier, ne les ont pas recueillies, et n'ont même pas indiqué en note à la suite des vers de *Tite et Bérénice* l'usage qu'on en avait fait.

Mon nom par la victoire est si bien affermi,
Qu'on me croit dans la paix un lion endormi :

place dans le passage qui précédait l'érection du trophée de Tydée (voyez vers 707 et suivants). N'était la page marquée par Ménage, on pourrait supposer que c'était un fragment de la traduction de cette phrase (qui est aux vers 550 et suivants) :

Quos ubi plures
Quam ratus innumeris videt excursare latebris,
. . . . *totumque sub armis*
Collucere iter....

[1]. L'édition originale est à la Bibliothèque impériale; elle est rappelée dans le *Catalogue* imprimé de l'histoire de France, tome II, p. 240, première colonne.

Mon réveil incertain du monde fait l'étude,
Mon repos en tous lieux jette l'inquiétude;
Tandis que dans ma cour tout prévient mes desirs, 5
Que mon ombre à sa suite enchaîne les plaisirs,
Pour envoyer l'effroi sur l'un et l'autre pôle,
Je n'ai qu'à faire un pas et hausser ma parole[1].

[1]. Dans *Tite et Bérénice* les quatre derniers vers sont ainsi :

> Et tandis qu'en ma cour les aimables loisirs
> Ménagent l'heureux choix des jeux et des plaisirs ;
> Pour envoyer l'effroi sous l'un et l'autre pôle,
> Je n'ai qu'à faire un pas et hausser la parole.

LXXX

VERS PRÉSENTÉS AU ROI A SON RETOUR DE LA GUERRE
D'HOLLANDE[1], LE 2 AOÛT 1672.

Le titre qu'on vient de lire est celui qu'on trouve à la page 46 des *OEuvres choisies*, en tête de la pièce latine suivante de Corneille et de la traduction française qui en a été faite par le poëte même. Suivant Granet, ces vers ont été imprimés « la même année, in-12, en feuille volante. » Nous n'avons pas vu cette édition, mais nous en connaissons une autre, également de 1672. Elle fait partie d'un petit recueil qui figurait sous le n° 327 d'un catalogue de vente que nous avons déjà souvent cité (voyez tome IX, p. 605, note 2, et ci-dessus, p. 182, 186 et 235); ce recueil, qui appartient aujourd'hui à la Bibliothèque impériale, est intitulé: *A la gloire de Louis le Grand, conquerant de la Hollande, par Mrs Corneille, Montauban, Quinault, et autres, à Paris, chez Olivier de Varennes, et Pierre Bienfaict*.... M.DC.LXXII, in-4°, 12 pages. A la page 4 se trouve la pièce latine, et à la page 5 la pièce française. La page 3 est occupée par un distique latin, suivi de son *explication* française, qui, bien qu'anonymes, comme le sont du reste aussi les pièces des pages 4 et 5, peuvent être attribués avec vraisemblance à Corneille, puisqu'ils sont en tête du recueil, dans le titre duquel le nom de notre poëte figure le premier. On les trouvera à l'*Appendice*. La page 6 est occupée par une pièce signée : *Montauban*.

REGI,

PRO RESTITUTA APUD BATAVOS CATHOLICA FIDE.

Quid mirum rapido tibi si Victoria cursu
Tot populos subdit facilis, tot mœnia pandit?
Vix sua cuique dies urbi, nec pluribus horis

1. C'est la campagne illustrée par le fameux passage du Rhin, et dans laquelle Louis XIV avait commandé en personne un de ses trois corps d'armée, ayant sous lui Turenne. Voyez la pièce suivante.

Castra locas, quam justa vides tibi crescere regna.
　Nempe Deus, Deus ille, sui de culmine cœli 5
Quem trahis in partes, cui sub te militat omnis
In Batavos effusa phalanx, Deus ille tremendum
Ponere cui properas communi ex hoste tropæum,
Ipse tibi frangitque obices, arcetque pericla
Fidus, et æterna tecum mercede paciscens, 10
Prævia pro reduce appendit miracula cultu.
　Jamque fidem excedunt, jam lassis viribus impar
Sub te fama gemit, rerumque interrita custos
Te pavet historia, it tantorum conscius ordo
Fatorum, ac merito eventu spem votaque vincit. 15
　Perge modo, et pulsum victor redde omnibus aris,
Victis redde Deum, fac regnet et ipse, tibique
Quantum exempla præire dedit, tantum et sua cunctas
Et belli et pacis præeat tibi gloria curas.
　Interea totus dum te unum suspicit orbis, 20
Dum Musæ fortemque animum, mentemque profundam,
Tot regnandi artes certatim ad sidera tollent,
Fas mihi sit tacuisse semel, Rex magne, Deique
Nil nisi in invicto mirari principe donum.

AU ROI,

SUR LE RÉTABLISSEMENT DE LA FOI CATHOLIQUE EN SES CONQUÊTES DE HOLLANDE.

Tes victoires, grand Roi, si pleines et si promptes,
N'ont rien qui me surprenne en leur rapide cours,
Ni tout ce vaste effroi des peuples que tu domptes,
Qui t'ouvre plus de murs que tu n'y perds de jours.

C'est l'effet, c'est le prix des soins dont tu travailles 5
A ranimer la foi qui s'y laisse étouffer :

Tu fais de tes soldats ceux du Dieu des batailles[1],
Et dès qu'ils ont vaincu, tu le[2] fais triompher.

Tu prends ses intérêts, il brise tous obstacles ;
Tu rétablis son culte, il se fait ton appui ; 10
Sur ton zèle intrépide il répand ses miracles,
Et prête leur[3] secours à qui combat pour lui.

Ils font de jour en jour nouvelle peine à croire,
Ils vont de marche en marche au delà des projets,
Lassent la renommée, épouvantent l'histoire, 15
Préviennent l'espérance, et passent les souhaits[4].

Poursuis, digne Monarque, et rends-lui tous ses temples :
Fais-lui d'heureux sujets de ceux qu'il t'a soumis ;
Et comme il met ta gloire au-dessus des exemples,
Mets la sienne au-dessus de tous ses ennemis. 20

Mille autres à l'envi peindront ce grand courage,
Ce grand art de régner qui te suit en tout lieu :
Je leur en laisse entre eux disputer l'avantage,
Et ne veux qu'admirer en toi le don de Dieu.

1. Granet donne ici, probablement d'après l'édition in-12, que nous n'avons pu voir :

    Tu mets de leur parti le maître des batailles.

2. Granet donne *les*, évidemment par erreur.
3. *Son*, dans l'édition de Granet.
4. Corneille a dit plus haut (p. 176, vers 12), en parlant de « l'épanchement » des bienfaits du Roi :

    Il prévient l'espérance, il surprend les souhaits.

LXXXI

LES VICTOIRES DU ROI

SUR LES ÉTATS DE HOLLANDE, EN L'ANNÉE M DC.LXXII[1].
PAR P. CORNEILLE.

[Traduit du latin du P. de la Rue.]

Le poëme de Corneille a été imprimé en même temps que celui du P. de la Rue, dont il est la traduction, et que nous donnons au bas des pages. Ces deux ouvrages ont paru à Paris en 1672, chez Guillaume de Luyne et Simon Bénard, dans le format in-folio, et sous les titres que nous leur conservons ici. Cette édition se trouve dans la plupart des bibliothèques publiques de Paris. Chacun des deux poëmes, ayant un frontispice distinct et une pagination particulière, forme en lui-même un tout complet. Le poëme latin, signé : C. DE LA RUE, S. J., a dix-huit pages; le poëme français, signé : P. CORNEILLE, en a dix-neuf. Le frontispice de chacun d'eux est orné d'une vignette de Chauveau, représentant deux fleuves appuyés sur la même urne. Assis sur des trophées d'armes, entourés de drapeaux, ils élèvent la main au-dessus des yeux afin de pouvoir regarder le soleil dont l'éclat les éblouit. Le bas de la vignette est entouré des écussons des pays vaincus. Au commencement de chacun des deux poëmes, en tête de la troisième page, est un passage du Rhin, également de Chauveau. Le Roi y tient à la main le bâton, signe du commandement. Dans une gloire on voit les « ombres redoutables, » dont parle Corneille (p. 266 et 267, vers 225-240), qui élèvent les bras en signe d'étonnement. Au-dessous des nuages de cette gloire, on aperçoit quatre vents qui soufflent avec violence (p. 272, vers 283 et note 2). Granet cite une autre édition in-8º, qui a été publiée dans la même année, chez les mêmes libraires, avec la pièce latine du P. de la Rue. Il a aussi paru à Grenoble, en 1673, une édition in-12, qui figure sous le nº 780 dans le Catalogue Longueman[2].

1. Voyez ci-dessus, p. 249, note 1.
2. C'est à l'obligeance de M. Taschereau que nous devons ce dernier renseignement.

Les douceurs de la paix, et la pleine abondance
Dont ses tranquilles soins comblent toute la France,
Suspendoient le courroux du plus grand de ses rois.
Ce courroux sûr de vaincre, et vainqueur tant de fois,
Vous l'aviez éprouvé, Flandre, Hainaut, Lorraine[1]; 5
L'Espagne et sa lenteur n'en respiroient qu'à peine ;
Et ce triomphe heureux sur tant de nations
Sembloit mettre une borne aux grandes actions.
Mais une si facile et si prompte victoire
Pour le victorieux n'a point assez de gloire : 10
Amoureux des périls et du pénible honneur,
Il ne sauroit goûter ce rapide bonheur ;
Il ne sauroit tenir pour illustres conquêtes
Des murs qui trébuchoient sans écraser de têtes,
Des forts avant l'attaque entre ses mains remis, 15
Ni des peuples tremblants pour justes ennemis.

LUDOVICO MAGNO

POST EXPEDITIONEM BATAVICAM EPINICIUM,

[Auctore Carolo Ruæo, Societatis Jesu].

Pacificus labor, et longæ comes aurea pacis
Copia, victrices Lodoici mulserat iras :
Mille triumphatæ suadebant otia gentes ;
Et Lothari, et Belgæ, et frustra cunctator Iberus.
Non tamen illa, licet geminum celebrata per orbem,
Laudis inexpletum satiabat gloria pectus ;
Jamque adeo facilis vilescunt præmia belli ;
Victoremque piget quod Martem prævenit hostis
Obsequio, quod præcipites in vincula turmæ,
Totque suis ultro veniant cum civibus urbes.

1. Voyez plus haut, p. 192-217, le poëme où Corneille célèbre la rapide conquête que Louis XIV fit de la Flandre en 1667. Le dernier mot du vers rappelle la campagne de 1670, qui dépouilla de ses États le duc de Lorraine.

POÉSIES DIVERSES.

Au moindre souvenir qui peigne[1] à sa vaillance
Chez tant d'autres vainqueurs la fortune en balance,
Les triomphes sanglants et longtemps disputés,
Il voit avec dédain ceux qu'il a remportés : 20
Sa gloire, inconsolable après ces hauts exemples,
Brûle d'en faire voir d'égaux ou de plus amples ;
Et jalouse du sang versé par ces[2] guerriers,
Se reproche le peu que coûtent ses lauriers.
 Pardonne, grand Monarque, à ton destin propice : 25
Il va de ses faveurs corriger l'injustice,
Et t'offre un ennemi fier, intrépide, heureux,
Puissant, opiniâtre, et tel que tu le veux.
Sa fureur se fait craindre aux deux bouts de la terre :
Au levant, au couchant elle a porté la guerre ; 30
L'une et l'autre Java[3], la Chine et le Japon

> Tum si quando animo priscæ virtutis imago
> Incidit, et veterum pervolvens acta parentum
> Quæsitas per multa videt discrimina lauros,
> Errantemque diu media inter prælia Martem,
> Uritur exemplis tacite, heroumque periclis
> Invidet, et partos secum fastidit honores.
> Ergo age, tam lætis ultra ne irascere fatis :
> En fortuna tibi, quantum appetis, annuit hostem.
> Ille, pererrato jam formidabilis orbi,
> Contemptor superum Batavus, quem Seres, et Indi,
> Extremique hominum Japones, quem dives adorat

---

1. L'édition des poésies latines du P. de la Rue intitulée *Carmina* (1688) donne : « qui peint. »
2. Il y a *ses*, par erreur, dans le texte de Granet.
3. C'est-à-dire l'île de Java et une autre île de la Sonde, Bali, nommée aussi quelquefois la *petite Java*. La compagnie des Indes orientales, fondée par les Hollandais au commencement du dix-septième siècle, avait fait diverses conquêtes en Orient ; elle possédait jusqu'à deux cents vaisseaux et commerçait avec des pays fermés, ou peu s'en faut, au reste de l'Europe, tels que la Chine et le Japon.

Frémissent à sa vue et tremblent à son nom :
C'est ce jaloux ingrat, cet insolent Batave,
Qui te doit ce qu'il est[1] et hautement te brave ; 35
Il te déchire, il arme, il brigue contre toi,
Comme s'il n'aspiroit qu'à te faire la loi.
Ne le regarde point dans sa basse origine,
Confiné par mépris aux bords de la marine[2] :
S'il n'y fit autrefois la guerre qu'aux poissons,
S'il n'y connut le fer que par ses hameçons, 40
Sa fierté, maintenant au-dessus de la roue[3],
Méconnoît ses aïeux qui rampoient dans la boue.
C'est un peuple ennobli par cent fameux exploits,
Qui ne veut adorer ni vivre qu'à son choix ;
Un peuple qui ne souffre autels ni diadèmes, 45
Qui veut borner les rois et les régler eux-mêmes ;
Un peuple enflé d'orgueil et gorgé de butin,
Que son bras a rendu maître de son destin ;
Pirate universel, et pour gloire nouvelle

  Africa, cui rutilas America expendit arenas,
  Cujus et ipse jugum placido subit æquore Nereus,
  Ille tibi probris jamdudum infestus et armis
  Imminet, ille Dei dono tibi debitus hostis.
  Nec te humiles ortus, generisque infamia primi
  Avocet incepto : fuerint huic rustica curæ
  Quondam opera, et duræ piscosis amnibus artes ;
  Arma modo, et rigidos intentans undique fasces,
  Imperium in magnum terra grassatur et undis ;
  Nec jam novit avos, audax et ludere regum
  In capita, et belli pacisque imponere leges.

1. Allusion à la guerre de 1666, où la France s'était alliée avec la Hollande contre l'Angleterre, et qui s'était terminée par la paix de Bréda.
2. « Le mot de *marine*, dit Richelet (1679), se prend quelquefois au même sens que celui de *mer*. »
3. *Au-dessus*, c'est-à-dire au haut, *de la roue* de Fortune.

POÉSIES DIVERSES.

Associé d'Espagne, et non plus son rebelle. 50
  Sur ce digne ennemi venge le ciel et toi :
Venge l'honneur du sceptre, et les droits de la foi.
Tant d'illustres fureurs, tant d'attentats célèbres
L'ont fait assez gémir chez lui dans les ténèbres :
Romps les fers qu'elle y traîne, et rends-lui le plein jour;
Règne, et fais-y régner le vrai culte à son tour[1].
  Ce grand prince m'écoute, et son ardeur guerrière
Le jette avidement dans cette âpre carrière,
La juge avantageuse à montrer ce qu'il est;
Et plus la course est rude, et plus elle lui plaît. 60
Il s'oppose déjà des troupes formidables,
Des Ostendes, trois ans à tout autre imprenables[2],
Des fleuves teints de sang, des champs semés de corps,
Cent périls éclatants et mille affreuses morts ;
Car enfin d'un tel peuple, à lui rendre justice, 65
Après une si longue et si dure milice,
Après un siècle entier perdu pour le dompter[3],

    Hispano socius, nec tantum impune rebellis.
    Exorere o tandem spretis pro regibus ultor;
    Rumpe moras, LODOICE. Vides ut pulsa tot annos
    Relligio, trepidisque fides mala tuta latebris,
    Regalem implorant solvenda in vincula dextram.
  Nulla mora in MAGNO : placet hic, quia durior, hostis.
    Jamque sibi immensas acies, jamque horrida centum
    Prælia, difficilesque aditus, largaque rubentes
    Cæde virum fluvios, et inhospita littora fingit
    Scilicet, exsultatque fremens. Nam quid sibi quisquam,
    Et studia expendens, et opes, et robora gentis,

1. Voyez la pièce précédente.
2. En 1604, les Espagnols, commandés par Spinola, prirent Ostende après un siége de trois ans.
3. La vive opposition des Pays-Bas au gouvernement espagnol, suivie bientôt de l'insurrection qui les affranchit, avait commencé

Quelle plus foible image ose se présenter?
Des orageux reflux d'une mer écumeuse,
Des trois canaux du Rhin, de l'Yssel, de la Meuse, 70
De ce climat jadis si fatal aux Romains,
Et qui défie encor tous les efforts humains,
De ces flots suspendus où l'art soutient des rives
Pour noyer les vainqueurs dans les plaines captives,
De cent bouches partout si prêtes à tonner, 75
Qui peut se former l'ombre et ne pas s'étonner?
Si ce peuple au secours attire l'Allemagne,
S'il joint le Mein au Tage, et l'Empire à l'Espagne,
S'il fait au Dannemarc craindre pour ses deux mers,
Si contre nous enfin il ligue l'univers, 80
Que sera-ce? Mon roi n'en conçoit point d'alarmes :
Plus l'orage grossit, plus il y voit de charmes;

> Informetve animo levius, speretve futurum?
> Quis vaga tergemini non horreat ostia Rheni,
> Æquoreosque Mosæ fremitus, Vahalimque sonantem,
> Nomina tot nuribus quondam exsecrata Latinis?
> Adde Isalam vallis defensum, adde ænea mille
> Hostis in occursum tormenta tonantia ripis;
> Tot validas urbes, tot propugnacula passim
> Obvia, tot riguis arva intercisa fluentis,
> Totque lacus tantosque. Adde et frænata per artem
> Æquora, luctantesque adversa in claustra procellas,
> Rumpendosque obices, refluique pericula ponti.
> Quid si præterea vicino emota tumultu
> Conjurata ruat Germania, si metus acres
> Idem agitet Danos, Batavum si fraudibus orbis
> Excitus in Gallos socialibus ingruat armis?
> At neque sic Lodoici alacer deferveat ardor :
> Ignescit magis, idem animo nosse omnia promptus

vers le milieu du seizième siècle, et ce ne fut qu'en 1648 que l'Espagne reconnut les Provinces-Unies pour États souverains.

Son ardeur s'en redouble[1], au lieu de s'arrêter ;
Il veut tout reconnoître et tout exécuter,
Et présentant le front à toute la tempête,   85
Agir également du bras et de la tête.
La même ardeur de gloire emporte ses sujets :
Chacun veut avoir part à ses nobles projets ;
Chacun s'arme, et la France, en guerriers si féconde,
Jamais sous ses drapeaux ne rangea tant de monde.   90
  L'Anglois couvre pour nous la mer de cent vaisseaux ;
Cologne après Munster nous prête ses vassaux :
Ces prélats[2], pour marcher contre des sacriléges,
De leur sacré repos quittent les priviléges,
Et pour les intérêts d'un Dieu leur souverain   95
Se joignent à nos lis, le tonnerre à la main.
  Cependant la Hollande entend la Renommée
Publier notre marche et vanter notre armée.

> Et præstare manu. Simul undique buccina Martem
> Increpuit, simul agminibus coït ultima junctis
> Gallia, quot fœto bellatrix patria nusquam
> Fuderat ante sinu ; ratibus simul æquora centum
> Anglusque Francusque tegunt ; ruit Itala pubes,
> Helvetiusque ferox, Bavarisque Colonia signis,
> Et sacros acuens jamdudum Wesphalus enses ;
> Nec bene collectæ terraque marique rapinæ
> Unius in Franciæ cessissent præmia gentis :
> Tot populos inter communis præda jacere
> Debuit occidui populator et orbis Eoi.
>   Interea Batavas crebrescit fama per urbes,
> Et propius belli fragor intonat. Ocius omnes

---

1. Dans l'édition de 1688 du P. de la Rue : « en redouble. »
2. Maximilien de Bavière, évêque de Cologne, et Christophe-Bernard van Galen, évêque de Munster, alliés de la France dans la guerre contre la Hollande. Voyez sur ce dernier les *Lettres de Mme de Sévigné*, tome I, p. 486, note 8, et tome III, p 122, note 4.

Le nautonier brutal et l'artisan sans cœur
Déjà de sa défaite osent se faire honneur :
Cette âme du parti, cet Amstredam[1], qu'on nomme
Le magasin du monde et l'émule de Rome,
Pour se flatter d'un sort à ce grand sort égal,
S'imagine à sa porte un second Annibal ;
S'y figure un Pyrrhus, un Jugurthe, un Persée ;
Et sur ces rois vaincus promenant sa pensée,
S'applique tous ces temps où les moindres bourgeois
Dans Rome avec mépris regardoient tous les rois :
Comme si son trafic et des armes vénales
Lui pouvoient faire un cœur et des forces égales.
    Voyons, il en est temps, fameux républicains,
Nouveaux enfants de Mars, rivaux des vieux Romains,
Tyrans de tant de mers, voyons de quelle audace
Vous détachez du toit l'armet et la cuirasse,
Et rendez le tranchant à ces glaives rouillés
Que du sang espagnol vos pères ont souillés.

> Incaluere animis, operumque ignobile vulgus
> Perpetuum tanto sperat sibi nomen ab hoste.
> Imprimis rerum illa potens, validisque superba
> Classibus, et magnæ, si Dis placet, æmula Romæ
> Curia, prisca sequens latiæ vestigia laudis,
> Porsennam ad muros iterum, Pyrrhique elephantos,
> Annibalisque minas, et divitis agmina Persei,
> Tot regum clades, et tot fœcunda triumphis
> Sæcla putat spatiis iterum volvenda remensis :
> Demens, quæ Latii viresque animosque senatus
> Mercatu simulet turpi, et venalibus armis.
> Quin agite, Æneadis suppar genus, et nova Martis
> Progenies, belli ferratos rumpite postes,
> Tela focis rapite, et galeas ensesque parentum
> Induite, Austriacæ scabros rubigine cædis.

1. Ce nom est écrit ainsi dans l'édition originale ; *Amsterdam*, dans celles du P. de la Rue et de Granet.

Juste ciel! me trompé-je? ou si déjà la guerre
Sur les deux bords du Rhin fait bruire son tonnerre?
Condé presse Vesel¹, tandis qu'avec mon roi
Le généreux Philippe² assiége et bat Orsoi;   120
Ce monarque avec lui devant Rhimbergue tonne,
Et Turenne promet Buric à sa couronne.
Quatre siéges ensemble, où les moindres remparts
Ont bravé si longtemps nos modernes Césars,
Où tout défend l'abord (qui l'auroit osé croire?),   125
Mon prince ne s'en fait qu'une seule victoire³.
Sous tant de bras unis il a peur d'accabler,
Et les divise exprès pour faire moins trembler;
Il s'affoiblit exprès pour laisser du courage;
Pour faire plus d'éclat il prend moins d'avantage;   130
Et n'envoyant partout que des partis égaux,
Il cherche à voir partout répondre à ses assauts.

>   Ludimur? an gemino Rheni de littore clamor
>   Insonuit? Jam Vesaliæ furit acer in arces
>   Condæus, jam Buricio Turennius instat,
>   Jam simul Orsoyam Lodoix cum fratre Philippo
>   Rhimbergamque premunt : quippe uni insistere lentum est
>   Ignavumque operi; numero neve obruat hostes,
>   Partiturque aciem, et curas divisus in omnes
>   Fit minor, ut paribus sese hosti accommodet armis,
>   Æquior et veniat, nec jam sine sanguine, palma.

1. « Orsoi se rend au Roi le 3 juin, pendant que M. de Turenne prenoit Burich. Monsieur le Prince prend Vesel le 4; Rhimberg (*Rheinberg*) se rend au Roi le 6; Émeric à Monsieur le Prince le 7. » (*Abrégé chronologique* du président Hénault.)

2. Philippe, duc d'Orléans, frère de Louis XIV.

3. « Quelle fut la surprise de tout le monde lorsque l'on apprit qu'il (*Louis XIV*) avoit mis le siége devant quatre fortes villes en même temps, et que, sans qu'il eût fait ni lignes de circonvallation ni de contrevallation, ces quatre villes s'étoient rendues à discrétion au premier jour de tranchée? » (Racine, *Précis historique des campagnes de Louis XIV*.)

Que te sert, ô grand Roi, cette noble contrainte?
Partager tes drapeaux, c'est partager la crainte,
L'épandre en plus de lieux, et faire sous tes lois 135
Tomber plus de remparts et de peuple à la fois.
Pour t'affoiblir ainsi, tu n'en deviens pas moindre;
Ta fortune partout sait l'art de te rejoindre :
L'effet est sûr au bras dès que ton cœur résout;
Tu ne bats qu'une place, et tes soins vont partout : 140
Partout on croit te voir, partout on t'appréhende,
Et tes ordres font tout, quelque chef qui commande.
 Ainsi tes pavillons à peine sont plantés,
A peine vers les murs les canons[1] sont pointés,
Que l'habitant s'effraye, et le soldat s'étonne : 145
Un bastion le couvre, et le cœur l'abandonne;
Et le front menaçant de tant de boulevarts,
De tant d'épaisses tours qui flanquent ses remparts,
Tant de foudres d'airain, tant de masses de pierre,
Tant de munitions et de bouche et de guerre, 150
Tant de larges fossés qui nous ferment le pas,
Pour tenir quatre jours ne lui suffisent pas.
L'épouvante domine, et la molle prudence
Court au-devant du joug avec impatience

> Parce tamen, LODOICE : etiam divisus, ubique
> Magnus es, et spatio dum distrahis arma, timorem
> Distrahis in plures, atque omnibus ingruis absens.
> Aspice, vix arces fulserunt signa sub ipsas,
> Primaque vicino steterunt tentoria campo,
> Jamque timor cives quatit intus, et ipse fatiscit
> Clausus adhuc miles. Non illi patria virtus,
> Aut Cereris vis ampla, aut belli immensa supellex,
> Aut vigor, aut numerus; non vivo condita saxo
> Mœnia, non plenis undantia flumina fossis
> Dant animos, acuuntve : novo juvat obvia ferre

1. « Tes canons, » dans les éditions du P. de la Rue et de Granet.

Se donne à des vainqueurs que rien n'a signalés, 155
Et leur ouvre des murs qu'ils n'ont pas ébranlés.
 Misérables! quels lieux cacheront vos misères
Où vous ne trouviez pas les ombres de vos pères,
Qui morts pour la patrie et pour la liberté
Feront un long reproche à votre lâcheté? 160
Cette noble valeur autrefois si connue,
Cette digne fierté, qu'est-elle devenue?
Quand sur terre et sur mer vos combats obstinés
Brisoient les rudes fers à vos mains destinés,
Quand vos braves Nassaus, quand Guillaume et Maurice,
Quand Henri vous guidoit dans cette illustre lice[1],
Quand du sceptre danois vous paroissiez l'appui[2],
N'aviez-vous que les cœurs et[3] les bras d'aujourd'hui?

> Colla jugo; juvat enerves in vincula dextras,
> Necdum tentatos victori pandere muros.
> Quo fugitis, Batavi? non est satis apta triumpho
> Materies, quatuor, totidem nec solibus, urbes
> Hostis in imperium peregrinaque cedere jura?
> Reza quid, et vacuo patet insuper Embrica vallo?
> Proh pudor! Egregios cineres, albentiaque ossa,
> Proque focis quondam, pro libertate cadentum
> Magnorum tumulos pedibus pulsatis avorum,
> Hac quacumque fuga est. At quo gens Martia vobis,
> Auriaci proceres, vanæque superbia mentis
> Quonam abiit? quonam ille mari tam nobilis ardor,
> Et nuper Dani servatrix dextera sceptri?
> Nil agimus monitis : casus malaque omnia contra

1. Guillaume Ier de Nassau, dit le Taciturne, né en 1533, assassiné en 1584; Maurice, son fils aîné, né en 1567, mort en 1625; Frédéric-Henri de Nassau, son autre fils, né en 1584, mort en 1647, qui luttèrent tous trois héroïquement et avec une rare habileté contre les Espagnols.

2. En 1658, la Hollande avait envoyé une flotte au secours des Danois, et les avait soutenus victorieusement contre Charles-Gustave, roi de Suède.

3. *Que*, au lieu de *et*, dans l'édition de Granet.

Mais n'en réveillons point la mémoire importune :
Vous n'êtes pas les seuls, l'habitude est commune, 170
Et l'usage n'est plus d'attendre sans effroi
Des François animés par l'aspect de leur roi.
Il en rougit pour vous, et lui-même il a honte
D'accepter des sujets que le seul effroi dompte ;
Et vainqueur malgré lui sans avoir combattu, 175
Il se plaint du bonheur qui prévient sa vertu.

 Peuples, l'abattement que vous faites connoître
Ne fait pas bien sa cour à votre nouveau maître :
Il veut des ennemis, et non pas des fuyards
Que saisit l'épouvante à nos premiers regards ; 180
Il aime qu'on lui fasse acheter la victoire :
La disputer si mal, c'est envier sa gloire ;
Et ce tas de captifs, cet amas de drapeaux
Ne font qu'embarrasser ses projets les plus beaux.

 Console-t'en, mon Prince : il s'ouvre une autre voie
A te combler de gloire aussi bien que de joie ;
Si ce peuple à l'effroi se laisse trop dompter,
Ses fleuves ont des flots à moins s'épouvanter.

   Hactenus esse viros licuit, fortesque videri :
   Nunc alio res versa, neque est ignavia probro ;
   Ducitur in morem populis, ubi gallicus ensis
   Imminet, et Gallos urget præsentia Regis.
  Ipse autem attonitus cœptis atque omine belli
  Fortunam incusat, quod tam pernicibus alis
  Antevolet virtutem, et votis prælia desint.
  Nam neque captivi peditumque equitumque ducumque
  Mille greges, neque rapta placent Mavortia signa,
  Exuviæ indecores. Hostem, non vilia quærit
  Servitia, infamem censeri digna sub hastam ;
  Nec prædæ sitis, at laudum generosa cupido
  Hos illum in fines, atque hæc in bella vocavit.
   Ergo tibi alterius via laudis, et altera, MAGNE,
  Alea pertentanda : fuga tibi cessit inermi

Ils ont fait aux Romains assez de résistance
Pour en espérer une en faveur de la France[1];
Et ces bords où jamais l'aigle ne fit la loi
S'oseront quelque temps défendre contre toi.
A ce nouveau projet le monarque s'enflamme,
Il l'examine, tâte, et résout en son âme;
Et tout impatient d'en recueillir le fruit,
Il part dans le silence et l'ombre de la nuit.
Des guerriers qu'il choisit l'escadron intrépide
Glorieux d'un tel choix, et ravi d'un tel guide,
Marche incertain des lieux où l'on veut son emploi,
Mais assuré de vaincre où l'emploiera son roi.
Le jour à peine luit que le Rhin se rencontre :
Tholus frappe les yeux[2]; le fort de Skeink se montre;

> Degener Hollandus; sed non sic flumina cedent,
> Romanis ut quondam, et nunc impervia Francis :
> Hic labor, hoc decus est. Stimulis ille acribus intus
> Accensus, taciturnque alto sub pectore versans
> Consilium, et placidæ subducens membra quieti,
> Lecta virum capita et primam rapit agmina secum
> Sub noctem, dux ipse operis, sociusque pericli.
> Incedunt densi ordinibus per opaca viarum,
> Incerti quo jussa trahant, sed vincere certi,
> In quoscumque trahant casus. Et jam nova cœlo
> Cœperat ire dies, dubiaque albescere luce,
> Insula cum Batavum, et bifidis apparuit ingens
> Rhenus aquis, vacuasque acies insedit arenas
> Tholusium contra et Skinki memorabile vallum.

1. Le P. de la Rue et Granet ont mis : « ta France, » au lieu de : « la France, » qui est le texte de l'édition originale.
2. « Des gens du pays informèrent.... le prince de Condé, que la sécheresse de la saison avait formé un gué sur un bras du Rhin, auprès d'une vieille tourelle qui sert de bureau de péage, qu'on nomme *Toll-huys*, « la maison du péage, » dans laquelle il y avait dix-sept soldats. Le Roi fit sonder ce gué par le comte de Guiche. Il n'y avait

On s'apprête au passage, on dresse les pontons;
Vers la rive opposée on pointe les canons.
La frayeur que répand cette troupe guerrière   205
Prend les devants sur elle, et passe la première;
Le tumulte à sa suite et la confusion[1]
Entraînent le désordre et la division.
La Discorde effarée à ces monstres préside,
S'empare au fort de Skeink des cœurs qu'elle intimide, 210
Et d'un cor enroué fait sonner en ces lieux
La fureur des François et le courroux des cieux,

> Nec mora, pars manibus glebas et grandia ligna
> Provisamque struem ponti, pars ærea plaustris
> Fulmina convolvunt. Lacero simul horror amictu,
> Et pavor, et rigidos vellens Discordia crines
> Prævolat, et Skinki summas evadit in arces.
> Inde cavo stridens per propugnacula cornu,
> Intima jam patriæ labentem in viscera Francum,
> Ultores Superos invictaque fata ferentem,

qu'environ vingt pas à nager au milieu de ce bras du fleuve, selon ce que dit dans ses lettres Pellisson, témoin oculaire, et ce que m'ont confirmé les habitants. Cet espace n'était rien, parce que plusieurs chevaux de front rompaient le fil de l'eau très-peu rapide. L'abord était aisé; il n'y avait de l'autre côté de l'eau que quatre à cinq cavaliers et deux faibles régiments d'infanterie sans canon (*onze à douze cents hommes, infanterie et cavalerie*, dit M. Rousset dans son *Histoire de Louvois*, tome I, p. 359). L'artillerie française les foudroyait en flanc.... L'opinion commune était que toute l'armée avait passé ce fleuve à la nage, en présence d'une armée retranchée, et malgré l'artillerie d'une forteresse imprenable, appelée le *Tholus*. » (Voltaire, *Siècle de Louis XIV*, chapitre x.) — Le fort de Skink ou Schenk est situé à la pointe de l'île de Bétau ou Bétuwen, à l'endroit où le Rhin se divise en deux bras, dont l'un prend le nom de Wahal et l'autre garde pendant quelque temps celui de Rhin. Voyez plus bas le vers 218.

1. L'édition de Granet donne ainsi ce vers:

Le tumulte à la suite et sa confusion.

Leur étale des fers, et la mort préparée,
Et des autels brisés la vengeance assurée.
La vague au pied des murs à peine ose frapper, 215
Que le fleuve alarmé ne sait où s'échapper;
Sur le point de se fendre, il se retient, et doute
Ou du Rhin ou du Vhal s'il doit prendre la route.
 Les tremblements de l'île ouvrant jusqu'aux enfers
(Écoute, Renommée, et répète mes vers), 220
Le grand nom de Louis et son illustre vie
Aux champs Élysiens font descendre l'Envie,
Qui pénètre à tel point les mânes des héros,
Que pour s'en éclaircir ils quittent leur repos.
On voit errer partout ces ombres redoutables 225
Qu'arrêtèrent jadis ces bords impénétrables:
Drusus[1] marche à leur tête, et se poste au fossé
Que pour joindre l'Yssel au Rhin il a tracé;

  Et letum ante oculos, et ferrum, et vincula, et ignes
 Occinit. Æthereas it raucus clangor in auras,
 Insula quo longe tremit omnis, et omnibus horrens
 Pressit corda gelu : stupet hinc atque inde refusum
 Flumen, et allapsi nota ad divortia fluctus
 Hærent ambigui quo sit fuga tutior amne,
 Quos teneant cursus, Rhenum Vahalimne sequantur.
  Quin et inaccessos fines lætumque pererrans
 Elysium, et clausos æterna nocte recessus,
 Insignes ea fama animas atque invidus ardor
 Elicit in lucem. Volitant exsanguia ripis
 Heroum simulacra, impacatique Sicambri,
 Cæsareumque genus, nomenque insigne Nerones,
 Effossor Drusus fluviorum, et squalidus ora

---

1. Drusus Nero (fils de Tiberius Nero et de Livie, frère puîné de l'empereur Tibère), né l'an 38 avant J. C., mort l'an 9 après l'ère chrétienne, fit creuser le canal connu sous le nom de *Fossa Drusiana*.

Varus[1] le suit tout pâle, et semble dans ces plaines
Chercher le reste affreux des légions romaines ;   230
Son vengeur après lui, le grand Germanicus[2],
Vient voir comme on vaincra ceux qu'il n'a pas vaincus ;
Le fameux Jean d'Autriche[3], et le cruel Tolède[4],
Sous qui des maux si grands crûrent par leur remède ;
L'invincible Farnèse[5], et les vaillants Nassaus[6],   235
Fiers d'avoir tant livré, tant soutenu d'assauts,
Reprennent tous leur part au jour qui nous éclaire,
Pour voir faire à mon roi ce qu'eux tous n'ont pu faire,
Eux-mêmes s'en convaincre, et d'un regard jaloux
Admirer un héros qui les efface tous.   240

> Varus, et ultrici fervens Germanicus ira.
> Tu quoque sanguineas quatiens, Albane, secures,
> Tu Farnesi, atque Austriadum tu gloria, Jane,
> Nassaviique : omnes, dum sors et vita sinebat,
> His olim insignes terrarum in finibus, omnes
> Nunc unum in juvenem defixi obtutibus hærent,
> Miranturque suas coram decrescere laudes[7].

1. P. Quintilius Varus, gouverneur de la Germanie, partie frontière de la Gaule belgique, fut attiré dans une embuscade par Arminius, chef des Chérusques, dans la forêt de Teutoburg, et y périt avec trois légions l'an 9 avant J. C.

2. Tiberius Drusus Nero Germanicus (fils de Drusus Nero), né l'an 16 avant J. C, vainquit Arminius en l'an 16 de l'ère chrétienne, et reprit les aigles de Varus Une autre campagne eût été nécessaire pour achever la guerre et la défaite des Germains ; mais l'empereur Tibère envia cette gloire à son neveu.

3. Don Juan d'Autriche, fils naturel de Charles-Quint, né en 1545, mort en 1578, gouverneur, en 1576, des Pays-Bas révoltés.

4. Ferdinand Alvarez de Tolède, duc d'Albe, né en 1508, mort en 1582, lieutenant de Philippe II dans les Pays-Bas, de 1566 à 1573, tristement célèbre par l'établissement du conseil de sang.

5. Alexandre, troisième duc de Farnèse, fut appelé dans les Pays-Bas par Philippe II, en 1577, et y succéda à don Juan d'Autriche.

6. Voyez ci-dessus, p. 262, note 1.

7. Ce vers manque dans l'édition du P. de la Rue de 1688.

Il range cependant ses troupes au rivage,
Mesure de ses yeux Tholus et le passage,
Et voit de ces héros ibères[1] et romains
Voltiger tout autour les simulacres vains.
Cette vue en son sein jette une ardeur nouvelle   245
D'emporter une gloire et si haute et si belle,
Que devant ces témoins à le voir empressés
Elle ait de quoi ternir[2] tous les siècles passés :
« Nous n'avons plus, dit-il, affaire à ces Bataves
De qui les corps massifs n'ont que des cœurs d'esclaves ;
Non, ce n'est plus contre eux qu'il nous faut éprouver,
C'est Rome et les Césars que nous allons braver.
De vos ponts commencés abandonnez l'ouvrage,
François ; ce n'est qu'un fleuve, il faut passer à nage,
Et laisser, en dépit des fureurs de son cours,   255
Aux autres nations un si tardif secours.
Prenez pour le triomphe une plus courte voie :
C'est Dieu que vous servez, c'est moi qui vous envoie;

       Ut stetit, et validos famoso in littore MAGNUS
Explicuit cuneos, Rhenumque immensa fluentem
In spatia, et rapido surgentem murmure vidit,
Continuo ingentes umbræ, circumflua turba,
Heroumque altrix menti sese obtulit ætas,
Et mentem subitus calor insilit : ardet inausum
Moliri facinus, veterumque lacessere famam
Æmulus, et priscis unum se opponere sæclis.
Ergo pares gaudens tandem delapsus in hostes,
Nec fore cum Batavis, sed Roma et Cæsare bellum :
« Ite, ait, inceptum, Franci, dimittite pontem;
Hoc egeant aliæ tardo molimine gentes :
Certa mihi vobisque via est, hac qua via cumque
Esse potest ferro; tumidos pervadite fluctus,

1. *Ibères*, espagnols.
2. *Tenir*, dans l'édition de Lefèvre ; c'est une faute toute matérielle, qui produit cependant un faux sens.

POÉSIES DIVERSES. 269

Allez, et faites voir à ces flots ennemis
Quels intérêts le ciel en vos mains a remis. » 260
C'étoit assez en dire à de si grands courages :
Des barques et des ponts on hait les avantages ;
On demande, on s'efforce à passer des premiers[1].
GRAMMONT[2] ouvre le fleuve à ces bouillants guerriers ;

> Ite : fugax Batavus inimicaque sentiet unda
> Meque, Deumque ducem. » Nec plura effatus, et ingens
> Lætantum exoritur clamor, primique petentum
> Laudem aditus. Reliquos fortis GRAMMONTIUS anteit
> Agmen agens equitum, loricatosque maniplos.
> Hunc et Borbonidas referens ab origine reges

1. Le passage du Rhin eut lieu le 12 juin. — Le récit qu'en fait Boileau dans sa IVe épître adressée *au Roi* (vers 97-112) a beaucoup de ressemblance avec celui-ci, et l'on y voit figurer la plupart des mêmes noms :

> Ils marchent droit au fleuve, où Louis en personne,
> Déjà prêt à passer, instruit, dispose, ordonne.
> Par son ordre Grammont le premier dans les flots
> S'avance soutenu des regards du héros :
> Son coursier écumant sous un maître intrépide,
> Nage tout orgueilleux de la main qui le guide
> Revel le suit de près : sous ce chef redouté
> Marche des cuirassiers l'escadron indompté.
> Mais déjà devant eux une chaleur guerrière
> Emporte loin du bord le bouillant Lesdiguière,
> Vivonne, Nantouillet, et Coislin, et Salart :
> Chacun d'eux au péril veut la première part.
> Vendôme, que soutient l'orgueil de sa naissance,
> Au même instant dans l'onde impatient s'élance.
> La Salle, Beringhen, Nogent, d'Ambre, Cavois
> Fendent les flots tremblants sous un si noble poids.

2. Armand de Gramont, comte de Guiche, fils aîné du maréchal de Gramont, lieutenant général du corps d'armée de Monsieur le Prince, né en 1638, mort en 1673. Voyez ci-dessus, p. 264, note 2. Il reçut, dit la *Gazette* du 22 juin, neuf coups tant dans la main que dans ses habits et son épée. Le comte de Guiche a écrit une relation du passage du Rhin, qui se trouve au tome LVII (p. 105-118) de la 2e série des *Mémoires* de la collection Petitot.

270   POÉSIES DIVERSES.

Vendôme¹, d'un grand roi race toute héroïque², 265
Vivonne³, la terreur des galères d'Afrique,
Briole⁴, Chavigny⁵, Nogent⁶, et Nantouillet⁷,
Sous divers ascendants⁸ montrent même souhait.

> Vendocinus, Libycæque Vivonius arbiter undæ,
> Subisiusque, Coeslinusque, et Salleus, et tu
> Thermiade, Sallartusque, et Chavinius audax,
> Et Briolus, Revelusque, et Lesdigueria proles
> Salsius, adversamque haud emersurus in oram
> Nogentus sequitur; tum Nantulietus, et ardens

1. Le chevalier de Vendôme, arrière-petit-fils de Henri IV, et frère du duc, qui servait aussi dans l'armée de Flandre. Il « avoit traversé le Rhin à cheval,... se mêla, l'épée à la main, parmi les ennemis,... gagna un drapeau et un étendard, qu'il apporta au Roi, qui l'accueillit selon que le méritoit un exploit si beau et d'un prince qui n'a pas encore dix-sept ans. » (Gazette du 29 juin.)

2. Dans l'édition de 1688 dû P. de la Rue : « tout héroïque. »

3. Louis-Victor de Rochechouart, duc de Mortemart et de Vivonne, général des galères de France depuis 1669, nommé maréchal de France en 1675, mort au mois de septembre 1688. Il fut blessé au passage du Rhin. Voyez les Lettres de Mme de Sévigné, tome III, p. 111 et 145.

4. Le comte de Briord, souvent appelé Briole ou Briolle, fut premier écuyer de Monsieur le Duc, ambassadeur à Turin en 1697, à la Haye en 1699. Il est nommé dans la relation du comte de Guiche.

5. La Gazette (29 juin) rapporte que le comte de Guiche, qui se jeta le premier dans le fleuve, fut suivi immédiatement du duc de Coislin, des comtes de Saulx, ... de Nogent, des marquis de Chavigny, de Guitry, etc. Le marquis de Chavigny, fils du secrétaire d'État, fut brigadier des armées du Roi et mourut en 1718.

6. Armand de Bautru, comte de Nogent, lieutenant général au gouvernement d'Auvergne, maréchal de camp des armées du Roi et maître de la garde-robe. Il fut tué au passage du Rhin, comme il est dit ci-après, vers 301-304. Voyez sur lui les Lettres de Mme de Sévigné, tome I, p. 403 et 404; et tome III, p. 109 et 111.

7. François du Prat, descendant du chancelier, fils cadet du marquis de Nantouillet.

8. C'est-à-dire sous des astres divers, avec des chances, des destinées diverses. L'ascendant, en terme d'astrologie, est l'horoscope.

POÉSIES DIVERSES.

De Termes[1], et Coaslin[2], et Soubise[3], et la Salle[4],
Et de Saulx[5], et Revel[6], ont une ardeur égale ;
Et Guitry[7], que la Parque attend sur l'autre bord,
Sallart[8] et Beringhem[9] font un pareil effort.
Je n'achèverois point si je voulois ne taire
Ni pas un commandant, ni pas un volontaire :
L'histoire en prendra soin, et sa fidélité

> Berenghenus, et examines mox inter acervos
> Guitrius hostili victor sternendus arena.
> Inde alii centum, atque alii, quos æmula virtus
> Excitat. Olli alacres, quanquam refugique tremiscant

1. Roger de Pardaillan de Gondrin, marquis de Termes. Il fut blessé au passage du Rhin. Voyez les *Lettres de Mme de Sévigné*, tome III, p. 111 et 145.
2. Armand de Cambout, duc de Coislin, mort le 16 septembre 1702, âgé de soixante-sept ans. Il fut blessé à la main au passage du Rhin. Voyez ci-dessus, p. 270, note 5.
3. François de Rohan, fils puîné d'Hercule de Rohan, duc de Montbazon. Il traversa le Rhin à la nage, dit Moréri, à la tête des gendarmes de la garde.
4. Le marquis de la Salle ayant passé le Rhin un des premiers, fut blessé de cinq coups par les cuirassiers, qui s'étant jetés à l'eau précipitamment après lui, le prirent pour un Hollandais.
5. François-Emmanuel, comte de Sault, arrière-petit-fils du connétable de Lesdiguières, fut blessé au bras, au passage du Rhin, et eut un cheval tué sous lui. Il mourut en 1681.
6. Charles-Amédée de Broglio, comte de Revel, colonel des cuirassiers, frère du premier maréchal de Broglie. Il fut blessé de trois coups d'épée dans l'action qui suivit le passage du Rhin. Voyez sur lui les *Lettres de Mme de Sévigné*, tome III, p. 111, et tome IX, p. 172 et 173.
7. Guy de Chaumont de Guitry, pour qui le Roi avait créé la charge de grand maître de la garde-robe. Voyez ci-après, vers 345.
8. La *Gazette* (22 juin) dit que dans le premier passage, à la suite du comte de Guiche, les seules personnes de qualité qui périrent furent le comte de Nogent et le chevalier de Salart. Voyez aussi le *Mercure galant* de 1673, tome II, p. 302.
9. Le marquis de Beringhen, premier écuyer du Roi et colonel du régiment Dauphin. Voyez le *Mercure*, p. 304.

Les consacrera mieux à l'immortalité.
De la maison du Roi l'escadre ambitieuse
Fend après tant de chefs la vague impétueuse,
Suit l'exemple avec joie; et peut-être, grand Roi,
Avois-je là quelqu'un qui te servoit pour moi [1] : 280
Tu le sais, il suffit. Ces guerriers intrépides
Percent des flots grondants les montagnes liquides.
La tourmente et les vents font horreur aux coursiers [2];
Mais cette horreur en vain résiste aux cavaliers :
Chacun pousse le sien au travers de l'orage; 285
Le péril redoublé redouble le courage;
Le gué manque, et leurs pieds semblent à pas perdus
Chercher encor le fond qu'ils ne retrouvent plus [3];
Ils battent l'eau de rage, et malgré la tempête
Qui bondit sur leur croupe et mugit sur leur tête, 290
L'impérieux éclat de leurs hennissements
Veut imposer silence à ses mugissements :

> Alipedes, ventoque tumens immugiat unda,
> Invadunt fluvium. Strictis læva instat habenis,
> Dextera sublato micat ense, nec usus in armis
> Est super. At collum qua thorax pressior ambit,
> Ignivomos texere tubos, nitrataque flammæ
> Semina, ne madido vanescant uda liquore,
> Implicuere comis et summo in vertice gestant.
> Jam sola deseruere, et jam vacua omnia nutant
> Sub pedibus; timido lymphas ruit ungula pulsu,
> Incertusque jubas sonipes quatit, et caput alto
> Arduus hinnitu : vix illum fræna coercent

1. Un de ses fils : voyez ci-dessus, p. 188, note 4, et p. 189, note 2.
2. « Il faisoit ce jour-là un vent fort impétueux, qui, agitant les eaux du Rhin, en rendoit l'aspect beaucoup plus terrible. » (Racine, *Précis historique des campagnes de Louis XIV.*)
3. « Le terrain venant à manquer sous les pieds de leurs chevaux, ils les font nager, et approchent avec une audace que la présence du Roi pouvoit seule leur inspirer. » (*Ibidem.*)

Le gué renaît sous eux ; à leurs crins qu'ils secouent,
Des restes du péril on diroit qu'ils se jouent,
Ravis de voir qu'enfin leur pied mieux affermi, 295
Victorieux des flots, n'a plus qu'un ennemi.
Tout à coup il se montre, et de ses embuscades
Il fait pleuvoir sur eux cent et cent mousquetades;
Le plomb vole, l'air siffle, et les plus avancés
Chancellent sous les coups dont ils sont traversés. 300
NOGENT, qui flotte encor dans les gouffres de l'onde,
En reçoit dans la tête une atteinte profonde[1] :
Il tombe, l'onde achève, et l'éloignant du bord,
S'accorde avec le feu pour cette double mort.
Que vois-je? les chevaux, que leur sang effarouche, 305
Bouleversent leur charge, et n'ont ni frein ni bouche,
Et le fleuve grossit son tribut pour Thétis
De leurs maîtres et d'eux pêle-mêle engloutis.
Le mourant qui se noie à son voisin s'attache,

> Frendentem, et patulis ructantem naribus undas.
> His adeo incensis numero plausuque sequentum
> Ripa recedebat longe, mediumque tenebant
> Infrænum cursu vastaque voragine flumen.
>
> Ecce autem e latebris acies inimica repente
> Cum sonitu erumpens et barbarico ululatu,
> Adversum obvallat numeroso milite littus.
> Mox, patriam ulcisci quando pudor ultimus urget,
> Præcipitant in aquas, et certa in vulnera proni,
> Sulphureum excutiunt cannis feralibus imbrem.
> Fit fragor, ignito stridens it limite plumbum
> NOGENTI in frontem : ruit ille, haustusque fluento,
> Morte perit gemina. Paribus cadit undique fatis
> Turba frequens, mixtique viris, passimque soluti
> Per medios rapiuntur equi; spumantia fervent
> Cærula, et emotis exæstuat amnis arenis :

1. Voyez ci-dessus, p. 270, note 6.

Et l'entraîne après lui sous le flot qui le cache. 310
Quel spectacle d'effroi, grand Dieu! si toutefois
Quelque chose pouvoit effrayer des François.
Rien n'étonne : on fait halte[1], et toute la surprise
N'obtient de ces grands cœurs qu'un moment de remise,
Attendant qu'on les joigne, et qu'un gros qui les suit 315
Enfle leur bataillon, que l'œil du Roi conduit.
Le bataillon grossi gagne l'autre rivage,
Fond sur ces faux vaillants, leur fait perdre courage,
Les pousse, perce, écarte, et maître de leur bord,
Leur porte à coups pressés l'épouvante et la mort. 320
Tel est sur tes François l'effet de ta présence,
Grand Monarque; tels sont les fruits de ta prudence,
Qui par de[2] feints combats prit soin de les former
A tout ce que la guerre a d'affreux ou d'amer[3].

> Horrendum ! scirent si quicquam horrescere Galli.
>   Ast illi capti insidiis subsistere primum,
> Dum coëat latis dispersum fluctibus agmen.
> Tum certi inter se, collectoque impete, leti
> Mille minas inter volucrisque tonitrua flammæ,
> Deproperare viam, et cæco vada sternere cursu.
> Instigant studiis socii, et spectator adurget
> MAGNUS. Hic irato luctantes aspicit amni,
> Agnoscitque suos; et quas ipse indidit artes,
> Quos animos, quas ante manus in bella, per æstus
> Perque hiemes, fictis toties formavit in armis,

1. Dans l'édition originale, imprimée avec beaucoup de soin, mais dans une orthographe particulière, il y a ici *alte*, ce qui indique que ce mot ne se prononçait pas comme aujourd'hui. On était loin d'ailleurs d'être d'accord sur son origine, comme nous l'apprenons par Furetière, et c'est sans doute ce qui en rendait la prononciation et l'orthographe incertaines. Au reste, les éditions du P. de la Rue et de Granet portent également *alte*. Voyez le *Lexique*.
2. *Des*, dans les *OEuvres diverses* et dans les éditions suivantes.
3. Voyez ci-dessus, p. 198, note 1.

Tu les faisois dès lors à ce qu'on leur voit faire ; 325
Et l'espoir d'un grand nom ni celui du salaire
Ne font point cette ardeur qui règne en leurs esprits :
Tu les vois, c'est leur joie, et leur gloire, et leur prix.
　Tandis que l'escadron, fier de cette déroute,
Mêle au sang hollandois les eaux dont il dégoutte, 330
De honte et de dépit les mânes disparus
De ces bords asservis qu'en vain ils ont courus,
Y laissent à mon roi, pour éternel trophée,
Leurs noms ensevelis et leur gloire étouffée.
　Mais qu'entends-je ? et d'où part cette grêle de coups ?
Généreuse noblesse, où vous emportez-vous ?
La troupe qu'à passer vous voyez empressée
A courir les fuyards s'est toute dispersée ;
Et vous donnerez seuls dans ce retranchement
Où l'embûche est dressée à votre emportement : 340
A peine y serez-vous cinquante contre mille ;
Le vent s'est abattu, le Rhin s'est fait docile,
Mille autres vont passer, et vous suivre à l'envi ;

>Nunc usu probat, et vero discrimine gaudet.
>Ilicet haud telis et adacto saucius igne
>Terga dedit Batavus : cunctantem audacia victrix
>Expulit. Incurrunt juvenes, ausoque potiti
>Perrumpunt aditum, atque alto se gurgite tollunt
>Manantes rivis, nec segnius arma frementes.
>　Quæ nunc prima loquar ? Famamne remota petentem
>Terrarum, et plena fluviorum effracta sonantem
>Claustra tuba ? refugosne sua in penetralia Manes,
>Nudatos titulis et priscæ laudis honore ?
>An magis immensam bellantum ex ordine gentem,
>Totaque sub signis ducibusque natantia castra,
>Jam docili Rheno, jam languescentibus undis ?
>An potius cæca insidias in valle parantem,
>Arboribus tutum dubiisque anfractibus hostem,
>Mille viros : huc immissis erumpere frenis

Mais je donne un avis que je vois mal suivi.
Guitry tombe par terre[1]. O ciel, quel coup de foudre !
Je te vois, Longueville, étendu sur la poudre[2];
Avec toi tout l'éclat de tes premiers exploits
Laisse périr le nom et le sang des Dunois[3],
Et ces dignes aïeux qui te voyoient[4] les suivre
Perdent et la douceur et l'espoir de revivre.   350

> Nobilium impavidam, turma licet impare, pubem;
> Scrutarique vepres gladio, palisque revulsis
> Cominus extremos Batavum stimulare furores?
> Audio displosos inimicæ grandinis ictus,
> Pugnantumque minas, suspiriaque ægra cadentum.
> Tene etiam in mediis, Longavillæ, jacentem,
> Tecum atavos, tecum, ah! nomen Dunense sepultum
> Aspicio? Tene angustis in rebus iniquo
> Congressos numero proceres, juveniliaque ausa
> Sustentantem animis video, Condæe? feraque
> Strage virum longæ redimentem tædia pacis?
> Qua ruis, impulsos repetito vulnere cædis
> Obstantum cuneos; qua non ruis, ignea vultus

---

1. Voyez ci-dessus, p. 271, vers 271, et note 7. « Il a vécu une heure après sa blessure. » (*Mercure galant*, 1673, tome II, p. 307.)

2. Voyez ci-dessus, p. 208, note 2. — « M. de Longueville avoit forcé la barrière, où il s'étoit présenté le premier; il a été aussi le premier tué sur-le-champ. » (*Lettres de Mme de Sévigné*, tome III, p. 109.) — « Vous verrez dans toutes (*les relations*) que M. de Longueville est cause de sa mort et de celle des autres. » (*Ibidem*, p. 117.) — « Il n'y aurait eu personne de tué dans cette journée, sans l'imprudence du jeune duc de Longueville. On dit qu'ayant la tête pleine des fumées du vin, il tira un coup de pistolet sur les ennemis qui demandaient la vie à genoux, en leur criant : « Point de quartier pour « cette canaille! » Il tua d'un coup un de leurs officiers. L'infanterie hollandaise désespérée reprit à l'instant ses armes, et fit une décharge dont le duc de Longueville fut tué. » (Voltaire, *Siècle de Louis XIV* chapitre x.)

3. Voyez ci-dessus, p. 208, fin de la note 2.

4. *Qui te voyent*, mais à tort, dans l'édition de Lefèvre.

POÉSIES DIVERSES.

Condé va te venger, Condé dont les regards
Portent toute Nortlinghe et Lens[1] aux champs de Mars;
Il ranime, il soutient cette ardente noblesse
Que trop de cœur épuise ou de force ou d'adresse;
Et son juste courroux, par de sanglants effets,   355
Dissipe les chagrins d'une trop longue paix.
L'ennemi qui recule, et ne bat qu'en retraite,
Remet au plomb volant à venger sa défaite :
On l'enfonce. Arrêtez, héros! où courez-vous?
Hasarder votre sang, c'est les exposer tous :   360
C'est hasarder Enguien, votre unique espérance[2],
Enguien, qui sur vos pas à pas égaux s'avance.
Tous les cœurs vont trembler à votre seul aspect ;
Mais le plomb n'a point d'yeux, et vole sans respect :

> Fulgura semotos etiam sine vulnere cædunt[3]:
> Multa oculis Norlinga et Lentia multa recursat.
> Nec jam audent conferre manum, tantum eminus imbrem
> Fatiferum ingeminant. Ah ! ne te ferrea lædat
> Tempestas! neu te, neu tecum passibus æquis
> Currentem Enguineum tantis immitte periclis.
> Heu scelus! infami violatur pervia glande
> Læva manus. Victas, Batavi, ne plangite ripas,
> Concisasque acies, et cæde natantia rura :
> Borbonio maduit tellus captiva cruore.

1. Nordlingen en Bavière, Lens aujourd'hui dans le Pas-de-Calais, lieux illustrés par deux victoires du grand Condé, en 1645 et 1648.

2. Voyez ci-dessus, p. 208, note 1. Le duc d'Enghien était fils unique du grand Condé.

> Enguien, de son hymen le seul et digne fruit,
> Par lui dès son enfance à la victoire instruit.
>   (Boileau, *Épître* IV, vers 135 et 136.)

3. Au lieu de ces trois vers : *Qua ruis*, etc., qui n'ont pas été rendus par Corneille, on lit simplement dans l'édition de 1688 :

> Qua ruis, exanimes fugiunt sine vulnere turmæ.

Votre gauche¹ l'éprouve. Allez, Hollande ingrate, 365
Plaignez-vous d'un malheur où tant de gloire éclate;
Plaignez-vous à ce prix de recevoir nos fers :
Trois gouttes d'un tel sang valent tout l'univers.
Oui, de votre malheur la gloire est sans seconde,
D'avoir rougi vos champs du premier sang du monde :
Les plus heureux climats en vont être jaloux;
Et quoi que vous perdiez, nous perdons plus que vous.
 La Hollande applaudit à ce coup téméraire;
Le François indigné redouble sa colère;
Contre elle Knosembourg² ne dure qu'une nuit; 375
Arnheim³, qui l'ose attendre, en deux jours est réduit;
Et ce fort merveilleux sous qui l'onde asservie
Arrêta si longtemps toute la Batavie,
Qui de tous ses vaillants onze mois fut l'écueil,

> Hoc vinci decuit pretio, cladisque pudorem
> Eluit hic vestro commixtus sanguine sanguis.
> Non impune tamen, nec erit sine vindice vulnus.
> Crudescunt iræ Francorum, et promptius arces
> Itur in adversas. Vix Knozemburgica noctem,
> Vix lucem geminam Arnhemum; vix detinet unam
> Ille olim Batavæ scopulus virtutis, et unus
> Undecimum in mensem belli mora, Skinkius agger.

1. Votre main gauche, *læva manus*, comme le dit le P. de la Rue. — « Monsieur le Prince, dit le *Mercure galant* (au tome cité, p. 296), a été blessé au poignet gauche. » — « Un capitaine de cavalerie, nommé Ossembræk, qui ne s'était point enfui avec les autres, court au prince de Condé, qui montait alors à cheval en sortant de la rivière, et lui appuie son pistolet à la tête. Le prince par un mouvement détourna le coup, qui lui fracassa le poignet. Condé ne reçut jamais que cette blessure dans toutes ses campagnes. » (Voltaire, *Siècle de Louis XIV*, chapitre x.)

2. Fort situé sur le Wahal, vis-à-vis de Nimègue; il fut pris par Turenne le 17 juin.

3. Ville considérable du duché de Gueldre, prise par Turenne le 14 juin.

L'inaccessible Skeink, coûte à peine un coup d'œil[1]. 380
Que peut Orange[2] ici pour essai[3] de ses armes,
Que dérober sa gloire aux communes alarmes,
Se séparer d'un peuple indigne d'être à lui,
Et dédaigner des murs qui veulent notre appui?
La rive de l'Yssel si bien fortifiée, 385
Par ce juste mépris à nos mains confiée,
Ne trouve parmi nous que des admirateurs
De ses retranchements et de ses déserteurs.
Yssel trop redouté, qu'ont servi tes menaces?
L'ombre de nos drapeaux semble charmer tes places : 390
Loin d'y craindre le joug, on s'en fait un plaisir;
Et sur tes bords tremblants nous n'avons qu'à choisir.

  Ipse fugam Auriacus, ne tergo inopinus inhærens
  Præripiat victor, versis prius occupat armis[4],
  Hostiles etiam ante minas : deserta patescunt
  Munimenta Isalæ, et fragili congestus arena
  Cespitibusque labor Gallo fit ludus inermi.
   Hinc Isalæ impositas idem rapit impetus urbes,
  Kempenque Zwolamque; jugum Daventria felix

1. Voyez ci-dessus, p. 264, note 2. Skink, pris en 1636 par les Hollandais, après un long siége, fut assiégé par nos troupes le 18 juin 1672, et pris le 21. Boileau ne manque pas de faire allusion à ce fait dans sa IVe épître (vers 147 et 148) :

  Bientôt on eût vu Skink dans mes vers emporté
  De ses fameux remparts démentir la fierté.

2. Guillaume d'Orange, qui fut depuis roi d'Angleterre, le petit-fils de Henri de Nassau nommé plus haut, p. 262, vers 166. Il avait été d'abord capitaine général des forces néerlandaises; puis le peuple, poussé à bout par les dures conditions que voulait lui imposer Louis XIV, le proclama stathouder de Hollande.

3. Il y a *essais*, au pluriel, dans les *OEuvres diverses* de 1738.

4. Ici encore il y a un vers de moins dans l'édition de 1688, qui donne seulement :

  Ipse fugam Auriacus versis simul occupat armis.

280 POÉSIES DIVERSES.

Ces troupes qu'un beau zèle à nos destins allie
Font dans l'Ouver-Yssel régner la Westphalie;
Et Grolle, Swol, Kempen montrent à Déventer¹ 395
Qu'il doit craindre à son tour les bombes de Munster.
 Louis porte à Doësbourg² sa majesté suprême,
Et fait battre Zutphen³ par un autre lui-même;
L'un ouvre, l'autre traite, et soudain s'en dédit:
De ce manque de foi Philippe le punit, 400
Jette ses murs par terre, et le force à lui rendre
Ce qu'une folle audace en vain tâche à défendre.
Ces colosses de chair robustes et pesants
Admirent tant de cœur en de si jeunes ans⁴:
D'un héros dont jamais ils n'ont vu le visage 405
En cet illustre frère ils pensent voir l'image,
L'adorent en sa place, et recevant sa loi,

> Pastorale subit, Grollæque exterrita casu
> Wesphalicum avertit tectis flagrantibus ignem.
> Fulminat ante alios Lodoicus, et edita Druso
> Mœnia Dosburgi proprio dum numine terret,
> Lectam aciem tradens et prospera fata Philippo,
> Zutphaniæ quassat fraterno numine muros.
> His ille auspiciis commissoque agmine lætus,
> Nutantem inque ipsa jam deditione rebellem
> Castigat populum. Mirantur inertia vulgi
> Pectora robustis nequicquam obducta lacertis,
> Tantum animi, tantas tam pulchro in corpore vires,
> Tam vigiles juveni cœpta ad castrensia curas;

1. Grolle, aujourd'hui dans la Gueldre, Zwol et Kempen, dans l'Over-Yssel ou Yssel supérieur, furent pris presque simultanément par les troupes de l'évêque de Munster (en Westphalie), qui s'emparèrent de Deventer le 21 juin.
2. Cette ville de la Gueldre fut prise le 21 juin.
3. Zutphen, autre ville de la Gueldre, fut pris le 25 par Monsieur, frère du Roi.
4. Le duc d'Orléans était né en 1640, et par conséquent avait déjà trente-deux ans.

Reconnoissent en lui le sang d'un si grand roi.
Ainsi, lorsque le Rhin, maître de tant de villes,
Fier de tant de climats qu'il a rendus fertiles, 410
Enflé des eaux de source et des eaux de tribut,
Approche de la mer que sa course a pour but,
Pour s'acquérir l'honneur d'enrichir plus de monde,
Il prête au Vhal[1], son frère, une part de son onde;
Le Vhal, qui porte ailleurs cet éclat emprunté, 415
En soutient à grand bruit toute la majesté,
Avec pareil orgueil précipite sa course,
Montre aux mêmes effets qu'il vient de même source,
Qu'il a part aux grandeurs de son être divin,
Et sous un autre nom fait adorer le Rhin. 420
Qu'il m'est honteux, grand Roi, de ne pouvoir te suivre
Dans Nimègue qu'on rend[2], dans Utrecht qu'on te livre[3],
Et de manquer d'haleine alors qu'on voit la foi
Sortir de ses cachots, triompher avec toi,
Et de ses droits sacrés par ton bras ressaisie, 425

    Heroumque genus, Regemque in fratre pavescunt.
     Sic postquam anfractu vario centumque volutus
Urbibus, extremum properat jam Rhenus in orbem,
Nativisque tumens et vectigalibus undis
Germanum in Vahalim diviso gurgite fluctus
Exonerat : sonat ille vadis, fratrisque timenda
Majestate ferox, fremitumque imitatus et iras,
Communes probat æternis e fontibus ortus,
Et Divum Deus ipse refert, aliisque colendum
Ostentat populis alio sub nomine Rhenum.
    Nec satis est animos passim trepidare labantes
Inque novos mores urbes transire coactas :
Sub juga jam totis ultro regionibus itur.
Cessit et Austrini latus æquoris, ardua cessit
Neumagus, et magnæ Trajectum nobile gentis

1. Le Wahal. — 2. Le 9 juillet. — 3. Le 20 juin.

282 POÉSIES DIVERSES.

Chez tes nouveaux sujets détrôner l'hérésie !
La Victoire s'attache à marcher sur tes pas,
Et ton nom seul consterne aux lieux où tu n'es pas.
Amstredam[1] et la Haye en redoutent l'insulte :
L'un t'oppose ses eaux[2], l'autre est toute en tumulte;
La noire politique a de[3] secrets ressorts
Pour y forcer le peuple aux plus injustes morts;
Les meilleurs citoyens aux mutins sont en butte[4] :
L'ambition ordonne, et la rage exécute;
Et qui n'ose souscrire à leurs sanglants arrêts,   435
Qui s'en fait un scrupule, est dans tes intérêts :
Sous ce cruel prétexte on pille, on assassine;
Chaque ville travaille à sa propre ruine;
Chacun veut d'autres chefs pour calmer ses terreurs.

> Tota adeo cum gente caput. Micat eruta fracto
> Carcere relligio, festaque per oppida pompa
> Fœda situ longo patrum delubra revisens
> Expiat : erepta fugiunt mendacia larva.
> Francum urbes, Francum arva sonant, Francum alta volutant
> Littora. Discordi convellitur Haga tumultu;
> Et vinci impatiens, prodi se curia jactat.
> Nulla fides : Gallus jam quisque nocensque putatur,
> Ni furat in proceres, et vulgi exempla secutus
> Sese odiis turpique probet formidine civem;
> Nec furiis modus : ipsa manu subvertere claustra
> Admissoque lubet sola naufraga mergere ponto;
> Et miseris ea visa salus. Labor omnibus, aurum
> Defodere, inque alios subvectum avertere fines;

1. Ici l'édition du P. de la Rue (1688) porte, comme l'édition in-folio : *Amstredam.*
2. Le peuple d'Amsterdam força ses magistrats d'ouvrir les écluses et de percer les digues qui empêchaient la mer de se répandre dans les campagnes.
3. *Des,* dans les *OEuvres diverses* et dans les éditions suivantes.
4. Le grand pensionnaire Jean de Witt et son frère Corneille furent massacrés par la populace, à la Haye, le 22 août 1672.

Laisse-les, grand vainqueur, punir à leurs fureurs; 440
Laisse leur barbarie arbitre de la peine
D'un peuple qui ne vaut ni tes soins ni ta haine;
Et tandis qu'on s'acharne à s'entre-déchirer,
Pour quelque mois ou deux laisse-moi respirer.

 Et servire leve est, dum ne victoris in usus
Tot captiva cadant aggestæ pondera gazæ :
Tanta fames auri, veræque oblivio laudis.
At non idem animus tamen omnibus, aut furor idem :
Sunt qui fraude suis quærunt solatia rebus.
Ergo pacem alii verbis et supplice cultu,
Victoris fusi ante pedes, veniamque precantur
Exosi veniam, legesque eludere certi :
Bella alii, sociasque aquilas, fœdusque minantur,
Martis inexperti, peregrino at Marte feroces.
 Nec regem latuere doli : fallacia gentis
Vota, levesque minas, paci belloque paratus
Despicit, et : « Veniæ sic nomine luditis, inquit?
Nec venia, Batavi, nec vos dignabimur ira.
Nam quid iners ultra, socii, nos detinet hostis?
Parcamus ferro. Franca cecidisse superbum est
Regalique manu : proprio ruat ipse furore,
Vertat et imbellem scelerata in viscera dextram,
Hostibus haud aliis, alioque haud funere dignus. »
Dixit, et excitum Stygiis e faucibus agmen
Civilesque trahens secum Discordia pestes,
Infaustas populat, quibus heros abstinet, oras.
Hic patriæ fines, votisque vocantia regna
Securus rerum spoliisque revisit onustus.
Intremuit tellus, abeuntique alta Genapi
Culmina, et irrigui princeps Bommelia tractus,
Et Vordum, et Gravia, et Crepicordi nobile vallum
Se simul advolvere, et iter stravere ruina.
 Tu [1] tamen ignavam ne sperne evertere gentem.

---

1. « Les (*quatorze*) vers suivants ont été supprimés dans la sixième édition des *Poésies* du P. de la Rue, faite à Anvers en 1693. » (*Note de Granet.*) — Ils manquent déjà dans celle qui a été faite à Paris

Non alio, LODOICE, datum est tibi vincere fato.
Credo equidem : deceant alios ea prælia reges,
Ipse ubi cum victis partitur victor honorem ;
Certa tibi laus tota. Cadunt, quoscumque lacessis,
Indecores ; tibique in partem titulumque triumphi
Non fusæ veniunt acies, non eruta tantum
Oppida ; fracta etiam virtus, deletaque fama
Nominis, et victæ si quæ sit gloria genti,
His quoque victor ovas spoliis ; nec se tibi quicquam
Subducit, toto vinci quod possit in hoste.
Hæc tua sors : tali tibi se victoria lege
Despondit famulam ; si talia bella recusas,
Stat tibi perpetuæ decus inviolabile pacis.

en 1688. Au reste, Corneille n'a traduit ni ces vers retranchés plus tard par l'auteur, ni les trente précédents. Il les a remplacés par quelques traits rapides et par la prière adressée au Roi de le laisser respirer.

LXXXII

SUR LA PRISE DE MASTRIC.

SONNET.

Maestricht fut pris le 1ᵉʳ juillet 1673. Le rédacteur du *Mercure galant* (1674, tome VI, p. 37), après avoir inséré trois sonnets, les deux premiers de Boyer et le troisième anonyme, et une chanson, sur ce sujet, ajoute : « On me vient d'apporter encore un sonnet sur la prise de Mastric, que je crois, Madame, que vous serez bien aise d'avoir, puisqu'il est du grand Corneille : il a plu et à la cour et à la ville, et je ne doute pas que votre province ne soit du même sentiment. » A la page 38 du même volume on trouve le sonnet qu'on va lire, et à la page 43 un *Madrigal de Mlle de Scudery sur la prise de Mastric.*

Grand Roi, Mastric est pris, et pris en treize jours[1] !
Ce miracle étoit sûr à ta haute conduite,
Et n'a rien d'étonnant que cette heureuse suite
Qui de tes grands destins enfle le juste cours.

La Hollande, qui voit du reste de ses tours   5
Ses amis consternés, et sa fortune en fuite,
N'aspire qu'à baiser la main qui l'a détruite,
Et fait de tes bontés son unique recours.

---

1. « Jamais ville.... ne fit d'abord une résistance plus vigoureuse, ni un feu plus continuel et plus terrible. On y épuisa de part et d'autre toutes les finesses du métier. Mais que peuvent la force et l'industrie contre une armée de François animés par la présence de leur roi? Cette ville si bien défendue, mieux attaquée encore, tint à peine treize jours. » (Racine, *Précis historique des campagnes de Louis XIV.*)

Une clef qu'on te rend t'ouvre quatre provinces;
Tu ne prends qu'une place, et fais trembler cent princes:
De l'Escaut jusqu'à l'Èbre en rejaillit l'effroi.

Tout s'alarme; et l'Empire à tel point se ménage,
Qu'à son aigle lui-même il ferme le passage
Dès que son vol jaloux ose tourner vers toi.

LXXXIII

AU ROI,

SUR SA LIBÉRALITÉ ENVERS LES MARCHANDS DE LA VILLE DE PARIS.

[Traduit du latin de Santeul.]

On lit dans les *Mémoires secrets*.... de Bachaumont (tome V, p. 62 et 63) : « Au commencement de 1674, Louis XIV fit demander au corps de la mercerie un secours d'argent. On proposa à ce corps en récompense le premier rang parmi les six corps, le droit de donner tous les ans plusieurs sujets au consulat, et l'affranchissement d'une espèce de servitude à laquelle son commerce étoit assujetti depuis quelques années.

« Le corps chargea les gardes en charge[1] d'offrir au Roi cinquante mille livres, et d'accepter l'affranchissement de la servitude du commerce, mais de déclarer que content de son rang entre les six corps et de l'usage établi pour le consulat, il prioit qu'il n'y fût rien changé.

« Peu de temps après, M. de Colbert annonça aux gardes en charge, etc., que le Roi, content du zèle que le corps avoit témoigné pour son service, leur rendoit les cinquante mille livres, et leur donnoit deux mille écus pour faire prier Dieu pour Sa Majesté, décorer leur chapelle, et boire à sa santé.

« En conséquence, les gardes firent célébrer dans l'église du Sépulchre[2] les prières de quarante heures pour S. M. et pour la prospérité de ses armes. Cela se fit avec la plus grande solennité.

« Tous les jours il y eut au bureau une table de vingt couverts, à laquelle dînèrent les prélats qui avoient officié et les prêtres de leur

---

1. « On appelle, dans les six corps des marchands, les maîtres et gardes, ceux qui sont élus de ces corps pour être jurés et faire observer par les autres les statuts et règlements de chacune de ces communautés. » (*Dictionnaire de Furetière.*)
2. L'église collégiale du Sépulcre était située rue Saint-Martin, près de la rue Saint-Merry.

suite. On manda toutes les pauvres familles des marchands, auxquelles on distribua des aumônes.

« Enfin, pour remplir entièrement les vues du Roi, ils firent décorer la chapelle des merciers par un tableau du célèbre le Brun, qui se voit au retable du maître autel du Sépulchre [1].

« Le dernier jour des quarante heures on apprit que la citadelle de Besançon s'étoit rendue le 22 mai. Dans les réjouissances publiques pour cet événement, on fit un grand feu de joie devant la porte du bureau et de chacun des gardes en charge, chez lesquels il y eut jusqu'à deux heures après minuit table ouverte pour les honnêtes gens. Au dehors on distribua des bouteilles de vin à tous ceux qui en voulurent; on ne laissoit passer personne sans le faire boire à la santé du Roi. »

« Ces fêtes furent répétées pour la prise de Dôle, rendue le 6 juin. Il y eut de plus au bureau une grande collation, à laquelle M. le lieutenant général de police, M. le procureur du Roi et les anciens gardes furent invités.

« Pour transmettre les témoignages publics de leurs sentiments pour S. M., les marchands merciers prièrent M. de Santeuil de faire un poëme sur ce sujet, et M. Corneille voulut bien le traduire. »

Le poëme de Santeul, traduit par Corneille, est l'explication d'un emblême gravé par F. Chauveau, et représentant un soleil qui résout en pluie les vapeurs qu'il a tirées de la terre, avec cette devise : *Magno cum fœnore reddit*. Les vers latins, imprimés en 1674 dans le format in-folio, chez Pierre le Petit, sont signés : SANTOLIUS, *Victorinus*, et la traduction française qui les accompagne : P. CORNEILLE. La bibliothèque Mazarine possède un exemplaire de cette édition sous la marque C 274, A⁹. On conserve à la Bibliothèque impériale un exemplaire d'une édition in-8º des mêmes poëmes, portant la même adresse et la même date, mais dans lequel ils sont tous deux anonymes; on trouve aussi dans le même établissement une autre pièce

---

[1]. « Le tableau qui représente la résurrection de Jésus-Christ est un des plus beaux du célèbre le Brun.... En peignant Jésus-Christ sortant du tombeau, il représenta Colbert, le protecteur du commerce et des arts, tenant un des coins du linceul. » (Millin, *Antiquités nationales*, tome III, § XXVII, p. 9 et 10. *Église du Saint-Sépulcre, département et district de Paris, section des Lombards.*)

de même titre, de format identique, d'apparence extérieure complétement semblable, dans laquelle le poëme de Santeul, signé à la fin, au lieu d'être suivi de la traduction de Corneille, est accompagné en regard de chaque page d'une traduction en vers français signée : DU PERIER. Une épître de ce traducteur nous apprend qu'il était appuyé par Santeul, et que ses vers avaient failli être choisis de préférence à ceux de Corneille, pour accompagner la pièce latine dans l'édition officielle des merciers :

> Santeul, dont les heureux efforts
> Du cygne[1] que le Mince éleva sur ses bords
> Imitant la voix plus qu'humaine,
> Enchantent les peuples de Seine
> Par de mélodieux accords,
> Si je puis, d'un accent aussi doux que sublime,
> Justifier le choix que tu fis de ma rime,
> Pour faire entendre à tes marchands,
> Si peu touchés de tes vers si touchants,
> Ce que de ton roi magnanime
> Tu nous racontes dans tes chants ;
> Si cet admirable tragique[2]
> Dont on m'a préféré la voix
> Même après l'aveu de ton choix,
> M'entend d'un ton plus héroïque
> Faire parler le grand Louis,
> Et de ses combats inouïs
> Sur tes vers retraçant l'histoire,
> Les garantir de l'onde noire,
> Que mes sens seront réjouis
> D'une si fameuse victoire !
> Que si Louis daigne encor m'écouter,
> Moi qui n'écris que pour la gloire,
> Savantes filles de Mémoire,
> Qu'aurai-je plus à souhaiter ?

Les deux poëmes de Santeul et de Corneille, recueillis par les éditeurs de Santeul, en 1729, au tome I de ses OEuvres (p. 36-44), et par Granet en 1738, dans les OEuvres diverses (p. 82-91), furent réimprimés avec un grand luxe en 1770, sous le titre de *Poëme à la louange de Louis XIV, présenté par les gardes des marchands merciers de la ville de Paris*. Cette édition, que nous n'avons pu trouver, est pré-

1. Virgile. (*Note de du Périer.*) — 2. Corneille. (*Note du même.*)

cédée d'une ample notice historique qui raconte, tout au long, d'après le registre des délibérations du bureau de la mercerie, les faits que nous venons de rapporter d'après l'analyse rédigée par Bachaumont sous la date du 23 janvier 1770.

Chantez, peuple[1], chantez la valeur libérale,
La bonté de Louis à son grand cœur égale :
Du trône, d'où ses soins insultent les remparts,
Forcent les bastions, brisent les boulevarts,
Il vous tend cette main qui lance le tonnerre ; 5
Et quand vous lui portez des secours pour la guerre,
Qu'à tout donner pour lui vous vous montrez tous prêts,
Il vous rend et vos dons et d'heureux intérêts[2].
   Ainsi quand du soleil la course rayonnante
Fait rouler dans les cieux sa pompe dominante, 10

REGI,

PRO SUA ERGA URBIS MERCATORES AMPLIORIS ORDINIS MUNIFICENTIA[3].

Non[4] frustra est tanto quod ferveat undique plausu
Urbs omnis, lætique novum per compita cives
Festum agitent : solio nuper vos magnus ab alto
Respexit Lodoicus, et inter Martia signa
Nunc bellator, opes castris Martique dicatas,
Quas ultro fertis, MAGNO CUM FOENORE REDDIT.
   Sic ubi sidereos lustrat sol aureus orbes,
Cœlestesque plagas et lucida regna pererrat,

1. *Peuple* est ici au singulier, mais il est au pluriel dans le vers 30.
2. Traduction de la devise qui surmonte l'emblème, et qui est textuellement répétée et imprimée en capitales en deux endroits du texte de Santeul, où l'on trouve aussi imprimés en capitales ces mots qui expriment encore la même idée : MELIORI MUNERE DITAT.
3. Ainsi dans l'édition in-folio ; toutes les autres éditions portent : *Regis, pro, etc.... encomium*, à l'exception des OEuvres de Santeul, où on lit : *Regi, pro, etc.... encomium*.
4. Dans l'édition in-folio la lettre qui commence ce mot est une initiale ornée traversée d'une balance avec cette devise : *Æquum æqua probat*.

Qu'en maître souverain de ce brillant séjour
Il règle les saisons et dispense le jour,
Il ne dédaigne point d'épandre ses lumières
Sur les sables déserts et les tristes bruyères,
Et sans que pour régner il veuille aucun appui, 15
Il aime à voir l'amour que la terre a pour lui :
La terre qui l'adore exhale des nuages
Qui du milieu des airs lui rendent ses hommages ;
Mais il n'attire à lui cette semence d'eaux
Que pour la distiller en de féconds ruisseaux, 20
Et de tous les présents que lui fait la nature
Il n'en reçoit aucun sans rendre avec usure.
 O vous, célèbre corps, à qui de l'univers
Tous les bords sont connus et tous les ports ouverts[1] ;
Vous par qui les trésors des plus heureuses plages
Viennent de notre France enrichir les rivages,

   Nil telluris egens, patrio cum solus Olympo
  Jam valeat sese asserere, et regnare per astra,
  Ille tamen steriles non dedignatur arenas
  Respicere, et campos radiis recreare jacentes :
  Quod si forte novo tellus afflata calore
  In tenuem exhalet nebulam, imbriferumque vaporem
  (Grata quidem, supero sed inania munera soli),
  Excipit hunc primum, radioque humente tepentis
  Semina cogit aquæ, nutritque, fovetque propinquam
  Desuper irradians nubem ; quam deinde refundit
  Prodigus, et terras MELIORI MUNERE DITAT.
   O fortunati tanto sub principe cives !
  Optima pars urbis, gemino gens nota sub axe,
  Quorum nominibus sese ultima littora, et omnes
  Undique se portus, sese maria omnia pandunt,

---

1. Traduction de ces mots du poëme de Santeul : *gemino gens nota sub axe*, qui sont la reproduction textuelle de la devise du corps des merciers, dont l'écusson est gravé à la fin des vers de Corneille dans l'édition in-folio.

Oyez ce qu'au milieu du bruit de cent canons
Votre grand Roi prononce en faveur de vos dons,
Ce qu'en votre faveur la Muse me révèle :
« Peuples, dit ce héros, je connois votre zèle, 30
J'en aime les efforts, et dans tout l'avenir
J'en saurai conserver l'amoureux souvenir.
Vous n'avez que trop vu ce qu'ose l'Allemagne,
Ce que fait la Hollande, et qu'a tramé l'Espagne,
Ce que leur union attente contre moi. 35
Plus l'attentat est grand, plus grande est votre foi,
Et vous n'attendez point que je vous fasse dire
Comme il faut soutenir ma gloire et mon empire :
Vous courez au-devant, et prodiguez vos biens
Pour en mettre en mes mains les plus aisés moyens. 40
C'est votre seul devoir qui pour moi s'intéresse,
C'est votre pur amour qui pour moi vous en presse :
Je le vois avec joie. » A ces mots ce vainqueur,
Sur son peuple en vrai père épanchant son grand cœur,

>   Per vos, dicam equidem, spoliis Orientis onusta,
>   Barbaricisque superba opibus, jam Gallica puppis
>   Post tot vota redux Francis allabitur oris.
>   Huc omnes, huc ferte pedem : Rex ipse, tubarum
>   Clangores inter medios bellique tumultus,
>   Alloquitur ; vos o memores mihi dicite Musæ,
>   Vos, audistis enim, regales dicite vati
>   Affatus : « Vestri non muneris immemor, inquit,
>   O cives, dum sævit atrox conjunctus Ibero
>   Germanus, Batavique truces sua fœdera jactant ;
>   Pro decore imperii, pro majestate tuenda,
>   Omnes thesauros, omnes effundere gazas,
>   Certatim vobis fuit omnibus una voluntas,
>   Idem animus : sensus agnosco hoc munere vestros.
>   Hoc vestrum officium velit, et mea gloria poscat.
>   Muneris id quodcumque, et vestri pignus amoris
>   Accipio lætus. » Regis quam provida cura !

Fait prendre ces présents[1], qu'un léger intervalle 45
Renvoie accompagnés de sa bonté royale.
« C'est assez, poursuit-il, d'avoir vu votre amour;
La tendresse du mien veut agir à son tour.
Pour rendre cette guerre à ses auteurs funeste,
Sujets dignes de moi, j'ai des trésors de reste; 50
J'en ai de plus sûrs même et de beaucoup plus grands
Que ceux que vous m'offrez, que ceux que je vous rends:
J'ai le fond de vos cœurs, et c'est de quoi suffire
Aux plus rares exploits où mon courage aspire :
C'est aux ordres d'un roi ce qui donne le poids; 55
C'est là qu'est le trésor, qu'est la force des rois.
Reprenez ces présents dont l'offre m'est si chère :
Si je les ai reçus, c'est en dépositaire,
Et je saurai sans eux dissiper les complots

> Ille quidem, secum belli dum fata volutat,
> Urbis amore suæ victus, pectusque paternum
> In populum accipiens, COLBERTO credidit ingens
> Jamjam pensandum regali munere munus.
> Depositum vocat: « Hac dextra, his victricibus armis
> Bellandum est, inquit; sat erit mihi Martia virtus
> Qua conjuratas triplici sub fœdere gentes
> Protinus abrumpam, meque in mea jura reponam.
> Quas populus sibi quærit opes, quas anxia cura,
> Et quas mille artes, terraque marique petitas,
> Accumulant, vester, tanti in dispendia belli,

[1]. Il est dit dans les vers latins imités par Corneille que le Roi confia ces présents à Colbert; et une note de l'édition de Santeul, de 1729, fait remarquer qu'il s'agit de Charles Colbert, marquis de Croissy, qui était frère du célèbre Colbert, et qui fut ministre et secrétaire d'État en 1679. Le nom de Colbert se trouve plus loin, et cette fois dans Corneille (vers 78) aussi bien que dans Santeul; là les qualifications qui l'accompagnent ne peuvent guère convenir, ce nous semble, qu'au grand Colbert (Jean-Baptiste), contrôleur général des finances.

Que la triple alliance¹ oppose à mon repos. 60
Ce fruit de vos travaux destiné pour la guerre,
Ces tributs que vous font et la mer et la terre,
Votre amour, votre ardeur à servir mes desseins,
Les rend assez à moi tant qu'ils sont en vos mains.
Mes troupes, par moi-même au péril animées, 65
Renverseront sans eux les murs et les armées :
J'en ai la certitude; et de vous je ne veux
Aucun autre secours que celui de vos vœux.
Offrez-les sans relâche au grand dieu des batailles,
Tandis que mes canons foudroieront les murailles, 70
Et devant ses autels, prosternés à genoux,
Invoquez-le pour moi², je combattrai pour vous. »
Là se tait le monarque, et sûr de ses conquêtes,
Aux triomphes nouveaux il tient ses armes prêtes.
Cet éclat surprenant de magnanimité 75
Par la nymphe à cent voix³ en tous lieux est porté.
Que de ravissements suivent cette nouvelle !

    Communes mihi fecit amor: jam ponite curas,
Quæ populos, eadem reges opulentia ditat.
Unum oro : dum me implicitum fera bella tenebunt,
Multa implorantes suspensi hærebitis aris ;
Ille deus bellorum, unus qui præsidet armis,
Hostiles deus ille dabit perrumpere turmas. »
    Conticuit, rigidisque heros se involvit in armis,
Securus fatorum, et jam prænuncia fama
Ibat per populos, et splendida munera Regis
Vulgabat ; lætis cives rumoribus acti
Confusos urbis strepitus prona aure bibebant,
Cum pulchro accensus patriæ COLBERTUS amore,

---

1. L'empereur d'Allemagne et le roi d'Espagne s'étaient alliés contre la France avec la Hollande au mois d'août 1673.
2. Voyez la notice en tête de cette pièce.
3. La Renommée.

POESIES DIVERSES.

Colbert y met le comble en ministre fidèle :
Ce grand homme, sous lui maître de ses trésors,
Mande par ordre exprès ce grand et nombreux corps, 80
Le force d'admirer des bontés sans mesure,
Et remet en ses mains ces dons avec usure.
 De là ces doux transports, ces prompts frémissements
Qui poussent jusqu'au ciel mille applaudissements,
Ces vœux si redoublés qui hâtent sa victoire, 85
Ces titres par avance élevés à sa gloire[1].
On voit Paris en foule accourir aux autels,
Implorer le grand Maître et tous les Immortels :
Ses temples sont ornés; des lumières sans nombre
Y redoublent le jour, y font des nuits sans ombre. 90

  Colbertus, gazæ cui credita cura tuendæ,
  Conscius ingentis facti (sic jussa ferebant),
  Congestas tot opes populorum inopinaque dona,
  Ingens depositum, MAGNO CUM FOENORE REDDIT.
   Hinc subiti plausus, hinc publica gaudia vulgi,
  Undique lætitiæ fremitus, votisque triumphos
  Accelerant victoris, et amplam inscribere certant
  Nobilibus titulis et belli insignibus urbem.
  Templa adeunt, onerantque aras et fronde coronant.
  Aspiceres populos concursu accedere magno,
  Et manibus passis omnes exposcere divos,
  Omnes cœlicolas : appensi altaribus ignes
  Dant lucem late, et largo loca lumine complent.
  Ipse aderat mitra effulgens, et vestibus aureus,
  Longe omnes supra, media inter vota sacerdos :
  Hic ille est magnis quem Rex præfecerat aris

1. Il s'agit sans doute dans ce vers des inscriptions improvisées dans les réjouissances dont a parlé Bachaumont. Du Périer dit ici :

  Et d'une sainte ardeur nos muses échauffées
  Sur plus d'un arc pompeux vont graver ses trophées.

L'inscription de la porte Saint-Martin, qui fait face à la rue Saint-Martin, est relative aux victoires de 1674.

Son prélat¹ donne l'ordre, et par un saint emploi
Répond aux dignités dont l'honore son roi.
    L'effet suit tant de vœux : les plus puissantes villes
Semblent n'avoir pour nous que des remparts fragiles ;
On les perce, on les brise, on écrase leurs forts² :   95
Il y pleut mille feux, il y pleut mille morts.
Les fleuves, les rochers ne sont que vains obstacles ;
Notre camp à toute heure est fertile en miracles ;
Et l'exemple d'un roi qui se mêle aux dangers,
Enflant le cœur aux siens, l'abat aux étrangers.   100
Bezançon voit bientôt sa citadelle en poudre³ ;
Dole avertit Salins⁴ de ce que peut sa foudre ;

> Harlæus, titulisque novis, et honoribus auctus.
>   Audivere omnes superi, qui præsidet armis
> Audiit ipse Pater, dexter jam vota secundat.
> Ecce ruunt magnæ concussis mœnibus urbes,
> Rumpunturque obices : de collibus intonat altis
> Mille neces et mille ferens incendia fulmen.
> Luctus ubique et ubique fragor : jam gallica castra
> Montis inaccessas præruptis rupibus arces
> Invadunt, Rex ipse subit discrimina Martis.
> Unde pavor victis, victoribus inde furores.
> Jam superant fossas, non agger ab aggere tutus,
> Non juga, non amnes, non propugnacula tardant.
> Obstupuere cavis male tuti turribus hostes,
> Suppliciter tenduntque manus, veniamque precati
> Disjectis gaudent victorem admittere muris.
> I, nunc antiquas jacta, Vesontio, turres,
> Et tua nequicquam celsæ capita ardua rupis,
> Et Græum, et Dolam, et salibus loca fœta Salinas,

    1. François de Harlay, dont il est parlé au tome VIII, p. 3. Il fut d'abord archevêque de Rouen, puis archevêque de Paris de 1671 à 1695.
    2. « Les forts, » dans les *Œuvres diverses* de 1738 et dans les éditions suivantes.
    3. Besançon se rendit au Roi le 15 mai 1674.
    4. Dôle se rendit au Roi le 6 juin, et Salins fut pris le 22 du

Et toute la Comté, pour la seconde fois[1],
Rentre sous l'heureux joug du plus juste des rois.
Mais ce n'est encor rien; et tant de murs par terre
N'étalent aux regards que l'essai d'une guerre
Où le manque de foi, qu'il commence à punir,
Voit le prélude affreux d'un plus rude avenir.
  Généreux citoyens de cette immense ville,
A qui par ce grand roi tout commerce est facile,
Vous qui ne trouvez point de bords si peu connus
Où son illustre nom ne vous ait prévenus,
Si vous n'exposez point de sang pour sa victoire,
Vos cœurs, vos dons, vos vœux ont du moins cette gloire
Que votre exemple montre au reste des sujets
Comme il faut d'un tel prince appuyer les projets.
Plus à ses ennemis il fait craindre ses armes,

> Et bis capta tuas jacta, BURGUNDIA, vires.
> Exigua ingentis sunt hæc præludia belli.
>   Felices populi, regi jam plaudite vestro,
> Vosque parisiaci nova per commercia cives,
> Quo victor penetrat fama et velocibus armis,
> Ultra Indos, Arabesque, et arenivagos Garamantas,
> Quo vos, ingentem benefacti extendite famam.
> Nec vos officio pigeat certasse priores :
> Si belli expertes non diro occurritis hosti,
> Saltem animis, vestrisque opibus, votisque favetis.
> Hostibus incussit terrorem armatus, inermis.
> Conciliare animos, vos devincire merendo
> Gestiet, et bello quondam perfunctus et armis,
> Ditabit populos, defendet legibus urbes,

même mois par la Feuillade. Gray, dont Corneille ne dit rien, mais dont il est question dans les vers de Santeul et dans ceux de du Périer, avait été pris par le duc de Navailles le 28 février.

1. La Franche-Comté, conquise une première fois, par le Roi en personne, au commencement de 1668, avait été rendue la même année, à la paix d'Aix-la-Chapelle.

Plus la paix qu'il souhaite aura pour vous de charmes.
Ce sera, peuple, alors que par d'autres vertus
Ses lois triompheront des vices abattus; 120
Chaque jour, chaque instant lui fournira matière
A déployer sur vous sa bonté toute entière;
Les malheurs que la guerre aura trop fait durer,
Cette même bonté saura les réparer.
Pour augure certain, pour assuré présage, 125
Dans ces dons qu'il vous rend il vous en donne un gage;
Et si jamais le ciel remplit ce doux souhait,
Vous voyez son amour, vous en verrez l'effet.

Présenté par les gardes des marchands de la ville de Paris.

Et res afflictas per tot discrimina belli
Restituet bonus, et fata ad meliora vocabit :
Hæc certa auguria, et longæ læta omina pacis
Augustus Princeps augusto hoc munere firmat.

SANTOLIUS, *Victorinus*.

Offerebant amplioris Mercaturæ Præfecti et Custodes.

LXXXIV

AU ROI,

SUR SON DÉPART POUR L'ARMÉE, EN 1676[1].

L'édition originale de cette pièce n'est point signée. Elle forme quatre pages in-4°, imprimées en italique avec fleurons et lettres ornées; à la suite vient la pièce latine signée : JOHANNES LUCAS, *Societatis Jesu*[2], dont celle-ci est imitée et que nous reproduisons au bas des pages; elle est aussi de quatre pages et est imprimée en caractères romains; elle porte à la fin l'adresse suivante : *Ex officina Simonis Benard, via jacobæa*. On trouve un exemplaire de cette édition à la Bibliothèque impériale, département des imprimés, *Recueil Thoisy, matières historiques*, in-folio, tome X. Granet a publié ces deux pièces dans les *Œuvres diverses*, p. 92-96.

Le printemps a changé la face de la terre ;
Il ramène avec lui la saison de la guerre,
Et nos champs reverdis font renaître, grand Roi,

REGI,
AD EXERCITUM INEUNTE VERE PROFICISCENTI, ODE.

Frugiferis rediere sua vice gramina campis,
    Dudumque fixa postibus
    Deripere arma jubet

---

1. Le Roi partit de Saint-Germain, pour aller commander l'armée de Flandre, le 16 avril 1676.
2. Le P. Lucas était né en 1650, dans la province de Normandie. Il professa la rhétorique, puis la théologie au collége Louis-le-Grand. On a imprimé de lui, outre cette ode imitée par Corneille et des discours latins, un poëme en deux livres, intitulé : *Actio oratoria seu de gestu et voce* (1675), qui fait partie des *Poemata didascalica* publiés par le P. Oudin.

En ton cœur martial des soins dignes de toi.
La trompette a sonné : ton armée intrépide, 5
Prête à marcher, te demande pour guide,
Et tous ses escadrons, sur ta frontière épars,
Ambitionnent tes regards.
Joins ta présence et tes destins propices
Au zèle impatient qui presse leurs efforts ; 10
Daigne servir de tête et d'âme à ce grand corps,
Et sous tes illustres auspices
Ses bras feront pleuvoir d'inévitables morts.
Que je plains votre aveugle et folle confiance,
Obstinés ennemis de nos plus doux souhaits, 15
Qu'enorgueillit une triple alliance[1]
Jusques à dédaigner les bontés de la France!
Que de pleurs, que de sang, que de cuisants regrets
Vous va coûter ce refus de la paix!

> Ver, bona tempestas bello. Nunc, maxime regum,
> Permitte dignis pectora
> Sollicitudinibus.
> Ut litui strepuere, coït procul excita pubes,
> Audere quidlibet ferox,
> Auspice te, duce te.
> Posceris : en pendent centum tibi mille tuorum
> Exsertæ in ictus dexteræ.
> His caput, his animam,
> Fortunamque tuam, et præsentes adjice divos.
> Ades, volabunt ilicet
> Tela ministra necis,
> Grandinis in morem ; et nutus haud tarda regentis
> Audire, quod minaberis
> Cumque, simul ferient.
> O multum nobis dolituri pace negata,
> Nunc insolentes Austrii

---

1. Celle de l'Empire, de l'Espagne et de la Hollande : voyez ci-dessus, p. 294, note 1.

Son vengeur à partir s'apprête, 20
Cent lauriers lui ceignent la tête,
Cent lauriers que sa main elle-même a cueillis
Sur autant de vos murs foudroyés par ses lis.
Bellone, qui l'attend au sortir de son Louvre,
Veut tracer à ses pas la carrière qu'elle ouvre : 25
Son zèle, impatient d'arborer ce grand nom,
Pour conduire son char s'empare du timon.
D'un prompt et sûr triomphe écoutez le prélude,
Et par quels vœux poussés tous à la fois
De ses heureux sujets la noble inquiétude 30
Hâte ses glorieux exploits.
« Pars, grand Monarque, et vole aux justes avantages
Que te promet l'ardeur de tant de grands courages : »
C'est ce que dit toute sa cour.
« Pars, grand Monarque, et vole aux conquêtes nouvelles
Dont te répond l'amour de tant de cœurs fidèles : »

    Fœdere tergemino,
  Mox aderit vindex. Olli pro casside laurus,
    Centena quam nuper dabant
    Oppida capta manu.
Non ut Threïcio tunica est adamantina Marti :
    Hunc una magnæ protegit
    Martia vis animæ.
Nulla mora est : addicta tibi, Lodoice, jugales
    Bellona jungit igneos
    Ante fores Luparæ ;
Teque jubet medio sublimem insistere curru ;
    Et ambit aurigæ locum,
    Cedere læta suo.
Jam tenso temone rotæ crepat orbita primæ :
  « I, perge, terror Austriæ,
    Præsidiumque tuis : »
Clamat venturis præludens aula triumphis.
  « I, perge, sed nostri memor,
    Ut citius redeas : »

C'est ce que dit tout Paris à son tour.
Il part, et la Frayeur, chez les siens inconnue,
Annonce en même temps parmi vous sa venue.
La Victoire le suit dans une majesté 40
  Dont l'inexorable fierté
  Semble du ciel autorisée.
A venger le mépris d'une paix refusée
  Avec tant de témérité ;
  Et commençant par un miracle, 45
Bellone fait partout retentir cet oracle :
« Ennemis de la paix, vous la voudrez trop tard :
Le ciel ne peut aimer ceux qui troublent la terre ;
  Et je vous le dis de sa part,
La guerre punira ceux qui veulent la guerre. » 50
L'Anglois avec chaleur souscrit à cet arrêt ;
Au belliqueux Suédois également il plaît ;
Le Danois en frémit, Brandebourg s'en alarme[1] ;

  Aulæ non unquam discors Lutetia clamat.
   Hæc inter, Euris ocior
    Per tremefacta sola
  It currus ; Pavor antevolat ; Victoria, pacis
   Ultura contemptum decus,
    Pone fremens sequitur.
  Quaque via est, Bellona truci sic intonat ore :
   « Belli ferent dispendia
    Quos fera bella juvant ;
  Et fœdus sanxisse volent. » Lætum accipit omen
   Sequester Anglus fœderis ;
    Accipit Hermioni
  Et levibus Danis infensa Suecia ; miles

---

1. C'était par la médiation de Charles II, roi d'Angleterre, que les lentes négociations de Nimègue s'étaient ouvertes en 1675. Charles XI, roi de Suède, allié de Louis XIV, combattait contre les Danois, unis aux Hollandais, et avait envoyé l'année précédente (1675) une armée dans le Brandebourg, dont l'Électeur, rompant le traité

Et pour nos François c'est un charme
Qui laisse leur esprit d'autant plus satisfait 55
Que c'est à leur valeur d'en faire voir l'effet.
Déjà le Rhin pâlit, la Meuse s'épouvante;
Et l'Escaut, dont le front jaune et cicatrisé
Porte empreints les grands coups dont il s'est vu brisé,
Craint une plaie encor plus étonnante, 60
Et cache au plus creux de ses eaux
Sa tête de nouveau tremblante
Pour le reste de ses roseaux.

Hoc noster omen accipit,
Quod dabit ipse ratum.
Et jam Mosa tremit, jam pallet Rhenus, et alto,
Qua parte nec noster fluit,
Gurgite Scaldis amat
Occuluisse caput, non uno vulnere quassum,
Et ante vulsis haud semel
Depile arundinibus.

qu'il avait conclu avec Turenne en 1673, s'était de nouveau, dès 1674, déclaré contre la France.

LXXXV

VERS PRÉSENTÉS AU ROI

SUR SA CAMPAGNE DE 1676.

Granet, dans les *OEuvres diverses*, p. 97, dit que ces vers furent imprimés la même année (1676), dans le format in-4°, chez Guillaume de Luyne.

Ennemis de mon roi, Flandre, Espagne, Allemagne,
Qui croyiez que Bouchain dût finir sa campagne[1],
Et n'avanciez vers lui que pour voir comme il faut
Régler l'ordre d'un siége ou livrer un assaut,
Ne vous fatiguez plus d'études inutiles   5
A prendre ses leçons quand il vous prend des villes ;
N'y perdez plus de temps : ses François aujourd'hui
Sont les disciples seuls qui soient dignes de lui,
Et nul autre n'a droit à ces nobles audaces
D'embrasser son exemple et marcher sur ses traces.   10
   Lassés de toujours perdre, et fiers de son retour[2],
Vous vous étiez promis de vaincre à votre tour ;
Vous aviez espéré de voir par son absence
Nos troupes sans vigueur, et nos murs sans défense ;
Mais vous n'aviez pas su qu'un courage si grand   15
De loin comme de près sur les siens se répand ;
De loin comme de près sa prudence les guide ;
De loin comme de près son destin y préside.

1. Bouchain fut pris par Monsieur, frère du Roi, le 11 mai 1676.
2. Le Roi était revenu à Saint-Germain le 8 juillet 1676. Nous avons dit plus haut (p. 299, note 1) qu'il en était parti, pour aller en Flandre, le 16 avril.

Les rois savent agir tout autrement que nous :
Souvent sans être en vue ils frappent les grands coups. 20
Dieu lui-même, ce Dieu dont ils sont les images,
De son trône en repos fait partir les orages,
Et jouit dans le ciel de sa gloire et de soi,
Tandis que sur la terre il remplit tout d'effroi.
Mon prince en use ainsi : ses fêtes de Versailles [1] 25
Lui servent de prélude à gagner des batailles,
Et d'un plaisir pompeux l'éclat rejaillissant
Dissipe vos projets en le divertissant.
　Muses, l'aviez-vous cru, vous qui faites les vaines
De prévoir l'avenir des fortunes humaines, 30
D'en percer le plus sombre et le plus épineux ?
Aviez-vous deviné que ce parc lumineux,
Ces belles nuits sans ombre, avec leurs jours d'applique [2],
Préparoient à vos chants un objet héroïque ?

1. Il existe une relation fort détaillée de ces fêtes sous le titre suivant : *les Divertissemens de Versailles donnez par le Roy à toute sa Cour, au retour de la conqueste de la Franche-Comté, en l'année 1674*, aux pages 391-458 d'un *Recueil de descriptions de peintures et d'autres ouvrages faits pour le Roy* (par Félibien), à Paris, chez la veuve Sébastien Mabre-Cramoisy, M.DC.LXXXIX, in-12. Cette relation est divisée en six journées, comprenant les 4, 11, 19 et 28 juillet et les 18 et 31 août 1674. Les cinq premières journées se terminèrent par des représentations dramatiques, dans lesquelles on joua, entre autres ouvrages, l'*Alceste* de Quinault, *le Malade imaginaire* de Molière, et l'*Iphigénie* de Racine; le 18 août il y eut après le spectacle un grand feu d'artifice sur le canal; enfin le 31 août le sieur Vigarani en illumina tous les bords. « Ce qui donnoit tant de jour à ces superbes décorations pendant une nuit si obscure, dit Félibien, c'est qu'il y avoit plus de vingt mille lumières, sans compter plus de quatre mille autres feux qui éclairoient les fontaines et les parterres du petit parc. » (Page 458.)

2. On appelle *applique* tout ouvrage par lequel on applique, on enchâsse une chose sur une autre. « Les jours d'applique » sont des jours artificiels produits par des appareils d'illumination. Voyez le *Lexique*.

Dans ces délassements où tant d'art a paru, 35
Voyez-vous Aire prise[1], et Mastricht secouru?
C'étoit là toutefois, c'étoit l'heureuse suite
Qu'y destinoit dès lors son auguste conduite.
Dans ce brillant amas de feux et de beautés,
Sa grande âme s'ouvroit à ses propres clartés : 40
Au milieu de sa cour au spectacle empressée,
La guerre s'emparoit de toute sa pensée;
Et ce qui ne sembloit que nous illuminer
Lui montroit des remparts ailleurs à fulminer.
J'en prends Aire à témoin, et les mers de Sicile[2], 45
L'esprit de liberté qui règne en toute l'île,
L'âme du grand Ruiter, et ses vaisseaux froissés,
Sous l'abri de Sardaigne à peine ramassés[3].
Votre orgueil s'en console, ennemis de la France,
A revoir Philisbourg sous votre obéissance : 50
L'Empereur et l'Empire, unis à l'investir,
Enfin au bout d'un an ont su l'assujettir[4];
Mais l'effort d'une ligue en guerriers si féconde
Devoit y consumer moins de temps et de monde.
Il falloit, en dépit des plus hardis secours, 55
Comme notre Condé, le prendre en onze jours[5];

1. Aire fut prise le 31 juillet 1676 par le maréchal d'Humières, pendant que le prince d'Orange assiégeait Maestricht, qui fut dégagé le 26 août par le maréchal de Schomberg.
2. Dans le combat du 2 juin, le maréchal de Vivonne, qui avait battu dès le 25 mars sept mille Espagnols près de Messine, acheva de détruire dans la Méditerranée la flotte espagnole et hollandaise.
3. Duquesne battit deux fois la flotte hollandaise commandée par Ruyter, qui mourut à Syracuse, des suites d'une blessure reçue dans le combat du 22 avril.
4. Philisbourg, investi depuis la fin de mars, capitula le 9 septembre, et se rendit le 17, après soixante-dix jours de tranchée ouverte.
5. Le grand Condé, alors duc d'Enghien, avait pris Philisbourg en septembre 1644.

Et vous déshonorez vos belles destinées
Quand l'œuvre d'onze jours vous coûte des années.
Cependant à vos yeux, et dans le même été,
Aire, Condé¹, Bouchain n'ont presque rien coûté ; 60
Et Mastricht voit tourner vos desseins en fumée,
Quand ce qu'il vous en coûte auroit fait une armée.
Ainsi, bien que la prise ait suivi le blocus,
Que devant Philisbourg nous paroissions vaincus,
Si pour rendre à vos lois cette place fameuse 65
Le Rhin vous favorise au refus de la Meuse²,
Si pour d'autres exploits il anime vos bras,
Pour un peu de bonheur ne nous insultez pas ;
Et surtout gardez-vous de le croire si ferme,
Que vous vous dispensiez de trembler pour Palerme³, 70
Pour Ypre, pour Cambray, Saint-Omer, Luxembourg :
Tremblez même déjà pour votre Philisbourg.
Le nom seul de mon roi vous est partout à craindre :
A triompher de vous cessez de le contraindre ;
Et jusques à la paix, qu'il vous offre en héros, 75
Craignez sa vigilance, et même son repos.

1. Condé, investi le 17 avril par le maréchal de Créquy, fut pris dans la nuit du 25 au 26.
2. La ville de Maestricht est, comme l'on sait, située sur la Meuse, d'où elle tire son nom ; Philisbourg est près du Rhin.
3. Le duc de Vivonne brûla en 1676 la flotte hollandaise en vue de Palerme. Cambrai se rendit au Roi le 5 mai 1677 ; Saint-Omer à Monsieur, le 20 du même mois ; et Ypres au Roi, le 25 mars 1678. Le traité de Nimègue conclu la même année (1678) assura à la France la possession de ces trois places. Luxembourg fut pris par le maréchal de Créquy en 1684 ; Philisbourg ne fut repris qu'en 1688, par le Dauphin.

LXXXVI

PLACET AU ROI.

Ce placet, que Granet publie dans les *OEuvres diverses* (p. 102), comme « imprimé d'après un manuscrit, » avait déjà paru dans le premier volume du *Mercure galant* de 1677 (p. 53 et 54 de la 2º édition.) Voyez la notice de la pièce suivante, les vers 51 et 52 de cette pièce, et la note qui se rapporte au vers 52.

  Plaise au Roi ne plus oublier
Qu'il m'a depuis quatre ans promis un bénéfice,
Et qu'il avoit chargé le feu Père Ferrier
  De choisir un moment propice
Qui pût me donner lieu de l'en remercier.   5
  Le Père est mort[1] ; mais j'ose croire
  Que si toujours Sa Majesté[2]
  Avoit pour moi même bonté,
Le Père de la Chaise[3] auroit plus de mémoire,
  Et le feroit mieux souvenir   10
Qu'un grand roi ne promet que ce qu'il veut tenir.

1. Le P. Ferrier mourut à la fin de 1674. Voyez la note 3.
2. Dans *le Mercure galant*, seconde édition :

  Que si pour moi Sa Majesté
  Avoit encor même bonté.

3. On lit dans la *Gazette*, sous la rubrique du 2 mars 1675 : « Le P. de la Chese, religieux d'une piété singulière, a été choisi pour être confesseur du Roi. » — « A peine établi à la cour, dit M. R. de Chantelauze, le P. de la Chaize fut chargé par le Roi de la feuille des bénéfices, ainsi que l'avait été son prédécesseur le P. Ferrier, le premier confesseur du roi de France qui ait été investi d'une si haute fonction. » (*Le Père de la Chaize*, Paris, Durand, 1859, in-8º.)

LXXXVII

AU ROI,

SUR *CINNA, POMPÉE, HORACE, SERTORIUS, OEDIPE, RODOGUNE*, QU'IL A FAIT REPRÉSENTER DE SUITE DEVANT LUI A VERSAILLES, EN OCTOBRE 1676.

On lit dans le premier volume du *Mercure galant* de 1677, après un éloge de l'*Isis* de Quinault représentée pour la première fois à Saint-Germain le 5 janvier 1677 : « Les beautés de cet opéra n'ont point fait perdre au Roi et à toute la cour le souvenir des inimitables tragédies de M. de Corneille l'aîné, qui furent représentées à Versailles pendant l'automne dernier. Je vous envoie la copie que vous m'avez demandée des vers que fit[1] cet illustre auteur pour en remercier Sa Majesté. » Ensuite vient, sous ce simple titre : *Au Roi*, la pièce qu'on va lire; puis les réflexions que voici[2] : « Ces vers, dit la Duchesse en interrompant la lecture du Chevalier, sont d'une netteté admirable, et je préfère de beaucoup ces sortes d'expressions, faciles et naturelles, au style pompeux qui approche fort du galimatias. — Je suis de votre sentiment, reprit la Marquise; mais j'avoue que je n'entends point les deux derniers vers qu'on nous vient de lire, n'y trouvant aucune liaison avec ceux qui les précèdent. — Vous n'avez donc pas vu, lui dit une dame qui étoit auprès d'elle, un placet que M. de Corneille présenta au Roi, il y a quelques mois, et dont tant de gens prirent copie? Je vais vous le dire, afin qu'il serve d'explication à ce

---

1. Dans la seconde édition du *Mercure* (p. 45 et 46) cette phrase commence ainsi : « Je vous envoie les vers que fit, etc.; » et elle est suivie de celle-ci : « Il y a longtemps que vous me les demandez, et je n'en avois pu jusqu'ici recouvrer aucune copie. »
2. Dans la seconde édition du *Mercure* (p. 51) ces réflexions sont ainsi amenées : « Avouez, Madame, que ce remerciement est très-ingénieusement tourné, et que c'est avec beaucoup de justice qu'il a eu l'approbation de tous ceux qui ont vu ces vers. — Ils sont d'une netteté admirable, dit la Duchesse, etc. » La fin de la phrase suivante est : « .... aucune liaison avec tous les autres. »

que vous n'entendez pas. Quoiqu'il n'y ait point de pensées, il y a je ne sais quoi d'aisé qui l'a fait estimer de tout le monde. » Après cet eloge on lit dans le *Mercure* le *placet* que nous avons reproduit sous le numéro précédent, et l'article se termine ainsi : « J'avois déjà vu ce placet, dit la Duchesse, et je voudrois que Monsieur le Chevalier le donnât à son ami pour le mettre dans son *Mercure*, car le grand Corneille sera toujours inimitable, et les moindres choses de lui sont à conserver. »

Nous connaissons de cette pièce *sur Cinna*, etc., deux copies manuscrites anciennes, qui se rapprochent fort du texte du *Mercure*. La première occupe les pages 146-149 d'un volume de la bibliothèque de l'Arsenal, numéroté HF 191 *bis*. Ce volume, composé de divers morceaux des poëtes du dix-septième siècle, se termine par cette note : « Acheué ce 12 feurier à 1. heure apres minuit 1689. » L'amateur qui formait ce recueil écrivait à la fin de la pièce de Corneille la remarque suivante, naïf témoignage du peu de respect qu'on avait alors pour le texte de nos écrivains illustres : « Ces deux derniers vers ne me plaisent pas, et la chute en est tout à fait désagréable et ne sera point entendue dans cinquante ans d'ici sans commentaire. Si je fais imprimer quelque jour cette excellente épître, je tâcherai de la terminer un peu plus noblement, ou, au pis aller, je la laisserai telle qu'elle est. » — La seconde de ces anciennes copies est sur les folios 31 et 32 du volume 1000 de la collection Gaignières, conservée à la Bibliothèque impériale. Ce volume a pour titre : *Pièces diverses, Règne de Louis XIV*. — Lorsque l'abbé Bordelon publia cette épître *au Roi* dans ses *Diversitez curieuses en plusieurs lettres* (à Amsterdam, chez André de Hoogenhuysen, M.DC.XCIX, in-12, lettre XXXVI, tome II, p. 1 et suivantes), elle était un peu oubliée, si nous en jugeons du moins par les premiers mots de la lettre où il l'a insérée : « Monsieur, quand vous me demandez les vers que fit M. de Corneille pour remercier le Roi des bontés qu'il avoit de demander qu'on rejouât encore en présence de Sa Majesté ses tragédies, et dans quel temps ces vers furent faits, pensez-vous qu'il soit facile de vous contenter là-dessus? Que cela soit dit en passant, sans prétendre faire beaucoup valoir mes soins pour vous obéir.... J'ai enfin trouvé ces vers, les voici; ils furent faits en 1677. » — Dans ces différents textes, comme dans *le Mercure*, les vers de Corneille sont simplement intitulés : *Au Roi*. En 1738, Granet les publia aux pages 100-102 des *OEuvres diverses*, sous le titre que nous avons reproduit et avec cette note : « Imprimés d'après un manuscrit; » mais il ne nous dit pas quel est ce manuscrit. Ce texte, assez différent de ceux dont nous avons parlé, est le plus complet, et à bien des égards le meilleur. Il a servi de base au nôtre; nous nous en sommes écarté en un seul endroit (voyez la note du vers 20).

Est-il vrai, grand Monarque, et puis-je me vanter[1]
Que tu prennes plaisir à me ressusciter,
Qu'au bout de quarante ans *Cinna*, *Pompée*, *Horace*
Reviennent à la mode et retrouvent leur place,
Et que l'heureux brillant de mes jeunes rivaux   5
N'ôte point leur vieux lustre à mes premiers travaux[2]?
  Achève : les derniers n'ont rien qui dégénère,
Rien qui les fasse croire enfants d'un autre père :
Ce sont des malheureux étouffés au berceau,
Qu'un seul de tes regards tireroit du tombeau[3].   10
On voit *Sertorius*, *OEdipe* et *Rodogune*
Rétablis par ton choix dans toute leur fortune[4];
Et ce choix montreroit qu'*Othon* et *Suréna*
Ne sont pas des cadets indignes de *Cinna*.
Sophonisbe à son tour, *Attila*, *Pulchérie*   15
Reprendroient pour te plaire une seconde vie;

1. Tel est le texte, non pas seulement de Granet, mais aussi des deux éditions du *Mercure*. Nos autres sources donnent : « et me puis-je vanter. »
2. Var. N'ôte point le vieux lustre à mes premiers travaux?
(*Mercure*, *Manuscrits de Gaignières*, *de l'Arsenal*, et *Bordelon*.)
3. Var. Qu'un seul de tes regards peut tirer du tombeau.
(*Manuscrit de Gaignières*.)
4. Var. Déjà *Sertorius*, *OEdipe*, *Rodogune*
Sont remis par ton choix dans toute leur fortune.

— Cette variante est commune au *Mercure*, aux deux manuscrits et au texte de Bordelon. Seulement, au premier vers, le manuscrit de Gaignières porte : « *OEdipe et Rodogune*; » et au second, le manuscrit de Gaignières et la seconde édition du *Mercure* ont : rentrés, au lieu de : remis.

Agésilas en foule auroit des spectateurs,
Et *Bérénice* enfin trouveroit des acteurs[1].
Le peuple, je l'avoue, et la cour les dégradent :
J'affoiblis[2], ou du moins ils se le persuadent ; 20
Pour bien écrire encor j'ai trop longtemps écrit,
Et les rides du front passent jusqu'à l'esprit[3];
Mais contre cet abus que j'aurois de suffrages[4],
Si tu donnois les tiens à mes derniers ouvrages[5] !
Que de tant de bonté l'impérieuse loi[6] 25
Ramèneroit bientôt et peuple et cour vers moi !
« Tel Sophocle à cent ans charmoit encore Athènes,
Tel bouillonnoit encor son vieux sang dans ses veines[7],
Diroient-ils à l'envi, lorsque OEdipe aux abois
De ses juges pour lui gagna toutes les voix[8]. » 30

1. Ces quatre vers (15-18) manquent dans le manuscrit de l'Arsenal, dans les *Diversités* de Bordelon, et dans la première édition du *Mercure* (ils sont dans la seconde). — Corneille attribuait aux acteurs le peu de succès de *Tite et Bérénice*. Voyez tome VII, p. 190 et 191.

2. Granet met ici *je foiblis;* mais comme nous avons trouvé partout *j'affoiblis,* nous avons cru devoir conserver cette expression, que nous avons déjà vue dans le sens neutre (ci-dessus, p. 95, vers 17).

3. Montaigne avait dit dans ses *Essais* (livre III, chapitre 11) : « Elle (*la vieillesse*) nous attache plus de rides en l'esprit qu'au visage. »

4. Var. Mais contre un tel abus que j'aurois de suffrages.
(1re *édition du Mercure, Manuscrit de l'Arsenal, et Bordelon.*)

5. Var. Si tu donnois le tien à mes derniers ouvrages !
(*Mercure, Manuscrit de Gaignières, et Bordelon.*)

6. Var. Que de cette bonté l'impérieuse loi.
(*Mercure, Manuscrit de l'Arsenal, et Bordelon.*)

7. Var. Diroient-ils à l'envi, tel encor dans ses veines
Bouillonnoit son vieux sang, lorsqu'OEdipe aux abois.
(2e *édition du Mercure, et Manuscrit de Gaignières.*)

8. Var. De cent peuples pour lui gagna toutes les voix.
(1re *édition du Mercure, Manuscrit de l'Arsenal, et Bordelon.*)

— On rapporte que Sophocle étant devenu vieux, ses fils voulurent

Je n'irai pas si loin ; et si mes quinze lustres [1]
Font encor quelque peine aux modernes illustres [2].
S'il en est de fâcheux jusqu'à s'en chagriner,
Je n'aurai pas longtemps à les importuner.
Quoi que je m'en promette, ils n'en ont rien à craindre [3] :
C'est le dernier éclat d'un feu prêt à s'éteindre ;
Sur le point d'expirer il tâche d'éblouir,
Et ne frappe les yeux que pour s'évanouir.
Souffre, quoi qu'il en soit, que mon âme ravie
Te consacre le peu qui me reste de vie : 40
L'offre n'est pas bien grande, et le moindre moment
Peut dispenser mes vœux de l'accomplissement.
Préviens ce dur moment par des ordres propices ;
Compte mes bons desirs comme autant de services [4].
Je sers depuis douze ans, mais c'est par d'autres bras
Que je verse pour toi du sang dans nos combats [5] :

le faire interdire, et qu'il lui suffit, pour gagner contre eux sa cause, de lire aux juges un des beaux morceaux de son *OEdipe à Colone.*

1. Si cette pièce, comme on pourrait le supposer d'après le titre qui lui est donné dans les *OEuvres diverses* de 1738, a été écrite au mois d'octobre 1676, Corneille, né le 6 juin 1606, était loin encore d'avoir quinze lustres : il n'avait achevé le quatorzième que depuis quelques mois ; nous l'avons du reste, même dans ses écrits en prose, trouvé assez peu exact en fait de dates.

2. Racine, en 1676, avait déjà fait représenter tous les chefs-d'œuvre antérieurs à *Phèdre*, qui est de 1677. *Iphigénie* est de 1674.

3. VAR. Quoi que je me promette, ils n'en ont rien à craindre.
(*2ᵉ édition du Mercure, et Manuscrits de Gaignières et de l'Arsenal.*)

4. Ces quatre vers (41-44) : « L'offre n'est pas bien grande, etc., » manquent dans la première édition du *Mercure*, dans le manuscrit de l'Arsenal et dans les *Diversités* de Bordelon. On les trouve dans la seconde édition du *Mercure* et dans le manuscrit de Gaignières, avec cette variante au dernier vers :

Compte mes bons desirs pour autant de services.

5. VAR. Que je verse pour toi du sang dans les combats.
(*Mercure, Manuscrit de l'Arsenal,* et *Bordelon.*)

J'en pleure encore un fils[1], et tremblerai pour l'autre[2],
Tant que Mars troublera ton repos et le nôtre ;
Mes frayeurs cesseront enfin par cette paix
Qui fait de tant d'Etats les plus ardents souhaits.   50
Cependant, s'il est vrai que mon service plaise[3],
Sire, un bon mot, de grâce, au Père de la Chaise[4].

1. Le second fils de Corneille fut tué en 1674 au siége de Grave. Voyez ci-dessus, p. 188, note 4, et p. 189, note 2.
2. Le fils aîné de Corneille, Pierre Corneille, capitaine de cavalerie. Voyez p. 188, note 4.
3. VAR. Cependant, s'il est vrai que mon zèle te plaise.
(*Mercure, Manuscrits de Gaignières, de l'Arsenal,* et *Bordelon.*)
4. Louis XIV finit par faire droit aux réclamations réitérées du poëte. On lit dans la *Gazette* du 27 avril 1680 : « Pierre Corneille, qui a fait, il y a quarante ans, des tragédies qu'on représente encore tous les ans devant le Roi, a obtenu de Sa Majesté une abbaye pour un de ses enfants. » Dans les *Benefices de nomination royale du diocese de Tours, par ordre alfabetique, avec le nom de ceux qui les possedent au mois d'avril* 1694, liste qui fait partie du *Tableau des provinces de France,* première partie, mai 1694 (à Paris, chez Estienne Ducastin, 1694, in-8°), nous trouvons des détails plus précis sur ce point. A l'article de l'abbaye d'Aiguevive, bénéfice de trois mille livres, à deux lieues au sud de Montrichard, dans la paroisse de Faverole, nous voyons figurer l'abbé Corneille avec cette mention : « Thomas Corneille, fils de Pierre Corneille, connu par plusieurs excellentes pièces de théâtre qu'il a faites. Le Roi le nomma le 20 avril 1680, par la démission de l'abbé Bernin. » Le *Gallia christiana* (tome XIV, col. 321) nomme aussi le fils de Corneille dans la liste des abbés d'Aiguevive : *Thomas Corneille legitur a Rege creatus abbas 20 aprilis* 1680. *Filius erat is Petri, francicos inter vates celebratissimi.*

LXXXVIII

VERSION DE L'ODE A MONSIEUR PELLISSON.

Cette pièce a été imprimée in-4°, sans date d'année, comme nous l'apprend Granet dans la note de la page 220 des *Œuvres diverses*. Nous voyons par les vers 71-88 qu'au moment où l'ode latine a été écrite, Pellisson remplissait déjà les fonctions d'historiographe de France, auxquelles il ne fut promu qu'au commencement de 1670, et qui, en 1677, passèrent à Racine et à Boileau. En outre, le titre de cette ode latine nous montre que Pellisson avait la double charge de secrétaire du Roi et de maître des requêtes. Il avait acheté la première dès 1652, mais il n'eut la seconde qu'en 1671. Enfin les vers 23-26 nous portent, ce semble, à une époque encore postérieure, c'est-à-dire à celle où il se trouvait chargé de l'administration de la caisse des conversions, que le Roi lui confia au mois de novembre 1676. On ignore quel est l'auteur des vers latins ; dans la réimpression de Granet ils précèdent la pièce de Corneille ; il en était probablement de même dans l'édition originale. Voyez sur les rapports antérieurs de notre poëte avec Pellisson la *Notice d'OEdipe*, tome VI, p. 103.

Non, je ne serai pas, ILLUSTRE PELLISSON,
Ingrat à tes bienfaits, injuste à ton beau nom :
Dans mes chants, dans mes vers il trouvera sa place,
Et tes bienfaits dans moi ne perdront pas leur grâce.

CLARISSIMO VIRO D. PELLISSONIO,

REGI CHRISTIANISSIMO A SECRETIORIBUS CONSILIIS, SUPPLICUM LIBELLORUM MAGISTRO.

Nec te silebo, carmine non meo
Indictus ibis, digne perennibus
Ævum Pelissoni per omne
Laudibus eloquiisque ferri ;

Je sais bien que ce nom, par la gloire porté,
A déjà pris l'essor vers l'immortalité,
Et que pour le placer avec quelque avantage,
Il faudroit mettre l'or et le marbre en usage ;
Mais ne pouvant dresser de plus beaux monuments,
Approuve dans mes vers ces justes sentiments.
C'est toi, GRAND PELLISSON, qui malgré la licence
Ramènes dans nos jours le siècle d'innocence :
Par toi nous retrouvons la candeur, la bonté,
Et du monde naissant la sainte probité.
Que la justice armée et les lois souveraines
Contiennent les mortels par la crainte des peines,
De peur que le forfait et le crime indompté
N'entraîne le désordre avec l'impunité :
Ni la rigueur des lois ni l'austère justice
Ne te retiendront pas sur le penchant du vice ;
L'amour de la vertu fait cet effet dans toi,
Elle seule te guide, elle est seule ta loi.
Au milieu de la cour ton âme bienfaisante

> Sculptis superbo marmore et aureis
> Alte columnis, auree sæculo
> Vir decolori, et concolorum
> Effigies rediviva morum.
>
> Quæ condiderunt jura securibus
> Armata gentes, sceptraque provida,
> Secura ne pœnæ nocendi
> In vetitum rueret libido,
>
> Passim scelestas contineant manus;
> Dent prurienti fræna licentiæ;
> Te fraudis osorem nefandæ,
> Te sceleris dedit abstinentem,
>
> Quæ rectitudo est visceribus piis
> Innata. Gaudes officiis prior

Verse indifféremment sa faveur obligeante ;
Et bien loin d'enchérir ou vendre les bienfaits, 25
Tu préviens, en donnant, les vœux et les souhaits [1].
Ces mortels dont l'éclat emporte notre estime
N'ont souvent pour vertu que d'être exempts de crime ;
Mais ta vertu, qui suit des sentiments plus hauts,
Ne borne pas ta gloire à vivre sans défauts : 30
En mille beaux projets, en mille biens féconde,
Ta solide vertu se fait voir dans le monde ;
Et sans les faux appas d'un éclat emprunté,
Elle porte à nos yeux sa charmante beauté.
    En vain, pour ébranler ta fidèle constance, 35
On vit fondre sur toi la force et la puissance ;
En vain dans la Bastille on t'accabla de fers [2] ;
En vain on te flatta sur mille appas divers :

> Certare promptis : nil moraris,
> Immeritus meritusve poscat.
>
> Omnis reatus esto aliis satis
> Expers honestas ; non tibi : sit nisi
>   Omni decoro compta virtus,
>   Omni etiam specie decori.
>
> Jus ergo contra fasque perurgeant
> Dirum minantis jura potentiæ,
>   Carcer, catenæ, sæviensque
>   Suppliciis miseros in artus
>
> Immane tortor ; pelliciens suis
> Accedat et spes credula fascinis :

1. Voyez ce qui est dit de ces vers dans la notice de la pièce.
2. Rien n'est plus connu que la détention de Pellisson à la Bastille, lors du procès de Foucquet, dont il était le premier commis, et que son inaltérable dévouement pour son bienfaiteur. Pellisson avait été mis à la Bastille en septembre 1661, et n'en sortit qu'à la fin du mois de janvier 1666.

Ton grand cœur, inflexible aux rigueurs, aux caresses,
Triompha de la force, et se rit des promesses ; 40
Et comme un grand rocher par l'orage insulté
Des flots audacieux méprise la fierté,
Et sans craindre le bruit qui gronde sur sa tête,
Voit briser à ses pieds l'effort de la tempête,
C'est ainsi, PELLISSON, que dans l'adversité 45
Ton intrépide cœur garda sa fermeté,
Et que ton amitié, constante et généreuse,
Du milieu des dangers sortit victorieuse.
Mais c'est par ce revers que le plus grand des rois
Sembloit te préparer aux plus nobles emplois, 50
Et qu'admirant dans toi l'esprit et le courage,
De la Bastille au Louvre il te fit un passage,
Où ta fidélité, dans son plus grand éclat,
Conserve le dépôt des secrets de l'État[1].

> Te vis nec auri blanda, sævi
> Nec moveat metuenda ferri.
>
> Stares, sonanti littore qualiter
> Immota rupes mole stat ardua;
> Fluctus retundens : sic et olim
> Te populi stupuere stantem.
>
> Defuncta duris quando laboribus
> Tandem triumphavit tua pertinax
> Constantia, absque ulla pudoris
> Vel fidei violatione.
>
> Sic et probari debuerat fides
> Ac fortitudo, judice principe,
> Usus in arcanos vocanda
> Ad penitos Luparæ recessus.

[1]. Traduction poétique du titre de secrétaire du Roi. Voyez la notice de la pièce.

De moi[1], je ne veux point, comme le bas vulgaire,   55
De tes divers emplois pénétrer le mystère :
Je ne m'introduis point dans le palais des grands,
Et me fais un secret de ce que j'y comprends ;
Mais je te vois alors comme un autre Moïse,
Quand le peuple de Dieu, par sa seule entremise,   60
Sur le mont de Sina[2] reçut la sainte loi
A travers les carreaux, la terreur et l'effroi.
De sa haute faveur les tribus étonnées
Au pied du sacré mont demeuroient prosternées,
Pendant que ce prophète, élevé dans ce lieu,   65
Dans un nuage épais parloit avec son Dieu,

   Sacris latescens quid penetralibus
   Volvas, opinari temeraria
    Plebs ausit; occultata regum
    Mirer ego, sileamque cautus.

   Sic quando Moses colloquiis Dei,
   Caliginoso culmine conditus,
    Gauderet, ac voces amicas
    Auribus exciperet beatis,

   Dignationem numinis, et viri
   Vix mussitantes Abramidum tribus
    Sortem stupebant insolentem :
    Ille homines rediens ad imos,

   Fœtos superni luminis et Dei

1. *De moi*, « quant à moi, pour moi. » Voyez le *Lexique*. — Lefèvre et quelques autres éditeurs ont mis : *Pour moi*.
2. Des deux formes bibliques *Sina* et *Sinaï*, Racine a employé, comme ici Corneille, la première au vers 4 d'*Athalie* :

   .... La fameuse journée
 Où sur le mont Sina la loi nous fut donnée ;

et la seconde dans le premier chœur de la même pièce :

 O mont de Sinaï, conserve la mémoire.

Et qu'il puisoit à fonds dans le sein de sa gloire
Le merveilleux projet de sa divine histoire :
Monument éternel, où la postérité
Viendra dans tous les temps chercher la vérité. 70
Mais puisqu'un même sort te donne dans la France
Du plus grand des héros l'illustre confidence,
Et que par sa faveur tu vois jusques au fonds
Des secrets de l'État les abîmes profonds,
Ne donneras-tu pas, après tes doctes veilles, 75
De ce grand conquérant les faits et les merveilles ?
Et d'un style éloquent ne décriras-tu pas
Ses conseils, ses exploits, ses siéges, ses combats[1] ?
Le monde attend de toi ce merveilleux ouvrage,
Seul digne des appas de ton divin langage : 80
Les faits de ce grand roi perdroient de leur beauté,
Si tu n'en soutenois l'auguste majesté ;
Et sa gloire après nous ne seroit pas entière,

> Sensus reportans, dia volumina
> Condebat, æternos in annos
> Eximiæ monumenta genti.
>
> Tu nonne mentis cum tibi regiæ
> Sit particeps mens, scriniaque abditi
> Ingressa veri, tandem aperta
> Luce frui dabis alta tanti
>
> Commenta Regis, consilia, et pii
> Mavortis artes, fortia prælia,
> Ludosque fortunæ maligna
> Auspicio meliore cassos?

1. Louis XIV avait voulu que Pellisson l'accompagnât dans sa première expédition en Franche-Comté (1668). Pellisson écrivit la relation de cette conquête, et le Roi en fut si content qu'il chargea l'auteur d'écrire l'histoire de son règne et lui assigna une pension de six mille francs.

Si tout autre que toi traitoit cette matière.
Poursuis donc, Pellisson, cet auguste projet, 85
Et ne t'étonne point par l'éclat du sujet :
Ton seul art peut donner d'une main immortelle
Au plus grand de nos rois une gloire éternelle.

> Exspectat orbis. Te sine principis
> Splendescat ingens gloria maximi
> Non nota, cultu non decente
> Materiæ pretiositatem.

POÉSIES DIVERSES.

LXXXIX

SUR LES VICTOIRES DU ROI,

EN L'ANNÉE 1677.

Cette pièce a été imprimée deux fois la même année (1677), en deux feuillets in-4°, sans date. Elle n'est pas signée dans ces éditions. L'une, qui ne porte ni indication de lieu ni date, est imprimée avec fleuron et lettre ornée; la Bibliothèque impériale en possède un exemplaire. On lit pour adresse à la fin de l'autre : *A Paris, chez Guillaume de Luyne, libraire juré au Palais..... Avec permission.* Celle-ci se trouve à la bibliothèque de l'Arsenal. Ces vers ont été réimprimés dans le *Mercure galant* de juillet 1677 (p. 166-172). Le titre y est le même que dans les éditions originales, à l'exception des mots *en l'année* 1677, qui ont été supprimés. La pièce est précédée de ce petit préambule : « Venons aux vers que Mr de Corneille l'aîné a présentés au Roi sur ses conquêtes. Je pourrois me dispenser de vous les envoyer, parce qu'ils sont imprimés; mais comme ils ne le sont qu'en feuille volante, il est bon de vous donner lieu de les conserver; et d'ailleurs si le mot de *parélie* a embarrassé quelqu'une de vos dames de province, vous leur en ferez voir l'explication dans le changement des deux vers où ce mot étoit employé[1]. » Dans les *OEuvres diverses* de 1738, cette pièce se trouve aux p. 103-105.

Je vous l'avois bien dit, ennemis de la France,
Que pour vous la victoire auroit peu de constance,
Et que de Philisbourg à vos armes rendu
Le pénible succès vous seroit cher vendu[2].
A peine la campagne aux zéphyrs est ouverte,   5

---

1. Voyez ci-après les vers 21 et 22, et la note et la variante qui s'y rapportent.
2. Voyez ci-dessus, p. 306 et 307, vers 63-72.

Et trois villes déjà réparent notre perte[1] :
Trois villes dont la moindre eût pu faire un État,
Lorsque chaque province avoit son potentat;
Trois villes qui pouvoient tenir autant d'années,
Si le ciel à Louis ne les eût destinées;
Et comme si leur prise étoit trop peu pour nous,
Mont-Cassel vous apprend ce que pèsent nos coups[2].

Louis n'a qu'à paroître, et vos murailles tombent;
Il n'a qu'à donner l'ordre, et vos héros succombent,
Et tandis que sa gloire arrête en d'autres lieux
L'honneur de sa présence et l'effort de ses yeux,
L'ange de qui le bras soutient son diadème
Vous terrasse pour lui par un autre lui-même[3];
Et Dieu, pour lui donner un ferme et digne appui,
Ne fait qu'un conquérant de PHILIPPE et de lui.

Ainsi quand le soleil fait naître un parélie[4],
La splendeur qu'il lui prête à la sienne s'allie;
Leur hauteur est égale, et leur éclat pareil;
Nous voyons deux soleils qui ne sont qu'un soleil :
Sous un double dehors il est toujours unique,
Seul maître des rayons qu'à l'autre il communique;

---

1. Louis XIV partit de Saint-Germain le 28 février; le 17 mars, Valenciennes fut prise; le 5 avril, Cambrai se rendit au Roi; le 20, Saint-Omer fut pris par Monsieur, frère du Roi.
2. Le 11 avril le prince d'Orange, ayant voulu secourir Saint-Omer, perdit la bataille de Cassel. L'armée française était commandée par Monsieur, ayant sous lui les maréchaux d'Humières et de Luxembourg.
3. Cet hémistiche : « par un autre lui-même, » a été déjà appliqué au même prince dans une pièce précédente. Voyez ci-dessus, p. 280, vers 398.
4. Image du soleil réfléchi dans une nuée.
VAR. Ainsi quand le soleil sur un épais nuage,
    Pour se faire un second, imprime son image.
              (*Mercure.*)
— Voyez ci-dessus, p. 322, les dernières lignes de la notice.

Et ce brillant portrait qu'illuminent ses soins
Ne brilleroit pas tant, s'il lui ressembloit moins.
  Mais c'est assez, grand Roi, c'est assez de conquêtes :
Laisse à d'autres saisons celles où tu t'apprêtes.   30
Quelque juste bonheur qui suive tes projets,
Nous envions ta vue à tes nouveaux sujets.
Ils bravent tes drapeaux, tes canons les foudroient,
Et pour tout châtiment tu les vois, ils te voient :
Quel prix de leur défaite[1] ! et que tant de bonté   35
Rarement accompagne un vainqueur irrité !
Pour nous, qui ne mettons notre bien qu'en ta vue,
Venge-nous du long temps que nous l'avons perdue :
Du vol qu'ils nous en font viens nous faire raison ;
Ramène nos soleils dessus notre horizon.   40
  Quand on vient d'entasser victoire sur victoire,
Un moment de repos fait mieux goûter la gloire ;
Et je te le redis, nous devenons jaloux
De ces mêmes bonheurs qui t'éloignent de nous.
S'il faut combattre encor, tu peux, de ton Versailles,   45
Forcer des bastions et gagner des batailles ;
Et tes pareils, pour vaincre en ces nobles hasards,
N'ont pas toujours besoin d'y porter leurs regards.
  C'est de ton cabinet qu'il faut que tu contemples
Quel fruit tes ennemis tirent de tes exemples,   50
Et par quel long tissu d'illustres actions
Ils sauront profiter de tes instructions.
  Passez, héros, passez, venez courir nos plaines ;
Egalez en six mois l'effet de six semaines :
Vous seriez assez forts pour en venir à bout,   55
Si vous ne trouviez pas notre grand roi partout.
Partout vous trouverez son âme et son ouvrage,

---

1. Corneille a déjà exprimé, mais avec plus d'exagération, une idée analogue. Voyez p. 106, vers 4-6.

Des chefs faits de sa main, formés sur son courage[1],
Pleins de sa haute idée, intrépides, vaillants,
Jamais presque assaillis, toujours presque assaillants; 60
Partout de vrais François, soldats dès leur enfance,
Attachés au devoir, prompts à l'obéissance;
Partout enfin des cœurs qui savent aujourd'hui
Le faire partout craindre, et ne craindre que lui.
  Sur le zèle, grand Roi, de ces âmes guerrières 65
Tu peux te reposer du soin de tes frontières,
Attendant que leur bras, vainqueur de tes Flamands,
Mêle un nouveau triomphe à tes délassements;
Qu'il réduise à la paix la Hollande et l'Espagne,
Que par un coup de maître il ferme ta campagne, 70
Et que l'aigle jaloux n'en puisse remporter
Que le sort des lions que tu viens de dompter[2].

[1]. On lit, mais à tort, *formés de son courage*, dans l'édition de Lefèvre et dans quelques autres.
[2]. L'aigle désigne l'Empire; et les lions la Hollande et l'Espagne : la Hollande a pour armes un lion, et le lion fait partie des armes d'Espagne.

XC

AU ROI,

SUR LA PAIX DE 1678.

Cette pièce est relative à la paix de Nimègue, et principalement au traité avec l'Espagne, signé le 17 septembre 1678, et par lequel « Sa Majesté Très-Chrétienne, rendant quelques villes et places qui lui avaient été cédées en 1668, retient en échange toute la Franche-Comté, Valenciennes, Bouchain, etc. » Le rédacteur du *Mercure galant*, rendant compte dans le numéro de novembre 1678 (p. 180) de la réception de l'abbé Colbert à l'Académie française, qui avait eu lieu, dit-il, le « dernier jour de l'autre mois » (31 octobre 1678), et parlant des diverses lectures qu'on y avait faites (c'était Racine qui avait répondu au récipiendaire), termine ainsi : « D'autres vers de M. de Corneille l'aîné sur la paix furent écoutés avec beaucoup de plaisir. On y remarqua de ces grands traits de maître qui l'ont si souvent fait admirer et qui le rendent un des premiers hommes de son siècle. » C'est très-probablement de ces vers-ci qu'il veut parler. L'édition originale, publiée l'année même, n'est ni datée ni signée ; elle forme quatre pages in-4°, avec fleuron et lettre ornée. L'adresse, qui se trouve à la fin, porte : *De l'Imprimerie de Pierre le Petit, Imp. ord. du Roy et de l'Academie Françoise*. La Bibliothèque impériale en possède un exemplaire. Le *Mercure galant* a inséré ces vers en mars 1679, aux pages 76 et suivantes. Après avoir raconté les fêtes célébrées à Toulouse et à Agde pour la paix, le rédacteur s'exprime ainsi : « Je ne puis mieux finir cet article que par les vers que l'incomparable M. de Corneille l'aîné a présentés à Sa Majesté sur la gloire qu'elle s'est acquise par ce qui donne lieu à toutes ces réjouissances. Il n'est point besoin de vous dire qu'ils ont été admirés de toute la cour. Vous savez qu'il ne part rien que d'achevé de la plume de ce grand homme. » Le texte des vers de Corneille, tels que les donne le *Mercure*, où ils sont intitulés simplement : *Au Roi, sur la Paix*, et le texte de Granet (*OEuvres diverses*, p. 106-109) ne diffèrent de l'édition originale que par une seule variante (au vers 11).

Ce n'étoit pas assez, grand Roi, que la victoire
A te suivre en tous lieux mît sa plus haute gloire :
Il falloit, pour fermer ces grands événements,
Que la paix se tînt prête à tes commandements.
A peine parles-tu, que son obéissance   5
Convainc tout l'univers de ta toute-puissance,
Et le soumet si bien à tout ce qu'il te plaît,
Qu'au plus fort de l'orage un plein calme renaît.
   Une ligue obstinée aux fureurs de la guerre
Mutinoit contre toi jusques à l'Angleterre[1] :   10
Ses[2] projets tout à coup se sont évanouis;
Et pour toute raison, AINSI LE VEUT LOUIS[3].
Ce n'est point une paix que l'impuissance arrache,
Et dont l'indignité sous de faux jours se cache :
Pour la donner à tous ne consulter que toi,   15
C'est la résoudre en maître, et l'imposer en roi;
Et c'est comme un tribut que tes vaincus te rendent,
Sitôt que par pitié tes bontés le commandent.
   Prodige! ton seul ordre achève en un moment
Ce qu'en sept ans Nimègue a tenté vainement[4] :   20

1. Les dernières conquêtes de Louis XIV avaient excité une grande fermentation dans le parlement d'Angleterre, qui força Charles II à redemander les troupes anglaises qui avaient été au service de la France dès les commencements de la guerre.
2. Il y a *ces* dans le texte du *Mercure* et dans celui de Granet.
3. C'est comme une traduction du vers bien connu, de Juvénal (satire IV, vers 223) :

   Hoc volo, sic jubeo, sit pro ratione voluntas.

4. Dans le *Recueil de tous les actes, memoires et lettres qui ont servi pour la negotiation de la paix, avec les traitez qui ont esté conclus à Nimegue* (à Paris, chez F. *Leonard*, M.DC.LXXVIII, in-4°), la première pièce est intitulée : *Projet des conditions de la paix du 9 avril 1678*, et la dernière est le *traité de la paix entre la France et l'Espagne* dont

Ce que des députés la fameuse assemblée,
D'intérêts opposés trop souvent accablée,
Ce que n'espéroit plus aucun médiateur,
Tu le fais par toi-même, et le fais de hauteur.
On l'admire avec joie, et loin de t'en dédire, 25
Tes plus fiers ennemis s'empressent d'y souscrire :
Un zèle impatient de t'avoir pour soutien
Réduit leur politique à ne contester rien.
Ils ont vu tout possible à tes ardeurs guerrières,
Et sûrs que ta justice y mettra des barrières, 30
Qu'elle se défendra de rien garder du leur,
Ils la font seule arbitre entre eux et ta valeur.
Qu'il t'épargne de sang, Espagne ! il te veut rendre
Des villes qu'il faudroit tout un siècle à reprendre :
Il en est en Hainaut, en Flandre, que son choix, 35
En t'imposant la paix, remettra sous tes lois[1];
Mais au commun repos s'il fait ce sacrifice,
En tous tes alliés il veut même justice,
Et qu'aux lois qu'il se fait leurs intérêts soumis
Ne laissent aucun lieu de plainte à ses amis[2]. 40
O vous qu'il menaçoit, et qui vous teniez prêtes

nous avons parlé au commencement de la notice. Il y avait eu des négociations en 1673, mais à Cologne. Il existe aussi un traité du 1er novembre 1671, conclu entre Louis XIV et l'empereur Léopold, pour alliance et sûreté mutuelle. En remontant jusque-là, nous avons bien les sept ans, et il est naturel qu'un poëte ne se soit pas préoccupé du lieu où les négociations ont commencé, et n'ait songé qu'à celui où elles se sont terminées d'une manière si éclatante.

1. L'article v du traité du 17 septembre, conclu entre Charles II, roi d'Espagne, et Louis XIV, promet de remettre entre les mains du roi catholique la ville et duché de Limbourg, le pays d'Outremeuse, la ville et citadelle de Gand, etc. L'article vi stipule que Charleroi, Binche, Ath, Oudenarde et Courtrai demeureront également à l'Espagne.

2. Le Roi fit rendre à la Suède, notre alliée, tout ce que l'électeur de Brandebourg et le roi de Danemark lui avaient pris.

A l'infaillible honneur d'être de ses conquêtes,
Places dignes de lui, Mons, Namur, plaignez-vous :
La paix vous ôte un maître à préférer à tous;
Et Louis au vieux joug vous laisse condamnées, 45
Quand vous vous promettiez nos bonnes destinées.
 Heureux, au prix de vous, Ypres et Saint-Omer[1] !
Ils ont eu comme vous de quoi les alarmer ;
Ils ont vu comme vous leur campagne fumante
Faire passer chez eux la faim et l'épouvante ; 50
Mais pour cinq ou six jours que ces maux ont duré,
Ils ont mon roi pour maître, et tout est réparé.
 Ainsi fait le bonheur de l'Égypte inondée
Du Nil impétueux la fureur débordée;
Ainsi les mêmes flots qu'elle fait regorger 55
Enrichissent les champs qu'il vient de ravager.
 Consolez-vous pourtant, places qu'il abandonne,
Qu'il semble dédaigner d'unir à sa couronne:
Charles[2], dont vous aurez à recevoir les lois,
Voudra d'un si grand maître apprendre l'art des rois, 60
Et vous verrez l'effort de sa plus noble étude
S'attacher à le suivre avec exactitude.
 Magnanime Dauphin, n'en soyez point jaloux
Si jamais on le voit s'élever jusqu'à vous.
Il pourra faire un jour ce que déjà vous faites, 65
Être un jour en vertus ce que déjà vous êtes ;
Mais exprimer au vif ce grand roi tout entier,
C'est ce qu'on ne verra qu'en son digne héritier :
Le privilége est grand, et vous serez l'unique
A qui du juste ciel le choix le communique. 70
 J'allois vous oublier, Bataves généreux,

---

1. Ypres, Saint-Omer et bien d'autres villes de la Flandre (voyez la notice en tête de la pièce) restèrent à la France.
2. Charles II, roi d'Espagne.

Vous qui sans liberté ne sauriez vivre heureux,
Et que l'illustre horreur d'un avenir funeste
A fait de l'alliance ébranler tout le reste.
En ce grand coup d'État si longtemps balancé,
Si tout ce reste suit, vous avez commencé[1];
Et Louis, qui jamais n'en perdra la mémoire,
Se promet de vous rendre à toute votre gloire;
De rétablir chez vous l'entière liberté,
Mais ferme, mais durable à la postérité,
Et telle qu'en dépit de leurs destins sévères
Vos aïeux opprimés l'acquirent à vos pères.
M'en désavoueras-tu, grand Roi, si je le dis?
Me pardonneras-tu si par là je finis?
   Mille autres te diront que pour ce bien suprême,
Vainqueur de toutes parts, tu t'es vaincu toi-même;
Ils diront à l'envi les bonheurs que la paix
Va faire à gros ruisseaux pleuvoir sur tes sujets;
Ils diront les vertus que vont faire renaître
L'observance des lois et l'exemple du maître;
Le rétablissement du commerce en tous lieux,
L'abondance partout répandue à nos yeux,
Le nouveau siècle d'or qu'assure ton empire,
Et le diront bien mieux que je ne le puis dire.
   Moi, pour qui ce beau siècle est arrivé si tard
Que je n'y dois prétendre ou point ou peu de part;
Moi, qui ne le puis voir qu'avec un œil d'envie
Quand il faut que je songe à sortir de la vie,
Je n'ose en ébaucher le merveilleux portrait,
De crainte d'en sortir avec trop de regret.

---

1. Le premier traité conclu à Nimègue fut celui de la France avec la Hollande: il fut signé le 10 août 1678.

XCI

INSCRIPTION POUR L'ARSENAL DE BREST.

Traduction.

Nous devons à l'obligeance de M. Julien Travers, bibliothécaire de la ville de Caen, l'indication d'un feuillet in-8°, contenu dans un volume in-4° de *Mélanges* qui appartient à la Bibliothèque de Caen. Ce feuillet, intitulé : *Inscription pour l'Arcenal de Brest*, présente la pièce française de notre poëte, signée : P. CORNEILLE, traduite des vers de Santeul que nous donnons en note [1], et cinq pièces latines. C'est probablement d'après une autre édition que Granet a reproduit dans les *OEuvres diverses* (p. 227) ces vers de Corneille, car il dit en parlant de cette inscription qu'elle fut « imprimée d'abord en feuille volante in-4°, sans date d'année, et réimprimée dans les *OEuvres* de Santeul. » Ce poëte avait publié sur ce même sujet tout un petit recueil, dans le format in-4°, dont voici la description : Un feuillet non chiffré, imprimé seulement au recto, porte pour titre : *Inscriptions pour l'Arcenal de Brest;* suivent les inscriptions latines de Santeul, numérotées 1-8, signées : SANTOLIUS, *Victorinus*, datées, en français : *Du 6 septembre* 1679. Ensuite vient la *Réponse à la critique des Inscriptions faites pour l'Arcenal de Brest*, en dix-huit pages, où Santeul dit à son censeur anonyme (p. 14) : « Nos épigrammes ne sont pas si malheureuses qu'elles n'ayent été jugées dignes d'être traduites par de grands

---

1. Quæ pelago sese arx aperit metuenda Britanno,
Classibus armandis, omnique accommoda bello,
Prædonum terror, francis tutela carinis,
Æternæ regni excubiæ, domus hospita Martis,
MAGNI opus est LODOICI. Hunc omnes omnibus undis
Agnoscant venti dominum, et maria alta tremiscant.

L'édition in-4° du petit recueil de Santeul porte au dernier vers : *auræ*, au lieu de *venti*. — Ce sixain est la septième des neuf inscriptions de Santeul. Il dit, dans sa *Réponse à la critique*, déjà citée, que c'est celle-là et la sixième qu'il estime les plus belles.

poëtes, dont voici la traduction. Ils ont pris tous la septième pour leur modèle. » Il donne ensuite, sous le titre de *Première traduction*, mais sans nom d'auteur, la version de Corneille, et successivement les trois autres que nous renvoyons en note [1]. Enfin, continuant à faire contre son censeur l'apologie de la langue latine pour les inscriptions, il s'exprime ainsi : « C'est en vain qu'il crie au secours, et qu'il réveille le grand Corneille, qui dort dans le sein de la gloire. Il est bien plus grand prophète que lui, car ce grand personnage, dont le théâtre françois est encore si paré, me dit très-souvent qu'il sera un jour habillé à la vieille mode (p. 16). » Au tome III (p. 53 et suivantes) de l'édition des *OEuvres* de Santeul publiée en 1729,

1.   SECONDE TRADUCTION.

Ce chef-d'œuvre élevé sur le bord de ces eaux,
De qui le seul aspect rassure nos vaisseaux,
Ce riche magasin d'équipage de guerre,
Cet amas surprenant d'armements inouïs,
  C'est l'ouvrage du grand Louis,
Redouté sur la mer autant que sur la terre.

TROISIÈME TRADUCTION.

Ces longs murs que tu vois s'étendre sur ces mers,
Fournir à nos vaisseaux tant d'armements divers,
Effrayer le corsaire, assurer nos pilotes,
Sur l'empire françois veiller de toutes parts
  Pour la défense de nos flottes,
Sont l'ouvrage étonnant du plus grand des héros.
  Qu'à l'envi les vents et les flots
Le reconnoissent tous pour leur dieu tutélaire,
Et que tout l'Océan le craigne et le révère.

QUATRIÈME TRADUCTION.

Cet arsenal, terrible à la mer britannique,
  Qui sous un monarque héroïque
Voit à nos armements tout l'Océan soumis,
  L'effroi des vaisseaux ennemis,
  Des vaisseaux françois l'assurance,
D'un empire éternel l'éternelle défense;
Ce fort où Mars toujours a les armes en main,
Est de Louis le Grand le redoutable ouvrage :
Les vents reconnoîtront ici leur souverain,
Les mers craindront ici le maître de l'orage.

que nous avons citée souvent, on a joint une neuvième épigramme latine aux huit que Santeul avait publiées, et l'on a reproduit les quatre imitations françaises à la suite de la septième inscription, sans y ajouter les noms des auteurs. Les quatre pièces françaises n'en figurent pas moins d'ailleurs à leur place dans la réponse imprimée aux pages 57-71.

Colbert avait commencé dès 1663 à faire construire à Brest les bâtiments nécessaires à un arsenal maritime. Les travaux furent complétés en 1681 par l'achèvement des magasins et des ateliers de l'artillerie du côté de Recouvrance, la construction du bassin de radoub et de l'hôtel de l'Intendance du côté de Brest. La France posséda alors un arsenal qui, quoique loin encore du degré d'étendue et de magnificence où il est parvenu depuis, était le premier de l'Europe. Le Roi voulut en consacrer l'époque par une médaille, sur laquelle on voit, à l'entrée du port de Brest, le dieu Portunus, appuyé sur un dauphin et tenant en main une clef avec cette légende : *Tutela classium*, et pour exergue : *Bresti portus et navale*[1].

Palais digne de Mars, qui fournis pour armer
Cent bataillons sur terre et cent vaisseaux sur mer,
De l'empire des lis foudroyant corps de garde[2],
Que jamais sans pâlir corsaire ne regarde,
  De Louis, le plus grand des rois,   5
  Vous êtes l'immortel ouvrage.
Vents, c'est ici qu'il faut lui rendre[3] hommage;
Mers, c'est d'ici qu'il faut prendre ses lois[4].

1. Voyez les *Antiquités de la Bretagne*, par le chevalier de Fréminville. *Finistère* (1832, 1 vol. in-8°), p. 182 et suivantes.
2. VAR. De l'empire françois foudroyant corps de garde.
    (*Réponse à la critique*, tant dans l'édition originale que dans la réimpression de 1729.)
3. « Qu'il lui faut rendre, » dans les *Œuvres diverses* de 1738.
4. On lit, mais à tort, dans l'édition de Lefèvre et dans quelques autres : « Mers, c'est ici. »

XCII

A MONSEIGNEUR,
SUR SON MARIAGE.

Le mariage de Louis Dauphin (voyez tome IX, p. 63, note 2) avec Marie-Anne-Christine-Victoire, princesse de Bavière, eut lieu le 7 mars 1680. La deuxième partie du *Mercure galant* de ce même mois est entièrement occupée par la relation des réjouissances qui furent célébrées à cette occasion. On y trouve les vers de Corneille (p. 261 et suivantes). Ils y sont précédés de ce préambule : « Mr de Corneille l'aîné, qui a toujours marqué son zèle à Sa Majesté par les ouvrages que nous avons vus de lui sur ses diverses campagnes, a été le premier qui ait écrit sur le mariage de Monseigneur. Vous avez peut-être déjà vu les vers qu'il a faits sur ce sujet, puisqu'il les alla présenter au Roi et à ce jeune prince sitôt que le mariage fut déclaré. Ils sont si beaux qu'on pourroit trouver cette relation imparfaite, s'ils n'y étoient pas employés : les voici. » Ils furent aussi imprimés in-4°, sans lieu ni date, avec la signature P. C.; la Bibliothèque impériale possède un exemplaire de cette édition. Granet les donne aux pages 110-114 des *OEuvres diverses*.

Prince, l'appui des lis, et l'amour de la France,
Toi, dont au berceau même elle admira l'enfance [1],
Et pour qui tous nos vœux s'efforçoient d'obtenir
Du souverain des rois un si bel avenir,
Aujourd'hui qu'elle voit tes vertus éclatantes   5
Répondre à nos souhaits, et passer nos attentes,
Quel supplice pour moi, que l'âge a tout usé,
De n'avoir à t'offrir qu'un esprit épuisé !
  D'autres y suppléeront [2], et tout notre Parnasse

---

1. Voyez tome IX, p. 64, note 1.
2. Il y a sur ce sujet un assez grand nombre de poésies françaises

Va s'animer pour toi de ce que j'eus d'audace, 10
Quand sur les bords du Rhin, pleins de sang et d'effroi,
Je fis suivre à mes vers notre invincible roi [1].
Ce cours impétueux de rapides conquêtes,
Qui jeta sous ses lois tant de murs et de têtes,
Sembloit nous envier dès lors le doux loisir 15
D'écrire les succès [2] qu'il lui plaisoit choisir :
Je m'en plaignis dès lors [3] ; et quoi que leur histoire
A qui les écriroit dût promettre de gloire,
Je pardonnai sans peine au déclin de mes ans,
Qui ne m'en laissoient plus la force ni le temps : 20
J'eus même quelque joie à voir leur impuissance
D'un devoir si pressant m'assurer la dispense;
Et sans plus attenter aux miracles divers
Qui portent son grand nom au bout de l'univers,
J'espérai dignement terminer ma carrière, 25
Si j'en pouvois tracer quelque ébauche grossière
Qui servît d'un modèle à la postérité,
De valeur, de prudence et d'intrépidité.
Mais comme je tremblois de n'y pouvoir suffire,
Il se lassa de vaincre, et je cessai d'écrire [4] ; 30
Et ma plume, attachée à suivre ses hauts faits,
Ainsi que ce héros acheva par la paix [5].

La paix, ce grand chef-d'œuvre, où sa bonté suprême

dans la deuxième partie du *Mercure* de mars 1680 (p. 272-287). Le catalogue des livres relatifs à l'histoire de France de la Bibliothèque impériale indique en outre (tome II, p. 254) *la Conjouissance du Danube avec la Marne*, anonyme, deux pièces latines de Lenglet, une de Fleury, et un épithalame latin du collége des Jésuites.

1. Voyez ci-dessus, p. 252. — 2. *Le succès*, dans les *OEuvres diverses*.
3. Voyez ci-dessus, p. 224, vers 9-12.
4. Voyez ci-dessus, p. 225, vers 19 et 20, et note 2. Corneille semble faire allusion ici à un vers que, suivant toute apparence, il avait inspiré à Boileau.
5. Voyez ci-dessus, p. 326 et suivantes.

Pour triomphe dernier triompha de lui-même,
Il la fit, mais en maître : il en dicta les lois ; 35
Il rendit, il garda des places à son choix :
Toujours grand, toujours juste, et parmi les alarmes
Que répandoit partout le bonheur de ses armes,
Loin de se prévaloir de leurs brillants succès,
De cette bonté seule il en crut tout l'excès, 40
Et l'éclat surprenant d'un vainqueur si modeste
De mon feu presque éteint consuma l'heureux reste.
 Ne t'offense donc point si je t'offre aujourd'hui
Un génie épuisé, mais épuisé pour lui :
Tu dois y prendre part; son trône, sa couronne, 45
Cet amas de lauriers qui partout l'environne,
Tant de peuples réduits à rentrer sous sa loi,
Sont autant de dépôts qu'il conserve pour toi ;
Et mes vers, à ses pas enchaînant la victoire,
Préparoient pour ta tête un rayon de sa gloire. 50
 Quelle gloire pour toi d'être choisi des cieux
Pour digne successeur de tous nos demi-dieux !
Quelle faveur du ciel, de l'être à double titre
D'un roi que tant d'États ont pris pour seul arbitre,
Et d'avoir des vertus prêtes à soutenir 55
Celles qui le font craindre et qui le font bénir !
C'est de tes jeunes ans ce que ta France espère
Quand elle admire en toi l'image d'un tel père.
 N'aspire pas pourtant à ses travaux guerriers :
Où trouverois-tu[1], Prince, à cueillir des lauriers, 60
Des peuples à dompter, et des murs à détruire ?
Vois-tu des ennemis en état de te nuire ?
Son bras ou sa bonté[2] les a tous désarmés :

---

1. Granet, dans les OEuvres diverses, a mis : *Où trouveras-tu.*
2. Ainsi dans le *Mercure.* On lit à tort dans l'édition in-4º : *valeur,* au lieu de *bonté*, et cette leçon fautive a été adoptée par Granet et tous les éditeurs suivants.

POÉSIES DIVERSES.

S'ils ont tremblé sous l'un, l'autre les a charmés.
Quelques lieux qu'il te plaise honorer de ta vue, 65
Un respect amoureux y prévient ta venue;
Tous les murs sont ouverts, tous les cœurs sont soumis,
Et de tous ses vaincus il t'a fait des amis.
A nos vœux les plus doux si tu veux satisfaire,
Vois moins ce qu'il a fait que ce qu'il aime à faire : 70
La paix a ses vertus, et tu dois y régler
Cette ardeur de lui plaire et de lui ressembler.
Vois quelle est sa justice, et quelle vigilance
Par son ordre en ces lieux ramène l'abondance[1],
Rétablit le commerce, et quels heureux projets 75
Des charges de l'État soulagent ses sujets[2];
Par quelle inexorable et propice tendresse
Il sauve des duels le sang de sa noblesse[3];
Comme il punit le crime[4], et par quelle terreur
Dans les cœurs les plus durs il en verse l'horreur. 80
Partout de ses vertus tu verras quelque marque,
Quelque exemple partout à faire un vrai monarque.
  Mais sais-tu quel salaire il s'en promet de toi?

---

1. En décembre 1672 il avait paru un édit, « portant règlement sur la juridiction des prévôts et échevins » de la ville de Paris, édit dont un des principaux objets était d'assurer les « provisions nécessaires à la subsistance du grand nombre de ses habitants. »

2. La grande *Ordonnance du commerce* est du mois de mars 1673; le même mois de la même année il avait été publié un règlement général pour les tailles. Deux actes postérieurs intéressant le commerce sont le règlement pour la Compagnie des Indes orientales de septembre 1675, et les lettres patentes portant confirmation de la Compagnie du Sénégal.

3. Au mois d'août 1679, Louis XIV rendit un « édit contenant règlement général pour la répression du duel. » Beaucoup d'articles de cet édit sont la répétition presque textuelle de celui de septembre 1651.

4. L'*ordonnance criminelle* fut rendue à Saint-Germain-en-Laye, au mois d'août 1670. — Voyez aussi ci-dessus, p. 180, note 2.

Une postérité digne d'un si grand roi,
Qui fasse aimer ses lois chez la race future, 85
Et les donne pour règle à toute la nature.
　　C'est sur ce digne espoir de sa tendre amitié
Qu'il t'a choisi lui-même une illustre moitié.
Ses ancêtres ont su de plus d'une manière
Unir le sang de France à celui de Bavière; 90
Et l'heureuse beauté qui t'attend pour mari
Descend ainsi que toi de notre grand Henri :
Vous en tirez tous deux votre auguste origine,
L'un par Louis le Juste, et l'autre par Christine,
En degré tout pareil¹. Ses aïeux paternels 95
Firent avec les tiens ligue pour nos autels,
Joignirent leurs drapeaux contre le fier insulte²
Que Luther et sa secte osoient faire au vrai culte;
Et Prague du dernier vit les fameux exploits
De Rome dans ses murs faire accepter les lois³. 100
　　Ils ont assez donné de Césars à l'Empire,
Pour en donner encor, s'il en falloit élire⁴;

---

1. Le père de la Dauphine était Ferdinand Marie, électeur de Bavière, et sa mère Henriette-Adélaïde de Savoie, fille du duc Victor-Amédée et de Christine de France, dont les parents étaient Henri IV et Marie de Médicis. — Le grand-père paternel de la Dauphine, Maximilien I, premier électeur de Bavière, avait aussi épousé (en premières noces) une petite-fille de France, Élisabeth, fille de Charles duc de Lorraine et de Claude de France.

2. A cette époque ce mot était encore quelquefois masculin. Voyez le *Lexique*.

3. Maximilien I remporta le 8 novembre 1620 une victoire complète sur l'armée de Frédéric, roi de Bohême, sous les murs de Prague, s'empara de la ville, et réduisit en peu de jours la Bohême sous l'obéissance de l'Empereur.

4. La maison de Bavière avait donné deux empereurs à l'Allemagne : Louis V au commencement du quatorzième siècle, et Robert dans les dix premières années du quinzième. La prédiction de Corneille, « pour en donner encore, » faillit s'accomplir au dix-huitième. Charles-Albert se fit couronner empereur à Francfort, en 1742, sous

Et notre grand monarque est assez redouté
Pour faire encor voler l'aigle de leur côté.
 Quel besoin toutefois de vanter leur noblesse 105
Pour assurer ton cœur à leur¹ jeune princesse,
Comme si ses vertus et l'éclat de ses yeux
A son mérite seul ne l'assuroient pas mieux?
 La grandeur de son âme et son esprit sublime
S'élèvent au-dessus de la plus haute estime; 110
Son accueil, ses bontés ont de quoi tout charmer;
Et tu n'auras enfin qu'à la voir pour l'aimer.
 Vois bénir en tous lieux l'hymen qui te l'amène
Des rives du Danube aux rives de la Seine :
Vois-le suivi partout des Grâces et des Jeux; 115
Vois la France à l'envi lui porter tous ses vœux.
 Je t'en peindrois ici la pompeuse allégresse;
Mais pour s'y hasarder il faut de la jeunesse :
De quel front oserois-je, avec mes cheveux gris,
Ranger autour de toi les Amours et les Ris? 120
Ce sont de petits dieux, enjoués, mais timides,
Qui s'épouvanteroient dès qu'ils verroient mes rides;
Et ne me point mêler à leur galant aspect,
C'est te marquer mon zèle avec plus de respect.

le nom de Charles VII; mais, vaincu par l'Autriche, il fut forcé de renoncer à l'Empire.
 1. *La*, dans les *OEuvres diverses*.

FIN DES POÉSIES DIVERSES.

APPENDICE.

I

(Voyez les pièces XVI et XVII, p. 58-60.)

RELATION DU BALLET DU CHATEAU DE BISSESTRE,

Extraite de la Gazette *du* 12 *mars* 1632 *(p.* 104-106).

« Il se peut voir si nous engendrons ici mélancolie par le ballet que le comte de Soissons dansa dimanche dernier au Louvre, à l'Arsenal, et en la maison de ville, avec une telle affluence de peuple que dans le Louvre seul il n'y avoit guère moins de quatre mille spectateurs, la plupart personnes de remarque.

« Le sujet fut le château de Bissestre (que vous savez être une vieille masure à demie-lieue de cette ville) et les personnes, les animaux et les esprits auxquels il sert de rendez-vous jour et nuit.

« Le jour étoit figuré par un grand tableau où ce château étoit peint ayant le soleil sur son horizon, et autour de son faîte des grues, faisans, faucons et autres oiseaux, comme au bas toute sorte de bêtes à quatre pieds.

« D'où, après que le sieur Justice eut de sa voix dextrement jointe à celle du luth, représenté le sujet du ballet, sortirent premièrement l'hôte, l'hôtesse et son valet que représentoient (pour suivre le plaisant ordre du ballet et non celui des dignités qui n'est que trouble-fête) les sieurs de Belleville, de la Barre et de Liencourt, aussi bien que tout le reste si richement vêtus qu'on ne les eût pas pris pour tels sans leurs postures où rien n'étoit oublié, et sans le petit mantelet, que l'hôte donna à garder à sa femme, enchaperonnée à la négligence, et les entonnoirs dont l'habit de ce gentil valet étoit passementé.

« Puis vinrent danser deux gueux, vêtus de riches lambeaux, que représentoient le comte de Fiasque et le sieur Parade.

« Suivoient le comte de Soissons, le duc d'Aluy, les sieurs de Liencourt, de la Barre et Marandé, qui représentoient cinq paysans ivres, vêtus de sayons de satin blanc passementés d'argent, la serpette à la ceinture, mais avec une telle adresse, qu'encore que le premier se voulût faire méconnoître dans la foule des autres, toute l'assistance lui donna le prix du ballet, et le jugea véritablement sien, non tant pour sa dépense, qui fut grande, comme pour y avoir le mieux fait.

« Trois Bohèmes parurent incontinent après, que représentèrent les comtes de Maurever, de Saults et de Fiasque.

« Deux braves, qui furent les comtes de Maurever et de Mata, y vinrent ensuite prendre la mesure de leur courage à celle de leur épée, vêtus de satin gris chamarré d'argent, qui dansèrent l'épée nue, le fourreau leur pendant au baudrier.

« Deux damoiselles masquées y allèrent présenter un autre combat, sous la conduite d'un messager d'amour, garni de chausses à culotte, et d'un manteau de satin qui avoit de la peine à atteindre jusques aux coudes, où le baron de la Ferté, le marquis de Beuvron et le sieur Enaut dansèrent.

« Deux écoliers, que représentoient le marquis de Gèvre et le sieur de Saint-Germain Beaupré, y vinrent ensuite jouer une partie du quartier et friper l'autre.

« Puis un Espagnol y fit la roue, encore qu'il fût vêtu en pèlerin, le roquet sur les épaules, et la petite boîte de fer-blanc à sa ceinture, servi de son valet, qui avoit le bissac sur le dos, la guitare en main, et passoit par humilité en dansant sous les caprioles de son maître. Ils furent représentés par les sieurs de Verpré et Saintot.

« Deux hiboux et quatre corneilles en leur vraie forme, sous laquelle étoient cachés autant d'enfants, y vinrent après danser leur branle et annoncer la nuit.

« Lors parut un autre tableau au lieu du premier, où le même château de Bissestre étoit ombragé d'une nuit qui n'avoit point d'autre clarté que celle d'un démon qui sortoit tout en feu de la plus haute de ses fenêtres.

« Le sieur de Moulinié, vêtu de gaze noire parsemée d'étoiles, fit l'ouverture de cette nuit par un chant lugubre, auquel succéda un excellent concert de luths.

« Puis se présente un magicien avec la sotane de satin incarnat, la robe de satin noir couverte de passement d'argent, tenant en sa main une baguette d'ébène garnie d'un bout d'argent, dont il frappoit en dansant son livre de magie : c'étoit le sieur Marais.

« A ses charmes sautent en place quatre lutins vêtus de satin noir et coiffés de plumes noires et grises, que dansèrent les ducs de Longueville et de Candale, le baron du Vigean, et le comte de Saint-Germain Beaupré.

« Cinq fantômes leur succédèrent, tous couverts de lames d'or coupées en olipeaux, dont le cliquetis n'étoit point si effroyable qu'il n'y eût des dames en la troupe qui témoignoient par leur contentement ce que d'autres, moins scrupuleuses, dirent tout haut, qu'elles ne s'en pourroient fuir devant ces fantômes; car c'étoit encore le comte de Soissons, le duc d'Aluy, et le sieur de Liencourt, avec les sieurs de Marande et la Barre.

« Trois faux monnoyeurs se mettent après sur les rangs, ayant leurs habits chamarrés de pièces fausses et les mains garnies de cisailles, tenailles et marteaux, exerçants leur métier en trop bonne compagnie pour ne vouloir pas être pris, comme ils furent par trois archers vêtus de satin vert sous leur casaque : où dansèrent les ducs de Longueville et de Candale, le baron du Vigean, les comtes de Fiasque et de Mata, et le sieur Parade.

« Ils furent bientôt suivis du même sieur Parade et Enaut, représentants le juge et son greffier, vêtus de satin noir et la toque en tête.

« Trois sergents finirent les entrées, représentés par les comtes de Mata et de Fiasque, et par le sieur Parade.

« Puis la musique du Roi se fit entendre, laquelle fut fermée par le grand ballet dansé aux pieds de Sa Majesté, qui rejoignant en un corps tant de pièces détachées, et faisant à son aspect reconnoître pour gens d'honneur ceux qui paroissoient naguère plongés dans une cloaque de vices, signifioit combien la vertu de ce monarque est efficacieuse, puisque le vice ne peut subsister devant lui, et qu'à son abord les diables mêmes cessent de l'être.

« Ce ballet (après lequel le comte de Soissons mena danser la Reine; le duc de Longueville, la princesse de Condé; et le reste des seigneurs, les autres dames de la cour) fit aussi juger quelle étoit la disposition de ces princes d'avoir pu danser depuis les huit heures du dimanche au soir, septième du courant, qu'ils commencèrent, jusques au lendemain matin, pareille heure, que leur fut faite la collation en la maison de ville, où ils finirent. Et comme la fortune aux grands desseins se fait volontiers de la partie, il s'y rencontra plus d'accidents qu'on n'en vouloit représenter, car il y eut une enseigne et autres choses perdues jusques à la valeur de quinze mille écus. Une comtesse y accoucha. Pour faire place, il fallut employer quelques descendants de hallebardes et des feintes qui n'étoient pas du ballet. »

II

(Voyez les pièces XXV-XXVII, p. 82-85.)

TROIS PIÈCES DE LA GUIRLANDE DE JULIE,

Signées C. et attribuées par plusieurs éditeurs à Corneille.

LE LIS.

MADRIGAL.

Un divin oracle autrefois
A dit que ma pompe et ma gloire
Sur celle du plus grand des rois
Pouvoit emporter la victoire ;
Mais si j'obtiens, selon mes vœux, 5
De pouvoir parer vos cheveux,
Je dois, ô Julie adorable,
Toute autre gloire abandonner ;
Car nul honneur n'est comparable
A celui de vous couronner. 10

L'HYACINTHE.

MADRIGAL.

D'un éternel bonheur ma disgrâce est suivie,
Je n'ai plus rien en moi qui marque mon ennui.
Autrefois un soleil me fit perdre la vie ;
Mais un autre soleil me la rend aujourd'hui.

LA FLEUR DE GRENADE.

MADRIGAL.

Dans l'empire fameux de Flore et de Pomone
Mon père a mille enfants qui portent la couronne ;

Mais préférant mon sort au leur,
J'ai mieux aimé demeurer fleur,
Avec le vif éclat dont je suis embellie,
Afin de m'offrir vierge à la chaste Julie.
Ô perte favorable! ô change précieux!
Je quitte ma gloire mortelle
Pour l'immortel honneur de parer cette belle,
Et le destin des rois pour le destin des Dieux.

III

(Voyez la *Notice*, p. 11-14.)

LE PRESBYTÈRE D'HÉNOUVILLE.

A TIRCIS.

Cette pièce a paru pour la première fois avec l'adresse suivante : *A Rouen, chez Iean le Boullenger*, M.DC.XXXXII, en une brochure in-4° de douze pages, dont le seul exemplaire connu appartient à la bibliothèque de Rouen, où il fait partie d'un recueil intitulé : *Poésies diverses*, qui est numéroté O 744. Nous avons expliqué assez longuement dans la *Notice*, pour n'avoir plus à y revenir ici, les motifs qui nous ont porté à rejeter à l'*Appendice* cette épître, attribuée par plusieurs éditeurs à Corneille. Si elle avait été admise dans les *Poésies diverses*, l'ordre chronologique l'aurait fait placer après la pièce XXVII.

Enfin j'ai vu Timandre, et mon âme étonnée
Repasse avec plaisir l'agréable journée
Où mille beaux objets, l'un de l'autre suivis,
Rendirent tous mes sens également ravis ;
J'ai vu ce lieu fameux, dont l'art et la nature
Disputent à l'envi l'excellente structure ;
J'ai vu les raretés de ce charmant séjour,
Pour qui même les rois concevroient de l'amour ;
Et cependant, Tircis, je trouve mes pensées
Pour t'en faire un portrait si fort embarrassées,
Qu'encor que ce tableau fût déjà médité,
J'ai peine à contenter ta curiosité.
Entre tant de beautés où mon esprit s'amuse,
Je travaille à donner un bon ordre à la Muse,

Et de tant de sujets qui s'offrent à la fois, 15
La plume comme l'œil fait à peine le choix.
　　Sur le bord d'un vallon flanqué de deux collines,
Dont la beauté fait honte aux montagnes voisines,
La maison de Timandre en situation
A de quoi lui donner un peu d'ambition : 20
Il est vrai qu'à mon goût il en est peu d'égales
Et peu que la nature ait faites ses rivales.
Ce n'est pas qu'elle soit superbe en bâtiments :
L'or n'est point profané dans ses assortiments ;
Le cinabre et le jaspe, et l'ambre, et le porphyre, 25
Ne font point les beautés que j'y trouve à décrire.
Tout ce vain apparat d'un faste ambitieux
Dégoûte plus souvent qu'il n'est délicieux.
Si dans la symétrie et dans l'architecture
L'œil ne rencontre rien qui lui fasse d'injure, 30
Il est aisé de voir qu'en sa perfection
Timandre s'est réglé sur sa condition.
　　Dès le premier abord l'entrée est magnifique ;
La porte en sa façon n'a rien qui soit rustique ;
L'ouverture de front présente un colombier, 35
Dont la fécondité prodigue son gibier.
A main droite, la salle en diverses peintures
Fait voir en même temps diverses aventures,
Et la croisée ouverte apporte du jardin
Les parfums excellents du myrte et du jasmin. 40
De suite la cuisine et les autres offices
Vous offrent à l'envi leurs différents services.
De ce même côté s'avance un escalier,
Dont le contournement, qui n'a rien de grossier,
Vous oblige de voir des chambres de campagne, 45
Où, sans profusion, ce qui les accompagne,
Dans les proportions de leur ameublement,
Donne aux plus délicats du divertissement.
La noix de l'escalier, qui renferme un horloge [1],
Tire des curieux, en passant, son éloge. 50
　　Mais pendant que vos yeux remarquent la maison,
Trente petits voleurs, retenus en prison,

---

1. « Horloge. Les Normands le font masculin. *La rue du gros horloge.* Et c'est aussi de ce genre que le font les Gascons et les Provençaux. Il est féminin. » (*Observations de Monsieur Menage sur la langue françoise.* Segonde édition, Paris, Barbin, M.DC.LXXV, in-12, p. 151 et 152.)

De mille accents divers vous frappent les oreilles ;
Et comme disputant à qui fera merveilles,
Dégoisant leurs ennuis, ces charmants prisonniers 55
A donner du plaisir ne sont pas les derniers ;
Mais leurs tons si mignards, loin d'obtenir leur grâce,
Les font mieux resserrer en ce petit espace,
Et ces musiciens si pleins d'activité
Semblent former complot contre leur liberté. 60
  Après cette douceur, et sortant de la salle
Pour voir les raretés que le jardin étale,
L'on diroit que les fleurs empruntent du soleil
Le gracieux émail de cet arc sans pareil,
Ou qu'elles ont dessein d'en être les figures, 65
Et de pourtraire au vif toutes ses bigarrures,
Tant la vivacité du divers coloris
Forme naïvement les beautés de l'iris.
Là l'on voit s'accorder Flore avecque Pomone,
La poire pendre à l'arbre auprès de l'anémone ; 70
Mais l'on a de la peine à n'être pas surpris
De ce nombre infini de tulipes de prix,
Dont le parterre entier fait au premier rencontre
A l'œil du curieux une superbe montre.
La rose cependant dispute avec l'œillet, 75
Le lis passe en blancheur et la neige et le lait ;
L'iris, le martagon, avec la giroflée
Que la trop grande ardeur n'a point encor brûlée,
Le thym, la marjolaine et l'odeur du muguet,
Tout cela vous fournit de quoi faire un bouquet ; 80
Et pour mêler encor l'utile au délectable,
L'on y trouve de quoi s'occuper à la table.
L'on ne voit point ailleurs d'asperge ou d'artichaut
Où la comparaison ne montre du défaut.
  En sortant du jardin, l'on entre, dès la porte, 85
Dans l'admiration de l'innombrable sorte
Des curiosités qu'enferme un grand fruitier.
Entrant, à la main droite on découvre un vivier,
Dont l'eau, sans avoir pris d'un lieu plus haut sa course,
Dedans son propre fond sort d'une vive source : 90
La carpe et le mulet, l'anguille et le barbeau,
Coulant innocemment leur vie au fond de l'eau,
Sont prêts à la donner au jour d'une visite,
Quand Timandre est surpris par des gens de mérite.
D'abord qu'on va paroître, aussitôt le plongeon 95

S'enfonce dedans l'eau, touché du moindre son;
Mais si vous surprenez la tremblante sarcelle,
Elle gagne soudain sa niche à tire-d'aile ;
Et la tortue encor, dont l'œil est vigilant,
Prend la fuite aussitôt à pas tardif et lent. 100
 C'est un plaisir de voir les soins de la nature
Fournir dans cet étang diverse nourriture
A tous ces animaux d'espèce si divers,
Dont les noms que j'ignore échapperont mes vers.
 De là s'offre à vos yeux une barrière verte, 105
De qui la balustrade aux gens d'honneur ouverte,
Timandre en son fruitier leur partage à loisir
Les divertissements auxquels il prend plaisir.
 Là la pomme et la poire, et la guigne et la prune,
D'une bonté de goût en ce lieu seul commune, 110
Font peine à bien juger quel est de meilleure eau,
Ou bien le fruit à pierre[1], ou le fruit au couteau.
 Mais ainsi qu'au jardin, en ce fruitier encore
L'on remarque d'accord Pomone avecque Flore,
Et l'on voit naître ici de toutes les couleurs, 115
Dans le nouveau printemps, un million de fleurs,
Dont la confusion toute rare et diverse
Joint à celles d'ici les tulipes de Perse ;
Et ces riches bouquets sont si bien compassés
Qu'entre quatre pieds d'arbre ils se trouvent placés. 120
 Ici l'ordre est gardé de la mathématique :
Tant d'arbres en leur plant n'ont point de ligne oblique;
Leurs pieds bien cultivés et leur bois clair et frais
Preuvent les soins du maître, et qu'il y fait des frais.
 De ces arbres si beaux l'épaisse chevelure 125
Conserve la fraicheur d'une molle verdure,
Où divers animaux, que je ne connois pas,
Treuvent à se cacher, ou prendre leur repas.
 Ici le paon de mer, deçà la macquerole,
Et la poule barbare en cet autre lieu vole ; 130
L'on voit en cet endroit courir le chevalier,
De cet autre s'enfuir le timide plouvier[2] ;
En ce lieu la perdrix, dessous l'herbe cachée,

---

1. Le fruit à noyau.
2. On dit et on écrit aujourd'hui *pluvier*. Ces deux formes *pluvier* et *plouvier* se trouvent dans le *Tresor* de Nicot en 1606, et dans le Dictionnaire français-anglais de Cotgrave en 1611.

Se dérobe à votre œil, se sentant approchée ;
Bref, de ces raretés le plus grand partisan 135
Satisfait son génie, y treuvant le faisan.
Ainsi de tous côtés cette petite place
Fourniroit au besoin les plaisirs de la chasse.
Mais surtout l'excellence et le coup de l'ami,
C'est de trouver un lièvre en son gîte endormi : 140
A peine y sauroit-on faire une pourmenade,
Qu'on n'en pousse quelqu'un devers la palissade,
Où par divers endroits pratiqués à dessein,
Aisément du chasseur il échappe la main.
C'est où Flore et Pomone entretiennent Diane, 145
Qui se vient délasser dedans cette garenne [1].
Enfin ce lieu charmant, si fertile en beautés,
A de quoi contenter ces trois divinités.
Pas à pas on se rend près d'une autre barrière,
En façon, en couleur, semblable à la première, 150
Où de chaque côté la verdure au niveau
Fait d'excellents tapis de charme et de fouteau [2].
Mais cette salle verte est bien plus accomplie
Par les charmes puissants d'une muse polie
Qui dessus une porte a fait graver au net, 155
Ou peut-être Apollon lui-même, ce sonnet :

 Vois à loisir ce lieu champêtre;
 Les jours y coulent sans ennuis :
 Tâche, si tu peux, de connoître
 Tant d'herbes, de fleurs et de fruits. 160

 Ces animaux que tu poursuis,
 Ces oiseaux que tu vois paroître,
 Dans ce bel enclos sont réduits
 Par les soins et l'art de son maître.

 Jette après la vue au dehors, 165
 Et voyant avec quels efforts
 La nature à l'envi le pare,

---

1. Ce mot est bien imprimé ainsi *garenne*, mais on le prononçait alors très-souvent *garanne*. Richelet met dans son *Dictionnaire* : « GARANNE, *garenne*, s. f. On dit *garenne*, et non pas *garanne*; voiez *Garenne*. — GARANNIER, *garennier*, on dit l'un et l'autre, mais *garannier* est présentement plus en usage que *garennier*. » On voit combien la prononciation de ces mots était encore incertaine vers 1680.
2. De hêtre.

Demande à tes yeux enchantés
S'il pouvoit en un lieu plus rare
Assembler tant de raretés. 170

Cette porte, en effet, et deux grandes croisées
Cachent des nouveautés à peindre malaisées.
Avant que les ouvrir, Timandre prend le soin
De faire retourner ses hôtes de plus loin :
Lors, ouvrant les châssis, l'on voit deux perspectives, 175
D'où les prés, les forêts, les montagnes, les rives,
Les bocages touffus, les pentes, les vallons,
Les collines par onde en forme de sillons;
Les tours et les retours de l'agréable Seine
Qui coule en serpentant dans cette large plaine, 180
Les vaisseaux qu'elle porte en son vaste canal,
Son onde qui paroît un liquide cristal :
Toutes ces raretés presque inimaginables,
Et dont la vérité passe toutes les [1] fables,
Sont les riches couleurs qui sur le naturel 185
Font en terre un crayon du séjour immortel.
En sortant de ce parc, cette vue éloignée
Devient à petits pas si doucement bornée,
Que la croupe du mont n'étale rien d'affreux,
Ni rien qui fasse peine à reposer les yeux. 190
Pour de là vous conduire à trois coups d'arquebuse,
Timandre sait user d'une obligeante ruse;
Et le prétexte adroit de la fraîcheur du bois
Doit bientôt enchanter votre œil une autre fois.
Par une verte allée où l'épais du feuillage 195
Attire mille oiseaux à dire leur ramage,
Presque insensiblement sur un tertre élevé,
Dont le pied quelquefois par la Seine est lavé,
L'œil vous fait un présent de la plus riche vue
Dont puisse être jamais une place pourvue. 200
Tout ce que l'on a vu jusqu'ici de charmant,
Cet agréable lieu le montre éminemment :
Par des charmes plus forts que ceux de la Méduse,
En un moment le sens si doucement s'abuse,
Que les autres privés de toutes fonctions, 205
L'œil peut admirer seul tant de perfections;
Et d'autant que la vue est bien moins égarée,

---

1. Il y a *ses* dans l'édition originale, mais cette leçon n'a pas de sens.

L'estime qu'on en fait est bien plus assurée.
La Seine en divers lieux bat le pied des rochers ;
L'œil en se promenant¹ découvre huit clochers ², 210
Dont les noms par hasard terminés tous en *ville*
Semblent servir de rime à celui d'Hénouville.
Il me semble, Tircis, d'un second Hélicon
Où l'on va recueillir les faveurs d'Apollon,
Puisqu'au pied de ce mont ceux qu'échauffe sa veine, 215
Pour éteindre leur soif, rencontrent la fontaine
Qui leur va prodiguant ses salutaires eaux
Pour exciter leur verve à dire mots nouveaux.
 Mais quand l'heure avertit de faire la retraite,
Ce qui rend de nouveau l'âme plus satisfaite 220
Est que la même porte offre à lire, au retour,
Cet autre beau sonnet, digne à jamais du jour:

> L'art n'a point fait ce que tu vois,
> Et la nature toute nue
> Étale ici tout à la fois 225
> Ses plus doux charmes à ta vue.
>
> Vois la campagne, en deux endroits,
> S'ouvrir à la Seine épandue ;
> Vois les montagnes et les bois
> En borner la vaste étendue ; 230
>
> Et puis, faisant comparaison
> Des raretés de la maison
> Où ton âme s'est divertie,
>
> Dis tout haut qu'un lieu si charmant
> Méritoit bien à sa sortie 235
> Ce merveilleux assortiment.

C'est ainsi, cher Tircis, que vit le grand Timandre
Dont tu vois le renom en tous lieux se répandre :
Loin du bruit de la cour, vivant sous d'autres lois,
Sans perdre la faveur qu'il a près de nos rois, 240

1. Il y a bien ici *promenant*, quoiqu'il y ait plus haut, vers 141, *pourmenade*.
2. Une note manuscrite récente, qui se trouve sur l'exemplaire de la bibliothèque de Rouen, désigne ainsi ces huit clochers : Bardouville, Yville, Anneville, Berville, Ambourville, Barneville, Bocherville, Saint-Pierre de Manneville. Ce dernier nom est accompagné d'un point d'interrogation qui indique sans doute que la personne qui a écrit cette note n'était pas bien certaine de cette dernière attribution

Il quitte pour un temps l'intrigue des affaires,
Pour goûter le bonheur des pâtres solitaires.
C'est ce qui me fera partout dans l'univers
Publier hautement son mérite en mes vers.

IV

(Voyez la pièce XXVIII, p. 86.)

ÉPITAPHE DE RICHELIEU,

Attribuée à Corneille par M. Taschereau.

La Sorbonne est heureuse et riche [1]
D'avoir eu gratis un bien,
Pour lequel la maison d'Autriche
Eût donné la moitié du sien.

V

(Voyez les pièces XXXVII-XXXIX, p. 125-128.)

SONNETS D'URANIE ET DE JOB.

SONNET D'URANIE,

Par Voiture.

Il faut finir mes jours en l'amour d'Uranie :
L'absence ni le temps ne m'en sauroient guérir,

---

1. Le premier vers est ainsi donné dans *le Tableau de la vie et du gouvernement de Messieurs les cardinaux Richelieu et Mazarin* :

Sorbonne heureuse et riche.

Le quatrième y est aussi rédigé différemment :

Pour qui la maison d'Autriche.

On trouve dans cet ouvrage l'autre épitaphe que voici :

Écoutez, Messieurs de Sorbonne,
Puisque vous avez Richelieu,
Votre fortune est belle et bonne :
Gardez-le bien, au nom de Dieu

APPENDICE.

Et je ne vois plus rien qui me pût secourir,
Ni qui sût rappeler ma liberté bannie.

Dès longtemps je connois sa rigueur infinie;
Mais pensant aux beautés pour qui je dois périr,
Je bénis mon martyre, et content de mourir,
Je n'ose murmurer contre sa tyrannie!

Quelquefois ma raison, par de foibles discours,
M'incite à la révolte et me promet secours;
Mais lorsqu'à mon besoin je me veux servir d'elle,

Après beaucoup de peine et d'efforts impuissants,
Elle dit qu'Uranie est seule aimable et belle,
Et m'y rengage plus que ne font tous mes sens.

SONNET DE JOB,
Par Benserade.

Job, de mille tourments atteint,
Vous rendra sa douleur connue;
Mais raisonnablement il craint
Que vous n'en soyez pas émue.

Vous verrez sa misère nue;
Il s'est lui-même ici dépeint;
Accoutumez-vous à la vue
D'un homme qui souffre et se plaint.

Quoiqu'il eût d'extrêmes souffrances,
On voit aller des patiences
Plus loin que la sienne n'alla.

Il eut des peines incroyables;
Il s'en plaignit, il en parla:
J'en connois de plus misérables.

VI

(Voyez la *Notice*, p. 18 et 19.)

DEUX SONNETS, SIGNÉS C.,

Publiés dans les Poésies choisies, *chez Sercy, et attribués par M. P. Lacroix à Pierre Corneille.*

Sonnet publié à la page 304 de la première partie des *Poésies choisies,* en 1653.

Une troupe servile, inconstante, folâtre,
Au service d'autrui passe ses plus beaux jours,
Et croit avoir grand'part à la splendeur des cours,
Où l'on voit que le luxe a doré jusqu'au plâtre.

Mais la vertu n'est là que vertu de théâtre :
Le vice y tient l'empire et porte le velours ;
Les fourbes sont adroits ; les bons, des esprits lourds[1] ;
Enfin, pour s'avancer il faut être idolâtre.

Pour moi, je m'en retire, instruit à mes dépens
Que de vivre en esclave est un malheur extrême
Qu'accompagnent toujours mille soucis flottants.

Aux autres j'ai vécu ; je veux vivre à moi-même,
Sans avoir de mes faits l'univers pour témoin :
Si j'ai moins de desirs, je n'ai pas tant de soin.

Sonnet imprimé à la page 365 de la réimpression, de 1658, de la troisième partie des *Poésies choisies*, publiées d'abord en 1656.

Que me sert qu'on m'écoute avec tant de transports ?
Bien loin de s'avancer, ma fortune recule,
Et si[2] d'aller plus outre on fait un tel scrupule
Qu'Apollon est le seul qui m'ouvre ses trésors.

---

1. L'édition originale porte *sourds*, au lieu de *lourds*.
2. *Si* a ici le sens de *pourtant* ; il exprime une opposition et non un doute.

Cependant mon esprit s'use ainsi que mon corps;
En vain pour me flatter je me le dissimule :
Je deviendrai bientôt muet ou ridicule [1],
Et ma force s'épuise en continus efforts.

Pour tout fruit d'une vie en travail consumée,
Il ne me va rester qu'un peu de renommée,
Qu'un souvenir flatteur d'avoir fait quelque bruit.

O d'un métier si noble indignités étranges,
Qu'un siècle à nos labeurs prodigue de louanges
N'assure que du vent au repos qui les suit!

VII

VERS IMITÉS DE LUCAIN ET D'HORACE,

Et attribués à Pierre Corneille.

Tout le monde connaît ces vers de Brébeuf :

C'est de lui que nous vient cet art ingénieux
De peindre la parole et de parler aux yeux,
Et par les traits divers de figures tracées
Donner de la couleur et du corps aux pensées.

C'est une excellente paraphrase de ce passage de *la Pharsale* (livre III, vers 220 et 221) :

*Phœnices primi, famæ si creditur, ausi
Mansuram rudibus vocem signare figuris.*

Notre poëte, si passionné pour Lucain, admirait fort en cet endroit son traducteur, qui, comme nous l'avons remarqué ailleurs (tome IV, p. 13, note 3), avait publié en 1653 les premiers livres de sa *Pharsale*. A en croire Coste[2], « M. Corneille disoit qu'il auroit donné deux

---

1. Ces deux vers rappellent les suivants, qu'on lit dans la pièce intitulée : *la Poésie à la Peinture* (ci-dessus, p. 118, vers 41 et 42) :

Pour trop m'en plaindre en vain je deviens ridicule,
Et l'on ne m'entend pas, ou l'on le dissimule.

2. *Apologie de la Bruyère*, 1701, in-12, p. 177.

de ses meilleures pièces pour ces quatre vers. » Coste n'ajoute rien à ce que nous venons de rapporter, mais Bruzen de la Martinière continue et complète cette anecdote. Après avoir parlé des vers de Brébeuf : « On ne sera pas fâché, ajoute-t-il[1], que je dise à cette occasion ce qui arriva au fameux Corneille, après avoir lu les quatre vers que Brébeuf a faits sur l'art d'écrire inventé par les Tyriens. Il voulut les égaler par quatre autres que nous donnerons ici :

> C'est d'elle que nous vient le fameux art d'écrire,
> Cet art ingénieux de parler sans rien dire,
> Et par les traits divers que notre main conduit
> D'attacher au papier la parole qui fuit. »

Voilà de jolis vers, dont l'ingénieuse souplesse nous paraît toutefois, autant qu'il est permis de se prononcer en pareille matière, bien peu dans le goût de Corneille, et où nous sommes fort tenté de voir l'effort heureux de quelque versificateur du commencement du dix-huitième siècle.

Nous ne croyons guère non plus à l'authenticité des quatre vers contenus dans une autre anecdote que nous allons rapporter. « M. Corneille avoit un abord sombre, parlant peu avec des gens qu'il ne connoissoit pas de longue main, peu de brillant avec eux; mais lorsqu'il étoit excité par une société qui lui étoit familière, et qu'elle étoit composée de véritables gens d'esprit, il retrouvoit alors cette vive imagination qu'il paroissoit avoir laissée dans son cabinet. L'on ne voyoit plus le même homme : c'étoit un génie du premier ordre, capable d'imposer infiniment par ses réflexions, et de faire un impromptu admirable sur le sujet de la conversation ou de la première matière que l'on agitoit. Dans un de ces entretiens dont je parle, un ami lui récitant ces vers d'Horace (ode XVIII du livre II, vers 15 et 16) :

> *Truditur dies die,*
> *Novæque pergunt interire lunæ,*

il leur donna ce sens dans le moment :

> Chaque instant chasse l'autre, et lui-même à son tour
> Cède à celui qui va le suivre :

---

1. *Nouveau recueil des Épigrammatistes françois*, 1720, in-12, tome I, p. 104 et 105.

Nous ne pouvons pas vivre un jour
Sans avoir moins d'un jour à vivre. »

(*Ana ou Bigarrures calotines*, Paris, 1730, etc., quatrième partie, p. 9 et 10.)

Ces vers, qu'il ne faut accepter comme étant de Corneille que sous bénéfice d'inventaire, ont été réunis par M. Édouard Fournier dans une note d'un article de la *Revue des provinces* intitulé : *Deux lettres inédites de P. Corneille*, tome VI, 15 février 1865, p. 323 et 324.

VIII

(Voyez la *Notice*, p. 20 et 21.)

ÉPIGRAMMES ATTRIBUÉES A CORNEILLE.

La bibliothèque de l'Arsenal possède un recueil, relié en un volume in-12, divisé en trois parties et portant le n° 7306 B, dont la composition est assez singulière. On trouve d'abord : *Poesies choisies..., premiere partie, quatriesme edition, reueue, corrigée et augmentée*. Au-dessous de ce titre est un fleuron avec cette mention : *Iouxte la copie imprimée*, et ensuite l'adresse et la date : *A Paris, chez Charles de Sercy*, M.DC.LV. Ce n'est là qu'une réimpression de la première partie des *Poésies choisies* de Sercy, publiée pour la première fois en 1653, et que nous avons longuement décrite dans la *Notice* (p. 17 et 18). Bien qu'en 1655 la seconde partie des *Poésies* de Sercy eût déjà paru, nous trouvons au lieu d'elle, dans le volume de l'Arsenal, à la suite de la première, un *Recueil de diverses poesies des plus celebres autheurs de ce temps, seconde partie, reueu, corrigé et augmenté*, avec la mention : *Iouxte la copie imprimée*, l'adresse suivante : *A Paris, chez Louis Chamoudry*.... et la date de M.DC.LV. Enfin vient le *Nouveau recueil de poesies des plus celebres autheurs du temps, troisieme partie, reueue, corrigée et augmentée*, avec même mention, même adresse et même date qu'au recueil précédent. La pagination continue de la seconde partie à la troisième. En tête du second recueil, le titre et quatre feuillets imprimés en italique ne comptent point dans la pagination : c'est au recto du premier de ces feuillets qu'on lit la pièce suivante, qui a été recueillie par M. Paul Lacroix dans le *Bulletin du bouquiniste* (8e année, 1er semestre, p. 52).

D'un Poëte écrivain, qui détaché des occupations de sa plume, pour vaquer à celles de la guerre, dit qu'il coupe sa plume avecque son épée.

ÉPIGRAMME DE MONSIEUR CORNEILLE.

Ce petit fanfaron à l'œillade échappée
S'estime grand auteur et n'est qu'un animal,
Dit qu'il coupe sa plume avecque son épée :
Je ne m'étonne pas s'il en écrit si mal.

Bien loin de pouvoir être attribuée à Corneille, cette pièce paraît dirigée contre un de ses partisans; en effet, nous lisons à la fin du pamphlet intitulé : *le Souhait du Cid en faueur de Scuderi. Vne paire de lunettes pour faire mieux ses obseruations*, cette conclusion que nous avons déjà rapportée (tome III, p. 16) : « On me connoîtra assez si je dis que je suis celui qui ne taille point sa plume qu'avec le tranchant de son épée, qui hait ceux qui n'aiment pas Chimène, et honore infiniment celle qui l'a autorisée par son jugement, procurant à son auteur la noblesse qu'il n'avoit pas de naissance. »

Du reste M. Édouard Fournier nous a fait remarquer que la réponse qui est la pointe de cette épigramme se trouve déjà mentionnée dans les *Historiettes* de Tallemant des Réaux, et que l'épigramme elle-même figurait dès 1649 dans les *OEuvres* de Saint-Amant. Voici le passage de Tallemant des Réaux : « D'Audiguier, auteur de *Lisandre et Caliste*, disoit à Théophile qu'il ne tailloit sa plume qu'avec son épée : « Je ne m'étonne donc pas, lui dit Théophile, que « vous écriviez si mal. » (*Historiettes*, tome VII, p. 451.)

Quant à l'épigramme, elle figure à la page 127 de la troisième partie (in-4°) des *OEuvres* de Saint-Amant publiée en 1649; elle y porte pour titre : *Épigramme sur un écrivain de Gascogne*; les vers 2 et 3 y sont ainsi rédigés :

Qui fait le grand auteur et n'est qu'un animal,
Dit qu'il tranche sa plume avecque son épée.

Nous ne terminerons pas cet article sans mentionner une autre épigramme, que nous croyons avoir déjà rencontrée dans quelque recueil avec la signature de son véritable auteur, mais qui est attribuée en ces termes à Corneille par Guyot de Pitaval dans sa *Bibliothèque de cour, de ville et de campagne*[1] : « Un poëte de la même classe (*un poëte médiocre*) avoit le talent de la déclamation, ses vers dans sa bouche imposoient; le grand Corneille lui envoya ce quatrain :

> Tes vers sont beaux quand tu les dis,
> Ils ne sont rien quand je les lis;
> Tu ne peux pas toujours les dire :
> Fais-en donc que je puisse lire.

C'est encore à l'inépuisable obligeance de M. Édouard Fournier que nous devons cette communication.

IX

(Voyez la *Notice*, p. 20.)

DEUX SONNETS POUR TIMOCRATE[2].

Endymion[3] est mort : cet illustre champêtre
Est déjà descendu dedans le monument.
Chacun est demeuré dans un étonnement
De l'avoir vu mourir presque aussitôt que naître.

Tous les grands spectateurs qui le virent paroître   5
Disent que le Soleil fit mourir cet amant;
Mais ils se sont trompés, et dedans un moment
Vous connoîtrez celui qui l'a fait cesser d'être.

Non, Apollon n'est point le sujet de sa mort,
Et ce n'est point par lui qu'il a fini son sort :   10
L'auteur de son trépas assez souvent éclate.

---

1. Nouvelle édition, Paris, Théodore le-Gras, 1746, 7 vol. in-12, tome I, p. 241.
2. Il s'agit ici de la tragédie de *Timocrate*, de Thomas Corneille, jouée, suivant les frères Parfait, en novembre 1656, au théâtre du Marais.
3. *Les Amours de Diane et d'Endymion*, par Gilbert. Voyez ci-dessus la notice qui est en tête de la pièce LI, p. 154. Les frères Parfait, comme nous l'avons dit, en fixent la première représentation à l'année 1657, mais il semble évident qu'elle est un peu antérieure.

Qu'ils sachent que celui qui lui perça le cœur,
Et qui d'Endymion est demeuré vainqueur,
N'est point l'astre du jour : c'est le grand Timocrate.

Déplorables jaloux, dont les noires envies,
De *Don Sanche* et *Pompée* étalent les appas,
Et vantant *Nicomède*, *Horace* et *Venceslas*[1],
Veulent dans *Timocrate* en trouver des copies,

Le chimérique orgueil de vos antipathies   5
En croit par là servir les surprenants éclats,
Comme si c'étoit peu d'égaler de tels pas,
Et former un beau tout de ces nobles parties !

Apprenez qu'élever de pompeux bâtiments
Sur un brillant amas d'illustres fondements   10
Porte un nom au-dessus de la gloire commune.

De semblables larcins sont de grands coups de l'art,
Et quand dans ce chef-d'œuvre on n'auroit d'autre part,
C'est beaucoup d'assembler tant de beautés en une.

Ces deux sonnets se trouvent dans *les Muses illustres de MM. Malherbe, Théophile et Ce*, publiées par François Colletet, Paris, Chamoudry, 1658, in-12, p. 148 et suivantes. Ils sont anonymes dans le recueil; mais on lit à la table : *Deux sonnets pour Timocrate.* CORNEILLE. M. Paul Lacroix les attribue à Pierre[2]; nous les croyons plutôt de Thomas.

1. *Venceslas*, tragédie de Rotrou, représentée en 1648.
2. *Bulletin du bouquiniste* (8e année, 1er semestre, p. 53).

X

(Voyez les pièces XLVIII et XLIX, p. 150-152.)

NOTE SUR MADEMOISELLE SERMENT,

ET RÉPONSE DE L'INCOMPARABLE SAPHO.

La *Biographie du Dauphiné* de M. Ad. Rochas nous apprend (tome II, p. 401) que Louise-Anastasie Serment était née à Grenoble vers 1642; elle n'aurait donc guère eu que dix-sept ans au moment où, suivant l'abbé Granet, Corneille lui adressait les deux madrigaux auxquels nous venons de renvoyer le lecteur. En cette circonstance encore les *doucereux* furent pour Corneille de dangereux rivaux. S'il faut en croire le poëte Pavillon, Mlle Serment fut un peu plus que l'amie de Quinault[1]; et Maucroix, tout en la traitant de prude[2], essayait de se faire agréer par elle, et de la détourner de l'attachement qu'elle avait pour Corneille; les stances que voici en font foi :

Cloris, je vous le dis toujours,
Ces faiseurs de pièces tragiques,
Ces chantres de gens héroïques
Ne chantent pas bien les amours.

De beaux mots leurs œuvres sont pleines ; 5
Ils sont sages comme Catons,
Ils sont discrets pour les Hélènes,
Et muets pour les Jeannetons.

Tout ce qu'on nomme bagatelle
Déplaît à ces rares esprits : 10
On diroit qu'ils sont en querelle
Avec les Grâces et les Ris.

Pour moi qui hais la muse austère
Et la gravité de ses tons,

---

1. Voyez Maucroix, *OEuvres diverses* publiées par M. Louis Paris, 1854, in-12, p. 209.
2. Voyez l'*Histoire de l'Académie françoise*, par Pellisson et d'Olivet, édition de M. Livet, tome II, p. 162.

Je vous ai choisi ma bergère 15
Pour le sujet de mes chansons.

M. Louis Paris donne à cette jolie petite pièce la date de mai 1685. « Ce doit être certainement une erreur, dit M. Édouard Fournier (*Notes* sur la vie de Corneille, p. xxxiii). Mlle Serment aurait eu alors plus que la quarantaine, et Maucroix ne lui eût pas parlé sur ce ton. » Corneille d'ailleurs n'existait plus à cette époque, et il faudrait se mettre en quête de quelque nouvel adorateur tragique. Mlle Serment n'arriva pas à la vieillesse; elle mourut à Paris vers 1692, quand elle commençait à recevoir un peu moins d'agréables billets et de poésies galantes.

RÉPONSE DE L'INCOMPARABLE SAPHO.

Si vous parlez sincèrement
Lorsque vous préférez la main gauche à la droite,
De votre jugement je suis mal satisfaite :
Le baiser le plus doux ne dure qu'un moment ;
Un million de vers dure éternellement,
Quand ils sont beaux comme les vôtres ;
Mais vous parlez comme un amant,
Et peut-être comme un normand :
Vendez vos coquilles à d'autres.

XI

(Voyez la *Notice*, p. 19 et 20 ; et la pièce XLVII,
p. 141 et suivantes.)

ÉLÉGIE.

Cette pièce, signée simplement Corneille dans les *Poésies choisies* de 1660 (p. 83), figure dans le recueil manuscrit de Conrart (tome IX, p. 915-917) à la suite de la pièce *Sur le départ d'Iris ;* elle y est intitulée : *Déclaration d'amour à Iris*, et on lit en marge : « C'est la mesme comedienne pour qui Corneille l'aisné a fait une autre elegie qui commence ;

Allez, charmante Iris, etc. »

Celle-ci est signée : Corneille *le cadet*, et il n'est pas possible de douter de l'exactitude de cette attribution quand on remarque la différence de ton qui existe entre la pièce de vers *Sur le départ de Madame la marquise de B. A. T.* et celle qui nous occupe actuellement. Dans la première Corneille, le Corneille du *Cid* et de l'*Excuse à Ariste*, dit (vers 57 et 58) :

> ... Vous aimez la gloire, et vous savez qu'un roi
> Ne vous en peut jamais assurer tant que moi;

tandis que l'auteur de l'élégie qu'on va lire se regarde comme un captif indigne des chaînes d'Iris :

> Iris, je vais parler, c'est trop de violence.
> Il est temps que mon feu se dérobe au silence [1],
> Et qu'il fasse échapper au respect qui me nuit
> L'aveu du triste état où vous m'avez réduit.
> Depuis le jour fatal que pour vous je soupire, 5
> Mes yeux se sont cent fois chargés de vous le dire,
> Et cent fois, si mon mal vous pouvoit émouvoir,
> Leur mourante langueur vous l'auroit fait savoir.
> Mais les vôtres, partout certains de leur victoire,
> D'une obscure conquête estiment peu la gloire, 10
> Et veulent, pour daigner en faire part au cœur,
> Que l'éclat du triomphe en apporte au vainqueur.
> C'est par là que jaloux de l'orgueil qui l'inspire,
> Ce cœur n'a point sur moi reconnu son empire ;
> Que mettant ma défaite au-dessous de ses soins, 15
> Il en a récusé mes soupirs pour témoins,
> Et craint de s'exposer, s'il avouoit mes peines,
> A rougir d'un captif indigne de vos chaînes [2].
> Je le confesse, Iris, il n'est point parmi nous
> De mérite assez haut pour aller jusqu'à vous. 20
> A voir ce que je suis, tout mon espoir chancelle ;
> Mais le peu que je vaux ne vous rend pas moins belle :
> J'ai des yeux comme un autre à me laisser charmer;
> J'ai comme un autre un cœur ardent à s'enflammer;
> Et dans les doux appas, dont vous êtes pourvue, 25

1. VAR. Il faut qu'enfin mon feu se dérobe au silence,
   Et qu'il fasse échapper au respect qui lui nuit.
   (*Manuscrits de Conrart.*)
2. VAR. A rougir du captif qui languit dans vos chaînes.
   (*Manuscrits de Conrart.*)

J'ai dû brûler pour vous, puisque je vous ai vue.
Oui, de votre beauté l'éclat impérieux
Touche aussitôt le cœur qu'il vient frapper les yeux ;
Ce n'est point un brillant dont la fausse lumière
Ne fasse qu'éblouir au moment qu'elle éclaire ; 30
Ce n'est point un effort de charmes impuissants
Qui prennent pour appui la surprise des sens :
Quoi qu'en nous[1] leur rapport vante d'un prix extrême,
La raison convaincue y souscrit elle-même,
Et sans appréhender de le voir démenti, 35
Par son propre suffrage affermit leur parti[2].
Alors que ne peut point sur les plus belles âmes[3]
Ce vif amas d'attraits, cette source de flammes,
Ces beaux yeux qui portant le jour de toutes parts
Font autant de captifs qu'ils lancent de regards ! 40
Alors que ne peut point ce pompeux assemblage
Des traits les plus perçants dont brille un beau visage,
Et qui dessus le vôtre étalent hautement
Ce qu'ailleurs cent beautés font voir de plus charmant !
Aussi que leur adresse aux dons de la nature 45
Ajoute encor de l'art la plus douce imposture,
Que de lis empruntés leur visage soit peint,
On les verra pâlir auprès de votre teint,
Ce teint dont la blancheur, sans être mendiée,
Passe en vivacité la plus étudiée, 50
Et pare avec orgueil le plus brillant séjour
Où les Grâces jamais aient attiré l'amour.
C'est là, c'est en vous seule, Iris, que l'on doit croire
Qu'aimant à triompher, il triomphe avec gloire,
Et qu'il trouve aussitôt de quoi s'assujettir 55
Quiconque de ses traits s'étoit pu garantir[4].
Pour moi, je l'avouerai, comme aucune surprise
N'avoit jusques ici fait trembler ma franchise,

---

1. Plusieurs éditions récentes portent *vous*, au lieu de *nous*. Cette modification, qui n'est pas indispensable, donne cependant un sens plus clair, et pourrait être acceptée.

2. Var. Par son propre suffrage affermit son parti.
(*Manuscrits de Conrart.*)

3. Ce vers et les trois suivants manquent dans les manuscrits de Conrart.

4. Var. Quiconque de ses traits se voudroit garantir.
(*Manuscrits de Conrart.*)

Permettant à mes yeux l'heur de vous regarder [1],
Mon cœur trop imprudent ne crut rien hasarder. 60
Ainsi de vos beautés, qu'on vantoit sans pareilles,
Je voulus à loisir contempler les merveilles ;
Ainsi j'examinai tous ces riches trésors
Que prodigua le ciel à former votre corps,
Ce corps noblement fier, cette taille divine [2], 65
Qui par sa majesté marque son origine,
Seule égale à soi-même, et tellement à vous,
Que la formant unique, il s'en montra jaloux.
De tant d'appas divers mon âme possédée
Se plut d'en conserver la précieuse idée : 70
Je l'admirai sans cesse, et de mon souvenir,
Ne croyant qu'admirer, j'eus peur de la bannir.
Mais de ce sentiment la flatteuse imposture
N'empêcha pas le mal pour cacher la blessure ;
Et ce soin d'admirer qui dure plus d'un jour, 75
S'il n'est amour déjà, devient bientôt amour.
Un je ne sais quel trouble où je me vis réduire
De cette vérité sut assez tôt m'instruire :
Par d'inquiets transports me sentant émouvoir,
J'en connus le sujet quand j'osai vous revoir. 80
A prendre ce dessein mon âme toute émue
Eut peine à soutenir l'éclat de votre vue ;
Mon cœur en fut surpris d'un doux saisissement
Qui me fit découvrir que j'allois être amant :
Un désordre confus m'expliqua son martyre ; 85
Je voulus vous parler, et ne sus que vous dire ;
Je rougis, je pâlis, et d'un tacite aveu :
« Si je n'aime point, dis-je, hélas ! qu'il s'en faut peu ! »
Soudain, le pourrez-vous apprendre sans colère ?
Je jugeai la révolte un parti nécessaire ; 90
Et je n'épargnai rien dans cette extrémité
Pour soulever mon cœur contre votre beauté.
L'ardeur de dégager ma franchise asservie
Me fit prendre les yeux de la plus noire envie [3]:

---

1. VAR. En souffrant à mes yeux l'heur de vous regarder,
Mon cœur trop imprudent n'y crut rien hasarder.
(*Manuscrits de Conrart.*)
2. VAR. Ce port et noble et fier, cette taille divine.
(*Manuscrits de Conrart.*)
3. *Noble envie*, dans les *Poésies choisies* ; mais c'est une faute évidente.

Je ne m'attachai plus qu'à chercher des défauts 95
Qui détruisant ma flamme adoucissent mes maux ;
Mais las ! cette recherche un peu trop téméraire [1]
Produisit à sa cause un effet bien contraire ;
Et vos attraits par elle à mes sens mieux offerts [2],
Au lieu de les briser redoublèrent mes fers. 100
Plus je vous contemplai, plus je connus de charmes [3],
Contre qui ma raison me refusa des armes ;
Et sans cesse l'amour, par de vives clartés,
Me découvrit en vous de nouvelles beautés.
Tout ce que vous faisiez étoit inséparable 105
De ce je ne sais quoi sans qui rien n'est aimable ;
Tout ce que vous disiez avoit cet air charmant
Qui des plus nobles cœurs triomphe en un moment.
J'en connus le pouvoir, j'en ressentis l'atteinte [4] ;
Contraint de vous aimer, j'aimai cette contrainte ; 110
Et je n'aspirai plus, par mille vœux offerts,
Qu'à vous faire avouer la gloire de mes fers [5].
Y consentirez-vous, belle Iris ? et pourrai-je
Promettre à mes desirs ce charmant privilége ?
Je ne demande point que sensible à mon feu 115
L'assurance du vôtre en couronne l'aveu ;
Je ne demande point qu'à mes vœux favorable
Vous vous montriez amante en vous montrant aimable,
Et que par un transport qui n'examine rien,
Le don de votre cœur suive l'offre du mien : 120
Quoi qu'on ait fait pour vous et de grand et d'insigne,
C'est un prix glorieux dont on n'est jamais digne,
Et que ma passion me faisant desirer,
L'excès de mes défauts me défend d'espérer.
Permettez seulement, pour flatter mon martyre, 125
Que vous osant aimer, j'ose aussi vous le dire ;
Qu'à vos pieds mon respect apporte chaque jour

---

1. Var. Mais las ! cette recherche et vaine et téméraire.
(*Manuscrits de Conrart.*)
2. Var. Et vos attraits par elle à mes yeux mieux offerts.
(*Manuscrits de Conrart.*)
3. Var. Plus je vous observai, plus je connus de charmes.
(*Manuscrits de Conrart.*)
4. Var. J'en sentis les effets, j'en éprouvai l'atteinte.
(*Manuscrits de Conrart.*)
5. Var. Qu'à vous voir avouer la gloire de mes fers.
(*Manuscrits de Conrart.*)

Les serments redoublés d'un immuable amour;
Que là, par son ardeur, je vous fasse connoître
Qu'étant pur et sincère il doit toujours s'accroître ; 130
Que ce n'est point l'effet d'un aveugle appétit
Que le desir fit naître et que l'espoir nourrit ;
Et qu'aimant par raison d'un amour véritable
Ce que jamais le ciel forma de plus aimable,
Le temps dessus mon cœur n'aura rien d'assez fort 135
Pour en bannir les traits que par ceux de la mort [1].

XII

(Voyez la *Notice*, p. 20.)

PLAINTE DE LA FRANCE A ROME

SUR L'ASSASSINAT DE SON AMBASSADEUR.

ÉLÉGIE.

C'est sous ce titre et avec la signature en toutes lettres de Fléchier que parut pour la première fois la pièce suivante, qui dans ces derniers temps a été généralement attribuée à Corneille[2]. Cette édition originale n'a ni frontispice, ni adresse, ni date; mais imprimée avec soin et même avec luxe, et formant sept pages in-4°, elle a tous les caractères d'une publication officielle, et est ornée de fleurons de l'Imprimerie royale, ce qui ne laisse aucun doute sur son origine. Dès 1663, elle paraissait, avec la signature de Fléchier, aux pages 217 et suivantes du recueil intitulé : *les Delices de la poesie galante*, dont nous avons déjà eu occasion de parler (voyez ci-dessus, p. 175). M. Parrelle[3], qui ne connaissait point ces premières impressions, donne cette élégie comme « extraite d'un *Recueil de pièces en prose et en poésie* imprimé en Hollande en 1664. » Il veut sans doute parler d'un *Recueil de quelques pieces nouvelles et galantes tant en prose qu'en vers....* à Cologne, chez Pierre du Marteau, 1664, in-12.

1. VAR. Pour en chasser les traits que par ceux de la mort.
(*Manuscrits de Conrart.*)
2. Nous devons nous accuser ici d'avoir partagé l'erreur commune dans un passage de la note 1 de la page 1 du tome VIII.
3. *OEuvres de Corneille*, édition Lefèvre (1855), tome XII, p. 101, note 1.

On y trouve en effet, aux pages 167 et suivantes, la *Plainte de la France à Rome*, *par Monsieur Corneille. Élégie*[1]. Mais ces impressions sans autorité ne peuvent prévaloir contre l'édition originale et officielle dont nous venons de parler. Cette pièce de vers a d'ailleurs toujours figuré dans les *OEuvres complètes* de Fléchier; on la trouve à la page 151 de la première partie du tome V de l'édition publiée à Nîmes en 1782, et à la page 175 du tome IX de l'édition publiée à Paris en 1828. Ce n'est au contraire que depuis peu de temps qu'elle fait partie des éditions de Corneille. L'abbé Granet s'est gardé de l'admettre dans ses *OEuvres diverses*, et je la trouve pour la première fois, en 1817, dans l'édition des *OEuvres complètes* donnée par Ant.-Aug. Renouard. Si du reste on examine de près le style de ce morceau, on remarque que la facilité élégante avec laquelle il est écrit n'a aucun rapport avec la manière plus large, plus éloquente, mais moins dégagée et moins vive, et, pour tout dire en un mot, moins moderne, que nous observons chez notre poëte. — Nous reproduisons le texte qui a été attribué à Corneille par ses derniers éditeurs; il diffère notablement de celui de l'impression originale (in-4°) et des éditions de Fléchier, et il a dix vers de moins à la fin.

Cette *Plainte de la France* a pour objet l'attentat des Corses de la garde d'Alexandre VII, qui, le 20 août 1662, tirèrent sur le carrosse du duc de Créqui, ambassadeur de France, dont ils tuèrent un page et blessèrent plusieurs domestiques. Le pape offrit à ce sujet toute espèce de réparation, et cette injure fut oubliée à la condition que des excuses seraient faites par le cardinal Chigi, neveu du saint-père, qui vint en effet les porter au Roi en 1664, et qu'une pyramide élevée à Rome constaterait la réparation accordée.

<pre>
      Lorsque sous le plus juste et le plus grand des princes
      L'abondance et la paix règnent dans mes provinces,
      Rome, par quel destin tes Romains irrités
      Arrêtent-ils le cours de mes prospérités ?
      Après avoir gagné victoire sur victoire,   5
      Et porté ma valeur au comble de la gloire,
      Après avoir contraint par mes illustres faits
      Mes rivaux orgueilleux à recevoir la paix,
      J'espérois d'établir une sainte alliance,
      D'unir les intérêts de Rome et de la France,   10
</pre>

[1]. Bibliothèque impériale, Y 6121.

APPENDICE.

Et de porter bien loin, par mes rares exploits,
La gloire de mes lis et celle de la croix.
Mon monarque, chargé de lauriers et de palmes,
Voyoit tous ses États et ses provinces calmes,
Et disposant son bras à quelque saint emploi, 15
Ne vouloit plus combattre et vaincre que pour toi.
Il t'offroit son pouvoir et sa valeur extrême;
Mais tu veux l'obliger à te vaincre toi-même,
Et par un attentat et lâche et criminel,
Tu fais de ses faveurs un mépris solennel: 20
On voit régner le crime avec la violence,
Où doit régner la paix avecque le silence;
On voit les assassins courir avec ardeur
Jusqu'au palais sacré de mon ambassadeur,
Porter de tous côtés leur fureur vagabonde, 25
Et violer les droits les plus sacrés du monde.
Je savois bien que Rome élevoit dans son sein
Des peuples adonnés au culte souverain,
Des héros dans la paix, des savants politiques,
Experts à démêler les affaires publiques, 30
A conseiller les rois, à régler les États;
Mais je ne savois pas que Rome eût des soldats.
Lorsque Mars désoloit nos campagnes fertiles,
Tu maintenois tes champs et tes peuples tranquilles:
Tout le monde, agité de tant de mouvements, 35
Suivoit le triste cours de ses déréglements;
Toi seule, dans le port, à l'abri de l'orage,
Tu voyois les écueils où nous faisions naufrage;
Des princes irrités modérant le courroux,
Tu disposois le ciel à devenir plus doux; 40
Et sans prendre intérêt aux passions d'un autre,
Tu gardois ton repos et tu pensois au nôtre.
Tu voyois à régret cent exploits inhumains,
Et tu levois au ciel tes innocentes mains;
Tu recourois aux vœux quand nous courions aux armes: 45
Nous répandions du sang, tu répandois des larmes;
Et plaignant le malheur du reste des mortels,
Tu soupirois pour eux au pied de tes autels.
Tu demandois au ciel cette paix fortunée,
Et tu me la ravis dès qu'il me l'a donnée. 50
A peine ai-je fini mes glorieux travaux,
Que tu veux m'engager à des combats nouveaux.
Reine de l'univers, arbitre de la terre,

Tu me prêchois la paix au milieu de la guerre ;
J'ai suivi tes conseils et tes justes souhaits, 55
Et tu me fais la guerre au milieu de la paix.
Détruisant les erreurs et punissant les crimes,
J'ai soutenu l'honneur de tes saintes maximes ;
J'ai remis autrefois, en dépit des tyrans,
Dans leur trône sacré tes pontifes errants ; 60
Et faisant triompher d'une égale vaillance,
Ou la France dans Rome, ou Rome dans la France,
J'ai conservé tes droits et maintenu ta foi,
Et tu prends aujourd'hui les armes contre moi !
Quel intérêt t'engage à devenir si fière ? 65
Te reste-t-il encor quelque vertu guerrière ?
Crois-tu donc être encore au siècle des Césars,
Où parmi les fureurs de Bellone et de Mars,
Jalouse de la gloire et du pouvoir suprême,
Tu foulois à tes pieds et sceptre et diadème ? 70
Dans ce fameux état où le ciel t'avoit mis
Tu ne demandois plus que de grands ennemis ;
Et portant ton orgueil sur la terre et sur l'onde,
Tu bravois le destin des puissances du monde,
Et tu faisois marcher sous tes injustes lois 75
Un simple citoyen sur la tête des rois.
Ton destin ne t'offroit que d'illustres conquêtes,
Ta foudre ne tomboit que sur de grandes têtes,
Et tu montrois en pompe aux peuples étonnés
Des souverains captifs et des rois enchaînés. 80
Mais quelques grands exploits que l'histoire renomme,
Tu n'es plus cette fière et cette grande Rome :
Ton empire n'est plus ce qu'il fut autrefois,
Et ce n'est plus un siècle à se moquer des rois ;
On ne redoute plus l'orgueil du Capitole, 85
Qui fut jadis si craint de l'un à l'autre pôle ;
Et les peuples, instruits de tes douces vertus,
Adorent ta grandeur, mais ne la craignent plus.
Que si le ciel t'inspire encor quelque vaillance,
Va dresser tes autels jusqu'aux champs de Bisance ; 90
Anime tes Romains à quelque effort puissant,
Et va planter ta croix où règne le croissant.
Remplis les premiers rangs d'une sainte entreprise,
Et voyons marcher Rome au secours de Venise.
Pour tes sacrés autels toi-même combattant, 95
Commence ces exploits que tu nous prêches tant ;

Ou laisse-moi jouir dans la paix où nous sommes
D'un repos que je viens de procurer aux hommes.
J'ai vu de tous côtés mes ennemis vaincus,
Et je suis aujourd'hui ce qu'autrefois tu fus.
Les lois de mon État sont aussi souveraines ;
Mes lis vont aussi loin que tes aigles romaines ;
Et pour punir le crime et l'orgueil des humains,
Mes François aujourd'hui valent les vieux Romains.
L'invincible Louis, sous qui le monde tremble,
Ne vaut-il pas lui seul tous les héros ensemble ?
La victoire, sous lui ne se lassant jamais,
Lui fournit des sujets de vaincre dans la paix.
Dans ce comble d'honneur où lui seul peut atteindre,
Tout désarmé qu'il est, il sait se faire craindre ;
Il dompte ses rivaux et sert ses alliés,
Voit, même dans la paix, des rois humiliés.
Il auroit su venger tant de lois violées,
Et tu verrois déjà tes plaines désolées,
Tu verrois et tes chefs et tes peuples soumis ;
Mais tu n'as pas pour lui d'assez grands ennemis :
Et dans le mouvement de gloire qui le presse,
Tu tiens ta sûreté de ta seule foiblesse.
Que n'es-tu dans le temps où tes héros guerriers
Eussent pu lui fournir des moissons de lauriers !
Pour arrêter sur toi ses forces occupées,
Où sont tes Scipions, tes Jules, tes Pompées ?
Tu le verrois courir au milieu des hasards,
Affronter tes héros, et vaincre tes Césars,
Et par une conduite aussi juste que brave,
Affranchir de tes fers tout l'univers esclave.
Mais puisque ta fureur ne peut se contenir,
Après tant de mépris il faudra te punir :
La gloire des héros n'est jamais assez pure,
Et le trône jaloux ne souffre point d'injure.
Ne te flatte plus tant sur ton divin pouvoir :
On peut mêler la force avecque le devoir.
Des monarques pieux, des princes magnanimes
Ont révéré tes lois en punissant tes crimes ;
Ils ont eu le secret de partager leurs cœurs,
D'être tes ennemis et tes adorateurs,
De soutenir leur rang, et sauver leur franchise,
En se vengeant de toi, mais non pas de l'Église ;
Ils ont su réprimer ton orgueil obstiné

Sans choquer le pouvoir que le ciel t'a donné, 140
Et séparer enfin, dans une juste guerre,
Les intérêts du ciel d'avec ceux de la terre.
Sur l'exemple fameux de ces rois sans pareils
Inspire à mon héros ces fidèles conseils.
Prince, dont la valeur et la sagesse est rare, 145
Ménage ta couronne avecque ta tiare;
Donne aux siècles futurs un exemple immortel;
Garde les droits du trône et les droits de l'autel;
Qu'à ton ressentiment la piété s'unisse.
Louis, fais grâce à Rome en te faisant justice; 150
Pense aux sacrés devoirs d'un monarque chrétien;
Fais agir ton pouvoir, mais révère le sien;
Et mêlant au courroux le respect et la crainte,
Punis Rome l'injuste, et conserve la sainte.

XIII

(Voyez la *Notice*, p. 10.)

VERS DE CORNEILLE,

DE SES AMIS ET DE SES PARTISANS

contre l'abbé d'Aubignac[1].

1° *Mlle des Jardins* (depuis Mme de Villedieu), *l'abbé d'Aubignac et Pierre Corneille.*

(Extrait des *Historiettes* de Tallemant des Réaux, tome VII, p. 250-255.)

« Elle (*Mlle des Jardins*) fit une pièce de théâtre qu'on appela *Manlius*, où Manlius Torquatus ne fait point couper la tête à son fils. Quoi qu'en dise l'abbé d'Aubignac, son précepteur, je ne crois pas que cela se puisse soutenir. Cette pièce réussit médiocrement. Une autre, appelée *Nitétis*, réussit encore moins. Or Corneille dit quelque chose contre *Manlius*, qui choqua cet abbé, qui prit feu sur-le-champ, car il est tout de soufre. Il critique aussitôt les ouvrages de Corneille; on imprime de part et d'autre. Pour sa critique, pa-

---

1. Voyez dans le tome VI la *Notice d'OEdipe*, p. 111 et 112; celle de *Sertorius*, p. 356, et surtout celle de *Sophonisbe*, p. 457-459.

tience, car il en sait plus que personne; mais le diable le poussa de mettre au jour son roman allégorique de la philosophie des Stoïciens. Il est intitulé : *Macarise, reine des îles Fortunées*....

« L'abbé d'Aubignac a fait mettre son portrait au devant du livre, avec ces quatre vers, qui apparemment sont de son frère. Il a l'honneur d'en faire aussi mal qu'un autre pour le moins :

> Il a mille vertus, il connoît les beaux-arts,
> Il étouffe l'envie à ses pieds abattue ;
> Et Rome à son mérite, au siècle des Césars,
> Au lieu de cette image eût dressé sa statue.

« Corneille, ou quelque corneillien, a fait cet autre quatrain pour mettre à la place du premier :

> Il a mille vertus, ce pitoyable auteur,
> Et deux mille secrets pour apprendre à déplaire ;
> Quiconque veut s'instruire au grand art de mal faire
> N'a qu'à prendre leçon d'un si rare docteur.

« Corneille fit encore le madrigal qui suit :

ÉPIGRAMME.

> Cette foule d'approbateurs [1]
> Qui met à si haut prix ta docte allégorie,
> Comme elle a ton œuvre enchérie,
> Épouvante les acheteurs.
> Tu crois que le papier et l'encre qu'il t'en coûte
> De l'immortalité t'ouvrent la grande route,
> Et que tant de grands noms feront vivre ton nom;
> Mais n'en déplaise à ta doctrine,
> Plus on étaye une maison,
> Plus elle est près de sa ruine [2].

« Celle-ci est de Cottin :

> Ce roman sans exemple en nos mains est tombé;
> Mais j'en trouve l'auteur difficile à connoître :

---

1. Tallemant a raconté un peu plus haut dans un long passage que nous avons supprimé, comme peu utile à notre objet, que la moitié du premier volume était occupée par les éloges des amis de d'Aubignac.
2. « Il y a au bas du quatrain *Acheman*; c'est quelque nom retourné. » (*Note de Tallemant.*) — On voit que l'auteur des *Historiettes* contredit lui-même dans cette note, postérieure, il est vrai, à son texte, l'assertion qui attribue cette épigramme à Corneille.

Si j'en crois ses amis, c'est un savant abbé;
Si j'en crois ses écrits, ce n'est qu'un pauvre prêtre[1].

« Cependant son livre ne se vend point; quand il seroit moins désagréable, il auroit de la peine à en avoir le débit, car les libraires ne sont pas pour lui. Ils disent une plaisante chose : Corneille, dans un in-folio qu'il a fait imprimer depuis cette querelle, s'est fait mettre en taille-douce, foulant l'Envie sous ses pieds. Ils disent que cette Envie a le visage de l'abbé d'Aubignac[2]. Cependant Corneille, d'assez bonne foi, reconnoît dans de certains discours au devant de ses pièces les fautes qu'il a faites; mais j'aimerois mieux qu'il eût tâché de faire disparoître celles qui étoient les plus aisées à corriger. En vérité il a plus d'avarice que d'ambition, et pourvu qu'il en tire bien de l'argent, il ne se tourmente guère du reste. L'abbé s'opiniâtre, et est si fou que de faire imprimer les autres volumes, à ses dépens s'entend, car, quand il le voudroit, je ne crois pas que personne les imprimât pour rien. On dit qu'il pourroit bien apprendre aux fous un nouveau moyen de se ruiner; car il y a plusieurs volumes, et cela coûtera bon. Il fit et fit faire quantité d'épigrammes contre Corneille, qui toutes ne valoient rien; on n'a pas daigné en prendre copie[3].... »

1. Cette épigramme figure à la page 20 d'un recueil intitulé : *les Plaisirs de la poésie galante, gaillarde et amoureuse*, petit volume in-12, dont le frontispice gravé ne porte ni adresse ni date, et qui est catalogué à la bibliothèque de l'Arsenal sous le n° 9262. Dans ce recueil l'épigramme qui nous occupe est signée CORNEILLE, et sur cette autorité M. Paul Lacroix la lui a attribuée dans le *Bulletin du bouquiniste* du 1ᵉʳ décembre 1863, p. 694. Il n'a pas remarqué que Tallemant la donne comme étant de Cottin. Elle a peut-être été signée d'abord de l'initiale C, et il aura suffi de la mauvaise intelligence de d'Aubignac et de Corneille pour la faire attribuer à ce dernier.

2. Ce frontispice se trouve en tête de l'édition publiée en 1663, en 2 vol. in-folio. M. Taschereau dit avec beaucoup de raison, à propos de ce passage des *Historiettes* : « Il est évident que Tallemant n'avait pas vu ce frontispice, et qu'il se bornait à enregistrer ce qu'il avait entendu dire. Il ne l'avait pas vu, car il y a place un pied Corneille, lequel n'y figure qu'en buste, et c'est la Muse de la tragédie qui écrase l'Envie, à laquelle le graveur a donné en effet des traits masculins. Ces traits étaient-ils bien ceux de d'Aubignac, de qui il ne nous reste que deux portraits dissemblables? Tallemant ne s'est pas mis à même de pouvoir nous le garantir, et nous ne sommes pas en mesure d'éclaircir aujourd'hui ce qu'il n'a pas vérifié. »

3. Ici vient le morceau relatif à *Othon* que nous avons reproduit dans la *Notice* sur cette pièce, tome VI, p. 567 et 568; puis un autre passage reproduit ci-dessus, p. 183.

« Voici la seule supportable d'entre ces volumes d'épigrammes que l'abbé d'Aubignac et son *Académie des Allégories* ont composés contre Corneille :

> Pauvre ignorant, que tu t'abuses
> Quand tu nous dis si hardiment
> Que toujours le poëte normand
> Avecque lui mène les Muses !
> Il en seroit un foible appui
> S'il falloit qu'il les eût portées ;
> Et s'il les traînoit après lui,
> Hélas ! qu'elles seroient crottées !

« Quelqu'un des corneilliens a fait celle-ci :

> Qu'ils étoient fous ces vieux stoïques
> De se piquer d'être apathiques !
> Ils manquoient bien de sens commun.
> Ceux-ci sont d'une autre nature ;
> Et comme pourceaux d'Épicure,
> Tous grondent quand on en touche un [1].

« Les épigrammes qui suivent sont de Richelet :

> Hédelin, c'est à tort que tu te plains de moi ;
> N'ai-je pas loué ton ouvrage ?
> Pouvois-je plus faire pour toi
> Que de rendre un faux témoignage [2] ?
> Je me voulois venger de l'aveugle cynique [3]
> Qui toujours égratigne et pique,
> Et mord comme un chien enragé ;
> Mais il n'est pas besoin que je le satirise,
> Il fait imprimer *Macarise* :
> Ne suis-je pas assez vengé ?

> Du critique Hédelin le savoir est extrême ;
> C'est un rare génie, un merveilleux esprit.
> Cent fois confidemment il me l'a dit lui-même,
> Et le grand Pelletier [4] l'a mille fois écrit.

1. Le roman de l'abbé d'Aubignac est : *de la Philosophie des Stoïciens*. (*Note de Tallemant.*)
2. Richelet est un des approbateurs de l'ouvrage de l'abbé. (*Note de Tallemant.*)
3. Il ne voit quasi goutte. (*Note de Tallemant.*)
4. Pierre de Pelletier, auteur de sonnets, ridiculisé par Boileau.

D'une autre façon.

Le célèbre Hédelin est un homme d'esprit;
Il fait de bons romans, on les lit, on les aime :
Cent fois confidemment il me l'a dit lui-même,
Et le grand Pelletier l'a mille fois écrit. »

2° *Seconde dissertation concernant le poëme dramatique, en forme de remarques sur la tragédie de M. Corneille intitulée* Sertorius.... (Par d'Aubignac.)

(Extrait du *Recueil de Dissertations*, publié par Granet, Paris, 1740, tome I, p. 281-283.)

« J'étois près de finir cette lettre, ou plutôt cette longue dissertation, et je méditois le dernier compliment, qui doit, Madame, vous assurer de mes respects, lorsque l'on m'a mis entre les mains une épigramme et un sonnet de M. Corneille, avec une lettre et une défense en prose[1], servant de réponse aux observations que vous m'aviez demandées sur la *Sophonisbe*. Je prends la liberté de vous les envoyer, pour vous montrer combien l'esprit de M. Corneille est usé, ou combien la passion en a malheureusement dissipé la force et les lumières; car ce sont les plus méchants vers que vous ayez jamais vus, et la prose la plus languissante, la plus impropre et la plus impure qui soit jamais sortie de sa plume; et je n'y reconnois rien de lui que sa colère. Ce ne sont que des injures et des impostures forgées à plaisir, et de mauvaises paroles qui scandalisent tous les gens d'honneur; il y mêle le comique avec le tragique; il fait le plaisant et le héros parnassien; il feint de ne pas savoir que les lettres que j'ai pris la liberté de vous envoyer par votre ordre soient de ma façon, afin de me pouvoir dire toutes ses injures à couvert. Mais après les témoignages de tant de personnes d'honneur, qui l'en assurèrent dès le commencement, après les emportements qu'il a fait paroître contre moi, et après avoir lu mes remarques sur la boutique du libraire avant qu'elles fussent achevées d'imprimer, dans une connoissance certaine de mon nom, c'est un mauvais prétexte pour se déchaîner en paroles indignes de l'innocence et de la générosité des Muses; et

1. La lettre et la défense sont de Donneau de Visé (voyez tome VII, p. 457 et suivantes), mais nous ne savons de quel sonnet ni de quelle épigramme d'Aubignac veut parler.

quand il me nomme dans cette réponse en alléguant ma *pratique*, c'est pour faire retomber sur moi les orages de sa bile, en feignant de les avoir préparés contre un autre. »

XIV

QUATRAIN POUR LE CHRIST DE SAINT-ROCH A PARIS.

Ce quatrain a paru pour la première fois parmi les *Poésies diverses* de Corneille, à la page 106 du tome XII des *OEuvres* de ce poëte, publié par Lefèvre en 1855, et, à partir de cette époque, il a été invariablement reproduit dans toutes les réimpressions qui en ont été faites. Tâchons de savoir d'où il est tiré, et de quelle manière il a passé dans les *OEuvres* de notre auteur.

M. Alexis Socard, auteur de plusieurs ouvrages sur les livres populaires publiés à Troyes à partir du seizième siècle, possède un exemplaire de l'*Imitation de Jésus-Christ traduite et paraphrasée en vers françois par P. Corneille*. Imprimé à Rouen, par L. Maury, pour Robert Ballard, 1658, in-4°. On lit sur le titre de cet exemplaire : *ex libris Petri Delarivey;* ce Pierre de Larivey est probablement de la même famille que le fécond auteur dramatique champenois du même nom, mort vers 1612. Au verso du titre on lit : *Sonnet inédit de P. Corneille adressé à M. Alexandre de Campion, gentilhomme bas normand, auteur de la* Vie *de plusieurs hommes illustres, ouvrage resté presque inconnu*. Cet intitulé est suivi d'une fort mauvaise copie du sonnet que nous avons reproduit (p. 137-139) d'après l'original, puis d'un *Quatrain du même auteur adressé au Christ de l'église Saint-Roch*. C'est là probablement que P. Villiers, auteur du *Manuel du voyageur à Paris, ou Paris ancien et moderne*, trouva ce quatrain, que je lis dans l'édition de 1806 de cet ouvrage, qui, suivant la *France littéraire* de M. Quérard, a paru pour la première fois en 1804 ou 1805. Il y est précédé de ce préambule peu explicite : « Ce fut, dit-on, pour le Christ peint dans l'église Saint-Roch qu'il (*Corneille*) composa ce quatrain peu connu. » M. Édouard Fournier inséra dans le journal *le Théâtre* le quatrain qu'il avait trouvé dans l'ouvrage de Villiers. Peu de temps après, le 22 juin 1845, *l'Impartial de Rouen* le publiait à son tour, non, comme on pourrait le croire, d'après de Villiers ou M. Édouard Fournier, mais d'après la copie manuscrite de Troyes. Ce qui le prouve, c'est que *l'Impartial* donne, en même temps que le quatrain, le sonnet à Campion, et qu'il reproduit une faute des plus singulières : *Anglois*, pour *emplois*, qui se trouve au vers 6 dans la copie de Troyes. Enfin c'est à *l'Impartial* que Lefèvre emprunte le quatrain, sans se préoccuper de son origine. Quant à nous, nous n'avons pas cru devoir le laisser dans les OEuvres de Corneille, et nous le rangeons parmi les pièces dont l'authenticité ne nous paraît pas bien démontrée.

> Pêcheur, tu vois ici le Dieu qui t'a fait naître ;
> Sa mort est ton ouvrage et devient ton appui :
> Dans cet excès d'amour tu dois au moins connoître
> Que s'il est mort pour toi, tu dois vivre pour lui.

XV

(Voyez la notice de la pièce LXIX, p. 193.)

ÉPÎTRE DÉDICATOIRE DU P. DE LA RUE A CORNEILLE,

ET VERS SUR LA MORT DE CHARLES CORNEILLE, SON TROISIÈME FILS.

1° *Ad clarissimum virum P. Cornelium, tragicorum principem*[1].

> Ite, meæ, junctis modo cantibus, ite, Camoenæ :
> Quærite quo vester sese ferat auspice vates
> Per populos, longeque adeat ventura nepotum
> Sæcula, et extremum non ultra inglorius orbem.
> Ne tamen assiduo procerum terere atria gressu, 5
> Neu molles captare aditus, precibusve superbas

---

[1]. Cette pièce, qui parut d'abord en tête des *Idyllia* du P. de la Rue, en 1669, fut réimprimée dans ses *Carmina* en 1688 (voyez ci-après, p. 383, note 1), à la fin (p. 146) du livre II, qui a pour titre : *Panegyricus*. Elle est intitulée dans ce second recueil : *Petro Cornelio, tragicorum principi, dedicatio Idylliorum, anno M.DC.LXIX.* — Nous publions ces vers avec les retouches de 1688, qui les ont améliorés en divers endroits, et nous indiquons en note les variantes de la première édition.

Expugnare fores vobis labor : hæc mala Musis
Hospitia, hæ latiis infestæ moribus ædes;
Has fugite, et pulchro fastus contemnite fastu.
Vos neque splendor opum, Tyrii neque muricis ardor, 10
Lubrica nec vanæ seducant fulgura pompæ :
Immortale decus petimus. Juvat astra volatu
Quærere inoffenso, et cœtus fugisse profanos.
 Tu mihi, Castaliæ tu numen et arbiter aulæ,
CORNELI, dux esto viæ ; tu densa reclude 15
Nubila, tu dignis præsens allabere curis.
Scilicet humanæ vicisse oblivia sortis
Jamdudum, et rutilis elapsus ad æthera pennis
Sub pedibus nimbos, ac desidis otia terræ,
Indecoresque procul caneris liquisse tumultus. 20
At non Dædalei dedit hoc tibi muneris usus,
Nec fragiles tibi cera humeris attexuit alas :
Ipsa novo applaudens cessit tibi [1] munere Fama
Remigiumque tubamque, tuo quo plenius ore
Gallicus ad geminos honor increbresceret axes. 25
Hanc adeo, qua te toties regalia fata
Magnanimosque duces populi stupuere canentem,
Hanc nostris inflare, tua in præconia, Musis
Jam liceat; neque enim cantu leviore decorum est
Dicere quantum altrix tibi Gallia, sæcula quantum, 30
Et mores hominum, atque omnis tibi debeat ætas.
 Scilicet exesa divina Tragœdia palla,
Annorumque situ et ruga deformis anili,
Squalebat tristi noctis demersa barathro;
Aut fescennina cingens sibi tempora larva, 35
Vulgabat stolidi sese ad ludibria vulgi.
Tu senio effœtos juvenili lumine vultus
Induere, et doctis redivivum in membra vigorem
Fundere carminibus; tu spargere floribus ora,
Tu castum potuisti oculis afflare pudorem. 40
Hinc simul effrænis compressa licentia scenæ,
Ingenui venere sales, et digna severis
Auribus innocuo condita lepore voluptas.
Hinc regum audaci penetrare in limina gressu
Cœpit, et augustas heroum pascere mentes. 45
 Ipse sonis etiam gravibus magnaque profundos
Voce vocans manes imis excire sepulchris

---

1. Dans les *Idyllia* (1669) : « tibi cessit. »

Ausus, et ætherei revocare in luminis auras.
Vidimus Elysio faciles prodire recessu
Insignes animas, et sponte patentia Ditis 50
Ostia; nec priscos iterum sibi sumere vultus,
Nec veteres iterum puduit renovare querelas.
 Ipsa feras artes implacatumque rigorem
Medea; ipse parens fratrum conjuxque parentis
OEdipus, incestos orbi confessus amores, 55
Expendit propriis fatorum crimina poenis.
Rursus, tergeminæ fumantem sanguine cædis,
Germanum in pectus tulit asper Horatius ensem;
Rursus et imbelli tabescere nescia fletu,
Dilectosque viri cineres[1] patriæque jacentis 60
Tristes relliquias digno complexa dolore,
Romanum explicuit fortis Cornelia robur.
Tuque, o tu victor generi socer, ultor et idem[2],
Juli, acies rumpens pharias et inhospita Magno
Mœnia, sacrilegæ poscentem præmia cædis 65
Semivirum immerita spoliasti luce tyrannum.
Tu quoque privatos, Auguste, domare furores
Visus, et ingratum parcendo frangere Cinnam.
At quis felicem gemina post funera prole[3]
Mauritium, et dubiæ miserum discrimine prolis 70
Inde Phocam, hinc stricto juvenes pendere sub ictu
Non stupuit? Quis non, Italis memorabile probris
Sertori exilium miratus, et aspera Galbæ
Consilia, et spreti non longum crimen Othonis[4]?

1. Dans les *Idyllia*: « Dilectos Magni cineres. »
2. Dans les *Idyllia*:

Tuque, o tu, Magnum, Juli, par unus in hostem,
Maxime, bellatricem animam, geminæque capacem
Fortunæ, pharii servasti funere regis.

3. Dans les *Idyllia*:

At quis, inexpleto properatæ laudis amore,
Pompeium, Hispanas meditantem exscindere lauros,
In veteres armis juvenilibus ire cohortes
Non stupuit? Quis non, etc.

4. Dans les *Idyllia*:

. . . . et aspera flecti
Pectora felicis rabiem contemnere Syllæ?

On voit que le P. de la Rue, en modifiant ce passage, a ajouté à la mention du *Sertorius* de Corneille, celle de l'*Héraclius* et de l'*Othon*.

Quis non et miseros Sophonisbæ agnovit amores 75
Sidoniosque animos, latii cum præda triumphi
Barbara Romuleos calcaret fœmina fastus,
Et claram raperet sponsi de munere mortem?
Cœtera quid memorem quæ per te reddita vitæ
Agmina, se in lucem plausumque dedere theatri? 80
Et nunc par reliquos vitæ lucisque cupido
Sollicitat manes. Video Cocytia circum
Flumina, turbam atris nequicquam effervere ripis
Ingentem, exsanguesque diu tibi tendere palmas.
Imprimis sævos in vincula ducere Persas, 85
Bactraque adhuc, summisque Asiæ de finibus Indos
Gestit Alexander. Libycæ tum gloria gentis,
Annibal, antiquos volvit sub mente labores,
Et Trebiam, et Cannas, et adacti opprobria leti,
Torvus adhuc, ut quondam, Italas cum verteret arces 90
Victor, et admenso clades expenderet auro.
Aspicis et geminos, Tyriæ duo funera prolis,
Scipiadas, Mariosque, invictaque nomina Brutos,
Secretisque piis dicentem jura Catonem,
Protinus effuso properare ad littora gressu. 95
Quam vellent Stygiæ pariter te vindice noctis
Exsolvi tenebris, superasque invisere sedes,
Qua licet[1], et grandi tecum prodire cothurno!
Nec tamen aut meritis devincta minoribus ætas
Nostra tibi, aut seros ætas visura nepotes, 100
Utraque cum pulchras per te formetur in artes,
Et gravibus discat majorum insistere factis.
Nec mihi quisquam alio mentes assurgere versu[2]
Altius, aut rigidæ citius fastigia jactet
Scandere virtutis. Duros hinc fingere mores, 105
Hinc licet officiis urbanæ assuescere vitæ;
Hinc legum quid jura velint, quæ cura tuendæ
Sit patriæ, quid casta fides, quid sancta parentum
Relligio, sanguisque, et regum gratia poscat;
Atque palatinæ patet anceps alea sortis. 110
Tum vanosque metus purgare, modumque dolori
Ponere; tum fictis animum tentare periclis
Per ludum, inque omnes fati durare procellas
Discimus exemplis, et vitam impendere famæ.

1. Dans les *Idyllia :* « Dum licet. »
2. Les *Idyllia* ont *cultu*, au lieu de *versu*.

Quid, quam multa tuis debet jam Gallia curis, 115
Expediam? tanto quantum se jactat alumno,
Et reliquas inter caput effert unica gentes?
Nam quid deinde tuis conferre laboribus ausit
Attica simplicitas? quid hianti invecta cothurno
Et tumido incedens hispana tragœdia passu? 120
Quid veneres italæ, fractique loquacior oris
Mollities? quid, romulei[1] laus una theatri,
Annæus, veteri concretam frigore venam,
Et vacua ostentet clamosæ jurgia scenæ?
His rerum fines melius, penitusque latentes 125
Vestigare vias; his præpetis omine pennæ
Aut fibris ovium casus aperire futuros
Fas fuerit; fas artifici spirantia cœlo
Mollius, aut vivis æquare coloribus ora.
Sæcla tibi magna dudum tellure sepulta 130
Carminibus reparare, novæque refundere luci,
Hæ tibi sunt artes, Corneli; hinc nominis ibit
Fulgor in immensum, et cœlo se Gallia tollet.
Hac tu conspicua famæ sublimis ab arce
Splendidus in radiis, tenues ne despice Musas. 135
Forte equidem indoctæ moveant fastidia plebis,
Autteneras lacerent peregrinis cantibus aures;
At non incomptæ venient tibi, quas tua nuper
Laurus inassuetæ velavit frondis honore,
Quas[2] patrio insignes voluisti incedere cultu[3]. 140
His adeo teneræ si laus et gratia formæ
Ulla, decor per te venit omnis; et omnibus æquum est,
Qua poterunt, numeris meritas tibi solvere grates.
Id patere, has memori tibi sese addicere cultu[4].
Æternumque tuo sibi nomine condere nomen. 145
Qualis ubi lento media inter gramina lapsu
Tenuis adhuc hedera, et frondosis abdita silvis,
Serpit humi nitens : solido si robore quercus
Alta, ingens, superas ramis educta sub auras,
Aut vetus occurrat Parnassi gloria laurus, 150

---

1. Dans les *Idyllia :* « Quid jam latii laus una theatri. »
2. Les *Idyllia* ont *Et*, au lieu de *Quas*.
3. Il s'agit ici de la traduction faite par Corneille des vers latins du P. de la Rue *sur les Victoires de* 1667 : voyez ci-dessus, p. 192 et suivantes.
4. Dans les *Idyllia :*

   Id patere, et memori tibi sese addicere mente.

Tum levibus fibris, et morsu tortilis unco
Subrepit sensim, ac lato se cortice fundit,
Summa petens. Non illam hiemes, nec acuta revellant
Prælia ventorum; sociam neque respuit arbos.
At licet excelso nemus una cacumine vincat,   155
Excipit amplexus humiles, annosaque stringi
Brachia, et implexis gaudet florere corymbis;
Abjectasque prius fert secum ad sidera frondes.
Rothomagi Kal. jun. M.DC.LXIX.

2° *Ad clarissimum virum Petrum Cornelium, in obitu Caroli filii :*
Symbolum : *Parelius in pluviam diffluens;* lemma : *Par si durasset* [1].

Nequicquam varios imitando fingere soles
Nitimur imprudens hominum genus, aurea quanquam
Pigmenta, et croceos operi miscemus honores.
Hic solem labor, hoc lucis decorisque parentem
Lucis opus petit; humanæ nil indiget artis,   5
Et radios habet ipse, suos habet ipse colores.
   Aspicis ut nitidam toto legit aere nubem,
Cui proprios credat transfuso lumine vultus?
Illa sinu levi, quem densius agmen opacat
Nimborum, et cæca splendentem terminat umbra,   10
Excipit, illapsos atque in se colligit ignes.
Urget opus Titan, jamque æmula lumina vellet,
Et quos pingit adhuc, pictos jam cernere vultus.
Sic placet illa tamen, nec degener ardet imago,
Imperfecta licet : quippe hanc nova forma, decusque   15
Lucis inoffensæ, et radii jam mille coronant.
   Dum Phœbus sibi plaudit, et hæc miracula terris
Ostentat, nimio flammarum ardore subactus

---

[1]. Charles Corneille, troisième fils de Pierre Corneille, mourut en 1667, à l'âge de quatorze ans. Dans les *Idyllia* de 1669, ces vers se trouvent à la page 51, parmi les *Emblemata heroica;* en regard est une gravure représentant un parhélie et entourée d'un encadrement au haut duquel on lit cette devise répétée au vers 24 et au dernier vers : PAR SI DURASSET. Dans l'édition de 1688, intitulée : *Caroli Russi e societate Jesu Carminum libri quatuor, editio quinta,* cette pièce est à la page 161 et fait partie du livre III, intitulé : *Symbolicus;* elle a pour titre : *Petro Cornelio, tragicorum principi, in obitu Caroli filii. Parelius diffluens.* Nous suivons, comme pour la pièce précédente, le texte de 1688.

Non exspectatos solvit se nimbus in imbres,
Nec finem egregio sinit imposuisse labori.   20
Liquitur in pluviam color omnis, et aurea sensim
Forma simul volucres fugiens vanescit in auras[1].
  Sic Phœbum tenuis necdum perfecta reliquit,
Quæ Phœbo fuerat PAR, SI DURASSET, imago.
  Te quoque, magnorum vates ter maxime vatum,   25
Gallia quem dudum atque immensus suspicit orbis,
Te quoque turba ingens nequicquam æquare canendo
Aggreditur, capitique pares imponere lauros.
Namque nefas animis mortalibus avia longe
Pindi adyta, et sacros tecum penetrare recessus :   30
Tanta tibi atque tuæ debetur gloria genti.
Et si sæcla sibi similem ventura reservant,
Ille, erit ille tuus tandem; aut si fata recusant,
Nullus erit, CORNELI, atque hæc tecum inclita fama
Ibit in Elysium, et grandem comitabitur umbram.   35
  Tu Carlum tanti gaudebas nominis olim
Venturum in partem : doctas tam promptus in artes,
Tam docilis, tanto Musarum ardebat amore.
Nec minus et puero mens vivida, et inditus ignis,
Et firma in levibus jam tum constantia cœptis.   40
Non ego te, CORNELI, alium florentibus annis
Crediderim, aut de te plura exspectasse parentes.
Quid tu autem, cum te spirantem in prole videbas
Ipse auctor decorum? Quid, cum sensusque viriles
Mirabare, et nil puerile sonantia verba?   45
Hunc nempe assiduo cultu studioque fovebas
Sedulus, hunc Pindi juga nota viamque docebas,
Teque ipsum ardebas dulci transfundere nato.
Ille audax animi duros insistere calles
Tentabat, sensimque augusto adrepere monti :   50
Et dulces oculi[2], et formosæ gratia frontis,
Credo equidem, teneros Phœbi meruisset amores.
  At tu venturos dum spe jam præcipis annos,
Magnarum admirans tam læta exordia laudum,
Non fuit ingenio par corpus, et ardua mentis   55

---

1. Dans les *Idyllia* (1669) :

    Forma simul fugit, atque leves vanescit in auras.

Au vers suivant, les *Idyllia* ont *relinquit*.

2. Dans les *Idyllia* : « molles oculi. »

Haud incœpta tulit, majoraque viribus ausa.
Defecit sensim vigor [1], et se tabida pestis
Infudit venis, lentoque ardore peredit.
Ecce jacet lecto moriens, nec lactea morum
Simplicitas, primæ nec forma decora juventæ, 60
Sed neque opes animi et caræ suspiria matris,
Proh dolor! immites possunt avertere Parcas.
Circum funereo gemitu domus omnis, et ipse
Spes intercisas ereptaque gaudia mœret
Infelix pater. Ah! flecti si numina possent, 65
Qui superant nato ipse volens impenderet annos.
Sed perit. Heu! periit magni jam patris imago;
Et patri fuerat PAR, SI DURASSET, imago.

XVI

(Voyez ci-dessus la pièce LXXX, p. 249.)

SUR LES CONQUÊTES DU ROI [EN 1672[2]].

Una dies Lotharos, Burgundos hebdomas una,
Una domat Batavos luna; quid annus erit?

EXPLICATION.

Prendre dans un jour la Lorraine,
La Comté dans une semaine,
Et savoir réduire en un mois
La Hollande aux derniers abois :
Quand après de tels coups on suit sa destinée,
Pour conquérir l'Europe il ne faut qu'une année.

1. Ce vers, dans les *Idyllia*, commence ainsi : « Nec mora defecit vigor. »
2. M. Paul Lacroix a appelé l'attention sur ces vers dans le *Bulletin du bouquiniste* du 1ᵉʳ mai 1864, p. 254. Sa transcription du second vers latin porte par erreur : *quid erit annus?*

XVII

VERS ANONYMES,

PUBLIÉS DANS LE *MERCURE* DE 1677,

et qui paraissent devoir être attribués à Corneille.

Comme on va le voir, le rédacteur du *Mercure*, Donneau de Visé, annonce ces vers avec une pompe qui serait fort déplacée s'il était question d'un poëte ordinaire; la pièce d'ailleurs justifie, surtout dans sa première partie, les éloges que le journaliste lui donne. Nous n'avons pas besoin de chercher beaucoup pour deviner quel est le grand poëte dont veut parler le *Mercure*. N'avons-nous pas vu de Visé, dès 1663, se déclarer le défenseur de Corneille[1]? N'a-t-il pas inséré dans son recueil périodique un grand nombre de petits poëmes de notre auteur, encore inédits ou publiés seulement en feuilles volantes[2]? Enfin, au commencement de l'année où il a fait paraître les vers qu'on va lire, n'a-t-il pas dit formellement en parlant de Corneille : « Les moindres choses de lui sont à conserver[3]? » Voilà déjà des indices; voyons si la pièce même les confirme. Ces vers sont adressés à Iris; Iris, nous le savons, est la même que la Marquise ou la du Parc[4]. Dans les diverses poésies qui lui sont adressées, notre poëte ne manque presque jamais de déplorer la différence d'âge qui le sépare d'elle, et cela se comprend : elle avait environ vingt-sept ans de moins que lui[5]. Ici encore le premier vers est :

Je suis vieux, belle Iris, c'est un mal incurable;

et un peu plus bas le poëte parle de sa décrépitude. C'est là, suivant nous, le dernier opuscule adressé par Corneille à la du Parc. Une seule chose pourrait surprendre, c'est de ne le voir paraître que neuf ans après la mort de celle qui l'a inspiré; mais ces vers touchaient à la vie privée du poëte, aux préoccupations de son âge déjà avancé : c'est ce qui les lui aura fait garder en portefeuille, et ce qui l'aura

---

1. Voyez tome VI, p. 457 et suivantes.
2. Voyez ci-dessus, p. 285, 308, 309, 322 et 334.
3. Voyez ci-dessus, p. 310.
4. Voyez ci-dessus, p. 141 et 142.
5. Elle mourut en décembre 1668, à l'âge d'environ trente-cinq ans (voyez ci-dessus, p. 142); elle était donc née vers 1633.

engagé, en les accordant aux sollicitations de Donneau de Visé, à exiger que du moins ils parussent sans signature. Du reste, il eût été difficile d'en désigner plus clairement l'auteur qu'en le comparant, comme fait le *Mercure* à la suite des vers, au Martian de *Pulchérie*, vieillard amoureux, dans lequel, suivant Fontenelle, Corneille s'est dépeint lui-même[1]? Aussi est-ce avec quelque confiance que nous présentons au lecteur, comme appartenant à notre poëte, ces vers inaperçus et oubliés.

Extrait du Mercure *de mai 1677* (p. 96 *et suivantes*).

« Quittons un moment cette matière, et pour vous délasser de la guerre, passons au chapitre de l'amour. Voici des vers qu'il a fait faire : ils ont un tour noble qui marque les priviléges de leur source, et vous n'en avez jamais trouvé de bons, si vous n'êtes contente de ceux-ci :

Je suis vieux, belle Iris, c'est un mal incurable ;
De jour en jour il croît, d'heure en heure il accable :
La mort seule en guérit ; mais si de jour en jour
Il me rend plus mal propre à grossir votre cour,
Je tire enfin ce fruit de ma décrépitude,   5
Que je vous vois sans trouble et sans inquiétude,
Sans battement de cœur, et que ma liberté
Près de tous vos attraits est toute en sûreté.
Tel est l'heureux secours que reçoit des années
Une âme dont vos lois régloient les destinées.   10
Non que je sois encor bien désaccoutumé
Des douceurs que prodigue un cœur vraiment charmé ;
A ce tribut flatteur la bienséance oblige :
Le mérite l'impose, et la beauté l'exige ;
Nul âge n'en dispense, et fût-on aux abois,   15
Il faut en fuir la vue, ou lui payer ses droits ;
Mais ne me rangez point, alors que j'en soupire,
Parmi les soupirants dont il vous plaît de rire.
Écoutez mes soupirs sans les compter à rien.
Je suis de ces mourants qui se portent fort bien[2] :   20

1. Voyez tome VII, p. 374.
2. Il y a là comme un souvenir agréablement détourné de ce vers si connu du *Menteur* (acte IV, scène II, vers 1164) :
   Les gens que vous tuez se portent assez bien.

Je vis auprès de vous dans une paix profonde,
Et doute, quand j'en sors, si vous êtes au monde.
Pardonnez-moi ce mot qui sent le révolté ;
Avec le cœur peut-être il est mal concerté,
Vos regards ont pour moi toujours le même charme, 25
M'offrent mêmes périls, me donnent même alarme,
Et je n'espérerois aucune guérison,
Si l'âge étoit chez vous mon seul contre-poison.
Mais grâces au bonheur de ma triste aventure,
A peine ai-je loisir d'y sentir ma blessure ; 30
Grâces à vingt amants dont chez vous on se rit,
Dès que votre œil m'y blesse, un autre œil m'y guérit.
Souffrez que je m'en flatte et qu'à mon tour je cède
Au chagrinant rival qui comme eux vous obsède,
Qui leur fait presque à tous déserter votre cour, 35
Et n'ose vous parler ni d'hymen ni d'amour.
Vous le dites du moins, et voulez qu'on le croie,
Et mon reste d'amour vous en croit avec joie :
Je fais plus, je le vois sans en être jaloux.
     A votre tour, m'en croyez-vous ? 40

« Que pensez-vous, Madame, de cette galanterie ? L'auteur qui prétend que ses vieilles années lui ont acquis l'avantage d'aimer si commodément, et qui s'explique d'une manière si agréable, ne mérite-t-il pas d'être particulièrement considéré de la dame ? Il est rare de pouvoir conserver dans un âge aussi avancé que celui qu'il se donne le feu d'esprit qu'il fait paroître encore dans ces vers ; et le vieux Martian, que vous avez tant admiré dans l'admirable *Pulchérie* du grand Corneille, n'auroit pas parlé plus galamment, s'il avoit voulu s'éloigner du sérieux. »

OEUVRES DIVERSES

EN PROSE

NOTICE.

Dans l'édition de Lefèvre, les *OEuvres diverses en prose* sont beaucoup plus volumineuses que dans la nôtre; mais cela tient à ce qu'on y a introduit un grand nombre de morceaux qui nous ont paru avoir une place plus naturelle ailleurs. On y trouve les trois *Discours* sur le théâtre, que nous avons, à l'exemple de Corneille, joints à ses œuvres dramatiques, et qui sont placés avant sa première pièce (tome I, p. 13-122); les avis *au Lecteur* des diverses éditions du théâtre, que nous avons réunis au commencement du tome I; les préfaces partielles des publications successives de l'*Imitation*, que nous avons, en les complétant, rassemblées en tête de cet ouvrage (voyez tome VIII, p. 8-28); les *lettres*, dont nous avons fait un groupe à part, fort augmenté, qui forme aujourd'hui pour la première fois une correspondance suivie de Corneille et des personnes avec lesquelles il s'est trouvé en rapport; enfin un extrait de l'*Histoire de l'Académie françoise* de Pellisson, contenant des fragments de lettres de Corneille que nous avons détachés de cette histoire pour les mettre à leur date et à leur rang dans la série générale de la correspondance de notre poëte.

Ces morceaux écartés, il ne reste plus dans les *OEuvres diverses en prose* que le *Discours à l'Académie* et la *Réponse de Corneille aux Observations de Scudéry sur* le Cid.

Nous y joignons l'*Épitaphe* latine de dom Jean Gouln, général des Feuillants[1], découverte par nous, ainsi que nous l'indiquions dans notre *Avertissement* (tome I, p. xi).

Nous avons, suivant notre usage, rangé ces trois morceaux

---

1. La congrégation des Feuillants était une branche de l'ordre de Citeaux.

dans l'ordre chronologique ; nous allons dire un mot de chacun d'eux.

A la page XIII du tome I des *OEuvres complètes de P. Corneille*, dont deux volumes ont paru en 1857, dans la *Bibliothèque elzévirienne*, chez le libraire P. Jannet, M. Taschereau s'exprime ainsi : « Le *Trésor chronologique et historique* par le R. P. dom Pierre de Saint-Romuald, dans sa troisième partie, publiée en 1647, nous fournit, aux pages 899-900, le renseignement que voici : « Achevons cette année (1629) par l'ache-
« vement de la vie des deux plus grands ornements de notre
« congrégation, je veux dire de dom Jean de Saint-François,
« premier assistant de notre Père général, et de dom Sens de
« Sainte-Catherine, premier visiteur. Celui-là naquit à Paris
« l'an 1576, le 25 août, fête de saint Louis. Son père s'appeloit
« Nicolas Goulu, et étoit professeur du Roi en langue grecque ;
« et sa mère se nommoit Magdelaine Daurat, et étoit fille de
« feu M. Daurat, poëte, et aussi professeur du Roi en la même
« langue, de qui Ronsard se vante d'avoir été le nourrisson....
« Il (*Jean Goulu*) repose à Paris dans le chœur de notre monas-
« tère de Saint-Bernard[1], sous une tombe de marbre noir que la
« bénéficence de M. et de Mme de Vendôme lui ont fait faire,
« et où se voit un bel épitaphe[2] en prose latine du style du sieur
« Corneille. »

A ce témoignage contemporain, si curieux, recueilli par M. Taschereau au sujet de cette épitaphe, nous pouvons en ajouter un autre, qui nous est transmis par Goujet. On lit dans sa *Bibliothèque françoise* (tome XVII, p. 163) : « On voit par les lettres manuscrites de Chapelain que M. Corneille avoit fait en latin l'épitaphe du R. P. dom Jean Goulu, religieux feuillant, mort en 1620, qu'il en fit confidence à Chapelain, son ami, et que Balzac, qui en ignoroit l'auteur, fit des vers

---

1. Dans l'*Éloge* du P. Goulu (en latin *Gulonius*), publié en 1629 (in-4°), et réimprimé dans la *Bibliotheca scriptorum sacri ordinis cisterciensis, opere et studio R. D. Caroli de Visch*, Cologne, 1656, on lit ce qui suit : « Corpus defuncti in œdeo B. Bernardi ad portam Hono-
« rianam suburbanæ ædis conditum est, Epiphaniorum die solemni. »

2. Voyez tome IV, p. 15, note 1 ; et p. 310, vers 381.

contre cette épitaphe. Je ne sais pas si c'est celle qu'on lit aux Feuillants et que M. Piganiol de la Force a fait imprimer dans sa *Description de Paris*[1]. Chapelain conseille à M. Corneille de ne point se plaindre des vers de Balzac, de peur de rompre avec lui une amitié dont l'un et l'autre se faisoient honneur. »

Nous aurions vivement souhaité de pouvoir vérifier dans le manuscrit même de Chapelain les faits indiqués ici ; mais une note marginale nous apprend que les lettres dont il s'agit sont du 20 juillet et du 25 août 1642, et par malheur la précieuse copie autographe de cette correspondance que possède M. Sainte-Beuve, et qu'il communique si libéralement aux travailleurs, est incomplète, comme l'a dit M. Taschereau[2], et le volume qui manque est précisément celui qui contient les années 1641 à 1658.

Le passage de Goujet que nous venons de rapporter indique où l'on peut rencontrer le texte de Corneille qui a échappé à M. Taschereau ; il est vrai que Goujet ne paraît pas certain que l'épitaphe reproduite par Piganiol de la Force soit celle dont Corneille est l'auteur, mais on ne voit point sur quoi peut être fondé ce doute. Millin ne l'a pas un instant partagé, et dans ses *Antiquités*[3] il attribue sans hésiter cette épitaphe à Corneille. Elle se trouvait sur une tombe de marbre noir, placée dans le chœur des religieux des Feuillants de la rue Saint-Honoré. On ne sait aujourd'hui ce qu'a pu devenir ce marbre tumulaire; quant aux restes du P. Goulu, ils sont déposés aux catacombes dans l'ossuaire de la paroisse Saint-Sauveur[4].

M. Taschereau s'était posé une question à laquelle, réduit aux éléments dont il disposait, il lui était difficile de répondre avec quelque sûreté. « Le monument, dit-il, fut-il élevé immédiatement après cette mort (*de Goulu*) et alors que Corneille n'avait fait que *Mélite*, ou bien monument et épitaphe sont-ils d'une date un peu postérieure et du temps où Corneille avait

---

1. Tome II, p. 379 et 380.
2. *Histoire de la vie et des ouvrages de Corneille*, seconde édition, p. VII.
3. Tome I, § V, p. 40-43.
4. Voyez *les Catacombes de Paris*, 1862, p. 119.

acquis un plus grand renom? Nous penchons de ce dernier côté. » L'extrait des lettres de Chapelain que nous avons mentionné semble confirmer l'hypothèse de M. Taschereau, et tout porte à croire que ce ne fut guère avant l'année 1642, dont ces lettres sont datées, que Corneille composa l'épitaphe qui nous occupe. Nous en publions le texte d'après une brochure de 12 pages in-folio, intitulée : *Epitaphium in æde san-benedictina Parisiis appendendum, Nicolaus Gulonius, mortalitatis maiorumque memor, piis illorum Manibus designabat, anno* CIƆDCL. Ce recueil se compose des épitaphes de neuf membres de la famille de Nicolas Goulu, suivies de la sienne; on y trouve aussi un *Éloge* de Jean Goulu et un *Avis* (*monitum*) sur ses ouvrages. L'exemplaire de ce recueil que possède la Bibliothèque impériale porte sur le titre la mention manuscrite suivante : *auctore Goulu Hieronymi F. Nicolai nepote*. Il est bien probable toutefois que la part de Nicolas et de Jérôme Goulu dans ce travail n'a pas été bien considérable, qu'ils n'ont guère fait que mettre en ordre, compléter et annoter les éloges et les épitaphes des divers membres de leur famille, mais qu'ils se seraient bien gardés de substituer un travail de leur façon à une inscription faite par Corneille sur l'ordre du duc et de la duchesse de Vendôme. Si nous avons préféré ce texte à ceux de Piganiol de la Force et de Millin, c'est parce qu'il a un caractère plus officiel, qu'il est évidemment plus correct, que la disposition en est meilleure, et qu'il est accompagné d'éclaircissements précieux et certains.

Nous avons revu le texte de la *Lettre apologétique du sieur Corneille*, au sujet du *Cid*, sur les deux éditions de 1637, et nous avons rendu à cette pièce son véritable intitulé, auquel, comme nous l'avons dit, les éditeurs modernes ont substitué arbitrairement celui de *Lettre contenant la réponse de Corneille*, etc.

Enfin nous donnons aussi le *Discours à l'Académie*, avec son titre complet, tel qu'il a été publié chez Jean-Baptiste Coignard, dans le *Recueil des harangues prononcées par Messieurs de l'Academie françoise, dans leurs receptions, et en d'autres occasions differentes, depuis l'establissement de l'Academie jusqu'à present*, pour la première fois en 1698, dans le format in-4° (p. 11-13), et pour la seconde en 1714, dans le format in-12. La révision que nous en avons faite nous a permis de faire disparaître quelques rajeunissements de l'abbé Granet, que nous signalons en note, et que les éditeurs qui lui ont succédé n'avaient pas manqué de reproduire.

I

ÉPITAPHE DE DOM JEAN GOULU, GÉNÉRAL
DES FEUILLANTS[1].

Sta quisquis es, et perlege.

R. P. Ioan. GOVLV,

PARISIIS NATVS, VBIQVE NOTVS.
PIETATE, PROBITATE, ERVDITIONE, ELOQVVTIONE,
AD INVIDIAM VSQVE MIRABILIS,
VIXIT HEV, IMO VIVIT :

Qvippe dignum laude virum fama vetat mori.
A militia forensi Fuliensem ingressus, scriptis suis
Impugnatam fidei veritatem[2],
Impetita Monarchiæ iura[3],

TRADUCTION DE L'ÉPITAPHE DU P. GOULU.

Arrête, qui que tu sois, et lis cette épitaphe. Le R. P. Jean Goulu, né à Paris, connu partout, admirable par sa piété, sa probité, son savoir, son élocution, au point d'exciter l'envie, a vécu, hélas! ou plutôt il vit encore, car la renommée empêche un homme digne de

---

1. Voyez la *Notice* des *OEuvres en prose*, p. 392-394.
2. Réponse au livre de M. du Moulin : *de la Vocation des pasteurs.* (*Note de l'édition originale.*)
3. *Vindiciæ theologiæ iberopoliticæ.* (*Note de l'édition originale.*) — Le titre complet de cet ouvrage est : *Vindiciæ theologiæ iberopoliticæ ad catholicum regem Hispaniarum, etc., Philippum IV, contra pseudotheologi admonitoris calumnias.* Cet ouvrage, publié en 1626, dans le

Periclitañtem sanctorum memoriam[1],
Mirum quantum ab iniuria temporū vindicauerit,
Simulque adulteratam eloquentiæ puritatem[2]
Reuocauerit, conseruauerit, illustrauerit.
Tandem vniuerso ordini postquam bis præfuit[3]

louange de mourir. Entré dans la milice des Feuillants, au sortir de celle du barreau, il a su défendre merveilleusement contre l'injure des temps la vérité de la foi attaquée, les droits de la monarchie contestés, la mémoire des saints, qu'il voyait en péril, et en même temps rappeler, conserver, illustrer la pureté altérée de l'éloquence. Enfin, après qu'il eut été deux fois à la tête de tout son ordre et qu'il l'eut servi par son exemple non moins que par son gouvernement, on

format in-8°, sans mention de ville, répond à l'*Avis d'un théologien sans passion sur plusieurs libelles imprimés depuis peu en Allemaigne*, publié la même année, attribué à Mathieu de Morgues et dont la Bibliothèque impériale possède quatre éditions différentes.

1. *La Vie du B. Fr. de Sales, évêque de Genève.* (*Note de l'édition originale.*) — Cette vie de saint François de Sales est de 1624. François de Sales avait été béatifié en 1601 ; il ne fut canonisé qu'en 1665.

2. *Lettres de Phyllarque à Ariste.* (*Note de l'édition originale.*) — Ce fut probablement à cause de cet éloge des lettres de Phyllarque (pseudonyme du P. Goulu) que Balzac, contre qui ces lettres étaient dirigées, fit des vers latins contre l'épitaphe, dont il ignorait l'auteur (voyez tome III, p. 29-31, et ci-dessus, p. 392 et 393).

3. Malgré ce passage de l'épitaphe, qui, ce semble, ne devrait laisser aucun doute, voici ce que nous lisons dans une note du *Dictionnaire* de Bayle (Amsterdam, 1734, tome III, p. 86): « Ceux qui ont dit qu'il (*Goulu*) eut deux fois le généralat, n'avoient pas consulté son *Éloge**, dans la seconde édition de son *Saint Denis l'Aréopagite*. Cet éloge nous apprend que depuis son noviciat il eut toujours quelque charge dans l'ordre, et qu'enfin il fut élevé à la première, qu'il exerça pendant six ans, après quoi il fut donné pour conseiller et pour assesseur à celui qui lui succéda**. »

* L'*Éloge* que nous avons cité plus haut, p. 392, note 1.
** Nous avons vu plus haut dans la *Notice* (p. 392) que dom Pierre de Saint-Romuald désignait le P. Goulu par le titre de « premier assistant de notre Père général. »

Exemploque non minus quam imperio profuit,
Vix dicas
Dignitate functusne prius an defunctus sit [1].
Magnatum amicitias vt meruerit, vt tenuerit,
Vel hoc marmor testabitur, quod

ILLVSTRISSIMI PRINCIPES,

CÆSAR BORBONIVS [2], ET FRANCISCA

LOTHARINGA, CHARISSIMI CONIVGES,

Duces Vindocin. Stapens. Bellefort. Mercœrei, Ponthieuræ, etc.
Bene merenti mœrentes posuere.
Obiit anno M.DC.XXIX, die V. Ianuarii, ætatis suæ LIII.
Ora pro eo.

aurait peine à dire ce qu'il a achevé le plus tôt, de sa charge ou de sa vie. A quel point il a su mériter et garder l'amitié des grands, ce marbre même en témoignera, que les très-illustres princes César de Bourbon et Françoise de Lorraine, très-chers époux, duc et duchesse de Vendôme, d'Étampes, de Mercœur, de Penthièvre, etc.; ont élevé au digne objet de leurs regrets. Il mourut l'an M.DC.XXIX, le 5 de janvier, dans la 53e année de son âge. Prie pour lui.

1. Il semble qu'on devrait pouvoir conclure de ces mots que dom Goulu était mort en sortant de charge. Si son généralat se terminait avec l'année 1628, il n'y aurait survécu que de cinq jours. Mais voyez ce qui est dit dans la note précédente.

2. César, duc de Vendôme, fils naturel légitimé d'Henri IV, ce qui explique assez, ce semble, le surnom de Bourbon qui choquait fort Piganiol de la Force. « Quelque accoutumé que je sois, dit-il, à voir que nos historiens, même les plus habiles, se méprennent tous les jours dans les surnoms des princes de la maison royale, j'avoue

II

LETTRE APOLOGÉTIQUE DU SIEUR CORNEILLE,

Contenant sa réponse aux *Observations* faites par le sieur Scudéry sur *le Cid*[1].

Monsieur,

Il ne vous suffit pas que votre libelle me déchire en public : vos lettres me viennent quereller jusque dans mon cabinet, et vous m'envoyez d'injustes accusations, lorsque vous me devez pour le moins des excuses. Je n'ai point fait la pièce qui vous pique[2] ; je l'ai reçue de Paris avec une lettre qui m'a appris le nom de son auteur ; il l'adresse à un de nos amis, qui vous en pourra donner plus de lumière. Pour moi, bien que je n'aye guère de jugement, si l'on s'en rapporte à vous, je n'en ai pas si peu que d'offenser une personne de si haute condition[3], dont je n'ai pas l'honneur d'être connu, et de craindre moins ses ressentiments que les vôtres. Tout ce que je vous puis dire, c'est que je ne doute ni de votre noblesse, ni de votre vaillance, et qu'aux choses de cette nature, où je

---

cependant que j'ai été fort surpris que l'auteur de l'épitaphe qu'on vient de lire ait donné à César duc de Vendôme le surnom de Bourbon, qui n'a jamais été le sien, et aussi qu'il n'a jamais porté. »

1. Voyez sur les *Observations* de Scudéry, sur la *Lettre apologétique*, et sur les réponses auxquelles ces deux ouvrages ont donné lieu, tome III, p. 22-29, et ci-dessus, p. 74-80. — Dans l'une des éditions de 1637, il y a, nous l'avons dit, dans le titre : *apologitique*, pour *apologétique*.

2. On prétend qu'il s'agit ici d'une pièce intitulé : *la Défense du Cid*; nous n'avons pu nous la procurer. Voyez tome III, p. 24 et 25.

3. Cette personne est inconnue. Voyez tome III, p. 25.

n'ai point d'intérêt, je crois le monde sur sa parole : ne mêlons point de pareilles difficultés parmi nos différends. Il n'est pas question de savoir de combien vous êtes noble ou plus vaillant que moi, pour juger de combien *le Cid* est meilleur que *l'Amant libéral*[1]. Les bons esprits trouvent que vous avez fait un haut chef-d'œuvre de doctrine et de raisonnement en vos *Observations*. La modestie et la générosité que vous y témoignez leur semblent des pièces rares, et surtout votre procédé merveilleusement sincère et cordial vers un ami. Vous protestez de ne me dire point d'injures[2], et lorsqu'incontinent après vous m'accusez d'ignorance en mon métier[3], et de manque de jugement en la conduite de mon chef-d'œuvre, vous appelez cela des civilités d'auteur? Je n'aurois besoin que du texte de votre libelle, et des contradictions qui s'y rencontrent, pour vous convaincre de l'un et de l'autre de ces défauts, et imprimer sur votre casaque le quatrain outrageux[4] que vous avez voulu attacher à la mienne,

1. Les frères Parfait rendent compte de cette pièce de Scudéry sous l'année 1636, un peu avant de parler du *Cid* (*Histoire du Théâtre françois*, tome V, p. 238-240). Voyez aussi tome III, p. 23 et 24.
2. *De ne point dire d'injures*, dans les éditions modernes. — « J'attaque *le Cid*, et non pas son auteur; j'en veux à son ouvrage, et non point à sa personne; et comme les combats et la civilité ne sont pas incompatibles, je veux baiser le fleuret dont je prétends lui porter une botte franche; je ne fais ni une satire, ni un libelle diffamatoire, mais de simples *observations*, et hors les paroles qui seront de l'essence de mon sujet, il ne m'en échappera pas une où l'on remarque de l'aigreur. Je le prie d'en user avec la même retenue s'il me répond. » (*Observations sur le Cid*, édit. en 96 pages, p. 5.)
3. *En mon entier*, dans les éditions modernes.
4. Voici ce quatrain :

> Sous cette casaque noire
> Repose paisiblement
> L'auteur d'heureuse mémoire,
> Attendant le jugement.
> (*Observations sur le Cid*, p. 51.)

si le même texte ne me faisoit voir que l'éloge d'*auteur d'heureuse mémoire* ne vous peut être propre, en m'apprenant que vous manquez aussi de cette partie, quand vous vous êtes écrié : *O raison de l'auditeur, que faisiez-vous*[1]? En faisant cette magnifique saillie, ne vous êtes-vous pas souvenu que *le Cid* a été représenté trois fois au Louvre, et deux fois à l'hôtel de Richelieu? Quand vous avez traité la pauvre Chimène d'impudique[2], de prostituée[3], de parricide[4], de monstre[5], ne vous êtes-vous pas souvenu que la Reine, les princesses et les plus vertueuses dames de la cour et de Paris l'ont reçue et caressée en fille d'honneur? Quand vous m'avez reproché mes vanités, et nommé le comte de Gormas un capitan de comédie[6], vous ne vous êtes pas souvenu que vous avez mis un *A qui lit*[7], au devant de *Ligdamon*[8], ni des autres chaleurs poétiques et militaires qui font rire le lecteur presque dans tous vos livres. Pour me faire croire ignorant, vous avez tâché d'imposer aux simples, et avez avancé des maximes de théâtre de votre seule autorité, dont toutefois, quand elles seroient vraies, vous

1. « O jugement de l'auteur, à quoi songez-vous? O raison de l'auditeur, qu'êtes-vous devenue? » (*Observations* de Scudéry, p. 52.)
2. « Un roi caresse cette impudique. » (*Ibidem*, p. 25.)
3. « Elle lui dit cent choses dignes d'une prostituée. » (*Ibidem*, p. 59.)
4. « Tout cela n'empêche pas qu'elle ne se rende parricide, en se résolvant d'épouser le meurtrier de son père. » (*Ibidem*, p. 12.)
5. « Cette fille, mais plutôt ce monstre.... » (*Ibidem*, p. 30.)
6. « Il seroit à souhaiter pour lui qu'il eût corrigé de cette sorte tout ce qu'il fait dire à ce comte de Gormas, afin que d'un capitan ridicule il eût fait un honnête homme, tout ce qu'il dit étant plus digne d'un fanfaron que d'une personne de valeur et de qualité. Et pour ne vous donner pas la peine d'aller vous en éclaircir dans son livre, voyez en quels termes il fait parler ce capitaine Fracasse. » (*Ibidem*, p. 34.)
7. Sorte d'avis au lecteur.
8. Sur *Ligdamon*, voyez ci-dessus, p. 57.

ne pourriez tirer les conséquences cornues que vous en tirez : vous vous êtes fait tout blanc d'Aristote, et d'autres auteurs que vous ne lûtes et n'entendîtes peut-être jamais, et qui vous manquent tous de garantie[1]; vous avez fait le censeur moral, pour m'imputer de mauvais exemples; vous avez épluché [les vers de ma pièce[2]], jusques à en accuser un de manque de césure[3] : si vous eussiez su les termes du métier dont vous vous mêlez[4], vous eussiez dit qu'il manquoit de repos en l'hémistiche. Vous m'avez voulu faire passer pour simple traducteur[5], sous ombre de soixante et douze vers que vous marquez[6]

1. Scudéry répondit à cette accusation en publiant *la Preuve des passages alleguez dans les* Observations *sur le Cid.* Voyez notre tome III, p. 37.
2. Les mots entre crochets manquent dans les deux éditions de 1637; ils ont été suppléés par les éditeurs de Corneille.
3. « Parlons-en mieux, le Roi fait honneur à votre âge.
La césure manque à ce vers. »
(*Observations sur le Cid*, p. 68 et 69.)
4. Ces mots : « dont vous vous mêlez, » manquent dans les éditions modernes.
5. Sur les rapprochements entre Guillem de Castro et Corneille par lesquels Scudéry termine ses *Observations* (p. 81-93), voyez notre tome III, p. 199, note 2. Ces rapprochements sont précédés de cette sorte d'introduction : « *Le Cid* est une comédie espagnole, dont presque tout l'ordre, scène pour scène, et toutes les pensées de la françoise sont tirées; et cependant ni Mondory, ni les affiches, ni l'impression n'ont appelé ce poëme ni traduction, ni paraphrase, ni seulement imitation; mais bien en ont-ils parlé comme d'une chose qui seroit purement à celui qui n'en est que le traducteur, et lui-même a dit, comme un autre a déjà remarqué :

Qu'il ne doit qu'à lui seul toute sa renommée*. »

6. Scudéry cite plus de soixante et douze vers françois, et encore plus d'espagnols. Corneille ne compte peut-être que ceux des vers cités qu'il regarde vraiment comme des imitations.

* *Excuse à Ariste*, vers 50, ci-dessus, p. 76.

sur un ouvrage de deux mille[1], et que ceux qui s'y connoissent n'appelleront jamais de simples traductions; vous avez déclamé contre moi, pour avoir tu le nom de l'auteur espagnol, bien que vous ne l'ayez appris que de moi, et que vous sachiez fort bien que je ne l'ai celé à personne, et que même j'en ai porté l'original en sa langue à Monseigneur le Cardinal, votre maître et le mien; enfin vous m'avez voulu arracher en un jour ce que près de trente ans d'étude m'ont acquis[2]; il n'a pas tenu à vous que du premier lieu, où beaucoup d'honnêtes gens me placent, je ne sois descendu au-dessous de Claveret[3]; et pour réparer des offenses si sensibles, vous croyez faire assez de m'exhorter à vous répondre sans outrages[4], pour nous repentir après tous deux de nos folies, et de me mander impérieusement que malgré nos gaillardises passées, je sois encore votre ami, afin que vous soyez encore le mien, comme si votre amitié me devoit être fort précieuse après cette incartade, et que je dusse prendre garde seulement au peu de mal que vous m'avez fait, et non pas à celui que vous m'avez voulu faire. Vous vous plaignez[5] d'une *Lettre à Ariste*[6], où je ne vous ai point fait de

1. *Le Cid*, sous sa forme dernière et définitive, a 1840 vers; un peu plus dans les premières éditions (1637-1656).
2. Il y a ici une exagération qui a été vivement relevée dans la *Lettre du sieur Claveret au sieur Corneille*. Voyez notre tome I, p. 130.
3. Ce fut cette phrase qui attira à Corneille les pamphlets de Claveret. Voyez tome III, p. 26 et suivantes.
4. Voyez ci-dessus la fin de la note 2, p. 400. Du reste ici déjà, et surtout dans les phrases qui vont suivre, Corneille répond principalement aux lettres qui le venaient quereller jusque dans son cabinet (voyez le commencement de la *Lettre apologétique*), et que nous ne connaissons que par ce qu'il nous en dit.
5. Dans la réimpression (de 1637) : « Vous vous plaigniez. »
6. C'est l'*Excuse à Ariste*. Voyez ci-dessus, p. 74. Voici en quels termes Scudéry fait allusion à l'*Excuse à Ariste* dans ses *Observa-*

tort de vous traiter d'égal, puisqu'en vous montrant mon envieux[1] vous vous confessez moindre, quoique vous nommiez folies les travers[2] d'auteur où vous vous êtes laissé emporter, et que le repentir que vous en faites paroître marque la honte que vous en avez[3]. Ce n'est pas assez de dire : « Soyez encore mon ami, » pour recevoir une amitié si indignement violée : je ne suis point homme d'éclaircissement[4]; vous êtes en sûreté de ce côté-là.

tions (p. 4): « Quand j'ai vu.... qu'il se défioit d'autorité privée, qu'il parloit de lui, comme nous avons accoutumé de parler des autres ; qu'il faisoit même imprimer les sentiments avantageux qu'il a de soi, et qu'il semble faire croire qu'il fait beaucoup d'honneur aux plus grands esprits de son siècle de leur présenter la main gauche, j'ai cru que je ne pouvois sans injustice et sans lâcheté abandonner la cause commune. »

1. Tel est le texte des éditions originales. On y a substitué dans les éditions modernes : « moins envieux. »

2. Il n'y a point *travers*, mais *travées*, dans les éditions originales. Ce mot paraît bien être le résultat d'une mauvaise lecture des imprimeurs. Mais nous devons dire que *travers*, donné par toutes les éditions modernes, ne se trouve avec l'acception qu'il aurait ici dans aucun des dictionnaires du temps. Richelet (1679) lui attribue, dans la conversation familière, le sens de *disgrâce, accident, malheur*. Nicot, au commencement du siècle, Furetière et l'Académie, à la fin, ne mentionnent de ce terme, pris substantivement, aucun emploi figuré. Toutefois nous en trouvons deux exemples de la Bruyère : un premier au chapitre *des Grands*, n° 53 : « travers d'esprit; » un second dans ce passage que cite le *Dictionnaire de Trévoux*, et où le sens du mot serait, ce semble, assez voisin de celui qu'il aurait ici dans Corneille : « Je ne suis point d'humeur à essuyer vos travers. »

3. Ceci répond encore aux lettres particulières de Scudéry, et non à ses *Observations*.

4. On a cru que par ces mots Corneille déclarait qu'il ne se battrait pas, et on a voulu en conclure qu'il avait peur de Scudéry. Cet endroit est tout simplement une allusion à ce passage des *Observations* (p. 45 et 46), qui est relatif à la scène I de l'acte II, entre don Arias et le Comte : « L'auteur me permettra de lui dire qu'on voit bien qu'il n'est pas homme d'éclaircissement ni de procédé. Quand deux grands ont querelle et que l'un est offensé à l'honneur, ce sont des oiseaux qu'on ne laisse point aller sur leur foi. »

Traitez-moi dorénavant en inconnu, comme je vous veux laisser pour tel que vous êtes, maintenant que je vous connois; mais vous n'aurez pas sujet de vous plaindre, quand je prendrai le même droit sur vos ouvrages que vous avez pris sur les miens[1]. Si un volume d'*Observations* ne vous suffit, faites-en encore cinquante : tant que vous ne m'attaquerez pas avec des raisons plus solides, vous ne me mettrez point en nécessité de me défendre, et de ma part je verrai, avec mes amis, si ce que votre libelle vous a laissé de réputation vaut que[2] j'achève de la ruiner. Quand vous me demanderez mon amitié avec des termes plus civils, j'ai assez de bonté pour ne vous la refuser pas, et me taire des défauts de votre esprit que vous étalez dans vos livres. Jusque-là, je suis assez glorieux pour vous dire de porte à porte que je ne vous crains ni ne vous aime. Après tout, pour vous parler sérieusement, et vous montrer que je ne suis pas si piqué que vous pourriez vous imaginer, il ne tiendra pas[3] à moi que nous ne reprenions la bonne intelligence du passé que vous souhaitez. Mais après une offense si publique, il y faut un peu plus de cérémonie : je ne vous la rendrai pas malaisée, et donnerai tous mes intérêts à qui que[4] vous voudrez de vos amis; et je m'assure que si un homme se pouvoit faire satisfaction du tort qu'il s'est fait, il vous condamneroit à vous la faire à

---

1. Dans ses *Observations* (p. 94) Scudéry avait paru contester ce droit à Corneille : « Au reste, on m'a dit qu'il prétend en ses réponses examiner les œuvres des autres, au lieu de tâcher de justifier les siennes. »

2. Les éditeurs modernes ont mis : « vaut la peine que. »

3. Les deux éditions de 1637 portent, évidemment par erreur : « qu'il ne tiendra pas. »

4. Les éditeurs modernes ont supprimé *que* après *qui*; à la ligne suivante ils ont ajouté, après *satisfaction* : « à lui-même. »

vous-même, plutôt qu'à moi qui ne vous en demande point, et à qui la lecture de vos *Observations* n'a donné[1] aucun mouvement que de compassion. Et certes on me blâmeroit avec justice si je vous voulois du mal[2] pour une chose qui a été l'accomplissement de ma gloire, et dont *le Cid* a reçu cet avantage, que de tant de beaux poëmes qui ont paru jusqu'à présent, il a été le seul dont l'éclat ait pu obliger l'envie à prendre la plume. Je me contente pour toute apologie de ce que vous avouez qu'il a eu l'approbation des savants et de la cour[3]. Cet éloge véritable, par où vous commencez vos censures, détruit tout ce que vous pouvez dire après. Il suffit qu'ayez fait une folie à m'attaquer[4], sans que j'en fasse une à vous ré-

1. « Ne m'a donné, » mais à tort, dans une des éditions de 1637.
2. « Si je vous voulois mal, » dans les éditions modernes.
3. « Que cette vapeur grossière, qui se forme dans le parterre, ait pu s'élever jusqu'aux galeries, et qu'un fantôme ait abusé le savoir comme l'ignorance, et la cour aussi bien que le bourgeois, j'avoue que ce prodige m'étonne, et que ce n'est qu'en ce bizarre événement que je trouve *le Cid* merveilleux. » (*Observations sur le Cid*, p. 1 et 2.)
4. Nous devons prévenir le lecteur que les mots « à m'attaquer » sont une correction, à nos yeux indubitable, qui nous a été suggérée par M. Rossignol de l'Institut. Les deux éditions originales, faites du reste l'une sur l'autre*, portent : « folie Amatrique, » avec un A capital, que méritait bien cette forme étrange. Le sens que nous donne cette correction est très-satisfaisant ; l'opposition : *à m'attaquer*, *à vous répondre*, forme un tour symétrique, fort naturel ; et pour s'expliquer la faute d'impression, il suffit de se rappeler que dans l'écriture du dix-septième siècle les signes orthographiques, tels que les accents et l'apostrophe, sont souvent omis, et les doublements de consonnes négligés. Si nous supposons que Corneille eût écrit : *a mataquer***, et que l'*r* finale fût mal ou peu marquée, la seule erreur de lecture

* Voyez tome III, p. 24 et note 2.
** Le mot est réellement imprimé par un seul *t*, un peu plus haut, dans les impressions de 1637 : « vous ne m'ataquerés » (voyez p. 405, ligne 7 de la présente édition). Les imprimeurs ont négligé l'accent dans les mots « de porte a porte » (ci-dessus, p. 405, ligne 15) ; et ils ont multiplié les fautes de tout genre.

pondre comme vous m'y conviez; et puisque les plus courtes sont les meilleures, je ne ferai point revivre la vôtre par la mienne. Résistez aux tentations de ces gaillardises qui font rire le public à vos dépens, et continuez à vouloir être mon ami, afin que je me puisse dire le vôtre.

CORNEILLE.

III

DISCOURS PRONONCÉ PAR MONSIEUR CORNEILLE, AVOCAT GÉNÉRAL A LA TABLE DE MARBRE DE NORMANDIE[1], LE 22 JANVIER 1647, LORSQU'IL FUT REÇU [A L'ACADÉMIE FRANÇOISE] A LA PLACE DE MONSIEUR MAYNARD[2].

MESSIEURS,

S'il est vrai que ce soit un avantage, pour dépeindre

commise par l'imprimeur a été de prendre pour *ri* un *a* peu lisible. Ajoutons qu'il y a deux cents ans les auteurs ne voyaient guère d'épreuves ou ne s'acquittaient que bien légèrement de cette partie de leur tâche. — Le mot *Amatrique* a fort chagriné les éditeurs et les commentateurs de Corneille. Plusieurs se sont contentés de n'en point parler; d'autres, moins sages, ont tenté de l'expliquer. « Ce mot paraît emprunté du grec ἀμετρή (sic), démesurée, » dit timidement M. Parrelle. — « *Amatrique*, sans mesure, désordonné; probablement du grec ἄμετρος, » avance d'un ton un peu plus assuré M. Godefroy. » (*Lexique comparé de la langue de Corneille*, etc., tome I, p. 35.) Mais ἄμετρος aurait fait tout au plus *ametrique*, qui lui-même n'a peut-être jamais existé, bien qu'on trouve *amétrie* opposé à *symétrie* dans quelques traités techniques*. Enfin, il est des éditeurs parmi lesquels on peut compter Voltaire, qui, par prudence, ont tout simplement supprimé le mot embarrassant.

1. Sur la table de Normandie et sur les fonctions que Corneille y remplissait, voyez au tome I la *Notice biographique*.
2. Pellisson raconte, dans sa *Relation contenant l'histoire de l'Aca-*

* « Santé est Symmétrie, et maladie, son contraire, Amétrie. » (*Traicté de la.... coqueluche....* par maistre Iean Suau, 1586, p. 7.)

les passions, que de les ressentir, et que l'esprit trouve
avec plus de facilité des couleurs pour ce qui le touche

démie françoise (p. 360 et suivantes), les faits qui précédèrent l'entrée de Corneille dans cette compagnie. Après avoir parlé de M. de Salomon, avocat général au grand conseil, qui, ainsi que le portaient les registres à la date du 12 août 1644, fut nommé à cette époque en remplacement de M. Bourbon, il ajoute : « Il fut préféré à M. Corneille, qui avoit demandé la même place. Le protecteur fit dire à l'Académie qu'il lui laissoit la liberté du choix, et vous jugerez par la suite qu'elle se détermina de cette sorte, pour cette raison que M. Corneille faisant son séjour à la province, ne pouvoit presque jamais se trouver aux assemblées et faire la fonction d'académicien.

« Je dis que vous le jugerez par la suite ; car depuis, M. Faret étant mort, on proposa d'un côté le même M. Corneille, et de l'autre M. du Ryer, et ce dernier fut préféré. Or le registre* en cet endroit fait mention de la résolution que l'Académie avoit prise de préférer toujours entre deux personnes, dont l'une et l'autre auroient les qualités nécessaires, celle qui feroit sa résidence à Paris.

« M. Corneille fut pourtant reçu ensuite, au lieu de M. Maynard, parce qu'il fit dire à la Compagnie qu'il avoit disposé ses affaires de telle sorte qu'il pourroit passer une partie de l'année à Paris.

« M. de Balesdens avoit été proposé aussi ; et comme il avoit l'honneur d'être à Monsieur le Chancelier, l'Académie eut ce respect pour son protecteur de députer vers lui cinq académiciens pour savoir si ces deux propositions lui étoient également agréables. Monsieur le Chancelier** témoigna qu'il vouloit laisser une entière liberté à la Compagnie ; mais lorsqu'elle commençoit à délibérer sur ce sujet, M. l'abbé de Cerisy lui présenta une lettre de M. de Balesdens***, pleine de beaucoup de civilités pour elle et pour M. Corneille, qu'il prioit la Compagnie de vouloir préférer à lui, protestant qu'il lui déféroit cet honneur, comme lui étant dû par toutes sortes de raisons. La lettre fut lue et louée par l'assemblée, et depuis il fut reçu en la première place vacante, qui fut celle de M. de Malleville. » Dans la seconde édition de l'ouvrage de Pellisson une grande partie de ces détails a été supprimée ; le dernier paragraphe a seul été conservé. Il est probable que c'est à la demande de Corneille que ce changement a été fait (voyez tome VI, p. 103).

* Du 21 novembre 1646. (*Note de Pellisson.*)
** Registres, 22 janvier 1647. (*Note du même.*)
*** Cette lettre a été imprimée, Paris, 1647, in-8°. (*Note de M. Livet.*)

que pour les idées qu'il emprunte de son imagination, j'avoue qu'il faut que je condamne tous les applaudissements qu'ont reçus[1] jusques ici mes ouvrages, et que c'est injustement qu'on m'attribue quelque adresse à décrire les mouvements de l'âme, puisque dans la joie la plus sensible dont je sois capable, je ne trouve point de paroles qui vous en puissent faire concevoir la moindre partie. Ainsi je vois ma réputation prête à être détruite par la gloire même qui la devoit achever, puisqu'elle me jette dans la nécessité de vous montrer mon foible; et[2] prenant possession des grâces qu'il vous a plu me faire, je ne me dois regarder que comme un de ces indignes mignons de la fortune, que son caprice n'élève au plus haut de sa roue[3] sans aucun mérite, que pour mettre plus en vue les taches de la fange dont elle les a tirés. Et certes, voyant cette honte inévitable dans l'honneur que je reçois, j'aurois de la peine à m'en consoler, si je ne considérois que vous rappellerez aisément en votre mémoire ce que vous savez mieux que moi, que la joie n'est qu'un épanouissement du cœur, et, si j'ose me servir d'un terme dont la dévotion s'est saisie, une certaine liquéfaction intérieure, qui s'épanchant dans l'homme tout entier, relâche toutes les puissances de son âme : de sorte qu'au lieu que les autres passions y excitent des orages et des tempêtes, dont les éclats sortent au dehors avec impétuosité et violence, celle-ci n'y produit qu'une langueur, qui tient quelque chose de l'extase, et qui se contentant de se mêler et de se rendre visible dans tous les traits extérieurs, laisse l'esprit dans l'impuissance de

---

1. Il y a *reçu*, sans accord, dans les éditions de 1698 et de 1714, ainsi que dans les *OEuvres diverses*.
2. *Et* manque dans le texte de Granet, qui ne met qu'une virgule après *foible*, et met deux points après *faire*.
3. « De la roue, » dans Granet.

l'exprimer. C'est ce qu'ont bien reconnu nos grands maîtres du théâtre, qui n'ont jamais amené leurs héros jusques à la félicité qu'ils leur ont fait espérer, qu'ils ne se soient arrêtés là tout aussitôt, sans faire des efforts inutiles à représenter leur satisfaction, dont ils savoient bien qu'ils ne pouvoient venir à bout.

Vous êtes trop équitables pour exiger de leur écolier une chose dont leurs exemples n'ont pu l'instruire, et vous aurez même assez de bonté pour suppléer à ce défaut, et juger de la grandeur de ma joie par celle de l'honneur que vous m'avez fait en me donnant une place dans votre illustre Compagnie. Et véritablement, Messieurs, quand je n'aurois pas une connoissance particulière du mérite de ceux qui la composent; quand je n'aurois pas tous les jours entre mes[1] mains les admirables chefs-d'œuvres[2] qui partent des vôtres; quand je ne saurois enfin autre chose de vous, sinon que vous êtes le choix de ce grand génie qui n'a fait que des miracles, feu Monsieur le cardinal de Richelieu, je serois l'homme du monde le plus dépourvu de sens commun si je n'avois pas pour vous une estime et une vénération toutes extraordinaires, et si je ne voyois pas que[3] de la même main dont ce grand homme sapoit les fondements de la monarchie d'Espagne, il a daigné jeter ceux de votre établissement, et confier à vos soins la pureté d'une langue qu'il vouloit faire entendre et dominer par toute l'Europe. Vous m'avez fait part de cette gloire, et j'en tire encore cet

1. *Les*, dans les éditions modernes.
2. Voyez ci-dessus, p. 120, note 1.
3. Nous donnons le texte de l'exemplaire de 1698 qui est à la Bibliothèque impériale; celui de l'Institut porte : « toute extraordinaire, quand je vois que. » Cette dernière leçon est celle de Granet; seulement il a changé « toute extraordinaire » en « toujours extraordinaire. »

avantage, qu'il est impossible que de vos savantes assemblées, où vous me faites l'honneur de me recevoir, je ne remporte les belles teintures et les parfaites connoissances qui donnant une meilleure forme à ces heureux talents dont la nature m'a favorisé, mettront en un plus haut degré ma réputation, et feront remarquer aux plus grossiers même, dans la continuation de mes petits travaux, combien il s'y sera coulé du vôtre, et quels nouveaux ornements le bonheur de votre communication y aura semés. Oserai-je vous dire toutefois, Messieurs, parmi cet excès d'honneur et ces avantages infaillibles, que ce n'est pas de vous que j'attends ni les plus grands honneurs ni les plus grands avantages? Vous vous étonnerez sans doute d'une civilité si étrange; mais bien loin de vous en offenser, vous demeurerez d'accord avec moi de cette vérité, quand je vous aurai nommé Monseigneur le Chancelier[1], et que je vous aurai dit que c'est de lui que j'espère et ces honneurs et ces avantages dont je vous parle. Puisqu'il a bien voulu être le protecteur d'un corps si fameux et qu'on peut dire en quelque sorte n'être que d'esprit, en devenir un des membres, c'est devenir en même temps une de ses créatures; et puisque par l'entrée que vous m'y donnez je trouve et plus d'occasions et plus de facilité de lui rendre mes devoirs plus souvent, j'ai quelque droit de me promettre qu'étant illuminé de plus près, je pourrai répandre à l'avenir dans tous mes ouvrages, avec plus d'éclat et de vigueur, les lumières que j'aurai reçues de sa présence. Comme c'est un bien que je devrai entièrement à la faveur de vos suffrages, je vous conjure de croire que je ne manquerai jamais de reconnoissance envers ceux qui me l'ont procuré, et qu'encore qu'il soit très-vrai que

1. Pierre Seguier. Voyez tome V, p. 141, note 1.

vous ne pouviez donner cette place à personne qui se sentît plus incapable de la remplir, il n'est pas moins vrai que vous ne la pouviez¹ donner à personne ni qui l'eût plus ardemment souhaitée, ni qui s'en tînt votre redevable en un plus haut point, ni qui eût enfin plus de passion de contribuer de tous ses soins et de toutes ses forces au service d'une compagnie si célèbre, à qui j'aurai des obligations éternelles de m'avoir fait tant d'honneurs sans les mériter.

1. *Pourriez*, dans les *OEuvres diverses* et dans toutes les éditions suivantes.

LETTRES

NOTICE.

Nous ne possédons que fort peu de lettres de Corneille, et ses éditeurs, non-seulement ne connaissaient pas toutes celles qui nous restent, mais diminuaient encore en apparence ce nombre, déjà si restreint, en les dispersant en divers endroits.

Lefèvre a eu le premier l'idée de faire entrer dans les *OEuvres* de Corneille les fragments de ses lettres renfermés dans la *Relation contenant l'histoire de l'Académie*, par Pellisson; mais au lieu de les en extraire, il a donné en entier, sous le titre de *Récit de la conduite tenue par l'Académie dans la discussion qui s'éleva entre Corneille et Scudéry à l'occasion du Cid*, le morceau dans lequel elles se trouvaient, et il l'a placé dans une série intitulée : *Pièces concernant le Cid*. Il a agi de même pour les quatre lettres relatives à l'*Imitation de Jésus-Christ*, et les a mises en tête de cet ouvrage. Après ces éliminations la collection des lettres formant la correspondance proprement dite ne se composait plus que de neuf pièces.

Quant à nous, il nous a paru préférable de mettre ensemble toutes les lettres et de suivre, comme dans les *Poésies diverses*, un ordre purement chronologique. Après avoir, pour des motifs que nous exposerons tout à l'heure, rejeté la première des neuf lettres de l'édition de Lefèvre, nous joignons aux huit qui restent les six fragments contenus dans l'*Histoire de l'Académie françoise* de Pellisson, les quatre lettres relatives à l'*Imitation de Jésus-Christ*, enfin quatre autres lettres, non recueillies jusqu'à présent, que nous avons annoncées dans notre *Avertissement* (tome I, p. XII), ce qui porte à vingt-deux les pièces que nous avons réunies. Mais nous n'avons pas voulu nous borner à rassembler les lettres écrites par Corneille; nous avons essayé pour la première fois de reformer sa correspondance, autant qu'il était possible de le faire, en ajoutant à ses lettres ce que nous avons pu recouvrer de celles qui lui ont été adressées, et nous avons classé les unes et les autres, suivant leurs dates, en une seule et même série, en ayant soin toutefois, comme dans le reste de notre édition, de faire imprimer en plus petits caractères tout ce qui n'est point de Corneille. Parfois ses correspondants rappellent les termes mêmes dont il s'est servi, ou du moins nous font connaître en substance quelqu'une de ses lettres aujourd'hui perdue ; lors même qu'ils se montrent moins explicites, leur témoignage a encore son prix. Ce recueil tout nouveau, qui dans son ensemble contient ou mentionne trente et une lettres, nous présente avec quelque intérêt les préoccupations successives de Corneille ; on apprend là, pour certains moments de sa vie, ses espérances, ses inquiétudes, ses mécomptes ; on pénètre dans divers secrets de son intimité, dans le détail de quelques-unes de ses affaires ; on voit quels étaient ceux de ses contemporains avec lesquels il se trouvait le plus fréquemment en rapport ; bien des choses s'éclaircissent par l'ordre chronologique ; les lacunes les plus considérables qui séparaient les unes des autres les lettres jusqu'ici recueillies se trouvent en partie comblées, et l'on peut dans cet essai de restitution de la correspondance étudier avec quelque suite l'époque la plus active, et la mieux remplie, de la carrière du poëte.

Pour éviter de multiplier et d'allonger les notes outre mesure, soit au bas des pages, soit en tête de chacune des lettres, nous les passerons successivement en revue dans cette notice préliminaire ; nous dirons où chacune d'elles a été publiée pour la première fois ; et lorsque la pièce autographe existe encore, nous aurons soin de la décrire, d'en faire l'histoire en quelques mots, et d'indiquer à quelle collection publique ou particulière elle appartient. Nous allons examiner d'abord les lettres de Corneille dans l'ordre même où elles se présentent ; nous parlerons ensuite de celles de ses correspondants, au sujet desquelles nous aurons à entrer dans beaucoup moins de détails et qui ne nous arrêteront qu'un instant.

Dans l'édition des *OEuvres complètes de Corneille* publiée par Lefèvre, la première des lettres est adressée à Rotrou et datée du 14 juillet 1637 [1]. Nous aurions également commencé notre recueil par cette pièce si elle nous avait paru présenter le degré d'authenticité nécessaire; mais, comme nous l'avons déjà fait pressentir [2], nous avons de sérieux motifs de la croire supposée. Cette lettre, qui se trouve dans le fonds additionnel des manuscrits du *British Museum*, où elle porte le n° 21154, n'appartient que depuis peu d'années à cet établissement. Elle ne s'y trouvait pas à l'époque où elle fut publiée pour la première fois par Lefèvre, dont l'édition, commencée en 1854, fut achevée l'année suivante. En 1856 elle faisait encore partie de la collection de M. Belward Ray [3], qui fut vendue à cette époque chez M. Christie, commissaire-priseur très-connu à Londres. Cette lettre fut achetée par un amateur français, moyennant vingt livres (cinq cents francs); mais il ne se montra pas longtemps satisfait de son emplette : peu de temps après l'avoir rapportée en France, il la renvoya comme n'étant pas de la main de Corneille [4], et le *British Museum* l'acquit alors moyennant trois livres (soixante-quinze francs). Une note de sir F. Madden, conservateur des manuscrits du *British Museum*, la considère comme écrite par Thomas sous la dictée de Pierre [5]. En effet, au premier aspect l'écriture de cette lettre présente la plus grande conformité avec celle de Thomas Corneille; mais si l'on rapproche les dates, on voit que la lettre est du 14 juillet 1637, et que si elle était de la main de Thomas Corneille, celui-ci,

1. Édition de Lefèvre, tome XII, p. 397 et 398.
2. Voyez tome III, p. 248, et ci-dessus, p. 415.
3. Voici le titre du catalogue de M. Ray et la transcription de l'article relatif à cette lettre; c'est à M. Rathery, de la Bibliothèque impériale, que nous devons ce document bibliographique et la plupart de ceux qui sont rapportés dans cette notice : *Catalogue of the interesting and valuable collection of autograph letters and other manuscripts, of the late H. Belvard Ray, esq., deceased; which will be sold by auction, by Messrs Christie and Manson at their great room, 8, King street, St-James's square, on Wednesday, July 23, 1856, and three following days.* — N° 799. CORNEILLE (Pierre, called le grand), *letter in french, entirely autograph, relating to the Cid. Fine specimen, excessively rare; but few letters are known to exist. Rouen, 14 July* 1637.
4. Voyez le *Bulletin du bibliophile* de janvier 1857, p. 28.
5. *Probably from the dictation of his brother.*

né le 20 août 1625, n'eût eu que onze ans et onze mois au moment où il l'aurait écrite. Il n'y aurait certes rien de surprenant à ce qu'il eût pu dès lors écrire sous la dictée de son frère; mais son écriture, nécessairement enfantine, s'écarterait sensiblement de celle que nous lui connaissons dans la maturité de son âge. Une autre preuve, du reste, bien autrement convaincante, établit que cette lettre ne peut émaner ni de Pierre, ni de Thomas, ni d'aucun de leurs contemporains ; l'original contient un mot tout récent, le mot *influencer*. Recueilli, je pense, pour la première fois en 1801, dans la *Néologie* de Mercier, qui l'appuie d'un passage extrait de la *Constitution d'Angleterre*, publiée en 1771 par le publiciste genevois Delolme, ce verbe n'est admis qu'en 1835 dans le *Dictionnaire de l'Académie*, et dix ans plus tard M. Francis Wey le déclare « encore bien vert pour la belle littérature [1]. » Voici la phrase de la lettre attribuée à Corneille dans laquelle il se trouve : « J'ai bonne raison, je vous assure, mon ami, de craindre que cet aréopage ne se laisse *influencer* par celui qui les a fait (*sic*) ce qui (*sic*) sont. » Il est vrai que ceux qui ont reproduit cette lettre ont modifié ce passage de façon à faire disparaître le terrible mot; Lefèvre a mis : « Je vous avoue, mon ami, que je dois peu compter sur la justice de l'aréopage *placé sous l'influence* de celui qui les a faits ce qu'ils sont; » et M. Édouard Fournier : « J'ai bonne raison, je vous assure, mon ami, de craindre que cet aréopage *ne se laisse diriger* par celui qui les a faits ce qui (*sic*) sont [2]. » Quant à nous, le désir d'augmenter d'une pièce le recueil des lettres de Corneille ne saurait nous porter à y laisser un écrit si évidemment supposé. Nous nous sommes contenté de le conserver en appendice avec ses diverses variantes.

Cette lettre écartée, l'ordre chronologique appelle tout d'abord les six fragments extraits de la *Relation contenant l'histoire de l'Académie françoise* par Pellisson, que nous avons mentionnés plus haut [3]. Nous les avons donnés d'après l'édition originale pu-

1. *Remarques sur la langue française*, Paris, F. Didot, 1845, tome I, p. 141.
2. *Notes sur la vie de Corneille* en tête de *Corneille à la butte Saint-Roch*, p. cxv.
3. Page 415. — Ce sont les n°s 1-6 de notre recueil.

bliée en 1653; nous aurions bien voulu pouvoir les collationner, et surtout les compléter d'après les originaux, mais on ignore ce que sont devenus les papiers que Pellisson avait alors sous les yeux, et même les registres académiques d'après lesquels il a en grande partie rédigé son ouvrage. De tant de matériaux importants, il ne reste que le manuscrit des *Sentiments de l'Académie françoise sur la tragi-comédie du* Cid, conservé actuellement, comme nous l'avons dit[1], à la Bibliothèque impériale.

Nous rencontrons ensuite une longue lettre de Corneille[2], restée jusqu'ici en grande partie inédite; elle traite d'affaires, et le poëte s'y montre plaideur fort ardent, et très-entendu; l'autographe en a été trouvé dans les combles du Palais de la cour impériale de Rouen, le 24 octobre 1853. M. Taschereau, qui l'a signalé à l'attention des amis de Corneille, en a donné deux curieux extraits, aux pages xix et xx du tome I de ses *OEuvres complètes de P. Corneille*, publié en 1857 chez le libraire Jannet; mais cette édition n'ayant pas été achevée, cette lettre n'avait pas encore été publiée en son entier. M. Louis Passy, qui s'est longtemps occupé de Thomas Corneille et prépare un choix de ses *OEuvres* pour la *Collection des grands écrivains*, nous a communiqué une excellente copie de cette lettre, actuellement déposée aux archives de la préfecture de la Seine-Inférieure, et M. Charles de Beaurepaire, qui dirige ces archives, a bien voulu la collationner de nouveau et l'éclaircir par quelques notes.

La lettre à d'Argenson[3], imprimée pour la première fois dans les *Mémoires* de Sallengre[4], recueillie dans les *OEuvres diverses* publiées par Granet en 1738[5], et reproduite depuis dans toutes les éditions des *OEuvres complètes*, existe en autographe dans une des vitrines des manuscrits de la Bibliothèque impériale[6]: ce précieux original nous a permis de rectifier de

1. Tome III, p. 34, note 1.
2. N° 7 de notre recueil. — 3. N° 11 de notre recueil.
4. *Mémoires de littérature et d'histoire*, Paris, 1731, tome X, 2e partie, p. 439.
5. Pages 161-163.
6. Avant d'être placée sous les yeux du public, cette lettre faisait partie de la collection Baluze, 7e armoire, 1er paquet, art. 4, n° 3. On lit sur la liasse qui la contenait. « M^r d'Argenson. Lettres origi-

nombreuses erreurs. On trouve dans la *Galerie française* un fac-simile de deux fragments de cette lettre.

Les deux lettres à M. de Zuylichem [1] ont été imprimées d'après les copies des autographes, faites exprès pour notre édition et plusieurs fois collationnées avec le plus grand soin. Avant 1825 elles n'étaient pas encore sorties du pays de celui à qui Corneille les avait adressées. Elles appartenaient à un Hollandais de distinction et faisaient partie d'une précieuse collection formée par sa famille. Elle fut vendue au mois de mai 1825, et un exemplaire annoté du catalogue de vente [2] nous apprend que son possesseur se nommait Synestein, et que les deux lettres de Corneille furent acquises par M. Thorpe, au prix, assez élevé pour le temps, de sept livres, dix-sept schellings et six pence (près de deux cents francs). Trente et un ans plus tard, nous retrouvons ces deux lettres, sous le n° 800, dans le Catalogue de M. Belward Ray, à côté de la lettre à Rotrou dont nous avons parlé plus haut; mais, par une confusion singulière, tandis que dans ce catalogue la lettre à Rotrou était à tort considérée comme écrite par Pierre Corneille, les deux lettres à M. de Zuylichem y étaient attribuées

nales de Mrs de Balzac et Pierre Corneille à M^r d'Argenson, intendant de justice en Xaintonge, et ensuite ambassadeur de France à Venise. Ces lettres ont été données à la bibliothèque du Roi par M^r le marquis d'Argenson, son petit-fils, et ministre des affaires étrangères. » On ne comprend guère comment cette lettre pouvait faire partie de la collection Baluze, tout en ayant été donnée à la bibliothèque du Roi par le marquis d'Argenson. Les lettres de Balzac n'ont d'autre rapport avec celle de Corneille que de s'adresser à la même personne. Sallengre les a publiées dans son recueil, immédiatement avant celle de notre poëte.

1. N°s 12 et 14 de notre recueil.
2. En voici la description : *A Catalogue of a invaluable and highly interesting collection of unpublished manuscripts, historical documents.... the entire property of a gentleman of the highest consideration in Holland, by whose family they have been accumulated and preserved; which will be sold by auction by Mr Sotheby, at his house, n° 3, Wellington street, Strand, on Monday, May 30, 1825, and six following days (Sunday excepted)*, in-8°, n° 117. *Two letters of considerable length from the celebrated Corneille to M. de Zulichen, Roma (sic, lisez : Rouen), 1649-1650, one containing a copy of latin verses (French).*

à Thomas[1]. Elles furent acquises par le *British Museum*, et inscrites au fonds additionnel sous le n° 21514; la première se trouve dans le même volume que la lettre à Rotrou; la seconde figure dans les montres[2]. La première a été imprimée d'abord dans la livraison de septembre 1859 (p. 148 et 149) de la *Revue indépendante* de Londres, où elle fait partie d'un compte rendu des deux premiers volumes des *OEuvres* de Corneille de l'édition de M. Taschereau. Les deux lettres ont été signalées ensuite et promises par nous dans notre *Avertissement*[3], et elles viennent d'être publiées au mois de février 1865 par M. Édouard Fournier[4].

La lettre pour M. Dubuisson[5] n'est qu'un billet inscrit sur le feuillet de garde d'un volume appartenant à la bibliothèque Sainte-Geneviève; il provient de l'abbaye, car on lit sur le frontispice : *Ex libris Stæ Genovefæ*, 1734. Il porte la marque S et a pour titre : *De mineralium natura in universum, ubi præsertim de aqua minerali fontis Escarleiarum, vulgo des Escharlis, prope Montargium, cujus vires in usum medicum expenduntur. Opera et studio M. Pauli Dubé, doctoris medici Montisárgi. — Parisiis, apud Franciscum Piot, prope fontem Sancti Benedicti, M.D.C.XLIX, cum approbatione*. L'envoi du livre de Dubé, annoncé par Corneille dans ce billet, avait lieu peu de temps après la publication : le billet de Corneille est du 25 août et l'approbation du 23 juin.

C'est encore à la bibliothèque Sainte-Geneviève qu'on trouve

---

1. N° 800. *Corneille (Thomas). Two long and interesting letters, in french, entirely autograph, to M. de Zuylichem, secretary to the Prince of Orange. Fine specimens, with seals and floss silk. Very scarce. Rouen,* 1649-50.

2. *Saloon. Frame VI.* Elle est ainsi décrite, sous le n° 55, dans le livret du *British Museum*, intitulé : *A guide to the autograph letters*, page 7 : « PIERRE CORNEILLE [b. 1606—d. 1684.] Letter in *French*, to [Constantin Huygens] Monsieur de Zuylichem, denying the advantage of prefixing an argument to any drama; dated Rouen, 28th May 1650. *Holograph. Purchased in* 1856. »

3. Tome I, p. XII.

4. *Deux lettres inédites de P. Corneille à Huyghens de Zuylichem. Revue des provinces*, tome VI, p. 322-330, et tirage à part.

5. N° 13 de notre recueil.

les quatre lettres de Corneille au P. Boulart[1]. M. Célestin Port, qui les a publiées le premier dans la *Bibliothèque de l'École des chartes* (tome III, 3e série, p. 348-360), les a découvertes dans un portefeuille intitulé : *Recueil de pièces pour prouver que Thomas a Kempis est l'auteur de l'*Imitation. C'est une collection de lettres, toutes autographes, adressées au P. Boulart, et de brochures relatives à la discussion engagée entre les religieux bénédictins et les chanoines réguliers de Sainte-Geneviève.

Le *billet à Pellisson* [2] a été publié pour la première fois dans les *Œuvres diverses* (p. 219 et 220) sous ce titre et avec cette note de l'abbé Granet : « Copié sur l'original de Corneille. » Il se trouvait alors dans la bibliothèque des Jésuites du collège Louis-le-Grand ; il passa depuis dans la collection de M. Parison [3], et fut acheté à sa vente par M. Chambry, à qui il appartient aujourd'hui, et qui nous a permis fort obligeamment d'en vérifier le texte. Le fac-simile en a été publié en 1840 dans l'*Iconographie française*.

La première des lettres à l'abbé de Pure [4], entièrement inédite, a été copiée sur l'original conservé au *British Museum*, fonds Egerton, n° 18, in-folio [5]; les quatre suivantes [6] appartiennent à la Bibliothèque impériale, qui possède une grande partie des papiers de cet abbé.

Il est probable que la lettre à Saint-Évremond [7] existe encore dans quelque collection particulière, mais nous n'avons pu avoir

1. N°s 15-18 de notre recueil.
2. N° 21 de notre recueil.
3. Voyez la *Notice* de M. Brunet sur M. Parison en tête du Catalogue de sa bibliothèque, p. xii.
4. N° 22 de notre recueil.
5. Le fonds Egerton se compose : 1° des manuscrits donnés en 1825, au *British Museum*, par François-Henry Egerton, huitième comte de Bridgewater ; 2° des nouvelles acquisitions de manuscrits faites annuellement à l'aide des intérêts produits par une somme de cinq mille livres sterling trois pour cent, laissée par le donateur au même établissement. La lettre de Corneille ne provient pas de la collection primitive ; elle a été achetée sur le revenu de la rente.
6. N°s 23, 24, 26 et 27 de notre recueil.
7. N° 29 de notre recueil.

à ce sujet aucun renseignement. Nous avons donc suivi le texte des *Œuvres* de Saint-Evremond [1], réimprimé par Granet dans les *Œuvres diverses de Pierre Corneille* [2].

Enfin la dernière et si douloureuse lettre de Corneille, adressée à Colbert [3], appartient à la Bibliothèque impériale. Découverte par M. Lacabane, dans la collection généalogique de Chérin de Barbimont, elle en a été extraite pour être placée dans un recueil de lettres originales. M. Floquet l'a publiée pour la première fois, en 1835, dans les *Mémoires de l'Académie de Rouen*, et elle a été reproduite depuis dans toutes les éditions de Corneille.

Un mot maintenant sur les lettres adressées à Corneille. Nous n'en connaissons aucune en autographe: elles devaient exister parmi les papiers de notre poëte, dont une grande partie fut brûlée par lui quelque temps avant sa mort, et dont l'autre, qu'il avait conservée à dessein, ne nous est point parvenue. Nous avons donc été forcé, la plupart du temps, de nous borner à recueillir dans les œuvres des contemporains de Corneille, celles des lettres écrites par eux à notre auteur qu'ils avaient jugées dignes de l'impression. Telle est la source des lettres de Sarrau, de Balzac, de Gilles Boileau et de Saint-Évremond [4].

Nous nous arrêterons un instant à la première de ces lettres, adressée à Corneille par le conseiller Sarrau, car elle nous permettra de rectifier les dates erronées des premières représentations de plusieurs des chefs-d'œuvre de notre poëte, qui semblent avoir été jusqu'ici, même dans la présente édition, vieillis mal à propos de quelques années. Cette lettre de

1. *Amsterdam*, 1725, tome II, p. 334 et suivantes.
2. Pages 210-212.
3. N° 31 de notre recueil.
4. La plupart de ces lettres, connues des biographes de Corneille, avaient été réimprimées par eux en note ou comme pièces justificatives. Les lettres de Gilles Boileau cependant n'avaient pas encore été recueillies; mais elles ne pouvaient nous échapper, car M. Louis Passy nous les avait indiquées, MM. Taschereau et P. Lacroix nous en avaient parlé à leur tour, et tout récemment dans la *Revue des provinces* (vol. VI, p. 327), M. Édouard Fournier les recommandait obligeamment à notre attention.

Sarrau est du 12 décembre 1642[1], et il est impossible de croire que la date en ait été altérée lors de l'impression du recueil posthume où elle se trouve, puisqu'il y est question, comme d'un fait tout récent, de la mort de Richelieu, arrivée le 4 du même mois. Eh bien! à ce moment Sarrau écrit à notre poëte : « Ce que je désire principalement c'est de savoir.... si, à vos trois excellentes et divines pièces, vous projetez d'en ajouter une quatrième. » Et plus loin : « J'ai entendu dire vaguement que vous travailliez à un certain poëme sacré. Écrivez-moi, je vous prie, s'il est bien avancé, ou même achevé. » Ces trois « divines pièces, qui hésiterait à les reconnaître ? c'est *le Cid*, *Horace* et *Cinna*; et ce poëme chrétien, ce quatrième chef-d'œuvre, qui devait égaler et même surpasser les trois autres, n'est-ce pas évidemment *Polyeucte?* Dans ce cas, la première représentation de cette pièce, placée par tous les historiens du théâtre à la fin de 1640, ne serait que du commencement de 1643, et le privilége prudemment sollicité dès l'apparition de l'ouvrage, et obtenu, comme nous l'avons vu, le 30 janvier, aurait été mis en réserve jusqu'au 20 octobre 1643, date de l'Achevé d'imprimer[2]. Mais ce n'est là qu'une des nombreuses rectifications que la lettre de Sarrau nous amène à faire; elle nous force à changer également la date de 1641, adoptée pour *Pompée*, ainsi que celle de 1642, assignée au *Menteur*. Corneille, si avare de renseignements sur ses ouvrages, nous apprend toutefois que ces pièces si différentes sont « parties toutes deux de la même main, dans le même hiver[3]. » Mais quel est cet hiver dont il parle? Est-ce la fin de celui de 1642-1643, dont le commencement, nous venons de le voir, a été occupé par les derniers soins à donner à *Polyeucte?* Est-ce, et à certains égards cela semblerait plus probable, celui de 1643-1644 ? Dans ce cas, la publication aurait suivi la représentation d'assez près, car le privilége obtenu pour les deux pièces, le 22 janvier 1644, a été mis à profit, quant à *Pompée*, le 16 février, et pour *le Menteur*, le dernier octobre, ainsi que le constatent les « Achevé d'imprimer. » Mais si c'est à cette der-

1. *Prid. Id. decemb.* Voyez ci-après, p. 440.
2. Voyez notre tome III, p. 468.
3. Voyez notre tome IV, p. 130.

nière opinion qu'on s'arrête, il faut changer nécessairement la date de 1643, généralement adoptée pour *la Suite du Menteur;* et peut-être celle de 1644, qu'on donne à *Rodogune*, sera-t-elle à son tour un peu prématurée. Comment ces réflexions n'ont-elles pas été faites plus tôt, puisque la lettre de Sarrau a été jointe par MM. Taschereau et Guizot à leurs études sur Corneille? Je m'en étonne, et je regrette pour ma part de les présenter si tardivement; mais c'est un exemple de plus du soin avec lequel il faut examiner les documents, même les plus connus, pour en extraire tout ce qu'ils peuvent donner.

A la différence de celles dont nous venons de parler, les lettres adressées à Corneille par Chapelain ne sont point tirées d'un recueil imprimé; elles proviennent du manuscrit de sa correspondance inédite que possède M. Sainte-Beuve, et d'où M. Taschereau les a pour la première fois extraites, afin de les insérer en 1855 dans l'*Histoire de la vie et des ouvrages de P. Corneille.* « Malheureusement, dit-il dans l'*Avertissement* de cette seconde édition[1], cette précieuse copie autographe est incomplète d'un volume (1641 à 1658), qu'il serait bien regrettable d'avoir à considérer comme perdu pour toujours. » Nous rappelions, dans *l'Intermédiaire* du 15 janvier 1864, que dans sa *Bibliothèque françoise* Gouget cite des lettres de Chapelain de 1642, 1643 et 1652. Dans le nombre se trouvent deux lettres à Corneille, que M. Édouard Fournier a rappelées à son tour dans la *Revue des provinces* du 15 février 1865; nous avons eu l'occasion d'en donner une brève analyse[2]; mais nous avons le regret de ne pouvoir les joindre à ce recueil par lequel nous terminons les *OEuvres* de Corneille, recueil assurément bien incomplet, et qui cependant paraîtra déjà riche, nous l'espérons, à qui prendra la peine de le comparer à ceux qui l'ont précédé.

1. Page VII. — 2. Ci-dessus, p. 392 et 393.

LETTRES.

1. — DE CORNEILLE A BOISROBERT[1].

Rouen[2], 13 juin 1637.

Pellisson ne donne par malheur que des extraits de cette lettre ; il en rapporte la première partie sous forme indirecte, et raconte que pressé par les lettres de Boisrobert de consentir à ce que l'Académie examinât *le Cid*, Corneille, « qui voyoit bien qu'après la gloire qu'il s'étoit acquise, il y avoit vraisemblablement en cette dispute beaucoup plus à perdre qu'à gagner pour lui, se tenoit toujours sur le compliment et répondoit : »

Que cette occupation n'étoit pas digne de l'Académie. Qu'un libelle qui ne méritoit point de réponse[3] ne méritoit point son jugement. Que la conséquence en seroit dangereuse, parce qu'elle autoriseroit l'envie à

---

1. *Relation contenant l'histoire de l'Académie françoise*, p. 191-193. — Voyez ci-dessus la *Notice*, p. 418 et 419; et, pour le détail des faits auxquels se rattachent les fragments de lettres I-VI, voyez tome III, p. 22-36.

2. Voyez, pour le lieu d'où était datée cette lettre, la *Relation contenant l'histoire de l'Académie françoise*, p. 217.

3. Les *Observations sur le Cid* par Scudéry, auxquelles Corneille répliqua par la *Lettre apologétique*, qu'il considérait avec raison comme n'étant point une réponse en forme. Voyez ci-dessus, p. 399-407, et ci-après, p. 431.

importuner ces Messieurs, et qu'aussitôt qu'il auroit paru quelque chose de beau sur le théâtre, les moindres poëtes se croiroient bien fondés à faire un procès à son auteur par-devant leur Compagnie....

Messieurs de l'Académie peuvent faire ce qu'il leur plaira; puisque vous m'écrivez que Monseigneur seroit bien aise d'en voir leur jugement, et que cela doit divertir Son Éminence, je n'ai rien à dire [1].

2. — DE CORNEILLE A BOISROBERT [2].

15 novembre 1637.

J'ATTENDS, avec beaucoup d'impatience, les sentiments de l'Académie, afin d'apprendre ce que doresenavant je dois suivre; jusque-là je ne puis travailler qu'avec défiance, et n'ose employer un mot en sûreté.

3. — DE CORNEILLE A BOISROBERT [3].

3 décembre 1637.

JE me prépare à n'avoir rien à répondre à l'Académie que par des remercîments....

---

1. Pellisson nous apprend (p. 193) que ces dernières paroles, échappées à Corneille dans sa lettre, suffirent, « suivant l'opinion du Cardinal, pour fonder la jurisdiction de l'Académie, » qui, le 16 juin 1637, commença à s'occuper du *Cid*, et livra son travail à l'imprimeur environ cinq mois plus tard.

2. *Relation contenant l'histoire de l'Académie françoise*, p. 207.

3. *Ibidem*.

4.

« Lorsque les *Sentiments sur le Cid* étoient presque achevés d'imprimer, dit Pellisson[1], (*Corneille*) ayant su par quelque moyen que ce jugement ne lui seroit pas aussi favorable qu'il eût espéré, il ne put s'empêcher d'en témoigner quelque ressentiment, écrivant par une.... lettre, dont je n'ai vu qu'une copie sans date et sans suscription : »

Je me résous, puisque vous le voulez, à me laisser condamner par votre illustre Académie; si elle ne touche qu'à une moitié du *Cid*, l'autre me demeurera toute entière. Mais je vous supplie de considérer qu'elle procède contre moi avec tant de violence, et qu'elle emploie une autorité si souveraine pour me fermer la bouche, que ceux qui sauront son procédé auront sujet d'estimer que je ne serois point coupable si l'on m'avoit permis de me montrer innocent[2]. . . . .
Après tout, voici quelle est ma satisfaction : je me promets que ce fameux ouvrage, auquel tant de beaux esprits travaillent depuis six mois, pourra bien être

1. *Relation contenant l'histoire de l'Académie françoise*, p. 207-210. — « Cette lettre, ajoute Pellisson, a été désavouée par M. Corneille, qui a toujours protesté qu'il ne l'avoit jamais écrite : ainsi il faut que quelque autre se soit diverti à lui prêter sa plume et l'écrire en son nom. » Malgré cette assertion, qu'on chercherait vainement dans les premières éditions de l'ouvrage de Pellisson, mais que je trouve à la page 133 des éditions publiées par Coignard en 1700 e 1701; que d'Olivet a d'ailleurs supprimée, et que, chose plus étrange, M. Livet a oublié de rétablir, au moins en note, nous penchons fort à croire que la lettre est de Corneille. S'il en eût été autrement, Pellisson ne l'eût assurément pas admise dans son *Histoire*, et c'est bien probablement par un simple sentiment de convenance qu'il a cru utile d'accompagner cet écrit d'une protestation un peu tardive, qui, au temps où elle a paru, n'a sans doute trompé personne.

2. Pellisson nous donne ainsi (p. 209) l'analyse de la portion de la lettre qu'il supprime : « Il se plaignoit ensuite, comme si on eût refusé d'écouter la justification qu'il vouloit faire de sa pièce de vive voix, et en présence de ses juges, de quoi pourtant je n'ai trouvé aucune

estimé le sentiment de l'Académie françoise, mais peut-être que ce ne sera point le sentiment du reste de Paris ; au moins j'ai mon compte devant elle, et je ne sais si elle peut attendre le sien. J'ai fait *le Cid* pour me divertir, et pour le divertissement des honnêtes gens, qui se plaisent à la comédie. J'ai remporté le témoignage de l'excellence de ma pièce par le grand nombre de ses représentations, par la foule extraordinaire des personnes qui y sont venues, et par les acclamations générales qu'on lui a faites. Toute la faveur que peut espérer le sentiment de l'Académie est d'aller aussi loin ; je ne crains pas qu'il me surpasse....

Le Cid sera toujours beau, et gardera sa réputation d'être la plus belle pièce qui ait paru sur le théâtre, jusques à ce qu'il en vienne une autre qui ne lasse point les spectateurs à la trentième fois....

5. — DE CORNEILLE A BOISROBERT[1].

Rouen, 23 décembre 1637.

« Lorsqu'il eut vu les *Sentiments de l'Académie*, je trouve, dit Pellisson (p. 211), qu'il écrivit une lettre à M. de Boisrobert du 23 décembre 1637, dans laquelle, après l'avoir remercié du soin qu'il avoit pris de lui faire toucher *les libéralités de Monseigneur*, c'est-à-dire de le faire payer de sa pension, et après lui avoir donné quelques ordres pour lui faire tenir cet argent à Rouen, » il disoit :

Au reste, je vous prie de croire que je ne me scandalise point du tout de ce que vous avez montré, et même

trace, ni dans les registres, ni dans la mémoire des académiciens que j'ai consultés. »

1. *Relation contenant l'histoire de l'Académie françoise*, p. 211-215.

donné ma lettre à Messieurs de l'Académie. Si je vous en avois prié, je ne puis m'en prendre qu'à moi; néanmoins si j'ai bonne mémoire, je pense vous avoir prié seulement par cette lettre de les assurer de mon très-humble service, comme je vous en prie encore, nonobstant leurs *Sentiments*. Tout ce qui m'a fâché, c'est que Messieurs de l'Académie s'étant résolus de juger de ce différend avant qu'ils sussent si j'y consentois ou non, et leurs *Sentiments* étants déjà sous la presse, à ce que vous m'avez écrit, avant que vous eussiez reçu ce témoignage de moi, ils ont voulu fonder là-dessus leur jugement, et donner à croire que ce qu'ils en ont fait n'a été que pour m'obliger, et même à ma prière. . . . . .

Je m'étois résolu d'y répondre, parce que d'ordinaire le silence d'un auteur qu'on attaque est pris pour une marque du mépris qu'il fait de ses censeurs : j'en avois ainsi usé envers M. de Scudery[1], mais je ne croyois pas qu'il fût bien séant d'en faire de même envers Messieurs de l'Académie, et je m'étois persuadé qu'un si illustre corps méritoit bien que je lui rendisse compte des raisons sur lesquelles j'avois fondé la conduite et le choix de mon dessein; et pour cela je forçois extrêmement mon humeur, qui n'est pas d'écrire en ce genre, et d'éventer les secrets de plaire que je puis avoir trouvés dans mon art. Je m'étois confirmé en cette résolution par l'assurance que vous m'aviez donnée que Monseigneur en seroit bien aise, et me proposois d'adresser l'épître dédicatoire à Son Éminence, après lui en avoir demandé la permission. Mais maintenant que vous me conseillez de n'y répondre point, vu les personnes qui s'en sont mêlées, il ne me faut point d'interprète pour entendre cela; je suis un peu plus de ce monde qu'Héliodore, qui

---

1. Voyez ci-dessus, p. 427, note 3.

aima mieux perdre son évêché que son livre[1], et j'aime mieux les bonnes grâces de mon maître que toutes les réputations de la terre : je me tairai donc, non point par mépris, mais par respect................

Je[2] vous conjure de ne montrer point ma lettre à Monseigneur, si vous jugez qu'il me soit échappé quelque mot qui puisse être mal reçu de Son Éminence.

6[3].

« M. Corneille.... a toujours cru, dit Pellisson, que le Cardinal et une autre personne de grande qualité avoient suscité cette persécution contre *le Cid*, témoin ces paroles qu'il écrivit à un de ses amis et des miens, lorsqu'ayant publié l'*Horace*[4], il courut un bruit qu'on feroit encore des observations et un nouveau jugement sur cette pièce : »

Horace fut condamné par les duumvirs, mais il fut absous par le peuple.

1. Héliodore d'Émèse en Phénicie, évêque de Tricca en Thessalie, contemporain de Théodose et de ses fils, est surtout connu par son roman intitulé : *les Éthiopiques ou les Amours de Théagène et de Chariclée*. Nicéphore prétend que, n'ayant voulu ni supprimer ni désavouer cet ouvrage, Héliodore fut déposé ; mais Socrate le scolastique et Photius ne parlent de rien de semblable.

2. Dans la *Relation* de Pellisson, ce dernier paragraphe est précédé de ces mots : « Cette lettre contenoit encore beaucoup d'autres choses sur la même matière, et au bas il avoit ajouté par apostille. »

3. *Relation contenant l'histoire de l'Académie françoise*, p. 217 et 218.

4. L'Achevé d'imprimer d'*Horace* est, comme nous l'avons déjà dit (tome III, p. 253), du 15 janvier 1641.

7. — DE CORNEILLE A MONSIEUR GOUJON, AVOCAT AU CONSEIL PRIVÉ DU ROI[1].

Monsieur,

Je vous envoie les pièces de mon oncle de Sainte-Marie[2], pour vous supplier de les faire vérifier par-devant les commissaires à ce députés. Elles sont au nombre de quatre, à savoir : une copie de la vente que le Roi a faite du total des quatrièmes[3] de Conches à M. Jean Letelier, grand rapporteur de France[4], avec sa quittance de finance de l'an 1554, avec deux contrats d'acquisition que mon grand-père[5] a fait d'Octavian Costantin, qui jouissoit au nom de ses héritiers de partie de ladite

---

1. Voyez ci-dessus la *Notice*, p. 419. — « Le *Conseil privé*, autrement *Conseil des parties*, que dans l'usage ordinaire on appelle simplement le *Conseil*, et dont les conseillers se nomment *conseillers d'État* : c'est un conseil qui se tient dans la salle du conseil par M. le chancelier ou le garde des sceaux et les jours qu'il lui plaît; et quoique le Roi n'y assiste pas, le fauteuil de Sa Majesté y est toujours placé et demeure vide. » (*Dictionnaire de Trévoux*.)

2. Antoine Corneille, présumé né en 1577, curé de Sainte-Marie-des-Champs, arrondissement d'Yvetot, l'aîné des oncles de Pierre Corneille. Une note, adressée par M. Ch. de Beaurepaire à M. Taschereau, et tirée des registres de la fabrique de Sainte-Marie-des-Champs, prouve qu'Antoine Corneille en était curé dès 1614; il mourut dans l'exercice des mêmes fonctions en janvier 1648.

3. « Nom d'un droit que le Roi lève dans la province de Normandie sur le vin, le cidre et les autres liqueurs qu'on y boit. Dans les autres provinces on ne paye que le huitième; mais en Normandie on paye le quatrième. » (*Dictionnaire de Trévoux*.) Ce droit avait été établi au commencement du quatorzième siècle.

4. « *Grand rapporteur*, est une charge du sceau. Il y a deux grands rapporteurs en la grande chancellerie : ce sont des offices qui ne peuvent être possédés que par des conseillers du grand conseil. » (*Dictionnaire de Furetière*.)

5. Pierre Corneille, référendaire à la chancellerie du Parlement.

rente, et un extrait de la chambre des comptes[1]. Pour vous éclaircir ceci, afin que vous en puissiez rendre compte, vous saurez que après que ledit sieur Letelier eut acquis le total de la propriété desdits quatrièmes, ils furent réunis à la recette des aides et rebaillés au profit du fermier général, et par ce moyen le prix de son acquisition, qui étoit de sept mil neuf cents quatre-vingt-trois livres six sols huit deniers, fut converti en 798ˡ 6ˢ 8ᵈ de rente sur lesdits quatrièmes à la raison du denier dix, ce qui se justifie par les extraits des comptes que je produis. Ce Jean Letelier a eu cinq héritiers, deux desquels ont vendu leurs parts à un nommé Pierre Costantin; ce Pierre Costantin a laissé deux fils, Pierre et Octavian. Octavian se constituant en rente envers feu mon grand-père en l'an 1584, lui a hypothéqué spécialement quarante-quatre écus cinquante-six sols huit deniers de rente, qu'il avoit à prendre sur lesdits quatrièmes, et consenti qu'il en jouît et baillât quittance en sa place, ce qu'il a toujours fait depuis. Nous ne savons qu'est devenu cet Octavian Costantin, qui a mangé son bien, et est mort sans biens et sans héritiers. Je sais qu'à la rigueur on nous peut demander le droit de Pierre son père et ses partages avec son frère; mais nous n'en sommes point saisis. Ce que j'ai pu faire pour y suppléer, c'a été de prendre des extraits en la chambre pour vérifier qu'il en jouissoit avant le payement et délégation qu'il en a faite à mon grand-père, et que nous en avons toujours depuis [joui][2]. Pour cet effet j'en ai levé cinq extraits, que vous trouverez en même.... l'un de cinq cents quatre-vingt et un, et celui de quatre-vingt-deux (Octa-

1. Ici le mot *compte* est orthographié de la sorte, mais dans tout le reste de la lettre il est écrit *conte*.
2. Ce dernier mot manque dans l'autographe, ainsi qu'un autre après *même*, à la phrase suivante.

vian Costantin est employé pour cette partie), un autre de quatre-vingt-sept, qui est la première année dont les comptes se sont rendus depuis que nous en jouissons, ceux de 1584, 1585 et 1586 n'étant pas rendus. En celui-là vous n'y trouvez plus Octavian Costantin[1], et quoique on n'y mette pas que ma grand'mère, qui y est employée, en jouit en son nom, si est-ce qu'étant employée pour deux quittances et en deux qualités, l'une comme tutrice des enfants de Nicolas Letelier, et l'autre comme tutrice des enfants de son mari et d'elle, il est aisé de voir que celle qu'elle a baillée au nom de ses enfants étoit au droit de Costantin, vu que la partie des enfants de ce Nicolas Letelier employée aux comptes précédents sous le nom de mon grand-père leur tuteur ne peut être si forte, n'étant accrue que de la moitié ou du tiers de la part d'un autre Letelier, curé de Louviers, qui ne se trouve plus en ce compte-ci; j'y ai fait ajouter l'extrait de 1605, qui est quand mon oncle est devenu majeur et a reçu sa part, et celui de 1633, qui est le dernier compte rendu à la chambre pour montrer qu'il en a toujours joui au droit de Costantin, y étant spécialement employé audit nom, où vous remarquerez, s'il vous plaît, qu'encore que dans ce compte les autres parties varient, celle-ci n'a jamais varié et est toujours de la même quantité. On peut dire que la rente ne nous est qu'engagée, et que Costantin en est le véritable propriétaire, et que par conséquent nous n'avons pas qualité pour la faire vérifier sous notre nom; mais à cela on peut dire que nous étant spécialement déléguée, en ayant joui soixante ans, et Octavian Costantin étant mort sans héritiers, nous tenons lieu de véritables propriétaires, et que le

---

1. Ici et en quelques autres endroits il y a *Constantin*, et non *Costantin*.

Roi est hors d'intérêt, ne lui important pas qui il paye. Je vous envoie un état de la façon dont la rente se paye maintenant pour vous donner lumière là dedans, afin que vous puissiez voir au greffe de la commission si ceux qui jouissent des restes de la rente ont rien vérifié qui nous puisse servir. Il y a des héritiers de Telier qui doivent avoir fait vérifier la pièce de l'aliénation totale, dont je ne représente que la copie; il y a encore un M. Darey qui est héritier de Pierre Costantin, frère d'Octavian, qui aura fait vérifier le droit de Pierre Costantin, leur père commun. Que si pour prouver le droit dudit Costantin, il est besoin de lever des extraits de la chambre des comptes de Paris, où se sont rendus les comptes de Normandie au précédant l'année 1580[1], je vous supplie de les lever, la partie étant assez considérable pour ne la vouloir pas perdre. Le plus court seroit de donner quelque chose à ceux qui font lesdites vérifications. On m'a dit qu'il y a un nommé M. Nicolas, qui est procureur du Roi de la commission, qui fait tout; il vaudroit mieux lui donner double taxe et qu'il ne nous fît point de peine. On m'a dit aussi qu'il y a un certain M. de Courcelles, que nous avons vu à Rouen[2], grand ami de D. Robert de Sainte-Marie, feuillant, qui y peut beaucoup; il demeure à la rue Jean Pain-Mollet, près des coches; si vous jugez qu'il en soit besoin, je lui en écrirai. Pour l'argent qu'il faudra débourser, je donnerai ordre à Courbé[3] qu'il vous en baille. Mon oncle le procureur

---

1. C'est en cette année 1580 qu'a été établie la chambre des comptes de Normandie.

2. Corneille avait d'abord écrit *ici*; il a effacé ce mot pour le remplacer par *à Rouen*.

3. Sans doute le libraire Augustin Courbé, chez qui la tragédie d'*Horace* avait paru au mois de janvier de cette même année 1641. Voyez au tome III, p. 253, note 2.

vous prie aussi de lui faire vérifier une petite partie, qui n'est que de neuf livres, dont on ne paye que la moitié. Il vous en écrit et vous envoie ses titres; c'est pourquoi je me dispense de vous en entretenir. Obligez-moi de dresser leurs requêtes, l'une sous le nom de M. Antoine Corneille, prêtre, curé de Sainte-Marie[1]; et l'autre de M. François Corneille, procureur au Parlement[2]. Si vous jugez que mon nom soit assez considérable pour rendre l'affaire plus aisée, vous pouvez dire qu'ils me les ont données comme à leur héritier. J'ai vu ici Monsieur votre père, que j'ai trouvé fort mélancolique; je n'ai pu en savoir la cause. Je pense vous avoir mandé que je me sens des bénédictions du mariage, et tire maintenant à coup perdu aussi bien que vous[3].

Je suis votre très-humble et très-affectionné serviteur,

CORNEILLE.

A Rouen, ce 1er de juillet 1641.

Mettez, s'il vous plaît, le port du sac en articles de frais, et me mandez sitôt que vous l'aurez reçu, afin que je n'en sois point en peine.

Suscription : A Monsieur, Monsieur Goujon, avocat au conseil privé du Roi, à Paris[4].

1. Voyez ci-dessus, p. 433, note 2.
2. François Corneille, quatrième oncle de Corneille, baptisé le 10 juillet 1611.
3. Le 10 janvier 1642, la femme de Corneille mettait au monde sa fille Marie, l'aînée des enfants de notre poëte.
4. L'ordre chronologique amènerait ici deux lettres de Chapelain à Corneille des 20 juillet et 25 août 1642; mais le texte en est perdu. Nous ne les connaissons que par l'analyse qu'en a donnée Goujet et que nous avons reproduite dans la *Notice* des *OEuvres diverses en prose :* voyez ci-dessus, p. 392 et 393.

8. — DE CLAUDE SARRAU A CORNEILLE[1].

CLAUDIUS SARRAVIUS PETRO CORNELIO, ROTHOMAGUM.

Tantum debeo Menagio nostro quantum persolvere difficile est, quod me impulerit ut ad te scriberem, dum fidei meæ epistolam suam et aliquot Balsacii carmina committeret quæ ad te allegarem; is enim ego, præstantissime Corneli, qui cum amicitiam tuam auro gemmisque contra caram habeam, tam bellam te compellandi occasionem insuper habere non debuerim. Ut valeas tu cum tuis Musis scire imprimis desidero, et utrum tribus eximiis et divinis tuis dramatis[2] quartum adjungere mediteris. Sed præsertim excitandæ sunt

CLAUDE SARRAU A PIERRE CORNEILLE, A ROUEN.

Je ne sais si je pourrai jamais m'acquitter envers notre Ménage de m'avoir poussé à vous écrire en confiant à mes soins sa lettre et quelques vers de Balzac pour que je vous les envoie; car tel que je suis, illustre Corneille, et tenant votre amitié aussi précieuse que l'or et les pierreries, je n'ai pas dû négliger une si belle occasion de m'adresser à vous. Ce que je desire principalement, c'est de savoir comment vous vous portez, vous et vos Muses, et si à vos trois excellentes et divines pièces vous projetez d'en ajouter une quatrième. Mais il faut surtout engager ces déesses à composer quelque poëme, digne

1. Cette lettre, dont nous donnons la traduction au-dessous du latin, se trouve aux pages 65 et 66 du recueil intitulé : *Claudii Sarravii, senatoris parisiensis, epistolæ, opus posthumum*.... CIƆIƆCLIV (Orange, in-8º). Elle est réimprimée, sans changement, dans l'édition des lettres de Sarrau publiée par Burmann, à Utrecht, en 1697. — Claude Sarrau, après avoir fait ses études de droit à Rouen, remplit successivement à Paris et à Rouen les fonctions de conseiller au parlement. C'était un des protégés de Christine de Suède, qui lui écrivait souvent et lui donnait le titre d'ami. Ses lettres sont dédiées à cette reine. Il entretenait correspondance sur des matières d'érudition avec les savants les plus distingués de la France et des Pays-Bas. Tallemant des Réaux raconte de lui plusieurs anecdotes. Voyez ses *Historiettes*, tome VII, p. 51, 129 et 454. Il mourut le 30 mai 1651.

2. Il semble évident que ces trois pièces sont *le Cid*, *Horace* et *Cinna*, et que le poëme sacré dont Sarrau parle quelques lignes plus loin est *Polyeucte*. S'il en est ainsi, cela modifie les dates de représen-

illæ tuæ divæ, ut aliquod carmen te seque dignum pangant super magni Panis[1] obitu.

*Multis ille quidem flebilis occidit;
Nulli flebilior quam tibi*[2], Corneli.

Ille tamen volens nolens Apollinari laurea caput tuum redimivisset, si perennasset diutius. Operum saltem tuorum insignem laudatorem amisisti; sed non eget virtus tua ullius præconio, quippe quæ per universum terrarum orbem,

Qua sol exoritur, quo sol se gurgite mergit,

latissime simul cum gloria tua diffusa, tot admiratores nacta est quot vivunt eruditi et candidi. In tanto igitur argumento silere te posse vix credam. Istud tamen omne fuerit tui arbitrii : *invito non si va in Parnasso*[3]. Inaudivi nescio quid de aliquo tuo poemate sacro, quod an

de vous et d'elles, sur la mort du grand Pan. Regrettable pour tant d'autres, il ne l'est pour personne plus que pour vous, Corneille. Bon gré mal gré, s'il eût vécu plus longtemps, il auroit couronné votre tête du laurier d'Apollon. Vous perdez tout au moins un illustre approbateur de vos œuvres ; mais votre mérite n'a besoin des éloges de personne : répandu au loin, avec votre gloire, il a rencontré dans le monde entier, du point où le soleil se lève jusqu'à celui où il se plonge dans l'Océan, autant d'admirateurs qu'il y a d'hommes instruits et sincères. J'ai donc peine à croire que vous vous taisiez sur un si grand sujet. Toutefois à vous de voir ce que vous devez faire : on ne monte pas au Parnasse contre son gré. J'ai entendu dire vaguement que

tation généralement adoptées pour *Polyeucte, Pompée* et *le Menteur.* Voyez ci-dessus la *Notice* des lettres, p. 423-425.

1. Le *grand Pan* n'est autre ici que Richelieu, mort le 4 décembre 1642, et dont Corneille se montra fort peu disposé à faire l'éloge funèbre. Voyez ci-dessus, p. 86 et 87.—Malherbe désigne le Cardinal par le même nom, dans une lettre à Racan du 10 septembre 1625. Voyez le *Malherbe* de M. Lalanne, tome IV, p. 19.

2. Allusion à ces vers si connus de l'ode d'Horace à Virgile sur la mort de Quintilius (livre I, ode XXIV, vers 9 et 10) :

*Multis ille bonis flebilis occidit ;
Nulli flebilior quam tibi, Virgili.*

3. Proverbe italien.

affectum an perfectum sit, quæso, rescribe, meque meritorum tuorum assertorem, si ullo egeres, fortem crede bonumque. Vale, et me, ut facere te scio, diligere perge. Lut. Par. prid. Id. decemb. CIƆIƆC.XLII.

vous travailliez à un certain poëme sacré. Écrivez-moi, je vous prie, s'il est bien avancé ou même achevé, et croyez que si vous aviez besoin d'un défenseur de vos mérites, vous en trouveriez un bon et zélé en moi. Portez-vous bien, et continuez à me chérir, comme je sais que vous le faites. Paris, le 12 décembre 1642.

9. — DE BALZAC A CORNEILLE [1].

Monsieur,

J'ai senti un notable soulagement depuis l'arrivée de votre paquet, et je crie miracle dès le commencement de ma lettre. Votre *Cinna*[2] guérit les malades : il fait que les paralytiques battent des mains ; il rend la parole à un muet, ce seroit trop peu de dire à un enrhumé. En effet, j'avois perdu la parole avec la voix ; et puisque je les recouvre l'une et l'autre par votre moyen, il est bien juste que je les emploie toutes deux à votre gloire, et à dire sans cesse : *La belle chose !* Vous avez peur néanmoins d'être de ceux qui sont accablés par la majesté des sujets qu'ils traitent, et ne pensez pas avoir apporté assez de force pour soutenir la grandeur romaine[3]. Quoique cette modestie me plaise, elle ne me persuade pas, et je m'y oppose pour l'intérêt de la vérité. Vous êtes trop subtil examinateur d'une composition universellement approuvée, et s'il étoit vrai qu'en quelqu'une de ses parties vous eussiez senti quelque foiblesse, ce seroit un secret entre vos Muses et vous, car je vous assure que personne ne l'a reconnue.

1. Cette lettre est extraite du recueil intitulé : *les Œuvres de Monsieur de Balzac, divisées en deux tomes*, à Paris, chez Louis Billaine.... M.DC.LXV, in-fol., tome I, p. 675 et 676.

2. Corneille avait sans doute adressé en toute hâte à Balzac un exemplaire de bonnes feuilles du *Cinna*, car l'Achevé d'imprimer de cette pièce est du 18 janvier, et dans ce remercîment, qui est du 17, Balzac dit qu'il admire Émilie « depuis quinze jours. »

3. Corneille ne parle pas de cette crainte dans les préliminaires de *Cinna*. C'est donc dans la lettre à Balzac qui accompagnait cette pièce qu'il en était question.

La foiblesse seroit de notre expression, et non pas de votre pensée; elle viendroit du défaut des instruments, et non pas de la faute de l'ouvrier : il faudroit en accuser l'incapacité de notre langue. Vous nous faites voir Rome tout ce qu'elle peut être à Paris, et ne l'avez point brisée en la remuant. Ce n'est point une Rome de Cassiodore, et aussi déchirée qu'elle étoit au siècle des Théodorics : c'est une Rome de Tite Live, et aussi pompeuse qu'elle étoit au temps des premiers Césars. Vous avez même trouvé ce qu'elle avoit perdu dans les ruines de la République : cette noble et magnanime fierté; et il se voit bien quelques passables traducteurs de ses paroles et de ses locutions, mais vous êtes le vrai et le fidèle interprète de son esprit et de son courage. Je dis plus, MONSIEUR, vous êtes souvent son pédagogue, et l'avertissez de la bienséance quand elle ne s'en souvient pas. Vous êtes le réformateur du vieux temps, s'il a besoin d'embellissement ou d'appui. Aux endroits où Rome est de brique, vous la rebâtissez de marbre. Quand vous trouvez du vide, vous le remplissez d'un chef-d'œuvre; et je prends garde que ce que vous prêtez à l'histoire est toujours meilleur que ce que vous empruntez d'elle. La femme d'Horace, et la maîtresse de Cinna, qui sont vos deux véritables enfantements et les deux pures créatures de votre esprit, ne sont-elles pas aussi les principaux ornements de vos deux poëmes? et qu'est-ce que la saine antiquité a produit de vigoureux et de ferme dans le sexe foible, qui soit comparable à ces nouvelles héroïnes que vous avez mises au monde, à ces Romaines de votre façon? Je ne m'ennuie point, depuis quinze jours, de considérer celle que j'ai reçue la dernière. Je l'ai fait admirer à tous les habiles de notre province : nos orateurs et nos poëtes en disent merveilles; mais un docteur de mes voisins, qui se met d'ordinaire sur le haut style, en parle certes d'une étrange sorte, et il n'y a point de mal que vous sachiez jusques où vous avez porté son esprit. Il se contentoit le premier jour de dire que votre Émilie étoit la rivale de Caton et de Brutus, dans la passion de la liberté. A cette heure il va bien plus loin. Tantôt il la nomme la Possédée du Démon de la République; et quelquefois la belle, la raisonnable, la sainte et l'adorable Furie. Voilà d'étranges paroles sur le sujet de votre Romaine, mais elles ne sont pas sans fondement. Elle inspire en effet toute la conjuration, et donne chaleur au parti par le feu qu'elle jette dans l'âme du chef. Elle entreprend en se vengeant de venger toute la terre; elle veut sacrifier à son père une victime qui seroit trop grande pour Jupiter même. C'est à mon gré une personne si excellente, que je pense dire peu à son avantage, de dire que vous êtes beaucoup plus heureux en votre race que Pompée n'a été en la sienne, et que votre fille Émilie vaut sans comparaison davantage que Cinna son petit-fils. Si cettui-ci même a plus de vertu que n'a cru Sénèque[1], c'est pour être tombé entre vos mains, et à cause que vous avez pris soin de lui. Il vous est obligé de son mérite, comme à Auguste de sa dignité. L'Empereur le fit consul, et vous l'avez fait honnête homme ; mais vous l'avez pu faire par les lois d'un art qui polit et orne la vérité, qui permet de favoriser en imitant, qui quelquefois se propose le semblable et quelquefois le meilleur. J'en dirois trop si j'en disois davantage. Je ne veux pas commencer une dissertation, je veux finir une lettre, et conclure par les protestations ordinaires, mais très-sincères et très-véritables, que je suis,

MONSIEUR,
Votre, etc.
DE BALZAC.

Le xvii janvier M.DC.XLIII.

10. — DE BALZAC A CORNEILLE[2].

MONSIEUR,

J'aurois grand dessein de vous faire un magnifique remerciement, digne des honnêtetés de votre lettre, digne du rang que vous m'avez donné parmi les poëtes latins, et de ce trop favorable

.... Tibi carmine ab omni
Cedetur, jurique tuo natura relinquet
Quis vatum esse velis[3]....

Mais quelle apparence de disputer de civilité avec vous, qui êtes à Rouen quand vous n'êtes pas à Paris, c'est-à-dire qui changez une cour pour une autre cour et ne sortez jamais du grand monde? Je

1. Sénèque l'a nommé : *stolidi ingenii virum.* Voyez notre tome III p. 373.
2. Extrait du tome I, p. 692 et 693 du recueil décrit ci-dessus, p. 440, note 1.
3. « Tout genre de poésie te cédera le premier rang, et la nature te laissera décider qui tu veux être parmi les poëtes. » On voit, par ce que dit Balzac, que ces vers sont de Corneille.

vous dirai donc, sans prétendre à la gloire que votre lettre m'a déjà ravie, que je reçois à beaucoup d'honneur les quatre noms de guerre qu'elle me donne, et le premier aussi bien que les trois autres. Quoique le caractère de Stace ne soit pas celui sur lequel je voudrois me former, son esprit n'est pas de ceux dont j'estime la ressemblance vicieuse. Je ne suis pas si délicat que ces Messieurs de delà les monts, et j'ai toujours blâmé le caprice du gentilhomme vénitien[1] qui, pour se réconcilier avec Virgile, brûla les *Silves* qu'il avoit composées en sa jeunesse, parce qu'elles venoient du plan de celles de Stace. Il ne voulut pas même que la postérité ignorât sa mauvaise humeur, dont il a conservé la mémoire dans une épigramme qui commence ainsi :

> *Has, Vulcane, dicat silvas tibi villicus Acmon :*
> *Tu sacris illas ignibus ure, pater.*
> *Crescebant ducta e Stati propagine silvis,*
> *Jamque erat ipsa bonis frugibus umbra nocens.*

Peut-être que ce qui fut un effet de cruauté en la personne du gentilhomme de Venise, seroit en moi une action de justice, si je condamnois mes vers au même supplice qu'il fit les siens. Et en vérité, j'ai tant de peur qu'ils ne soient pas bons, que si notre maître M. Ménage ne me jure encore une fois que mon appréhension est mal fondée, et ne confirme de nouveau son serment par le témoignage de nos autres maîtres, Monsieur Bourbon[2], Monsieur l'ambassadeur de Suède[3], etc., je croirai que vous et lui me jouez en me louant. Je m'imaginerai que vous avez dessein de prendre votre plaisir du jargon d'un versificateur de province,

> *Qui linguam violare Remi temerarius audet,*
> *Somniat et Tuscum Tiberim et Saturnia regna,*
> *Accola Santonici Oceani, viridisque Carentæ*
> *Potator, procul a doctis, vetus exsul, amicis.*

1. André Navagero. L'épigramme citée par Balzac se trouve dans le volume intitulé : *Andreæ Naugerii, patricii veneti, orationes duæ carminaque non nulla*, Venise, 1530.
2. Nicolas Bourbon, né à Bar-sur-Aube en 1574, mort en 1644, professeur de rhétorique dans plusieurs colléges de Paris, membre de l'Académie française, et père de l'Oratoire. Voyez la notice que lui consacre Pellisson dans son *Histoire de l'Académie*.
3. Hugo Grotius. Voyez tome I, p. 102, note 2. Il fit son entrée solennelle à Paris, en qualité d'ambassadeur de la reine de Suède, le 2 mars 1635; il demanda son rappel en 1645.

Quoi qu'il en soit, il n'est point de passe-temps qui ne doive être permis dans la république des belles-lettres à deux personnes qui ont tant mérité d'elle que M. Ménage et vous ; et en matière de raillerie, il faut bien souffrir quelque chose de l'historien de Mamurra[1] et du père de la comédie[2]. Je veux dire par ce dernier mot, que vous serez Aristophane quand il vous plaira, comme vous êtes déjà Sophocle. Mais quand vous devriez toujours rire à mes dépens, je ne veux jamais m'offenser de votre joie. La guerre que vous me ferez, au lieu de me blesser, me chatouillera. Vous ne sauriez être pour moi que doux et agréable persécuteur ; et bien ou mal traité de vous, je ne saurois être,

MONSIEUR,
     Que votre, etc.
             DE BALZAC.

Du x février M.DC.XLIII.

11. — DE CORNEILLE A VOYER D'ARGENSON[3].

MONSIEUR,

Votre lettre m'a surpris en[4] deux façons : l'une, par

---

1. L'écrit de Ménage dont il est ici question est un des principaux opuscules dirigés contre le parasite Montmaur ; il est intitulé : *Vita Gargilii Mamurræ parasitopædagogi, scriptore Marco Licinio*. L'épître dédicatoire est datée d'Angers, le 30 octobre 1636 ; il n'est pas certain toutefois qu'elle ait été publiée à cette époque, mais on la trouve dans le recueil contre Montmaur qu'Adrien de Valois fit publier en 1643. On peut voir l'éloge que Balzac fait de cette œuvre de Ménage dans la dédicace du *Barbon*, qui lui est adressée.

2. Un passage d'une des lettres précédentes nous porte à croire qu'il y avait alors fort peu de temps que *le Menteur* avait été représenté pour la première fois. Voyez la *Notice* des lettres, p. 424.

3. Voyez la *Notice*, p. 419. Cette lettre était fermée à l'aide d'un cachet en cire rouge fixé sur un cordon de soie jaune. Ce cachet porte les armoiries de Corneille. — René de Voyer, comte d'Argenson, mort en 1700. Au moment où Corneille lui écrivait, il était conseiller du Roi au parlement de Normandie, et intendant en Saintonge ; en 1651, lors de la mort de son père, ambassadeur à Venise, il lui succéda dans ses fonctions. Voyez *Journal et mémoires du marquis d'Argenson*, publiés par E. J. B. Rathery, tome I, p. 1-4.

4. *De*, dans les *OEuvres diverses* et dans les éditions suivantes.

les témoignages de votre souvenir, que je n'avois garde d'attendre, sachant bien que je ne les méritois pas; l'autre, par l'honneur que vous faites à nos Muses, je ne dirai pas de leur donner vos loisirs, car je sais que vous n'en avez point, mais de dérober quelques heures aux grandes affaires qui vous accablent, pour vous délasser en leur conversation. Trouvez donc bon que je vous remercie très-humblement du premier, et me réjouisse infiniment de l'autre. Ce n'est pas vous que j'en dois congratuler : c'est le Parnasse entier, que vous élevez au dernier point de sa gloire, par la dignité des choses dont vous faites voir qu'il est capable[1]. Il est trop vrai que communément la poésie ne trouve pas bien ses grâces dans les matières de dévotion ; mais j'avois toujours cru que ce défaut provenoit plutôt du peu d'application de notre esprit que de sa propre insuffisance, et m'étois persuadé que d'autant plus que les passions pour Dieu sont plus élevées et plus justes que celles qu'on prend pour les créatures, d'autant plus un esprit qui en seroit bien touché pourroit faire des poussées[2] plus hardies et plus enflammées en ce genre d'écrire, et m'étois fortifié sur ce sentiment[3] par la nature de la poésie même, qui a les passions pour son principal objet, n'étant pas vraisem-

1. Les écrits de dévotion de Voyer d'Argenson « remplissent les nos 20 à 27 des *Papiers d'Argenson*. Plusieurs ont été imprimés. On y remarque des traités théologiques, des oraisons, des litanies, des poëmes plus ou moins étendus, tels que *l'Art d'aimer Dieu*, les *Exercices spirituels de saint Ignace*, le *Poëme du Sauveur*, en vingt-sept chants ou *récits*; des projets d'établissements charitables, des statuts de confréries, etc., etc. (*Note de M. Rathery* dans le *Journal du marquis d'Argenson*, tome I, p. 3, note 1.)
2. *Pensées*, au lieu de *poussées*, dans les *OEuvres diverses* et dans les éditions suivantes.
3. Ici Sallengre et tous les autres éditeurs ont coupé mal à propos la phrase : « Je m'étois fortifié dans ce sentiment. »

blable que l'excellence de leur principe les doive faire languir. Mais qu'on pût apprivoiser avec elle la partie la plus sublime et la plus farouche de la théologie, mettre saint Thomas en rime, et trouver des termes éloquents et mesurés pour exprimer des idées que l'esprit a peine à concevoir que par abstraction, et en captivant ses sens, qui ne les peuvent souffrir sans répugnance et sans rébellion, c'est ce que je ne me serois jamais imaginé faisable, et dont toutefois vous me venez de détromper[1].

Pour vous en dire mon sentiment en particulier, je vous confesse que cet échantillon m'a jeté dans une admiration si haute, que je ne rencontre point de paroles pour m'expliquer là-dessus, qui me satisfassent. Tout ce que je vous puis dire sincèrement, c'est que vous me laissez dans une grande[2] impatience d'en voir d'autres fragments, puisque votre peu de loisir nous défend d'en espérer autre chose, et que je m'y promets[3] des ornements d'autant plus grands, que vous étant débarrassé dans celui-ci de tout ce qu'il y a[4] de plus épineux dans ce grand dessein, vous allez tomber dans de vastes campagnes, où la poésie, étant en pleine liberté, trouve lieu de se parer de tous ses ornements, et de nous étaler toutes ses grâces. Cependant, pour ce premier chapitre que vous m'avez envoyé, dispensez-moi derechef de vous dire autre chose sinon que je souscris à tout[5] ce que vous

---

1. « Vous venez me détromper, » dans les *OEuvres diverses* et dans les éditions suivantes.
2. Ce mot manque dans les *OEuvres diverses* et dans les éditions suivantes.
3. Ici la phrase est encore coupée dans les éditions : « Je m'y promets.... »
4. Le mot *a* manque dans l'original.
5. Sallengre et les éditeurs suivants, trouvant sans doute cette pé-

en aura dit M. de Balzac. Comme il a des connoissances très-achevées, et une franchise incorruptible, je sais qu'il vous en aura dit la vérité, et tout ensemble d'excellentes choses. Il n'appartient qu'à lui de trouver des termes dignes des vertus et des perfections[1] qui sont hors du commun. Vous vous pouvez reposer sur son témoignage, qui a autrefois été[2] le plus ferme appui du *Cid* au milieu de la[3] persécution, et dont, avec une générosité qui lui est toute particulière, il a fait une illustre apologie, en faisant des compliments à son persécuteur[4].

Je n'ajouterai donc rien à ce que je sais qu'il vous en a dit, et me défendrai seulement, pour achever cette lettre, des civilités par où vous commencez la vôtre. Je veux bien croire que *Cinna* et *Polyeucte* ont été assez heureux pour vous divertir; mais je ne m'abuserai jamais jusques à m'imaginer qu'ils ayent pu servir de quelque modèle ou à la force de vos vers, ou à la piété de vos sentiments. J'en appelle derechef à M. de Balzac, et[5] je ne doute aucunement qu'il ne soutienne avec moi que le plan de ce merveilleux ouvrage est dressé par un génie tout à vous, et qui, n'empruntant rien de personne, se doit[6] nommer à très-juste titre αὐτοδίδακτος[7]. J'espérerai

---

riode un peu lourde, l'ont ainsi dégagée : « Cependant, pour ce premier chapitre que vous m'avez envoyé, je ne puis que souscrire à tout.... »

1. Corneille avait d'abord écrit par erreur : *expressions*. Il a effacé ce mot.
2. *Qui a été autrefois*, dans toutes les éditions.
3. *Sa*, mais à tort, dans toutes les éditions.
4. Voyez tome III, p. 44 et suivantes.
5. Ici encore les éditeurs on supprimé le mot *et* pour couper la phrase.
6. Corneille avait d'abord écrit *peut*, qu'il a remplacé par *doit*.
7. « Instruit par lui-même. »

que vous m'honorerez non-seulement de[1] ce que vous ajouterez à ce grand coup d'essai, mais aussi de cette paraphrase de Jérémie, dont vous voulez vous défier[2] injustement, puisque M. de Balzac est pour elle[3]. Je vous la demande avec passion[4], et demeure de tout mon cœur,

   Monsieur,

     Votre très-humble et très-obligé[5] serviteur,

            Corneille.

A Rouen, ce 18 de mai 1646.

Suscription : A Monsieur, Monsieur d'Argenson, conseiller du Roi en son parlement de Normandie et intendant de sa justice en Xaintonge. A Xaintes.

12. — DE CORNEILLE A MONSIEUR DE ZUYLICHEM[6].

Monsieur,

Je ne sais ce que vous direz de moi d'avoir attendu si longtemps à vous remercier de votre souvenir et du présent que vous m'avez fait de ces précieux *Moments* dont

---

1. Le mot *de* manque.
2. Corneille avait d'abord écrit : *dont vous vous défiez.* Sallengre et les éditeurs qui lui ont succédé ont suivi cette leçon.
3. Première rédaction : « pour vous. »
4. Première rédaction : « avec affection. »
5. *Très-obéissant,* dans toutes les éditions.
6. Voyez la *Notice* des lettres, p. 420 et 421. Cette lettre est scellée du même cachet que la précédente. En tête de la lettre on lit : « R. 30 mars 1649. » Cette date, probablement écrite par M. de Zuylichem, est celle de la réponse qu'il fit à la lettre de Corneille. — Sur Constantin Huyghens, seigneur de Zuylichem, voyez tome IV, p. 133, note 1.

vous avez enrichi le public[1]. Ce n'est pas que je ne sois très-sensible aux obligations de cette nature, et à la gloire qui me vient d'une main si savante à la distribuer : votre présent m'a été très-cher et par[2] sa propre valeur, et parce qu'il vient de vous, et par l'estime que vous y témoignez pour mon bon ami Lucain[3]; mais j'avois honte de vous en rendre grâces sans m'en revancher en quelque sorte, et j'espérois que cet hiver me mettroit en état d'accompagner mes remercîments de quelque pièce de théâtre qui du moins eût été considérable pour sa nouveauté. Les désordres de notre France ne me l'ont pas permis, et ont resserré dans mon cabinet ce que je me préparois à lui donner[4]; si bien que pour ne paroître pas devant vous[5] tout à fait les mains vides, je me trouve réduit à vous envoyer deux recueils de mes ouvrages qui n'ont rien de nouveau que l'impression[6]. Je crois toutefois que le premier n'a pas eu assez de réputation pour aller jusqu'à vous[7]. Ce sont les péchés de ma jeunesse et les coups d'essai d'une muse de province qui se laissoit

---

1. Il s'agit ici du recueil de vers latins intitulé : *Momenta desultoria*, publié pour la première fois par Zuylichem en 1644, et dont nous avons déjà parlé précédemment tome IV, p. 135, note 1.

2. Corneille avait d'abord écrit ici *l'estime*, puis il a effacé ce mot pour ajouter, avant de le mettre, deux membres de phrase.

3. Une pièce des *Momenta desultoria* (voyez ci-dessus, note 1), composée en 1633, est intitulée : *Ad R. Honerdum in suprema curia senatorem, de Virgilio et Lucano inter pocula collatis, animi autem gratia hoc illi a me et aliis prælato*.

4. Voyez la *Notice* d'*Andromède*, tome V, p. 248-251.

5. Corneille, après avoir d'abord écrit : « pour ne paroître pas ingrat, » a effacé *ingrat*, et a ajouté « devant vous » dans l'interligne.

6. Corneille veut parler du recueil en deux parties intitulé : *OEuvres de Corneille*, publié en 1648, et qui comprend toutes les pièces de notre poëte jusqu'à *la Suite du Menteur* inclusivement.

7. Ce volume comprend les premières pièces depuis *Mélite* jusqu'à *l'Illusion comique* inclusivement.

conduire aux lumières purement naturelles, et n'avoit pas encore fait réflexion qu'il y avoit un art de la tragédie, et qu'Aristote en avoit laissé des préceptes[1]. Vous n'y trouverez rien de supportable qu'une *Médée*, qui véritablement a pris quelque chose d'assez bon à celle de Sénèque, et ne l'a pas[2] tellement défigurée qu'il ne lui reste une partie de ses grâces :

> Hanc, si fas veterum videre nævos[3],
> Graiis Euripides dedit trementem,
> Nec digna prece supplicem Creonti :
> Annæus Latio, malam et tremendam
> Jasoni nimis, et nimis Creusæ :
> Nos Gallis tumidam, atque sic furentem;

1. Voyez l'*Examen* de *Mélite*, tome I, p. 137 et 138.
2. Il y a *pris*, au lieu de *pas*, dans l'édition de la *Revue indépendante*.
3. *Versus*, au lieu de *nævos*, dans la *Revue indépendante*. — « Cette femme, s'il est permis de voir les taches des anciens, Euripide l'a présentée aux Grecs, tremblante et adressant à Créon d'indignes prières; Sénèque aux Latins, cruelle et terrible à l'excès pour Jason, pour Créuse. Nous, nous l'avons offerte aux Français, gonflée d'orgueil, emportée par la fureur; tandis qu'elle se répand en invectives, reprochant ses nombreux attentats ou plutôt les nombreux bienfaits de son criminel amour, il ne faut ni farouche emportement dans ses menaces ni crainte non plus de la vengeance qu'on lui prépare. Ma Médée ne doit rien au poëte grec, mais infiniment au latin : ces poisons, ces lamentations, ces cruels élans de l'épouse abandonnée, balancés par l'amour maternel, tant de sentiments qu'elle revêt et dépouille tour à tour, qui font la douleur de la mère et l'audace de l'épouse, tous ces mouvements dignes du cothurne tragique, que tous admirent sur la scène, jeunes et vieux. C'est là, là seulement ce que je lui ai pris; voilà ce que, d'une veine facile et abondante, dans de doux vers, qui toutefois n'ont rien de bas, mon style industrieux, souvent, hélas! trop peu sûr interprète, a détourné à notre usage. J'y ai ajouté bien des choses de mon fonds, mais qui soutiendraient mal la comparaison avec mes habiles larcins, mes emprunts retravaillés. Cette *Médée*, vieille ainsi tout à la fois et nouvelle, une nombreuse assemblée l'a reçue avec un murmure favorable; lisez-la, et peut-être la goûterez-vous. »

Et per crimina tanta dum recurrit,
Multiplex scelus, aut magis scelesti
Multiplex meritum exprobrans amoris,
Ferox spiritus absit a minaci,
Paratæ metus absit ultionis.
Hæc Graio nihil, at nimis nimisque
Debet Ausonio, venena, planctus,
Diros conjugis impetus relictæ,
Materna in pietate fluctuantes,
Quotquot induit, exuitve motus,
Qua mater doluit vel ausit uxor,
Et quicquid tragicum sonans cothurnum
In scena juvenis stupet senexque.
Id solum[1] facili ac fluente vena,
Leni carmine, nec tamen jacenti,
Interpres malefidus inde nostros
Detorsit stylus artifex ad usus :
Addidit sua multa, sed recoctis
Nunquam non male comparanda furtis.
Hanc sic et veterem simul novamque
Frequens murmure non malo probavit
Cœtus, hanc lege, forsan et probabis.

Vous voyez, Monsieur, quelle peine je prends à me décréditer auprès de vous, puisque, au mauvais françois que je vous envoie, j'ose joindre cette échappée en une langue qu'il y a trente ans que j'ai oubliée[2]. Aussi ai-je grand intérêt que vous me connoissiez tout entier, et que vous rabattiez un peu de cette trop[3] bonne opinion pour

---

1. *Totum*, dans la *Revue indépendante*.
2. Corneille continuait, quoi qu'il en dise, à écrire de temps à autre en latin. Voyez dans les *Poésies diverses* les pièces XX, LXXII et LXXX ; dans les *OEuvres diverses en prose* la pièce I ; et ci-dessus la seconde lettre de Balzac, p. 442 et 443.
3. Ce mot a été passé dans l'édition de M. Fournier.

moi, dont vos deux épigrammes[1] vous accusent, afin que je la puisse remplir quand vous l'aurez mise à son juste point; mais en vous demandant cette diminution d'estime, je ne consens pas que vous me fassiez rien perdre de la part qu'il vous a plu me donner en vos bonnes grâces : ma plus haute ambition est de m'y conserver, et je m'imputerois à un bonheur extraordinaire une occasion qui me donnât lieu de vous faire connoître par les effets que je suis véritablement,

Monsieur,

Votre très-humble et très-obligé serviteur,

CORNEILLE.

A Rouen, ce 6 de mars 1649.

Suscription : Monsieur, Monsieur de Zuylichem, conseiller et secrétaire des commandements de Monseigneur le prince d'Aurange à la Haye.

13. — DE CORNEILLE, A MONSIEUR DUBUISSON[2].

MONSIEUR,

Vous recevrez le livre de M. Dubé[3], mon parent et allié, qu'il vous envoie avec les protestations d'employer ses soins pour Mme de Hanelay, ainsi qu'il m'a écrit. Pour moi, je n'ai rien à vous envoyer que la continuation de mes affections à votre service, qui ne sont pas

1. Les deux pièces de vers de M. de Zuylichem en l'honneur du *Menteur.* Voyez tome IV, p. 135 et 136.
2. Voyez ci-dessus la *Notice,* p. 421.
3. Voyez sur ce livre la *Notice,* à l'endroit cité.

LETTRES. 453

si bien écrites ici que dans mon cœur, car je suis plus de cœur que de bouche,

   Monsieur,
    Votre très-humble serviteur,
      Corneille.

De Nemours, ce 25 août 1649.

Suscription : Pour M. Dubuisson[1].

14. — DE CORNEILLE A MONSIEUR DE ZUYLICHEM[2].

Monsieur,

Voulez-vous bien recevoir la même excuse deux fois, et que je vous die encore que je vous aurois plus tôt fait réponse si j'avois pu me résoudre à me présenter devant vous les mains vides. Vous seriez quitte de mes importunités à trop bon marché si je ne vous persécutois que par les civilités d'une lettre et par les remercîments que je vous dois de la part que vous me donnez en votre estime et en votre bienveillance. Quoique tous vos moments soient précieux, permettez que j'en dérobe quelques-uns à vos grands emplois pour vous délasser en la lecture d'une comédie que je vous envoie[3]. C'est une

---

1. Cette suscription, ou plutôt cette inscription, et le billet se trouvent, ainsi que nous l'avons dit, sur le feuillet de garde du livre de Dubé.
2. Voyez ci-dessus la *Notice*, p. 420 et 421. Cette lettre est scellée du même cachet que les lettres 11 et 12. M. de Zuylichem a écrit en tête : « *R. 3 juin 1650.* » — Voyez ci-dessus, p. 448, note 6.
3. Cette pièce est *Don Sanche*, dédiée par Corneille à M. de Zuylichem. On retrouvera dans la dédicace (tome V, p. 204 et suivantes) le développement d'une partie des idées exprimées ici.

nouveauté qui pourra sembler monstrueuse, et donnera lieu de soutenir que faire une comédie entre des personnes illustres n'est autre chose que

Humano capiti cervicem jungere equinam[1].

Je suis pourtant assez hardi pour la vouloir justifier auprès de vous, ou du moins pour en faire les mines; car, à ne rien déguiser, je sais bien que je parle le langage d'Aristote dans le mauvais discours que je vous en fais, mais je ne sais pas si je l'entends bien, ni si les conséquences que j'en tire sont justes. Dans cette incertitude[2] j'ai voulu seulement éblouir les peuples par l'autorité de votre nom, et comme ils savent qu'on ne vous peut surprendre, j'ai cru qu'ils se persuaderont aisément que toutes mes raisons sont de mise, quand ils verront que j'ose vous en faire le juge. Vous m'apprendrez quand il vous plaira si j'ai bien rencontré, et je serai aussi prêt à exécuter ce que vous en ordonnerez que vous me voyez l'être touchant les arguments que vous demandez à nos poëmes. Nous nous en sommes dispensés depuis quelque temps, et avons cru que nous ne devions pas davantage aux lecteurs qu'aux spectateurs que nous convions à leur représentation sans leur en donner aucune lumière. Ce n'est pas qu'il n'y aye des pièces d'une espèce si intriquée[3] qu'il échappe beaucoup

---

1. « Joindre à une tête d'homme un cou de cheval. » Allusion au début de l'*Art poétique* d'Horace :

*Humano capiti cervicem pictor equinam
Jungere si velit....*

2. Ces trois mots sont ajoutés dans l'interligne.
3. Il y a *intriguée* dans l'édition de M. Édouard Fournier ; mais l'autographe porte bien *intriquée*, et cette forme ne doit pas surprendre, car nous avons trouvé souvent *intrique* dans les préfaces et examens de Corneille. Voyez le *Lexique*.

de choses à la première représentation et à la première lecture faute d'un tel secours, mais nous avons estimé cela avantageux pour ceux qui les voient et pour ceux qui les lisent, puisqu'il est cause que l'ouvrage a pour eux la grâce de la nouveauté, plus d'une fois leur laissant à la première le plaisir entier de la surprise que font les événements, et réservant pour l'autre celui que leur donne l'intelligence de ce qu'ils n'ont pas bien compris à l'abord. Vous me direz qu'il ne les faudra donc voir ou lire tout au plus que ces deux fois, et j'en suis d'accord avec vous pour les poëmes dont toute la grâce consiste en cette nouveauté et en cette surprise; mais pour ceux qui ont quelque chose de plus solide, il est à présumer qu'ils donneront la même satisfaction à toutes les lectures qu'on en voudra faire, qu'ils auroient donnée à la première, où l'on auroit été préparé par un argument. J'avoue que nous en voyons presque au-devant de tous ceux que nous ont laissé[1] nos anciens, mais je m'imagine que nous en avons l'obligation à leurs interprètes ou à leurs scoliastes plutôt qu'à eux-mêmes. Parmi les Grecs il y en a quelques-uns dont Aristophane le grammairien est nommé l'auteur, quelques-uns tirés de la bibliothèque d'Apollodorus[2]. La plupart même des comédies d'Aristophane n'en ont que de latins. Ceux de Plaute paroissent être de son style, mais j'ai toutefois bien de la peine à croire qu'ils soient de lui, et ses prologues semblent m'autoriser à ce doute. Il ne les intro-

1. Il y a *laissé*, sans accord, dans l'original.
2. Le grammairien grec Aristophane, disciple d'Aristarque, florissait à Alexandrie au commencement du second siècle avant Jésus-Christ. — Apollodore vivait au milieu du même siècle. Sa *Bibliothèque*, contenant l'histoire des dieux et des héros, pourrait bien n'être qu'un abrégé d'un ouvrage plus considérable composé par lui.

duit que pour conter le sujet de sa comédie et le leur fait dire souvent en termes exprès :

Nunc argumentum eloquar hujus comœdiæ [1].

Pourquoi donc auroit-il encore fait des arguments dont il n'avoit pas besoin et qui souvent sont si obscurs, que des esprits médiocres ont besoin de lire toute la comédie pour les entendre, au lieu qu'ils devroient faire entendre la comédie? Au regard de Térence, je n'en vois que dans ses commentaires, où le nom de leurs auteurs ne manque jamais, et dans les impressions de Plantin [2], je n'y en trouve aucun. Les tragédies de Sénèque ne me convainquent pas davantage : on en voit presque autant de différents arguments que de différentes éditions, et s'il y en a quelques-uns de sa façon dans une diversité si grande, je n'ai encore su le deviner. Voilà, Monsieur, sur quoi nous nous étions enhardis à les retrancher et à prendre cette maxime, qu'une pièce de théâtre est fort mal faite quand elle ne porte point toutes ses lumières elle-même, et qu'elle a besoin d'un faux jour qui vienne d'ailleurs. Depuis quelque temps, j'ai jeté au-devant des miennes le texte des auteurs dont j'en ai tiré les sujets, mais ce n'a été que pour faire démêler l'histoire d'avec la fable; et si j'avertis quelquefois de quelques circonstances de mon invention, ce n'est que pour conduire mes lecteurs jusqu'au premier vers sans leur donner la connoissance des épisodes. C'est ainsi que d'ordinaire

---

1. « Je vais maintenant dire le sujet de cette comédie. » — Ce vers ne se trouve textuellement dans aucun *prologue* de Plaute, mais il ressemble fort au 51° du *prologue* de l'*Amphitryon* :

Post argumentum hujus eloquar tragœdiæ.

2. Célèbre imprimeur du seizième siècle, né à Tours, établi à Anvers. Son Térence, revu par Antoine Dolet, et réimprimé plusieurs fois, est de l'an 1565.

en use Plaute, et y ajoute quelquefois l'événement par où sa fable se termine. J'en ai fait de même en cette comédie, et pour vous satisfaire davantage, j'ai rappelé le nom d'*argument* que nous avions banni[1]. Je n'ai pas cité mon auteur; et si vous me pressez là-dessus, je vous dirai ingénument que je l'ai pris d'un vieil manuscrit espagnol que personne n'a jamais vu, et dont je ne saurois rien moy-même si le dieu de la poésie ne me l'avoit révélé; mais insensiblement, en vous rendant compte de notre usage touchant les arguments de nos poëmes, j'oublie à vous demander pardon d'avoir abusé de l'honneur de votre amitié, dont j'ai fait parade en public. C'est un sentiment de vanité que vous trouverez juste quand vous considérerez que je n'en pouvois faire un secret sans me priver du plus grand avantage que les Muses m'ayent fait recevoir, puisqu'elles ne m'ont encore rien procuré de plus glorieux que le droit de me pouvoir dire avec votre aveu,

    Monsieur,

        Votre très-humble et obéissant serviteur,

                CORNEILLE.

A Rouen, ce 28 de mai 1650.

Suscription : A Monsieur, Monsieur de Zuylichem, conseiller et secrétaire de Monseigneur le prince d'Orange à la Haye.

1. Corneille a mis en effet un exposé du sujet, avec le titre d'*Argument*, en tête de *Don Sanche* et en tête d'*Andromède*, qui, quoique antérieure à *Don Sanche*, ne fut, paraît-il, imprimée qu'après; mais il n'a pas étendu au delà la concession faite à M. de Zuylichem : *Nicomède*, qui vient après *Don Sanche*, n'a pas d'argument, non plus que les tragédies suivantes. Parmi les pièces précédentes, les trois premières (*Mélite*, *Clitandre*, *la Veuve*) sont les seules qui aient des sommaires intitulés : *Arguments*.

15. — DE CORNEILLE AU RÉVÉREND PÈRE BOULART[1].

A Rouen, la veille de Pâques 1652[2].

Mon révérend Père,

Je reçus votre paquet mercredi dernier, et avois résolu de différer à vous en remercier après les fêtes, d'autant que les dévotions ordinaires de la semaine sainte, et les embarras où je suis maintenant comme marguillier de

1. Voyez ci-dessus la *Notice*, p. 421 et 422. M. Célestin Port, qui a le premier publié ces lettres de Corneille, a extrait du *Gallia christiana*, tome VII, et de la *Vie du révérend père Charles Faure, abbé de Sainte-Geneviève de Paris*, où l'on voit l'histoire des chanoines réguliers de la congrégation de France, dont il a été le premier supérieur général (Paris, J. Anisson, 1698, in-4°), quelques renseignements sur le correspondant de notre poëte. Il prit l'habit en 1620, à Saint-Vincent de Senlis, et prononça ses vœux l'année suivante. Il fut au nombre des religieux qui vinrent établir la réforme à Sainte-Geneviève, et, dès l'année 1640, il fut élu général de l'ordre, partagea ces fonctions avec le R. P. Faure, et les lui abandonna de nouveau tout entières le 30 avril 1643; deux ans après il fut nommé, par le P. François Blanchart, abbé coadjuteur. Il occupait cette dignité au moment où Corneille lui écrivait les lettres qu'on va lire. La *Vie du R. P. Charles Faure* nous le présente comme un « homme d'une admirable candeur et d'une très-parfaite sincérité. » Tout porte à croire qu'il conserva toujours ses bonnes relations avec notre poëte, et nous avons pu conjecturer avec beaucoup de vraisemblance que ce fut ce savant religieux qui l'engagea de 1660 à 1665 à entreprendre la traduction des *Hymnes de sainte Geneviève*. Voyez tome IX, p. 616. Après avoir examiné avec soin les lettres autographes de Corneille au P. Boulart et les différents documents où il est question de ce religieux, nous nous sommes convaincu que son nom doit bien être écrit ainsi, et non *Boulard*, comme Corneille l'a écrit une seule fois dans la suscription de la lettre 18, et comme nous l'avons imprimé deux fois (tome VIII, p. 10 et 11), d'après M. Célestin Port. On ne pouvait du reste hésiter qu'entre ces deux formes; quant à *Boulaud*, c'est une coquille de l'édition Lefèvre (tome X, p. 512), qui de là s'est répandue dans quelques autres.

2. Le 30 mars. En 1652, Pâques tombait au 31 de ce mois.

ma paroisse, qui dois rendre compte de mon[1] administration dans deux ou trois jours[2], ne me donnent point le loisir de lire aucune chose de ce que vous m'envoyez.. Mais ayant rejeté les yeux sur votre lettre, j'ai vu qu'elle étoit datée du 7 du courant, et que ce seroit reculer trop loin à vous faire savoir que je l'ai reçue. Vous avez eu peur de me faire coûter du port par le messager, et votre paquet a été dix-huit jours à venir de Paris à Rouen pour me faire cette épargne. Je vous supplie de n'avoir plus cette circonspection, et de croire que[3] la voie du messager n'est pas si onéreuse qu'on n'en soit bien récompensé par la promptitude. Je vous fais cette prière d'autant que je prévois bien que ce paquet ne sera pas la dernière faveur que je recevrai de vous. Je vous demande donc encore une huitaine pour le lire, et vous en mander ma pensée, en vous envoyant l'opuscule du P. Heserus[4], qui vous est venu d'Allemagne. En attendant, je vous dirai que je travaille à la continuation de ma version, et que sitôt que nous pourrons avoir quelque calme, j'en donnerai une seconde partie au public, avec la première fort corrigée en beaucoup d'endroits. C'est ce qui me fait vous prier de deux choses : l'une[5], de me donner avis de ce que vous et vos amis jugerez à propos de corriger dans cette première, soit pour la bassesse de l'expression, soit pour la fidélité que je dois au texte de l'auteur, car je suis de ceux qui ne se

---

1. Corneille avait mis d'abord « qui doit rendre compte de son, etc. »
2. En effet, le compte de Corneille en qualité de « trésorier en charge de la paroisse de Saint-Sauveur, » dont nous parlons dans la *Notice biographique* en tête du tome I, est « pour l'année commençant à Pâques 1651, et finissant à pareil jour 1652. »
3. Ici Corneille avait écrit le mot *si*, puis il l'a effacé.
4. Il est question plus au long dans la lettre suivante de cet opuscule intitulé : *Lexicon Germanico-Thomæum*.
5. Il y avait ici : « que si vous trouvez. » Ces mots sont effacés.

tiennent pas impeccables, et qu'un avis particulier oblige autant qu'une censure publique offense ; l'autre est de vouloir contribuer quelque chose à un[1] embellissement que je prépare à ce travail : c'est que je me suis résolu de mettre des tailles-douces au devant de chaque chapitre, et en ai déjà fait graver onze que je vous envoie, afin que vous puissiez connoître mieux l'ordre du dessein, qui est de choisir un exemple dans la *Vie des Saints* ou dans la *Bible*, et l'appliquer sur une sentence tirée du chapitre où doit être mise l'image[2]. On m'en grave encore deux ou trois ; mais comme je ne suis pas fort savant en ces histoires, je mendie des sujets chez tous les religieux de ma connoissance. Entre autres, j'ai besoin que vous m'en donniez de vos saints, parce que, dans celles que je vous envoie, vous en trouverez trois de l'habit de Saint-Benoît[3], et on pourroit prendre cela pour une déclaration tacite d'être du[4] parti des bénédictins dans votre querelle. Vous m'obligerez donc fort de m'en donner quelques-uns de votre habit, et, s'il se peut, même de Thomas a Kempis[5], pour appliquer aux chapitres qui me manquent encore de cette première partie, ou aux cinq derniers du premier livre et aux douze du second, qui

1. Corneille avait commencé à écrire *l'embellissement* : « l'e ; » puis il a corrigé.
2. Corneille avait écrit : « la taille ; » puis il y a substitué : « l'image. » — Voyez pour ces sentences le IVe avis *au Lecteur* de l'*Imitation* (tome VIII, p. 21-23) et la première note de chacun des chapitres de cet ouvrage.
3. Voyez au tome VIII (notes 1 des pages 64, 114, 319) trois emblèmes tirés de la vie de saint Benoît ; dans le premier des trois figurent avec lui ses disciples saint Maur et saint Placide.
4. Première rédaction : « de prendre le. »
5. L'emblème du chapitre XXII du livre I de l'*Imitation*, donné sans doute par le P. Boulart, représente Thomas a Kempis convertissant plusieurs séculiers par la lecture d'une sentence. Voyez tome VIII, p. 130, note 1.

composeront la seconde partie. Je n'ai point encore d'exemples, au reste, pour le sixième chapitre, *De inordinatis affectionibus*, ni pour les X, XI, XII, XIV et XIX. Le reste des vingt premiers est rempli ; mais il faut, s'il vous plaît, que ce ne soit pas une simple image de saint, mais une action qui parle, et qui soit belle à peindre. Le[1] soin que j'avois de conserver ma neutralité entre les deux partis m'avoit fait adresser déjà à vos pères de Saint-Lô[2] pour cela ; mais je n'en ai pas eu de satisfaction. Si vous daigniez prendre la peine d'y songer (et il me semble que vous y avez quelque intérêt), et que vous voulussiez remplir ces cinq places vacantes, il faudroit, s'il vous plaît, m'en envoyer les sujets dans dix ou douze jours. Pour les chapitres qui feront la seconde partie, je n'ai rien qui presse ; mais comme je ferois ajouter déjà ces images à la première partie, si j'avois ma vingtaine fournie, je cherche de tous côtés à trouver de quoi l'achever. Excusez l'incivilité de ma prière ; j'aurai l'honneur de vous écrire plus au long dans huit ou dix jours. Cependant, obligez-moi de croire que si les raisons de vos adversaires m'ont fait douter si T. a K.[3] étoit l'auteur de ce que je traduis, du moins ils ne m'ont point encore persuadé que Jean Gersen aye jamais été au monde[4]. J'ai grande obligation au P. Souply, dont l'épître me donne autant de confusion pour moi que je dois d'admiration à la beauté de ses vers. Nous avons ici une famille de ce nom-là ; je voudrois qu'il en fût, afin de me pouvoir vanter de l'avoir pour compatriote. A la première im-

---

1. Ici la phrase devait d'abord commencer autrement : « Je m' » ; probablement : « Je m'étois adressé. »

2. Le prieuré de Saint-Lô de Rouen, récemment réformé par des chanoines réguliers venus de Paris.

3. Thomas a Kempis. On trouvera presque toujours ce nom abrégé dans les lettres suivantes, où il revient souvent.

4. Voyez tome VIII, p. 10.

pression que je ferai faire, je lui demanderai la permission de me parer de son travail, et des éloges qu'il me donne sans les mériter. Je pensois ne vous écrire que deux lignes à la dérobée, et à peine puis-je trouver place pour vous dire que je suis,

Mon révérend Père,

Votre très-humble et très-obligé serviteur,

CORNEILLE.

Suscription : Au R. P., le R. P. Boulart. A Paris.

16. — DE CORNEILLE AU RÉVÉREND PÈRE BOULART.

MON RÉVÉREND PÈRE,

Vous me trouverez un peu paresseux à vous remercier du soin que vous avez pris de m'envoyer des sujets pour mes tailles-douces ; mais je voulois vous renvoyer le *Lexicon Germanico-Thomæum* du P. Heserus ; j'ai voulu attendre que j'eusse eu le loisir de l'extraire. A mon petit sens, ce livret ne fait pas assez pour votre parti, parce qu'il ne vous vendique[1] pas assez l'ouvrage contentieux. C'est un Allemand qui l'a fait ; et le zèle qu'il a pour son pays lui faisant faire effort pour montrer sa phrase allemande, laisse à vos adversaires l'avantage des mots qu'ils prétendent italiens, comme *contentare*, *bassare*[2], etc. Quoiqu'il dise à la fin que cent phrases allemandes doivent l'emporter sur treize mots italiens, c'est toujours recon-

---

1. Dans le sens du latin *vindicare*, ancien terme de droit qui a le même sens que revendiquer, réclamer comme son propre bien.

2. Mots employés dans l'*Imitation*, dans le sens de *contenter* et d'*abaisser :* le premier au livre III, chapitre XI, verset 5, et chapitre XXII, verset 5 ; le second au même livre, chapitre XLVI, verset 2.

noître qu'il y a treize mots italiens, et laisser la chose douteuse. Je ne sais pas l'allemand, et par conséquent je ne puis pas juger de la conformité du style de notre auteur avec la grammaire de son pays; mais je crois qu'il vous seroit plus avantageux de prétendre que son latin sentiroit le flamand ou, pour mieux dire, le wallon, que non pas l'allemand. Il ne cite pas une phrase pour allemande que je ne prétende françoise, et les mots que les Italiens prétendent leur appartenir ont aussi l'air entièrement françois[1]. Ainsi vous pourriez prétendre que Thomas a Kempis auroit pris la phrase et les mots des Wallons[2], dont son monastère étoit très-proche[3], et qu'il s'y seroit mêlé aussi quelque chose de flamand. En son temps, la Flandre étoit sous la souveraineté de France ; on y parloit françois, on y plaidoit en françois, et on s'y servoit de nos ordonnances, qui sont pleines de ce[4] latin grossier. Et peut-être a-ce été la cause qu'on a attribué ce livre, en son commencement, à deux François, saint Bernard et Jean Gerson, dont le premier, à ce qu'on m'a dit (car je ne le lis pas souvent), se sert aussi de *grosse vestire*[5], et de mots semblables. M. Carré touche cet argument dans l'ouvrage que vous m'avez envoyé, mais il ne fait que l'effleurer et ne l'approfondit pas. Du reste, ce dernier travail est très-pressant, et il ne s'est rien fait de plus fort dans la querelle. Celui qui a fait la petite *Apologie*[6] françoise me semble y avoir aussi fort

1. Voyez tome VIII, p. 14. — 2. Corneille a écrit *qui* et l'a raturé.
3. Thomas a Kempis, qui fut sous-prieur de son ordre, vécut dans le monastère du mont Sainte-Agnès, près de Zwoll, en Hollande. — On lit ici *parmi*, raturé.
4. Ici Corneille avait commencé à écrire le mot « mauvais » : *mauu*.
5. Ces mots sont au livre I de l'*Imitation*, chapitre xxv, verset 8.
6. Corneille veut probablement parler de l'ouvrage intitulé : *Apologie pour Thomas a Kempis, chanoine régulier de Saint-Augustin....par*

bien réussi ; mais il faut être instruit déjà[1] : autrement on ne comprendra pas toute la force des raisonnements qu'il a réduits en abrégé, et dont il fait comme une récapitulation. Je vous demande pardon si je vous débite avec tant de franchise ma pensée sur les présents que vous m'avez faits : vous me l'avez ordonné, et je vous obéis. La sentence que vous avez obtenue vous est aussi fort avantageuse, en ce que un des quatre manuscrits dont il est question, et le seul qui n'étoit point au pouvoir de vos parties, a été produit au procès. Il est vrai que je douterois fort si ce jugement est de la compétence du Palais, et[2] en croirois plus volontiers une décision de Sorbonne. Vous voyez par là que si j'étois obligé de choisir un auteur et d'entrer en la querelle, je me rangerois plutôt du côté de T. a K.[3] que de J. G.[4], quoique les pères bénédictins ayent formé des arguments contre ce premier qui peuvent en faire douter ; et je connois des[5] personnes savantes qu'ils ont persuadées que ce n'est point lui. Mais autre chose est de faire douter de celui qui est en possession, autre chose d'en établir un autre en sa place ; et les mêmes qui croient que Th. a Kempis n'est pas l'auteur du livre contesté demandent qu'on leur montre que J. Gersen aye été au monde. Pour moi, qui ne prends intérêt ni pour le pays ni pour l'habit, j'ai besoin de me tenir neutre, et poursuivre comme j'ai commencé, afin que ma traduction puisse être bien reçue de tout le monde. Quoique la cause de J. Gersen me semble jusqu'ici

un chanoine régulier de l'ordre de S. Augustin, de la congrégation de France. Seconde édition. — *A Paris, chez Claude Cramoisy*, M.DC.LI, in-8°, 34 pages.

1. Corneille avait écrit ici : *de la querelle*, puis il l'a effacé.
2. Corneille avait d'abord écrit : « m'en, » probablement pour mettre : « m'en rapporterois. »
3. Thomas a Kempis. — 4. Jean Gersen.
5. Première rédaction : « des gens. »

assez mal fondée, puisque son existence est révoquée en doute, elle a fait l'opinion à la mode, et il y a eu des docteurs qui m'ont refusé leur approbation si j'y mettois le nom de T. a K. Il y a même quelque raison particulière, que je ne vous puis écrire et que je vous dirai quand j'aurai l'honneur de vous voir, qui m'oblige à m'attacher à cette neutralité, du moins jusqu'à ce que l'ouvrage soit achevé. Entre ci et là, les choses pourront changer de face, et la vérité plus connue. Cependant vous m'obligerez fort de me faire part de ce qui s'écrira pour votre parti. J'ai un frère de votre habit[1], et, sans cela, j'y penche plus que de l'autre. J'oubliois à vous remercier de vos sujets pour mes tailles-douces; les premiers me semblèrent un peu nus, et n'avoir pas de quoi satisfaire le peintre; les autres sont fort beaux, et je crois que je me servirai presque de tous, à la réserve de ceux qui sont pour les chapitres pour qui j'en ai déjà fait graver[2]. Quand il vous en tombera quelques autres dans la pensée pour la suite, où je travaille à présent, je tiendrai à grande faveur que vous m'en fassiez part : vous ne trouverez point la place occupée. Cependant obligez-moi de croire que je suis de tout mon cœur,

  Mon révérend Père,

   Votre très-humble et très-obéissant serviteur,

        CORNEILLE.

A Rouen, ce 12 d'avril 1652.

J'ai remis le livret du P. Heserus entre les mains du

---

1. Antoine Corneille, baptisé le 10 juillet 1611, lauréat du Puy de la Conception (voyez ci-dessus, p. 7 et suivantes), chanoine régulier au Mont-aux-Malades, près de Rouen.
2. Corneille avait terminé cette phrase par « d'autres, » qu'il a effacé.

révérend père prieur de Saint-Lô[1], pour vous le renvoyer.

Suscription : Au R. P., le R. P. Boulart, assistant du T. R. P. général des Chanoines réguliers abbé de Sainte Geneviefve. A Paris.

17. — DE CORNEILLE AU RÉVÉREND PÈRE BOULART.

Mon révérend Père,

Je vous remercie de ce que vous m'avez fait voir de nouveau pour la défense de Th. a K., et vous renvoie ce que vous m'ordonnez, que je remettrai avec la présente entre les mains du père prieur de Saint-Lô; et puisque vous voulez aussi que je vous en dise ma pensée, la voici :

Les *Septuaginta palmæ* du P. Heserus[2] ne vous font ni bien ni mal : ce sont des éloges de l'ouvrage, et non pas des arguments pour en connoître l'auteur.

J'avois vu déjà les deux lettres de M. Chifflet[3]; elles enfoncent plus avant, et comme elles portent une recherche exacte des manuscrits de Flandre, son témoignage vous est assez avantageux.

La lettre du P. Petau est de fort grand poids, et fort

1. Voyez ci-dessus, p. 461, note 2.
2. *Septuaginta palmæ seu sacer panegyricus in laudem librorum IV Thomæ a Kempis... de Imitatione Christi, ex hominum piorum elogiis LXX concinnatus a Georgio Hesero, societ. Iesu.... Ingolstadii, in ederiana typographia, excudebat Johannes Ostermayr*, 1651, in-12.
3. En voici le titre : *Copie de deux lettres escrites par Monsieur Philippe Chiflet, abbé de Balerne, à un de ses amis touchant le veritable autheur des livres de l'Imitation de Jésus-Christ. Avec un advis sur le factum des Benedictins* (sans lieu ni date), in-8º.

propre à opposer à celle du P. Sirmond[1], dont les gersénistes se fortifient. C'est un homme docte, et[2] en réputation de grand antiquaire, et qui donne son témoignage après avoir examiné les raisons et connu l'auteur du gersénisme, l'abbé Caiétan[3], pour un fourbe, et maître à faire des suppositions en faveur de son ordre.

Les témoignages de Monsieur de Grace[4] et de M. Arnauld ne sont pas de si haute conséquence, d'autant qu'ils ne font que dire leur opinion comme en passant; le premier l'attribuant simplement à T. K., sans savoir même si cela lui étoit disputé; et l'autre, comme ayant appris d'un des vôtres que Jean Gersen n'en étoit pas l'auteur, et se tenant comme satisfait de ses raisons. Ce sont deux opinions de modernes, qui seront bonnes à ajouter au *Centumvirale judicium* du P. Heserus.

Bolandus[5] et ce témoignage que vous avez fait venir de Flandre ne sont que la même chose, et[6] l'un sert de preuve à l'autre et aux lettres de M. Chifflet.

Le témoignage du jésuite Théophilus Renaudus est très-élégant et bien couché; mais comme il se fonde

---

1. Des deux savants jésuites ici nommés, l'un, le P. Petau, mourut l'année même où Corneille écrivait cette lettre; l'autre, le P. Sirmond, était mort l'année précédente (1651).

2. Corneille avait écrit immédiatement après *et* la première lettre du mot *grand*; il l'a modifiée pour ajouter: « en réputation de. »

3. Le bénédictin Constantin Caiétan, qui avait donné une édition de *l'Imitation*. Voyez notre tome VIII, p. XXIII.

4. Du célèbre Godeau, qui fut nommé évêque de Grasse en 1636, et devint plus tard évêque de Vence. Il mourut en 1672.

5. Bolland, Bollandus, jésuite d'Anvers, mort en 1665. C'est lui qui a commencé le recueil des *Vies des saints* connu sous le nom des *Acta sanctorum* des *Bollandistes*.

6. Corneille avait écrit ici *conf*, probablement pour commencer le mot *confirment*; puis il a effacé ce commencement de mot et y a substitué le mot *servent*, qu'il a raturé à son tour.

particulièrement sur ce qu'il a appris de M. Naudé[1], il ne persuadera que ceux que ledit sieur Naudé aura déjà persuadés, si ce n'est par le témoignage qu'il rend contre l'abbé Caiétan, pareil à celui du P. Petau, et d'autant plus considérable que demeurant de son temps à Rome, il le connoissoit encore mieux que le P. Petau.

Voilà, mon révérend Père, ce que vous avez voulu que je vous mandasse touchant ces papiers que je vous renvoie, et vous prie que si vous pouvez avoir encore un exemplaire de *Dioptra Heseri*, que vous me mandez avoir reçu d'Allemagne, vous m'en fassiez part; mais tant que vous n'en aurez qu'un, ne me l'envoyez point, s'il vous plaît; car je crains de n'être pas assez obéissant pour vous le renvoyer comme je fais ceux-ci, à la réserve de ceux que vous voulez que je garde.

J'ai vu le *Thomas vindicatus* du R. P. Fronteau, que j'estime très-fort; mais si je ne me trompe, il ne répond point aux mots dont je vous parlois dans ma dernière. Il justifie bien que les façons de parler de *l'Imitation de Jésus-Christ* sont les mêmes que celles des autres livres de Th. a Kempis, ce que M. Carré a fait encore plus au long; mais il ne touche qu'au mot de *leviter;* pour les autres, *bassare, grosse vestire, sentimenta, sententiare*[2], *contentare*, etc., il n'en dit rien du tout[3]; et je ne vois pas de moyen de faire passer ces mots-là pour allemands[4],

---

1. Gabriel Naudé, qui fut médecin de Louis XIII, puis bibliothécaire du cardinal Mazarin. Il mourut en 1653. Voyez ci-après la note 4 de la page 469.

2. *Sentimenta* se lit au livre IV, chapitre XVII, verset 2 de l'*Imitation*; *sententiare* est au chapitre L du livre III, verset 7. Nous avons déjà parlé des autres mots que Corneille cite ici.

3. Corneille avait écrit : « pas un mot; » il y a substitué : « rien du tout, » dans l'interligne.

4. Il y avait d'abord : « de faire ces mots-là allemands. » Corneille a modifié et complété l'expression par des additions dans l'interligne.

si bien qu'il faut les avouer italiens, à moins que vous disiez que Th. a K. les a pris de la langue françoise, qui se parloit en son monastère ou aux environs, aussi bien que la flamande[1]. Cela ne fait rien contre Th. a Kempis : au contraire, je crois qu'il lui peut servir, à cause de la quantité d'autres façons de parler qui sont purement françoises, et[2] égaleroient bien le nombre des allemandes. Au reste, je ne crois pas que les Pères bénédictins puissent prendre aucun avantage de ce que je continuerai à ne mettre aucun nom d'auteur[3] à ma traduction. Ils en ont eu, à la vérité, de ce qu'on n'en a point mis à l'impression royale[4], parce que c'étoit beaucoup faire que d'ôter dès l'abord Th. a K. de la possession où il étoit avant qu'il y eût contestation formée ; mais à présent qu'il y a querelle et procès, et qu'après la sentence des requêtes[5] leur appel met encore la chose en doute, les particuliers qui n'ont point d'intérêt à la chose

---

1. Voyez ci-dessus, p. 463 et la note 3.
2. Au lieu de *et*, Corneille avait d'abord écrit *q*, sans doute pour commencer le mot *qui;* puis il a effacé cette lettre.
3. Première rédaction : « aucun auteur. »
4. Cette édition avait été l'occasion de toute la querelle. « Les bénédictins, dit M. Célestin Port dans sa notice sur les *Lettres de Corneille* au P. Boulart, s'appuyant sur la prétention récente de l'abbé Caiétan, sollicitèrent le cardinal de Richelieu de faire inscrire au titre le nom de Jean Gersen, leur confrère, abbé prétendu de Verceil, qu'ils assuroient être le véritable auteur. Le Cardinal y consentit, mais demanda le témoignage authentique d'une personne publique et d'autorité. Avis reçu, les PP. Placide et Jean, procureurs en cour de Rome pour la Congrégation de Saint-Maur, s'adressèrent au cardinal de Bagny, et le prièrent de se porter garant pour eux ; mais celui-ci voulut voir l'affaire de près. Naudé, pour lors « son domestique, » et Fioravante Martinelli, choisis pour examiner les manuscrits, les trouvèrent chargés de falsifications évidentes. Les procureurs des bénédictins furent appelés au Palais; ils avouèrent qu'on les avoi trompés. » L'édition royale parut en 1640, mais sans nom d'auteur.
5. Voyez tome VIII, p. xi; et ci-après, p. 471, note 1.

doivent du moins attendre que l'arrêt qui interviendra leur apprenne ce qu'il en faut croire. Vous me permettrez donc de continuer comme j'ai commencé, et me ferez la grâce de croire que je n'en suis pas moins,

Mon révérend Père,

Votre très-humble et très-obéissant serviteur,

CORNEILLE.

A Rouen, ce 23 d'avril 1652.

J'oubliois à vous dire que je ne suis point encore pressé d'images pour le second[1] livre, ne faisant que d'achever la traduction de ce qui restoit du premier, où je crois avoir été un peu au de là de ce que vous avez pu voir.

Suscription : Au R. P., le R. P. Boulart, assistant du T. R. P. général des chanoines réguliers. A Sainte Geneviefve. A Paris.

18. — DE CORNEILLE AU RÉVÉREND PÈRE BOULART.

A Rouen, ce 10 de juin 1656.

MON TRÈS-RÉVÉREND PÈRE,

J'espérois de jour en jour aller à Paris, suivant ce que vous a dit M. Ballard[2], et là vous remercier de vive voix de celle qui (*sic*) vous a plu m'écrire; mais quelque affaire

---

1. *Second* est écrit en chiffre : « le 2. liure. »
2. Peut-être s'agit-il ici de l'imprimeur Robert Ballard : voyez ci-dessus, p. 132. Corneille avait pour ami un chartreux nommé Laurens Ballard (voyez tome VIII, p. xvi); mais si c'était de ce religieux qu'il fût question ici, notre poëte ne se serviroit point, en parlant de lui, du mot *Monsieur.*

m'ayant obligé de remettre ce voyage, trouvez bon que je me serve de ma plume pour m'acquitter en quelque sorte de ce que je vous dois. Vous ne m'avez aucune obligation du témoignage que j'ai rendu à la vérité, je n'ai point fait le juge en votre affaire, ni ajouté mon sentiment au jugement que vous avez emporté : j'en ai fait seulement un récit fidèle, pour en rafraîchir la mémoire à ceux qui le savent et l'apprendre à ceux qui ne le savent pas. Si j'avois mis le nom de Th. a Kempis à la tête du livre, je me fusse déclaré partial ; et comme cet auteur m'apprend qu'il faut chercher la paix et dedans et dehors, j'ai été bien aise de la conserver avec les Pères bénédictins, et d'être en pouvoir de leur dire que, quand ils auront eu un jugement à leur avantage, j'en ferai le même récit au public pour eux : comme j'ai fait pour vous[1]. J'ai été assez heureux pour conserver la paix en mon particulier avec les deux partis opposés sur les questions de la grâce. Tous deux prétendent que l'auteur soit de leur opinion, et tous deux m'ont avoué que ma traduction est fidèle, et veulent qu'elle tombe dans leur sens. Je ne sais pas assez de théologie pour pénétrer dans leurs différends, que même je ne comprends pas ; mais je crois savoir assez de latin pour rendre le sens d'un auteur dont le style n'est pas fort obscur, et heureusement je n'ai déplu à aucun de ces deux partis, parmi lesquels il s'est mêlé tant d'aigreur. J'ai tâché de faire la même chose pour votre différend entre les Pères de Saint-Benoît ; bien que je voie un peu plus clair dans

---

1. Corneille, faisant allusion à l'arrêt du Parlement du 12 février 1652, avait dit dans son avis *au Lecteur* : « Messieurs des requêtes du parlement de Paris ont prononcé en faveur de Thomas Kempis ; et nous pouvons nous en tenir à leur jugement, jusqu'à ce que l'autre parti en ait fait donner un contraire. » Voyez tome VIII, p. xi et p. 12.

cette question que dans l'autre, et que je ne vous en aye pas celé mon sentiment, je n'ai voulu rien dire de moi-même, et m'arrête au récit du jugement célèbre qui a assoupi cette guerre. J'ai cru vous satisfaire et ne les pas mécontenter. Voilà, mon révérend Père, ce qui m'a retenu pour le regard de l'inscription, qui ne vous est pas de grande importance et les eût puissamment désobligés : j'ai des parents et des amis parmi eux, à qui j'ai été bien aise de ne rendre pas ce déplaisir, ayant trouvé cette voie d'acquitter ma conscience envers la vérité.

Pour le manuscrit de Thomas a Kempis, vous me fîtes la faveur de me le faire voir, il y a tantôt deux ans, quand je passai pour aller à Bourbon; vous me donnâtes aussi le livre de la contestation, qui est fort bien fait. Vos Pères de Saint-Lô[1] m'en ont fait voir un autre en latin, intitulé : *Triumphus Thomæ a Kempis*, fait par un religieux de Nevers et imprimé là, qui n'est presque que la répétition de ce qui a été déjà dit en françois dans l'autre ; il ne laisse pas d'être fait avec beaucoup d'esprit. Je crois que vous faites bien de ne faire rien imprimer davantage : il est bon de se reposer après la bataille gagnée, et il semble[2] que vous n'avez plus rien à faire, puisque le champ vous est demeuré, surtout pour ce qui regarde les écrits de M. Naudé, qui étoit sans doute très-savant, mais qui mêloit plus de doctrine que d'agrément dans ses ouvrages. Le livret de M. de Launoy ne mérite pas de réponse.

Je vous rends grâce de ce que vous m'avez envoyé de la façon du R. P. Fronteau : c'est un grand homme en tout, et ce n'est pas avoir peu fait d'effet sur moi que de

---

1. Voyez ci-dessus, p. 461, note 2.
2. Dans son excellent texte, M. Célestin Port donne : « il me semble ; » mais il y a bien : « il semble, » dans l'autographe.

m'avoir obligé à lire son oraison funèbre[1] toute entière, moi qui ai une aversion naturelle contre les panégyriques, et qui n'ai jamais pu lire plus de quatre pages d'aucun qui soit tombé sous ma main; je n'en excepte pas même celui de Pline second. Le papier me manque : trouvez bon que j'emploie ce qui m'en reste ici à vous assurer que je serai toujours,

Mon très-révérend Père,

Votre très-humble et très-obéissant serviteur,

CORNEILLE.

Suscription. Au T. R. P., le T. R. P. Boulard[2], chanoine régulier de Saint Augustin, assistant du T. R. P. abbé de Sainte Geneviefve. A Paris.

19. — DE GILLES BOILEAU A MONSIEUR DE CORNEILLE[3].

MONSIEUR,

Je crois que vous avez regretté avec toute la France la mort de

1. *Oratio funebris in obitum Matthæi Molé..., inter solemnia quæ illius memoriæ celebraverunt abbas et canonici regulares Sanctæ-Genovefæ parisiensis pronunciata a F. J. Frontone.... die januar.* 28. *A. D.* 1656. *Parisiis, ex officina cramosiana,* 1656, *in-*4°.

2. Corneille n'a écrit ainsi ce nom, Boulard par un *d*, que dans cet endroit.

3. Cette lettre est tirée du recueil qui a pour titre : *les OEuvres posthumes de defunt Monsieur B. de l'Academie françoise, contrôleur de l'argenterie du Roy.* A Paris, chez Claude Barbin, M.DC.LXX, in-12, p. 113-117. Voyez la *Notice,* p. 483, note 4. — Gilles Boileau, né à Paris en 1631, mort en 1669, était le frère aîné de notre illustre poëte, Nicolas Boileau Despréaux. Il avait traduit du grec en français le *Tableau de Cébès* (1653), le *Manuel d'Épictète* (1655); plus tard (1668) il traduisit encore *Diogène de Laërte.*

Monsieur le premier président[1]; mais peut-être avec tout cela ne l'avez-vous pas regretté autant que vous deviez; du moins je suis bien assuré que vous y avez perdu plus que vous ne pensez. La dernière conversation que j'eus l'honneur d'avoir avec lui ne fut que de vous; et comme je lui dis que vous aviez envie de le saluer, il me témoigna qu'il en seroit ravi, et me donna charge même de vous mander l'estime particulière qu'il faisoit de vous, et le plaisir qu'il auroit à vous pouvoir rendre service. Si la mort ne l'eût point prévenu, il n'auroit pas manqué de vous en donner de meilleures preuves : il étoit en assez belle posture pour cela, et en avoit tout à fait la volonté. Quoique vous ayez remporté tout seul tout l'honneur de notre siècle, et que vous ayez reçu des louanges de toute la terre, il me semble que ce ne vous doit pas être un petit sujet de joie d'avoir en particulier l'approbation du plus galant homme et du plus bel esprit de notre temps. Je fais imprimer un recueil de toutes les pièces qui ont été faites sur sa mort. Monseigneur de Vence, Monsieur de Gombaut, Monsieur de Bois-Robert, et tous nos autres illustres amis m'ont déjà donné des vers. Je crois que vous, Monsieur, à qui *cent vers coûtent moins qu'un couplet de chanson*[2], ne refuserez pas un madrigal ou une épigramme. Pardonnez-moi, Monsieur, la liberté que je prends. *Permittit sibi quædam et contra bonum morem magna pietas*[3].

Je suis,

    Monsieur,

        Votre, etc.

            GILLES BOILEAU.

Ce 10 avril 1657.

1. Pompone de Bellièvre. Voyez ci-dessus, p. 131. Gilles Boileau le nomme vers la fin de la lettre suivante. Il était mort au mois de mars 1647.

2. Allusion au quatrième vers de l'*Excuse à Ariste* (ci-dessus, p. 74):

    Cent vers lui coûtent moins que deux mots de chanson.

3. « La grande piété se permet quelque chose même contre le bon usage. »

20. — DE GILLES BOILEAU A MONSIEUR DE CORNEILLE[1].

Monsieur,

Ou vous ne vous souvenez plus de ce que vous avez fait, ou vous avez envie de me railler. Pour votre honneur je veux bien plutôt croire l'un que l'autre : j'aime mieux me faire un petit tort que d'en faire un si grand à votre mémoire. J'ai eu le plaisir de lire plus d'une fois en ma vie les pièces que vous avez données au public, et je ne suis pas si peu connoissant aux choses que je n'aye très-bien reconnu que vous possédez admirablement le talent de louer et de blâmer tout ce que vous voulez. Je n'ignore pas que comme la médisance est indigne de tout honnête homme, vous n'en soyez aussi incapable. Mais pour la raillerie qui chatouille et qui pique sans égratigner, je sais qu'elle règne dans la plupart de vos comédies, que vous vous en servez fort ingénieusement, et que vous êtes trop jaloux de votre réputation pour y renoncer. Mais, Monsieur, il ne s'agit point ici de cela. Je ne vous demande que des louanges. Vous dites que vous n'y excellez pas et que vous ne vous en mêlez plus[2]. Depuis quel temps avez-vous renoncé à un métier qui vous a fait ce que vous êtes ? Ne sont-ce pas les louanges que vous avez données aux Pompées, aux Césars et à tous vos autres héros, qui vous ont attiré celles de toute la terre ? Y en a-t-il de plus fines et de plus délicates dans toute l'antiquité ? Vos ouvrages n'en sont-ils pas tout remplis, et n'en avez-vous pas fait des leçons publiques à toute la France ? Qu'est-il besoin que j'aille chercher des exemples si loin ? Ne vous souvient-il plus de tant et tant de fameuses épîtres liminaires, où vous prodiguez les louanges avec tant d'abondance, et où vous vous exercez souvent sur des sujets dont toute autre éloquence que la vôtre

---

1. Cette lettre est tirée du même recueil que la précédente ; elle en occupe les pages 118-125.
2. Corneille a souvent fait des protestations du même genre, au milieu même de ses pièces laudatives :

Laudibus apta minus.... Melpomene....
(Voyez ci-dessus, p. 70 et 71, vers 67 et 68.)

Pour moi qui de louer n'eus jamais la méthode.
(Voyez ci-dessus, p. 177, vers 29.)

seroit incapable[1]? Avez-vous oublié ces beaux vers où vous remerciez Monsieur le cardinal Mazarin[2]? Avez-vous perdu la mémoire de votre sonnet pour la Reine[3], et de ces deux autres que vous avez faits sur la mort de deux personnes de qualité, où il est parlé de phénix, si je ne me trompe[4]? Que pourrez-vous dire après la lettre à Ariste[5], où vous vous louez si bien vous-même? Mais que ne dira-t-on point quand on lira votre sonnet pour maître Adam Billot[6]? Monsieur de Bellièvre ne méritoit-il pas bien que vous prissiez la même peine pour lui, que celle que vous aviez prise pour le menuisier de Nevers? Je vois bien, Monsieur, ce que c'est; vous ne versez pas vos grâces tous les jours: elles sont chères et précieuses. Il faut ***. Croyez-moi pourtant. Ce silence que vous affectez vous sied fort mal. Les gens qui parlent aussi bien que vous ne doivent jamais craindre de parler. Faites, Monsieur, tout ce qu'il vous plaira; mais si vous étiez jaloux de votre honneur et de votre réputation au point que vous le dites, je suis assuré que vous feriez ce que je desire. Je suis,

    Monsieur,

        Votre, etc.

                GILLES BOILEAU.

Ce 29 avril 1657.

1. C'est ici, suivant toute apparence, une allusion à la dédicace de *Cinna* à Montauron, si souvent reprochée à Corneille. Voyez tome III, p. 369 et suivantes.

2. *A Monseigneur, Monseigneur l'éminentissime cardinal Mazarin. Remercîment :* ci-dessus, p. 92 et suivantes.

3. C'est le sonnet qui se trouve dans la dédicace de *Polyeucte* à la Reine. Voyez tome III, p. 473.

4. Ce passage nous fait connaître l'existence de deux sonnets qui ne nous sont point parvenus.

5. L'*Excuse à Ariste*, ci-dessus, p. 74 et suivantes.

6. Voyez ci-dessus, p. 100. La manière dont le nom de Billault est imprimé ici montre que Corneille n'était pas le seul à employer cette forme, que nous avons vue au dernier vers de son sonnet.

21. — DE CORNEILLE A PELLISSON[1].

Ce vendredi[2].

En matière d'amour je suis fort inégal :
J'en écris assez bien, et le fais assez mal;
J'ai la plume féconde, et la bouche stérile,
Bon galant au théâtre, et fort mauvais en ville ;
Et l'on peut rarement m'écouter sans ennui,
Que quand je me produis par la bouche d'autrui.

Voilà, Monsieur, une petite peinture que je fis de moi-même il y a vingt ans[3]. Je ne vaux guère mieux à présent. Quoi qu'il en soit, Monseigneur le Surintendant a voulu avoir ces six vers ; et je ne suis pas fâché de lui avoir fait voir que j'ai toujours eu assez d'esprit pour connoître mes défauts, malgré l'amour-propre qui semble être attaché à notre métier. J'obéis donc sans répugnance aux ordres qu'il lui a plu m'en donner, et vous supplie de me ménager un moment d'audience pour prendre congé de lui, puisqu'il a voulu que je l'importunasse encore une fois. Il me témoigna, dimanche dernier, assez de bonté pour me faire espérer qu'il ne dédaigneroit pas de prendre quelque soin de moi; et je ne doute point que tôt ou tard elle n'aye son effet, princi-

---

1. Voyez sur la source de cette lettre la *Notice*, p. 422. — Sur Pellisson et sur ses rapports avec notre poëte, voyez tome VI, p. 103, et ci-dessus, p. 315-321. Les six vers rapportés au début de cette lettre doivent avoir été composés peu après le *Rondeau* sur *le Cid*, vers l'année 1638, ainsi que nous l'avons indiqué ci-dessus, p. 80, dans une note où par erreur nous désignons cette lettre sous le chiffre 22, au lieu de 21.

2. Granet et les éditeurs suivants ont supprimé cette date, et ont placé ce billet dans les *OEuvres diverses*.

3. Dans Granet : « près de vingt ans; » et à la ligne suivante : *Monsieur*, pour *Mgr*, qui est dans l'original, où le mot *Surintendant* est aussi remplacé par une abréviation, de même qu'à la première ligne de la prose il y a *Mr*, pour *Monsieur*.

palement quand vous prendrez la peine de l'en faire souvenir. Je me promets cela de la généreuse amitié dont vous m'honorez, et suis à vous de tout mon cœur.

CORNEILLE.

22. — DE CORNEILLE A L'ABBÉ DE PURE[1].

A Rouen, ce 9 juillet 1658.

MONSIEUR,

L'inquiétude dont vous m'écrivez n'est pas une petite marque de votre amitié, et me fait bien voir que j'ai eu raison d'y prendre une entière confiance. Je me suis enhardi de vous écrire en faveur d'un de mes parents

---

1. Voyez sur cette lettre inédite la *Notice*, p. 422. Les frères Corneille étaient en correspondance suivie avec l'abbé de Pure, et quel que fût celui qui tint la plume, il écrivait en général au nom de tous deux. Dans les lettres de Thomas, on en trouve une datée de Rouen, du « 19 de mai 1658, » et adressée à cet abbé pour le remercier de la quatrième partie de sa *Précieuse*; cette lettre renferme un passage intéressant sur ce que Pierre Corneille disait de ce roman : « Si la haute estime que j'ai pour tout ce qui part de vous, et la satisfaction que j'ai reçue de la lecture de vos trois premières parties de *la Précieuse*, m'en firent d'abord attendre une entière de cette conclusion, mon frère, qui l'avoit lue et admirée, m'en fut un garant assuré pour en tenir le jugement moins suspect que la modestie avec laquelle vous me préparez à souffrir des défauts qu'il n'y a pu remarquer. C'est par lui que je sais déjà avec quelle délicatesse et de termes et de pensées vous continuez à examiner les questions les plus subtiles de l'amour, surtout en voulant établir l'union pure des esprits exempts de la foiblesse qui nous impose la nécessité du mariage. Il avoue qu'il n'en connoît pas tout le fin, et il se persuade que l'interruption d'Eulalie, qui se plaint de voir employer son nom dans un roman, n'est pas le seul endroit qui ait ses secrets réservés. Mais il trouve tant de liberté d'esprit dans la manière agréable dont vous traitez vos idées les plus mystérieuses, qu'il voit partout sujet d'admirer l'heureuse fécondité de votre génie, et me laisse dans la

qui porte même nom que moi et est mon cousin germain. Il a été lâchement outragé par le fils de M. du Mesnil Haudrey, son voisin au pays, qui est premier capitaine

certitude que je n'y rencontrerai rien qui ne me satisfasse pleinement, si j'en excepte la première page, qui me défend d'espérer une plus ample suite d'un ouvrage si galant, après cette quatrième partie. » — L'abbé de Pure, dont Corneille, on vient de le voir, faisait grand cas, a porté sur notre poëte dans ce roman de *la Précieuse* un jugement parfaitement motivé et exprimé en fort bons termes. Il mérite d'être conservé comme un des rares témoignages du goût littéraire, à certains égards fort délicat, de cet abbé si sévèrement jugé; il se rattache d'ailleurs de très-près à notre sujet, et nous pensons qu'on nous saura gré de le donner ici. « Il ne reste plus, reprit Philonime, qu'à vous demander quelle est la poésie que vous aimez. Aimez-vous...? — Je vais vous interrompre et m'interroger moi-même : ne vouliez vous point me demander quel étoit le poëte que j'aimois? — C'est cela même, répondit Philonime. — J'avoue, continua Eulalie, que par-dessus tout et hors de pair, je mets Corneille. Je ne puis parler de cet homme sans respect, sans vénération, et quand je devrois m'ériger en diseuse de grands mots, il faut que vous me permettiez de m'acquitter d'une partie de ce que je crois lui devoir. Le théâtre n'a jamais rien vu ni montré de si beau que ses ouvrages. l'esprit, la conduite, le travail, les vers, et surtout les sentiments honnêtes et les mouvements de la droite raison, y brillent avec tant d'éclat et de douceur tout ensemble, que cela me paroît au delà de tous les exemples, et au-dessus de toute imitation. Mon Dieu ! poursuivit-elle, que dira-t-on de ma présomption d'entreprendre de si mal louer un si grand homme? mais il faut que je me satisfasse aux dépens de tout ce qui m'entend. Corneille, au dire même des grands hommes, a une chose qui lui appartient à lui seul, qui lui est propre, et d'où personne n'a pu encore approcher : c'est qu'il n'y a rien de si divers, de si changeant dans toutes ses pièces, qu'il n'unisse par des traits si adroits et si bien ajustés qu'il semble que la suite soit naturelle et sans art, et que les événements supposés sont confondus avec les véritables. Jamais le vers ne le fait éloigner de la chose; jamais la rime ne l'oblige d'extravaguer; jamais les grands mots ne sont violemment appliqués : tout y paroît naturel et lié, plutôt par l'ordre des choses que de l'ouvrage, et par l'enchaînure des sujets que par les soins de l'esprit; mais après lui j'aurois peine à dire du bien ou du mal de tous les autres. » (*La Pretieuse, ou le Mystere des ruelles*, dédiée à telle qui n'y pense pas, 1656, tome I, p. 357-360.)

au régiment de Grammont, et par conséquent tire sa plus forte recommandation de l'hôtel de Grammont. Je sais le pouvoir que vous y avez, et comme j'ai cru qu'il y auroit quelque incivilité de vous prier de solliciter contre un gentilhomme qui est créature de Monsieur le Maréchal, je vous ai écrit seulement pour vous prier[1] d'affoiblir le secours qu'il pourroit tirer de ce côté-là, et de faire en sorte, s'il se peut, que[2] l'affaire s'accommode par votre moyen[3]. Ils étoient d'accord pour les intérêts civils et ses parties ont voulu longtemps remettre à moi seul la satisfaction d'honneur; je n'ai pas voulu m'en charger seul, et ai fait en sorte qu'ils ont nommé un gentilhomme de leurs amis, à l'avis duquel j'ai passé pour pacifier les choses. On nous a dédit l'un et l'autre à cause que nous avons trouvé à propos que l'offensant demandât pardon à l'offensé, bien que nous en ayons exténué la manière pour la rendre la plus douce qu'il a été possible; et je m'assure que si Monsieur le Maréchal[4] étoit en France, et qu'il en daignât être seul juge, il la régleroit en une forme plus avantageuse pour nous que nous ne la demandons. L'outrage est grand, et intéresse toute notre famille. Mon parent en poursuit la réparation au conseil, et outre la ruine qu'un si long procès leur apportera, il a à craindre qu'ils ne se rencontrent. Ils sont tous deux gens de cœur et de main, et de plus, proches voisins, ce qui augmente le danger. J'avois donc donné une lettre à ce[5] parent pour vous, et l'avois adressé chez

1. Ces mots : « pour vous prier, » sont écrits dans l'interligne.
2. Ici Corneille a écrit *qu'il;* puis il a effacé ces deux mots.
3. Ici Corneille a mis *je vous.*
4. Antoine III, comte, puis maréchal de Guiche, puis maréchal de Gramont, mourut en 1678, âgé de soixante-quatorze ans. Au moment où Corneille écrivait, le maréchal de Gramont était en Allemagne, en qualité d'ambassadeur, avec M. de Lionne.
5. Corneille a substitué *ce* à *mon,* qu'il avait écrit d'abord.

M. Lamy, où il n'a pu vous rencontrer; ce n'est pas sans doute celui dont M. Lucas[1] vous a donné avis et à qui vous avez rendu visite, puisqu'il ne vous a point rendu de lettres de ma part. Je n'ai point eu des siennes[2] depuis quinze jours; il me mandoit que quelque assiduité qu'il eût rendue au Palais, il n'avoit pu vous trouver; que sa femme lui avoit mandé que ses parties étant retournées, l'avoient fait de nouveau rechercher d'accord par l'entremise d'un capucin qui prêchoit l'octave en leur quartier, et qui est frère de ma femme; qu'il attendoit dans deux jours quel effet auroit produit sa médiation, et m'en donneroit avis : depuis ce temps-là je n'ai eu aucunes nouvelles ni de lui, ni du capucin mon beau-frère[3]; et je le crois retourné au pays. Néanmoins, puisque vous avez déjà pris tant de peine en ma considération, achevez[4], s'il vous plaît, et prenez encore celle[5] de l'envoyer chercher à son hôtellerie, et m'en faites savoir des nouvelles. Il loge au Paon, tout contre la poste de Rouen, où vous envoyez vos lettres, et comme je vous l'ai déjà dit, il porte même nom que moi, et je regarde son affaire comme si c'étoit la mienne. Je n'en ai écrit qu'à M. de Boisrobert et à vous; mais si elle ne s'accorde, j'en importunerai tous mes amis, et irai moi-même la solliciter, si mes affaires et ma santé me le permettent. J'abuse bien de votre bonté; mais aussi j'y prends une confiance parfaite.

Mon frère vous salue, et travaille avec assez de cha-

1. Riche marchand de Rouen, frère du P. Lucas (voyez ci-dessus, p. 299, note 2), et père du célèbre voyageur Paul Lucas. Voyez *Notes sur la vie de Corneille*, par M. Édouard Fournier, p. xxviii.
2. Première rédaction : « de ses lettres. »
3. Première rédaction : « qui est mon beau-frère. »
4. Ici Corneille avait écrit *prenez;* il a ensuite effacé ce mot.
5. Première rédaction : « prenez la peine. »

grin. Il ne donnera qu'une pièce cette année[1]. Pour moi, la paresse me semble un métier bien doux, et les petits efforts que je fais pour m'en réveiller s'arrêtent à la correction de mes ouvrages. C'en sera fait dans deux mois, si quelque nouveau dessein ne l'interrompt. J'en voudrois avoir trouvé un[2]. Je suis de tout mon cœur

Votre très-humble et très-obligé serviteur,

CORNEILLE.

Monsieur,

Je vous envoie un méchant sonnet que je perdis hier au jeu contre une femme dont le visage et la voix valent bien quelque chose[3]. C'est une bagatelle, que j'ai brouillée[4] ce matin. Vous en aurez la première copie. Il y a un peu de vanité d'auteur dans les six derniers vers.

Suscription : A Monsieur, Monsieur l'abbé de Pure. A Paris.

23. — DE CORNEILLE A L'ABBÉ DE PURE[5].

A Rouen, ce 12 de mars 1659.

MONSIEUR,

Quelque pleine satisfaction que vous ayez reçue de la

---

1. Les frères Parfait mentionnent à la fin de l'année 1658 (tome VIII, p. 243 et suivantes) *la Mort de Commode*, tragédie de M. Corneille de Lisle, représentée sur le théâtre du Marais.

2. Ce dessein ou sujet, Corneille le trouva dans l'*OEdipe*, qui fut, comme il nous l'a appris lui-même, « un ouvrage de deux mois, » et qu'on représenta le vendredi 24 janvier 1659. Voyez tome VI, p. 104 et 105, et la lettre suivante.

3. Voyez ci-dessus, p. 140. La personne qui a gagné ce sonnet, et qui y est désignée sous le nom d'Iris, paraît être la du Parc.

4. On lit ici le mot *à* sous une rature.

5. L'original autographe de cette lettre se trouve à la Bibliothèque impériale, fonds français, n° 12763, *Lettres originales*, tome II, fol. 155 et 156.

nouvelle représentation d'*OEdipe*[1], je puis vous assurer qu'elle n'égale point celle que j'ai eue à lire votre lettre, soit que je la regarde comme un gage de votre amitié, soit que je la considère comme une pièce d'éloquence remplie[2] des plus belles et des plus nobles expressions que la langue puisse souffrir. En vérité, Monsieur, quelque approbation qu'aye emportée[3] notre nouvelle Jocaste, elle n'a point fait faire tant de ha! ha! dans l'Hôtel de Bourgogne que votre lettre dans mon cabinet; mon frère et moi les avons redoublés à toutes les lignes, et y avons trouvé de continuels sujets d'admiration. Je suis ravi que Mlle de Beauchâteau[4] aye si bien réussi; votre lettre n'est pas la seule que j'en ai vue : on a mandé du Marais à mon frère qu'elle avoit étouffé les applaudissements qu'on donnoit à ses compagnons[5], pour attirer tout à elle; et M. Floridor[6] me confirme tout ce que vous m'en avez mandé. Je n'en suis point surpris, et il n'est rien arrivé que je ne lui aye prédit à elle-même, en lui disant adieu, quand je sus l'étude qu'elle faisoit de ce rôle. Je souhaite

1. Voyez ci-dessus, p. 482, note 2.
2. Corneille avait écrit le mot *pleine;* il l'a effacé et l'a remplacé par *remplie.*
3. Première rédaction : « reçue. »
4. Madeleine Duhouget, femme de François Chatelet, dit Beauchâteau. Elle avait créé le rôle de l'Infante dans *le Cid* (voyez tome III, p. 15), et avait joué Camille dans *Horace* (voyez tome III, p. 252), puis Érixe dans *Sophonisbe* (voyez tome VI, p. 452). Elle figure, en 1674, en tête du tableau des *noms des acteurs et actrices qui composent présentement la troupe royale, par ordre d'ancienneté,* dans le *Théâtre-François* de Chapuzeau (p. 184).
5. *A ses compagnes,* dans les éditions modernes, ce qui est un éloge beaucoup moins étendu.
6. Le comédien Floridor, qui très-probablement jouait le rôle d'OEdipe, et qui, en sa qualité de chef de troupe, complimenta le Roi lorsqu'il vint voir cette pièce. Voyez à ce sujet tome VI, p. 107-109; et sur Floridor et les pièces qu'il a jouées, tome II, p. 427, notes 2 et 3; tome IV, p. 126; et tome VI, p. 452.

seulement pouvoir trouver un sujet assez beau pour la faire paroître dans toute sa force; je crois qu'elle prendroit bien autant de soin pour faire réussir un original qu'elle en a fait à remplir la place de la malade[1]. Je suis marri de la difficulté que rencontre M. Bois[robert][2]. A ne vous rien [cach]er[3], je ne suis point fâché d[e n'être] point à Paris en ce rencontre où je me .... dans la nécessité de désobliger un des deux. Le poste où est son opposant est si considérable, que je crains pour lui qu'il ne fasse venir bien des voix. Je souhaite d'apprendre bientôt qu'il se soit relâché, et que notre ami ait eu ce qu'il demande, avec l'agrément de tout le monde. Je suis de tout mon cœur,

Monsieur,
Votre très-humble et très-affectionné serviteur,

CORNEILLE.

Suscription : A Monsieur, Monsieur l'abbé de Pure, à Paris.

1. On ne sait point quelle était cette malade.
2. Deux déchirures qui se sont faites dans le second feuillet de la lettre, lorsqu'on l'a découverte, empêchent de lire la fin de ce nom et quelques mots dont nous allons parler dans la note suivante.
3. Les mots ou portions de mots entre crochets sont des restitutions. Dans le premier endroit les éditeurs ont mis *celer;* mais nous croyons qu'il y a un peu trop d'espace pour lire ainsi, et nous préférons *cacher*. La lacune que nous avons laissée est comblée par les éditeurs au moyen du mot *verrois*, qui convient bien pour le sens, mais qui n'est assurément pas celui que Corneille avait écrit. Les deux premières syllabes du mot qui manque commençaient chacune par une lettre à queue descendante, peut-être *jugerois*.

24. — DE CORNEILLE A L'ABBÉ DE PURE[1].

A Rouen, ce 25 d'août 1660.

Monsieur,

Un petit séjour aux champs, et un peu d'indisposition à[2] la ville, m'ont empêché de vous remercier plus tôt du dernier présent que vous m'avez fait. Je ne suis pas assez récent de mon latin pour me vanter d'entendre tous les mots choisis[3] dont vous avez semé cet ouvrage; mais je me connois assez en ce genre de poésie pour assurer qu'il y a des strophes dignes d'Horace. Il y en a quelques-unes où vous avez un peu trop négligé le tour du vers, qui n'a pas assez de facilité; mais, à tout prendre, c'est un très-beau travail, et un dessein tout à fait beau de vous écarter de la route des autres. Si vous l'eussiez exécuté en françois, il auroit eu une vogue merveilleuse. Le latin lui ôtera sans doute quelque chose; il est si recherché qu'il n'est pas intelligible à ceux qui n'y savent que le plain-chant; il m'échappe en quelques lieux, et je m'assure que[4] quelques-uns des lecteurs en sauront encore moins que moi. Cependant trouvez bon que je vous rende de très-humbles grâces, et de l'exemplaire que vous m'en avez envoyé, et de la manière dont vous y avez parlé de moi[5].

1. L'original autographe de cette lettre se trouve aux folios 157 et 158 du recueil indiqué page 482, note 5. On a plusieurs lettres de Thomas, qui, par leurs dates, se placent entre celle-ci et la précédente (n° 23). Dans l'une d'elles, du 4 avril 1659, on lit : « Mon frère vous assure de ses services et a donné charge à M. Courbé de vous porter son *OEdipe*. »
2. *En*, dans les éditions modernes.
3. Première rédaction : « recherchés. »
4. Première rédaction : « que vous aurez.... »
5. Nous n'avons pu voir ce recueil de poésies latines de l'abbé de Pure; nous ne l'avons même trouvé mentionné dans aucune des diverses listes de ses ouvrages que renferment les bibliographies. Les

Je suis à la fin d'un travail fort pénible sur une matière fort délicate. J'ai traité en trois préfaces les principales questions de l'art poétique sur mes trois volumes de comédies[1]. J'y ai fait quelques explications nouvelles d'Aristote, et avancé quelques propositions et quelques maximes inconnues à nos anciens. J'y réfute celles[2] sur lesquelles l'Académie a fondé la condamnation du *Cid*, et ne suis pas d'accord avec M. d'Aubignac de tout le bien même qu'il a dit de moi. Quand cela paroîtra, je ne doute point qu'il ne donne matière aux critiques : prenez un peu ma protection. Ma première préface examine si l'utilité ou le plaisir est[3] le but de la poésie dramatique ; de quelles utilités[4] elle est capable, et quelles en sont les parties, tant intégrales, comme le sujet et les mœurs, que de quantité, comme le prologue, l'épisode et l'exode. Dans la seconde, je traite des conditions du sujet de la belle tragédie ; de quelle qualité doivent être les incidents[5] qui la composent, et les personnes qu'on y introduit, afin d'exciter la pitié et la crainte ; comment se fait la purgation des passions par cette pitié et cette crainte,

---

lettres adressées à l'abbé de Pure que possède la Bibliothèque impériale, et dont les quatre autographes de Corneille que nous reproduisons ici sous les n°s 23, 24, 26 et 27, ont autrefois fait partie, ne nous ont fourni non plus aucun renseignement précis à ce sujet. Nous avons seulement recueilli la mention suivante dans une lettre signée *Delacoste*, et datée de Rouen le 18 juillet 1660 : « Je suis persuadé que votre latin ne ressemble pas au mien, mais cela n'empêche pas que je n'attende avec impatience celui que vous me devez envoyer. Les illustres frères (*Pierre et Thomas Corneille*) et l'incomparable Brébeuf en ont autant que moi. » (Fonds français, n° 15209, folio 74 verso.)

1. Voyez les trois *Discours* sur le théâtre, tome I, p. 13-122.
2. Corneille avait d'abord écrit *les*.
3. Corneille avait d'abord écrit *sont*.
4. Toutes les éditions donnent : « de quelle utilité, » au singulier.
5. Première rédaction : « des incidents. »

et des moyens de tra iter les choses selon le vraisemblable ou le nécessaire. Je parle, en la troisième, des trois unités : d'action¹, de jour et de lieu. Je crois qu'après cela il n'y a plus guère de question d'importance à remuer, et que ce qui reste n'est que la broderie qu'y peuvent ajouter la rhétorique, la morale et la politique.

En ne pensant vous faire qu'un remercîment, je vous rends insensiblement compte de mon dessein. L'exécution en demandoit une plus longue étude que mon loisir ne m'a pu² permettre. Vous n'y trouverez pas grande élocution ni grande doctrine; mais, avec tout cela, j'avoue que ces trois préfaces m'ont plus coûté que n'auroient fait trois pièces de théâtre. J'oubliois à vous dire que je ne prends d'exemples modernes que chez moi; et bien que je contredise quelquefois M. d'Aubignac et Messieurs de l'Académie, je ne les nomme jamais, et ne parle non plus d'eux que s'ils n'avoient point parlé de moi ³. J'y fais aussi une censure de chacun de mes poëmes en particulier, où⁴ je ne m'épargne pas. Derechef, préparez-vous à être de mes protecteurs, et croyez que je suis toujours,

Monsieur,

Votre très-humble et très-obéissant serviteur,

Corneille.

Suscription : A Monsieur, Monsieur l'abbé de Pure, à Paris.

1. Corneille avait écrit « de jour » en premier, puis il a effacé ces deux mots.
2. *N'a pu*, dans toutes les éditions.
3. Corneille avait commencé la phrase suivante en écrivant *Derechef*, puis il a effacé ce mot.
4. *Et*, dans toutes les éditions

25. — DE CHAPELAIN A CORNEILLE[1].

30 mars 1661.

Monsieur,

Aussitôt que mon indisposition m'a permis de sortir, j'ai vu Madame la duchesse de Nemours sur le dessein de lui faire agréer un de vos fils pour page[2], et de la plus adroite manière que j'ai pu, je lui ai proposé ce que vous souhaitiez d'elle. Votre mérite et sa connoissance m'ont facilité la négociation. Elle m'a même fait l'honneur d'y considérer mon entremise et la part que je prends en vos intérêts. Sa réponse a été qu'elle seroit bien aise de vous donner cette marque de sa bienveillance, et du cas qu'elle fait de votre personne, lorsqu'il y auroit une place vacante pour cela; qu'on l'avoit prévenue pour la première; que néanmoins il ne seroit pas impossible qu'elle n'en demeurât la maîtresse, et qu'en ce cas je vous pouvois assurer que cette place seroit pour votre fils; mais que si elle étoit obligée de tenir sa parole, la première d'après seroit pour lui[3]. Je suis d'avis,

---

1. Voyez ci-dessus la *Notice*, p. 425. M. Taschereau a publié cette lettre à la page 177 de la seconde édition de son *Histoire de la vie et des ouvrages de P. Corneille*.
2. Son second fils, tué au siége de Grave : voyez ci-dessus, p. 188, note 4, et p. 189, note 2.
3. Le succès, comme le remarque M. Taschereau, fut plus prompt que Chapelain lui-même n'avait osé l'espérer. Nous l'apprenons par la *Muse historique* de Loret du 30 avril suivant. Sa lettre de ce jour-là, intitulée : *Équivocante*, à cause d'un jeu de mots, qu'il a le bon goût de ne pas défendre, commence ainsi :

« Princesse, vous faites la grâce
Aux sieurs courtisans du Parnasse
D'avoir de l'estime pour eux,
Témoin cet instinct généreux
Qui vous a fait prendre pour page
Un jouvenceau de Rotomage *,
Parce qu'il est le noble enfant
De Corneille, esprit triomphant,
Qui par les beaux vers de sa veine
A surpassé sur notre scène
Les poëtes les mieux sensés,

* Rouen. (*Note de Loret.*)

Monsieur, que vous lui écriviez une lettre fort respectueuse et fort pleine de gratitude pour la faveur qu'elle vous fait, afin de l'en faire souvenir et d'engager toujours la chose. Cependant il sera bon de la tenir secrète, car on ne sait ce qui peut arriver, et il faut traiter délicatement avec cette princesse, de l'humeur dont nous la connoissons. Vous me pourrez envoyer la lettre, que j'accompagnerai de mes offices en la lui rendant, et un peu mieux que si c'étoit pour moi-même. Je vous suis au reste obligé de m'avoir offert cette occasion de vous témoigner que je suis véritablement,
Monsieur,
Votre, etc.
CHAPELAIN.

Suscription : A Monsieur Corneille l'aîné, à Rouen.

26. — DE CORNEILLE A L'ABBÉ DE PURE[1].

A Rouen, ce 3 de novembre 1661.

MONSIEUR,

A quoi pensez-vous de me donner une joie imparfaite, et de me rendre compte de la moitié d'une pièce si rare, pour m'en faire attendre en vain l'achèvement? Pensez-

>   Tant les présents que les passés.
>   Je n'entre point en compétence
>   Avec sa sublime science;
>   Mais sans faire ici l'important,
>   Je vous ai présenté pourtant,
>   En vous dédiant mes ouvrages,
>   Mille fois plus que lui des pages
>   Depuis pour le moins douze hivers,
>   Mais c'étoient des pages de vers.
>   Si l'équivoque est un peu plate,
>   Et non pas fine et délicate,
>   Excusez le peu qu'elle vaut,
>   Et lisez ceci bas ou haut. »

1. L'autographe de cette lettre se trouve aux folios 159 et 160 du recueil indiqué page 482, note 5.

vous que ce que vous me mandez de trois actes ne me rende pas curieux, voire impatient de savoir des nouvelles des trois qui restent¹? C'est ce qui a différé ma réponse, et la prière que j'ai à vous faire de ne vous contenter pas du bruit que les comédiens font de mes deux actes², mais d'en juger vous-même et m'en mander votre sentiment, tandis qu'il y a encore lieu à la correction. J'ai prié Mlle des Œillets³, qui en est saisie, de vous les montrer quand vous voudrez; et cependant je veux bien vous prévenir un peu en ma faveur, et vous dire que si le reste suit du même air⁴, je ne crois pas avoir rien écrit de mieux. Mes deux héroïnes ont le même caractère de vouloir épouser par ambition un homme pour qui elles n'ont aucun amour, et le dire à lui-même; et toutefois je crois que cette ressemblance se trouvera si diversifiée par la manière de l'exprimer, que beaucoup ne s'en⁵ apercevront pas. Elles s'offrent toutes deux à lui sans blesser la pudeur du sexe ni démentir la fierté de leur rang. Les

---

1. « De ceux qui restent, » dans toutes les éditions; mais il y a bien dans l'autographe : «des trois qui restent, » soit que Corneille ait, ce qui semble fort probable, écrit la seconde fois *trois*, pour *deux*; soit que de Pure ait composé une pièce avec prologue qu'on ait pu considérer comme étant en six actes. Il est du reste à peu près certain que cet ouvrage n'a jamais été représenté ni même imprimé, car de Pure n'est connu comme auteur dramatique que par sa tragédie d'*Ostorius*, publiée en 1659 chez Guillaume de Luyne, et dont les frères Parfait rendent compte dans leur *Histoire du Théâtre françois* (tome VIII, p. 283 et suivantes).
2. Les deux premiers actes de *Sertorius*, tragédie de Pierre Corneille représentée à la fin de février 1662. Voyez tome VI, p. 353 et suivantes.
3. Actrice de l'Hôtel de Bourgogne (voyez tome VI, p. 355), qui joua plus tard avec un grand succès le rôle de Sophonisbe (voyez tome VI, p. 452). Elle mourut le 25 octobre 1670, à l'âge de quarante-neuf ans.
4. « Du même art, » dans toutes les éditions.
5. *L'y*, au lieu de *s'en*, dans toutes les éditions.

vers en sont assez forts et assez nettoyés, et la nouveauté de ce caractère pourra ne déplaire pas, si elle est bien soutenue par le reste de l'action. Je vous ai déjà parlé de l'une, qui étoit femme de Pompée. Sylla le força de la répudier pour épouser Émilia, fille de sa femme et d'Émilius Scaurus, son premier mari. Plutarque et Appian la nomment Antistie, fille du préteur Antistius. Un évêque espagnol, nommé Joannes Gerundensis, la nomme Aristie, et son père Aristius[1]. Je ne doute point qu'il ne se méprenne ; mais à cause que le mot est plus doux, je m'en suis servi, et vous en demande votre avis et celui de nos savants amis. Aristie a plus de douceur, mais il sent plus le roman. Antistie est plus dur aux oreilles, mais il sent plus l'histoire et a plus de majesté. *Quid juris*[2]? J'espère dans trois ou quatre jours avoir achevé le troisième acte. J'y fais un entretien de Pompée avec Sertorius que les deux premiers préparent assez, mais je ne sais si on en pourra souffrir la longueur. Il est de deux cent cinquante-deux vers[3]. Il me semble que deux hommes tels qu'eux, généraux de deux armées ennemies, ne peuvent achever en deux mots une conférence si attendue durant une trêve[4]. On a souffert Cinna et Maxime, qui en ont consumé davantage à consulter avec Auguste. Les vers de ceux-ci me semblent bien aussi forts et plus pointilleux, ce qui aide souvent au théâtre, où les picoteries soutiennent et réveillent l'atten-

---

1. Voyez tome VI, p. 358, note 2.
2. Formule usitée dans la langue du droit, qui répond tout simplement ici à : « Qu'en pensez-vous ? qu'en jugez-vous ? »
3. Voyez tome VI, p. 395, à la fin de la note 1.
4. Tout ce passage a été fort mal donné par les éditeurs de Corneille ; voici leur texte : « Il me semble que deux hommes belliqueux.... ne peuvent achever en deux mots une conférence si longtemps attendue. » Ils ont supprimé les mots : « durant une trêve, » qui étaient un peu difficiles à lire.

tion de l'auditeur. Mon autre héroïne n'est pas si historique qu'Aristie, mais elle ne laisse pas d'avoir son fondement en l'histoire[1]. Je la fais fille de ce Viriatus qui défit tant de fois les Romains en Espagne[2], et fut enfin défait douze ou quinze ans avant la venue de Sertorius, qui fut particulièrement assisté par les Lusitaniens, qui étoient les compatriotes de ce grand capitaine, que j'en fais roi, bien que l'histoire n'en fasse qu'un chef de brigands, qui enfin combattit en corps d'armée. J'ai plus besoin de grâce pour Sylla, qui mourut et se démit de sa puissance avant la[3] mort de Sertorius; mais sa vie est d'un[4] tel ornement à mon ouvrage pour justifier les armes de Sertorius, que je ne puis m'empêcher de le ressusciter. Mon auteur moderne, Joannes Gerundensis, le fait vivre après Sertorius; mais il se trompe aussi bien qu'au nom d'Aristie. Je ne demande point votre avis sur ce dernier point, car quand ce seroit une faute, je me la pardonne, *ignosco egomet mi*. Adieu, notre ami : aimez-moi toujours, s'il vous plaît, et me tenez pour

Votre très-humble et très-obéissant serviteur,

CORNEILLE.

Suscription : A Monsieur, Monsieur l'abbé de Pure, à Paris.

1. Voyez tome VI, p. 359.
2. Voyez tome VI, p. 360.
3. Première rédaction : « un peu avant la. »
4. Première rédaction : « il sert d'un. »

27. — DE CORNEILLE A L'ABBÉ DE PURE[1].

A Rouen, ce 25 d'avril [1662].

Monsieur,

L'estime et l'amitié que j'ai depuis quelque temps pour Mlle Marotte[2] me fait vous avoir une obligation très-singulière de la joie que vous m'avez donnée en m'apprenant son succès et les merveilles de son début. Je l'avois vue ici représenter *Amalasonte*[3], et en avois conçu une assez haute opinion pour en dire beaucoup de bien à M. de Guise[4] quand il fut question, vers la mi-carême, de la faire entrer au Marais; mais ce que vous m'en mandez passe mes plus douces espérances, et va si loin, que mes amis, à qui j'ai fait part de votre lettre, veulent mal gré que vous en aviez un peu le cœur navré quand vous m'avez écrit[5]. Puisque MM. Boyer et Quinault sont

1. L'autographe de cette lettre se trouve aux folios 153 et 154 du recueil indiqué page 482, note 5.
2. Marotte Beaupré, très-jolie actrice, nièce de la Beaupré, de l'« excellente comédienne, qui a joué dans les commencements de la grande réputation de M. Corneille, » dit Segrais dans ses *Mémoires-anecdotes*. Voyez sur la demoiselle Marotte et sur sa tante un long article dans *Molière et sa troupe*, par H. A. Soleirol (p. 70-75). L'auteur, faute d'avoir connu la lettre de Corneille, fixe par conjecture l'entrée de Marotte au théâtre du Marais à Pâques 1659.
3. Tragédie de Quinault, représentée pour la première fois à Paris en 1657, et jouée, à ce qu'il paraît, à Rouen, en 1658, par la troupe de Molière, dont Marotte faisait alors partie.
4. Henri II de Lorraine, duc de Guise, mort le 2 juin 1664. Voyez ci-dessus, p. 182-184.
5. Cette rédaction un peu obscure est bien la reproduction exacte du texte autographe. Corneille avait d'abord écrit *que* avant *mal gré*, et *moi* après; mais il a soigneusement effacé ces deux mots, qui d'ailleurs n'expliqueraient rien. Les éditeurs ont mis tout à fait arbitrairement : « Mes amis, à qui j'ai fait part de votre lettre, veulent *la lui communiquer* malgré que vous en aviez un peu le cœur navré. » Sur quoi M. Parrelle dit en note : « Cette locution ne serait pas reçue aujourd'hui. »

convaincus de son mérite, je vous conjure de les obliger à me montrer bon exemple; car outre que je serai bien aise d'avoir quelquefois mon tour à l'Hôtel, ainsi qu'eux, et que je ne puis manquer d'amitié à la reine Viriate [1], à qui j'ai tant d'obligation, le déménagement que je prépare pour me transporter à Paris [2] me donne tant d'affaires, que je ne sais si j'aurai assez de liberté d'esprit pour mettre quelque chose cette année sur le théâtre [3]. Ainsi, si ces Messieurs ne les secourent, ainsi que moi, il n'y a pas d'apparence que le Marais se rétablisse; et quand la machine [4], qui est aux abois, sera tout à fait défunte, je trouve que ce théâtre ne sera pas en trop [5] bonne posture. Je ne renonce pas aux acteurs [6] qui le soutiennent; mais aussi je ne veux point tourner le dos tout à fait à Messieurs de l'Hôtel [7], dont je n'ai aucun lieu de me plaindre, et où il n'y a rien à craindre quand une pièce est bonne. Ils aspirent tous à y entrer, et ils ne sont pas

1. Probablement Mlle des Œillets. Voyez ci-dessus, p. 490, note 3; et tome VI, p. 355.

2. Corneille, au commencement du mois d'octobre, n'était pas encore établi à Paris. Voyez les premières lignes de la lettre suivante.

3. *Sophonisbe*, la première des pièces de Corneille représentée après qu'il eut écrit cette lettre, ne fut jouée qu'au mois de janvier 1663.

4. *La Toison d'or* de Corneille, jouée au théâtre du Marais au mois de février 1661, fut rejouée l'année suivante jusque vers la fin de février. Voyez tome VI, p. 225-227.

5. Ce mot *trop* manque dans toutes les éditions.

6. Première rédaction : « je trouve que ces Messieurs ne seront pas en trop bonne posture. Je ne renonce pas à eux. »

7. Tallemant des Réaux a remarqué avec quel soin Corneille s'est appliqué à maintenir les deux troupes (voyez notre tome I, p. 258). — Notre poëte avait à se louer, non-seulement de la manière dont les comédiens de l'Hôtel jouaient ses pièces, mais du respect et de l'admiration que certains d'entre eux lui témoignaient publiquement. Voici en quels termes s'exprime, en tête d'une tragicomédie intitulée : *le Festin de pierre ou le Fils criminel*, publiée à Amsterdam en 1660, le sieur de Villiers, qui était, ainsi qu'il le

assez injustes pour exiger de moi un attachement qu'ils ne me voudroient pas promettre. Quelques-uns, à ce qu'on m'a dit, ont pensé passer au Palais-Royal. Je ne sais pas ce qui les a retenus au Marais; mais je sais bien que ce n'a pas été pour l'amour de moi qu'ils y sont demeurés. J'appris hier que le pauvre Magnon[1] est

déclare lui-même dans l'avis *au Lecteur*, « un des comédiens de la seule troupe royale, et seule entrenue par Sa Majesté. »

A Monsieur de Corneille, à ses heures perdues.

« Monsieur, si vous jugez de moi comme vous devez, vous ne croirez jamais que je me puisse persuader qu'il y ait rien de bon goût dans ce *Festin*. Ce n'est point du tout dans cette créance que je vous dédie cette pièce, c'est un hommage que je vous dois et que je vous rends, non pas en qualité de votre confrère en Apollon, comme vous avez voulu dire par raillerie, mais en celle d'un rimailleur, qui ne devoit rien mettre au théâtre sans votre aveu.... D'abord que l'on entonnera dans le Palais : « Voilà *le Festin de pierre ou le Fils cri-« minel*, » mille personnes qui ne voudroient pas faire un pas pour prendre part à ce *Festin* dans l'Hôtel de Bourgogne, en attendant leur rapporteur ou leur avocat, verront au moins, à l'ouverture de ce livret, de quelle façon je vous honore, et qu'en vous seul je révère plus qu'Aristote, plus que Sénèque, plus que Sophocle, plus qu'Euripide, plus que Térence, plus qu'Horace, plus que Plaute, et généralement plus que tous ceux qui se sont mêlés de donner des règles à notre théâtre. »

1. Nous lisons dans la *Muse historique* de Loret du 29 avril 1662 :

> Magnon, esprit tout plein de feu,
> Fut assassiné depuis peu,
> C'est-à-dire l'autre semaine,
> Vers, dit-on, la Samaritaine.

Ce *Magnon* était un poëte tragique, qui avait eu un instant l'intention de traiter le sujet de *Stilicon*, puis s'était retiré devant Thomas Corneille, qui nous a appris ce fait en ces termes dans une lettre du 1er décembre 1659, adressée à l'abbé de Pure : « Je ne saurois assez vous remercier du soin que vous vous êtes donné de voir M. Magnon en ma faveur. Je vous l'aurois néanmoins épargné, si j'eusse prévu que M. de la Coste eût dû vous écrire sur le bruit qui couroit d'un double *Stilicon*. J'en ai assez bien jugé pour avoir toujours cru que c'étoit une fausse alarme, et vous m'auriez rendu un mauvais

mort de ses blessures. Je le plains, et suis de tout mon cœur,

  Monsieur,

    Votre très-humble et très-obéissant serviteur,

             Corneille.

Suscription : A Monsieur, Monsieur l'abbé de Pure, à Paris.

28. — DE CHAPELAIN A CORNEILLE[1].

4 octobre 1662.

  Monsieur,

Vous tardez trop à venir vous établir à Paris[2], et je ne saurois plus vous attendre pour vous remercier de bouche du présent exquis que votre jeune page[3] m'a fait de votre part. La beauté de *Sertorius*, qui m'a paru encore plus grande sur le papier que sur le théâtre, me sollicite trop puissamment de vous en témoigner ma reconnoissance[4]. Elle est proportionnée au mérite de la pièce, c'est-à-dire qu'elle est extrême, jusques à m'ôter le moyen de l'exprimer. Mais vous, Monsieur, qui entrez si bien dans le cœur de vos personnages, vous n'aurez pas de peine à entrer dans le mien, et vous vous direz

office auprès de M. Magnon, si vous lui aviez laissé croire que j'eusse besoin de l'assurance qu'il me donne pour n'appréhender pas le péril de la contrefaçon. Je reçois sa lettre comme une civilité obligeante, et je lui ferois tort si, doutant qu'il fût capable de se manquer à soi-même, je me persuadois que la considération de mes intérêts eût contribué quelque chose à l'éloigner d'une entreprise qu'on lui a faussement imputée. »

 1. Voyez ci-dessus la *Notice*, p. 425. — M. Taschereau a publié cette lettre aux pages 183 et 184 de la seconde édition de son *Histoire de la vie et des ouvrages de P. Corneille*.

 2. Voyez ci-dessus, p. 494 et note 2.

 3. Son second fils, page de la duchesse de Nemours. Voyez ci-dessus, p. 488.

 4. Chapelain devait en effet avoir reçu depuis un certain temps déjà le volume de *Sertorius*, dont l'Achevé d'imprimer est du 8 juillet 1662.

pour moi ce que je ne vous puis assez bien dire. Vous penserez, s'il vous plaît, la même chose de Conrart, à qui j'ai envoyé le même régal en votre nom, et qui vous en auroit rendu ses grâces lui-même s'il avoit les mains assez libres et s'il en disposoit aussi bien que de son esprit[1]. Il m'a fait conjurer de ne vous laisser pas ignorer sa gratitude, et vous la croirez aisément d'un aussi homme d'honneur et autant votre admirateur que lui. Il vous le dira de sa propre bouche quand vous serez tous deux ici. C'est de quoi je ne le presse pas moins que vous, vous y souhaitant également pour ma joie; car je ne suis pas moins touché de votre vertu que de la sienne, ni ne suis pas plus son ami que je ne suis,

Monsieur,

Votre, etc.

CHAPELAIN.

29. — DE CORNEILLE A MONSIEUR DE SAINT-ÉVREMOND[2].

[1666.]

MONSIEUR,

L'obligation que je vous ai est d'une nature à ne pouvoir jamais vous en remercier dignement[3]; et dans la confusion où j'en suis[4], je m'obstinerois encore dans le silence, si je n'avois peur qu'il ne passât auprès de vous pour ingratitude. Bien que les suffrages de l'importance

---

1. Valentin Conrart, l'un des premiers académiciens, mort le 23 septembre 1675. « Mille raisons, dit d'Olivet, peuvent mettre obstacle à la fécondité des meilleures plumes; et une partie tout au moins de ces raisons avoit lieu à l'égard de M. Conrart, qui fut horriblement goutteux les trente dernières années de sa vie. » (*Histoire de l'Académie française*, édition de M. Livet, tome II, p. 141.)

2. Voyez ci-dessus la *Notice*, p. 422 et 423.

3. Corneille adressa cette lettre à Saint-Évremond pour le remercier de l'éloge qu'il avait fait de *Sophonisbe* dans sa *Dissertation sur l'Alexandre de Racine*. On trouvera le morceau dont il est question ici dans notre tome VI, p. 467, note 1.

4. *Je suis*, dans les *OEuvres diverses* et les éditions suivantes.

du vôtre nous doivent toujours être très-précieux, il y a des conjonctures qui en augmentent infiniment le prix. Vous m'honorez de votre estime en un temps où il semble qu'il y ait un parti fait pour ne m'en laisser aucune. Vous me soutenez, quand on se persuade qu'on m'a abattu [1]; et vous me consolez glorieusement de la délicatesse de notre siècle, quand vous daignez m'attribuer le bon goût de l'antiquité. C'est un merveilleux avantage pour un homme qui ne peut douter que la postérité ne veuille bien s'en rapporter à vous. Aussi je vous avoue, après cela, que je pense avoir quelque droit de traiter de ridicules ces vains trophées qu'on établit sur le débris imaginaire [2] des miens, et de regarder avec pitié ces opiniâtres entêtements qu'on avoit pour les anciens héros refondus à notre mode.

Me voulez-vous bien permettre d'ajouter ici que vous m'avez pris par mon foible, et que ma *Sophonisbe*, pour qui vous montrez tant de tendresse, a la meilleure part de la mienne? Que vous flattez agréablement mes sentiments, quand vous confirmez ce que j'ai avancé touchant la part que l'amour doit avoir dans les belles tragédies, et la fidélité avec laquelle nous devons conserver à ces vieux illustres ces caractères de leur temps, de leur nation et de leur humeur! J'ai cru jusques ici que l'amour étoit une passion trop chargée de foiblesse pour être la dominante dans une pièce héroïque; j'aime qu'elle y serve d'ornement, et non pas de corps, et que les grandes âmes ne la laissent agir qu'autant qu'elle est compatible avec de plus nobles impressions. Nos doucereux et nos enjoués sont de contraire avis; mais vous vous déclarez

---

1. « Qu'on m'a battu, » dans les mêmes impressions.
2. « Les débris imaginaires, » dans l'édition de Lefèvre et dans quelques autres.

du mien : n'est-ce pas assez pour vous en être redevable au dernier point, et me dire toute ma vie,

Monsieur,

Votre très-humble et très-obéissant serviteur,

CORNEILLE.

30. — DE SAINT-ÉVREMOND A CORNEILLE[1].

MONSIEUR,

Je ne doute pas que vous ne fussiez le plus reconnoissant homme du monde d'une grâce qu'on vous feroit, puisque vous vous sentez obligé d'une justice qu'on vous rend. Si vous aviez à remercier tous ceux qui ont les mêmes sentiments que moi de vos ouvrages, vous devriez des remercîments à tous ceux qui s'y connoissent. Je vous puis répondre que jamais réputation n'a été si bien établie que la vôtre en Angleterre et en Hollande. Les Anglois, assez disposés naturellement à estimer ce qui leur appartient, renoncent à cette opinion souvent bien fondée, et croient faire honneur à leur Ben Johnson[2] de le nommer le Corneille de l'Angleterre. M. Waller[3], un des plus

---

1. Cette lettre est tirée du même recueil que la précédente. Elle parvint à Corneille par l'intermédiaire du comte de Lionne, à qui Saint-Évremond s'adresse en ces termes : « Je suis fort obligé à Monsieur Corneille de l'honneur qu'il me fait. Sa lettre est admirable, et je ne sais s'il écrit mieux en vers qu'en prose. Je vous supplie de lui rendre ma réponse, et de l'assurer que personne au monde n'a tant d'estime pour tout ce qui vient de lui, que moi. »

2. Ben ou Benjamin Jonson, célèbre auteur dramatique anglais, né à Londres en 1574, mort en 1637.

3. Edmond Waller, poète anglais, né en 1605, mort le 21 octobre 1687. Réfugié pendant quelque temps en France, il habita Rouen, où il put connaître Corneille; il faisait partie, dans les dernières années de sa vie, du petit cercle tout français formé à Londres par les duchesses de Bouillon et de Mazarin. La Fontaine, dans une lettre à Saint-Évremond, datée du 18 décembre 1687, fait en ces termes l'éloge du poëte anglais :

> Cet homme sut en quatre arts exceller :
> Amour et vers, sagesse et beau parler.

beaux esprits du siècle, attend toujours vos pièces nouvelles, et ne manque pas d'en traduire un acte ou deux en vers anglois pour sa satisfaction particulière. Vous êtes le seul de notre nation dont les sentiments ayent l'avantage de toucher les siens. Il demeure d'accord qu'on parle et qu'on écrit bien en France : il n'y a que vous, dit-il, de tous les François qui sache penser. M. Vossius[1], le plus grand admirateur de la Grèce, qui ne sauroit souffrir la moindre comparaison des Latins aux Grecs, vous préfère à Sophocle et à Euripide.

Après des suffrages si avantageux, vous me surprenez de dire que votre réputation est attaquée en France. Seroit-il arrivé du bon goût comme des modes, qui commencent à s'établir chez les étrangers, quand elles se passent à Paris? Je ne m'étonnerois point qu'on prît quelque dégoût pour les vieux héros, quand on en voit un jeune qui efface toute leur gloire[2]. Mais si on se plaît encore à les voir représenter sur nos théâtres, comment peut-on ne pas admirer ceux qui viennent de vous? Je crois que l'influence du mauvais goût s'en va passer; et la première pièce que vous donnerez au public fera voir, par le retour de ses applaudissements, le recouvrement du bon sens et le rétablissement de la raison. Je ne finirai pas sans vous rendre grâces très-humbles de l'honneur que vous m'avez fait. Je me trouverois indigne des louanges que vous donnez à mon jugement; mais comme il s'occupe le plus souvent à bien connoître la beauté de vos ouvrages, je confonds nos intérêts, et me laisse aller avec plaisir à une vanité mêlée avec la justice que je vous rends.

1. Isaac Vossius, né à Leyde en 1618, bibliothécaire de Christine de Suède, disgracié par l'influence de Saumaise, fit partie de la société de la duchesse de Mazarin, comme le prouvent ces vers de Saint-Évremond :

> Qu'est devenu le temps heureux
> Où la raison d'accord avec vos plus doux vœux,
> Où les discours sensés de la philosophie
> Partageoient les plaisirs de votre belle vie?
> Vossius apportoit un traité de la Chine,
> Où cette nation paroît plus que divine.
> (*Épître à Madame la duchesse de Mazarin sur la bassette.*)

Nommé par Charles II, en 1673, chanoine de Windsor, il mourut en 1689.

2. Allusion aux victoires de Louis XIV.

31. — DE CORNEILLE A COLBERT[1].

Monseigneur, [1678[2].]

Dans le malheur qui m'accable, depuis quatre ans, de n'avoir plus de part aux gratifications dont Sa Majesté honore les gens de lettres, je ne puis avoir un plus juste et plus favorable recours qu'à vous, Monseigneur, à qui je suis entièrement redevable de celle que j'y avois. Je ne l'ai jamais méritée, mais du moins j'ai tâché à ne m'en rendre pas tout à fait indigne par l'emploi que j'en ai fait. Je ne l'ai point appliquée à mes besoins particuliers, mais à entretenir deux fils dans les armées de Sa Majesté, dont l'un a été tué pour son service au siége de Grave; l'autre sert depuis quatorze ans, et est maintenant capitaine de chevau-légers[3]. Ainsi, Monseigneur, le retranchement de cette faveur, à laquelle vous m'aviez accoutumé, ne peut qu'il ne me soit sensible au dernier point, non pour mon intérêt domestique, bien que ce soit le seul avantage que j'aye reçu de cinquante années de travail, mais parce que c'étoit une glorieuse marque de l'estime qu'il a plu au Roi faire du talent que Dieu m'a donné, et que cette disgrâce me met hors d'état de faire encore longtemps subsister ce fils dans le service où il a consumé la plupart de mon peu de bien pour remplir avec honneur le poste qu'il y occupe. J'ose espérer, Monseigneur, que vous aurez la bonté de me rendre votre

---

1. Voyez ci-dessus la *Notice*, p. 423. — Cette lettre se trouve aux folios 151 et 152 du recueil indiqué page 482, note 5.
2. Pour cette date, voyez la note suivante.
3. Voyez ci-dessus, p. 188, note 4. — C'est, comme l'a remarqué M. Édouard Fournier, la date bien certaine de 1664, pour l'entrée du fils aîné de Corneille au service, qui fixe à l'année 1678 la présente lettre, qu'on avait regardée comme postérieure à cette époque.

protection, et de ne pas laisser détruire votre ouvrage. Que si je suis assez malheureux pour me tromper dans cette espérance, et demeurer exclu de ces grâces qui me sont si précieuses et si nécessaires, je vous demande cette justice de croire que la continuation de cette mauvaise influence n'affoiblira en aucune manière ni mon zèle pour le service du Roi, ni les sentiments de reconnoissance que je vous dois pour[1] le passé, et que, jusqu'au dernier soupir, je ferai gloire d'être, avec toute la passion et le respect possible,

Monseigneur,

Votre très-humble, très-obéissant
et très-obligé serviteur,

Corneille.

1. *Par*, dans l'édition de Lefèvre et dans quelques autres.

APPENDICE DES LETTRES.

DE CORNEILLE A ROTROU[1].

A[2] Rouen, ce 14 juillet 1637.

La raison, mon cher ami, n'a jamais eu d'empire[3] ni sur les fous[4], ni sur les sots, et voilà juste pourquoi elle peut être d'usage quelque peu pour[5] les gens sensés; ayant l'approbation de ceux-ci et la vôtre, qui est tout ce que je souhaite, je ne dois donc éprouver[6] aucune peine des extravagances que débitent les premiers. L'envie peut encore aller[7] se joindre à eux sans que j'aye pour cela un moindre souci[8]. Si *le Cid* est jugé par l'Académie, et s'il est jugé avec impartialité, quel que soit son jugement, je ne dois voir en cette intention qu'une entreprise qui m'honore[9]; mais j'ai bonne raison, je vous assure, mon ami, de craindre que cet aréopage ne se laisse influencer par celui qui les a fait (*sic*) ce qui (*sic*) sont[10]. Ne croyez pas

---

1. Voyez ci-dessus la *Notice*, p. 416-418. Cette lettre a été publiée très-exactement, en janvier 1857, dans le *Bulletin du bibliophile*, p. 28 et 29.
2. Ce mot *A* a été supprimé devant *Rouen* par Lefèvre.
3. « N'a point d'empire. » (*Lefèvre.*)
4. « N'a jamais eu d'énergie ni sur les forts, » en tête du *Corneille à la butte Saint-Roch* de M. Édouard Fournier, p. cxv.
5. « Et voilà tout juste pourquoi elle est d'usage quelque peu parmi. » (*Lefèvre.*)
6. « Leur suffrage et le vôtre, qui est ce que je souhaite le plus, ne me permet pas d'éprouver. » (*Lefèvre.*)
7. « L'envie peut aller, si elle veut. » (*Lefèvre.*)
8. « Le moindre souci. » (*M. Fournier.*) — « Sans que j'en aye aucun souci. » (*Lefèvre.*)
9. « *Le Cid* doit être jugé par l'Académie; et si ce jugement, tel qu'il soit, se fait sans partialité, je n'aurai pas à me plaindre d'une entreprise dont l'intention m'honore. » (*Lefèvre.*)
10. « Ne se laisse diriger par celui qui les a faits ce qui sont. » (*M. Fournier.*) — « Mais je vous avoue, mon ami, que je dois peu compter sur la jus-

que [1] Chapelain et Sirmon [2] se dédisent : ils sont trop près de leur maître pour penser autrement que lui. Enfin je vous promets que je suis [3] moins occupé de ma pièce que d'apprendre ce que vous faites [4]. M. Jourdy m'a conté [5] les plus belles choses de son voyage de Dreux, et me donne grande [6] envie de venir vous voir dans votre belle famille, mais c'est un plaisir que je ne saurai avoir encore [7] de longtemps [8], vu que je veux vous montrer une nouvelle pièce qui est loin d'être finie. Adieu, mon cher ami ; mandez-moi de vos nouvelles [9] plus souvent, et croyez que vous me comblez de joie quand je reçois des vôtres.

CORNEILLE.

Suscription : A Monsieur J. de Rotrou, à Dreux.

tice de l'aréopage placé sous l'influence de celui qui les a faits ce qu'ils sont. » (*Lefèvre.*)

1. Lefèvre ajoute ici *Messieurs.*
2. Serizay, Chapelain et Sirmond avaient été chargés de rédiger les *Sentiments de l'Académie sur* le Cid. Voyez tome III, p. 35 et 36.
3. M. Fournier ajoute ici *encore.*
4. « Ils sont trop près du maître. Au surplus je m'inquiète peu de toutes ces choses. » (*Lefèvre.*)
5. « Raconté. » (*Lefèvre.*)
6. *Grande* manque dans le texte de M. Fournier.
7. *Encore* manque également dans le texte de M. Fournier.
8. « .... de ce qu'il a vu à Dreux. J'aurois intention d'aller voir votre belle famille ; mais je ne l'espère pas de sitôt. (*Lefèvre.*)
9. « Des nouvelles. » (*M. Fournier.*) — C'est à peine si cette correction rend supportable cette dernière phrase, encore singulièrement gauche. Lefèvre a entièrement modifié le passage précédent et a remplacé tout ceci par des points. Voici son texte : « Je suis occupé d'une nouvelle pièce que je veux vous montrer et qui est bien loin d'être terminée. . . . .

« P. CORNEILLE. »

TABLE

ALPHABÉTIQUE ET ANALYTIQUE

DES ŒUVRES DE CORNEILLE

TABLE

ALPHABÉTIQUE ET ANALYTIQUE

DES OEUVRES DE CORNEILLE.

N. B. Les chiffres romains indiquent les tomes; les chiffres arabes qui les suivent ou qui sont précédés d'un point et virgule marquent les pages; les chiffres arabes qui sont précédés d'une virgule après un autre chiffre arabe, les vers.

A

AÆTE, AÆTÈS, roi de Colchos, personnage de *la Toison d'or*, VI, 221-349.

AARON, IX, 24, 315; 317, 69 et 83.

ABIGAÏL, femme de Nabal, IX, 32, 455; 34, 482; 36, 521.

ABRAHAM, I, 90; IX, 159, 22; 225, 38; 239, 4; 311, 1; 557, 11; 600, 435. — Le sacrifice d'Abraham, VIII, 449.

ABRAHAM (saint), VIII, 440.

ABSYRTE, fils d'Aæte, personnage de *la Toison d'or*, VI, 221-349.

ACADÉMIE FRANÇOISE (l'). Ses *Sentiments sur le Cid*; Corneille ne l'a point, dit-il, choisie pour arbitre, III, 83-85. — Fragments de lettres de Corneille à Bois-Robert au sujet de l'examen du *Cid* par l'Académie françoise, X, 427-432. — Il avait l'intention de répondre à la critique de l'Académie, mais Bois-Robert lui a conseillé de ne point le faire, X, 431. — Corneille réfute les maximes sur lesquelles l'Académie fondait la condamnation du *Cid*, X, 486. — Discours de réception de Corneille, X, 407-411. — Richelieu confie aux soins de l'Académie la pureté d'une langue qu'il veut faire entendre et dominer par toute l'Europe, X, 410.

ACASTE, roi d'Iolcos, II, 346, 102 et 108 et 121; 347, 136 (var.); 366, 516; 384 (var.).

ACASTE, nom d'homme mentionné dans *la Veuve*, I, 490 (var.).

ACCURSE, jurisconsulte, IV, 158, 328.

ACHÉRON (l'), II, 350, 210.

ACHILLAS, lieutenant général des armées du roi d'Égypte, personnage de *Pompée*, IV, 1-115.

ACHILLE, I, 28; 31-33; 37; VI, 122, 41; X, 70, 61; 118, 49.

ACHORÉE, écuyer de Cléopatre,

personnage de *Pompée*, IV, 1-115; I, 103 et 104; II, 337.
Acte (le premier) doit contenir les semences de tout ce qui doit arriver, I, 42 et 43. — Actes d'un poëme dramatique, I, 107.
Action (l'), dans un poëme dramatique, doit avoir une juste grandeur, I, 29.
Action (Discours des trois unités d'), de jour et de lieu, I, 98-122.
Actium (la bataille d'), I, 89.
Adam, le premier homme, VIII, 198; 457, 405; IX, 35, 504; 519, 6. — Le vieil Adam, le vieil homme, VIII, 439, 3654; 449, 3877.
Adam Billault. Voyez Billault.
Adonis, II, 372, 642; VII, 360, 1871.
Adraste, personnage de *l'Illusion*, II, 421-527.
Adrian (saint), VIII, 496.
Ægée, roi d'Athènes, personnage de *Médée*, II, 327-419. — Il est mentionné dans *OEdipe*, VI, 190, 1322.
Æmon, fils de Créon, VI, 141, 182; 142, 191; 143, 212 et 224; 145, 265; 146, 278 et 282 et 288; 152, 402; 155, 482; 157, 529 et 533; 160, 613; 174, 950; 194, 1410; 210, 1799. Voyez Hémon.
Æole, VII, 331, 1134.
Æson, père de Jason, II, 345, 97; VI, 247.
Æthra, fille de Pitthéus, II, 335.
Aëtius, général romain, VII, 115, 180; 117, 214; 118, 264; 139, 739; 150, 1040; 154, 1106.
Africain (l'), surnom de Scipion, V, 542, 678.
Africains (les), II, 450, 327; III, 136, 543; 163, 1084; VI, 482, 221 et 226.
Afrique (l'), I, 93; II, 389, 976; III, 136 (var.); 403, 401; IV, 50, 565; 55, 685; 81, 1314; 97, 1705; V, 143; 152; 568, 1299; VI, 359; 430, 1581; VII, 464; 481, 211; 482, 222; 540, 1609; X, 270, 266.
Agamemnon, I, 20; 112; V, 406.
Agamemnon, tragédie de Sénèque, IV, 183.
Agathon, poëte grec. Sa tragédie intitulée *la Fleur*, I, 14.
Agénor, prince, amant de Psyché, personnage de *Psyché*, VII, 277-370.
Agésilas, tragédie de Corneille, VII, 1-95. — L'auteur demande au Roi de la faire représenter devant lui, X, 312, 17.
Agésilas, roi de Sparte, personnage principal de la pièce de ce nom, VII, 1-95.
Aglante, nom d'homme mentionné dans *la Veuve*, I, 401, 53. — Personnage de *la Comédie des Tuileries*, II, 303-325.
Aglante, nymphe, personnage d'*Andromède*, V, 243-396.
Aglatide, fille de Lysander, personnage d'*Agésilas*, VII, 1-95.
Aglaure, sœur de Psyché, personnage de *Psyché*, VII, 277-370.
Agnès (sainte), V, 89 1639.
Agnition, reconnaissance, grand ornement dans les tragédies, I, 71.
Agrippa, VI, 585, 237.
Agrippe, Agrippa, III, 403, 394.
Aiguillon (la duchesse d'). Voyez Combalet (dame de).
Aire (la ville d'), X, 306, 36 et 45; 307, 60.
Airs (les) de musique de d'Assoucy, X, 132.
Ajax, I, 28; III, 274.
Ajax, tragédie de Sophocle, I, 28; 66; 102; 119; II, 11.

DES OEUVRES DE CORNEILLE. 509

ALAINS (les), VII, 111, 52.
ALAIS. Voyez ALETZ.
ALARCON (don Juan d'), auteur de la comédie intitulée *la Verdad sospechosa*, IV, 137; 138.
— Parallèle de cette comédie et du *Menteur* de Corneille, IV, 241-272.
ALBAIN (l'), Curiace, III, 332, 1136.
ALBAINS (les), III, 335, 1217.
ALBANIE (l'), VI, 247; 271, 374.
ALBE (la ville d'), III, 279; 282; 184, 29 et 30; 285, 55; 286, 80 et 88; 290, 195; 292, 229; 293, 267; 297, 366; 298, 371 et 391; 399, 409; 302, 465; 303, 502; 305, 539 et 546; 306, 557 et 565; 309, 630 et 646; 310, 666; 323, 955 et 974; 324, 994 et 997; 330, 1094 et 1095; 331, 1119; 332, 1128; 334, 1177; 337, 1253; 348 (var.); 353, 1638; 355, 1699; 356, 1743; 358 (var.).
ALBE (le duc d'). Voyez TOLÈDE.
ALBIANE, dame d'honneur de Camille, personnage d'*Othon*, VI, 564-657.
ALBIN, un des complices de Cinna, III, 451, 1490.
ALBIN, confident de Félix, personnage de *Polyeucte*, III, 463-570.
ALBIN, centenier romain, personnage de *Sophonisbe*, VI, 447-549.
ALBIN, ami d'Othon, personnage d'*Othon*, VI, 564-657.
ALBIN, confident de Domitian, personnage de *Tite et Bérénice*, VII, 183-276.
ALCANDRE, roi d'Écosse, personnage de *Clitandre*, I, 255-369.
ALCANDRE, nom d'homme mentionné dans *la Veuve*, I, 393; 424, 483.

ALCANDRE, magicien, personnage de *l'Illusion*, II, 421-627.
ALCIAT, jurisconsulte, IV, 158, 328.
ALCIBIADE, I, 88.
ALCIDE, Hercule, I, 226, 1396; 349, 1303; VI, 211, 1822.
ALCIDON, personnage de *la Veuve*, I, 371-500; 43.
ALCIDOR, nom d'homme mentionné dans *la Galerie du Palais*, II, 47, 535.
ALCIPPE, personnage du *Menteur*, IV, 117-273; 305, 290; 321, 604; 322, 629.
ALCMÈNE, mère d'Hercule, IV, 156, 294 (var.).
Alcméon, tragédie d'Astydamas, I, 67.
ALCMÉON, personnage de la tragédie de ce nom, I, 77.
ALECTON, furie, I, 226, 1393; 231, 1467; 232, 1489; 359, 1537; V, 376, 1328; VI, 522, 1206; X, 236, 12.
ALETZ (la ville d'), X, 112.
ALEXANDRE LE GRAND, I, 88; 89; IV, 411; V, 317, 53; 656; X, 178, 39.
ALEXANDRE, adversaire de Démétrius Nicanor, IV, 418.
ALEXANDRE VII (Fabio Chigi, pape de 1655 à 1665 sous le nom d'). Dédicace que lui adresse Corneille de sa traduction de l'*Imitation*, VIII, 1-7. — Son recueil de vers latins, VIII, 4. — Négociateur à Munster pour le pape Innocent X, son prédécesseur, VIII, 6.
ALEXANDRIE, ville d'Égypte, IV, 20; 21; 22; 26; 38, 289; 81, 1321; VIII, 428.
ALEXANDRIN, citoyen d'Alexandrie, IV, 414; VII, 460.
ALEXANDRINS (vers), V, 309 et 310.
ALEXIS (saint), VIII, 34.

ALGER (la ville d'), IV, 235,
1712; X, 197, 42. Voyez
ARGER.
ALIDOR, personnage de *la Place
Royale*, II, 215-301.
ALINDOR, nom d'homme mentionné dans *la Veuve*, I, 408,
181.
ALLEMAGNE (l'), IV, 132; 148,
154 et 161; 187, 861; 293,
104; X, 257, 77; 292, 33;
304, 1; 468.
ALONSE (don), personnage du
Cid, III, 1-241.
ALOST (la place d'), X, 205,
161.
ALPES (les), I, 90.
ALPHONSE (don), roi de Castille,
V, 412.
ALTHÉE, mère de Méléagre, II,
390, 989.
ALVAR DE LUNE (don). Voyez
LUNE (don Alvar de).
Amalasonte, tragédie de Quinault,
X, 493.
AMAN, VIII, 572; IX, 41, 613;
42, 642.
Amant libéral (l'), comédie de
Scudéry, X, 400.
AMARANTE, personnage de *la
Suivante*, II, 113-214.
Ἁμάρτημα. Signification de ce
mot dans Aristote, I, 57.
AMATHONTE (la reine d'), Vénus,
V, 329, 332.
AMBOISE (Georges d'), cardinal,
X, 32, 1.
AMBROISE (saint), IX, 127. — Le
sujet de *Théodore* est tiré de
son second livre *des Vierges*,
V, 9; 11. — Extrait de ce second livre, V, 108-111.
AMÉRIQUE (l'), X, 197, 45.
AMINTE, nom de femme mentionné dans *Mélite*, I, 149,
113; — dans *la Galerie du
Palais*, II, 57, 734 et 735;
— dans des stances, X, 172,
2. Voyez AMYNTE.

AMMON (l'oracle d'), V, 294; 299.
AMMON, personnage d'*Andromède*, V, 243-396; I, 103
et 104.
AMOUR (l') dans la tragédie,
I, 24.
AMOUR (le dieu), I, 147, 77;
150, 143; 551, 152; 152,
176 (var.); 153, 197; 162,
345; 220, 1286; II, 147,
401; 163 (var.); 175, 941;
191, 1250; 202 (var.); 272,
941; 286, 1221; 300, 1503;
320, 256; 324, 352; 343, 44;
447, 247; 513, 1473; IV, 464,
830 et 831 et 842; V, 329,
333; 356, 882; X, 47, 2;
174, 2. — L'Amour, personnage de *la Toison d'or*, VI, 221-
349. — Personnage de *Psyché*,
VII, 277-370.
AMOURS (les), X, 339, 120. —
Quatre amours, personnages du
prologue de *la Toison d'or*, VI,
252-265.
AMPHION, roi de Thèbes, IV,
171, 555.
Amphitryon, comédie de Plaute,
V, 405.
AMSTERDAM (la ville d'), X, 259,
101; 282, 429.
AMYNTAS, personnage de *Théodore*, non marqué dans la liste
des acteurs, V, 77, 1367; 78.
— Personnage d'*Héraclius*, V,
113-241; I, 115.
AMYNTE, nom de femme dans
une ode, X, 30, 6. Voyez
AMINTE.
Ἀναγκαῖον. Diverses acceptions
de ce mot, I, 94.
ANANIAS, VIII, 643.
ANANIE, Ananias, IX, 147.
ANAPESTIQUES (vers), V, 310.
ANCHISE, père d'Énée, II, 372,
642; VII, 360, 1871.
ANDALOUSIE (l'), III, 139 (var.);
140, 614; V, 428, 217.
ANDRÉ (saint), VIII, 289; 347.

DES OEUVRES DE CORNEILLE.   511

Andrienne (l'), comédie de Térence, I, 46; 115; II, 13.
Andromède, tragédie de Corneille, V, 243-396; I, 47; 75; 103; 116 et 117; 273; III, 278; X, 178, 37. — *Dessein* de la pièce, V, 258-278. — *Examen*, V, 299-312. — *Adromède* est représentée sur le théâtre royal de Bourbon, VI, 258. — La représentation de cette tragédie a été un des plus beaux spectacles que la France ait vus, V, 292. — Les machines font le nœud et le dénoûment de cette pièce, V, 297; 305. — La beauté de la représentation y supplée au manque des beaux vers, V, 298. — Corneille explique et justifie l'emploi qu'il a fait dans *Andromède* de vers de diverses mesures, V, 308-312.
ANDROMÈDE, fille de Céphée et de Cassiope, personnage principal de la pièce de ce nom, V, 243-396; I, 15; 75.
ANGÉLIQUE, personnage de *la Place Royale*, II, 215-301; X, 68, 29 et 32.
ANGENNE (Julie d'). Voyez JULIE DE RAMBOUILLET.
ANGES GARDIENS (les saints). Hymnes pour leur fête, IX, 563-565.
ANGLETERRE (l'), II, 96, 1450; VI, 264, 229; X, 327, 10; 499.
ANGLOIS, les ANGLOIS, II, 434; X, 69, 43; 197, 45; 258, 91; 302, 51; 499.
ANGLOIS (l'), la langue anglaise, III, 82.
ANGUIEN. Voyez ENGHIEN.
ANNE D'AUTRICHE, femme de Louis XIII, V, 319, 85; VI, 258, 90; 260 et 261; 265; 319, 85; X, 401. — Épître dédicacatoire, à elle adressée, de la tragédie de *Polyeucte*, III, 417-474. — La première année de sa régence, III, 473. — Sonnet en son honneur, III, 473; X, 476.
ANNIBAL, IV, 70, 1004; V, 503; 506; 512, 22; 513, 35 et 41; 514, 72; 523, 276; 524, 294; 525, 310; 532, 444 et 446; 537, 574; 538, 578 et 584 et 589; 551, 911; 552, 915; 553, 952; 563, 1159; 564, 1175; 568, 1297; 587, 1727; IV, 480, 174 et 177; 516, 1868; X, 259, 104.
ANTIGONE, fille d'Œdipe, VI, 140, 146 et 153; 141, 161; 159, 574.
Antigone, tragédie grecque, I, 68.
ANTIOCHE, ville de Syrie, V, 16; 20, 95; 24, 175; IX, 550.
ANTIOCHUS, fils de Démétrius Nicanor et de Cléopatre, personnage de *Rodogune*, IV, 397-511; I, 27; 60; 63; 70; 79; 89; 99; 272.
ANTIOCHUS, frère de Démétrius Nicanor, IV, 418; 424; 431, 53; 439, 222; 440, 453; 450, 491; 451, 507; 452, 541.
ANTIOCHUS, roi de Syrie, V, 50, 746; 525, 302; 539, 605; 551, 905; 568, 1300; 578, 1524.
ANTIPHON, personnage de *l'Eunuque* de Térence, I, 102.
ANTISTIE, VI, 358; X, 491. Voyez ARISTIE.
ANTISTIUS, préteur romain, père de la précédente, X, 491.
ANTOINE (Marc), I, 89; III, 392, 171; 410, 584; 411, 598; 427, 993; 434, 1134; 449, 1450; 457, 1658; VI, 439, 1807. — Personnage de *Pompée*, IV, 1-115.
Antoine (*Marc*), tragédie de Mairet, VI, 463.
ANTOINE (saint), VIII, 100; 242.
AONIE (l'), X, 66, 2.
A parte, I, 111. — Aversion de

512 TABLE ALPHABÉTIQUE ET ANALYTIQUE

Corneille pour les *a parte*, I, 396; II, 123; IV, 137.
APELLE, X, 120, 91.
Apocalypse (l'). Passage traduit, VIII, 229, 1094-1096. — Allusion à un passage, VIII, 570, 6404 et suiv.
APOLLIDON, enchanteur, X, 59, 16.
APOLLODORUS, Appollodore. Sa *Bibliothèque*, X, 455.
APOLLON, I, 76; II, 522, 1663; III, 290, 193; 473; V, 267; VI, 155, 486; 159, 592; VII, 362, 1913; X, 70, 63; 130, 18; 132, 6; 196, 30; 439. — Apollon dans l'*Oreste* d'Euripide, I, 106.
APOLLONIUS RHODIUS, poëte grec, VI, 249.
APÔTRES ET ÉVANGÉLISTES. Hymnes en leur honneur, IX, 573-580.
APPIAN ALEXANDRIN, Appien d'Alexandrie, VII, 460; X, 491.
— Extrait de son livre *des Guerres de Syrie*, contenant le sujet de *Rodogune*, IV, 414-418; 420.
APPARITIONS dans la tragédie, I, 75 et 76.
AQUITAINE (l'), VIII, 592.
ARABE (un auteur), Averroès, V, 409.
ARAGON (l'), I, 44; 101; III, 81; 115, 197; 136, 540; 145, 706; V, 411; 412; 415; 418; 419, 3; 420, 36; 434, 356; 438, 459; 444, 609; 446, 663; 463, 1084; 465, 1109; 466, 1123; 468, 1196; 473, 1334; 475, 1376 et 1389; 482, 1550; 483, 1572; 489, 1712; 492, 1790; 494, 1823; VI, 364.
ARAGONOIS (les), V, 413.
ARAR (l'), la Saône, VII, 117, 228; 162, 1312.
ARASPE, capitaine des gardes de Prusias, personnage de *Nicomède*, V, 495-593.
ARBAZE, personnage de *la Comédie des Tuileries*, II, 303-325.
ARCADIUS, empereur, père de Pulchérie, VII, 376; 381, 13.
ARCAS, frère d'Aristie, personnage de *Sertorius*, VI, 351-445.
ARCHERS, dans *Clitandre*, I, 255-369.
ARDABURE, général romain, VII, 382, 34.
ARDARIC, roi des Gépides, personnage d'*Attila*, VII, 97-181.
ARDENTS. Hymnes de sainte Geneviève pour le miracle des Ardents, IX, 631-636.
ARÉOBINDE, général romain, VII, 382, 31; 385, 97.
Argenis (l') de Barclay, I, 90.
ARGENSON (Voyer d'). Voyez VOYER.
ARGER, X, 62, 11. Voyez ALGER.
ARGO (le navire), VI, 247; 330.
ARGONAUTES (les), II, 362, 434; VI, 245; 247; 249; 252.
ARGOS, ville de Grèce, V, 296; VI, 144, 229; 157, 540.
ARGUS, X, 155, 16.
ARIAS (don), personnage du *Cid*, III, 1-241.
ARIMANT, nom d'homme mentionné dans *Clitandre*, I, 265; 360, 1547.
ARISTANDRE, nom d'homme mentionné dans *Mélite*, I, 201, 963.
ARISTE (*Excuse à*), X, 74-78; 403; 474.
ARISTIE, nommé par d'autres *Antistie*, femme de Pompée, personnage de *Sertorius*, VI, 351-445; X, 491.
ARISTIUS, père de la précédente, X, 491.
ARISTIUS (Quintus), frère d'Aristie, VI, 364; 432.

ARISTOPHANE, II, 12; V, 308.
ARISTOPHANE le grammairien, X, 455.
ARISTOTE, I, 3; 13-17; 21-23; 27; 29; 31-42; 44; 47; 48; 50; 52; 54-56; 58; 60; 61; 63; 65; 68-73; 75; 77; 80-83; 85; 91-94; 96; 101; 104; 106; 107; 109; 111; 113; 117; II, 119; 121; 432; III, 83; 84; 85; 91; 94; 273; 275; 479; IV, 280; 281; 417; V, 13; 146; 147; 151; 309; 405; 407; 409; 508; VI, 127; 130; 363; 461; 468; X, 402; 450; 454; 486. — Sa *Poétique*, III, 85. — Les préceptes qu'il nous a laissés de la poétique sont de tous les temps et de tous les peuples, III, 85.
ARMÉDON, nom d'homme mentionné dans *le Menteur*, IV; 174, 603; 208, 1252 et 1256; 220, 1452 et 1457.
ARMÉNIE (l'), I, 273; III, 476; 478; 479; 486; 501, 314; IV, 463, 815; V, 506; 510; 514, 63; 518, 172; 327, 347; 535, 523; 543, 706; 546, 764 et 770 et 779; 549, 847; 548, 875; 551, 910; 567, 1252; 574, 1411; 578, 1497; 584, 1655; 587, 1712; VII, 462; 466, 84; 496, 809; 526, 1549.
ARMÉNIEN, III, 479; 494; 150; IV, 441, 284.
ARMENTIÈRE (la ville d'), X, 203, 145.
ARNAULD, X, 467.
ARNHEIM (le fort d'), X, 278, 376.
ARNOUL (saint), VIII, 392.
ARONTE, personnage de *la Galerie du Palais*, II, 1-112.
ARRIE, VI, 626, 1190.
ARSACE, roi des Parthes, V, 533, 467 (var.).
ARSIDAS, éphore de Lacédémone, VII, 78, 1707; 91, 2007.

ARSINOÉ, seconde femme de Prusias, personnage de *Nicomède*, V, 495-593.
ARTABASE, roi d'Arménie, VII, 462; 465, 38; 494, 747 et 763; 497, 839.
ARTOIS (l'), X, 201, 114.
ASDRUBAL, VI, 465; 472; 484, 262; 508, 868; 526, 1291; 532, 1439; 548, 1790.
ASIE (l'), II, 336; 344, 56; III, 403, 401; 428, 997; IV, 423; 435, 136; 437, 176; V, 513; 48; 526, 316; 539, 608; 551, 917; 563, 1155; 568, 1299; 577, 1492; 591, 1803; VI, 481, 216; 546, 1747; VII, 40, 766; 495, 769; X, 196, 40.
ASPAR, amant d'Irène, personnage de *Pulchérie*, VII, 371-453.
ASPHALTE, personnage de *la Comédie des Tuileries*, II, 303-325.
ASSOUCY (d'). Sonnet que lui adresse Corneille sur son *Ovide en belle humeur*, X, 124. — Vers sur ses *Airs*, X, 132.
ASSUÉRUS, IX, 39, 572; 41, 617 et 622 et 623.
ASSYRIENS (les), IX, 36, 523.
ASTÉRODIE, mère d'Absyrte, VI, 249.
Astrée (l'), roman de d'Urfé, IV, 354, 1238.
ASTURIES (les), III, 96.
ASTYANAX, personnage de *la Troade* de Sénèque, I, 99; IV, 283.
ASTYDAMAS, poëte grec, I, 67.
ATAX (l'), rivière de la Gaule, l'Aude, X, 231.
ATHAMAS, roi de Thèbes, VI, 245.
ATHÉNAÏS, femme de Théodose, II, VII, 383, 44.
ATHÈNES, I, 54; 77; 112; II, 335; 346, 114; 367, 521; 370, 609; 400, 1229; 403

(var.); VI, 134; 140, 142; 146, 273; 149, 350 et 353; 176, 977; 216, 1942; X, 312, 27.
ATLAS, changé en rocher, V, 375, 1308.
ATRÉE, I, 20; 78; V, 316, 25. — Personnage du *Thyeste* de Sénèque, IV, 283.
ATTALE, roi de Pergame, III, 428, 995; VI, 546, 1751.
ATTALE, fils de Prusias et d'Arsinoé, personnage de *Nicomède*, V, 495-593.
ATTICUS, soldat romain, personnage d'*Othon*, VI, 564-657.
Attila, roi des Huns, tragédie de Corneille ; VII, 97-181. — L'auteur demande au Roi de la faire représenter devant lui, X, 311, 15.
ATTILA, roi des Huns, personnage principal de la pièce de ce nom, VII, 97-181.
AUBIGNAC (l'abbé d'), VI, 463; X, 486; 487. — Vers de Corneille, de ses amis et de ses partisans contre l'abbé d'Aubignac, X, 372-377.
AUDENARDE (la ville d'), Oudenarde, X, 205, 162.
AUDOËNUS, traduction latine du nom d'Owen, X, 46. Voyez OWEN.
AUFIDE, tribun de l'armée de Sertorius, personnage de *Sertorius*, VI, 351-445.
AUGUSTE (l'empereur), I, 89; VI, 47, 649; 48, 680; 614, 879; 616, 946; X, 96, 29; 97, 37; 442; 491. — Personnage de *Cinna*, III, 359-462 ; I, 26 ; 30; 44; 45; 47; 61; 69; 75; 87; 105 ; 118; 120; 272.
AUGUSTE, titre des empereurs romains, VII, 385, 102.
AUGUSTIN (saint), V, 11; VIII, 70; IX, 127. — Il déclame contre certaines comédies, V, 9.

AUBANGE (le prince d'). Voyez ORANGE.
AURORE (l'), déesse, II, 68, 942; 449, 298; VI, 293, 903 et 910.
Authentiques (les), extraits sommaires des *Novelles*, dans le *Code* de Justinien, IV, 158, 326.
AVENTIN (le mont), III, 290, 192 ; V, 579, 1550; VI, 419, 1332.
AVERNE (l'), IX, 521, 7; 591, 19; X, 237, 34.
AVERROÈS. Il définit la tragédie « un art de louer, » V, 409.
AVIGNON (la ville d'), II, 96, 1450.
AYALA (don Garcie d'), comte de Fuensalida, usurpateur du trône d'Aragon, V, 411.
AZARIE, Azarias, IX, 147.

B

BABYLONE (la ville de), VIII, 444; 457; IX, 107, 9.
BACCHUS, X, 239, 64.
BALDE, jurisconsulte, IV, 158, 328.
BALLARD, X, 470.
BALZAC (de), I, 51; IV, 133 ; X, 438; 447. — Sa lettre à Scudéry au sujet du *Cid*, III, 83; 84. — Ce qui part de sa plume regarde toute la postérité, III, 84. — Lettres qu'il écrit à Corneille, X, 440-442; 442-444.
BAPTISTE. Voyez JEAN-BAPTISTE (saint).
BARBARES (les), IX, 530, 21.
BARCÉE, dame d'honneur d'Éryxe, personnage de *Sophonisbe*, VI, 447-549.
BARCLAY, I, 90.
BARLAAM, VIII, 452.
BARONIUS (les *Annales* de), III, 475; V, 144; 153.

BARTOLE, jurisconsulte, IV, 142, 14.
BASILE (saint), VIII, 605.
BASSÉE (la place de la), X, 203, 145.
BASTILLE (la), X, 317, 37; 318, 52.
BATAVES (les), VII, 246, 1099; X, 250, 7; 255, 33; 268, 249; 329, 71.
BATAVIE (la), X, 278, 378.
BAUME (la Sainte-). Voyez SAINTE-BAUME (la).
BAVIÈRE (la), X, 338, 90.
BÉARN (le), III, 82; X, 107.
BEAUCHATEAU (Mlle de), comédienne, X, 483.
BEAULIEU. Son hommage à Corneille au sujet de *la Veuve*, I, 392 et 393.
BELGES (les), X, 213, 294.
BELGIQUE (la), X, 195, 12.
BÉLINDE, nom de femme mentionné dans *la Veuve*, I, 416, 325; 492, 1820.
BELLECOUR (la place), à Lyon, IV, 345, 1087; 361, 1387; 368, 1500.
BELLIÈVRE (de Pompone de), premier président du parlement de Paris, X, 131. — Sa mort, X, 473 et 474.
BELLONE, X, 109, 44; 239, 58; 301, 24; 302, 46.
BÉNÉVENT, VI, 20; 22, 18.
BENI (Paul), littérateur et critique italien, I, 53.
BEN JOHNSON, nommé le Corneille de l'Angleterre, X, 499.
BENOÎT (saint), VIII, 64; 114; 319; X, 460; 471.
BENOÎT (l'ordre de Saint-). Voyez SAINT-BENOÎT.
BENSERADE, VI, 463. — Sa tragédie intitulée *la Mort d'Achille et la Dispute de ses armes*, I, 28.
BÉRÉNICE, reine d'une partie de la Judée, personnage de *Tite et Bérénice*, VII, 183-276.

BERGUES (la ville de), X, 204, 154.
BERINGHEN (le marquis de), X, 271, 272.
BERNARD (saint), VIII, 592. — Il a été regardé comme l'auteur de l'*Imitation*, VIII, 15; X, 463. — Sonnet de Corneille sur une traduction de ses *Épîtres*, X, 122 et 123.
BERSABÉE, aimée du roi David, III, 481; VIII, 54.
BÉTHANIE (le bourg de), VIII, 434, 3563.
BÉTHLÉEM (la ville de), IX, 502, 1.
BETHSABÉE. Voyez BERSABÉE.
BÉTHULIE (la ville de), IX, 36, 524; 37, 541 et 552.
BEZANÇON (la ville de), X, 296, 101.
Bible (la), III, 480; VIII, 31, 31; X, 460. — Passage traduit de l'*Exode*, VIII, 262, 67-70. — Passage traduit du livre des *Rois*, VIII, 263, 75-78. — Allusion à un passage du chapitre VII de Michée, VIII, 481, 4550. Voyez *Apocalypse*, ISAÏE.
BICÊTRE (le château de), X, 58; 60. Voyez BISSESTRE.
BILLAULT (Adam), menuisier de Nevers. Sonnet que lui adresse Corneille sur ses *Chevilles*, X, 100 et 101; 476.
BILLOT. Voyez BILLAULT.
BIONDO (Flavio). Voyez BLONDUS (Flavius)
BISSESTRE, BISSÈTRE (le château de), lieu de rendez-vous pour un duel, II, 189, 1205; X, 59, 6 et 12 et 18 et 24. Voyez BICÊTRE.
BITHYNIE (la), V, 510; 512, 28; 514, 64; 527, 348; 533, 468; 541, 651; 542, 700; 574, 1412; 587, 1711; 588, 1732.
BLANCHE, personnage de *Don Sanche d'Aragon*, V, 397-494.
BLONDEL, musicien, X, 233.

BLONDUS (Flavius), auteur d'une *Histoire de la décadence de l'Empire romain*, VI, 7.
BOCCHAR, lieutenant de Syphax, personnage de *Sophonisbe*, VI, 447-549.
BOËCE, VIII, 395.
BOILEAU (Gilles), frère de Boileau Despréaux. Lettres qu'il adresse à Corneille, X, 473 et 474; 475 et 476.
BOIS-ROBERT (François le Métel de), VI, 462; X, 474; 481; 484.
— Son hommage à Corneille au sujet de *la Veuve*, I, 384. — Vers que lui adresse Corneille sur ses *Épîtres*, X, 102 et 103.
— Fragments de diverses lettres que lui écrit Corneille au sujet du *Cid*, X, 427-432. — Il conseille à Corneille de ne pas repondre aux *Sentiments de l'Académie sur le Cid*, X, 431.
BOLANDUS, X, 467.
BONAVENTURE (saint), auteur des *Louanges de la Vierge*, traduites par Corneille, IX, 5.
BORDEAUX (la ville de), II, 434; 444, 192.
BORÉE, VI, 248; 252; 337, 1946; 342, 2074.
BOUCHAIN (la ville de), X, 304, 2; 307, 60.
BOULART (le R. P.), assistant du général des chanoines réguliers de la congrégation de France. Lettres à lui adressées par Corneille, X, 458-462; 462-466; 466-470; 470-473.
BOURBON, nom de lieu, X, 472.
BOURBON (le théâtre royal de). *Andromède* y est représentée, V, 258.
BOURBONS (les), V, 318, 60; X, 194, 1; 211, 251.
BOURBON (Nicolas), X, 443.
BOURGOGNE (l'Hôtel de), II, 32, 250; X, 483; 494.
BOURGUIGNON, BOURGUIGNONS, VII, 111, 52; 160, 1269; 161, 1281.
BOVINES, BOUVINES (la bataille de), X, 211, 258.
BOYER, X, 493.
BRADAMANTE, personnage du *Roland furieux*, X, 62, 12.
BRANDEBOURG (l'électorat de), X, 302, 53.
BEFST (inscription pour l'arsenal de), X, 331-333.
BRETAGNE (la), II, 438, 69; 492, 1089.
BRIOLE ou BRIORD (le comte de), X, 270, 267.
BROGLIE (Charles-Amédée de). Voyez REVEL (Charles-Amédée de Broglio, comte de).
BRUGE (la ville de), X, 207, 193.
BRUNO (saint), VIII, 67.
BRUTE, BRUTUS, III, 396, 265; 405, 438; 414, 667; 421, 829 et 842; 436, 1169; 566, 1703; VI, 360; 381 (var.); X, 441.
BRUXELLES (la ville de), III, 473; VIII, 17.
BUBIERÇA, village d'Espagne, V, 411; 413.
BUCÉPHALE, II, 497, 1162.
BUCHANAN (Georges), I, 102. — A fait une tragédie de l'histoire de Jephté, et une autre de la mort de saint Jean-Baptiste, III, 480.
BURGOS, ville d'Espagne, V, 429, 263; 446, 662.
BURIC (la place de), X, 260, 122.
BURNEL. Son hommage à Corneille au sujet de *la Veuve*, I, 390.
BUSCON, héros du roman espagnol de ce nom, II, 444, 185.
BYZANCE (la ville de), V, 182, 602; 192, 844; VII, 413, 812.

C

CADÈS, IX, 125.
CADMUS, I, 78.

CAEN (la ville de), X, 106.
CAIÉTAN (l'abbé), X, 467 ; 468.
CAIRE (le grand), en Égypte, II, 456, 450.
CALAÏS, argonaute ailé, fils de Borée et d'Orithye, II, 362. — Personnage de *la Toison d'or*, VI, 221-349.
CALICUT, ville de l'Hindoustan, II, 470, 688.
CALIGULE, Caligula, VI, 621, 1063.
CALISTE, personnage de *Clitandre*, I, 255-369. — Nom de femme, X, 50-52; 170, 1 et 10.
CALLIOPE, V, 317, 42.
CALPHURNIE, CALPURNIE, femme de César, VI, 44, 417; 45, 422; 67, 965.
CAMBRAY (la ville de), X, 307, 71.
CAMILLE, sœur d'Horace, personnage d'*Horace*, III, 243-358; I, 30; 85; 86; IV, 424.
CAMILLE, nièce de Galba, personnage d'*Othon*, VI, 564-657.
CAMILLE, nom d'une Romaine mentionnée dans *Tite et Bérénice*, VII, 240, 972.
CAMILLE, personnage de l'*Énéide*, X, 63, 17.
CAMPION (de). Sonnet que lui adresse Corneille sur ses *Hommes illustres*, X, 137-139.
CANNES, en Italie, V, 924.
CANON (de). Son hommage à Corneille au sujet de *la Veuve*, I, 389.
CANTIQUES traduits par Corneille. Voyez tome IX, p. 641.
CAPITOLE (le), III, 394, 230; 450, 1482; V, 551, 920; VI, 491, 444; 512, 978; 533, 1450, 539, 1593; 646, 1631; 656, 1822.

CAPITON, nom d'un Romain mentionné dans *Othon*, VI, 577, 52.
CAPPADOCE (la), V, 512, 28; 533, 467; 542, 700.
CARBON, VI, 366, 26; 424, 1455.
CARLOMAN, VIII, 98.
CARLOS, cavalier inconnu, qui se trouve être don Sanche, roi d'Aragon, V, 397-494. Voyez SANCHE (don).
CARMEL (le), IX, 567, 6.
CARRÉ, X, 463; 468.
CARTHAGE, V, 542, 676; 551, 905; 568, 1300; 578, 1524; VI, 465; 474, 39; 475, 48 et 53; 479, 158 et 164 et 168; 480, 181; 482, 224; 484, 264 et 268; 485, 296; 486, 316 et 330; 487, 339 et 347 et 364; 488, 377; 490, 433; 498, 639; 499, 654; 500, 688; 515, 1049; 517, 1102; 520, 1158; 522, 1206 et 1207; 523, 1222 et 1242; 524, 1258; 526, 1284 et 1286; 532, 1438; 533, 1445; 536, 1533; 548, 1792.
CARTHAGINOIS, CARTHAGINOISE, VI, 465; 497, 599; 524, 1247; 546, 1756.
CASAL. Voyez CAZAL.
CASSEL. Voyez MONT-CASSEL.
CASSIE, Cassius, III, 396, 265; 414, 669. Voyez CASSIUS.
CASSIODORE, X, 441.
CASSIOPE, reine d'Éthiopie, personnage d'*Andromède*, V, 243-396.
CASSIUS, VII, 465, 36. Voyez CASSIE.
CASTELVETRO, critique italien, I, 34; 35.
CASTILLANS (les), III, 185, 1559.
CASTILLE (la), III, 95; 104; 110, 89; 113, 153; 115, 198; 129, 421; 136 (var.); 140, 618; 144 (var.); 168, 178; 170,

1210; V, 412; 413; 416; 418; 419, 9; 420, 17; 422, 80; 425, 154; 427, 211; 428, 226; 441, 545; 465, 1109; 466, 1138 et 1145; 468, 1184; 470, 1242; 490, 1741; 491, 1758; 493, 1804.

CASTOR, argonaute, II, 362, 439.

CASTRO (don Guillen de), poëte espagnol, auteur des *Mocedades del Cid*, III, 80; 82; 87; 94; 96; 98; 99; IV, 14 (var.); 131; 132; X, 403. — Extrait de sa comédie intitulée *Engañarse engañando*, III, 82. — Passages des *Mocedades del Cid* imités par Corneille et signalés par lui, III, 199-207.

CATALAIUD, CATALAYUD, ville d'Aragon, V, 411; VI, 364.

CATALOGNE (la), X, 114.

CATHERINE (sainte), VIII, 266.

CATHERINE DE SIENNE (sainte), VIII, 368.

CATIN, nom de femme, X, 48, 1.

CATON, IV, 15; 47, 476; 97, 1706; V, 141; VI, 601, 608; X, 97, 44; 441.

CAZAL (la place de), X, 69, 51; 110.

CÉCILE (sainte), VIII, 209.

CÉDAR, IX, 181, 18.

CÉLADON, personnage de *l'Astrée*, I, 406, 127; IV, 354, 1240.

CÉLIDAN, personnage de *la Veuve*, I, 371-500; 43; II, 120.

CÉLIDÉE, personnage de *la Galerie du Palais*, II, 1-112. — Nom de femme mentionné dans *la Veuve*, I, 408, 182.

CÉLIE, personnage de *la Suivante*, II, 113-214. — Nom de femme mentionné dans *la Veuve*, I, 408, 181.

CELSUS, tribun du parti de Pompée, personnage de *Sertorius*, VI, 351-445.

CELTIBÈRES (les), VI, 380, 417.

CÉPHALE, aimé de l'Aurore, II, 449, 300.

CÉPHALIE, nymphe, personnage d'*Andromède*, V, 243-396.

CÉPHÉE, roi d'Éthiopie, personnage d'*Andromède*, V, 243-396.

CÉPION, nom d'un Romain mentionné dans *Cinna*, III, 438, 1203.

CERBÈRE, I, 226, 1399.

CÉRÉAL, Céréalis, général romain, VII, 246, 1102.

CÉRÈS, III, 552, 1419; X, 239, 64.

CÉSAR (Jules), I, 88-90; III, 402, 378; 404, 427 et 430; 405, 449; 410, 584; 411, 594 et 597 et 600; 414, 664 et 665 et 668; 421, 842; 453, 1548; 497, 228; IV, 412; V, 317, 53; VI, 361; X, 118, 49; 178, 39. — Ses *Commentaires*, I, 90; IV, 21. — Personnage de *Pompée*, IV, 11-15; I, 26; 103; III, 483; 484.

CÉSAR, titre, V, 17, 11; 84, 1534; 200, 1038; VI, 582, 162; 601, 608; 619, 1019; 637, 1419; VII, 204, 89; 212, 301; 216, 390; 382, 32; 404, 583; 425, 1091; 430, 1227; 452, 1752.

CÉSARS, LES CÉSARS, III, 543, 1190; IV, 81, 1324; VI, 597, 531; VII, 126, 427; 152, 1082; 159, 1245; 218, 433, 243, 1037; 275, 1751; 443, 1534 et 1546; IX, 607, 7; X, 180, 92; 260, 124; 268, 252; 441; 475.

CÉSARS (les), les empereurs d'Allemagne, X, 338, 101.

CÉSARION, fils de César et de Cléopatre, IV, 21.

CHAISE (le P. de la), jésuite, confesseur de Louis XIV, X, 308, 9; 314, 52.
CHALCIOPE, fille d'Aæte, veuve de Phryxus, personnage de la Toison d'or, VI, 221-349.
CHANSONS de Corneille, X, 53; 55; 168.
CHAPELAIN, X, 71, 78. — Lettres qu'il adresse à Corneille, X, 488 et 489; 496 et 497.
CHARENTE (la), X, 443.
CHARICLÉE, personnage du roman grec d'Héliodore, V, 296; 304.
CHARLEMAGNE, III, 81; VIII, 98.
CHARLEROI (la ville de), X, 204, 146.
CHARLES II, roi d'Espagne, X, 329, 59.
CHARLES-QUINT, VIII, 140.
CHARMION, dame d'honneur de Cléopatre, personnage de Pompée, IV, 1-115; I, 103; III, 483; 484.
CHARON, nocher des enfers, I, 222, 1327; 223, 1333; 229, 1440; 231, 1471; II, 413, 1473; VII, 352.
CHARTREUSE (la), VIII, 67.
CHARTREUX (l'ordre des), VIII, 171, 2617; 470.
Chastes martyrs (les), tragédie de Mlle Cosnard, X, 130, 1.
CHAVIGNY (le marquis de), X, 270, 267.
CHERSONÈSE TAURIQUE (la), VI, 247.
CHÉRUBINS (les), IX, 127, 7.
CHEVREUL (Nicolas du), sieur d'Esturville, X, 133.
CHEVREUL (Mme du). Voyez RANQUET (Élisabeth).
CHIFFLET (Philippe), X, 466; 467.
CHIGI (Fabio). Voyez Alexandre VII.
CHIMÈNE, personnage du Cid, III, 1-241; I, 27; 38; 57; 60; 69; 70; 115; 120; IV, 144 (var.); X, 401.
CHINE (la), II, 456, 443; X, 254, 31.
CHOEUR (le), dans la tragédie ancienne, VI, 132. — Le chœur dans Andromède, V, 243-396.
CHRÉMÈS, personnage de l'Andrienne de Térence, I, 102; II, 433.
CHRIST DE SAINT-ROCH (quatrain pour le), attribué à P. Corneille, X, 377.
CHRISTINE de France, duchesse de Savoie, fille de Henri IV, X, 338, 94.
CHRYSANTE, personnage de la Veuve, I, 371-500. — Personnage de la Galerie du Palais, II, 1-112.
CHRYSOLITE, nom de femme mentionné dans la Veuve, I, 416, 325 et 339; 492, 1820. Voyez CRISOLITE.
CID, en arabe seigneur, III, 170, 1222 et 1223 et 1225; 187, 1587; 189, 1636; 197, 1827.
Cid (le), tragédie de Corneille, III, 1-241; I, 4; 24; 25; 43; 48; 57; 59; 60; 62; 68; 70; 84; 96; 101; 112; 113; 115; 120, 272; 277; 279; 483; IV, 131; 132; 144 (var.); 420; VI, 311; 463; VII, 107; X, 79, 2; 103, 10; 187, 29; 447; 486. — Examen de la pièce, III, 91-102.
— Écrits en faveur du Cid attribués à Corneille, III, 53-76.
— Succès du Cid, III, 77; 86; 91. — Deux romances espagnols sur le Cid, III, 82; 87-90. — Le Cid traduit en italien, en flamand et en anglais. III, 82. — Corneille nie « qu'il ait convenu de juges touchant son mérite, » III, 80. — C'est celui de ses ouvrages réguliers où il s'est donné le plus de

520 TABLE ALPHABÉTIQUE ET ANALYTIQUE

licence, III, 91. — Critique des vers, III, 381. — Lettre apologétique de Corneille en réponse aux *Observations* de Scudéry *sur le Cid*, X, 396-407. — Représenté trois fois au Louvre, et deux fois à l'hôtel de Richelieu, X, 401. — Fragments de lettres de Corneille à Bois-Robert au sujet de l'examen du *Cid* par l'Académie française, X, 427-432. — Corneille a remporté le témoignage de l'excellence de sa pièce par le grand nombre de ses représentations, par la foule extraordinaire des personnes qui y sont venues, et par les acclamations qu'on lui a faites, X, 430.

CID (le), personnage principal de la tragédie de ce nom. Voyez RODRIGUE (don). — Deux chroniques du *Cid*, III, 80.

CINNA, partisan de Marius, VI, 424, 1455.

Cinna, tragédie de Corneille, III, 359-462; I, 44; 45; 47; 61; 68; 84; 87; 102; 105; 109; 113; 115; 118; 120; 272; IV, 130; 421; V, 298; X, 103, 10; 311, 14; 447. — *Examen* de la pièce, III, 379-382. — Ses vers ont quelque chose de plus achevé que ceux d'*Horace*, III, 381. — Représenté à Versailles en octobre 1676, X, 309; 311, 3. — Loué par Balzac, X, 440-442.

CINNA, chef de la conjuration contre Auguste, personnage principal de la tragédie de *Cinna*, III, 359-462; I, 26; 30; 44; 45; 69; 75; 87; 105; III, 370; 379; 381; VI, 122, 36; X, 441 et 442; 491.

CIRCÉ, VI, 331, 1794 et 1796 et 1797; 340, 2025; 246.

CÎTEAUX (l'ordre de), VIII, 171, 2617.

CITHÉRON (le), montagne de Béotie, VI, 144, 236; 176, 991; 189, 1307; 207, 1739.

CIVILIS, chef des Bataves, VII, 246, 1099; 258, 1386.

CLAIRE (sainte), VIII, 673.

CLARICE, personnage de *la Veuve*, I, 371-500. — Personnage du *Menteur*, IX, 117-273; 305, 289; 320, 603; 371, 1553.

CLARIMOND, personnage de *la Suivante*, II, 113-214.

CLARINE, nom de femme mentionné dans *la Suivante*, II, 151, 470 et 471; — dans *la Place Royale*, II, 239, 306; 240, 317; 242, 343; 247, 461; 264, 781. — Nom d'un rôle de femme dans le Ve acte de *l'Illusion*, II, 507-518.

CLAUDE, empereur romain, VI, 597, 510; 621, 1064 et 1067; VII, 254, 1303.

CLAVERET, X, 403. — Ses hommages à Corneille au sujet de *la Veuve*, I, 385 et 386.

CLÉANDRE, personnage de *la Place Royale*, II, 215-301. — Personnage de *la Suite du Menteur*, IV, 275-395. — Nom d'homme, dans les vers *sur le Départ de la marquise*, X, 148, 95.

CLÉANTE, personnage de *la Galerie du Palais*, II, 1-112. — Confident d'OEdipe, personnage d'*OEdipe*, VI, 101-219. — Nom d'homme mentionné dans *Théodore*, V, 40, 527.

CLÉOBULE, personnage de *Théodore*, V, 1-111.

CLÉOMÈNE, amant de Psyché, personnage de *Psyché*, VII, 277-370.

CLÉON, personnage de *Clitandre*, I, 255-369. — Personnage de *la Suivante*, II, 113-214. —

Domestique de Félix, personnage de *Polyeucte*, III, 463-570.
CLÉON, orateur grec, natif d'Halicarnasse, personnage d'*Agésilas*, VI, 1-95.
CLÉONE, personnage de *Médée*, II, 327-419. — Personnage de *Nicomède*, V, 495-593.
CLÉONICE, personnage de *la Comédie des Tuileries*, II, 325-303.
CLÉONTE, personnage d'une tragi-comédie de Scudéry, X, 61, 1.
CLÉOPATRE, sœur de Ptolomée, personnage de *Pompée*, IV, 1-115; II, 337; III, 483; IV, 416; 420.
CLÉOPATRE, reine de Syrie, veuve de Démétrius Nicanor, personnage de *Rodogune*, IV, 397-511; I, 19; 32; 39; 60; 61; 64; 69; 79; 99; 100; 103; 111; 118; 121.
Cléopatre, tragédie de Benserade, VI, 463.
CLÉRIC (Pierre), jésuite. Sa traduction en vers latins des vers français de Corneille sur le canal du Languedoc, X, 232.
CLIMÈNE, nom de femme mentionné dans *la Suite du Menteur*, IV, 359, 1346; 386, 1873; 388 (var.).
CLINDOR, personnage de *l'Illusion*, II, 421-527.
Clitandre, tragédie de Corneille, I, 255-369. — *Examen* de la pièce, I, 270-273.
CLITANDRE, personnage principal de la pièce de ce nom, I, 255-369.
CLITON, personnage de *Mélite*, I, 123-253. — Personnage du *Menteur*, IV, 117-273; — de *la Suite du Menteur*, IV, 275-395.
CLORIS, personnage de *Mélite*, I, 123-253; 394; 446, 932. — Nom de femme mentionné dans *la Galerie du Palais*, II, 20, 63; 76, 1092.
CLOTHON, une des Parques, I, 231 (var.); II, 410 (var.).
CLYTIE, nom d'homme mentionné dans *Andromède*, V, 390, 1652; 391, 1680.
CLYTEMNESTRE, I, 15; 20; 67; 77; 78; 80; 106; 112; III, 274; V, 406; VI, 461.
Code (le), IV, 142, 9; 158, 326.
COËFFETEAU. Son *Histoire romaine*, III, 478.
COISLIN (Armand de Cambout, duc de), X, 271, 269.
COLBERT, X, 295, 78. — Lettre à lui adressée par Corneille, X, 501 et 502.
COLCHOS, I, 106; II, 336; 343, 35; 363, 451; VI, 246; 247; 248; 252; 265, 240; 285, 695; 291, 870; 294, 926; 295, 942; 310, 1294; 317, 1459; 345, 2134; 348, 2212.
COLLARDEAU (Julien). Son hommage à Corneille au sujet de *la Veuve*, I, 386.
COLOGNE (la ville de), X, 258, 92.
COMBALET (Marie-Madeleine de Vignerot, marquise du Roure, dame de), plus tard duchesse d'Aiguillon, nièce du cardinal de Richelieu. Épître dédicatoire, à elle adressée, de la tragédie du *Cid*, III, 77.
Combat spirituel (le livre du), VIII, 13.
COMÉDIE. Sa définition, I, 23; 377. — Sa conclusion, I, 27. — Comédie héroïque, I, 25. — Actions de la comédie, I, 96. — En quoi la comédie diffère de la tragédie, I, 25. — Ce qu'elle a de commun avec

TABLE ALPHABÉTIQUE ET ANALYTIQUE

elle et en quoi elle lui ressemble, I, 26; 29. — Défense de la comédie, VII, 105-107. Voyez Théatre (éloge du).
Comédiens, II, 519; III, 100. — Il s'en établit une nouvelle troupe à Paris, I, 138.
Commentaires (les) de César. Voyez César (Jules).
Complies (les) traduites en vers français par Corneille, IX, 323-341.
Comte (le), personnage du Cid. Voyez Gomès (don), comte de Gormas.
Comte (Noël le), mythologiste, VI, 248.
Conches (la ville de), X, 433.
Condé (la ville de), X, 307, 60.
Condé (la maison de), X, 208, 210.
Condé (le grand), X, 208, 208; 260, 119; 277, 351; 306, 56. — Épître dédicatoire, à lui adressée, de la tragédie de *Rodogune*, IV, 411-413.
Confesseur. Hymne pour un confesseur, IX, 587 et 588. — Hymne pour un confesseur pontife, IX, 589 et 590. — Hymne pour un confesseur non pontife, IX, 590-592.
Conrart, X, 497.
Constance, associé à l'empire par Honorius, VII, 118, 242.
Constantin. Voyez Costantin.
Constantin, empereur romain, I, 71; V, 164, 188.
Constantine, veuve de l'empereur Maurice, V, 143; 152; 239; 240.
Constantinople, I, 120; 138; V, 156; VII, 380.
Conti (Noël). Voyez Comte (Noël le).
Corbie (la ville de), X, 113.
Corbulon, général romain, VII, 200; 204, 80 et 89; 218, 418; 228, 682.

Cordoue (la ville de), IV, 131.
Cordus, vieux Romain mentionné dans *Pompée*, IV, 89, 1499.
Corinthe (la ville de), I, 21; 42; 46; 106; II, 335; 340; 341, 3; 342, 26; 346, 106; 353, 264 et 266; 371, 618; 373, 667; 399, 1205; 411, 1440; IV, 423; VI, 134; 145, 261; 148, 341; 149, 353; 151, 399; 203, 1633; 204, 1661; 205, 1683 et 1687 et 1688; 206, 1700; 208, 1755.
Corinthiennes (chœur de), II, 333.
Corneille (Pierre). Étant demeuré provincial, ce n'est pas merveille si son élocution en conserve quelquefois le caractère, I, 2. — Il ne pouvait sentir, quand il écrivait *Mélite*, que la rudesse de son pays, et était tellement inconnu qu'il lui était avantageux de taire son nom, I, 135. — Sa façon d'écrire est simple et familière, I, 135. — Beaucoup de ses amis lui ont toujours conseillé de ne rien mettre sous la presse, I, 135. — Il fait un voyage à Paris pour voir le succès de *Mélite*, I, 270. — Dieu l'a fait naître mauvais courtisan, et il a trouvé dans la cour plus de louanges que de bienfaits, I, 2. — Il étoit absent de Paris pendant l'impression de *l'Illusion* et n'a pu en corriger les épreuves, II, 431. — Il est encore en province lorsqu'il compose *Horace*, III, 259. — Il a inventé les machines d'*Andromède*, V, 297. — Il a fait réciter, avant *Nicomède*, quarante mille vers sur le théâtre, V, 501; 505. — Il s'aperçoit qu'après vingt années de travail, il devient trop vieux pour être encore à la

mode, VI, 5. — Il laisse le théâtre français en meilleur état qu'il ne l'a trouvé, et du côté de l'art et du côté des mœurs, VI, 5. — Son orthographe, VIII, 16. — Ses innovations orthographiques, I, 5-12. — Il remercie le cardinal Mazarin de la pension qu'il lui a donnée, X, 92. — Il demande à Louis XIV la confirmation des lettres de noblesse accordées à son père, X, 135. — Il le remercie de la pension qu'il lui a accordée, X, 175. — Il se plaint du retard du payement de cette pension, X, 185. — Il le remercie d'avoir fait représenter devant lui, en octobre 1676, plusieurs de ses chefs-d'œuvre, X, 309. — Son hommage poétique à son ancien maître le P. Delidel, jésuite, X, 222. — Son discours lorsqu'il fut reçu à l'Académie française, X, 407. — Il désire qu'un de ses fils entre comme page chez la duchesse de Nemours, X, 488. — Pour diverses relations, littéraires et autres, de Corneille, et les occasions qui ont donné lieu à certains de ses ouvrages, voyez les articles ACADÉMIE, BOIS - ROBERT, FOUCQUET, GUISE, HARLAY (de), JULIE DE RAMBOUILLET, LOUIS XIII, LOUIS XIV, MAZARIN, PASCAL (Jacqueline), RICHELIEU, SCUDÉRY.

CORNEILLE (Mme), femme du précédent, X, 481.
CORNEILLE (Pierre), fils aîné des précédents, capitaine dans l'armée du Roi, X, 188 et 189, 64-78; 272, 280; 314, 47; 501.
CORNEILLE (N.), second fils du poëte, X, 272, 280. — Blessé au pied pendant le siége de Douai en 1667, X, 188-190, 64-86. — Tué au siége de Grave en 1674, X, 314, 47; 501.
CORNEILLE (Charles), troisième fils du poëte, mort en 1667, à l'âge de quatorze ans. Vers du P. de la Rue sur sa mort, X, 383.
CORNEILLE (Thomas), fils du poëte. Son père demande pour lui un bénéfice au Roi, X, 308; 314, 52.
CORNEILLE (Thomas), frère du poëte, X, 481; 483.
CORNEILLE (Antoine), frère du poëte, chanoine régulier au Mont-aux-Malades, X, 465.
CORNEILLE (Pierre), grand-père du poëte, référendaire à la chancellerie du Parlement, X, 433-435.
CORNEILLE (Mme), femme du précédent, X, 435.
CORNEILLE (Antoine), oncle du poëte, curé de Sainte-Marie-des-Champs, X, 433; 435; 437.
CORNEILLE (François), oncle du poëte, procureur au Parlement, X, 436 et 437.
CORNEILLE, cousin germain du poëte, outragé par du Mesnil Haudrey, X, 479 et 480.
CORNEILLE (Mme), femme du précédent, X, 481.
CORNÉLIE, femme de Pompée, personnage de la tragédie de *Pompée*, IV, 1-115; I, 118.
COSNARD (Marthe). Vers que lui adresse Corneille, X, 129 et 130.
COSSUS (les), les Cossus, famille romaine, III, 452, 1536.
COSTANTIN (Octavian), X, 433-435.
COSTANTIN (Pierre), X, 434; 436.

Cotys, roi de Paphlagonie, personnage d'*Agésilas*, VII, 1-95.
Courbé, X, 436.
Courcelles (de), X, 436.
Courtrai (la ville de), X, 205, 159.
Crasse (le jeune), le jeune Crassus, IV, 68, 990; 69, 1013; 70, 1033.
Crassus, père du précédent, VI, 614, 883; VII, 462; 464, 29; 466, 83; 493, 713; 494, 764; 500, 904 et 905; 513, 1221; 526, 1547.
Cratès, sénateur de Lacédémone, VII, 78, 1707; 91, 2007.
Créon, roi de Corinthe, personnage de la *Médée* de Corneille, II, 327-419; I, 21; 106. — Créon dans la *Médée* d'Euripide, X, 450.
Créon, frère de Jocaste, VI, 194, 1410.
Cresphonte, personnage de la tragédie grecque de ce nom, I, 67.
Crète (l'île de), VI, 164, 695.
Crétheus, père d'Æson, VI, 247.
Créuse, fille de Créon, personnage de *Médée*, II, 327-419; I, 46; 106; X, 450.
Crisolite, nom de femme mentionné dans *Mélite*, I, 147, 69. Voyez Chrysolite.
Crispe, gendre de l'empereur Phocas, personnage d'*Héraclius*, V, 113-241.
Crispe, fils de Constantin, I, 71.
Crispe (la mort de) tragédie italienne de Ghirardelli, I, 71.
Criton, personnage de l'*Andrienne* de Térence, I, 115.
Croix-du-Tiroir (la), carrefour de Paris, II, 76, 1084.
Curiace, gentilhomme d'Albe, personnage d'*Horace*, III, 243-358; I, 65; 85; 86; IV, 424.

Cybèle, la bonne déesse, III, 552, 1419.
Cydippe, Néréide, personnage d'*Andromède*, V, 243-396.
Cydippe, sœur de Psyché, personnage de *Psyché*, VII, 277-370.
Cymodoce, Néréide, personnage d'*Andromède*, V, 243-396.
Cyrte, capitale du royaume de Syphax, VI, 472; 483, 261; 487, 358; 489, 391; 490, 416; 516, 1066 et 1073; 519, 1133.
Cythère, V, 331, 372.

D

Damas (la ville de), II, 457, 455.
Damaste, brigand tué par Thésée, VI, 164, 696.
Damiette (la ville de), IV, 20.
Damis, nom d'un esclave dans *Agésilas*, VII, 53, 1102; 78, 1705.
Damon, personnage de *la Suivante*, II, 113-214.
Damon, nom d'homme mentionné dans *Mélite*, I, 201, 963.
Danaé, mère de Persée, V, 314; 375, 1298.
Danemark (le), X, 257, 79.
Daniel (le prophète), VIII, 188.
Danois (les), X, 302, 53.
Danube (le), VI, 249; X, 339, 114.
Daphné, aimée d'Apollon, V, 356, 881.
Daphné, nom de femme mentionné dans *Clitandre*, I, 265; 360, 1548; — mentionné dans *le Menteur*, IV, 183, 783.
Daphnis, nom de femme, personnage de *la Suivante*, II, 113-214. — Mentionné dans *la*

Veuve, I, 414, 298; — dans la Galerie du Palais, II, 20, 58; 35, 325; 40, 407.
Darey, X, 436.
Dauphin (le). Voyez Louis, Dauphin, fils de Louis XIV.
Dauphine (la), femme du fils de Louis XIV. Voyez Marie-Anne-Christine-Victoire de Bavière.
David, roi de Judée, III, 481; VIII, 54; 133, 1836; 166, 2508; 226, 1019; 333; 410; 422, 3335; 455; 586, 153; IX, 32, 459; 33, 466 et 471; 34, 485 et 491; 499, 3; 510, 9. Voyez Psaumes. — La maison de David, IX, 159, 7. — Les enfants de David, IX, 185, 20.
Davus dans le *Phormion* de Térence, I, 46; — dans l'*Andrienne*, II, 13 et 14.
Déciе (l'empereur), III, 486; 495, 174 et 179; 499, 270; 500, 302; 501, 307; 526, 846; 535, 1017 et 1021 et 1030 et 1038; 540, 1125; 543, 1208; 552, 1400 et 1414; 556, 1484; 561, 1576. Voyez Décius.
Décius, III, 476; 479. Voyez Décie.
Décoration du théâtre, décorations, I, 40; 120.
Dédicace. Hymnes pour la dédicace d'une église, IX, 598-602.
Dédicaces : de *Mélite*, à M. de Liancour, I, 134 et 135; — de *Clitandre*, au duc de Longueville, I, 259 et 260; — de *la Veuve*, à Mme de la Maisonfort, I, 375 et 376; — de *la Galerie du Palais*, à Mme de Liancour, II, 10 et 11; — du *Cid*, à Mme de Combalet, III, 77 et 78; — d'*Horace*, au cardinal de Richelieu, III, 258-261; — de *Cinna*, à M. de Montoron, III, 369-372; — de *Polyeucte*, à la Reine régente, III, 471-474; — de *Pompée*, au cardinal Mazarin, IV, 11-13; — de *Rodogune*, au grand Condé, IV 411-413; — d'*Héraclius*, au chancelier Seguier, V, 141-143; — de *Don Sanche d'Aragon*, à M. de Zuylichem, V, 404-410; — d'*OEdipe*, à Foucquet, VI, 121-124.
Delidel (le R. P.), jésuite. Vers qu'il lui adresse Corneille, son ancien élève, sur sa *Théologie des saints*, X, 220-222.
Delphes (la ville de), II, 335; VI, 139, 127; 149, 355; 183, 1151; 184, 1173.
Démétrius Nicanor, roi de Syrie, IV, 415; 418; 420; 424; 428. Voyez Nicanor.
Dénouement du poëme dramatique, I, 75; 105.
Denys le Milésien, VI, 248.
Desmarets (J.), auteur d'une traduction en vers du *Combat spirituel*, VIII, 13.
Desoeillets (Mlle), comédienne. Voyez OEillets (des).
Destin (le), V, 269; 364, 1036 et 1048; 393, 1716; VII, 347, 1648; 356, 1763; 362, 1929; 363, 1942.
Deventer (la place de), X, 280, 395.
Dialogue, X, 50-52.
Diane, déesse, I, 67; 412, 257; IV, 417; VI, 249; X, 236, 13.
Diction, I, 40.
Didon. Son épitaphe, X, 36 et 37.
Didon, tragédie de Scudéry, VI, 462.
Didyme, personnage de *Théodore*, V, 1-111.
Diègue (don), personnage du *Cid*, III, 1-241.
Digeste (le), IV, 158, 327; 219, 1443.

526 TABLE ALPHABÉTIQUE ET ANALYTIQUE

Digue (la) de la Rochelle, X, 109.
Dioclétian, empereur romain, V, 17, 35.
Dion, historien grec, VII, 197.
Dircé, princesse de Thèbes, fille de Laïus et de Jocaste, personnage d'*OEdipe*, VI, 101-219; I, 71.
Discorde (la), X, 265, 209. — Personnage du prologue de *la Toison d'or*, VI, 252-265.
Discours généraux dans le poëme dramatique, I, 18.
Distique latin sur les conquêtes de Louis XIV en 1672, attribué à Corneille, X, 385.
Doesbourg (la ville de), X, 280, 397.
Dole (la ville de), X, 296, 102.
Domitia, fille de l'empereur Phocas, V, 143; 152.
Domitian, frère de Tite et amant de Domitie, personnage de *Tite et Bérénice*, VII, 183-276.
Domitie, fille de Corbulon, personnage de *Tite et Bérénice*, VII, 183-276.
Don Sanche. Voy. Sanche (don).
Dorante, personnage de *l'Illusion*, II, 421-527. — Personnage principal de la comédie du *Menteur*, IV, 117-273; I, 100. — Personnage principal de *la Suite du Menteur*, IV, 275-395; 280; 282; 283; 285; 286; 304, 270; I, 19.
Doraste, personnage de *la Veuve*; I, 371-500. — Personnage de *la Place Royale*, II, 215-301.
Dorimant, personnage de *la Galerie du Palais*, II, 1-112.
Doris, personnage de *la Veuve*, I, 371-500. — Doris, nom de femme, I, 149, 112.
Dorise, personnage de *Clitandre*, I, 255-369.

Douai (la ville de), X, 189, 82; 205, 157.
Drusus Nero, frère de l'empereur Tibère, X, 266, 227.
Dubé, parent de Corneille, X, 452.
Dubuisson. Lettre à lui adressée par Corneille, X, 452 et 453.
Dunkerque. Voyez Dunquerque.
Dunois, X, 208, 210; 276, 348.
Dunquerque (la ville de), IV, 412.
Dymas, confident d'OEdipe, personnage d'*OEdipe*, VI, 101-219.

E

E. Ses trois prononciations, I, 6; 9; — *e* féminin, I, 9; — *e* masculin, I, 9; — *e* simple, I, 9; — *e* aigu, I, 10; — *e* grave, I, 10.
Èbre (l'), X, 286, 11.
Échion, fils de Mercure, VI, 343, 2093.
Écho, V, 331, 384; X, 236, 16.
Écosse (l'), I, 274.
Éden (l'), IX, 13, 103.
Edüige, sœur de Pertharite, personnage de *Pertharite*, VI, 1-100; 17.
Égée, roi d'Athènes, personnage de *Médée*, I, 46; 107. Voyez Ægée.
Égée (la mer), V, 539, 607.
Égisthe, I, 20; 81; III, 274.
Église (l'), X, 237, 33; 238, 38.
Égnace, Énatius, nom d'un Romain mentionné dans *Cinna*, III, 438, 1205.
Égypte (l'), II, 456, 448; III, 552, 1423; IV, 11; 19; 21; 22; 23; 26; 28, 30; 33, 148; 35, 212; 42, 366; 44, 404; 47, 470; 48, 512; 51, 582; 52, 609; 55, 664; 60, 797; 77, 1208; 85, 1421; 89, 1507;

DES ŒUVRES DE CORNEILLE.   527

95, 1658; 100, 1784; 416; 420; 423; 441, 279; V, 17, 6; 21, 113; 24, 175; 26, 210; 54, 839; 86, 1576; VII, 205, 101; VIII, 453, 3949; IX, 310; 311, 3; X, 329, 53.
ÉGYPTIENS (les), IV, 20; 26.
ÉLECTRE, fille d'Agamemnon, personnage des tragédies de Sophocle et d'Euripide, I, 69; 80; 106.
Électre, tragédie d'Euripide, IV, 417; V, 151; — tragédie de Sophocle, IV, 417; V, 151.
ÉLEUSINE (Cérès), III, 552, 1419.
ÉLIDE (l'), VI, 190, 1312.
ÉLIE (le prophète), VIII, 635.
ÉLISABETH de Hongrie (sainte), VIII, 163; 545.
ELPINICE, fille de Lysander, personnage d'*Agésilas*, VII, 8-95.
ELVIRE, personnage du *Cid*, III, 1-241; I, 115.
ELVIRE, princesse d'Aragon, personnage de *Don Sanche d'Aragon*, V, 397-494.
ÉLYSIENS (les champs), I, 222, 1312; X, 266, 222.
ELZEVIERS, IV, 134; V, 410.
ÉMAÜS (les pèlerins d'), VIII, 664.
ÉMILES (les), famille illustre de Rome, X, 214, 306.
ÉMILIA. Voyez ÉMILIE.
ÉMILIE, fille de C. Toranius, personnage de *Cinna*, III, 359-462; I, 30; 45; 47; 69; 87; 105; 109; 118; 120; X, 441.
ÉMILIE, fille de la femme de Sylla, VI, 358; 375; 265 et 269; 377, 333; 406, 1022; 407, 1048; 410, 1137; 432, 1636; X, 491.
ÉMILIUS SCAURUS, X, 491.
EMPIRE (l') d'Allemagne, X, 257, 78; 286, 12.
ENCELADE, un des Titans, II, 512, 1438.

ENDYMION, X, 154, 2.
ÉNÉE, III, 324, 991; VI, 122, 41; X, 63, 16.
ÉNÉIDE (l'), V, 317, 44.
ENGHIEN (Henri-Jules duc d'), fils du grand Condé, X, 208, 201; 277, 361 et 362.
ENTRÉES des acteurs sur la scène, I, 108 et 109.
ENVIE (l'), X, 266, 222. — Personnage du prologue de *la Toison d'or*, VI, 252-265.
ÉOLE, I, 75; X, 109, 49; 239, 63. Voyez ÆOLE. — Personnage d'*Andromède*, V, 243-396.
ÉPHÈSE (la ville d'), VII, 8; 9, 1; 48, 970; 52, 1114; 56, 1189; 79, 1733.
ÉPHYRE, Néréide, personnage d'*Andromède*, V, 243-396.
Ἐπιείχεια. Traduction de ce mot, I, 34.
ÉPIGRAMMES, X, 46-49; 60; 129; 173. — Épigrammes attribuées à Corneille, X, 357-359.
ÉPISODE, I, 40 et 41; 47. — Épisodes détachés, I, 48.
ÉPISODIQUES (personnages), I, 47 et 48.
ÉPITAPHES: de Didon, X, 36; — d'Élisabeth Ranquet, X, 133.
ÉRASTE, personnage de *Mélite*, I, 123-253; 271; 394; 397. — Nom d'homme mentionné dans l'argument de *Clitandre*, I, 265. — Personnage de *l'Illusion*, II, 421-527. — Nom d'un serviteur d'Auguste dans *Cinna*, III, 433, 1101.
ÉRIPHYLE, femme d'Amphiaraüs, I, 77.
ERMITE, II, 312 et 313.
ÉRYCE, V, 331, 372. — La déesse d'Éryce, Vénus, V, 329, 328.
ÉRYXE, reine de Gétulie, personnage de *Sophonisbe*, VI, 447-549.

Escaut (l'), X, 208, 203; 218, 1; 286, 11; 303, 58.
Eschyle, I, 66; 112; V, 404; VI, 461.
Éson, père de Jason, I, 106. Voyez Æson.
Espagne (l'), I, 89; 90; III, 118, 240; 123, 333; 186, 1560; IV, 43, 393; 55, 685; 131, 285; 315, 475 (var.); V, 407; VI, 230; 264, 229; 359; 361; 364; 367, 58; 370, 133; 384, 409; 387, 591; 408, 1090; 417, 1291; 425, 1482; 431, 1602; 465; 475; 41; 526, 1282; 630, 1267; X, 115; 186, 7; 198, 59; 200, 93; 201, 101; 202, 128; 219; 253, 6; 256, 50; 257, 78; 292, 34; 304, 1; 325, 69; 328, 33; 410; 492. — Paix avec l'Espagne, I, 47. — Point d'Espagne, II, 23, 109. — La cour d'Espagne, VIII, 432.
Espagnes (les), VI, 388, 622; 419, 1330.
Espagnol, les Espagnols, I, 107; III, 82; 87; 95; 98; 99; IV, 131; 132; 138; 279; V, 310; 414; VI, 358; 360; 387; 420, 1369; X, 197, 51; 205, 160; 215, 321.
Espagnol (l'), la langue espagnole, III, 94; IV, 132; 137.
Esther, IX, 38, 571; 40, 601; 41, 621 et 625; 42, 631.
Esturville (Nicolas du Chevreul, sieur d'), X, 133.
Esturville (Mme d'). Voyez Ranquet (Élisabeth).
Étéocle, VI, 159, 575.
Éthiopie (l'), II, 448, 267; V, 273; 296; 301; 302; 303; 314; VIII, 51; IX, 107, 15. — La reine d'Éthiopie, VIII, 51.
Éthiopiens (les), V, 296; 303.

Éthra, personnage des *Suppliantes* d'Euripide, I, 112. Voyez Æthra.
Étienne (saint), martyr, VIII, 191.
Étienne (saint), pape, VIII, 620.
Eudoxe, fille de Léontine, personnage d'*Héraclius*, V, 113-241.
Eudoxe, mère de Pulchérie, VI, 384, 88.
Euménides (les), I, 225, 1363.
Eunuque (l'), de Térence, II 102.
Euphorbe, affranchi de Maxime, personnage de *Cinna*, III, 359-462; I, 47.
Euphrate (l'), VII, 462.
Euripide, I, 35; 44 et 45; 66; 77 et 78; 106 et 107; 112; II, 121; 333; 335; IV, 417; 424; V, 151; 308; 408; VI, 461; X, 450; 500.
Europe (l'), I, 5; II, 450, 325; III, 403, 401; IV, 411; V, 142; VI, 257, 75 et 76; 481, 216; VII, 495, 769; X, 93, 411.
Eurydamas, un des argonautes, VI, 343, 2093.
Eurydice, fille d'Artabase, roi d'Arménie, personnage de *Suréna*, VII, 455-534.
Eustache (saint), VIII, 362.
Évandre, affranchi de Cinna, personnage de *Cinna*, III, 359-462.
Évangélistes (Apôtres et). Hymnes pour eux, IX, 573-580.
Évangile (l'), III, 481.
Ève, VIII, 198. — Les enfants d'Ève, IX, 339.
Excuse : à l'archevêque de Rouen, X, 64-72; — à Ariste, X, 74-78; 476.
Exode, ce qui se récite après le dernier chant du chœur, I, 40 et 41. — Il répond à notre cinquième acte, I, 48.

Exode (l'). Voyez *Bible*.
EXUPÈRE, personnage d'*Héraclius*, V, 113-241; I, 79.
ÉZECHIAS (le roi), VIII, 75; 457.
ÉZÉCHIEL, IX, 46, 702.

F

FABIAN, domestique de Sévère, personnage de *Polyeucte*, III, 463-570.
FABIENS (les), les Fabius, III, 452, 1536.
FABIUS, X, 97, 45.
Fables dans la poésie (*Défense des*), X, 234-241.
FARNÈSE (Alexandre duc de), X, 267, 235.
FAUSTE femme de Constantin, I, 71.
FAUSTIN (saint), VIII, 659.
FÉLIX, gouverneur d'Arménie, personnage de *Polyeucte*, III, 463-570; I, 64; 273; V, 12 et 13.
FÉLIX, affranchi de l'empereur Claude, VI, 597, 510.
FÉLIX, nom d'homme mentionné dans la tragédie d'*Héraclius*, V, 183, 642 et 645.
FERNAND (don), premier roi de Castille, personnage du *Cid*, III, 1-241; 38; 96; 120.
FERNAND (don), roi d'Aragon, V, 411; 466, 1126; 490, 1732; 492.
FERRIER (le P.), jésuite, confesseur de Louis XIV, X, 308, 3.
FEUILLANTS. Voyez GOULU (dom Jean).
FICTIONS de théâtre, I, 121.
FIÉRABRAS, II, 464, 590.
FIESQUE (le comte de), X, 60.
FLAMANDS (les), X, 203, 141; 204, 151; 206, 176; 325, 67.
FLAMAND (le), la langue flamande, III, 82.
FLAMININUS. Voyez FLAMINIUS.

FLAMINIUS, mieux FLAMININUS, ambassadeur de Rome en Bithynie, personnage de *Nicomède*, V, 495-593; I, 115.
FLAMINIUS, père du précédent, V, 309.
FLANDRE (la), IV, 413; X, 186, 8; 202, 116; 206, 174 et 175; 209, 215; 211, 257; 253, 5; 304, 1; 328, 35; 463; 466; 467.
FLAVIAN, soldat de l'armée d'Albe, personnage d'*Horace*, III, 243-358.
FLAVIAN, confident de Tite, personnage de *Tite et Bérénice*, VII, 183-276.
FLAVIE, fille de Marcelle, personnage de *Théodore*, ne paraissant pas sur la scène, V, 1-111.
FLAVIE, amie de Plautine, personnage d'*Othon*, VI, 564-657.
FLAVIE, dame d'honneur d'Honorie, personnage d'*Attila*, VII, 97-181.
Fleur (*la*), tragédie d'Agathon, I, 14.
FLORAME, personnage de *la Suivante*, II, 113-214.
FLORANGE, personnage de *la Veuve*, ne paraissant pas sur la scène, I, 371-500. — Nom d'homme mentionné dans *la Suite du Menteur*, IV, 312, 412.
FLORE, déesse, II, 27, 170; VI, 293, 904; VII, 338, 1309; X, 239, 50.
FLORENCE (la ville de), IV, 292, 79; 293, 96.
FLORICE, personnage de *la Galerie du Palais*, II, 1-112.
FLORIDAN, fils du roi d'Écosse, personnage de *Clitandre*, I, 255-369.
FLORIDOR, X, 483.
FLORILAME, nom d'homme, personnage du Ve acte de *l'Illusion*, ne paraissant pas sur la

scène, II, 507-518; 524-527 (var.).
FLORINE, personnage de *la Comédie des Tuileries*, II, 303-355.
FLORISE, nom de femme mentionné dans *la Suivante*, II, 120; 145, 366; 211, 1637.
FOUCQUET (Nicolas), surintendant des finances, X, 477. — Épître à lui adressée en tête de la tragédie d'*Œdipe*, VI, 121-124. — Il a proposé à Corneille trois sujets pour le théâtre, dont il lui a laissé le choix, VI, 124; 128 et 129.
FRANCE (la), I, 89; 134; III, 77; 81, 280; 473; 474; IV, 11; 144, 74; 145, 79; 285, 412; V, 292; 310; 316, 6; VI, 254; 463; VII, 104; 108; 114, 142 et 149 et 157; 120, 313; 134, 622; VIII, 343; IX, 63; X, 32, 13 et 14; 57, 3; 75, 23; 95, 10; 100, 5; 112, 75; 117, 23; 119, 57; 123, 9; 125, 2; 135, 8; 138, 5; 153, 5; 186, 31; 194; 196, 37; 200, 99; 201, 105; 206, 177; 244, 5; 253, 2; 258, 89; 264, 190; 291, 26; 300, 17; 306, 49; 320, 71; 322, 1; 334, 1; 336, 57; 338, 90; 339, 115; 449; 463; 473; 475; 480; 500. — La France, personnage du prologue de *la Toison d'or*, VI, 252-265.
FRANCHE-COMTÉ (la), X, 223; 297, 103.
Franciade (la), poëme épique de Ronsard, X, 117, 34.
FRANÇOIS, FRANÇOISE, Français, Française, IV, 12; VIII, 15; 19. — A la françoise, III, 280; IV, 132.
FRANÇOIS (les), les Français, II, 431; III, 81; V, 319, 81; 404; VII, 5; 112, 96; IX, 65; X, 202, 117; 212, 277; 263, 172; 265, 212; 268, 254; 274; 312 et 321; 278, 374; 303, 54; 304, 7; 325, 61; 450; 500.
FRANÇOIS (le), la langue française, III, 82; IV, 12; 132.
FRANÇOIS D'ASSISE (saint), VIII, 107; 356; 521, 5373; 533.
FRANÇOIS DE PAULE (saint), VIII, 422.
FRANÇOIS XAVIER (saint), VIII, 338.
FRANCS (les), VII, 111, 52; 118, 259; 127, 458; 129, 507 et 520; 130, 536; 134, 619; 181, 1779; 382, 13.
FRAYEUR (la), X, 302, 38.
FRONTEAU (le R. P.). Son *Thomas vindicatus*, X, 468. — Son *Oraison funèbre de Matthieu Molé*, X, 472 et 473.
FUENSALIDA (le comte de). Voyez AYALA (don Garcie d').
FULVIE, confidente d'Émilie, personnage de *Cinna*, III, 359-462.
FURIES (les), I, 296, 353. — Furies vengeresses données à Oreste, I, 20.
FURNE (la ville de), X, 204, 153.

G

GABAONITES (les), VIII, 455, 3998.
GABRIEL (l'ange), IX, 8, 13; 497, 17; 561, 9.
GAINAS, général goth, VII, 116, 199.
GALAS, général de l'empereur Ferdinand III, IV, 159, 336.
GALATIE (la), province de l'Asie Mineure, V, 542, 699.
GALBA, empereur de Rome, personnage d'*Othon*, VI, 564-657; VII, 272, 1686.
Galerie du Palais (la), comédie de Corneille, II, 1-112; 10-12. — Examen de la pièce, II, 11-15.

GALILÉE (la), IX, 577, 7.
GANGE (le), IV, 53, 622 et 625.
GARCIE (don), usurpateur du trône d'Aragon, V. 413; 422, 82; 445, 650; 446, 678; 466, 1130; 473, 1333; 481, 1538 et 1544.
GARIBALDE, duc de Turin, personnage de *Pertharite*, VI, 1-100.
GARONNE (la), la Garonne, VII, 117, 228; X, 231.
GASCON. Voyez MATAMORE.
GAULE (la), VI, 582, 154; VII, 110, 46; 112, 79; 117, 232; 144, 875; 145, 901.
GAULES (les), I, 90; IV, 43, 393.
GAULOIS (les), VII, 246, 1100.
GAUTIER - GARGUILLE (Hugues Guéru, dit), comédien, II, 443, 181.
GÊNES. Point de Gênes, II. 23, 109.
GENEVIÈVE (sainte), IX, 619, 2. — Hymnes de sainte Geneviève, traduites en vers français par Corneille, IX, 619-636.
GEÒLIER (un), personnage de *Clitandre*, I, 255-369. — Personnage de *l'Illusion*, II, 421-527.
GÉPIDES (les), VII, 103; 108.
GÉRASTE, personnage de *la Suivante*, II, 113-214.
GERMAIN D'AUXERRE (saint), appelé un saint prélat, IX, 619, 7.
GERMANICUS (Tiberius Drusus Nero), X, 267, 231.
GERMANIE (la), VI, 582, 154.
GÉRON, personnage de *la Veuve*, I, 371-500.
GÉRONTE, personnage de *Clitandre*, I, 255-369. — Personnage de *l'Illusion*, II, 421-527. — Personnage du *Menteur*, IV, 117-273. — Nom d'homme mentionné dans *Mélite*, I, 201, 963.
GERSEN (Jean) a été regardé par quelques-uns comme l'auteur de l'*Imitation*, VIII, 12; 18; X, 461; 464; 467.
GERSON (Jean) a été regardé comme l'auteur de l'*Imitation*, VIII, 15; X, 463.
GERUNDENSIS (Joannes), évêque espagnol, X, 491 et 492.
GERVAIS (saint), IX, 283.
GÉTULIE (la), VI, 472; 545, 1723.
GÉTULIENS (les), VI, 476, 92.
GHIRARDELLI (Jean - Baptiste), poëte italien, I, 71.
GHISI, pour Chigi, VIII, 6. Voyez CHIGI.
GIBELINS (les), X, 126, 8.
GILBERT, poëte français. Analyse de sa *Rodogune*, IV, 509-511.
GIRARD (le frère), convers de l'ordre des Chartreux, VIII, 470.
GIRONNE, ville d'Espagne, VI, 358.
GLABRION, un des complices de Cinna, III, 451, 1489.
GLABRION, mentionné dans *Sertorius*, VI, 407, 1055.
GLAUQUE, dieu marin, personnage de *la Toison d'or*, VI, 221-349.
GLYCÈRE, personnage de *l'Andrienne* de Térence, I, 115; II, 14.
GODEAU (Antoine), X, 71, 77.
GOLDONI, poëte italien. Note sur sa pièce intitulée *il Bugiardo*, IV, 272 et 273.
GOLIATH, VIII, 333.
GOMBAUT (de), X, 474.
GOMÈS (don), comte de Gormas, personnage du *Cid*, III, 1-241; I, 60; 101; X, 401.
GONDEBAUT, allié d'Aétius, mentionné dans *Attila*, VII, 115, 179.
GORGONE, V, 295; 301.
GORMAS (le comte de). Voyez GOMÈS (don).
GOTH, les GOTHS, VII, 116, 202; 149, 1012; 382, 27.

532 TABLE ALPHABÉTIQUE ET ANALYTIQUE

Goujon, avocat au conseil privé du Roi. Lettre à lui adressée par Corneille, X, 433-437.

Goujon, père du précédent, X, 437.

Goulu (dom Jean), général des Feuillants. Épitaphe latine composée en son honneur par Corneille, X, 396.

Grace (Monsieur de), l'évêque de Grasse, X, 467.

Grâces (les), I, 147, 75; VI, 293, 902 et 908; X, 339, 115.

Grammont (le maréchal de), X, 480.

Grammont (l'hôtel de), X, 480.

Grammont (le régiment de), X, 480.

Gramont (Armand de), comte de Guiche, X, 269, 264.

Grand Seigneur (le), II, 448, 271.

Grasse. Voyez Grace.

Gratian, mentionné dans *Pulchérie*, VII, 382, 31.

Grave (le siége de). Un fils de Corneille y est tué, X, 501.

Grec, les Grecs, I, 107; 262; II, 12; 118; III, 408, 542; IV, 282; V, 296, 310; 404; VI, 249; 271, 379; 289, 816; 325, 1655; 346, 2151; VII, 5; 11, 45; 45, 898; 47, 951; 56, 1208; 450; IX, 530, 21; X, 450; 455; 500.

Grèce (la), II, 336; 362, 438; 369, 566; 371, 621; III, 552, 1420; IV, 437, 176; V, 304; VI, 137, 55; 138, 78; 165, 729; 268, 294; 271, 366; 272, 394 et 401 et 419; 275, 478; 276, 522; 284, 670; 291, 862 et 877; 301, 1053; 305, 1188; 310, 1296; 337, 1961; 344, 2109; 347, 2158; VII, 23, 356; 27, 441 et 458; 46, 905 et 930; 48, 966; 56, 1185 et 1194; 57, 1219; 80, 1742; 92, 2040; X, 63, 15; 206, 167; 500.

Grenade, III, 115, 197; 136, 538; 145, 706; 170, 1226.

Grenouilles (les), comédie d'Aristophane, II, 12; V, 308.

Grimoald, comte de Bénévent, personnage de *Pertharite*, VI, 1-100; I, 272.

Grolle (la place de), X, 280, 395.

Grotius (Hugo), ambassadeur de Suède, I, 102; X, 443. — Il a mis sur la scène la Passion de Jésus-Christ et l'histoire de Joseph, III, 480.

Guadalquivir (le), III, 98

Guarini. Voyez *Pastor fido*.

Guelfes (les), X, 126, 8.

Guêpes (les), comédie d'Aristophane, II, 11.

Guérente. Son hommage à Corneille au sujet de *la Veuve*, I, 380 et 381.

Guérin (Robert). Voyez Guillaume (Gros-).

Guéru (Hugues). Voyez Gautier-Gargouille.

Guiche. Voyez Gramont.

Guillaume (Robert Guérin, dit Gros-), comédien, II, 443, 181.

Guillaume (saint), duc d'Aquitaine, VIII, 592.

Guillen de Castro (don). Voyez Castro (don Guillen de).

Guise (Henri II duc de), X, 493. Sonnet adressé après sa mort à son neveu par Corneille, X, 182-184.

Guise (Louis-Joseph duc de), neveu du précédent. Sonnet que lui adresse Corneille sur la mort de son oncle, X, 182-184.

Guitry (Guy de Chaumont de), tué au passage du Rhin, X, 271, 271; 276, 345.

Gundebert, VI, 22, 32; 23, 41 et 59; 24, 79; 91, 1639.

Gusman (don Lope de), personnage de *Don Sanche d'Aragon*, V, 397-494.

GUSMAN D'ALFARACHE, héros d'un roman espagnol, mentionné dans l'*Illusion*, II, 444, 186.

H

HAINAUT (le), X, 202, 116; 253, 5; 328, 35.
HALICARNASSE, VII, 8; 52, 1096.
HANELAY (Mme de), X, 452.
HANNON, VI, 516, 1068.
HARANGUES, déplacées à la fin d'une pièce, III, 279.
HARDY, poëte dramatique, I, 137; VI, 462. — Sa veine est plus féconde que polie, I, 138.
HARLAY DE CHAMPVALLON (François de), archevêque de Rouen. Vers latins faits par Corneille à son invitation, X, 64-72.
HARLAY DE CHAMPVALLON (François), neveu du précédent, archevêque de Rouen de 1651 à 1671, puis archevêque de Paris, X, 296, 91. — Il décide Corneille à dédier au pape Alexandre VII sa traduction de l'*Imitation*, VIII, 3.
HARPIES (les), VI, 248; 327, 1725.
HAYE (la ville de la), X, 282, 429; 452; 457.
HÉBREU, les HÉBREUX, VIII, 262, 63; 453, 3949; IX, 45, 681.
HÉCATE, X, 236, 13.
HÉCATOMPYLE, capitale des Parthes, VII, 463, 6.
HEINSIUS (Daniel), I, 34; 102; III, 479; 480; IV, 133; V, 409.
HÉLÈNE, femme de Ménélas, I, 106.
Hélène, tragédie d'Euripide, I, 45; 77; IV, 417; V, 151.
HÉLIODORE, évêque de Tricca, auteur du roman de *Théagène et Chariclée*, V, 296; 304. — Il aime mieux perdre son évê-

ché que son livre, X, 431 et 432.
HÉLIODORUS, envoyé pour piller le temple de Jérusalem, VIII, 404.
Hellé, tragédie grecque, I, 67.
HELLESPONT (l'), V, 539, 607.
HÉMON, fils de Créon, personnage de l'*Antigone* de Sophocle, I, 68. Voyez ÆMON.
Hénouville (*le presbytère d'*), épître attribuée à P. Corneille, X, 345-352.
HENRI IV, roi de France, V, 318, 61; X, 211, 260; 338, 92.
Héraclius, empereur d'Orient, tragédie de Corneille, V, 113-241; I, 47; 63; 68; 93; 105; 115; 119; 121; 272; 273; II, 337; III, 382; IV, 417. — *Examen* de la pièce, V, 148-154. — Applaudissements qui en ont suivi les représentations, V, 141. — Sa représentation fatigue et il l'a fallu voir plus d'une fois pour en remporter une entière intelligence, V, 154.
HÉRACLIUS, fils de l'empereur Maurice, personnage principal de la pièce de ce nom, V, 113-241; I, 59; 60; 63; 69; 76; 79; V, 508.
HERCULE, IV, 416; V, 316, 25; VI, 147, 306; VII, 11, 50; 44, 856; 45, 876. — Les colonnes d'Hercule, III, 285, 51.
HERMINIE, dame d'honneur de Sophonisbe, personnage de *Sophonisbe*, VI, 447-549.
HERMIONE, fille de Ménélas et d'Hélène, I, 106.
HÉRODE, roi de Judée, IX, 501, 1. — Personnage de la tragédie de *Herodes infanticida*, de Heinsius, III, 481. — Personnage de la tragédie de *Mariane*, de Tristan, I, 48.
HESDIN (la ville de), X, 114.

HESERUS (le P.). Son *Lexicon Germanico-Thomæum*, X, 459; 462; 465. — Ses *Septuaginta palmæ*, X, 466. — Son *Centumvirale judicium*, X, 467. — *Dioptra Heseri*, X, 468.
HEXAMÈTRES (vers), V, 309 et 310.
HIÉRICO (la ville de), IX, 125.
HIÉRUSALEM, VIII, 472, 4364. Voyez JÉRUSALEM.
HIPPOLYTE, fils de Thésée, I, 72; II, 525 (var.).
Hippolyte, tragédie de la Pinelière, X, 73.
HIPPOLYTE, nom de femme, personnage de *la Galerie du Palais*, II, 1-112; 11; 12. — Nom d'un rôle de femme dans le Ve acte de *l'Illusion*, II, 507-518. — Nom de femme, mentionné dans *Mélite*, I, 149, 113; — dans *Clitandre*, I, 265; 275, 2; 276 (var.); 281, 100; 287, 199; — dans *le Menteur*, IV, 183, 783; — dans une chanson, X, 54, 25.
HIRTIUS, historien, IV, 22.
HOLLANDE (la), IV, 133; X, 252; 258, 97; 278, 365 et 373; 285, 5; 292, 34; 325, 69; 499. — Toile de Hollande, II, 21.
HOLLANDOIS (imprimeurs), I, 5.
HOLOFERNE, HOLOPHERNE, VIII, 485; IX, 36, 528; 37, 536 et 551.
HOMÈRE, I, 32; 33; VI, 122, 42.
HOMME-DIEU (l'), IX, 18, 205.
Hommes illustres (*les*) de Campion, X, 137.
HONGRIE (la), IX, 196, 38.
HONORIE, sœur de l'empeur Valentinian, personnage d'*Attila*, VII, 97-181.
HORACE, poëte latin, I, 16; 19; 25; 31-33; 36; 37; 50; 78; 79; 97; 107; 117; 261; II, 119; 433; III, 86; 100; 101; 260; 261; 273; 274; 276; 277; IV, 131; 280; 281; V, 404; 406; 504; VI, 5; 468; VII, 5; X, 485. — Fausse citation, I, 3. — Horace confondu avec Perse, V, 312 (var). — Vers imités d'Horace, attribués à Corneille, X, 356.
Horace, tragédie de Corneille, III, 243-358; I, 4; 85; 97; 98; 116; 118; 122; IV, 424; V, 14; X, 103, 10. — *Examen* de la pièce, III, 273-280 — Sa chute, III, 274 (voyez la note). — Le Ve acte est cause du peu de satisfaction que laisse cette tragédie, III, 279. — Les vers d'*Horace* ont quelque chose de plus net et de moins guindé pour les pensées que ceux du *Cid*, III, 281. — *Horace* représenté à Versailles en octobre 1676, X, 309; 311, 3.
HORACE, personnage principal de la pièce de ce nom; III, 243-358; I, 65; 109; VI, 122, 34; X, 97, 37; 432; 441.
HORACE (le vieil), père du précédent, personnage d'*Horace*, III, 243-358.
HORACES (les), adversaires des Curiaces, I, 85; 86; III, 279.
Horaces (*les*), autre titre de la tragédie d'*Horace*, VI, 464.
HÔTEL DE BOURGOGNE (l'). Voyez BOURGOGNE.
HUNS (les), VI, 30, 251; VII, 108; 382, 27.
HYARBÉE, capitale de la Gétulie, VI, 491, 455; 494, 543.
HYMEN (le dieu), I, 248 (var.).
HYMÉNIE (l'), II, 324, 352. — Personnage du prologue de *la Toison d'or*, VI, 252-265.
HYMNES pour chaque jour de la semaine, traduites en vers français par Corneille, IX, 449-488. — Hymnes propres du temps, IX, 489-541. — Hymnes propres des saints, IX, 542-

572. — Hymnes du commun des saints, IX, 573-602. — Hymnes de saint Victor, IX, 607-612. — Hymnes de sainte Geneviève, IX, 619-636.
HYPSIPYLE, reine de Lemnos, mentionnée dans *Médée*, II, 342, 9 et 25; 343, 34. — Personnage de *la Toison d'or*, VI, 221-349.

I

I consonnes, distingués des *i* voyelles, I, 6.
I. Son emploi, I, 6.
IAMBIQUES (vers), V, 309 et 310.
IBÈRES (les), X, 69, 51.
ICÉLUS, nom d'esclavage de Martian, personnage d'*Othon*, VI, 596, 492.
ICILE, un des complices de Cinna, III, 451, 1490.
IDYE, fille de l'Océan, VI, 249.
IGNACE (saint), martyr, VIII, 213.
IGNACE DE LOYOLA (saint), VIII, 310.
ILDIONE, sœur de Mérouée, roi de France, personnage d'*Attila*, VII, 97-181.
ILERGÈTES (les), peuple de l'Espagne tarraconaise, VI, 425, 1485.
Iliade (l'), V, 317, 44.
Illusion (l'), comédie de Corneille, II, 421-527. — Examen de la pièce, II, 432 et 433. — Son succès au théâtre, II, 431 et 432. — L'auteur, absent de Paris, n'a pu en corriger les épreuves, II, 431. — Elle se soutient encore au théâtre après trente ans, II, 433.
ILLYRIENS (les), VI, 643, 1539.
Imitation de Jésus-Christ (l'), X, 468. — Traduite en vers français par Corneille, VIII, 29-687. — Auteurs présumés de l'*Imitation*, VIII, 12-15; X,

460-472. — Mise en vers latins par Thomas Mesler, bénédictin (1649), VIII, 17.
IMITATIONS. Voyez TRADUCTIONS.
INDE (l'), IX, 215, 11.
INDES (les), V, 132; VIII, 452.
INDIBILIS, prince des Ilergètes, mentionné dans *Sertorius*, VI, 381, 431.
INFANTE (l'), personnage du *Cid*. Voyez URRAQUE (dona).
Infortiat (l'), IV, 158, 327.
INFORTUNE. Aristote ne veut pas qu'un homme tout à fait innocent y tombe; il ne veut pas non plus qu'un très-méchant y tombe, I, 63.
INNOCENTS (les saints). Tragédie d'Heinsius sur leur martyre, III, 480.
INO, VI, 245.
INSCRIPTIONS, mises au-dessous des estampes qui représentent les glorieuses actions de Louis XIII, X, 104-115; — de deux fontaines de Paris, X, 242-244.
Ion, tragédie d'Euripide, I, 77.
IPHICRATE, vieillard de Corinthe, personnage d'*OEdipe*, VI, 101-219.
IPHIGÉNIE, fille d'Agamemnon, I, 67; IV, 417.
Iphigénie in Tauris, tragédie d'Euripide, I, 45; 77; 122; IV, 417; V, 151.
IPHITE, argonaute, personnage de *la Toison d'or*, VI, 221-349.
IRÈNE, sœur de Léon, personnage de *Pulchérie*, VII, 371-453.
IRIS, personnage de *la Toison d'or*, VI, 221-349.
IRIS, nom de femme, désignant probablement la comédienne du Parc, X, 140, 12; 163, 1; 167, 13; 168, 7; 233, 3. — Élégie sur son départ qui a

été attribuée à Pierre Corneille, mais est de Thomas, X, 363.
— Derniers vers de Corneille à Iris, X, 387.
Isabelle, personnage de *l'Illusion*, II, 421-527 — Personnage du *Menteur*, IV, 117-273.
Isabelle, reine de Castille, personnage de *Don Sanche d'Aragon*, I, 44; V, 397-494.
Isaïe, VIII, 51; 75; 457. — Passage de lui traduit par Corneille, VIII, 269, 191.
Islande (l'), II, 457, 462.
Ismène, fille d'Œdipe, VI, 140, 146 et 153; 141, 161; 159, 574.
Israël, IX, 24, 306 et 312; 27, 355 et 371; 95, 24; 107, 3; 119, 14; 123; 145, 57; 183, 13; 185, 7; 192; 197, 20; 207, 27; 219, 29; 225, 34; 230; 235, 29; 237, 18; 238; 311, 7; 333, 13; 557, 10. — Les fils ou enfants d'Israël VIII, 444; 454, 3995; 263, 72; IX, 150; 317, 81. — Les trois enfants d'Israël dans la fournaise. VIII, 444. — La maison d'Israël, IX, 315, 65; 316. — Le sang d'Israël, IX, 185, 14. — Le Seigneur Dieu d'Israël, IX, 156; 193, 3.
Issel. Voyez Yssel.
Isthme de Corinthe (l'), II, 353, 271.
Italie (l'), II, 199, 1405; 314, 76; III, 339, 1307; 389, 109; 450, 1470; 458, 1678; IV, 43, 393; 71; 1065; 194, 1029; 291, 48; 315, 475 (var.); 346, 1097; V, 316, 6; 587, 1728; VI, 61, 978; 375, 266; 377, 334; 410, 1138; 463; VII, 117, 233; X, 110, 60.
Italien, les Italiens, I, 107; VIII, 13; 18; X, 463. — Ils affectent l'agnition, I, 71.

Italien (l'), la langue italienne, III, 82.
Ivry. Voyez Yvry.
Ixion, I, 31; 225, 1359; II, 409, 1387; 415, 1524; VII, 353, 1669; 357, 1779.

J

J. Son emploi, I, 6.
Jaca, forteresse d'Aragon, V, 413.
Jacob, IX, 18, 191; 26, 352; 67, 3; 123; 170; 171, 4; 218; 231, 3; 313, 28. — Le Dieu de Jacob, IX, 312. — Les fils de Jacob, IX, 151, 51; 235, 22. — La maison de Jacob, IX, 310; 311, 4.
Jacobin (religieux); VIII, 313.
Jacques (saint), ermite, VIII, 524.
Jaffa, ville de la Palestine, V, 301.
Jane, nom de femme, X, 46, 1.
Janus (les portes de), III, 409, 554.
Japon (le), II, 448, 267; X, 254, 31.
Jason, chef des argonautes, I, 20; X, 450. — Personnage de la tragédie de *Médée*, II, 327-419; I, 46; 106; IV, 423. — Personnage de *la Toison d'or*, VI, 221-349. — Personnage de la *Médée* de Sénèque, I, 21; IV, 282.
Jason, jurisconsulte, IV, 158, 328.
Java, X, 254, 31.
Jean (saint) l'évangéliste, VIII, 382, 2535; IX, 47, 735. — Passages de son Évangile traduits par Corneille, VIII, 178, 43-49; 214, 760; 395, 2776-2778; 680, 2083-2086.
Jean-Baptiste (saint), VIII, 529. — Sa mort sujet d'une

tragédie de Buchanan, III, 480. — Hymnes pour la nativité de saint Jean-Baptiste, IX, 543-548.
JEAN-CALYBITE (saint), VIII, 399.
JEAN d'Autriche, don Juan, X, 267, 233.
JEAN PAIN-MOLLET (la rue), à Rouen, X, 436.
JEPHTÉ. Son histoire mise en tragédie par Buchanan, III, 480.
JÉRÉMIE, X, 448.
JÉRICO. Voyez HIERICO.
JÉRÔME (saint), VIII, 48.
JÉRUSALEM, V, 302; VIII, 51; 472, 4364; IX, 123; 155; 184; 187; 194; 197, 5; 217, 1; 264; 271, 87; 272; 598, 1.
JESSE, IX, 28, 375.
JÉSUS-CHRIST, III, 476; 479; 480; VIII, 1; 16; 22; 27; 29; 30, 5; 48, 308; 82, 884; 90, 1026 et note 2; 115, 1491; 145, 2085; 148, 2155; 169, 2568; 177, 22; 179, 67; 181, 117; 184, 183; 209, 664; 210, 680 et 687; 213, 751 et note 1; 215, 784 et 794; 216, 804; 217, 832 et 839 et 840; 218, 854 et 855; 232, 1142; 237, titre et 1253; 238, 1282; 239, 1293; 240, 1312; 242, 1348 et 1358; 249, 1511; 250, 1521; 253, 1601; 255, 1639; 259, titre et note 1; 281, 436; 283, 479; 289; 295, 745; 313; 328; 351, titre et note 1; 368; 371; 384; 412; 415; 434, 3563; 475; 477; 479, 4514; 503; 537, 5686; 552, 6042; 553, titre et note 1; 557, 5026; 558; 580, titre et note 1; 590, 546; 594, 319; 599; 611, 682; 616, 784; 625, titre et note 3; 643, titre; 653, 1544; 654, 659, titre; 664, titre et note 1; 673, titre; 677, titre; IX, 8, 12; 17, 178; 19, 228; 27, 358; 33, 477; 161; 163; 177; 187; 189; 199; 209, 223, 23; 227; 229; 239; 241; 289; 291; 299; 319; 321, 18; 335, 10; 337; 339; 341; 451, 34; 463, 18; 464, 22; 466, 18; 468; 18; 472, 18; 473, 4; 475, 20; 480, 18; 481, 22; 484, 18; 493, 4; 494, 1; 496, 3; 500, 11 et 12; 501, 2; 506, 7; 508, 1; 516, 4; 518, 21; 528, 29; 529, 15; 538, 6; 549, 17; 553, 13; 556, titre et 1; 558, 1; 560, 20; 561, 1; 565, 22; 570, 29; 576, 11 et 17; 585, 17; 590, 21; 593, 1; 625, 22.
JEUX (les), VI, 293, 902; X, 339, 115,
JOB, VIII, 78; 79, 822; 227, 1051. — Passage de lui traduit par Corneille, VIII, 227, 1051-1054. — Le livre de Job, VIII, 636, 1172. — Le sonnet de Job, X, 125.
JOBELINS (les), partisans du sonnet de Job, X, 126, 5.
JOCASTE, reine de Thèbes, femme et mère d'OEdipe, personnage d'*OEdipe*, VI, 101-219; I, 62; VI, 250; X, 483.
JODELET, comédien, IV, 304, 281; 333, 826.
JOËL, IX, 530, 31.
JOPPÉ, ville de Syrie, V, 301; 302.
JOSAPHAT, roi des Indes, VIII, 452.
JOSEPH, fils de Jacob, VIII, 202; 274. — Son histoire mise en tragédie par Grotius, III, 480.
JOSEPH (saint), VIII, 521.
JOSÈPHE, historien, IV, 418; 420.
JOSUÉ, VIII, 454, 3995.
JOUR (unité de). Voyez UNITÉ de temps ou de jour.

538 TABLE ALPHABÉTIQUE ET ANALYTIQUE

JOURDAIN (le), IX, 311, 11 ; 313, 19.
JOVITE (saint), VIII, 659.
JUAN (don) d'Autriche. Voyez JEAN d'Autriche.
JUBA, roi de Mauritanie, IV, 47, 473 ; 56, 686.
JUDA, IX, 117, 33.
JUDÉE (la), VII, 200; 242, 1015 ; 269, 1640; IX, 175, 3 ; 235, 21 ; 511, 5 ; 383, 44.
JUDITH, VIII, 485 ; IX, 36, 522 et 531 ; 37, 551.
JUGURTHE, Jugurtha, X, 259, 105.
JUIF, les JUIFS, VIII, 434, 3563; 462, 4151; 475 ; IX, 41, 619; 530, 25 ; 531, 11; 553, 11.
JULE, Jules César, VI, 614, 879.
JULIE, dame romaine, personnage d'*Horace*, III, 243-358 ; I, 109.
JULIE, fille d'Auguste, mentionnée dans *Cinna*, III, 412, 638 ; 455, 1589.
JULIE DE RAMBOUILLET. Sa *Guirlande*, X, 10; 82-85. — Trois autres pièces de sa *Guirlande* attribuées à Corneille, X, 344; 345.
JUNON, II, 372, 640. — Personnage d'*Andromède*, V, 243-396. — Personnage de *la Toison d'or*, VI, 221-349.
JUPITER, I, 75 ; II, 386, 925; 448, 276; IV, 70, 1039 ; IX, 610, 17; X, 237, 22; 442. — Personnage d'*Andromède*, V, 243-396. — Personnage de *la Toison d'or*, VI, 221-349. — Personnage de *Psyché*, VII, 277-370.
JUSTIN (saint), VIII, 298.
JUSTIN, historien latin, IV, 417-419; V, 505. — Extrait de son trente-quatrième livre, contenant le sujet de *Nicomède*, V, 502 et 503.
JUSTINE, fille de Martian, personnage de *Pulchérie*, VII, 371-453.

JUVÉNAL, poëte latin, V, 415.
JUVENEL (de), auteur du roman de *Dom Pélage*, V, 414.

K

KEMPEN (la place de), X, 280, 395.
KNOSEMBOURG (le fort de), X, 278, 375.

L

L double supprimée dans certains mots, I, 11 et 12. — Deux prononciations pour la double *ll*, I, 11.
LACUS, préfet du prétoire, personnage d'*Othon*, VI, 564-657.
LÆLIE, Lélius, III, 261. Voyez LÉLIUS.
LAÏUS, père d'OEdipe, I, 62 ; VI, 127; 128; 130; 134; 138, 106; 153, 434; 158, 548; 159, 581 et 591; 172, 877 et 899; 178, 1015 ; 181, 1083 ; 184, 1186 ; 187, 1245; 191, 1351; 193, 1394 et 1396 et 1404; 195, 1434; 196, 1470 ; 197, 1492 et 1502; 198, 1526; 199, 1550 et 1554; 200, 1582; 201, 1602; 211, 1814; 212, 1850; 219, 2004.
LAMBERT, musicien, X, 153.
LAMBOY, général de l'empereur Ferdinand III, IV, 159, 336.
LAMY, X, 481.
LAODICE, reine d'Arménie, personnage de *Nicomède*, V, 495-593.
LAONICE, personnage de *Rodogune*, IV, 397-511 ; I, 111; 121; V, 148.
LARE (don Manrique de), personnage de *Don Sanche d'Aragon*, V, 397-494.

LATIN (le), la langue latine, IV, 15; VIII, 14; 19.
LATINS (les), I, 262; II, 117; IV, 131; IX, 530, 21; X, 63, 16; 500.
LATINES (œuvres) de Corneille: excuse à l'archevêque de Rouen, X, 64-72; — traduction en vers latins de ses propres stances sur la conquête de la Franche-Comté, X, 225; — vers latins présentés au Roi à son retour de la guerre d'Hollande, en 1672, X, 249; — distique latin sur les conquêtes de 1672, attribué à Corneille, X, 385; — épitaphe latine du P. Goulu, X, 396.
LATINUS, roi des Latins, X, 63, 16.
LATIUM (le), X, 450.
LAUNOY (de), X, 472.
LAURE de Noves, X, 147, 60 et 62.
LAURENS (saint), VIII, 220; 222, 935.
LAURENS DE SUNIANO (le P.), VIII, 323.
LAZARE (le), saint Lazare, VIII, 434, 3566.
LAZARILLE DE TORMES, héros d'un roman espagnol, II, 444, 185.
LÉLIUS, lieutenant de Scipion, consul de Rome, personnage de *Sophonisbe*, VI, 447-549. Voyez LÉLIE.
LEMNOS (l'île de), II, 342, 25; 343, 33; VI, 248; 252; 294, 940; 295, 943: 310, 1295 et 1303; 317, 1458; 345, 2134; 348, 2206.
LÉNAS, un des complices de Cinna, III, 451, 1490.
LENS (la bataille de), X, 27, 352.
LÉON, amant de Pulchérie, personnage de *Pulchérie*, VII, 371-453.

LÉONCE, nom du fils de la gouvernante d'Héraclius et de Martian, et nom supposé de Martian, V, 113-241.
LÉONOR, personnage du *Cid*, III, 1-241; 483; I, 115.
LÉONOR, reine d'Aragon, personnage de *Don Sanche d'Aragon*, V, 397-494; I, 44.
LÉONTINE, dame de Constantinople, personnage d'*Héraclius*, V, 113-241; I, 119; 121.
LÉOPOLD Ier, empereur d'Allemagne, X, 306, 51.
LÉOTYCHIDE, fils d'Agis, roi de Sparte, VII, 47, 961.
LÉPIDE, un des triumvirs, II, 411, 598; 437, 1202; 457, 1658. — Personnage de *Pompée*, IV, 1-115.
LÉPIDE, tribun romain, personnage de *Sophonisbe*, VI, 447-549.
LETELLIER (Jean), grand rapporteur de France, X, 433 et 434; 436.
LETELLIER, curé de Louviers, X, 435.
LETELLIER (Nicolas), X, 435.
LÉTHÉ (le fleuve), I, 222 (var.).
LEUCO-ÆTHIOPES, peuples d'Afrique, V, 304.
LEUCTRES, en Béotie, I, 55; V, 406.
LEVANT (le), VII, 204, 88.
LEYDEN (la ville de), Leyde, IV, 134.
LIAISON DES SCÈNES, I, 3; 101 et suiv.
LIANCOUR (Roger du Plessis de). Épitre dédicatoire, à lui adressée, de la comédie de *Mélite*, I, 134.
LIANCOUR (Jeanne de Schomberg, dame de), femme du précédent. Épitre dédicatoire, à elle adressée, de *la Galerie du Palais*, II, 10.
LIBAN (le), IX, 125.

LIBRAIRE DU PALAIS (le), personnage de *la Galerie du Palais*, II, 1-112.
LIEU (unité de). Voyez UNITÉ de lieu.
LIGDAMON, personnage d'une tragi-comédie de Scudéry, X, 57, 1. Voyez LYGDAMON.
Ligdamon et Lidias, tragi-comédie de Scudéry, X, 57; 401.
LIGUE (la), X, 211, 261.
LILLE (la ville de), X, 205, 163.
LINGÈRE DU PALAIS (la), personnage de *la Galerie du Palais*, II, 1-112.
LIRIOPE, nymphe, personnage d'*Andromède*, V, 243-396.
LISIS, personnage de *Mélite*, I, 123-253.
LISTOR, personnage de *la Veuve*, I, 371-500.
LIVE (Tite), III, 258; VI, 464; 466; X, 441. — Extrait du livre Ier (chapitres XXIII-XXVI) de son *Histoire romaine*, contenant le sujet de la tragédie d'*Horace*, III, 262-272.
LIVIE, impératrice, personnage de *Cinna*, III, 359-462; I, 44; 47.
LOIRE (la), VII, 117, 226; X, 106, 7.
LOMBARDIE (la), VI, 22, 31; 23, 63; 32, 300; 99, 1831.
LOMBARDS (les), VI, 1; 6; 20.
LONGUEVILLE (Henri II duc de), VIII, 6. — Épître dédicatoire, à lui adressée, de la tragédie de *Clitandre*, I, 259.
LONGUEVILLE (le duc de), fils du précédent, tué au passage du Rhin, X, 27, 346. Voyez SAINT-PAUL.
LONGUEVILLE (la duchesse de), VIII, 6; X, 208, 210.
LOPE, IV, 279. Voyez VEGA (Lope de).
LOPE DE GUSMAN (don). Voyez GUSMAN (don Lope de).

LORRAINE (la), X, 253, 5.
LOTHAIRE (l'empereur), VIII, 237.
Louanges de la sainte Vierge (les) de saint Bonaventure, traduites en vers français par Corneille, IX 1-53.
LOUIS (saint), roi de France, VIII, 343; X, 211, 251.
LOUIS XI, roi de France, VIII, 422.
LOUIS XII, roi de France, X, 32, 8.
LOUIS XIII, roi de France, II, 522, 1657; III, 472; IV, 412; V, 318, 61; X, 32, 8; 64; 69, 41; 70, 57; 135, 2; 338, 94; 433; 435; 436. — Sonnet de Corneille sur sa mort, X, 87 et 88. — Pièce de vers intitulée *les Triomphes de Louis le Juste*, X, 104-115.
LOUIS XIV, roi de France, I, 47; III, 472; IV, 11; 12; V, 316, 30; 319, 79; VI, 123, 67; 126; IX, 63 et 64; 71; X, 153, 6; 232, 9; 318, 49; 320, 76; 323, 10 et 13; 327, 12; 328, 43; 330, 77; 333, 5; 335, 12; 339, 103; 501; 502. — Il a fait recevoir à Corneille, au sujet d'*OEdipe*, de véritables et solides marques de son approbation, VI, 126; 129. — La tragédie d'*Andromède* a été entreprise par son commandement, V, 259. — *La Toison d'or* a été composée pour la réjouissance publique célébrée à l'occasion de son mariage, VI, 230; 253 et 254; 262, 174 et 175. — Vers sur lui ou adressés à lui par Corneille : pour obtenir la confirmation des lettres de noblesse accordées à son père, X, 135 et 136; — pour le remercier de la pension accordée au poëte en 1663, X, 175-181; — pour

le rétablissement du payement de cette pension, X, 185; — sur son retour de Flandre, X, 186-191; — sur les victoires de 1667, X, 192-217; 218 et 219; — sur la conquête de la Franche-Comté, X, 223-226; — sur son départ pour l'armée en 1672, X, 247 et 248; — à son retour de la guerre d'Hollande en 1672, X, 249-251; — sur les victoires remportées en Hollande en 1672, X, 252-283; — sur la prise de Mastricht, X, 285 et 286; — sur sa libéralité envers les marchands de la ville de Paris, X, 287-298; — sur son départ pour l'armée en 1676, X, 299-303; — sur sa campagne de 1676, X, 304-307; — placet pour obtenir un bénéfice à son fils Thomas, X, 308; — sur *Cinna*, *Pompée*, *Horace*, etc., qu'il a fait représenter devant lui à Versailles, X, 309-314; — sur ses victoires en 1677, X, 322-325; — sur la paix de 1678, X, 326-330.

Louis, Dauphin, fils de Louis XIV, IX, 64; 71; X, 216, 335; 329, 63. — Vers sur son mariage, X, 334-339.

Louviers, X, 435.

Louvre (le), X, 244, 9; 301, 24; 318, 52; 401.

Loy (de), professeur en l'Université de Paris. Vers que lui adresse Corneille sur son panégyrique de Pompone de Bellièvre, X, 131.

Luc (saint). Passages de son Évangile traduits, VIII, 113, 1454-1457; 176, 1; 241, 1341-1346; 628, 1017 et 1018; 679, 2062-2064.

Lucain, poëte latin, II, 339; III, 87; IV, 12; 14; 15; 21-22; 23; 24; 131; 132; X, 449. — Épitaphe de Pompée, tirée du livre IX, vers 190-214, de sa *Pharsale*, IV, 15-17. — Passages de *la Pharsale* imités par Corneille dans la tragédie de *Pompée*, et signalés par lui, IV, 103-109. — Vers imités de Lucain, attribués à Corneille, X, 355.

Lucas (Jean), jésuite. Imitation par Corneille de ses vers latins sur le départ du Roi pour l'armée en 1672, X, 299, 303.

Lucas, X, 481.

Lucie (sainte), VIII, 477.

Lucifer, VIII, 57. Voyez Phosphore.

Lucrèce, personnage du *Menteur*, IV, 117-273; I, 98; IV, 138; 275-395, 282; 305, 293; 320, 603; 324, 675; 371, 1553.

Lune (don Alvare de), personnage de *Don Sanche d'Aragon*, V, 397.

Lusitanie (la), VI, 364; 387, 602; 424, 1465; 441, 1830; 601, 607; 621, 1085.

Lusitaniens (les), VI, 359; 368, 78; X, 492.

Luther, X, 338, 98.

Luxembourg (la ville de), X, 307, 71.

Lycante, personnage de *la Place Royale*, II, 215-301. — Personnage de *Théodore*, V, 1-111.

Lycas, personnage de *la Veuve*, I, 371-500. — Personnage du *Menteur*, IV, 117-273.

Lycaste, personnage de *Clitandre*, I, 255-369.

Lycus, VI, 194, 411.

Lygdamon, tragi-comédie de Scudéry, X, 401. Voyez *Ligdamon*.

Lyon (la ville de), I, 120; IV, 288; 289, 4; 292, 81; 293,

103; 314, 449; 356, 1267; 368, 1507; VII, 246, 1097.
LYSANDER, fameux capitaine de Sparte, personnage d'*Agésilas*, VII, 1-95.
LYSANDRE, personnage de *la Galerie du Palais*, II, 1-112; X, 68, 28. — Nom d'homme mentionné dans *la Veuve*, I, 408, 182.
LYSARQUE, personnage de *Clitandre*, I, 255-369.
LYSE, personnage de *la Suite du Menteur*, IV, 275-395. — Personnage de *l'Illusion*, II, 421-527.
LYSIS, nom d'homme, personnage de *la Place Royale*, II, 215-301.

M

MACÉDOINE (la), III, 434, 1133.
MACÉDONIENS (les), III, 408, 541.
MACER (Clodius), Romain mentionné dans *Othon*, VI, 577, 52.
Machabées (le livre des), IV, 418; 420.
MACHABÉES (la mère des), VIII, 491.
MACHINE (la) comme dénouement de la tragédie, I, 105 et 106.
MADELAINE (la). Voyez MADELEINE (sainte Marie-).
MADELEINE (sainte Marie-), VIII, 61; 90; 213, 758; IX, 553, 2; 554, 21; 555, 4. — Appelée seulement la sainte pécheresse, VIII, 644, 1334. — Hymnes pour sa fête, IX, 552-556.
MADRID (la ville de), III, 473.
MADRIGAUX, X, 35; 45; 61; 82; 83; 85; 150; 152; 154.

MAESTRICHT. Voyez MASTRIC.
MAGDEBOURG (la ville de), VIII, 618.
MAGNON, poëte tragique. Sa mort, X, 495 et 496.
MAIRET (Jean), poëte dramatique, VI, 460; 463 et 464; 466. — Son hommage à Corneille au sujet de *la Veuve*, I, 380.
MAISONFORT (Élisabeth d'Estampes, baronne de la). Épître dédicatoire, à elle adressée, de la comédie de *la Veuve*, I, 375.
MALACHIE (saint), VIII, 613.
MALHERBE, I, 136.
MANDANE, sœur de Spitridate, personnage d'*Agésilas*, VII, 1-95.
MANDANE, mentionnée dans *Suréna*, VII, 475, 277 et 286; 476, 317 et 329; 477, 344; 495, 775; 499, 872; 507, 1070; 510, 1142; 516, 1283; 519, 1374; 523, 1470 et 1473 et 1483; 524, 1492 et 1506; 529, 1621; 533, 1705.
MANDONIUS, frère d'Indibilis, prince des Ilergètes, mentionné dans *Sertorius*, VI, 381, 431.
MANLIE, Manlius, III, 566, 1703.
MANLIUS, Romain mentionné dans *Sertorius*, VI, 439, 1807.
MANRIQUE DE LARE (don). Voyez LARE (don Manrique de).
MANTO, nymphe, X, 112, 72.
MANTOUE (la ville de), X, 69, 52.
MARAIS (le), quartier de Paris, II, 57, 738; 76, 1085.
MARAIS (le théâtre royal du), VI, 230; X, 483; 493; 494; 495.
MARAIS (la troupe de comédiens du), IV, 286; 388 (var.). — Elle représente *OEdipe*, VI, 230.

MARBEUF (de). Son hommage à Corneille au sujet de *la Veuve*, I, 389.
MARCEL. Son hommage à Corneille au sujet de *la Veuve*, I, 391.
MARCEL, un des conjurés de Cinna, III, 451, 1490.
MARCELLE (sainte), VIII, 48.
MARCELLE, femme de Valens, gouverneur d'Antioche, personnage de *Théodose*, V, 1-111.
MARCELLIN, frère de Marcelle dans *Théodose*, V, 18, 22 et 39.
MARCELLIN, auteur d'une chronique, VII, 104.
MARCIN (le comte de), X, 207, 196.
MARDOCHÉE, VIII, 572; IX, 41, 618.
MARESCHAL. Vers de Corneille sur sa tragi-comédie de *la Sœur valeureuse*, X, 62 et 63.
MARIAGE (le) n'est point un achèvement nécessaire pour la tragédie heureuse, ni même pour la comédie, I, 26 et 27.
MARIANA, historien espagnol, III, 81. — Extrait de son *Histoire d'Espagne*, III, 79.
MARIANE, femme du roi Hérode, III, 480.
Mariane (la), tragédie de Tristan, I, 48; VI, 462.
MARIE (la vierge), IX, 161; 163; 167; 175; 177; 179; 187; 191; 201; 211; 227; 231; 241; 339. Voyez Vierge (la sainte).
MARIE (sainte), nièce de saint Abraham, VIII, 440.
MARIE-ANNE-CHRISTINE-VICTOIRE de Bavière, femme du Dauphin fils de Louis XIV, X, 338, 88.
MARIE-THÉRÈSE, reine de France. — Corneille lui dédie sa traduction de *l'Office de la sainte Vierge*, IX, 63-65; 71. — Vers que lui adresse Corneille, X, 153.
MARIN (le cavalier), II, 22, 100.
MARIUS, III, 410, 583; VI, 364; 366, 26 et 27; 386, 570; 399, 856; X, 214, 306.
MARIUS (le jeune), VI, 424, 1455.
MAROTTE (Mlle), comédienne, X, 493.
MARS, II, 342, 25; 361, 416, 372, 641; 447, 243; 449, 281; III, 114, 179; 167, 1158; IV, 450. 489; 59, 744; V, 159, 63; VI, 528, 1346; VII, 319, 819; X, 110, 65; 179, 59; 186, 5; 211, 266; 239, 58; 259, 112; 277, 352; 314, 48; 333, 1. — Personnage du prologue de *la Toison d'or*, VI, 252-265; 246.
MARSIN (le comte de). Voyez MARCIN.
MARTIAN, fils de l'empereur Phocas, personnage d'*Héraclius*, V, 113-241; I, 63; 76; 115; V, 508.
MARTIAN, affranchi de Galba, personnage d'*Othon*, VI, 564-657.
MARTIAN, ministre sous Théodose le jeune, personnage de *Pulchérie*, VII, 371-453.
MARTIE, Marcia, femme divorcée de Titus, VII, 205, 115.
MARTYR. Hymnes pour un martyr, IX, 580-582. — Martyrs bannis de notre théâtre, 1, 59. — Hymnes pour plusieurs martyrs, IX, 583-587.
Mascarade des enfants gâtés, X, 38.
MASSINISSE, roi de Numidie, personnage de *Sophonisbe*, VI,

447-549. — Personnage de la *Sophonisbe* de Mairet, VI, 460.
MASTRIC, MASTRICHT, X, 306, 36; 307, 61. — Vers de Corneille sur la prise de cette ville, X, 285 et 286.
MATAMORE, capitaine gascon, personnage de *l'Illusion*, II, 421-527.
MATHILDE (sainte), mère de l'empereur Othon, VIII, 668.
MATTHIEU (saint), VIII, 259. — Passages de son Évangile traduits en vers par Corneille, VIII, 258, 1695 et 1696; 501, 4977; 571, 6419-6430; 581, 53-56; 592, 280-282; 612, 688-690.
MAUR (saint), VIII, 64.
MAURES (les), III, 96; 97; 98; V, 412; 414. — Les Maures dans *le Cid*, I, 43; 96; 101. Voyez MORE.
MAURICE, empereur d'Orient, père d'Héraclius, V, 113-241; I, 93; VIII, 464.
MAXIME, un des deux chefs de la conjuration contre Auguste, personnage de *Cinna*, III, 359-462; I, 30; 44; 47; X, 491.
MAXIMILIEN Ier de Bavière, X, 338, 99.
MAXIMIN (l'empereur), VIII, 266.
MAYERNE TURQUET (Loys de), auteur d'une *Histoire générale d'Espagne*, III, 81.
MAYNARD, X, 118, 35. — P. Corneille le remplace à l'Académie française, X, 407.
MAZARIN (le cardinal), X, 179, 66; 476. — Épître dédicatoire, à lui adressée, de la tragédie de *Pompée*, IV, 11-13. — Remercîment en vers que lui adresse Corneille, X, 92-99.
MÉCÈNE, III, 403, 394; 449; 1461; X, 118, 50.
MÉDÉE, fille d'Aëte, amante de Jason, I, 15; 20; 31; 37; 67; 78; 106 et 107; III, 273; IV, 416. — Personnage principal de la tragédie de Corneille, II, 327-419. — Personnage de la *Toison d'or*, VI, 221-349. — Personnage de la *Médée* de Sénèque, IV, 282.
Médée, tragédie de Corneille, II, 327-419; I, 46; IV, 131; 423. — *Examen* de la pièce, II, 333-339.
Médée, tragédie de Sénèque, I, 21; II, 333; IV, 130; X, 450. — Tragédie d'Euripide, II, 333; X, 450.
MÈDES (les), VI, 244.
MÉDOR, personnage du *Roland furieux*, II, 248, 487.
MÉDUS, fils de Médée, VI, 244.
MÉDUSE, V, 275; 295; 301; 352; 375, 1303; 392, 1684.
MÉGARE, fille d'honneur de Dircé, personnage d'*OEdipe*, VI, 101-219.
MÉGATE, nom de femme, II, 321, 274; 325, 386.
MÉGÈRE, I, 231, 1467; II, 351, 217; IV, 457, 679; VII, 353, 1667.
MÉGÈRES (les), I, 225, 1360.
MEIN (le), X, 257, 78.
MELCHISÉDECH, IX, 212; 213, 18.
MÉLISSE, personnage de *la Suite du Menteur*, IV, 275-395; I, 19; 120.
MÉLITE, nom de femme, X, 44, 1 et 11.
Mélite, comédie de Corneille, I, 123-253; 19; 28; 261 et 262; 270-272; 394 et 395; 397; 446, 931; II, 10. — *Examen* de cette pièce, I, 137-141. — Le peu de bruit qu'elle fait à son arrivée à Paris, I, 134. — N'est pas dans les règles, I, 137. — Son succès surprenant, 1, 138. — L'auteur fait un voyage à Paris pour voir le succès de cet ouvrage, I, 270.

MÉLITE, personnage principal de la comédie de ce nom, I, 123-253.
MÉLITÈNE, capitale d'Arménie, III, 476; 486; 514; 601; 522, 757.
MELPOMÈNE, I, 47; X, 71, 68; 130, 16; 178, 38. — Personnage d'*Andromède*, V, 243-396.
MÉLUSINE (la fée), IV, 159, 353.
MEMNON, fils de l'Aurore, II, 449, 300.
MEMPHIS (la ville de), IV, 29, 36; 430, 38.
MÉNAGE, X, 438; 444.
MÉNALE, nom d'homme, V, 391, 1680.
MÉNÉLAS, I, 28; 35; 106; II, 405, 1324; IV, 424.
Menteur (*le*), comédie de Corneille, IV, 117-273; I, 32; 36; 43; 84; 99; 120; II, 433; IV, 279; 282; 284; 285; 304 et 305; 388 (var.). — *Examen* de la pièce, IV, 137 et 138.
MERCIER DU PALAIS (le), personnage de *la Galerie du Palais*, II, 1-112.
MERCURE, I, 75 et 76; 297, 365; VI, 246. — Personnage d'*Andromède*, V, 243-396.
MÉROPE dans *Cresphonte*, I, 67.
MÉROUÉE, roi de France, VII, 108; 160, 1273; 161, 1279; 175, 1639; 181, 1778.
MESLER (le R. P. Thomas), bénédictin, a mis l'*Imitation* en vers latins (1649), VIII, 17.
MESNIL HAUDREY (du), X, 479.
MESNIL HAUDREY (du), fils du précédent, outrage un cousin de Corneille, X, 479.
MESSIE (le), III, 477; IX, 546, 9; 571, 10.
Métamorphose (la) d'Ovide, I, 74.
MÉTELS (les), les Métellus, III, 452, 1536; X, 214, 306.
MÉTROBATE, V, 522, 246 et 247; 526, 331; 554, 964; 557, 1040; 565. 1219; 566, 1240; 567, 1257; 580, 1566; 586, 1706.
METZ (l'évêché de), VIII, 392.
MEUSE (la), II, 436; X, 257, 70; 303, 57; 307, 66.
MEXIQUE (le), II, 450, 310.
MÉZÉTULLE, lieutenant de Massinisse, personnage de *Sophonisbe*, VI, 447-549.
Μιαρόν. Sens de ce mot, I, 55.
MICHÉE (le prophète). Voyez *Bible*.
MICHEL (saint). Hymnes pour son apparition et pour sa dédicace, IX, 559-562.
MILAN (la ville de), VI, 20; 22, 32; 24, 93; 25, 103 et 105; 32, 284; 33, 311; 35, 381; 67, 1097; 88, 1561; 91, 1641; 97, 1777; 99, 1823 et 1830 et 1832.
MILÉSIEN (Denys le), VI, 248.
MINERVE, X, 63, 19.
MINOS, I, 139; 225, 1373.
MINOTAURE (le), VI, 164, 695.
MINTURNUS. Citation de son traité du *Poëte*, III, 479.
MISAËL, IX, 147, 69.
MITHRADATE, VII, 498, 857; 500, 904 et 905; 522, 1445; 530, 1644.
MITHRIDATE, VI, 370, 150.
MITRANE, nom d'homme mentionné dans *Pulchérie*, VII, 382, 35.
MOAB, IX, 27, 355.
MŒURS (les) dans la tragédie, IV, 282. — Conditions des mœurs, I, 31. — Elles doivent être convenables, I, 36. — Elles doivent être semblables, I, 37. — Égalité dans les mœurs, I, 37. — La tragédie se peut faire sans mœurs, I, 38.
MOGOR (le grand), le grand Mogol, II, 447, 227.
MOÏSE, VIII, 262, 67; 263, 79; 265, 115; 354, 1937; 454,

3980; 583, 83; IX, 24, 312; 45, 681; X, 319, 59. Voyez *Bible*.

Molé (Matthieu). Son *Oraison funèbre*, par le P. Fronteau, X, 472 et 473.

Moncade (don Raymond de), personnage de *Don Sanche d'Aragon*, V, 397-494.

Monologues, I, 45. — Pièces où Corneille n'en a pas mis, I, 273.

Mons, ville de Flandre, X, 328, 43.

Montagne, Montaigne, l'auteur des *Essais*, II, 217; V, 147. — Extrait du livre I (chapitre XIII) de ses *Essais*, contenant le sujet de la tragédie de *Cinna*, III, 376-378.

Montagne (le sieur de la), faux nom de Clindor dans *l'Illusion*, II, 445, 205; 456, 442; 492, 1090.

Montaigne, l'auteur des *Essais*. Voyez Montagne.

Montausier (Julie de). Voyez Julie de Rambouillet.

Mont-Cassel (la place de), X, 323, 12.

Mont-Chrestien, écrivain français, VI, 463; 466.

Montmor (Henri-Louis Habert de). Traductions et imitations de son épigramme latine sur les victoires de Louis XIV en 1667, X, 218 et 219.

Montoron ou Montauron (Pierre du Puget, seigneur de), premier président des finances au bureau de Montauban. — Épître dédicatoire, à lui adressée, de la tragédie de *Cinna*, III, 369-372.

Mopse, VI, 343, 2093.

More (le), les Mores, III, 136, 539; 139 (var.); 140, 610; 163, 1075; 165, 1105; 168, 1178; 170, 1217; 172, 1276; 173, 1286; 174, 1310; 179, 1414; 183, 1477; 184, 1523; 185, 1559; 197, 1823; V, 296; 422, 79; 427, 214; 428, 230; 463, 1090; 465, 1114; 486, 1624; VII, 275, 1755. Voyez Maures.

Mort de Pompée (la), titre donné d'abord à la tragédie de *Pompée*, IV, 27 (var.); III, 87.

Mosander, III, 475.

Moucheurs de chandelles, au théâtre, III, 100.

Mucian, Mucien, général romain, VII, 246, 1097.

Munster (la ville de), X, 258, 92; 280, 396. — Part prise par Fabio Chigi, depuis pape sous le nom d'Alexandre VII, aux négociations de Munster, VIII, 5.

Murène, Muréna, nom d'un Romain mentionné dans *Cinna*, III, 438, 1203.

Muse, les Muses, III, 372; VI, 121, 3; 123, 62; 125; X, 74, 1; 130, 9; 196, 32; 205, 157; 250, 21; 305, 29; 438; 441; 445; 457.

Musique (la) retranchée de nos poëmes dramatiques, I, 40.

Mycènes (la ville de), VI, 144, 229.

Mysie (la), province de l'Asie Mineure, V, 163, 173.

Mysis, personnage de *l'Andrienne* de Térence, II, 14.

N

Nabal, IX, 33, 465; 34, 484.

Nabuchodonosor, VIII, 306.

Namur (la ville de), X, 328, 43.

Nancy (la ville de), X, 70, 54; 113.

Nantouillet (François du Prat, fils cadet du marquis de), X, 270, 267.

NARCISSE, affranchi de l'empereur Claude, VI, 597, 507; 621, 1069.
NARRATION dans le poëme dramatique, III, 381; 484; IV, 24; 422-424; V, 148; 150; VI, 131.
NARSINGUE, ancien royaume de la presqu'île occidentale de l'Hindoustan, II, 470, 688.
NASSAU (Guillaume Ier de), dit le Taciturne, X, 262, 165; 267, 235.
NASSAU (Maurice de), fils aîné du précédent, X, 262, 165; 267, 235.
NASSAU (Frédéric-Henri de), frère du précédent, X, 262, 166; 267, 235.
NATALIE (sainte), VIII, 496.
NAUDÉ (Gabriel), X, 468; 472.
NAUGERIUS, André Navagero. Citation d'une de ses épigrammes latines, X, 443.
NAVARRE (la), III, 81.
NAVARROIS (les), III, 185, 1559.
NÉARQUE, seigneur arménien, ami de Polyeucte, personnage de *Polyeucte*, III, 463-570.
NÉCESSAIRE (le), III, 379; V, 306.
— *Discours de la tragédie et des moyens de la traiter selon le vraisemblable ou le nécessaire*, I, 52-97.
NEMOURS (la ville de), X, 453.
NEMOURS (la duchesse de) promet de prendre pour page un fils de Corneille. X, 488 et 489.
NÉPHÉLÉ, femme d'Athamas, VI, 245.
NEPTUNE, II, 344, 57; IV, 59, 745; VI, 247; 285, 701; 294, 918 et 920; 295, 948; X, 109, 49; 236, 14. — Personnage d'*Andromède*, V, 243-396.
NÉRÉE, nom de femme mentionné dans *Andromède*, V, 266; 271; 351, 764; 372, 1218 et 1227.

NÉRÉIDES (les), V, 260; 267; 268; 272; 303; 314; 322, 138.
NÉRINE, personnage de *Médée*, II, 327-419. — Personnage d'*OEdipe*, VI, 101-219.
NÉRON, empereur romain, VI, 577, 54; 583, 196; 596, 481; 600, 596; 601, 606; 613, 863; 615, 909; 616, 947; 617, 978; 621, 1064 et 1072 et 1081; VII, 204, 85; 205, 95; 218, 417; 228, 681; 267, 1579.
NERTOBRIGE, ville d'Aragon, VI, 364.
NESSE, le centaure Nessus, II, 390, 986.
NESTOR, II, 362, 440; X, 70, 61.
NEUFBOURG (le château de), appartenant au marquis de Sourdeac, VI, 230.
NEVERS (la ville de), X, 100; 472; 476.
NICANDRE, nom d'homme mentionné dans *OEdipe*, VI, 161, 652; 196, 1470 et 1476.
NICANOR (Démétrius), IV, 414; 415; 428; 430, 26; 439, 229; 449, 464; 453, 553. Voyez DÉMÉTRIUS NICANOR.
NICOLAS, procureur du Roi, X, 436.
Nicomède, tragédie de Corneille, V, 495-593; I; 64; 68; 80; 84; 93; 97; 115; 272; 273 (var.).
— *Examen* de la pièce, V, 505-509. — Elle est d'une constitution assez extraordinaire, V, 501. — La représentation n'en a point déplu, V, 504; 507. — Ce ne sont pas les moindres vers qui sont partis de la main de Corneille, V, 504; 507.
NICOMÈDE, fils aîné de Prusias, personnage principal de la tragédie de ce nom, V, 495-593; I, 59 et 60; 69; 75; 272.
NICOMÉDIE, ville de Bithynie, V, 510.
NIL (le), IV, 53, 620; 85, 1414;

VI, 643, 1541; IX, 107, 15; X, 329, 54.
NIMÈGUE (la ville de), X, 281, 422. — La paix de Nimègue, X, 326-330; 327, 20; 336. — Allusion aux vers sur la paix de Nimègue, X, 335, 31 et 32.
NISE, nom de femme mentionné dans *Médée*, II, 397, 1155; 404, 1301.
NOÉ, VIII, 583, 77; IX, 14, 131; 15, 139; 44, 671.
NOEUD (le) du poëme dramatique, I, 104.
NOGENT (Armand de Bautru comte de), tué au passage du Rhin, X, 270, 267; 273, 301.
NORBERT (saint), VIII, 512.
NORIQUE (la), VII, 108.
NORLINGHEN, NORTLINGHE, Nordlingen, ville de Bavière, IV, 412; X, 277, 352.
NORMANDIE (la), II, 26, 146; X, 64, 407; 436.
NOTRE-DAME (la pompe du pont), X, 242.
NOURRICE (la) de Mélite, I, 123-253. — La nourrice de Clarice, dans *la Veuve*, I, 371-500. — Le personnage de nourrice représenté sous le masque par un homme, II, 14.
Nues (*les*), comédie d'Aristophane, II, 11.
NUGNE, pauvre pêcheur, mentionné dans *Don Sanche*, I, 101; V, 492, 1781; 493, 1797.
NUMIDE, les NUMIDES, VI, 504, 774; 538, 1578.
NUMIDIE (la), VI, 472; 515, 1058; 524, 1250.
NYLÉE, nom d'homme mentionné dans *Andromède*, V, 390, 1652.
NYMPHIDIUS, préfet de Rome sous Néron, VI, 577, 47; 582, 157.

O

OCCIDENT (l'), III, 339, 1308.
OCÉAN (l'), IV, 413; VI, 249.
OCTAR, capitaine des gardes d'Attila, personnage d'*Attila*, VII, 97-181.
OCTAVE-CÉSAR-AUGUSTE. Voyez Auguste.
OCTAVIAN, personnage d'*Héraclius*, non marqué dans la liste des acteurs, V, 230, 1703.
OCTAVIE, femme de Néron, VII, 204, 84.
ODE, X, 30 et 31.
OEdipe, tragédie de Corneille, VI, 101-219; I, 59; 67; 74; 116; 122; 273; III, 278; X, 482. — *Examen* de la pièce, VI, 128-132. — Le sujet a été proposé, avec deux autres, par Foucquet, VI, 124; 128 et 129. — Est un ouvrage de deux mois, VI, 128. — Les auditeurs de Corneille avouent qu'il n'a fait aucune pièce où il se trouve tant d'art qu'en celle-ci, VI, 128. — Représenté à Versailles en octobre 1676, X, 309; 311, 11.
OEdipe (les) de Sophocle et de Sénèque, I, 42; III, 86; VI, 129; 250; X, 312, 29.
OEDIPE, fils et mari de Jocaste, I, 56; 62; V, 146. — Personnage principal de la pièce de ce nom, VI, 101-219; I, 43; 70.
OEILLETS (Mlle des), comédienne, X, 490.
Office de la sainte Vierge (l'), traduit en vers français par Corneille, IX, 55-241.
OÏLÉE, argonaute, VI, 343, 2093.
OLIVES (le jardin des), VIII, 412; 558
ORACLES, III, 278; V, 298; 307; VI, 127; 130.

ORANGE (Guillaume prince d'), X, 279, 381.
ORANGE (Henri-Fréderic prince d'), IV, 133; X, 452; 457.
OREB (le mont), IX, 19, 213.
ORESTE, fils d'Agamemnon, I, 15; 20; 67; 77; 80 et 81; 106; III, 274; V, 406; VI, 461; VII, 394, 325.
Oreste, tragédie d'Euripide, I, 35; IV, 424.
ORIENT (l'), III, 283, 49; 339, 1308; VII, 205, 97; 380.
ORITHYE, mère de Zéthès et de Calaïs, VI, 248; 252; 342, 2083.
ORLÉANS (Philippe duc d'), frère de Louis XIV. Voyez PHILIPPE.
ORMÈNE, dame d'honneur d'Eurydice, personnage de *Suréna*, VII, 455-534.
ORODE, roi des Parthes, personnage de *Suréna*, VII, 455-534.
ORONTE, ambassadeur de Phraates, roi des Parthes, personnage de *Rodogune*, IV, 397-511.
ORONTE, nom d'homme, mentionné dans *la Veuve*, I, 408, 182.
ORPHÉE, argonaute, personnage de *la Toison d'or*, VI, 221-349; II, 362, 440; X, 100, 2.
ORPHISE, nom de femme mentionné dans *le Menteur*, IV, 174, 603; 176, 653; 220, 1453 et 1457 et 1461; 222, 1486; 229, 1638. — Personnage de *la Comédie des Tuileries*, II, 303-325.
ORSOI (la place d'), X, 260, 120.
ORTHOGRAPHE (l') de Corneille, VIII, 16. — Ses innovations en l'orthographe, I, 5-12.
OSCA, ville d'Espagne, VI, 373, 218.
OSIRIS, dieu égyptien, IV, 61, 800.
OSTENDE (la ville d'), X, 256, 62.
OSTIE (la ville d'), VII, 215, 355.

OSTROGOTHS (les), VII, 103; 108.
OTHON, empereur romain, VII, 243, 1040; 272, 1686. — Personnage principal de la pièce de ce nom, VI, 564-657.
Othon, tragédie de Corneille, VI, 564-657. — Ses amis l'assurent que cette pièce égale ou passe la meilleure des siennes, VI, 571. On n'a point vu de lui de vers qu'il ait travaillés avec plus de soin, VI, 571. — *Othon* n'est pas indigne de *Cinna*. Corneille demande au Roi de le faire représenter devant lui, X, 311, 13 et 14.
OTHON (l'empereur), père de sainte Mathilde, VIII, 668 —
OTHON IV, empereur d'Allemagne, X, 211, 256.
OUDENARDE (la ville d'). Voyez AUDENARDE.
OUVER-YSSEL (l'), X, 280, 394.
OUVILLE (Antoine le Métel, sieur d'). Son hommage à Corneille au sujet de *la Veuve*, I, 384.
OVIDE, I, 74; V, 259; 294-296; 299 et 300; 302 et 303; VI, 249; X, 124, 1; — Extrait du quatrième et du cinquième livre de ses *Métamorphoses*, contenant le sujet d'*Andromède*, V, 292-294.
OWEN (John). Traduction par Corneille de sept de ses épigrammes latines, X, 46-49.

P

PACHOME (saint), VIII, 195.
PACTUS (Jules), cité par Corneille, I, 34.
PACORUS, fils d'Orode, personnage de *Suréna*, VII, 455-534.
PACTOLE (le), X, 121, 102.
PAGE (un), personnage de *l'Illu-

sion, II, 421; 527. — Personnage du *Cid*, III, 104-198. — Personnage d'*Héraclius*, V, 113-241. — Personnage d'*Andromède*, V, 243-396. — Personnage d'*OEdipe*, VI, 101-219. — Personnage de *Sophonisbe*, VI, 447-549.

Paix (la), personnage du prologue de *la Toison d'or*, VI, 252-265.

Paix (la) de 1659, VI, 253 et 254. — La paix de Nimègue. Voyez Nimègue.

Palacio confuso (el), comédie espagnole, V, 414.

Palais de justice (le), II, 40, 412 et 415; 76, 1086; 444, 184; X, 464; 481. Voyez *Galerie du Palais (la)*.

Palais Cardinal (le), IV, 171, 560.

Palais-Royal (le), IV, 171, 560 (var.). — Le théâtre du Palais-Royal, X, 495.

Palerme (la ville de), X, 307, 70.

Palestine (la), V, 301.

Palinod (le Puy de) de Rouen, X, 81.

Pallas, VI, 597, 507; 621, 1069. — Personnage de *la Toison d'or*, VI, 221-349.

Palmis, sœur de Suréna, personnage de *Suréna*, VII, 455-534.

Pamphile, personnage de *l'Andrienne* de Térence, I, 115.

Pan, X, 238, 49.

Pan (le grand), nom sous lequel est désigné Richelieu, X, 439.

Panthée, tragédie de Tristan, VI, 462.

Paon (l'hôtellerie du), à Rouen, X, 481.

Paphe (la reine de), Vénus, V, 329, 332.

Paphlagonie (la), VII, 8.

Paraclet (le Saint-Esprit), IX, 526, 5; 528, 27; 531, 35.

Paradis céleste (le), IX, 14, 123.

Paradis terrestre (le), IX, 13, 112.

Parc (Thérèse du), comédienne. Vers de Corneille sur elle ou adressés à elle, X, 141-149; 154; 163; 165 et 166; 233

Paris (la ville de), I, 89; 90; 117; 120; 135; 138; 142; 398; 401, 49; II, 16; 20, 64; 24, 111; 53, 655; 96, 1450; 126; 224; 280, 1091; 431; 442, 169; 521, 1636 et 1650; 522, 1681; IV, 137; 140; 142, 16; 144, 60 et 67 et 71 et 72; 156, 298; 171, 557; 173, 578; 187, 866; 293, 93; 302, 236; 304, 269; 306, 313; 311, 393; 362, 1395; 382, 1761; 412; V, 415; VI, 124; IX, 626, 2; 633, 8; X, 47, 7; 242, 1; 244, 4; 287; 295, 87; 302, 37; 399; 430; 437; 441; 442; 459; 473; 482; 492; 494; 496; 500.

Pâris, fils de Priam, V, 151.

Parisot. Imitation par Corneille de ses vers sur le canal du Languedoc, X, 231.

Parlement (le) de Paris. Jugement de Messieurs des requêtes en faveur de Thomas a Kempis, VIII, 12.

Parnasse (le), II, 522, 1661; VI, 122, 25; X, 75, 23; 130, 11; 185, 2; 222, 44; 335, 9; 439; 445.

Πάροδος. Sens de ce mot, I, 41.

Parque (la), les Parques, I, 220, 1285; 231, 1469; II, 447, 237; 387, 927; 410, 1399; III, 335, 1196; IV, 499, 1647; VI, 171, 860; VII, 365, 1995; X, 138, 1; 271, 271.

Parthe, les Parthes, III, 408,

543; IV, 397; 418; 424; 428; 429, 4; 430, 27 et var.; 432, 65; 439, 217; 440, 251 et 262; 441, 271 et 283; 447, 409; 464, 838; 472, 1050; 493, 1527; 494, 1553; 495, 1573; VII, 460; 462; 464, 30; 466, 61 et 70; 497, 835.
PARTIES du poéme dramatique, I, 13-51.
PASCAL (Jacqueline) remporte un prix de poésie, X, 81.
Pastor fido (*il*) de Guarini, I, 3.
PATHMOS, IX, 47, 735.
PATROBE, affranchi de Néron, VI, 597, 507.
PAU (la ville de), X, 385.
PAUL (saint), VIII, 85, 950; 94; 100; 208, 654; 255, 1632; 445, 37; 643; IX, 163, 791; 227; 472, 12; 548. — Passage traduit, VIII, 208, 653-657.
— Hymne pour la fête de saint Pierre et de saint Paul, IX, 548-550.
PAUL DIACRE, auteur des *Gestes des Lombards*, VI, 6; 17.
PAULS (les), famille illustre de Rome, III, 452, 1536; X, 97, 45.
PAULIN, personnage de *Théodore*, V, 1-111.
PAULINE, fille de Félix et femme de Polyeucte, personnage de *Polyeucte*, III, 463-570; V, 13.
PAUSANIAS, roi de Lacédémone, VII, 57, 1213.
PAVIE (la ville de), VI, 22, 32; 33, 307; 35, 380 et 381; 67, 1097; 99, 1832 et 1840.
PÊCHEUR (le), dans *Don Sanche d'Aragon*. Voyez NUGNE.
PÉGASE, V, 268; 295; 301; 358.
Pélage (*Dom*), roman de Juvenel, V, 414.
PÉLÉE, argonaute, personnage de *la Toison d'or*, VI, 221-349.
PÉLIAS, frère d'Æson, VI, 247. Voyez PÉLIE.

PÉLIE, tyran d'Iolcos, II, 343, 45; 344, 62; 357, 333; 361, 403; 364, 481; 380, 809; VI, 285, 702. Voyez PÉLIAS.
PELLISSON (ode à), X, 315, 1; 316, 11; 318, 45; 321, 85.
— Corneille l'invite à écrire l'histoire de Louis XIV, X, 320 et 321.—Lettre à lui adressée par Corneille, X, 477 et 478.
PÉLUSIUM, ville d'Égypte, aujourd'hui Damiette, IV, 19.
PENNAFIEL (comte de), V, 429, 263; 446, 662.
PÉRIANDRE, nom d'homme, IV, 194, 1026.
PÉRIER (Charles du). Sa double traduction en vers latins des vers français de Corneille sur la conquête de la Franche-Comté, X, 228 et 229.
PÉRIPHÈTE, brigand immolé par Thésée, VI, 164, 696.
PÉROU (le), IV, 132.
PÉROUSE (la ville de), III, 435, 1136.
PERPENNA, lieutenant de Sertorius, personnage de *Sertorius*, VI, 351-445.
PERPIGNAN (la ville de), X, 115, 114.
PERSAN, PERSANE, PERSANS, III, 408, 543; VII, 15, 114; 37, 688; 56, 1195 et 1207; 74, 1627; 86, 1743; 86, 1878 et 1894.
PERSE, poëte latin, VI, 312.
PERSE (la), II, 447, 227; 450, 311; III, 500, 288; 541, 1128; V, 210, 1251; VII, 27, 457; 48, 967; 66, 1448; 80, 1742; 86, 1894; 87, 1922; 382, 36. — La cour de Perse, VII, 46, 933.
PERSE, les PERSES, III, 478; 495, 176; 501, 304; V, 145; VII, 11, 46; 18, 245; 26, 412; 45, 898; 46, 906.

PERSÉE, fils de Jupiter et de Danaé, X, 259, 105. — Personnage d'*Andromède*, V, 243-396.
PERSÈS, roi de la Chersonèse Taurique, VI, 247; 267, 246 et 253 et 263; 269, 309; 348, 2202.
Pertharite, roi des Lombards, tragédie de Corneille, VI, 1-100; I, 272 et 273. — *Examen* de la pièce, VI, 17 et 18. — Mauvaise réputation que le public lui a faite, VI, 5. — Son malheureux succès, III, 276; VI, 17; 128.
PERTHARITE, roi des Lombards, personnage principal de la pièce de ce nom, VI, 1-100; 7.
PETITES-MAISONS (les), hospice de fous à Paris, IV, 300, 214.
PETIT-VAL (Raphaël du). Son hommage à Corneille au sujet de *la Veuve*, I, 386 et 387.
PÉTRARQUE, X, 147, 60.
PEUCÉ, île à l'embouchure du Danube, VI, 249.
PHÆA (la laie), immolée par Thésée, VI, 164, 697.
PHÆDIME, nom d'homme mentionné dans *OEdipe*, VI, 135, 10; 171, 858; 190, 1319.
PHAÉTON, I, 75; II, 390, 991; VII, 347, 2169.
PHARAON, VIII, 202; IX, 517, 11.
PHALNABAZE, satrape d'une partie de l'Asie Mineure, VII, 27, 437.
PHARSALE, I, 89; IV, 27 et 4; 30, 58; 32, 120; 37, 246; 42, 368; 44, 401; 56, 689; 62, 829; 79, 1269; 81, 1311; 85, 1422; 98, 1710; 99, 1738.
PHASE (le), II, 342, 25; 379; 777; V, 283; 292; 330.
PHÉBUS (le dieu), V, 356, 881; X, 75, 12.
PHÈDRE, femme de Thésée, II, 525 (var.); X, 73, 1.

Phéniciennes (les), tragédie d'Euripide, II, 11.
PHILANDRE, personnage de *Mélite*, I, 123-253; 446, 932.
PHILÈNE, nom d'homme dans *la Comédie des Tuileries*, II, 323, 329; 324, 355.
PHILIPPE (saint), VIII, 51.
PHILIPPE, affranchi de Pompée, personnage de la tragédie de *Pompée*, IV, 1-115.
PHILIPPE duc d'Orléans, frère de Louis XIV, X, 260, 120, 280 et 281, 398-408; 323, 20.
PHILIPPE AUGUSTE, roi de France, X, 211, 253.
PHILIS, nom de femme, I, 401, 53; X, 26, 40; 35, 13; 45, 6; 49, 3; 60, 1; 77, 65; 151, 4 et 9; 152, 2; 155, 1; 156, 29; 157, 54; 173, 3. Voyez PHYLIS.
PHILISBOURG, IV, 412; X, 306, 50; 307, 64 et 72; 322, 3.
PHILISTE, personnage de *la Veuve*, I, 371-500. — Personnage du *Menteur*, IV, 117-273; I, 43. — Personnage de *la Suite du Menteur*, IV, 275-395.
Philoctète, tragédie de Sophocle, I, 66.
PHILON, ministre d'État, confident de Bérénice, personnage de *Tite et Bérénice*, VII, 183-276.
PHINÉE, prince d'Éthiopie, personnage d'*Andromède*, V, 243-396; I, 103.
PHINÉE et les Harpies, VI, 248.
PHLÉGÉTHON, I, 230, 1465; II, 390, 992.
PHOCAS, empereur d'Orient, VIII, 464. — Personnage d'*Héraclius*, V, 113-241, I, 61; 64; 69; 76; 79; 93; 115; 119; 121; 272.
PHOCIDE (la), VI, 184, 1181; 195, 1430 et 1439.
PHORBAS, personnage d'*Andro-*

DES ŒUVRES DE CORNEILLE.

mède, non marqué dans la liste des acteurs, X, 275.
PHORBAS, vieillard thébain, personnage d'*OEdipe*, VI, 101-219.
Phormion (le), comédie de Térence, I, 46.
PHOSPHORE, Lucifer, l'étoile du matin, IX, 452, 9.
PHOTIN, eunuque, chef du conseil d'Égypte, personnage de *Pompée*, IV, 1-115.
PHRAATES, roi des Parthes, IV, 428.
PHRADATE, fils d'Orode, roi des Parthes, VII, 498, 856 et 858; 522, 1446; 523, 1470 et 1474; 536, 1645.
PHRYXUS, VI, 245; 247; 252; 267, 245; 268, 296; 272, 393; 275, 481 et 482 et 501; 276, 512; 277, 535.
PHYLIS, personnage de *la Place Royale*, II, 215-301.
PHYLIS, nom de femme, X, 68, 30. Voyez PHILIS.
PIERRE (saint), VIII, 123; 289; 382, 2535; 530, 5555; IX, 163; 227; 530, 29. — Hymnes pour la fête de saint Pierre et de saint Paul, IX, 548-550. — Hymne pour la Chaire Saint-Pierre, IX, 550 et 551. — Hymne pour le jour de saint Pierre aux Liens, IX, 551 et 552.
PIERRE (saint), célestin, VIII, 378.
PILATE, VIII, 475. Voyez PONCE PILATE.
PILLASTRE. Son hommage à Corneille au sujet de *la Veuve*, I, 388.
PINELIÈRE (de la). Vers de Corneille sur sa tragédie d'*Hippolyte*, X, 73.
PISON, fils adoptif de l'empereur Galba, VI, 582, 166; 584, 230; 585, 239 et 240; 598, 543; 602, 635; 603, 665;

605, 703; 607, 755; 608, 758 et 763 et 767; 614, 883 et 893; 615, 906 et 912 et 933; 616, 944 et 958; 617, 973; 618, 986 et 995; 620, 1047; 621, 1059 et 1076; 622, 1086 et 1111; 623, 1140; 625, 1158; 628, 1225; 629, 1257; 630, 1271; 631, 1289 et 1301 et 1302; 633, 1349 et 1351 et 1353; 634, 1357; 636, 1400; 637, 1414 et 1433; 641, 1501; 642, 1511; 645, 1582; 646, 1627; 647, 1646; 651, 1728.
PITTHÉUS, roi de Trézène, II, 335.
PLACE (la), la place Royale, IV, 150, 198.
PLACE ROYALE (la), à Paris, I, 120; II, 224; 233, 178; IV, 138; 151, 199.
Place Royale (la), comédie de Corneille, II, 215-301. — *Examen* de la pièce, II, 221-223.
PLACIDE, fils du gouverneur d'Antioche, personnage de *Théodore*, V, 1-111; I, 62.
PLACIDE (saint), VIII, 64.
PLACIDIE, tante de Pulchérie, VII, 384, 88.
PLAISIR (genre de) que donne la poésie dramatique, I, 13.
PLAISIRS (les) personnifiés, VI, 293, 902.
PLANTIN, imprimeur, X, 456.
PLATON, I, 58.
PLAUTE, I, 45; 96; 138; 377; IV, 283; V, 404; X, 455; 457.
PLAUTE, un des complices de Cinna, III, 451, 1490.
PLAUTINE, fille de Vinius, personnage d'*Othon*, VI, 565-657.
PLAUTINE, confidente de Domitie, personnage de *Tite et Bérénice*, VII, 183-276.

PLEIRANTE, personnage de *la Galerie du Palais*, II, 1-112.
PLINE l'ancien, V, 302; 304.
PLINE le jeune, X, 473.
PLUTARQUE, IV, 20 et 21; VI, 361; VII, 5; 460; X, 138, 5; 491.
PLUTON, I, 226, 1394; 227, 1402; 234, 1532 et 1538; II, 414, 1498; IV, 47, 475; V, 269; 272; 376, 1330; X, 236, 11.
Pô (le), II, 436, 34; VI, 431, 1603; VII, 117, 236; X, 116, 2.
Poëme dramatique (Discours de l'utilité et des parties du), I, 13-51.
POÉSIE DRAMATIQUE. Son but, I, 13; 16 et 17.
POÈTE (le) est excusable quand il pèche contre un autre art que le sien, I, 91. — Son but est de plaire selon les règles de son art, I, 95.
POINTES dans le style, I, 270; 397; II, 14.
POITIERS (la ville de), I, 43; IV, 144, 58 et 60; 149, 170; 162, 393; 174, 593; 180, 720; 184, 807; 193, 987; 201, 1133; 219, 1443; 220, 1449 et 1456 (var.) et 1458; 221 (var.); 238, 1783; 291, 36; 294, 134; 305, 298; 309, 368; 321, 610.
POLÉMON, roi de Cilicie, mentionné dans *Tite et Bérénice*, VII, 216, 381; 245, 1073.
POLÉMON, personnage de *la Suivante*, II, 113-214.
POLIMAS, personnage de *la Veuve*, I, 371-500. Voyez POLYMAS.
POLLUX, argonaute, personnage de *Médée*, II, 327-419; I, 46; IV, 423.
POLYBE, roi de Corinthe, VI, 204, 1665 et 1672.
POLYCLÈTE, affranchi d'Auguste, personnage de *Cinna*, III, 359-462.
POLYCLÈTE, affranchi de Néron, VI, 597, 507.
Polyeucte, martyr, tragédie chrétienne de Corneille, III, 463-570; I, 62; 84; 118; 122; 273; II, 337; III, 278; IV, 20; 24; 130; V, 12; X, 447. — *Examen* de la pièce, III, 478-485. — Le style n'en est pas si fort et si majestueux que celui de *Cinna* et de *Pompée*, mais il a quelque chose de plus touchant, III, 481.
POLYEUCTE, seigneur arménien, gendre de Félix, personnage principal de *Polyeucte*, III, 463-570; I, 59; 64; V, 13. — Abrégé de son martyre, écrit par Siméon Métaphraste, et rapporté par Surius, III, 474-478.
POLYMAS, personnage de *la Place Royale*, II, 215-301. Voyez POLIMAS.
POLYNICE, fils d'Œdipe, VI, 159, 575.
POLYXÈNE, personnage de *la Troade* de Sénèque, I, 99; IV, 283.
POMONE, X, 239, 50.
POMPÉE, I, 89; III, 384; 395, 238; 409, 563 et 566; 411, 594; 429, 1030; 453, 1546; V, 317, 53; VI, 614, 884; X, 97, 37; 442; 475; 491. — Personnage de la tragédie de ce nom, VI, 122, 36. — Pompée donne son nom à une des tragédies de Corneille, mais ne paraît pas sur la scène, IV, 1-115. — Personnage de *Sertorius*, VI, 351-445; 466.
Pompée, tragédie de Corneille, IV, 1-115; I, 26; 84; 97; 103; 112; 118; 122; 273; II, 339; III, 481; 483; IV, 130-132. — *Examen* de la pièce,

DES ŒUVRES DE CORNEILLE. 555

IV, 19-25. — Explication du titre, IV, 21 et 22.— Les vers de *Pompée* sont les plus pompeux que Corneille ait jamais faits, IV, 24. — *Pompée* représenté à Versailles en octobre 1676, X, 309; 311, 3.
Pompée (la Mort de), tragédie, la même que *Pompée*. Voyez ce mot.
POMPÉE (SEXTUS). Voyez SEXTE.
POMPÉES (les jeunes), les fils de Pompée, IV, 56, 686.
POMPONE, un des complices de Cinna, III, 451, 1490.
PONCE PILATE, IX, 75. Voyez PILATE.
PONT (le), province de l'Asie Mineure, IV, 62, 840; V, 533, 468; 542, 699; 572, 1377; 574, 1430.
PONT-DE-CÉ (le), X, 106.
POPPÉE, femme d'Othon, VI, 583, 191 et 193; 595, 480; 621, 1081; 623, 1118.
POPPÉE, mentionnée dans *Tite et Bérénice*, VII, 204, 84.
PORTUGAL (le), III, 136, 541; VI, 364; X, 114.
POTOSI (le), X, 120, 101.
PRAGUE, X, 338, 99.
PRÉ-AUX-CLERCS(le), IV, 171, 558.
PRÉVÔT (un) dans *Clitandre*, I, 314; 318 (var); 349; 356.
PRIDAMANT, personnage de *l'Illusion*, II, 421-527.
PRISCUS, nommé par d'autres *Crispus*, gendre de l'empereur Phocas, V, 143. Voyez CRISPE.
PROCOPE, général romain, VII, 382, 31; 385, 97; 393, 320; 394, 349; 446, 1595.
PROCULE, soldat de l'armée de Rome, personnage d'*Horace*, III, 243-358.
PROCULE, un des complices de Cinna, III, 451, 1489.
PROGNÉ, I, 78.
PROLOGUE, I, 40; 41; 42; 44. —

Prologue des pièces de machines, I, 46 et 47. — Prologue d'*Andromède*, V, 315-319. — Prologue de *la Toison d'or*, VI, 253-265. — Prologue, nom d'un personnage, I, 45.
PROMÉTHÉE, II, 409, 1386.
PRONONCIATION de nos *e*, I, 7; 9; — de la double *ll*, I, 11; — de nos *f*, I, 7 et 8.
PROSERPINE, I, 227, 1404; 230, 1451; VII, 358, 1818; X, 236, 11.
PROTATIQUES (personnages), I, 46.
PRUSIAS, roi de Bithynie, personnage de *Nicomède*, V, 495-593; I, 61; 64; 69; 80; 115.
PSAUMES de David, traduits en vers français par Corneille. Voyez tome IX, p. 639 et 640.
— Passages de psaumes, traduits par Corneille, VIII, 129, 1771-1775; 133, 1838 et 1839; 226; 227; 242, 1350 et 1351; 423, 3338-3340.
PSAUMES PÉNITENTIAUX (les sept), traduits en vers français par Corneille, IX, 245-299.
Psyché, tragédie-ballet de Corneille, VII, 277-370.
PSYCHÉ, V, 356, 882. — Personnage de la pièce de ce nom, VII, 277-370.
PTOLOMÉE XI ou AULÉTÈS, IV, 32, 134.
PTOLOMÉE, XII roi d'Égypte, fils du précédent, personnage de *Pompée*, IV, 1-115; 19; 21 et 22; 23; I, 26.
PULCHÉRIE, fille de l'empereur Maurice, personnages d'*Héraclius*, V, 113-241; I, 63; 115, 119; 121.
Pulchérie, comédie héroïque de Corneille, VII, 371-453. — L'auteur demande au Roi de la faire représenter devant lui, X, 311, 15.

556 TABLE ALPHABÉTIQUE ET ANALYTIQUE

PULCHÉRIE, impératrice d'Orient, personnage de la pièce de ce nom, VII, 371-453.
PURE (l'abbé de). Lettres à lui adressées par Corneille, X, 478-482; 482-484; 485-487; 489-492; 493-496.
PURGATION des passions, I, 22; 52 et suiv.; V, 508; X, 486.
PUTEANUS (Erycus, Erycius), en français Henri Dupuis, en flamand *van de Putte*, VI, 6; 17.
— Extrait de son *Histoire de l'invasion de l'Italie par les Barbares* (livre II, n° 15), contenant le sujet de *Pertharite*, VI, 14-16.
PUY DE PALINOD (le) de Rouen, X, 81, 10.
PYLADE, I, 106; VII, 394, 325.
PYMANTE, personnage de *Clitandre*, I, 255-369.
PYRANDRE, nom d'homme, IV, 207, 1250; 208, 1251; 219, 1446; 220, 1447 et 1457.
PYRÉNÉES (les), III, 285, 48; VI, 381 (450); 430, 1594; X, 200, 93.
PYRRHUS, X, 259, 105. — Personnage de *la Troade* de Sénèque, IV, 283.
PYTHAGORE, X, 100, 1.
PYTHIAS, personnage de *l'Eunuque* de Térence, I, 102.
PYTHON (le serpent), II, 390, 987.

Q

QUATRAINS, X, 36; 47; 49; 57; 60; 86; 218; 219. — Quatrain pour le Christ de Saint-Roch, attribué à Corneille, X, 377.
QUINTILIAN, Quintilien, auteur des *Déclamations*, II, 122.
QUATRE-NATIONS (la fontaine des), à Paris, X, 244.
QUINAULT, X, 493.

QUIRINAL (le mont), V, 579, 1550.

R

RAHAB (la ville de), IX, 107, 9.
RAIMOND (saint), VIII, 432.
RAMBOUILLET. Voyez JULIE.
RAMIRE (don), en possession du trône d'Aragon, V, 413.
RANQUET (Élisabeth). Son épitaphe par Corneille, X, 133 et 134.
RAPHAËL (l'ange), IX, 562, 14.
Ῥᾳθυμος. Sens de ce mot, I, 33 et 34.
RAVAUD (Abraham), dit *Remius*. Sa traduction en vers latins du *Remercîment de Corneille au cardinal Mazarin*, X, 94-99.
RAYMOND DE MONCADE (don). Voyez MONCADE (don Raymond de).
RÉCIT, I, 78. Voyez NARRATION.
— L'action préférable au récit, I, 262. — Récit pour le ballet du château de Bicêtre, X, 58.
RECONNAISSANCE dans le poëme dramatique, I, 70. Voyez AGNITION.
REINE D'ARAGON (la), personnage de *Don Sanche*. Voyez LÉONOR.
REINE DE CASTILLE (la), personnage de *Don Sanche*. Voyez ISABELLE.
REMERCÎMENTS : au Puy de Palinod de Rouen, X, 81; — au cardinal Mazarin, X, 92-99; — au Roi pour la pension accordée au poëte en 1663, X, 175-181.
REMIUS (Abrahamus). Voyez RAVAUD (Abraham).
RÉMUS, X, 443.
RENAUDOT. Il fait, dans un numéro extraordinaire de la *Gazette*, le récit de la tragédie d'*Andromède*, V, 277.

RENAUDUS (Theophilus), jésuite, X, 467.
RENNES (la ville de), II, 439, 97.
RENOMMÉE (la), X, 258, 97; 266, 220.
REPRÉSENTATION. Sa durée, I, 30.
REVEL (Charles-Amédée de Broglio, comte de), X, 271, 270.
RHADAMANTE, II, 413, 1473.
RHÉ (l'île de), X, 69, 43.
RHIMBERGUE (la place de), X, 260, 121.
RHIN (le), II, 436, 34; III, 285, 50; VII, 246, 1101; X, 307, 66; 335, 11; 257, 70; 260, 118; 264, 201; 266, 218 et 228; 275, 342; 281, 409 et 420; 303, 57. — Allusion aux vers sur le passage du Rhin, X, 335, 11 et 12.
RHÔNE (le), I, 90; VI, 419, 1338; X, 116, 2.
RICHE (la mort du mauvais), VIII, 562.
RICHELIEU (le cardinal de), V, 142; X, 69, 42; 70, 55 et 61; 71, 76; 87; 403; 410; 428. — Épître dédicatoire, à lui adressée, de la tragédie d'*Horace*, III, 258-261. — Corneille lui dit qu'il tient de lui tout ce qu'il est, III, 258; — qu'il a l'honneur d'être à Son Éminence, III, 259. — Sonnet en son honneur, X, 32. — Quatrain sur lui, X, 86. — Épitaphe du cardinal, attribuée à Corneille, X, 352. — Corneille, pour lui être agréable, veut répondre aux *Sentiments de l'Académie* sur le Cid, X, 431. — Il est désigné sous le nom de *grand Pan*, X, 439.
RICHELIEU (l'hôtel de), X, 401.
RIÉ (l'île de), X, 109.
RIS (les), X, 339, 120.
ROBERT (dom) de Sainte-Marie, feuillant, X, 436.

ROBORTEL, commentateur de la *Poétique* d'Aristote, I, 33; 59; III, 86.
ROCHELLE (la ville de la), X, 69, 45; 109, 51; 110.
ROCROI, III, 473; IV, 412.
RODELINDE, femme de Pertharite, personnage de *Pertharite*, VI, 1-100; III, 276.
Rodogune, princesse des Parthes, tragédie de Corneille, IV, 397-511; 411; 416; I, 27; 60; 62; 63; 68; 70; 80; 97; 99; 113; 115; 116; 121; 272; III, 382; V, 144; 148; 153; 298; X, 103, 10. — *Examen* de la pièce, IV, 418-427. — Explication du titre, IV, 416. — L'auteur est porté à préférer *Rodogune* à ses autres tragédies, IV, 420. — *Rodogune* représentée à Versailles en octobre 1676, X, 309; 311, 11.
RODOGUNE, sœur de Phraates, roi des Parthes, personnage de la tragédie de ce nom, IV, 397-511; I, 19; 39; 63; 69.
Rodogune, tragédie de Gilbert, IV, 509-511.
RODOMONT, roi d'Alger, personnage du *Roland furieux*, X, 62, 11. — Au figuré, II, 464 (var.).
RODRIGUE (don), surnommé *le Cid*, personnage principal de la tragédie du *Cid*, III, 1-241; I, 27 et 28; 57; 60; 62; 65; 96; VI, 122, 34.
ROGER, personnage du *Roland furieux*, X, 62, 13.
ROI DE CORINTHE (le), personnage de *Médée*. Voyez CRÉON.
ROI (le), personnage du *Cid*. Voyez FERNAND (don), roi de Castille.
Rois (le livre des). Voyez *Bible*.
ROLAND, neveu de Charlemagne, III, 81.
ROMAIN, III, 258; 280; 284, 25

302, 481 et 483; 308, 601; 324, 978; 334, 1181; 339, 1317; 344, 1413; 354, 1685; 566, 1701; IV, 20; 26; 34, 193; 85, 1415 et 1416; 96, 1659; V, 56, 905; 518, 156; 519, 192; 520, 205 et 218; 524, 296; 527, 353; 539, 594; 550, 876; 556, 1010; 589, 1764; VI, 362; 366, 45; 384, 503; 385, 526; 386, 571; 398, 833 et 842; 402, 943; 403, 963; 413, 1185 et 1194; 416, 1242; 421, 1383; 429, 1555; 431, 1624; 436, 1715; 469; 512, 983; 517, 1097; 534, 1483; 587, 287; 626, 1184; VII, 111, 47; 229, 689; 466, 70.

ROMAINE, ROMAINES, III, 427, 978; 494, 150; 284, 24 et 25; 286, 72 et 84; 308, 601; 324, 984; IV, 69, 992; 98, 1725; VI, 374, 238; 387, 583; 396, 790; 398, 822; 464; VII, 230, 727; 271, 1671.

ROMAINS (les), III, 292, 238; 294, 285; 297, 354; 327, 1050; 332, 1128; 347, 1490; 348, 1495; 388, 80; 389, 89; 391, 156; 393, 187; 394, 227; 396, 269; 403, 398; 408, 544; 411, 599; 428, 1000; 437, 1187; 444, 1359; 453, 1546; 495, 176; 544, 1209; IV, 20; 26; 30, 59; 35, 212; 48, 512; 62, 828; 73, 1112; 75, 1167; 89, 1521; 95, 1638; V, 503; 504; 506; 507; 512, 19; 513, 49; 522, 253; 524, 289 et 293; 539, 603 et 618; 542, 674; 551, 914; 567, 1250; 568, 1289; 571, 1361; 576, 1472; 578, 1515; 588, 1738; 592, 1825; 593, 1854; VI, 359; 367, 55; 373, 219; 376, 296; 377, 338 et 340; 380, 420; 384, 517; 387, 575; 389, 647; 400, 881; 402, 934; 420, 1358; 431, 1619; 441, 1831; 443, 1879; 444, 1904; VI, 464; 465; 473, 5; 474, 18; 475, 45; 481, 198; 482, 222; 483, 253; 485, 302; 487, 352; 490, 438; 495, 557; 501, 514; 508, 869 et 888; 510, 932; 511, 952; 512, 973; 513, 1005; 516, 1084; 517, 1100; 518, 1121 et 1129; 524, 1247; 528, 1345; 532, 1435; 541, 1623; 542, 1653; 543, 1666; 546, 1742; 583, 203; 587, 295; 596, 502; 650, 1268; 656, 1811; VII, 5; 115, 181; 116, 196; 117, 216; 118, 247; 139, 739; 140, 752; 241, 999; 244, 1055; 247, 1129; 468, 118; 490, 670; 494, 745 et 750 et 757 et 764; 501, 923; 513, 1219; 517, 1308; 522, 1443; 527, 1568; X, 214, 304; 257, 71; 259, 112; 264, 189; 492.

ROMAN (le). Il n'a point les contraintes du théâtre, I, 84 et 85.

ROMANCES espagnols sur *le Cid*. III, 87-90.

ROME, I, 89; 118; 120; 138; III, 280; 282; 284, 20 et 33; 285, 68; 286, 73 et 80 et 88; 290, 195; 292, 229 et 232 et 236 et 239; 293, 256; 295, 332; 297, 347; 298, 371 et 383 et 387; 399, 402; 302, 466 et 467 et 480; 303, 498; 306, 565; 309, 630 et 646; 310, 666; 324, 988 et 994 et 997 et 1000; 325, 1014; 326, 1024; 328, 1062 et 1065; 330, 1091 et 1100 et 1101; 332, 1132 et 1140 et 1143; 334, 1177 et 1180; 335, 1217; 336, 1220; 337, 1258; 339, 1300 et 1301 et 1302 et 1303 et 1304; 348, 1499 et 1507 et 1511; 349, 1526 et 1532; 351, 1589; 352,

DES ŒUVRES DE CORNEILLE. 559

1630; 353, 1655; 354, 1684;
355, 1700 et 1706; 356, 1728
et 1743; 357, 1755; 358 (var.);
380; 384; 389, 110; 392, 165
et 178; 393, 196; 394, 226;
396, 259; 396, 368; 403, 400;
404, 421 et 422; 405, 451 et
461; 406, 470 et 481; 407,
502; 408, 522 et 526; 409,
549 et 565; 410, 570 et 589;
411,599 et 606; 412, 622; 413,
651 et 655; 414, 672 et 686;
415, 695; 416, 718 et 720;
417, 743; 418, 754; 421, 847;
423, 886; 428 (var.); 429,
1050; 436, 1165 et 1173; 437,
1186; 438, 1221; 442, 1305;
451, 1512; 452, 1518; 462,
1765; 494, 155; 495, 169
et 181; 496, 203; 497, 228;
505, 390; 510, 513; 548,
1304; 552, 1420 et 1423; IV,
11 et 12; 30, 59 et 70; 32, 133;
34, 178 et 193 et 201; 39,
291; 43, 389; 48, 505; 51,
577; 56, 694; 61, 811; 62,
838; 64, 883; 65, 923; 66,
930; 67, 964; 69, 1018; 70,
1037; 71, 1056; 73, 1107;
74, 1122; 75, 1174; 80, 1278
et 1299 et 1306; 81, 1317; 84,
1407; 97, 1699 et 1700; 99,
1748; 231, 1658; 292, 70;
294, 140; 309, 364; 39, 524,
677; V, 34, 376; 39, 305;
46, 664; 55, 871; 56 903;
89, 1639; 95, 1759; 302,
503; 506; 508; 512, 24; 513,
57 et 58; 518, 155 et 157;
519, 175; 523, 270 et 276;
524, 297; 526, 315 et 323;
527, 343 et 346 et 354; 536,
531; 537, 557 et 560 et 567;
539, 610; 540, 627 (var.) et
643; 541, 646 et 660; 542,
679, 543, 704; 544, 743;
545, 755, 546, 765; 547,
800; 550, 877 et 887; 551,
903 et 908; 552, 926 et 927,

553, 956; 554, 981 et 983 et
989; 556, 1028 et 1031; 563
1156; 564, 1182; 568, 1277;
568, 1295 et 1298; 569, 1309
et 1322; 572, 1283 et 1287;
573, 1392; 574, 1420 et 1427;
575, 1432 et 1439 et 1456;
576, 1464; 578, 1505; 579,
1545; 582, 1602 et 1610; 583,
1616 et 1627; 587, 1715 et
1725; 589, 1749; 590, 1772 et
1787; VI, 359; 366, 32 et 46;
367, 49; 370, 151; 375, 166
et 175; 375, 288; 377, 345;
379, 374; 380, 421; 381,
444; 384, 506; 386, 569;
388, 631; 389, 646; 396,
783; 400, 873 et 894; 401,
922; 402, 927 et 929 et 936
et 940; 409, 1105; 410, 1139;
411, 1150; 413, 1193; 419,
1321 et 1324 et 1338; 420,
1357 et 1362; 424, 1464;
431, 1610 et 1618; 432, 1640;
441, 1840; 442, 1857 et 1862;
444, 1900; 445, 1912; 464;
465; 472; 479, 157 et 160;
480, 173 et 176 et 186; 484,
264; 487, 341; 499, 669; 500,
674 et 688 et 698; 501, 716;
511, 970; 514, 1022; 515,
1049; 520, 1157; 526, 1289;
528, 1324; 533, 1445 et 1467;
537, 1541; 538, 1577; 541,
1631; 544, 1691; 574; 577,
47; 580, 122; 585, 232; 600,
602; 601, 609; 602, 650 et
651; 612, 849 et 853; 613,
871 et 874; 614, 895 et 898;
615, 905 et 906; 617, 973 et
975; 618, 994; 620, 1048;
621, 1060; 630, 1267; VII,
111, 79; 114. 149; 118, 248
et 255; 120, 312; 124, 399;
125, 409; 134, 634 et 635;
139, 745; 150, 1026; 169,
1475; 181, 1778; 200; 205,
114; 207; 164; 210, 249; 214,
344; 215, 364; 217, 411; 218,

434; 221, 510; 222, 536; 229, 687; 231, 744; 235, 844; 236, 860; 241, 983 et 988 et 989 et 993; 243, 1034; 244, 1052 et 1065; 245, 1078 et 1089; 250, 1205; 251, 1209; 256, 1332; 258, 1397; 262, 1451; 264, 1501; 268, 1611; 169, 2640; 271, 1672; 272, 1687 et 1697; 273, 1711 et 1720; 274, 1743; 275, 1751 et 1762; 418, 934; 465, 36; 466, 70 et 75; 498, 850; 499, 870; 500, 894; 513, 1221; X, 95, 10 et 12; 98, 59; 213, 298; 259, 102 et 108; 268, 252; 338, 100; 441; 468. — Les deux Romes, VII, 116, 193.

ROMULE, Romulus, III, 285, 52; 357, 1756.

RONDEAUX, X, 79 et 80; 174.

RONSARD, I, 136; X, 117, 31.

ROSCIUS, comédien romain, désignant l'acteur Mondory, X, 68, 34.

ROSÉLIE, nom de femme mentionné dans la Veuve, I, 408, 182.

ROSIDOR, personnage de Clitandre, I, 255-369.

ROSINE, personnage du V⁰ acte de l'Illusion, ne paraissant pas sur la scène, II, 434 (var.); 507-518; 520 (var.); 524-527 (var.).

ROTROU (Jean). Son hommage à Corneille au sujet de la Veuve, I, 381-383. — Lettre apocryphe de Corneille à lui, X, 503 et 504.

ROUEN (la ville de), I, 117; X, 437; 438; 442; 448; 452; 457-459; 465; 470; 478; 481; 482; 485; 489; 493. — L'archevêque de Rouen. Voyez HARLAY DE CHAMPVALLON

ROUGE (la mer), IX, 516, 3.

RUE (le P. de la), jésuite. Traduction par Corneille de ses vers latins : sur les victoires de 1667, X, 192-217; — sur les victoires de 1672, X, 252-284. — Traduction en vers latins par le P. de la Rue des vers français de Corneille sur la conquête de la Franche-Comté, X, 226. — Son épître dédicatoire à Corneille, X, 378-383. — Ses vers sur la mort de Charles Corneille, troisième fils du poète, X, 383-385.

RUFUS (Virginius), commandant en Germanie, VI, 613, 865.

RUITER, amiral hollandais, X, 306, 47.

RUTILE, un des complices de Cinna, III, 451, 1489.

RUTILE, soldat romain, personnage d'Othon, VI, 564-657.

RYER (Pierre du). Ses hommages à Corneille au sujet de la Veuve, I, 383; 384.

S

S (suppression de l'), I, 8. — S se change en z après é, I, 10. — Emploi de la grande ʃ; ses quatre prononciations, I, 6; 8. — Emploi de la petite s, I, 8.

SABAOTH, IX, 127, 8.

SABINE, femme d'Horace et sœur de Curiace, personnage d'Horace, III, 243-358; I, 4; 86; IV, 424; X 441.

SABINE, personnage du Menteur, IV, 117-273.

SABINE, nom d'une Romaine mentionné dans Tite et Bérénice, VII, 240, 972.

SAINT-BENOÎT (l'ordre de), VIII, 98.

SAINT-ÉVREMOND. Lettre à lui

adressée par Corneille, X, 497-499. — Sa réponse, X, 499 et 500.
SAINT-GERMAIN-EN-LAYE, I, 273; X, 199, 84; 240, 66.
SAINT-GERMAIN (le faubourg), II, 57, 736; 443, 176.
SAINT-INNOCENT (secrétaire de), II, 442, 173.
SAINT-JEAN-D'ANGÉLI, (la ville de), X, 107.
SAINT-Lô de Rouen (le prieuré de), X, 461; 466; 472.
SAINT-MALACHIE (dom Gabriel de), traducteur des *Épîtres* de saint Bernard, X, 122.
SAINT-OMER (la ville de), X, 307, 71; 329, 47.
SAINT-PAUL (Charles-Paris d'Orléans, comte de), plus tard duc de Longueville, X, 208, 209. Voyez LONGUEVILLE.
SAINT-ROCH (quatrain pour le Christ de), attribué à Corneille, X, 377.
SAINTS. Hymnes pour la fête de tous les saints, IX, 568-572.
SAINTE. Hymnes pour une sainte ni vierge ni martyre, IX, 596-598.
SAINTE-BAUME (la), VIII, 61.
SAINTE-GENIS (dom Gabriel de), traducteur des *Épîtres* de saint Bernard, X, 122.
SAINTE-MARIE-DES-CHAMPS, où était curé un oncle de Corneille, X, 433; 437.
SAINTES. Voyez XAINTES.
SAINTONGE. Voyez XAINTONGE.
SALART (le chevalier de), X, 271, 272.
SALINS (la ville de), X, 296, 102.
SALLE (le marquis de la), X, 271, 269.
SALMONÉE, VI, 247.
SALOMON, VIII, 584, 94; IX, 30, 425.
SALVIDIEN, Romain mentionné dans *Cinna*, III, 437, 1202.

SAMARITAINE (la) de l'Evangile, VIII, 280.
SAMARITAINE (fontaine de la), à Paris, II, 443, 178.
SAMUEL, VIII, 261; 263, 74.
Sanche d'Aragon (Don), comédie héroïque de Corneille, V, 397-494; I, 25; 44; 101; 116 et 117; 272.—*Examen* de la pièce, V, 414-416. — Corneille explique et défend le titre de *comédie héroïque* qu'il lui a donné, V, 404-410. — *Don Sanche* eut d'abord grand éclat sur le théâtre, mais le refus d'un illustre suffrage dissipa les applaudissements qu'il avait reçus à Paris; il fut relégué dans les provinces, où il conserva son premier lustre, V, 415. — Corneille envoie cette pièce à M. de Zuylichem, X, 453-457.
SANCHE (don), personnage principal de *Don Sanche d'Aragon*, où il figure sous le nom de Carlos, V, 397-494; I, 101.
SANCHE (don), personnage du *Cid*, III, 1-241; I, 96; 115.
SANTEUL (Jean-Baptiste), chanoine de Saint-Victor. Ses *Hymnes de saint Victor* traduites en vers par Corneille, IX, 607-612. — Sa traduction en vers latins: des vers français de Corneille, sur la conquête de la Franche-Comté, X, 227; — d'un passage de *Tite et Bérénice*, appliqué au départ du Roi pour l'armée, en 1672, X, 247. — Imitation par Corneille: de sa *Défense des fables dans la poésie*, X, 234-241; — de deux inscriptions latines pour deux fontaines de Paris, X, 242-244; — de ses vers latins sur la libéralité du Roi envers les marchands de Paris, X, 287-298; — de son

inscription pour l'Arsenal de Brest, X, 331-333.
SANTILLANE (marquis de), V, 429, 262; 446, 662.
SARAGOSSE (la ville de), V, 413.
SARDAIGNE (la), 306, 48.
SARRASINS (les), VIII, 673.
SARRAU (Claude), conseiller du Roi en sa cour de parlement. Lettre latine qu'il écrit à Corneille, X, 438-440.
SATAN, II, 472, 740.
SAÜL, VIII, 328.
SAULT (François-Emmanuel comte de), X, 271, 270.
SAUMUR (la ville de), X, 107.
SAVOIE (la), X, 69, 49.
SAYAVÈDRE, personnage du roman espagnol intitulé *Gusman d'Alfarache*, II, 444, 186.
SCALIGER (Jules-César), II, 117.
SCÉDASE, paysan de Leuctres, I, 55; V, 406.
SCÈNES (liaison des), I, 3; 101 et suiv. — Nombre des scènes, I, 108.
SCHENK (le fort de). Voyez SKEINK.
SCIPION, le premier Africain, V, 539, 604; 542, 675; VI, 468, 472; 484, 262; 487, 353; 497, 602; 500, 689; 512, 987; 514, 1024; 520, 1149; 532, 1420; 534, 1499; 536, 1518; 544, 1690; 547, 1777 et 1785; 548, 1806; 549, 1815. — Personnage de la *Sophonisbe* de Mairet, VI, 460.
SCIPION ÉMILIEN, III, 260.
SCIPION, père de Cornélie, IV, 69, 991.
SCIPION (Métellus), IV, 56, 686.
SCIPIONS (les), IV, 70, 1035; X, 97, 44.
SCIRON, brigand tué par Thésée, VI, 164, 697.
SCUDÉRY (Georges de), VI, 462; X, 431. — Son hommage à Corneille, au sujet de la *Veuve*, I,

379. — Vers que lui adresse Corneille sur ses tragi-comédies de *Ligdamon et Lidias* et du *Trompeur puni*, X, 57; 61. — Lettre apologétique de Corneille en réponse à ses *Observations* sur *le Cid*, X, 399, 407.
SCUDÉRY (Mlle de), X, 151.
SCYTHE (le), les SCYTHES, II, 380, 812; III, 541, 1128; VI, 247; 270, 331; VIII, 275, 1755.
SCYTHIE (la), II, 369, 577; 385, 901; VI, 273, 437; 348, 2202.
SEGUIER (Pierre), chancelier de France. Épitre dédicatoire, à lui adressée, de la tragédie d'*Héraclius*, V, 141-143. — Obligations que lui a Corneille, V, 141 et 142. — Les Muses ont trouvé chez lui la même protection qu'elles rencontraient chez Richelieu, V, 142. — Protecteur de l'Académie française, X, 411.
SEINE (la), 1, 90; II, 436, 34; III, 98; 473; VI, 259, 125; 263, 209; VII, 117; 226; X, 116, 7; 242, 1; 244, 1; 339, 114.
SÉLEUCIE, ville de Syrie, IV, 428: VII, 462, 463, 6.
SÉLEUCUS, fils de Démétrius Nicanor et de Cléopâtre, personnage de *Rodogune*, IV, 397-511; 423; 425; 426; I, 79; 80, 99, 100.
SÉMÉI injurie David, VIII, 410.
SEMIRAMIS, VII, 439, 1450 et 1451.
SÉMIRE, personnage de *l'Astrée*, IV, 354, 1243.
SÉNÈQUE le philosophe, V, 141. — Extrait du livre I (chapitre IX) de son traité *de la Clémence*, contenant le sujet de la tragédie de *Cinna*, III, 373-375. — Allusion à un passage de ses lettres, faite par

DES ŒUVRES DE CORNEILLE. 563

l'auteur de l'*Imitation*, VIII, 115, 1476-1478.
SÉNÈQUE, poëte tragique, I, 21; 42; 99; 107; II; 121; 333; 334; 338; III, 274; IV, 130; 131; 282; V, 310; VI, 129, 249; 250; X, 450; 456.
SENTENCES morales dans le poëme dramatique, I, 18.
SENTIMENTS dans le poëme dramatique, I, 39.
Sentiments de l'Academie françoise sur le Cid, X, 431.
SEPTIME, tribun romain à la solde du roi d'Égypte, personnage de *Pompée*, IV, 1-115.
SÉRAIL (le), II, 448, 270.
SÉRAPHINS (les), IX, 127, 7.
SERMENT (Mlle), X, 150. 151, 173.
Sertorius, tragédie de Corneille, VI, 351-445; 466. — N'a point déplu, VI, 358. — Représentée à Versailles en octobre 1676, X, 309; 311, 11. — Corneille demande à l'abbé de Pure son sentiment sur cette tragédie, X, 490-492. — Louanges que lui donne Chapelain, X, 496 et 497.
SERTORIUS, général du parti de Marius en Espagne, personnage principal de la pièce de ce nom, VI, 351-445; X, 491.
SERVILIENS (les), illustre famille de Rome, III, 452, 1535.
SERVILIUS CÆPIO (Quintus), VI, 360; 381, 439.
SÉVÈRE, chevalier romain, favori de l'empereur Décie, personnage de *Polyeucte*, III, 463-570; I, 61.
SÉVILLE, I, 120; III, 80; 97; 98; 104; 140, 617; V, 422, 79; 438, 225.
SEXTE, Sextus Pompée, III, 435, 1135.
SICILE (la), I, 90; III, 412, 633. — Les mers de Sicile, X, 306, 45.

SIDON, VIII, 269, 191.
SIGISMOND, roi des Bourguignons, VII, 160, 1270; 162, 1312.
SILLACE, lieutenant d'Orode, personnage de *Suréna*, VII, 455-534.
Silves (les) de Stace, X, 443.
SILVIE, personnage d'une tragi-comédie de Scudéry, X, 57, 1.
SIMÉON. Son cantique, IX, 239, 337.
SIMÉON MÉTAPHRASTE. Son récit du martyre de saint Polyeucte, III, 474-478.
SIMÉON STYLITE (saint), VIII, 466.
SIMON le Cyrénéen, VIII, 553.
SIMON le lépreux, VIII, 90.
SIMON, personnage de l'*Andrienne* de Térence, I, 115; II, 13.
SINA (le mont de), Sinaï, X, 319, 61.
SINGIBAR, un des chefs des alliés d'Attila, VII, 115, 179.
SINNIS, brigand tué par Thésée, VI, 164, 697.
SION, IX, 67, 8; 103, 14; 107, 17; 117, 31; 119, 1; 123; 125; 185, 6 et 26; 187, 195; 38; 200; 206; 207, 27; 211; 9; 217, 2; 225, 35; 231, 16; 265, 74; 269, 54; 271, 67; 295; 334; 601, 18. — Dieu de Sion, IX, 157, 2. — Les filles de), IX, 155. — Les fils de Sion, IX, 151, 7.
SIRÈNES (deux), personnages de *la Toison d'or*, VI, 220-349.
SIRMOND (le P.), X, 467.
SISYPHE, II, 383, 876.
SIXTE, II (le pape), VIII, 222, 936.
SKEINK (le fort de), Schenk, X, 264, 202; 265, 210; 279, 380.
Sœur valeureuse (la), tragi-comédie de Mareschal, X, 62.
SOLEIL (le), II, 353, 261; 383, 876; 396, 1124; 449, 296. —

TABLE ALPHABÉTIQUE ET ANALYTIQUE

Personnage d'*Andromède*, V, 243-396. — Personnage de *la Toison d'or*, VI, 221-349.
SOLYME, Jérusalem, VII, 205, 100; 236, 860, 245, 1088.
SONGES, dans la tragédie, III, 278.
SONNETS, I, 171; III, 473; X, 32; 33, 44; 87; 100; 122; 124 et 125; 127; 133; 135; 137; 140; 162-164; 167; 285. — Sonnets attribués à Corneille, X, 354; 359 et 360.
SOPHI DE PERSE (le grand), II, 447, 227.
SOPHOCLE, poëte tragique, I, 28; 42; 66; 78; 80 et 81; 102; 119; II, 11; III, 274; IV, 416 et 417; V, 151; VI, 129; 461; X, 119, 57; 312, 27; 500.
Sophonisbe, tragédie de Corneille, VI, 447-549; X, 195.—L'auteur demande au Roi de la faire représenter devant lui, X, 311, 15.
SOPHONISBE, fille d'Asdrubal et reine de Numidie, personnage de la pièce de ce nom, VI, 447-549.
Sophonisbe, tragédie de Mairet, VI, 460; 463; 466.
Sophonisbe, tragédie de Montchrestien, VI, 463.
Sophonisbe, tragédie du Trissin, VI, 463.
SORBONNE (la), X, 464.
SORTIES des acteurs, I, 108.
SOSIE, personnage de l'*Andrienne* de Térence, I, 46; II, 13.
SOSTRATE, nom d'homme mentionné dans *OEdipe*, VI, 171, 858.
SOUBISE (François de Rohan de), X, 271, 269.
SOUPLY (le P.), X, 461.
SOURDEAC (le marquis de). *OEdipe* représenté chez lui, VI, 230.
SPARTE, VI, 157, 540; VII, 8; 10; 30; 13, 98; 19, 258; 37;

697; 52, 1076; 56, 1185; 67, 1466 et 1475; 79, 1733; 86, 1875; 94, 2082.
SPHINX (le), VI, 144, 233; 154, 449; 161, 633; 179, 1059; X, 246, 1.
SPITRIDATE, grand seigneur persan, personnage d'*Agésilas*, VII, 1-95.
STACE, X, 443. — Fragments de traduction de sa *Thébaïde*, par Corneille, X, 245 et 246.
STANCES, X, 43; 160; 165; 170; 172. — Dans les pièces de théâtre : à quels sentiments elles conviennent, V, 310. — Dans *la Veuve*, I, 420-422; 454-456.— Dans *la Galerie du Palais*, II, 70-72. — Dans *la Suivante*, II, 146 et 147; 180 et 181; 212-214. — Dans *la Place Royale*, II, 232 et 233; 262; 267 et 268; 299-301. — Dans *Médée*, II, 398 et 399. — Dans *le Cid*, III, 321-324; 186 et 187. — Dans *Polyeucte*, III, 539-542. — Dans *la Suite du Menteur*, IV, 337 et 338. — Dans *Héraclius*, V, 222 et 223. — Dans *Andromède*, V, 329-331; 338; 339-341; 353-355; 359; 361; 376; 377 et 378; 393-396.— Dans *OEdipe*, VI, 168 et 169; 180 et 181. — Dans *la Toison d'or*, VI, 293 et 294; 318-320; 342 et 343. — Sur les vers de stances d'*Andromède*, V, 308-312. — Les stances du *Cid* inexcusables, V, 311.
STÉPHANIE, personnage de *Théodore*, V, 1-111.
STÉPHONIUS (le P.), jésuite, auteur de tragédies, I, 72.
STILICON, VII, 116, 199.
STRATONICE, confidente de Pauline, personnage de *Polyeucte*, III, 463-570.
STYLITE. Voyez SIMÉON (saint).

Styrus, roi d'Albanie, VI, 247; 267, 263 et 264; 271, 375.
Styx (le), I, 222, 1315; 223 (var.); VII, 345, 1493.
Suède (la), X, 443.
Suédois (les), X, 302, 52.
Suite du Menteur (la), comédie de Corneille, IV, 275-395; I, 19, 120; 273. — Examen de la pièce, IV, 285 et 286. — A été moins heureuse au théâtre que *le Menteur*, IV, 279.
Suivante (la), comédie de Corneille, II, 113-214; I, 84. — Examen de la pièce, II, 120-125.
Sujets du poëme dramatique. S'ils viennent de la fortune ou de l'art, I, 15. — S'il est permis de changer ceux qui sont empruntés de l'histoire ou de la fable, I, 77.
Sulpitie, nom d'une Romaine mentionnée dans *Tite et Bérénice*, VII, 240, 971.
Suppliantes (les), tragédie d'Euripide, I, 112.
Suréna, général des Parthes, tragédie de Corneille, VII, 455-534. — N'est pas indigne de *Cinna*. Corneille demande au Roi de le faire représenter devant lui, X, 311, 13.
Suréna, lieutenant d'Orode, et général de son armée contre Crassus, personnage de *Suréna*, VII, 455-534.
Surius, auteur des *Vies des Saints*, III, 474; 478.
Suso (Henri), religieux jacobin, VIII, 313.
Suze (le pas de), X, 110.
Swol (la place de), Zwol, X, 280, 395.
Sylla, III, 402, 377; 410, 583; 414, 664; 438, 1227; VI, 358; 359; 360; 361; 362; 364; 366, 27 et 44; 370, 132; 376, 304; 377, 334 et 346; 387, 601,

389, 636; 396, 787; 397, 809; 398, 832; 399, 856 et 867; 400, 886 et 894; 401, 904; 403, 958; 404, 982; 406, 1032 et 1039; 407, 1048 et 1067; 408, 1070 et 1078); 409, 1104 410, 1137; 420, 1371; 423, 1425 et 1434; 424, 1446 et 1453; 429, 1567; 430, 1584; 432, 1631 et 1637 et 1645; 442, 1859; X, 491.
Sylvandre, personnage de *l'Astrée*, IV, 353, 1235.
Sylvérie, nom de femme mentionné dans *l'Illusion*, II, 438, 72.
Sympathie (poudre de), IV, 204, 1182.
Syphax, roi de Numidie, personnage de *Sophonisbe*, VI, 447-549.
Syrie (la), I, 273; IV, 415; 416, 420; 423; 428; 430, 24; 431, 56 (var.); 440, 248; 494, 1542; 504, 1764; 506 (var.); V, 17, 3; 92, 1692; 94, 1705; 302; VI, 581, 152; VII, 218, 418.
Syriens (les), IV, 448, 430; 494, 1553; 495, 1573.

T

Tabenne (l'île de), VIII, 195.
Table de marbre de Normandie. P. Corneille y est avocat général, X, 407.
Tacite, I, 25; 76. — Le sujet d'*Othon* tiré de ses *Histoires*, VI, 571.
Tage (le), II, 436, 34; IV, 53, 622 et 625; VI, 259, 125; 419, 1333; 420, 1361; IX, 215, 11; X, 121, 102; 257, 78.
Tantale, VII, 353, 1669.
Tarquins (les), III, 409, 561.
Tartare, nom de peuple, II, 470, 687.

TARTARE (le), aux enfers, X, 237, 35.
TÉLÉGONUS, personnage de la tragédie grecque d'*Ulysse blessé*, I, 67.
TEMPS (unité de). Voyez UNITÉ de temps ou de jour.
TÉNARE (le), I, 223 (var.).
TÉRENCE, poëte comique latin, I, 46; 96; 115; 138; II, 13 et 14; 119; III, 260; IV, 283; 423; X, 456.—Traduction de Térence dite de Port-Royal, VII, 106.
TÉRÈSE. Voyez THÉRÈSE.
TERME, statue, V, 12.
TERMES (Roger de Pardaillan de Gondrin, marquis de), X, 271, 269.
TERRE (la), II, 385, 905.
TERRE PROMISE (la), VIII, 453, 3951.
TESTAMENT (l'Ancien), IX; 5, 11, 65.
TESTAMENT (le Nouveau), IX, 5; 11, 65.
TEUCER, personnage de l'*Ajax* de Sophocle, I, 28.
THABOR (le), IX, 556, 2.
THAÏS (sainte), VIII, 428.
THAMIRE, dame d'honneur de Viriate, personnage de *Sertorius*, VI, 351-445.
THÉAGÈNE, nom d'un rôle d'homme dans le Ve acte de *l'Illusion*, II, 509-518; 524-527 (var.).
THÉAGÈNE, lieutenant de Nicomède, V, 512, 31.
THÉANTE, personnage de *la Suivante*, II, 113-214; 260, 702.
THÉATRE (éloge du), II, 522 et 523.
Thébaïde (la), tragédie de Sénèque, VI, 250.
Thébaïde (la) de Stace. Fragments de traduction par Corneille, X, 245 et 246.
THÉBAINS (les), VI, 145, 263; 166, 746; 174, 935; 207, 1723 et 1635; 212, 1853; 219, 1996.
THÈBES, ville de Béotie, 1, 112; IV, 437, 179; 438, 195; V, 146; VI, 134; 140, 142; 149, 353; 150, 381; 176, 977; 245.
THÉMIS, II, 488 (var.).
Théodore, vierge et martyre, tragédie chrétienne de Corneille, V, 1-111; I, 62; 64; 84; 98; 273.— *Examen* de la pièce, V, 10-14.— Sa représentation n'a pas un grand éclat, V, 8; 10. — Son mauvais succès est imputé à l'idée de la prostitution, V, 8; 9 et 10. — N'a pas été rétablie à Paris depuis sa disgrâce, mais les troupes de province l'y ont fait assez passablement réussir, IV, 286. — Corneille ne croit pas avoir fait d'acte où les diverses passions soient ménagées avec plus d'adresse que dans le quatrième de *Théodore*, et qui donne plus de lieu à faire voir tout le talent d'un grand acteur, V, 11.
THÉODORE, princesse d'Antioche, personnage principal de la pièce de ce nom, V, 1-111.
THÉODORIC, roi des Ostrogoths, VII, 120, 311, 169, 1476.
THÉODORICS (les), X, 441.
THÉODOSE Ier, dit le Grand, empereur d'Orient, V, 164, 188; VII, 116, 190; 118, 262; 128, 481; VII; 381, 13; 383, 42; 385, 115; 389, 198; 438, 1418; 443, 1534.
THÉODOSE II, fils d'Arcadius, empereur d'Orient, VII, 116, 205; 376; 380, 403, 554; 404, 602; 429, 1197.
THÉODOTE, ministre de Ptolomée, IV, 21.
THÉOPHILE, poëte français, I, 136.

DES ŒUVRES DE CORNEILLE.   567

Thérèse (sainte), IX, 566, 3; 567, 3. — Hymnes pour sa fête, IX, 566-568.

Thésée, fils d'Égée, I, 77; 112; 122; II, 335, 525 (var.); X, 73, 9. — Personnage d'*OEdipe*, VI, 101; 219.

Thessalie (la), I, 46; II, 343, 46; 357, 334; 360, 391; 365, 482; 367, 533; 379, 779; IV, 50, 566; 59, 757; 71, 1066; VI, 247; 252.

Thétis, Thétys, I, 244 (var.); 277 (var.); X, 273, 307.

Theudas, personnage de *Médée*, II, 327-419.

Thierri, roi des Visigoths, VII, 115, 179.

Thionville (la ville de), III, 473; IV, 412.

Tholus (la forteresse de), X, 264, 202; 268, 242.

Thomas d'Aquin (saint), VIII, 38; X, 446.

Thomas a Kempis, X, 460. — Il est considéré par plusieurs comme l'auteur de l'*Imitation*, VIII, 12; 18; 130; X, 461; 464; 465; 466; 467, 468, 469; 471. — Messieurs des requêtes du parlement de Paris se sont prononcés en sa faveur, VIII, 12.

Thorismond. Voyez Torrismond.

Thrace (le), II, 375 (var.); VI, 248.

Thyeste, frère d'Atrée, I, 20; 56; 57-78.

Thyeste, tragédie de Sénèque, I, 21; IV, 283.

Tibère, empereur romain, successeur d'Auguste, VI, 585, 237; 621, 1063.

Tibère, empereur d'Orient, V, 143; 151; 159, 58, 164, 186.

Tibre (le), III, 434, 112; 441, 1290; IV, 84, 1414; VI, 397, 815; 419, 1333; 431, 1604;

VII, 117, 236; X, 116, 7; 443.

Tigellin, favori de Néron, VI, 609, 780.

Timagène, gouverneur de Séleucus et d'Antiochus, personnage de *Rodogune*, IV, 397-511.

Timante, personnage d'*Andromède*, V, 243-396.

Tircis, Tirsis, personnage de *Mélite*, I, 123-253; 19; 395. Voyez I, 147, note 4(*a*).

Tirésie, Tirésias, devin, VI, 127; 130; 151, 394; 156, 506; 158, 549; 159, 589; 170, 829; 178, 1026; 182, 1099; 188, 1277; 190, 1327; 197, 1493.

Tirsis, nom d'homme, X, 50-52; 54, 25. Voyez Tircis.

Tisiphone, I, 226, 1393; 231, 1467.

Titans (les), I, 226, 1401; II, 512, 1437; IV, 28, 24.

Tite et Bérénice, comédie héroïque de Corneille, VII, 183-276. — L'auteur demande au Roi de faire représenter cette pièce devant lui, X, 312, 18.

Tite, Titus, empereur de Rome et amant de Bérénice, personnage de *Tite et Bérénice*, VII, 183-276.

Tite Live. Voyez Live (Tite).

Tithon, amant de l'Aurore, II, 449, 299.

Titres des pièces de théâtre, II, 11; 12.

Titye, géant, II, 415, 1524; VII, 357, 1779.

Toison d'or (la), tragédie de Corneille, VI, 221-349; I, 47; 273; V, 311; X, 179, 57. — Desseins de la pièce, VI, 230-244. — Examen, VI, 245-250.

Tolède (la ville de), III, 170, 1226.

568 TABLE ALPHABÉTIQUE ET ANALYTIQUE

Tolède (Ferdinand Alvarez de), duc d'Albe, X, 267, 233.
Torelli (Jacques) a exécuté les desseins des machines d'*Andromède*, V, 277; 297.
Tormes. Voyez Lazarille de Tormes.
Torrismond, Thorismond, fils de Théodoric, roi des Visigoths, VII, 162, 1311.
Touraine (la), II, 434.
Tournai (la ville de), X, 205, 155.
Tourné, jésuite. Sa traduction en vers latins des vers français de Corneille sur la conquête de la Franche-Comté, X, 227.
Tours (la ville de), IV, 163, 432.
Trachiniennes (les), tragédie de Sophocle, II, 11; IV, 416.
Traductions : de l'*Imitation de Jésus-Christ*, VIII; — des *Louanges de la sainte Vierge*, IX, 1-53; — de l'*Office de la sainte Vierge*, IX, 55-241; — des sept Psaumes pénitentiaux, IX, 243-299; — des Vêpres et Complies des dimanches, IX, 301-341; — des Hymnes du Bréviaire romain, IX, 447-636; — des Hymnes de saint Victor, IX, 603-612; — des Hymnes de sainte Geneviève, IX, 613-637.
Traductions et imitations : de sept épigrammes latines d'Owen, X, 46-49; — des vers latins du P. de la Rue sur les victoires de 1667, X, 172-217; — d'une épigramme latine de Montmor sur les mêmes victoires, X, 218 et 219 — Traduction en latin, faite par Corneille lui-même, de ses stances sur la conquête de la Franche-Comté, X, 225.— Imitation : d'une pièce latine de J. Parisot sur le canal de Languedoc, X, 231; — des vers latins de Santeul sur la défense des fables dans la poésie, X, 234-241; — de deux inscriptions latines du même pour deux fontaines de Paris, X, 242-244; — de deux passages de *la Thébaïde* de Stace, X, 245 et 246; — de ses propres vers latins présentés au Roi à son retour de la guerre d'Hollande en 1672, X, 250; — des vers latins du P. de la Rue sur les victoires de 1672, X, 252-284; — des vers latins de Santeul sur la libéralité du Roi envers les marchands de Paris, X, 287-298; — des vers latins du P. Lucas sur le départ du Roi pour l'armée en 1672, X, 299-303; — d'une ode latine à Pellisson par un auteur inconnu, X, 315-321; — de l'inscription sur l'Arsenal de Brest par Santeul, X, 331-333. — Imitation attribuée à Corneille d'un distique latin sur les victoires de 1672, X, 385.
Tragédie (Discours de la), I, 52-97. — Ce que demande la dignité de la tragédie, I, 24. — Tragédies parfaites, I, 66. — Quatre sortes de tragédie, I, 67. — Les tragédies anciennes arrêtées autour de peu de familles, I, 73. Voyez Comédie.
Transylvanie (la), II, 450, 314.
Trasimène (le lac de), V, 525, 308; 539, 620.
Trédie (la), V, 551, 924.
Trézène (la ville de), VI, 190, 1321. Voyez Troezène.
Tricin (le), le Trissin, poëte italien, VI, 463 ; 466.
Trinité (la sainte), IX, 52, 823.
Tristan, poëte dramatique, I, 49 (var.); VI, 462.
Tritons, V, 267. — Deux Tri-

tons, personnages de *la Toison d'or*, VI, 220-349.

Troade (la), tragédie de Sénèque, I, 99; IV, 283.

TROCHAÏQUES (vers), V, 310.

TROEZÈNE (la ville de), II, 335. Voyez TRÉZÈNE.

TROIE (la ville de), I, 112; IV, 437, 171 et 179; 438, 195; V, 151; X, 113, 89.

Trompeur puni (le), tragi-comédie de Scudéry, X, 61.

TRYPHON, nom que prend Diodotus en usurpant le trône de Syrie, IV, 418; 430, 30; 431, 43 et 57; 450, 491; 452, 528; 453, 548.

TUILERIES (les), à Paris, I, 120; II, 310, 321, 293; IV, 138; 141, 5; 212, 1333; 216, 1417; 234, 1698; 237, 1765.

Tuileries (le IIIe acte de *la Comédie des*), par les cinq auteurs II, 303-325.

TULLE, Tullus Hostilius, roi de Rome, personnage d'*Horace*, II, 243-358.

TUNIS (la ville de), X, 197, 42.

TURC (le grand), II, 471, 726.

TURCS (les), X, 196, 39.

TURDÉTANS (les), peuple de la Bitique, VI, 380, 417.

TURENNE (le vicomte de), X, 260, 122.

TURIN (la ville de), VI, 20.

TURPILIAN, nom d'un Romain mentionné dans *Othon*, VI, 577, 52.

TURQUIE (la), IV, 195, 1050; 235, 1710.

TYNDARE, père de Clytemnestre et d'Hélène, I, 106.

TYR (la ville de), VI, 481, 213; IV, 101, 53; 107, 14.

TYRIENS (les), VI, 482, 221.

TYRO, fille de Salmonée, VI, 247.

U

U. Son emploi, I, 6. — *U* consonnes distingués des *u* voyelles, I, 6.

UDO, évêque de Magdebourg, VIII, 618.

ULYSSE, I, 28, 37. — Personnage de *la Troade* de Sénèque, IV, 283.

Ulysse blessé, tragédie de Chérémon, I, 67.

UNITÉ d'action, I, 98-122; 138; 378; II, 118; 221; III, 275; 481; IV, 22; 138; V, 13 et 14.

UNITÉ de lieu, I, 3; 84; 98-122; 377; 378; 394; II, 13; 118; 123; 223; III, 97; 98-101; 276; 379; 481; 482; IV, 20; 137; 421; V, 13; 153; 305; 416; VI, 362.

UNITÉ de temps ou de jour, I, 3; 84; 98-122; 140; 141; 262; 270; 377 et 378; II, 14; 118; 119; 124; 432; 433; III, 96; 97; 276; 379; 481; 482; IV, 20; 21; 138; V, 13; 153; 416.

UNULPHE, seigneur lombard, personnage de *Pertharite*, VI, 1-100.

URANIE (le sonnet d'), X, 125.

URANINS (les), partisans du sonnet d'Uranie, X, 126, 5.

URGANDE (la fée), IV, 159, 353.

URRAQUE (dona), infante de Castille, personnage du *Cid*, III, 1-241; 277; 483; I, 4; 38; 48; 115; 120.

UTILITÉ du poëme dramatique, I, 13-51.

UTIQUE (la ville d'), VI, 530, 1397; 539, 1584.

UTRECHT (la ville d'), X, 281, 422.

V

V. Son emploi, I, 6.
Vacéens (les), peuple de l'Espagne tarraconaise, VI, 425, 1485.
Valamir, roi des Ostrogoths, personnage d'*Attila*, VII, 97-181.
Valens, gouverneur d'Antioche, personnage de *Théodore*, V, I-III; I, 64; 273.
Valentinian III, empereur romain, VII, 103; 108; 116, 209.
Valère, chevalier romain, personnage d'*Horace*, III, 243-358.
Valerius Flaccus, poëte latin, VI, 245; 249.
Valladolid (la ville de), V, 418.
Vandale, les Vandales, VII, 116, 202; 382, 13.
Varron, nom d'un Romain mentionné dans *Othon*, VI, 577, 52.
Varus (P. Quintilius), X, 267, 229.
Vasthi, femme d'Assuérus, IX, 39, 575.
Vega (Lope de), poëte espagnol, IV, 132; 133. — Corneille lui attribue la comédie d'Alarcon intitulée *la Verdad sospechosa*, IV, 131. — Il rectifie cette erreur, IV, 137. — Sa comédie intitulée *Amor sin saber à quien*, IV, 279. Voyez Vègue.
Vègue (Lope de), IV, 137. — Corneille a imité une de ses comédies dans *la Suite du Menteur*, IV, 285; 391-395. Voyez Vega.
Velleius Paterculus, IV, 15. — Portraits de Pompée et de Jules César, tirés du livre II (chapitres XXIX et XLI) de son *Histoire romaine*, IV, 17-19.

Vence (Monseigeur de), X, 473.
Vendôme (César duc de), fils naturel légitimé de Henri IV, X, 398.
Vendôme (Françoise de Lorraine, duchesse de), femme du précédent, X, 398.
Vendôme (le chevalier de), X, 270, 265.
Veneurs, dans *Clitandre*, I, 255-369.
Venise, IV, 298, 187; X, 443.
Vents, personnages d'*Andromède*, V, 243-396.
Vents (quatre), personnages de *la Toison d'or*, VI, 220-349.
Vénus, I, 75; 147, 73; 412, 258; II, 27, 170; 372, 641; VI, 293, 900 et 910; 328; X, 63, 15. — Personnage d'*Andromède*, V, 243-396. — Personnage de *Psyché*, VII, 277-370.
Vêpres des dimanches, traduites en vers françois par Corneille, IX, 304-321.
Verdier (Antoine du), auteur des *Diverses leçons*, IV, 6. — Extrait de cet ouvrage, relatif au sujet de *Pertharite*, VI, 8-14.
Vers des pièces de théâtre. Leur nombre, I, 30. — Vers de diverses mesures dans *Andromède*. Corneille en explique et en justifie l'emploi, V, 308-312.
Versailles, X, 240, 66. — Fêtes de juillet et août 1674, X, 305, 25; 324, 45.
Vert (Jean de), Jean de Wert, général de l'empereur Ferdinand III, IV. 159, 336.
Veselle (la place de), X, 260, 119.
Vespasian (l'empereur), VII, 205, 98; 206, 138.
Vestales en Écosse, I, 361, 1570.

VÉSUVE (le), VII, 247, 1112; 256, 1345; 271, 1661.
Veuve (la), comédie de Corneille, I, 371-500; 43; 120; 123.—Le Ve acte de *la Veuve*, I, 28. — *Examen* de la pièce, I, 394-397.
VHAL (le), le Wahal, X, 266, 218; 281, 414 et 415.
VICTOIRE (la), V, 318, 62; X, 239, 59; 282, 427; 302, 40. — Personnage du prologue de *la Toison d'or*, VI, 252-265.
VICTOR (saint), IX, 607, 5; 611, 11. — Hymnes de Santeul en l'honneur de saint Victor, traduites en vers françois par Corneille, IX, 607-612.
VICTORIUS, Pierre Vettori, critique du seizième siècle, cité par Corneille, I, 34.
Vie des Saints (la), X, 460.
VIEILLARD (le) de Corinthe dans l'*OEdipe* de Sophocle et dans celui de Sénèque, I, 42.
VIERGE (la sainte), VIII, 22; 176; 368; 521; 628; IX, 562, 17; 568, 3; 570, 3. — Ses *Louanges*, IX, 1-53. — Son *Office*, IX, 55-241; 175; 221, 12 et 17; 227; 241. — Cantique de la sainte Vierge, IX, 223-225. — Antienne de la sainte Vierge, IX, 339.
VIERGES. Hymnes pour les vierges, IX, 593-595.
VILLENEUVE. Son hommage à Corneille au sujet de *la Veuve*, I, 388.
VINIUS, consul, personnage d'*Othon*, VI, 564-657.
VIRGILE, I, 377; II, 118; IV, 12; VI, 122, 42; X, 66, 3; 72, 85; 96, 30; 118, 50; 443.
VIRGINIAN, III, 451, 1489.
VIRIATE, reine de Lusitanie, personnage de *Sertorius*, VI, 351-445; X, 491 et 492; 494.
VIRIATUS, père de la précédente, VI, 359; 381, 435 ; X, 492.

VISIGOTH, les VISIGOTHS, VII, 111, 48; 160, 1278.
VITALIAN (saint), VIII, 87.
VITELLIUS, VII, 243, 1041; 272, 1686.
VIVONNE (Louis-Victor de Rochechouart, duc de Mortemart et de), X, 270, 266.
VIZIR (le grand), II, 470, 686.
VLÉDA, Bléda, frère d'Attila, VII, 121, 342; 123, 375.
VOILLE. Son hommage à Corneille au sujet de *la Veuve*, I, 392.
VOSSIUS (Isaac), X, 500.
VOYER D'ARGENSON (de), conseiller du Roi au parlement de Normandie. Lettre à lui adressée par Corneille, X, 444-448.
VRAISEMBLABLE (le), V, 306. — Ce que c'est, I, 14. — *Discours de la tragédie et des moyens de la traiter selon le vraisemblable*, I, 52-97.
VRAISEMBLANCE (la), III, 379; V, 146 et 147.
VULCAIN, II, 361, 413; 390, 994; VII, 322, 902; X, 63, 19; 443.

W

WAHAL (le). Voyez VHAL.
WALLER (Edmond), poëte anglais, X, 499 et 500.
WALLONS (les), X, 463.
WERT (Jean de). Voyez VERT (Jean de).
WESTPHALIE (la), X, 280, 394.

X

XAINTES (la ville de), X, 448.
XAINTONGE (la), X, 448.
XANTHIAS, personnage des *Grenouilles* d'Aristophane, V, 308.
XÉNOCLÈS, lieutenant d'Agésilas,

personnage d'*Agésilas*, VII, 1-95.

XIPHILIN, abréviateur de Dion. Extrait de son ouvrage, contenant le sujet de *Tite et Bérénice*, VII, 197.

Y

YPRE, YPRES, X, 307, 71; 329, 47.
YSSEL (l'), X, 257, 70; 266, 228; 279, 385 et 389; 280, 394.
YVRY (la bataille d'), X, 211, 259.

Z

ZACHARIE. Son cantique traduit, IX, 157-161.
ZACHÉE, 600, 434; 654.
ZÉNOBIE, reine de Palmyre, VII, 439, 1450.
ZÉNON, agent d'Arsinoé, dans *Nicomède*, V, 554, 964; 557, 1040; 565, 1219; 567, 1257; 580, 1566; 586, 1706.

ZÉPHIRE, le ZÉPHIRE, V, 331, 371; X, 84, 24. — Le Zéphire, personnage de *Psyché*, VIII, 277-370.
ZÉPHIRS, VII, 322; 333, 1214; 357, 1781; 362, 1912.
ZÉTHÈS, argonaute ailé, fils de Borée et d'Orithye, II, 362, 439. — Personnage de *la Toison d'or*, VI, 221-349.
ZEUXIS, X, 120, 91.
ZOÏLE, X, 66, 12.
ZUIFALTEN (l'abbaye impériale de), VIII, 17.
ZUTPHEN (la ville de), X, 280, 398.
ZUYLICHEM (Constantin Huyghens de), IV, 133. — Son épigramme latine sur *le Menteur*, IV, 135. — Son épigramme française sur la même pièce, IV, 136. — Épître dédicatoire, à lui adressée, de *Don Sanche d'Aragon*, V, 404-410. — Lettres à lui adressées par Corneille, X, 448-452; 453-457.
ZWOL (la place de). Voyez SWOL.

FIN DE LA TABLE ALPHABÉTIQUE ET ANALYTIQUE
DES OEUVRES DE CORNEILLE.

TABLE DES POÉSIES DIVERSES

RANGÉES SUIVANT L'ORDRE ALPHABÉTIQUE

DU PREMIER VERS DE CHAQUE PIÈCE.

Ainsi du Dieu vivant la bonté surprenante.	176
Allez, belle marquise, allez en d'autres lieux.	142
Allez voir ce jeune soleil.	35
Ami, veux-tu savoir, touchant ces deux sonnets.	128
Après l'œil de Mélite il n'est rien d'admirable.	44
Au point où me réduit la distance des lieux.	33
Bel astre à qui je dois mon être et ma beauté.	82
Caliste, lorsque je vous voi.	170
Caliste, mon plus cher souci.	50
Ce n'est donc pas assez, et de la part des Muses.	74
Ce n'étoit pas assez, grand Roi, que la victoire.	326
C'est trop faire languir de si justes desirs.	153
C'est trop gémir, Nymphes de Seine.	244
Cet auteur a quelque génie.	132
Chantez, peuple, chantez la valeur libérale.	290
Croissez, jeune héros ; notre douleur profonde.	183
Demeurez en repos, frondeurs et mazarins.	125
Depuis qu'un malheureux adieu.	43
Deux sonnets partagent la ville.	127
Donnez-moi vos couleurs, tulipes, anémones.	85
Dont autrefois le Sphinx, ce monstrueux oiseau.	246
Du cloître et de la cour précieuse clarté.	122

Du palais d'émeraude où la riche nature..................	83
D'un accueil si flatteur, et qui veut que j'espère.............	164
Encor que Ligdamon, en dépeignant Silvie...............	57
Enfin échappé du danger.............................	25
Enfin tu m'as suivie, et ces vastes montagnes...............	116
Ennemis de mon roi, Flandre, Espagne, Allemagne.........	304
Est-il vrai, grand Monarque, et puis-je me vanter...........	311
Grand Roi, dont nous voyons la générosité...............	185
Grand Roi, Mastric est pris, et pris en treize jours.........	285
Invincible ennemi des rigueurs de la Parque..............	138
J'ai vu la peste en raccourci.........................	160
Jane, toute la journée...............................	· 46
Je chéris ma défaite, et mon destin m'est doux............	140
Je ne veux plus devoir à des gens comme vous............	152
Je pense, à vous voir tant d'attraits..................	174
Je suis blessé profondément...........................	45
Je vous estime, Iris, et crois pouvoir sans crime	163
Je vous l'avois bien dit, ennemis de la France.............	322
La Garonne et l'Atax dans leurs grottes profondes.	231
La noblesse, grand Roi, manquoit à ma naissance.........	135
Le château révolté donne à Caen mille alarmes............	106
Le dieu de Pythagore et sa métempsycose...............	100
Le printemps a changé la face de la terre.................	299
Les douceurs de la paix et la pleine abondance.............	253
Mânes des grands Bourbons, brillants foudres de guerre.....	194
Marquise, si mon visage........................	165
Mes deux mains à l'envi disputent de leur gloire..........	151
Mes soupirs vous ont dit plus de cent fois le jour...........	233
Misérable Didon, pauvre amante séduite..............	36
Mon nom par la victoire est si bien affermi..............	247
N'aimez plus tant, Philis, à vous voir adorée.............	155
Neustriacæ lux alma plagæ, quo nostra superbit.............	65
Ne verse point de pleurs sur cette sépulture...............	133
Non, je ne serai pas, ILLUSTRE PELLISSON................	315
Non, tu n'es point ingrate, ô maîtresse du monde...........	94
O Dieux! qu'elle sait bien surprendre	30
Palais digne de Mars, qui fournis pour armer.............	333
Phèdre, si ton chasseur avoit autant de charmes............	73
Plaise au Roi ne plus oublier.........................	308
Pourquoi s'étonner que de Loy........................	131
Pour une jeune muse absente.........................	81

DES POÉSIES DIVERSES.

Prince, l'appui des lis, et l'amour de la France............	334
Puisqu'un d'Amboise et vous d'un succès admirable........	32
Quand je vois, ma Philis, ta beauté sans seconde..........	60
Que doit penser Ovide, et que nous peut-il dire...........	124
Que le dieu de la Seine a d'amour pour Paris..............	242
Quelle rapidité de conquête en conquête.................	223
Que tes *Chastes martyrs* vont te faire d'amants...........	130
Que tes entretiens sont charmants.......................	102
Que vous sert-il de me charmer.........................	172
Quid mirum rapido tibi si Victoria cursu.................	249
Qu'il fasse mieux, ce jeune jouvencel....................	79
Quoi? sitôt que j'en veux rabattre.......................	158
Qu'on fait d'injure à l'art de lui voler la fable.............	235
Qu'on parle mal ou bien du fameux Cardinal.............	86
Qu'on te flatte, qu'on te baise..........................	173
Rendez-vous, amants et guerriers.......................	62
Si je perds bien des maîtresses..........................	55
Si la Lune et la Nuit sont bien représentées...............	154
Sous ce marbre repose un monarque sans vice............	87
Sur l'Escaut étonné tu lances la tempête..................	218
Toi, dont la course journalière..........................	58
Toi qui nous apprends de la grâce.......................	220
Toi qui près d'un beau visage...........................	53
Ton Cléonte, par son trépas............................	61
Tu reviens, ô mon Roi, tout convert de lauriers............	186
Une ambition déréglée.................................	38
Usez moins avec moi du droit de tout charmer............	167
Vos beaux yeux sur ma franchise........................	168
Vous aimez que je me range............................	162

FIN DE LA TABLE ALPHABÉTIQUE DES POÉSIES DIVERSES.

TABLE DES MATIÈRES

CONTENUES DANS LE DIXIÈME VOLUME.

POÉSIES DIVERSES.

Notice..	3
Au lecteur..	24
I. A Monsieur D. L. T......................................	25
II. Ode sur un prompt amour.............................	30
III. A Monseigneur le cardinal de Richelieu. Sonnet.......	32
IV. Sonnet pour M. D. V., envoyant un galand à M. L. C. D. L..	33
V. Madrigal pour un masque donnant une boîte de cerises confites à une damoiselle........................	35
VI. Épitaphe de Didon. Traduit du latin d'Ausone : *Infelix Dido*, etc...	36
VII. Mascarade des enfants gâtés...........................	38
VIII. Stances sur une absence en temps de pluie...........	43
IX. Sonnet..	44
X. Madrigal..	45
XI. Épigrammes traduites du latin d'Audoënus............	46
XII. Dialogue...	50
XIII. Chanson..	53
XIV. Chanson..	55

TABLE DES MATIÈRES.

XV. A Monsieur de Scudéry [sur son *Ligdamon et Lidias*]....	57
XVI. Récit pour le ballet du château de Bicêtre............	58
XVII. Pour Monsieur L. C. D. F., représentant un diable au même ballet. Epigramme......................	60
XVIII. A Monsieur de Scudéry, sur son *Trompeur puni*. Madrigal.............................	61
XIX. Pour *la Sœur valeureuse* de Monsieur Mareschal.......	62
XX. P. *Cornelii rothomagensis, ad illustrissimi Francisci, archiepiscopi, Normaniæ primatis, invitationem, qua gloriosissimum regem, eminentissimumque cardinalem-ducem versibus celebrare jussus est, excusatio*................	64
XXI. Pour l'*Hippolyte* de Monsieur de la Pinelière..........	73
XXII. Excuse à Ariste................................	74
XXIII. Rondeau....................................	79
XXIV. Remercîment fait sur-le-champ par Monsieur de Corneille..	81
XXV. La Tulipe. Madrigal. Au Soleil.	82
XXVI. La Fleur d'orange. Madrigal.....................	83
XXVII. L'Immortelle blanche. Madrigal..................	85
XXVIII. Vers sur le cardinal de Richelieu................	86
XXIX. Sur la mort du roi Louis XIII. Sonnet............	87
XXX. A Monseigneur Monseigneur l'éminentissime cardinal Mazarin. Remercîment.........................	92
XXXI. A maître Adam, menuisier de Nevers, sur ses *Chevilles*. Sonnet..	100
XXXII. A Monsieur de Boisrobert, abbé de Châtillon, sur ses *Épîtres*.......................................	102
XXXIII. Les Triomphes de Louis le Juste................	104
XXXIV. La Poésie à la Peinture, en faveur de l'Académie des peintres illustres.............................	116
XXXV. A saint Bernard, sur la traduction de ses *Épîtres*, par le R. P. dom Gabriel de Sainte-Geme. Sonnet....	122
XXXVI. A Monsieur d'Assoucy, sur son *Ovide en belle humeur*.	124
XXXVII. Sur la contestation entre le sonnet d'Uranie et de Job. Sonnet..................................	125

TABLE DES MATIÈRES.

XXXVIII. Sonnet..	127
XXXIX. Épigramme....................................	128
XL. A Mademoiselle de Cosnard de Ses..................	129
XLI. A Monsieur de Loy, professeur en l'Université de Paris, sur son panégyrique de Monseigneur le premier président de Bellièvre...........................	131
XLII. Pour Monsieur d'Assoucy, sur ses *Airs*.............	132
XLIII. Épitaphe sur la mort de damoiselle Élisabeth Ranquet, femme de Nicolas du Chevreul, écuyer, sieur d'Esturville. Sonnet................................	133
XLIV. Sonnet. [Au Roi, pour obtenir la confirmation des lettres de noblesse accordées à son père.].................	135
XLV. A Monsieur de Campion, sur *les Hommes illustres*. Sonnet..	137
XLVI. Sonnet perdu au jeu.............................	140
XLVII. Sur le départ de Madame la marquise de B. A. T...	141
XLVIII. Madrigal......................................	150
XLIX. Autre sur le même sujet........................	152
L. Air de M. Lambert pour la Reine...................	153
LI. Pour une dame qui représentoit la Nuit en la comédie d'*Endymion*. Madrigal.............................	154
LII. Jalousie...	155
LIII. Bagatelle.......................................	158
LIV. Stances...	160
LV. Sonnet..	162
LVI. Sonnet...	163
LVII. Sonnet..	164
LVIII. Stances.......................................	165
LIX. Sonnet...	167
LX. Chanson..	168
LXI. Stances..	170
LXII. Stances.......................................	172
LXIII. Épigramme....................................	173
LXIV. Rondeau......................................	174
LXV. Remercîment présenté au Roi en l'année 1663......	175

TABLE DES MATIÈRES.

LXVI. A Monseigneur le duc de Guise, sur la mort de Monseigneur son oncle. Sonnet.	182
LXVII. Au Roi, pour le retardement du payement de sa pension.	185
LXVIII. Au Roi, sur son retour de Flandre.	186
LXIX. Poëme sur les victoires du Roi, traduit de latin en françois par P. Corneille.	192
LXX. Traductions et imitations de l'épigramme latine de M. de Montmor, premier maître des requêtes de l'hôtel du Roi.	218
LXXI. Au R. P. Delidel, de la Compagnie de Jésus, sur son traité de la *Théologie des saints*.	220
LXXII. Au Roi, sur sa conquête de la Franche-Comté.	223
LXXIII. Sur le canal du Languedoc, pour la jonction des deux mers. Imitation.	231
LXXIV. Air de Mr Blondel.	233
LXXV. Défense des fables dans la poésie. Imitation du latin.	234
LXXVI. Sur la pompe du pont Notre-Dame. Traduction par Pierre Corneille.	242
LXXVII. Pour la fontaine des Quatre-Nations, vis-à-vis le Louvre. Traduction par Pierre Corneille.	244
LXXVIII. Traduction en vers françois de *la Thébaïde* de Stace.	245
LXXIX. Sur le départ du Roi.	247
LXXX. Vers présentés au Roi à son retour de la guerre d'Hollande, le 2 août 1672.	249
LXXXI. Les victoires du Roi, sur les États de Hollande, en l'année M.DC.LXXII. Par P. Corneille. [Traduit du latin du P. de la Rue.].	252
LXXXII. Sur la prise de Mastric. Sonnet.	285
LXXXIII. Au Roi, sur sa libéralité envers les marchands de la ville de Paris. [Traduit du latin de Santeul.].	287
LXXXIV. Au Roi, sur son départ pour l'armée, en 1676.	299
LXXXV. Vers présentés au Roi sur sa campagne de 1676.	304
LXXXVI. Placet au Roi.	308

TABLE DES MATIÈRES. 581

LXXXVII. Au Roi, sur *Cinna*, *Pompée*, *Horace*, *Sertorius*, *OEdipe*, *Rodogune*, qu'il a fait représenter de suite devant lui à Versailles, en octobre 1676... 309
LXXXVIII. Version de l'ode à Monsieur Pellisson......... 315
LXXXIX. Sur les victoires du Roi, en l'année 1677........ 322
XC. Au Roi, sur la paix de 1678....................... 326
XCI. Inscription pour l'Arsenal de Brest. Traduction...... 331
XCII. A Monseigneur, sur son mariage.................. 334

APPENDICE DES POÉSIES DIVERSES.

I. Relation du ballet du château de Bissestre............. 341
II. Trois pièces de la Guirlande de Julie................. 344
III. Le Presbytère d'Hénouville......................... 345
IV. Épitaphe de Richelieu............................. 352
V. Sonnets d'Uranie et de Job......................... 352
VI. Deux sonnets signés C............................. 354
VII. Vers imités de Lucain et d'Horace.................. 355
VIII. Épigrammes attribuées à Corneille................. 357
IX. Deux sonnets pour Timocrate....................... 359
X. Note sur Mademoiselle Serment..................... 361
XI. Élégie.. 362
XII. Plainte de la France à Rome sur l'assassinat de son ambassadeur. Élégie................................. 367
XIII. Vers de Corneille, de ses amis et de ses partisans contre l'abbé d'Aubignac.................................. 372
XIV. Quatrain pour le Christ de Saint-Roch à Paris........ 377
XV. Épître dédicatoire du P. de la Rue à Corneille, et vers sur la mort de Charles Corneille, son troisième fils... 378
XVI. Sur les conquêtes du Roi [en 1672]................. 385
XVII. Vers anonymes, publiés dans le *Mercure* de 1677..... 386

TABLE DES MATIÈRES.

OEUVRES DIVERSES EN PROSE.

Notice.. 391
I. Épitaphe de dom Jean Goulu, général des Feuillants..... 396
II. Lettre apologétique du sieur Corneille, contenant sa réponse aux *Observations* faites par le sieur Scudéry sur *le Cid*.. 399
III. Discours prononcé par Monsieur Corneille, avocat général à la table de marbre de Normandie, le 22. Janvier 1647, lorsqu'il fut reçu [à l'Académie françoise] à la place de Monsieur Maynard.................................... 407

LETTRES.

Notice.. 415
1-3. De Corneille à Boisrobert........................... 427
4. De Corneille à**..................................... 429
5. De Corneille à Boisrobert............................ 430
6. De Corneille à**..................................... 432
7. De Corneille à Monsieur Goujon, avocat au conseil privé du Roi... 433
8. De Claude Sarrau à Corneille......................... 438
9-10. De Balzac à Corneille............................. 440
11. De Corneille à Voyer d'Argenson..................... 444
12. De Corneille à Monsieur de Zuylichem................ 448
13. De Corneille à Monsieur Dubuisson................... 452
14. De Corneille à Monsieur de Zuylichem................ 453
15-18. De Corneille au révérend Père Boulart............ 458
19-20. De Gilles Boileau à Monsieur de Corneille........ 473
21. De Corneille à Pellison............................. 477
22-24. De Corneille à l'abbé de Pure.................... 478
25. De Chapelain à Corneille............................ 488
26-27. De Corneille à l'abbé de Pure.................... 489

28. De Chapelain à Corneille............................ 496
29. De Corneille à Monsieur de Saint-Évremond.......... 497
30. De Saint-Évremond à Corneille...................... 499
31. De Corneille à Colbert............................. 501

APPENDICE DES LETTRES.

De Corneille à Rotrou.................................. 503
TABLE ALPHABÉTIQUE ET ANALYTIQUE DES ŒUVRES DE CORNEILLE... 505
TABLE DES POÉSIES DIVERSES, RANGÉES SUIVANT L'ORDRE ALPHABÉTIQUE DU PREMIER VERS DE CHAQUE PIÈCE.......... 573

FIN DE LA TABLE DES MATIÈRES.

IMPRIMERIE GENÉRALE DE CH. LAHURE
Rue de Fleurus, 9, à Paris

www.ingramcontent.com/pod-product-compliance
Lightning Source LLC
Chambersburg PA
CBHW070330240426
43665CB00045B/1265